[제2판]

경찰학

이윤호 저

박영사

POLICE SCIENCE

제 2 판 머리말

지난 2006년 아마도 국내 처음으로 "경찰학"이라는 이름으로 초판을 발행한지도 벌써 10년 가까운 시간이 흘렀다. 평생을 범죄와 범죄관련 형사사법 분야의 연구와 가르침, 그리고 봉사에 모든 것을 바쳐온 저자가 경찰을 연구하고 그에 관한 지식을 전수하고 가르치는 사람으로서 개인적인 사명감과 욕망으로 초판을 집필한 목적과 목표가 상당 부분 이루어진 점에 대해서는 감사할 따름이다.

경찰행정학은 경찰을 전반적으로 아우를 수는 없다. 경찰을 연구하기 위해서는 행정뿐만 아니라 법학, 심리학, 사회학 등 다양한 분야가 요구되기 때문에 행정만으로는 너무나 부족하며 경찰행정은 당연히 전체 경찰학의 일부여야 한다. 나아가 경찰행정학이라면 마치 행정학의 아류나 하위학문처럼 비춰질 우려도 숨길 수 없다. 경찰학은 독자적인 이론과 그 이론들을 과학적으로 검증할 수 있는 과학적 연구방법 또한 가지고 있으며, 따라서 엄연한 독자적인 과학적 학문이어야 한다. 경찰행정학이 아니라 경찰학이 되어야 하는 이유인 것이다.

안타깝게도 그때까지도 시중에 나왔던 교재들이 경찰에 대한 행정과 실무에 치우친 나머지 학생들이 경찰 전반을 이해하는 데 한계와 어려움이 있었던 것을 안타깝게 생각했었다. 그런 연유로 거의 모든 교재가 경찰학이 아니라 경찰행정학이란 이름으로 출간되었다. 물론 경찰행정학이 잘못된 것은 아니지만 경찰행정은 경찰학의 한 부분이어야 한다는 것이 저자의 생각이었고 그런 의도에서 경찰학을 집필하였던 것이다. 저자의 의도이건 아니면 학문의 변화 때문이건 다행스러운 것은 이제 거의 모든 교재가 경찰행정이 아니라 경찰학이란 이름표를 붙이고 있다.

그 결과, 초판은 시중에 나와 있던 대다수 교재들과는 달리 기존에 다루어지지 않았지만 중요한 부분들이 다수 포함되어 한 학기에 가르치고 배우기에는 그 분량이 만만치 않았던 것이 사실이다. 초판에서도 밝혔지만 저자의 능력과 학문의 발전과 변화를 반영할 때가 되었다는 저자의 개인적 생각도 있었을 뿐 아니라, 초판에서 약속한대로 부족한 부분이나 새로운 필요성이 있을 땐 언제라도 보완하겠다는 다짐을 지키며, 동시에 부족한 능력으로 많은 것을 담고자 했던 욕심이 지나친 나머지 초판의 분량이 너무 많다는 독자들의 지적도 겸허히 받아들여 이번에 대대적인 수술을 감행하였다.

결과적으로, 본 개정판은 초판에 비해 분량은 2/3 정도로 줄었지만 내용은 오히려 추가되어 여성경찰론이나 사이버경찰론과 같은 분야가 새롭게 포함되었거나 강화되었다. 앞으로도 시장의 요구나 학문적 변화와 발전을 담기 위하여 끊임없이 수정할 건 수정하고 보완할 건 보완하겠다는 다짐을 다시 한 번 밝힌다.

무릇 모든 결과물에는 저자는 물론이지만 많은 사람들의 노력과 도움이 있어야 하듯, 본 개정증보판 역시 세상에 나오기까지 많은 분들의 도움이 있었기에 가능했음을 밝힌다. 처음부터 끝까지 원고정리는 물론이고 교정작업까지 도맡아 준 경찰대학 치안정책연구소의 강소영 박사, 그리고 저자의 영원한 동반자인 박영사의 관계자 여러분, 끝으로 항상 가족이란 이름의 큰 울타리가 되어 준 아내와 두 아들도 고마울 뿐이다.

2014년 여름

남산을 바라보는 연구실에서 저자 이윤호 씀

POLICE SCIENCE

초판 머리말

국내 최초로 동국대학교에 경찰행정학과가 개설된 지도 어언 40여 년이 지났음은 곧 우리나라의 경찰관련 학문의 역사도 결코 짧지 않음을 보여주고 있다. 뿐만 아니라 이제는 경찰관련 학과가 전국의 무수한 대학에 개설되어 있어 그 양적 성장을 짐작케 하고 있다. 이러한 역사적 전통과 양적 성장에 그치지 않고 많은 학자들의 노력으로 그 동안 경찰관련 저서도 적지 않게 출판되었음도 주지의 사실이다.

이처럼 적지 않은 연구의 성과와 저술에도 불구하고 저자가 또다시 경찰관련 저서를 집필하게 된 데는 몇 가지 저자만의 학자적 사명감과 개인적 욕망이 자리하고 있다. 우선, 기존의 교재들은 대부분 경찰에 대한 행정과 실무에 치우친 감이 없지 않았기 때문에 대학에서 경찰학을 처음 접하는 학생들에게 필요한 원론적이지만 학술적이고 학문적인 부분이 부족하지 않았나 하는 감을 지울 수 없어 이를 보완하기 위한 시도로서 본서가 저술되었다.

이와 관련하여 불과 얼마 전까지도 경찰학 교재는 대부분 경찰행정학이라는 이름으로 출판되던 것이 이제는 경찰학이란 이름으로 출판되고 있다는 것은 바로 경찰학의 학문적 발전과 변화를 엿볼 수 있게 하고 있다. 바로 이 점에서 본서는 과거 행정학적이고 실무적인 접근을 강조하였던 점에서 탈피하여 사회과학적 접근을 중심으로 행정학적 관점을 일부 가미한 형식으로 저술되었다.

결과적으로 저자는 본서를 기존의 교재들과는 가능한 차별화하고자 하였고, 그 결과 본서는 기존의 경찰학이나 경찰행정학 교재들과는 그 체제나 내용 및 저술형태 등에 상당한 차이가 있어서 본서를 처음 접하는 독자들이 약간의 혼란을 느낄 수도 있으리라는 우려도 없지 않다. 예를 들어, 내용이나 체제 면에서 경찰정책론, 경찰행위론, 경찰과 과학기술, 언론과 경찰, 여성경찰론, 경찰심리론 그리고 경찰의 변화와 개혁 등의 내용은 기존의 교재에서는 비교적 다루어지지 않거나 소홀히 다루어지던 부분이나 본서에서는 새롭게 비중 있게 다루어지고 있다. 더구나 본서는 새로운 내용을 가능한 더 많이 담고자 하는 저자의 욕심으로 기존의 교재들에 비해 분량이 상당히 커진 것도 독자들에게는 약간의 부담으로 작용할 수 있다는 걱정도 지울 수 없다.

이와 같은 저자의 계획과 노력에도 불구하고 독자 여러분께 고백하고 싶은 것이 있다면 비록 최선을 다하였지만 저자의 능력부족으로 부족한 점이 많으리라는 사실이다. 그러나 본서가 저자로서는 새로운 시도이고 또 초판이라는 점에서 앞으로 얼마든지 부족한 부분은 보완하고 잘못된 부분은 수정할 수 있다는 점에서 감히 용기를 내어 출판하게 되었다. 따라서 앞으로 독자 여러분의 따끔한 지적과 충고를 겸허히 수용하여 부족했던 부분은 수정, 보완하겠다는 각오를 밝히고자 한다.

끝으로, 본서가 세상에 나오기까지에는 많은 사람들의 도움이 있었으며, 지면을 통해서나마 그들에게 진심으로 고마움을 표하고자 한다. 먼저 본서의 원고를 정리하고 수차에 걸친 교정을 도맡아 준 동국대학교 대학원 경찰행정학과 박사과정의 김순석, 박재풍, 김양현, 김대권 군과 류채형, 전은주 양 그리고 석사과정의 박보라 양을 비롯한 대학원생들에게 고마움의 뜻을 전하고 싶다. 그리고 졸저임에도 기꺼이 출판해 주어 저자에게 용기와 격려가 되게 해 준 박영사에 대해서도 심심한 사의를 표하는 바이다. 끝으로 가족이란 이름으로 저자에게 무한한 힘이 되어 준 두 아들과 아내에게도 감사의 마음을 전하고 싶다.

2006년 7월

남산 연구실에서 저자 이윤호 씀

POLICE SCIENCE

차 례

제1장 경찰의 역할과 임무

제 2 장 경찰운용론

제 3 장 경찰조직관리론

제 4 장 경찰인사관리론

제 5 장 경찰연구기획론

제 6 장 경찰정책론

제 7 장 경찰행위론

제 8 장 경찰정보론

제9장 경찰과 과학기술

제10장 경찰과 지역사회 관계

제11장 비교경찰론

제12장 언론과 경찰

제13장 사이버경찰론

제14장 민간경비론

제15장 여성과 경찰

제 1 장

경찰의 역할과 임무

POLICE SCIENCE

제 1 절 경찰의 역사와 발전

경찰은 물론이고 거의 모든 조직은 그들의 역사, 지역사회, 정치 환경에 따라 그 모습을 달리한다. 대부분의 현대 국가는 농업에 기초한 서로 독립된 지역사회의 집합체로부터 현재의 기술과 정보화 사회 또는 지식산업 사회로 발전해왔다.

경찰 또한 이러한 사회의 발전과 마찬가지로 많은 변화와 발전을 경험하였다. 초기 야경꾼에서 시작하여 오늘날에는 전문적으로 조직된 항시적인 직업적 전문가 집단으로 발전해왔다. 그 결과 오늘날의 경찰행정가들은 공공의 안전, 법의 집행, 인적자원의 관리, 정보와 재무관리 등을 포함하는 다양한 임무를 책임지고 있다. 경찰의 특성이기도 하지만 현재 경찰은 우리의 일상에서 시민들의 눈에 가장 쉽고 많이 띄는 가시적인 정부의 대표자이고 우리 사회에서 시민들이 가장 보편적으로 쉽고, 빈번하게 직면하는 공인이기도 하다.

그럼에도 불구하고 경찰행정은 오늘날에도 다양한 시험과 실험을 경험하고 있다. 경찰지배와 통제 또는 경찰의 서비스 전달에 관한 다양한 논의와 논쟁이 진행되고 있어서 일부에서는 범죄통제와 효율성을 강조하는 전문적인 관료제모형을 선호하는 반면 다른 일부에서는 지역사회 또는 문제 지향적 경찰(community or problem-oriented policing)이 지역사회의 욕구와 문제를 해결하는 보다 적절한 방법이라고 믿고 있다.

1. 경찰개념의 기원

'경찰(police)'이라는 용어의 어원은 시의 정부와 조직을 일컬었던 그리스어의 'politeia'라고 한다. 규제하거나 지배하는 국가의 권력으로 '경찰권(police power)'이라는 현대적 용어로 사용될 때 용어의 근원적 의미는 더욱 분명해진다. 영국에서는 18세기 이래 질서유지를 위해 설치되고 조직된 집단을 규정하기 위하여 '경찰(police)'이라는 용어가 사용되기 시작하였다.

질서를 유지하고 갈등을 통제할 필요성에서 소위 경찰활동은 사람이 집단으로 생활하는 곳에서는 어디서나 어떤 형태로든 존재해왔다. 부족집단에서는 부족의 성인 구성원들의 집합적 노력을 통하여 자경(self-policing)의 형태로 실행하였다. 그러나 영구적인 정착이 이루어지게 되면서 질서와 안전을 제공하는 방법은 보다 복잡해졌다. 중세 유럽의 자유도시에서는 시민권(civic authority)이 안전과 안보의 책임을 감수하였으나 조직화된 경찰력은 존재하지 않았다. 보다 조직화된 형태의 경찰활동의 필요성을 창출하였던 것은 중세 이후 국가의 출현이었다.

중세 이후 나타난 유럽대륙의 국가들은 경찰을 만든 정치권력의 이익에 봉사하기 위한 목적으로 경찰제도를 발전시켰다. 이들 경찰은 군대형식으로 조직된 무장경관으로 구성되었으며, 정치적 반대는 물론이고 시민의 행위까지 통제하는 책임을 지고 있었다. 이처럼 광범위하고 침략적인 특성의 대륙법계 경찰제도는 경찰권의 지나친 집중화를 저지하고 경찰은 임무 수행을 위해 활용한 수단과 방법에 대하여 책임을 져야 한다는 영미법계 신념과 경찰제도에 영향을 미치게 되었다.

2. 조직적인 공공경찰활동

1829년 영국의회가 수년 동안의 논쟁 끝에 도시경찰법(Metropolitan Police Act)을 통과시키면서 이 법에 따라 런던시내에 대한 24시간 도보순찰을 담당할 경찰 3천명으로 구성된 런던경시청(London Metropolitan Police)을 창설하였다. 법안의 통과와 새로운 경찰의 조직구

표 1-1 Peel의 법집행 원리[1]

1. 경찰이 존재하는 기본적 사명은 법률적 처벌의 심각성과 군사력에 의한 억압에 대한 대안으로서 범죄와 무질서를 예방하는 것이다.
2. 임무를 수행하는 경찰의 능력은 경찰의 존재, 행동, 행위에 대한 공공의 승인과 공공의 존중을 확보하고 유지하는 능력에 의해 좌우된다.
3. 경찰은 공공의 승인과 존중을 확보, 유지는 물론이고 법을 준수하는 임무에 있어서 공공의 협조를 확보하고 유지해야만 한다.
4. 공공의 협조를 확보할 수 있는 정도를 항상 인식하는 것은 비례적으로 경찰목적을 성취하기 위한 강제와 물리력의 이용에 대한 필요성을 감소시킨다.
5. 공공의 의견에 영합함이 아니라 법에 대한 절대적으로 비당파적인 서비스를 보여줌으로써 그리고 부와 사회적 지위와 무관하게 모든 공공의 구성원에게 개별적인 서비스와 친근감을 항시 제공함으로써, 생명을 보호하고 보전하는 데 있어서 항상 희생함으로써 공공의 호의를 구하고 보전하여야 한다.
6. 설득, 충고, 경고는 질서를 되찾거나 법의 준수를 확보하는 데 필요한 정도로 행하고 공공의 협조를 얻는 데 불충분할 때만 물리력이 행사되어야 하고 그것도 특정한 경우 경찰목적을 달성하는 데 필요한 최소한으로 사용되어야 한다.
7. 항상 경찰이 곧 공공이고 공공이 곧 경찰이라는 역사적 전통에 현실성을 불어넣어주는 공공과의 관계를 유지하여야 하는데, 경찰은 단지 지역사회의 존재와 안녕이라는 이익을 위하여 모든 시민에 대한 임무를 수행하도록 보수를 받는 공공의 구성원일 따름이다.
8. 경찰 집행기능에 철저히 고수할 필요성을 항상 인식하고, 사법부나 국가는 보복하는 개인의 권한을 찬탈하는 것처럼 보이지 않고, 유죄를 권위적으로 판단하고 죄인을 권위적으로 처벌하지 않아야 한다.
9. 경찰 효율성의 검증은 범죄와 무질서가 존재하지 않는 것이지 범죄와 무질서를 다루는 데 있어서 경찰행동의 가시적 증거가 아니라는 것을 항상 인식하여야 한다.

성과 행정지침을 만드는 데는 Robert Peel경의 공이 지대하였다. 지휘와 통제의 전통적 행정모형을 차용함과 동시에 경찰활동에 있어서 새로운 사명과 전략을 만들었다는 것이 중요한 공헌이라고 할 수 있다.

런던 경찰과 그 당시 기타 경찰의 중요한 차이는 런던 경찰은 시민으로부터 권위를 얻어 의도적으로 동질적이고 민주적인 조직체로 만들어졌다는 것이다. 런던 경찰의 우선적·일차적 임무와 사명이었던 범죄 예방과 질서 유지는 예방적 순찰활동을 통하여 수행되는 것이었다. 경찰관들은 '구역(beat)'이라는 정해진 지역을 순찰함으로써 지역사회에서 지속적인 가시적 존재를 유지하도록 하였다.2 그러나 경찰의 주요 통제대상이었던 근로자나 중하류계층의 시민들은 당시 유럽에서 존재하였던 억압적인 경찰제도를 두려워하였기 때문에 경찰관서의 임무, 행정, 운영전략이 현재는 중요한 것이지만 그 당시엔 독특한 개념이었던 통제대상인 개인의 존중과 지원을 받을 수 있는 방향으로 고안하는 것이 중요하게 되었다.

Peel경이 제시한 원칙들을 자세히 살펴보면, 경찰활동은 예방적이고, 공공의 협조, 존중, 그리고 필요에 기초한 합법적으로 수행된 노력들이어야 한다는 것을 암시하고 있다. 경찰관은 법에 의하여 권한이 주어지는 것으로 제한되어야 하고 경찰관이 행하는 '거리의 사법(street justice)'의 적용은 용인되지 않아야 한다는 것이다. 이러한 원칙은 Peel경이 제안하던 때와 마찬가지로 현재도 경찰활동의 상응한 존재이유가 되고 있다.3

3. 연구활동과 경찰

미국의 '법집행과 사법행정에 관한 대통령위원회(The President's Commission on Law Enforcement and the Administration of Justice)'와 '형사사법 목표와 기준에 관한 국가자문위원회(The National Advisory Commission on Criminal Justice Standards and Goals)'에서 나온 주요 보고서들은 경찰의 조직, 인사, 교육, 훈련, 그리고 행정의 향상에 초점을 맞추고 있다. 그러나 이들의 연구는 경찰의 기능과 경찰이 봉사하는 지역사회와의 관계와 지역사회에 관한 책임에 대해 중요한 의문들을 제기하기도 한다.4

그 밖에도 다수의 학자들 역시 이상적 경찰활동의 현실과 이상적인 지지 사이의 가교역할로서 실제 경찰업무에 대한 비판적인 분석과 기술을 시도하였다. 그 결과 경찰관이 자신의 업무에 있어서 상당한 재량을 행사하며, 순찰활동시간의 대부분이 범죄통제에 활용하지 않으며, 대부분의 경찰업무가 경찰관이 아니라 시민에 의하여 시작된다는 것을 이해하게 되었다. 이러한 연구를 통하여 우리는 경찰활동의 관행과 관련된 문제들이 우리 사

회에서 경찰기능의 복잡성으로부터 직접적으로 초래된 것임을 이해하게 되었다.5

1970년대 들어 예방순찰, 현장출동 시간, 그리고 범죄수사라고 하는 경찰활동의 운용적 정설을 지지하였던 가설들에 대한 타당성의 검토와 실험이 시도되었다. 이러한 가정은 무작위 자동차순찰활동이 범죄를 예방하고 시민의 안전을 위해, 시민의 요청에 즉각적으로 출동함으로써 범인체포의 기회를 향상시키고 시민에게 만족감을 가져다주며, 특별히 훈련된 수사관의 사후 수사를 통하여 강력한 범죄가 해결될 수 있다는 믿음에 기초하고 있다. 그러나 이 시기에 수행된 많은 연구의 결과들은 일반적으로 이러한 전통적 경찰전략들이 대단히 효과적인 범죄통제전술은 아니라는 결론을 내놓고 있다.6

이러한 연구결과는 경찰활동의 관행에 대한 논쟁과 논란을 더욱 증폭시키는 계기가 되었으며 순찰운용, 범죄수사, 그리고 특수범죄수사 등의 관행과 정책에 대한 큰 변화를 가져오는 데 주요한 영향을 미치게 되었다. 뿐만 아니라 경찰연구는 안전한 지역사회를 위하여 경찰이 무엇을 어떻게 하여야 할 것인가에 대한 심각한 의문을 제기하기도 하였다.

4. 패러다임의 변화: 지역사회경찰활동

80년대 이후 급증하는 시민의 요구와 치안수요에 비해 제한된 인력과 자원을 가진 경찰은 계층적 범죄통제모형의 사후 대응적 운영전략으로부터 사전범죄예방, 문제해결, 그리고 지역사회참여를 지지하는 방향으로 경찰 관행의 관심을 돌리기 시작하였다. 또한 범죄와 무질서를 통제하는 데 있어서 지원과 지역사회의 협조를 얻기 위해 노력을 하였다. 이러한 노력들은 지역사회경찰활동이라는 새로운 패러다임을 이끌어내었다.

구체적으로 살펴보면, 60년대에는 소수민족과 소외계층과의 관계 개선을 위해 시작하였고, 그 후 경찰과 지역사회관계(Police Community Relations)라는 형태로 발전하였다. 그 후 60년대 후반과 70년대에는 경찰 서비스의 분권화를 포함한 경찰활동에 대한 지역사회 지향적 접근으로 발전하게 된다. 이러한 변화는 소위 집단순찰(Team Policing)이라는 것으로서 이는 경사나 경위를 책임자로 하는 10여 명에서 50여 명에 이르는 일정 수의 경찰관 집단에게 특정한 지역에 대한 경찰 서비스를 24시간 항시 제공하는 책임을 부여하는 것이다. 이론적으로는 그 팀이 경찰과 지역사회의 관계 개선과 서비스의 향상, 순찰경관의 직업 만족도를 증대시킬 것으로 기대되었다. 이러한 기대하에서 다수의 도시경찰이 일정

형태의 집단순찰제도를 도입하게 되었다. 이 새로운 관행에 대한 대부분의 연구결과, 집단순찰활동은 보다 효과적이고 효율적인 경찰서비스라는 가설에 대해 명확히 답을 내리고 있지는 않다. 그러나 집단순찰의 효과성에 대한 의문은 집단순찰 자체의 문제라기보다 부분적으로는 책임과 권한을 팀과 공유하기를 거부하는 전통적 관리자나 지휘관의 저항에 기인한다고 할 수 있다. 뿐만 아니라, 일부 일선경찰관들도 이 팀으로 하여금 필요한 인력과 자원을 가져간다고 생각하여 반기지 않았으며, 팀 구성원이나 책임자도 지역사회에서의 새로운 역할을 잘 수행하도록 적절하게 훈련되지 않았기 때문이기도 하다.[7]

집단순찰에서 한 단계 더 발전된 것이 80년대 시작된 지역사회 문제해결을 강조하는 도보순찰(Foot patrol)이라고 할 수 있다. 도보순찰에 대한 평가는 도보순찰이 지역사회의 삶의 질의 향상, 범죄에 대한 두려움의 감소, 경찰에 대한 시민 만족도의 증대, 시민에 대한 경찰의 태도의 개선, 그리고 경찰관의 직업 만족도와 윤리성과 도덕성의 향상에 기여한 것으로 밝혀지고 있다.[8]

동시에 Goldstein은 경찰관서의 서비스 욕구 중에서 상당한 부분을 차지하는 실질적인 지역사회 문제에 대한 체계적인 분석이 거의 이루어지지 않고 있다고 지적한 바 있다. 따라서 그는 경찰관서가 경찰업무에 문제지향적(problem-oriented) 접근을 시도할 것을 제안하였다. 이 문제지향적 경찰활동은 경찰활동의 기본단위가 개별적인 서비스 요청으로부터 '문제'로 옮겨져야 한다고 강조하였다. 그는 문제가 연관된 일련의 사고나 사건의 집단으로 형성되어 있는데, 그것은 그런 문제들이 피해자의 특성, 관련자, 위치, 행위 등과 같은 유사성을 가지고 있기 때문이라고 한다. 따라서 그는 경찰이 이러한 지역사회의 문제들에 더 깊은 관심을 가질 필요가 있으며 그러기 위해서는 그 문제들을 유발하는 조건과 행위자들을 깊이 있게 분석할 필요가 있음을 강조한다. 이러한 제안의 저변에는 이들 문제들이 독립적·개별적으로는 해결될 수 없다는 생각이 깔려 있는 것이다. 이들 문제에 지대한 관심을 가진 지역사회와 경찰의 구성원들이 문제의 분석과 해결에 참여할 때만이 문제에 대한 성공적인 통제가 가능하다고 한다.[9]

Spelman과 Eck도 문제지향적 경찰활동은 순찰경찰과 수사경찰의 시간을 소모하는 사건을 해결함으로써 효과성을 증대시키고, 경찰관이 문제를 조심스럽게 연구하고 혁신적인 해결책을 개발함으로써 일선 경찰관의 창의성과 전문성을 향상시키며, 경찰이 시민의 요구와 필요에 부응한다는 확신을 심어 주어 공공과의 보다 밀접한 관계를 발전, 유지할 수 있다는 세 가지 주제에 기초하여 발전된 것임을 강조하고 있다.[10]

법집행 관리들이 지역사회의 참여를 수용하는 것은 법률적이고 전문적인 편협성으로부터 범죄의 예방과 통제에 대한 책임을 지역사회와 경찰이 공동으로 함께 진다는 것으로 보는 방향으로 근본적으로 선회하는 것을 담고 있다. 이는 봉사지향이 경찰활동의 지배적인 형태가 될 것을 요구하는 것이며, 지역사회에 대한 경찰의 책임과 분권화를 통한 경찰 서비스의 인간화(personalization)를 강조하는 것이다. 지역사회경찰활동의 궁극적인 목표는 시민권의 유지와 지역사회의 보전이다. 그러나 이러한 개혁의 성공적인 실행은 경찰관, 관리자, 감독자 등의 훈련은 물론이고 인사, 조직, 행정 등의 중요한 변화를 요하는데, 이 모든 것은 상당한 시간과 자원이 필요하다.

제 2 절 경찰의 역할

1. 민주주의와 경찰의 역할

경찰은 시민과의 상호작용에 있어서 사법제도의 주요한 대표자이다. 경찰은 자기들의 재량권 행사를 통해서 시민과 공공의 요구에 법의 보편적 기준을 적용하고 있다. 그들은 또한 개인적 위기와 공공의 위기에서는 지역사회의 주요한 응급구조의 손길이기도 하다. 그들의 사명을 수행함에 있어서 경찰은 물리력의 합법적 사용에 대해 거의 독점적 지위를 누리고 있다.[11]

경찰은 또한 필요한 국가적, 사회적 서비스를 제공하며 자신의 임무를 수행함에 있어 지역사회의 일부 시민들과의 절친한 관계를 발전시키기도 한다. 이러한 경찰행동은 사람들의 자긍심, 자기존중심, 프라이버시, 헌법적 권리에 어떠한 방법으로든 영향을 미치게 된다.[12]

Klockars는 경찰목표를 성취할 수단이나 방법보다는 범죄감소와 같은 목표라는 견지에서 경찰을 규정하는 경향이 있음을 기술한 바 있다.[13] 이와 유사하게 Bittner도 다른 국가기관이나 시민과 경찰을 구분하려는 것은 경찰이 채택하는 수단이라고 주장한다. 즉 경찰은 개인에게 형법의 요건을 준수하도록 강제하거나 그 결과에 직면할 때 국가에 의하여 물리력을 사용할 수 있는 권한이 주어진다는 것이다. 이러한 물리력이나 강제력의 수단은 다른 국가기관과 경찰기관을 구분하는 것이라고 한다.[14]

2. 경찰의 역할에 대한 기대 – 통합 모형(Expectation–Integration Model)

경찰의 역할은 민주사회에서 그들이 역할을 하도록 기대되는 부분이라고 할 수 있다. 경찰이 무엇을 어떻게 해야 되는가와 관련된 경찰의 역할에 대한 기대감은 환경, 경찰조직, 그리고 법률이라는 세 가지 주요한 근거가 있다. <그림 1–1>처럼 이를 소위 기대–통합모형이라고 하여 통합의 정도에 따라 최소통합, 부분통합 그리고 실질통합으로 구분한다. 즉, 기대가 공유되고 변화가 통합되는 정도에 따라 역할관련 갈등이 감소하거나 증가하는 것이다. 이 세 가지 요소로부터의 기대가 모순되지 않고 조화를 이루는 경우에는 경찰의 역할을 결정하는 데 있어서 최소한의 어려움이 따르게 되고 반대로 상호 모순되는 경우에는 그 어려움이 커지게 마련이다.

(1) 환경적 기대

사회적 경향과 문제는 환경을 만들고, 변화하는 사회적·경제적 경향과 문제는 경찰에 영향을 미치게 된다. 물론 사회적 경향과 문제 그 자체가 환경적 기대감을 창출하는 것은 아니지만, 이러한 쟁점에 대한 경찰이나 시민의 인식과 인지는 경찰에게 그 문제에 대하여 어떻게 반응하여야 하는가에 관한 기대치를 높일 수 있다.

지역사회 환경은 특정한 지역사회, 기타 공사 조직, 기타 형사사법기관, 특수이익집단,

그림 1-1 경찰역할에 대한 기대–통합모형15

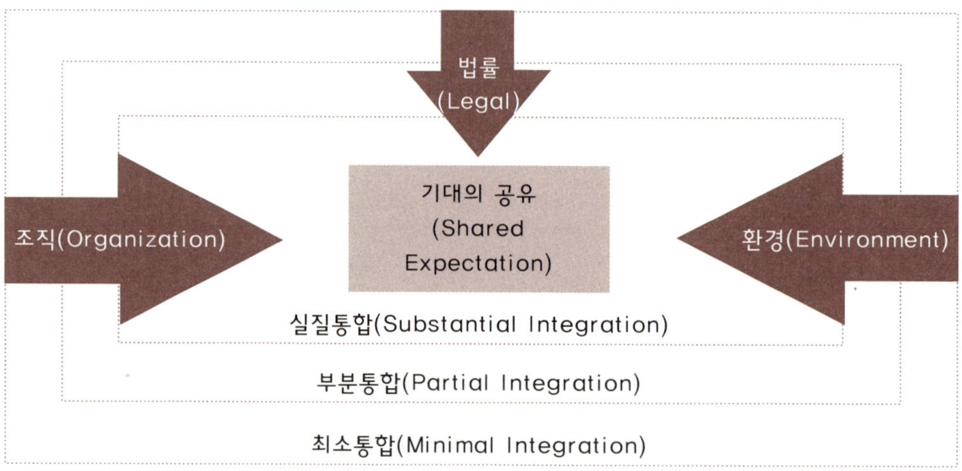

출처: Adapted from R. R. Roberg and J. Kuykendall, 1990. *Police Organization and Management: Behavior, Theory, and Processes*, Pacific Grove, CA: Brooks/Cole.

선출 또는 비선출 지도자, 개별 시민 등의 특정한 문제를 포함하게 된다. 문제는 사회가 다양해지고 복잡해지면서 이와 같은 이질성으로 인해 경찰에 대한 기대치도 달라질 수 있고 갈등도 생길 수 있으므로 경찰은 이러한 갈등을 관리하여야만 한다.

경찰의 입장에서 이와 관련된 경찰의 문제는 경찰에 적대적이고 비판적인 다수의 개인 혹은 범죄자가 밀집한 지역사회와 경찰의 관계이다. 더욱이 경찰과 지역사회의 갈등은 종종 소수집단이나 하류계층 등의 주거지역에서 훨씬 많다.

또한 각 지역사회는 경찰에 대한 기대가 그들의 교육적 배경이나 개인적 또는 친지나 가족의 경험 혹은 언론에 의하여 결정되는 개인들로 구성된다는 것이다. 그런데 각 개인은 대체로 피의자, 피해자, 증인, 제보자, 목격자, 또는 경찰정책과 관행에 영향력을 행사하는 데 관심이 있는 시민 등 여섯 가지의 형태로 경찰과 상호 작용할 수 있다. 문제는 이들 상이한 역할에 따라 경찰에 대한 기대도 달라질 수 있다는 점이다.16

(2) 조직적 기대

조직적 기대는 경찰조직의 공식적, 비공식적 관점 모두로부터 나오게 된다. 공식적 기대는 지도자, 감독자, 훈련 프로그램, 그리고 경찰기관의 목표, 목적, 정책, 절차, 규정 등으로부터 나오며, 비공식적 기대는 동료 경찰관과 부서원으로부터 파생된다. 경찰관은 자신의 업무경험과 경찰업무에 대한 감정적, 물리적, 심리적, 지성적 요구나 수요에 자신이 적응하는 방법에 의해서 상당한 영향을 받게 된다. 그들은 자신의 동료와 경찰조직 모두가 받아들일 수 있는 방식으로 자신의 임무를 수행해야만 한다.

비공식적·공식적 기대는 경찰이 내적 통합과 외적 적응의 문제를 극복하기 위하여 배우면서 만들고 발전시켜 온 경찰문화를 만들어 내게 된다. 주요한 가치와 신념은 주로 경찰관이 중요하다고 고려하는 것과 경찰업무와 조직에 대한 태도에 관련된 것이다. 물론, 적절한 경찰업무와 관련된 모든 공식적인 조직기대가 모두 경찰관의 규범, 가치, 신념으로 융합되는 것은 아니다. 경찰관에 대한 공식적 기대의 타당성은 '거리의 현실'에서 실제로 검증되어야만 하는데, 공식적 기대가 항상 이 검증을 통과하는 것은 아니며, 그 결과 경찰행위는 경찰기관이 기대하는 것뿐만 아니라 조직문화의 기대에 의해서도 영향을 받게 되는 것이다.17

(3) 법률적 기대

경찰에 대한 법률적 기대는 형법이나 형사소송법 그리고 민사소송으로 초래된 법률적 요건으로부터 파생되는 것이다. 이러한 법률은 경찰이 기능할 것이라고 가정되는 기본적인 틀을 제공한다. 물론 경찰이 항상 법률을 따르는 것은 아니지만, 법률적 기대는 경찰이 무엇을 하고 어떻게 행위 하는가에 실질적인 영향을 미친다. 더구나 경찰은 모든 법률을 따르기보다는 어떤 법률을 어떻게 집행할 것인가를 결정함에 있어서 재량권을 행사하는데, 이 재량권의 행사가 때로는 지역사회와 공식조직이 기대하는 것과 항상 조화를 이루는 것은 아니다.

3. 경찰역할에 대한 논쟁

(1) 법률적인가, 정치적인가?[18]

경찰의 역할을 민주사회에 통합시키는 가장 효과적인 방법은 법률지향의 방법과 대응적이고 개별적인 방법이라는 두 가지 극단적인 대안이 있다고 한다. 전자는 법률적 또는 관료제적·준군대적·전문적·개혁적 접근이라고 하며, 후자는 정치적 접근이라고 할 수 있다. 법률적 접근의 개념에서 사법정의는 법과 경찰기관의 정책과 절차의 일관적 적용의 산물이라고 가정한다. 이상적으로는 이들 법률, 정책, 그리고 절차는 합리적으로 발전되었고 사회의 기초적 원리와 일치하지 않는 편견이 없는 것이다.

경찰역할에 대한 정치적 견해는 다음의 두 가지 가정에 기초한다. 하나는 법과 경찰은 주로 지역사회의 가장 영향력이 있는 사람들의 이익에 봉사하는데, 그러한 사람들은 법위에 있으며 반대로 그렇지 못한 사람들은 더 엄하게 다루어진다는 것이다. 이러한 견해는 편애와 차별의 정치로 이어진다. 두 번째 가정은 개별화와 대응에 초점을 맞추는 것으로서 이러한 견해의 옹호자들은 법규의 철저한 집행은 지역사회의 집단과 사람들의 필요와 문제의 특수성을 고려하지 못한다고 주장한다. 이들에 따르면, 일관성은 요구되지 않는 것이며, 만약 경찰이 전문적이라면 편애적 처우와 차별은 불필요한 것이다. 이처럼 경찰의 반응과 대응은 법률적·합법적이어야 하며, 지역사회의 문제에 연관되는 지역사회의 가치와 상황적 여건이 기능하여야 한다.

법률적 접근과 정치적 접근에 대한 논쟁은 법의 지배와 지역사회의 기대라는 민주사회에서의 오랜 긴장을 강조하는 것이다. 두 극단의 한편에서는 법규로부터 결코 일탈하지 않고 어떠한 법규가 중요하며 그것이 언제 어떻게 집행되어야 하는지에 관한 의견도 구하지 않는 배려할 줄 모르는 관료가 있고, 다른 한 쪽에는 군중지배가 있다. 이상적으로는 공중의 불만이 변화를 초래하나, 국가의 서비스에 관하여 이권과 요구가 다르고 다원적인 사회에서의 변화는 오랜 시간을 필요하고 때로는 변화 자체가 실패하기도 한다. 결과적으로, 서비스를 제공하는 사람은 특정한 지역사회의 요구에 맞게 그 서비스를 제공하는 것이다. 그러나 이는 일부에게 차별하면서 다른 일부에게는 편애를 하지 않고는 결코 가능한 일이 아니다.

(2) 범죄투사인가, 사회사업가인가?

경찰이 단지 범죄와의 싸움만 할 것인지 아니면 사회적 봉사도 해야 하는지에 관한 논쟁은 경찰활동의 우선순위, 선발할 경찰관의 유형, 경찰관의 훈련방법, 그리고 경찰관의 유형 등에 상당한 영향을 미친다. 자신을 범죄투사로 생각하는 경찰관은 범죄는 범죄자의 합리적 선택의 산물이며 따라서 경찰의 우선적인 임무는 범죄를 억제하고 범죄자를 체포하기 위하여 수사와 순찰을 하는 것이라고 믿을 것이다. 반면에 경찰이 사회봉사의 제공자라고 믿는 경찰관은 범죄는 다양한 원인에 기인하는 것이며 범죄율도 맞출 수 있는 지역사회 재건과 범죄예방교육과 같은 다른 경찰활동도 있다고 생각할 것이다. 이러한 사회봉사지향은 더 많은 경찰－지역사회 참여와 경찰활동에 대한 덜 공격적이고 덜 권위적인 접근을 초래하는 경향이 있다.

60년대 이후, 범죄투사의 역할을 강조하는 것에 대한 비판은 실제로 범죄에 대응하는데 경찰이 지나치게 적은 시간을 할애하고 있다는 주장을 제기하면서 시작되었다. 이러한 주장은 경찰활동을 법집행이나 범죄투사, 봉사나 사회사업, 그리고 행정 등 집단으로 구분한 연구의 결과에 기초하고 있다. 물론 이에 대한 연구들은 서로 다른 결과를 내놓기 때문에 논쟁의 여지가 많다. 더구나 특정한 경찰활동을 어떤 부류로 볼 것인가에 관련된 논쟁도 없지 않다. 예를 들어, 범죄자를 체포하고 순찰하고 신고에 출동하는 것은 범죄투사적인 활동일 수도 있지만 동시에 범죄예방활동일 수도 있다. 따라서 이러한 경찰활동에 대한 연구가 경찰의 활동별 근무시간을 파악하는 데는 유용할 수 있지만 경찰이 범죄투사인지 사회사업가인지에 대한 논쟁을 해결하는 데 있어서는 특별히 도움되지는 않는다.

(3) 사전 예방인가, 사후 대응인가?

사전 예방적인 경찰업무는 경찰에 의하여 시작되는 개별 경찰관과 경찰관서의 활동을 강조한다. 반면에 사후 대응적인 경찰업무는 시민이 특별히 도움을 요청했을 때 그 문제에 대한 경찰의 반응에 가깝다. 교통딱지의 발급이나 현장조사 등이 사전 예방적인 활동이다. 그러므로 범죄를 방지하기 위하여 고안된 범죄에 대한 대응책의 개발은 사전 예방적이다. 반면에 시민의 요구에 기초하여 특정한 문제에 대응하는 것은 사후 대응적이다. 사전 예방적 대응에 관하여 문제가 되는 것은 경찰로 하여금 지역사회에 더 깊숙이 침투하게 만든다는 것이다. 그 결과 시민에 대한 침해의 소지가 높아지고 경찰, 민주주의, 시민 모두에게 더 큰 위험성을 야기할 수 있다.

(4) 기능인가 과학인가?

경찰업무의 특성 중 하나는 재량권의 행사이다. 따라서 아무리 좋은 교육과 훈련만으로는 신임경찰관이 재량권을 현명하게 사용하도록 준비하는 데 충분치 않다. 그래서 혹자는 훌륭한 경찰관은 교실이나 책을 통해서 만들어지고 훈련되는 것이 아니라 실제 경험을 통하여 만들어진다고 한다. 사실 대부분의 경찰업무는 전통적으로 기술적인 고참 선배 경찰관으로부터 직무상의 경험을 통하여 학습된다고 한다. 이러한 이유로 James Q. Wilson은 경찰업무를 직업이라기보다는 기술 또는 기능(crafts)이라고 하였다.19

경찰활동이 과학보다 기능에 가까운 것은 경찰관이 공식적 교육을 통하여 교육될 수 없고 원리에 입각할 수 없는 그 무언가를 배워야 할 중요한 일들이 있다고 믿기 때문이다. 물론 경찰활동이 과학보다는 기능에 가깝지만, 학습은 여전히 가능하며, 기술도 향상될 수 있으며, 전문성의 수준도 구별될 수 있다고 한다.20

4. 경찰의 가치, 목표, 그리고 전략

경찰의 임무를 바르게 규정하고 역할에 관한 논쟁을 해결하기 위해서는 경찰은 자신의 가치, 목표, 그리고 전략을 규명함으로써 다양한 기대를 통합하여야 한다. 먼저, 가치는 재량권의 행사에 있어서 개별 경찰관과 경찰기관에 지침이 되는 기본적 가정이다. 바로 이 가치는 경찰목표, 자원의 분배, 전략, 경찰관의 유형 등을 결정하게 된다. 그런데 대체로 경찰의 가치는 경찰이 주로 범죄투사이고 경찰-지역사회관계가 법률적인 법집행지향의 활동들로 이루어진 것과 경찰이 범죄투사 그 이상으로 사회봉사자이면서 경찰-지역사회관계가 정치적인 것으로 <표 1-2>와 같이 양분할 수 있다.

<표 1-2>와 같은 구체적인 가치 말고도 경찰에게 중요한 가치는 더 있을 수 있는데, 그 중에서도 효율성, 합법성, 형평성, 그리고 책임성을 들 수 있다. 경찰은 물론이고 어떠한 조직이라도 조직의 목표와 목적을 성취하기 위하여 최대한의 노력을 다할 것이나, 문제는 목표가 얼마나 효율적으로 달성되었는가이다. 즉, 경찰이 자원을 현명하게 사용해야 한다는 것으로서 가능한 가장 많은 결과를 얻을 수 있어야 하는 것이고, 또한 가장 경제적으로 우리의 생명과 재산이 보호되고 질서가 유지되어야 한다는 것이다.

한편, 경찰은 행동의 합법성을 확보하는 데 지대한 주의를 해야만 한다. 물론, 경찰목적을 보다 빨리 그리고 보다 편리하게 성취하기 위하여 법을 무시하려는 공공과 정치지도자들의 빈번한 압력은 물론이고 미로와 같은 법률체계를 고려할 때 대단히 어려운 일이다.

표 1-2 **경찰가치**[21]

✔ 법집행 지향적 가치
1. 경찰권은 법률에 기초하고, 법집행이 주요한 경찰목적이다.
2. 지역사회는 경찰이 법을 집행하는 데 있어서 도움과 정보를 제공할 수 있다.
3. 신고전화에 출동하는 것이 최우선이며, 신고에 가능한 가장 빨리 출동해야 한다.
4. 사회나 지역의 문제는 그것이 공공질서의 붕괴를 위협하지 않는 한 경찰의 책무가 아니다.
5. 전문가로서의 경찰이 범죄통제 우선순위와 전략을 결정하는 데 최적이다.
✔ 지역사회 지향적 가치
1. 경찰은 지역사회의 삶의 질에 영향을 미치는 정책의 개발을 포함한 모든 활동에 지역사회를 참여시킨다.
2. 경찰은 경찰전략이 반드시 민주적 가치를 보전하고 향상시켜야 한다고 믿는다.
3. 경찰은 지역사회의 강점을 재강화시킬 수 있는 서비스의 제공을 구조화해야 한다.
4. 경찰관은 직무만족과 효과성에 영향을 미치는 문제에 자신의 의견을 개진할 수 있어야 한다.

그러나 장기적으로 보면 경찰이 법체계 안에서 조심스럽게 운영되는 것은 시민이나 경찰 모두에게 가장 바람직한 것이며, 법을 집행하는 경찰이 법을 준수하고 있다는 인식 역시 중요한 것이다.

경찰은 또한 그들의 행동이 공정하고 서비스가 형평성 있게 분배되어야 한다. 물론 형평성이란 증명하기 쉽지 않고 사뭇 주관적인 것이다. 모든 사람과 모든 지역이 필연적으로 반드시 동등하게 취급되어야 한다는 것은 아니다. 대신 형평성이란 모든 행동이 공정성의 원리에 따라 이루어져서 의사결정이 사안의 상황에 따라 형평에 맞을 것을 요구하는 것이다.

경찰은 법원, 정치지도자, 공중에 대한 궁극적인 책임을 진다. 어떠한 경우에도 경찰은 자신들의 행동과 의사결정에 대해서 대답할 수 있어야 한다. 무엇보다도 경찰은 국민에 의하여 선출된 것이 아닌 일부 기능을 수행하도록 임명된 관료이기 때문에 시민이나 사법부의 마지막 권한을 가진 것이 아니다. 따라서 사람들은 경찰에게 실질적이고 무지한 권한을 위임할 수 있지만 합헌적 민주주의에서는 경찰문제에 대한 최종 권한은 법원과 국민에게 있는 것이다.

한편, 경찰의 목표나 목적이라는 입장에서 경찰의 역할은 다음과 같은 다양한 목표를 제시할 수 있다. 범죄의 예방, 범죄에 대한 공포의 감소, 평화의 유지, 생명과 재산의 보호, 법의 집행, 범죄의 인지, 범죄자의 체포, 교통의 통제, 지역사회 필요에의 대응, 집단 간 갈등의 관리, 개인적 권리의 보호, 부가적인 공공 서비스의 제공 등을 주요한 경찰의 목표 또는 목적이라고 할 수 있다.[22] <그림 1-2>처럼 조직의 목적은 조직 구성원들의 행위에 지침이 되는 전략, 전술, 프로그램, 과제, 정책, 절차, 그리고 규칙 등의 개발 지침이 되고 있다.

그림 1-2 전반적인 임무와 특수한 조직행위의 관계[23]

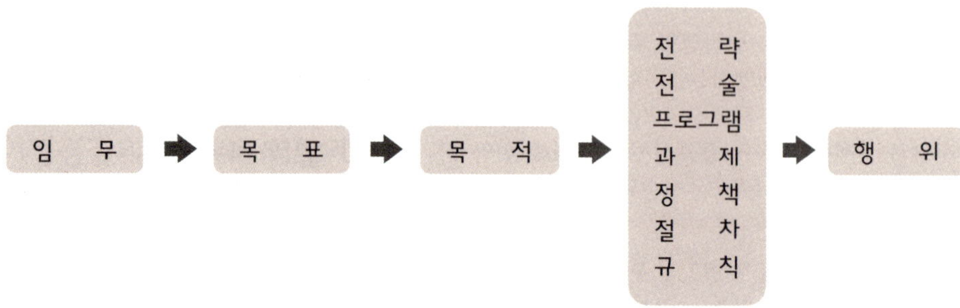

이처럼 경찰의 목표가 정해진다면 다음은 이들 목표를 가장 효과적으로 성취할 수 있는 방법을 결정해야 할 것이다. 이를 보편적으로 전략이라고 하며, 전략은 개인의 행위와 태도에 영향을 미치는 것으로 가정되는 광범위하게 개념화된 경찰활동이라고 할 수 있다. 경찰전략은 대체로 법집행전략(Law enforcement strategies), 가시성전략(Presence strategies), 교육전략(Education strategies), 그리고 지역사회건설전략(Community building strategies)으로 크게 나누고 있다.[24]

법집행전략은 국가의 공식적인 제재를 발동시키는 것이고, 가시성전략은 경찰은 제복을 입고 순찰차를 타고 순찰을 하기 때문에 사람들의 눈에 가장 쉽게 그리고 자주 보이게 하는 것이다. 이 두 전략은 경찰에게 잡혀 처벌을 받는 결과에 대한 우려가 범죄행동을 억제할 것이라는 믿음에 기초하고 있다.

한편, 교육전략은 시민과 범죄자 모두에게 해당되는 것으로서 시민들에게 그들이 범죄피해자가 될 가능성을 줄일 수 있는 지식과 기술을 제공한다. 즉, 자신이 범죄의 피해자가 되는 데 따른 결과나 그 두려움에 대한 우려와 관심에 기초하고 있다. 잠재적이거나 또는 이미 유죄가 확정된 범죄자에게는 자신의 범죄로 인한 피해자의 고통이나 자신에게 미친 고통을 분명히 하고 그들의 도덕적 행위에 호소하는 것이다.

지역사회건설전략은 경찰이 지역사회 구성원들과 함께 그 지역사회의 비공식적인 사회통제를 향상, 증대시키려는 의도이다. 지역주민들이 적극적·능동적·활동적일수록 지역사회의 문제에 더 많은 관심을 가지고 그 문제의 해결에도 더 많은 도움을 줄 것이다. 이 경우 주민들은 이웃에 대하여 보다 관심을 가지고 배려하며 반대로 이웃에게 해를 끼칠 가능성은 더 낮아질 것이다.

제3절 경찰의 임무

1. 문제에 대한 대응으로서의 새로운 직업

사회가 성장, 발전함에 따라 지역사회의 평화와 화합을 유지하기 위해 가정이나 지역사회와 같은 비공식적 사회통제 수단의 능력을 약화시킴으로써 그에 대한 새로운 대응방법으로서 발전된 것이 경찰이라고 할 수 있다.

Manning은 경찰의 역할이 제대로 규정되지 않고, 자신의 책임을 구축하는 기회를 가지기보다는 역사적으로 경찰업무의 경험도 없고 교육이나 훈련을 받지 못한 사람들에 의하여 할 일이 정해져 왔다고 설파하였다. 그런데 경찰직업의 구성원들로부터의 실질적인 의견개진을 바탕으로 발전된 분명한 사명이 없다는 것은 일반대중이나 공직자들이 인식하는 경찰, 업무수행, 그리고 그 방법에 중대한 영향을 미치게 된다.25

분명한 직업적 사명을 규정하고 기술할 수 있다는 것은 여러 가지 이점이 있다. 우선, 관련된 구성원 모두에게 그 직업과 무엇을 기대할 것인가를 분명히 정할 수 있는 기회를 주고, 다시 이와 관련된 직업의 업무와 책임의 경계를 결정하는 데 도움을 줄 수 있다. 다시 말해, 직업의 책무에 대한 분명한 이해가 있다면 고객이나 구성원 모두에게 도움이 되는 것이다.

2. 경찰사명의 규정

경찰사명이 다른 직업에 비하여 분명하지 않다고 하지만, 경찰의 주요 임무가 생명, 재산, 헌법적 권리를 보호하고, 질서를 유지하는 것이라는 데는 일반적으로 동의하고 있다. 즉, 이들 임무는 치안정책을 설정하고 경찰행동을 평가하는 기본적인 기준으로 작용하고 있다. 분명한 것은 어떤 경찰행정가도 생명, 재산, 헌법이 보장한 권리를 위험하게 하거나 무질서를 유발하는 데 기여하는 행동에 경찰력을 투입하지는 않을 것이며, 더욱이 그러한 행동을 용납하지도 않을 것이다.

비록 위와 같은 경찰의 주요 임무에 대한 일반적 동의에도 불구하고 그러한 간략한 기술은 그 목표가 어떻게 성취되어야 하며, 목표의 우선순위가 어떻게 정리되어야 하는지에 대해서는 정확한 지침이 되지 못하고 있다.

한편, 경찰사명이 분명하지 않은 것 외에도, 주요 경찰책임에 대한 위와 같은 진술은 경찰에게만 유일한 사명을 규정하지 못한다는 문제에 봉착하게 된다. 그것은 위와 같은 주요 경찰책임이 사실은 다른 유관 직업의 책무가 되기도 하기 때문이다. 예를 들어, 생명의 보호는 소방관이나 응급구조대의 주요 임무이기도 하며, 법원 역시 시민의 헌법적 권리를 보호하는 주요 책무를 가지고 있으며, 군은 국제질서의 유지라는 책무를 부여받고 있다. 따라서 생명, 재산, 헌법적 권리의 보호와 질서의 유지라는 기술만으로는 경찰의 사명과 유관 직업의 책무를 분명하게 구분하기 어렵다는 것이다. 경찰에게만 유일한 사명이 없음으로써 있을 수 있는 결과는 다른 직업의 사명과 관련된 경찰의 임무가 매우 다양해질 수 있다는 것이다.

3. 법집행(Law Enforcement): 분명한 지침인가 모호한 제안인가?

경찰의 유일한 사명을 규정하는 한 가지 보편적인 방법은 경찰을 법집행(law enforcement)이라는 견지에서 생각하는 것이다. 우리는 보통 '법집행'과 '경찰'이라는 용어를 쉽게 상호 교환적으로 사용하지만 엄밀하게 말해서 이 둘은 동일하지 않다. 앞에서도 언급되었지만 '경찰'이라는 단어는 법집행보다는 일반적으로 정부나 국가와 관련이 있다. 더구나, 보편적으로 경찰업무는 법집행 이상의 활동을 내포하고 있다. 예를 들어, 위에서 규정한 생명, 재산, 헌법적 권리의 보호와 질서의 유지라는 경찰의 두 가지 주요 사명도 법집행에 관해서는 아무런 언급도 하지 않고 있다. 더구나 소방관은 모든 화재에 항상 출동하여 소방 서비스를 제공하는 것으로 기대하지만 경찰이 모든 법을 항상 다 집행하는 것으로 기대하는 사람은 아무도 없다.

법집행이 일반적으로 핵심적인 경찰책무라고 고려되지만 이를 경찰사명의 정확한 기술로 포함시키는 것은 경찰이 모든 법을 항상 다 집행할 수 없다는 현실을 무시하는 결과가 된다. 하지만 문제는 어떠한 법의 위반이 사소한 것이고 이해할 수 있는 것인가에 대해서는 아무런 의견의 일치를 보지 못하고 있다. 또한 약물남용과 도박과 같은 행동은 법에 의하여 금지되고 있지만 그것이 어느 정도에서 경찰의 관심을 끌기에 충분할 정도로 위험하고 공격적인 것으로 보아야 할 것인가에 관해서는 의견이 분분하다. 일부에서는 철저한 법집행이 요구되는 엄청난 악이라고 여기지만 또 다른 일부에서는 경찰이 분명한 피해자가 있는 범죄에 집중할 수 있도록 무시되어야 하는 사적인 문제로서 소위 피해자 없는 범죄(victimless crimes)로 봐야 한다는 것이다. 그 결과, 의사가 질병의 치료를 무시하거나 소방관이 화재진압을 경시한다면 용납되지 않지만 경찰이 일부 법의 위반을 무시하는 데 있어서는 분노하지 않는다.

법을 집행할 것인가 말 것인가라는 경찰재량의 현실이 바로 경찰역할의 고려에 있어서 법집행의 적절한 위치를 엿볼 수 있게 해준다. 법집행은 생명, 재산, 헌법적 권리의 보호와 질서의 보전을 포함하는 경찰의 책무에 속하지는 않는다는 것이다. 이들 모두가 그 자체가 타당한 목표이나 법집행은 그렇지 않다. 법집행은 오히려 경찰이 생명, 재산, 헌법적 권리의 보호와 질서의 보전이라는 목표를 성취하기 위하여 활용할 수 있는 많은 수단 중의 하나로 고려하는 것이 가정 적절하다.

4. 경찰책무의 보다 자세한 기술

지금까지 논의된 결과는 우리가 경찰이 생명, 재산, 그리고 헌법적 권리를 보호하고 질서를 보전한다고 기대하는 아주 간단하고 불완전한 기술 그 이상으로 경찰에 대하여 우리 모두가 하나같이 받아들이는 사명을 내놓지 못했다는 것이다. Manning은 경찰은 거대하고 관리할 수 없는 사회적 영역을 감시해왔다고 결론짓고 있다.26 미국의 변호사 협회가 제시한 다음과 같은 갈등과 모호한 기술을 보면 Manning의 결론을 이해하기 쉬울 것이다.27

경찰 서비스에 대한 우선순위와 적절한 목적을 평가함에 있어서, 지역사회에서는 처음부터 대부분의 경찰기관이 자의나 우연에 의하여 현재 다음과 같은 책임이 주어지고 있다는 것을 인식해야 한다.

가. 범죄자와 범죄활동을 파악하고 적절한 경우에는 범법자를 체포하고 그에 따르는 사법절차에 참여하고
나. 예방적 순찰과 기타의 방법을 통하여 일부 범죄의 범행기회를 줄이고
다. 신체적 위해의 위험에 처한 개인을 도우며
라. 헌법으로 보장된 권리를 보호하며
마. 사람과 차량의 소통을 용이하게 하고
바. 자신을 스스로 돌볼 수 없는 사람들을 도우며
사. 갈등을 해결하고
아. 잠재적으로 심각한 법집행을 요하는 문제나 국가적 문제를 파악하고
자. 지역사회의 안전감을 만들고 유지하며
차. 민중질서를 보전하고 향상시키며
카. 긴급상황시 기타 서비스를 제공한다.

한편, Goldstein도 이와 유사한 다음과 같은 내용으로 경찰의 임무를 기술하고 있다.28

가. 생명과 재산을 위협하는 것으로 널리 알려진 행동을 통제하고 예방하며(심각한 범죄)
나. 범죄피해자와 같이 신체적 위험에 처한 사람을 돕고
다. 언론과 집회의 자유 등과 같은 헌법적 권리를 보호하며
라. 자동차와 사람의 소통을 용이하게 하고
마. 술에 취하거나 약물에 중독되거나 정신적 질병을 앓고 있거나 신체적 장애가 있거나 노약자 등과 같이 자신을 돌볼 수 없는 사람들을 도우며

바. 개인간·집단간, 또는 개인과 국가간의 갈등을 해결하고

사. 개별 시민, 경찰 또는 국가에 대하여 보다 심각한 문제가 될 수 있는 잠재력을 가진 문제점을 파악하고

아. 지역사회의 안전감을 만들고 유지하는 것이다.

이 목록은 위의 미국변호사협회가 제시한 목록과 거의 유사하나 범죄자의 체포, 재판과정에의 참여, 그리고 순찰 등을 통한 범죄감소 노력 등을 제외하였는데 그것은 이들이 경찰의 궁극적인 목표라기보다는 경찰에 의하여 활용되는 수단과 방법으로 보는 것이 더 적절하다고 가정하기 때문이라고 한다. 또한 여기서는 질서의 조장과 유지도 제외되었는데, 그것은 갈등의 해결을 통하여 다루어질 수 있다고 판단했기 때문이다. 그러나 사적 도덕의 규제와 통제를 추가할 수 있는데, 이는 그것이 경찰의 책임이라서가 아니라 이러한 목표에 대하여 경찰이 현재 상당한 자원을 기여할 것을 기대 받고 있기 때문이다.29

결국, 위에서 제시한 경찰책임의 목록만 보더라도 비현실적으로 보인다. Goldstein은 경찰의 관심 대상이 되는 대부분의 문제는 경찰의 책임이 되는데, 그것은 이들 문제를 해결할 다른 수단이 없기 때문이라고 한다. 따라서 경찰에게 이 모든 문제를 해결하도록 바라는 것은 지나친 기대이다. 오히려 문제의 양을 최소화하고, 재발을 방지하며, 고통을 축소하고, 그 문제로 파생될 수 있는 기타 부수적인 영향을 최소화하는 데 목표를 두는 것이 좋다.30

지금까지의 진술을 종합하자면, 경찰의 문제라고만 할 수 있는 것은 없으며, 오로지 경찰이 직면하도록 우리가 기대하는 사회적 문제만이 있다. 이러한 문제의 대부분은 경찰이 만들지도 경찰이 바꿀 수도 없는 요인들에 의하여 유발되기 때문에 경찰이 그러한 문제의 대부분을 해결하는 것은 기대할 수 없다. 우리가 경찰이 해결하리라 기대하고 경찰에 요구하는 많은 문제가 사실은 경찰의 능력 밖의 것이다.31

5. 범죄의 문제

경찰이 전통적으로 예방하고 인지하도록 요구받아 온 범죄는 사회, 경제, 유전, 심리적 요인들과 관련되어 있다. 대부분의 나라에서 가장 폭력적이고 범죄로 물든 지역은 빈곤, 가족구조가 존재하지 않거나 약하고, 젊은이들을 위한 긍정적인 역할모형이 존재하지 않고, 부적절한 학교와 교육에 대한 지원, 무시, 사회적 소외, 불평등, 기회의 부족 등으로 영향을 받고 있는 지역이다.

범죄문제에 대한 이러한 고려는 경찰의 역할을 규정하려는 모든 시도에 상당한 영향을 미쳐왔다. 분명히 경찰은 매일 범죄를 예

방하고 인지하기 위하여 열심히 노력하도록 기대되고 있지만 오랫동안 경찰의 범죄투쟁 역할에 있어서 가장 중요한 임무는 교육적이고 시사적인 것이었다. 법원과 교정제도와 함께 범죄문제에 대한 책임의 대부분을 맡아온 경찰은 대중이나 정책입안자들에게 장기적 범죄감소는 대부분의 범죄를 잉태하는 사회적 조건을 변화시킴으로써 이루어질 수 있다는 점을 지속적으로 지적해야만 한다.[32]

6. 문제지향적 경찰활동 (Problem-Oriented Policing)

문제지향적 경찰활동에 대한 Goldstein의 개념은 범죄와 무질서를 완화하려는 경찰의 시도가 교육적이고 영감적인 노력을 포함하여야 한다는 이상을 함축하고 있다. 예를 들어 경찰이 직면하는 가장 복잡한 문제의 다수는 쉽게 해결되기 어려운 것이지만 그럼에도 불구하고 경찰이 그것을 해소할 수 있을 것으로 기대하고 있다. 더구나, 개별 경찰관들도 이들 문제에 의하여 야기된 일시적으로 받아들일 수 없는 조건들의 다수를 고칠 수 있는 능력을 증대시킬 수도 있다. 이는 바로 경찰 자신을 전적으로 법집행관으로만 보지 않고 문제를 파악하는 데 필요한 자원을 가진 진단의로 봄으로써 가능해진다. 기본적으로, 문제지향적 경찰활동이 추구하는 것은 법집행이 대부분의 문제성이 있는 경찰상황에 대한 가장 적절한 도구라는 자동적인 가정에서 벗어나는 점이다. 분명히 심각한 위반행위가 발생하면 법은 반드시 집행되어야만 하지만 법 그 자체는 종종 사소한 문제에 대한 해결책은 아니라는 것이다.[33]

(1) 강제로서의 경찰업무

문제지향적 경찰활동은 일반적인 방법으로 일시적인 조건을 수정하고 장기적인 문제를 다루기 위하여 경찰이 채택하는 방법을 규정하고 있으나, 바람직한 경찰활동에 있어서 전형적으로 도입되는 전략과 전술을 명확하고 특별하게 규정하지는 않는다. 바로 이러한 공백을 메우기 위하여 Muir는 28명의 경찰관을 면밀히 관찰한 다음 경찰관들의 업무의 본질과 핵심을 강제(coercion)라고 결론 내렸다. 그에 따르면, 정치인과 마찬가지로 경찰은 해야 할 일을 하도록 사람들을 이해시키고 설득시키는 것이 그들의 일이라고 한다. 경찰은 사람들로 하여금 특정한 방법으로 행동하도록 시도하는 데 있어서 무력의 사용을 피하려는 중요한 도전에 직면하게 된다. 경찰관이 범인을 체포하거나 총기를 사용하는 경찰강제의 경우, 보다 명백하고 잘못된 행위에 대하여 신속하고 비자발적인 수단을 동원하게 된다. 일부 경찰강제는 실질적인 법집행을 포함하기도 하지만 대부분의 경우에는 만약 자신의 적절하지 못한 행위를 바꾸지 않으면 경찰이 즉각적으로 항상 법집행에 호소할 수 있다는 상대의 인식을 조작함으로써 행위를 변화시킨다. 즉, 훌륭한 경찰관은 법적 강제의 전문가로서 다른 사람이 경찰이 규정하는 방법으로 적절한 행동을 하기 위하여 자신의 개인적 권력이나 경찰의 권한을 활용하는 예술과 과학이다.34

(2) 경찰의 비강제적 업무

경찰에 부여된 모든 업무가 전부 강제성을 가지는 것은 아니다. 그러나 생명, 재산, 권리를 보호하고 질서를 보전하는 경찰업무의 핵심은 강제를 수반할 수밖에 없다. 이 업무는 설득이나 경고보다 부드러운 형태의 강제가 불충분할 때, 무력을 사용할 수 있도록 경찰에게 폭넓은 권한을 필요로 한다. Bittner에 의하면, 경찰은 그 활용이 불가피한 상황에서 협상할 수 없는 강제력을 동원할 수 있는 독점권을 가진 제도이자 기관이다.35

제 4 절 경찰역할의 구체적 논의

Reiss는 경찰을 지역사회와 법률제도 사이의 기본적 중재자로 그리고 그 법률제도의 주요 대표자로 간주하여, 경찰이 법을 집행하고 평화를 지키는 동시에 지역사회의 관료와 시민의 요구에 법의 보편적 기준을 조절한다고 주장하였다.36 이와 비슷하게 Wilson도 질서유지와 법집행이라는 경찰의 두 가지 기본적 기능과 이들 기능을 수행하는 세 가지 구별되는 유형을 논한 바 있다.37 Gaines 등은 법집행과 질서유지에 교통규제와 같은 편의규범의 집행과 기타 서비스의 제공을 추가함으로써 경찰기능을 더욱 세분화하였다.38

그렇다면 누가 경찰의 역할, 기능, 임무 등을 규정할 것인가? 민간인들도 분명히 경찰과의 접촉, 경찰을 후원하거나 감시하는 조직에의 참여, 경찰서장을 임명하는 공직자의 선거를 통하여 경찰역할의 특성에 영향을 미친다. 입법부는 경찰을 지배하는 것은 물론 경찰이 다른 사람들을 규제하기 위하여 활용하는 법규의 제정을 통하여 경찰의 역할에 영향을 미친다. 더구나, 입법부는 경찰기관에 대한 예산자원을 결정함으로써 경찰에 영향을 미칠 수도 있다. 우리 사회의 법원은 적법절차에 관련된 경찰행위를 규제하는 결정을 내림으로써 경찰을 감독하고 통제하는 데 적극적으로 가담하고 있다. 물론 경찰관 자신들도 위의 집단이나 조직에 의하여 만들어진 일반적인 지침의 범위 안에서 어떤 사건은 무시하고 어떤 사건은 개입하는 등 경찰의 역할을 규정하는 데 적극적으로 개입하고 있다.39 이를 종합하면, 경찰의 역할은 결국 시간과 장소에 따라 달라질 수 있다는 것이다. 대부분의 법집행기관은 어떤 문제를 다루고 취급할 것인가를 결정하지 않고 오히려 비록 경찰 자신은 우선적인 문제로 규정하지 않을지라도 시민들이 중요하다고 느끼는 문제에 반응한다.

대부분의 사회에서 법집행 또는 범죄투사로서의 경찰의 전통적 역할이 상당히 강조되어 왔다. 불행하게도 경찰활동에 있어서 범죄통제가 주로 강조되어 왔기 때문에 그 효과가 어떻게 평가, 측정되건 경찰은 기준을 충분히 충족시키지 못하고 있다. 질서유지를 경시하고 범죄통제모형을 강조하였던 시기에도 경찰은 오히려 시민의 범죄에 대한 두려움과 공포를 증대시켜서 시민들로 하여금 공공장소나 위험한 지역 등을 포기하게 만들었다.40

이러한 이유에서 지역사회 경찰활동은 범죄통제 외에 기타 서비스의 제공과 질서유지, 그리고 경찰－지역사회의 동반자관계에 관심을 가졌다. 이러한 예방적 활동들이 질서를 유지하고 경찰에 대한 시민의 만족을 높이고, 범죄를 통제하는 중요한 수단이기 때문이다.

1. 현대의 경찰기능

경찰기능에 대해서 확실히 하는 것은 다양한 이유로 매우 중요한 일이다. 첫째, 경찰관은 수행해야 할 것이 무엇인가에 대한 분명한 인식이 있을 때만 그 업무에 맞는 유능한 인력을 선발하고 채용할 수 있다. 둘째, 경찰관의 승진과 인사 평가는 경찰이 실제로 무엇을 하는가라는 견지에서 평가하는 범위에서만 유용한 것이다. 셋째, 예산결정은 경찰의 역할에 대한 정확한 분석에 기초하여야 한다. 넷째, 조직구조에서의 효율성과 효과성은 정확한 업무분장에 달렸다. 다섯째, 시민의 협조는 공공과 경찰의 상대적 역할에 관한 합리적인 기대치를 발전시키는 데 달렸다.41 그러나 경찰은 질서유지와 법집행이라는 기본적 기능을 수행한다는 데 대해서는 모든 권위자들이 동의하지만 그 중요성의 순위는 종종 의문의 대상이 되고 있다.

(1) 공직자로서의 경찰

Moore는 지역사회경찰활동에 있어서 경찰은 비교적 합리적인 비용으로 관내의 폭력과 범죄를 줄이도록 기대될 뿐만 아니라 지역사회의 필요와 요구를 충족시킬 기대도 받고 있다고 주장한다. 즉, 지역사회의 만족과 조화가 중요한 목표인 것이다. 여기서 지역사회 대표성과 책임성이라는 입장에서 정치가 경찰 합법성의 분명한 기로와 미덕으로서 재등장하게 된다.42

Roberg와 Kuykendall은 일부 경찰이 자신을 사회사업가로 여긴다고 밝힌 바 있다. 이들 경찰관은 범죄는 일련의 다양한 요인의 결과이고 범죄자를 체포하는 것은 경찰에게 주어질 수 있는 다양한 대안 중의 하나에 불

과하다고 믿는다는 것이다.[43]

경찰은 질서유지의 사명을 가진 최일선의 공직자다. 경찰은 개인적 판단이라고 할 수 있는 다소간의 재량권의 행사, 협상, 중재 등의 과정의 활용으로 질서유지 업무를 수행한다. 그러나 공직자로서 개인에 대하여 의무가 있고 책임이 있으며, 경찰을 항시 감시하는 다양한 집단이 있다는 점을 인식하는 것이 중요하다. 서비스 제공자로서 책임을 다하기 위해서 경찰은 이념적이고 구조적인 변화를 해왔고 또 해야 할 것이다.

그렇다고 경찰의 역할이 서비스 제공자로서 문제가 없는 것은 아니다. 다양한 분야에서 전문가가 되는 데 요구되는 훈련은 쉽게 찾을 수도 없고 그 비용도 대단할 것이다. 따라서 경찰은 종종 자신이 약간의 훈련이라도 받은 서비스를 제공하려고 노력하게 되고 이것이 곧 나쁜 업무성과를 초래하여 전문가로서의 경찰의 인식을 해치게 된다. 결국, 다양한 서비스를 제공하는 비용은 경찰활동의 비용을 전반적으로 상당히 증대시킬 수 있다. 따라서 경찰은 어떠한 기능이 더 중요한가를 결정해야만 하는데, 그러한 결정은 조직과 공공의 기대에 좌우되는 자신의 역할을 어떻게 보는가에 달려 있다.

(2) 질서유지기능

만약에 우리가 경찰활동을 법집행에 직접적으로 관련된 것과 법집행 지향적이지 않은 것으로 구분한다면, 경찰의 시간은 대부분 후자를 위하여 쓰인다.[44] 일부에서는 경찰관이 소비하는 대부분의 시간은 교통통제, 일상적 순찰, 주민의 의료나 응급에 대한 출동, 기타 지역사회가 경찰이 수행하기를 기대하는 업무 등과 같은 서비스 기능에 할애되고 있다고 주장한다. 대부분의 경찰활동이 법집행에 직접적으로 관련되지 않고 경우에 따라서는 질서를 유지하려는 의도에서 일부러 법집행을 피하기도 한다.[45] 그럼에도 불구하고 경찰이 개입된 대다수의 경우에는 경찰이 거의 사용하지 않는 무력행사가 질서유지를 크게 좌우하게 된다.

(3) 법집행기능

대부분의 경찰은 범죄자를 체포하거나 대부분의 유형의 범죄를 예방하는 데 그리 효과적이지 못했다. 이는 대체로 다양한 상황에 자의로 개입하지 못하게 하는 사회적 제약과 범죄통제에 있어서 협조하지 않으려는 시민의 의지가 없다는 데 기인한다. 예를 들어, 가정폭력이 일어날 경우 어느 한 당사자나 이웃주민이 경찰에 신고하지 않거나 경찰 스스로 현장을 목격하지 않는 한 개입할 수 없는 것이다.

또한 경찰이 다루기 힘든 수많은 범죄도 있다. 예를 들어, 화이트칼라범죄(white collar crime)는 대부분 모든 노상범죄를 합한 것보다 더 많은 피해를 주지만 대체로 경찰에 의하여 수사되는 경우는 거의 없다. 한편, 범죄 통계의 문제로 지적되고 있지만 경찰에 보고되는 범죄는 사회에서 발생하는 실제 범죄의 절반에도 미치지 못하는 실정이다. 더구나 경찰이 인지하거나 신고된 강력 범죄도 상당수는 해결되지 않고 있다. 이처럼 사건 해결률이 낮다는 통계도 목격자로서 참여하거나 해결의 실마리가 될 수 있는 제보를 하지 않는 등 대체로 경찰이 통제할 수 없는 요소들에 기인하는 경우가 많다. 또한 경찰관 한 명이 담당하는 시민의 수, 즉 인구에 비례하는 경찰관의 수도 고려하지 않을 수 없다. 결과적으로 경찰이 어떠한 기술을 활용하건 경찰 스스로만은 공공을 효과적으로 통제할 수 없다.

그럼에도 불구하고 법집행은 경찰활동의 중요한 요소이다. 실제로 경찰이 법을 집행할 때, 경찰의 행위와 개입은 매우 중요하다. 경찰은 사법제도의 가장 큰 부분을 차지하고 사법제도의 최일선에 있으며 그들의 역할이 나머지 사법제도의 망이 움직일 것인지 아닌지를 결정하는 중요한 변수가 되고 있기 때문이다. 그럼에도 불구하고 경찰의 법집행활동은 경찰이 투자하는 시간의 극히 일부에 지나지 않고, 만약 경찰이 법집행에만 책임이 있다면 자신의 임무에 계속해서 부적절할 수밖에 없는 것이다.

범죄통제와 관련된 경찰에 대한 기대는 대체로 위반을 예방하는 것과 범법자를 체포하는 두 가지 분야로 나뉠 수 있다. <표 1-3>과 같이 이러한 특성에 따라 범죄를 예방하거나 범죄자를 체포할 수 있는 가능성이나 확률도 달라진다.

과연 경찰이 면식범의 죄, 즉 아는 사람 사이의 범죄도 예방할 수 있는가? 대부분의 이러한 범죄는 사적인 공간에서 벌어지기 때문에 그것을 예방하기 위해서는 경찰이 그러한 범죄가 발생할 것이라는 것을 사전에 알거나 범행시나 그 전에 현장에 있어야만 한다. 전형적으로 이러한 상황은 관계된 당사자의 일방이 범죄발생 이전에 경찰에 신고해야 한다. 따라서 그러한 범죄의 예방은 경찰보다는 관계된 시민에 의해서 크게 좌우되는 것이어서 경찰의 예방효과는 극히 제한적일 수밖에 없다.

표 1-3 범죄관련 법집행의 잠재적 효과성[46]

경찰행위	범죄유형과 가해자와 피해자의 관계			
	대인범죄		재산범죄	
	아는 사이	모르는 사이	아는 사이	모르는 사이
예방	매우 제한적	가능	매우 제한적	가능
체포	매우 제한적	가능	매우 제한적	가능

물론 그러한 문제에도 불구하고 일부에서는 경찰이 범인을 체포하고 공론화, 여론화함으로써 그러한 범죄를 억제할 수 있다고 주장하고 있다. 그러나 법률적 강제의 효과에 대한 경험적 자료는 법률적 강제 그 자체가 그렇게 효과적인 수단이 아니라는 것을 보여주고 있다. 억제효과가 있기 위해서는 범죄자가 자신이 체포될 수 있다는 현실적 가능성을 확신해야 되지만 사적 공간에서 아는 사람 사이에서 일어나는 범죄에서 이를 기대하기는 매우 어려운 것이다. 더구나 대부분의 대인범죄는 제재에 대한 이성적 고려를 하지 않는 일종의 격정적 범죄이기 때문에 사전경찰활동이 범죄자를 억제한다는 것은 기대하기 어렵다. 따라서 사적 공간에서 행해지는 아는 사람 사이의 범죄는 그 예방이 극히 제한적일 수밖에 없는 것이다.47

이에 비해, 서로 모르는 사람 사이에서 일어나는 범죄는 경찰이 그 예방과 범인을 체포할 가능성이 조금은 더 높다고 할 수 있다. 낯선 사람끼리의 범죄는 피해자가 신고할 확률이 더 높다는 점에서 범인의 체포에 도움이 될 수 있다. 바로 여기서 경찰이 성공적일 수 있는가 여부는 경찰 자신의 직접적인 노력이 아닌 피해자의 신고의지에 달려 있는 것이다.

일부에서는 그것이 공공장소에서 일어난 것이라면 경찰의 예방과 체포에 훨씬 더 효과적일 수 있다고 한다. 그러나 이러한 견지에서 행해지는 경찰의 전형적인 전략은 순찰활동이라고 할 수 있는데, 미국의 캔사스시 예방순찰 실험에서 알려진 바와 같이 순찰의 강화가 범죄감소와는 직접 또는 간접적인 관계가 없음이 밝혀졌다. 이는 순찰 경찰관이 범행의 현장에 있을 가능성이 매우 낮기 때문인데 이런 점에서 일부에서는 지시 또는 표적순찰(Directed or Targeted Patrol)을 주장하나 현실적으로 모든 범죄발생위험성이 높은 지역에 순찰 경찰관을 항시 배치할 수 있을 정도로 충분한 자원을 가지지 못하고 있다. 그 결과 이러한 위험지역에 대한 민간 용역경비의 활용이 증대되고 있는 것이다.48

제 5 절 경찰업무의 특성

지금까지 논의한 경찰의 역할, 임무, 사명 등을 종합하면 경찰업무의 특성이나 경찰역할의 핵심을 다음과 같이 요약할 수 있다.

가. 경찰업무가 초기에는 범죄수사보다 질서를 유지하는 것에 더 많은 관련이 있어 왔다.

나. 경찰업무는 범죄와의 투쟁과 관련이 깊고 오늘날 범죄관련 문제가 경찰업무의 상당 부분을 점하고 있다.

라. 경찰관은 범죄와의 투쟁, 법 집행, 그리고 질서 유지라는 임무 수행에 있어서 상당한 재량권을 가지고 있다.

마. 법 집행은 그 자체가 목표라기보다 오히려 경찰이 활용하는 하나의 수단으로 가장 잘 이해된다.49

물론 법집행이 경찰업무에서 직면하게 되는 다양한 문제에 대응하기 위하여 경찰이 활용하는 단지 하나의 방법이지만, 경찰과 가장 많이 그리고 빈번하게 관련이 되는 방법이다. 따라서 일부에서는 법집행을 경찰의 기능 또는 역할에 있어서 중심에 있다고 한다. 경찰관이 실제 법을 집행하거나 무력을 사용하는 경우는 거의 없으며, 현실에서는 경찰이 법집행 기능보다는 사회봉사 기능을 더 많이 한다는 어떠한 주장도 분명히 밝혀지지 않았다. 또한 경찰활동을 사회봉사와 법집행으로 양분하는 것도 문제가 있다고 한다. 사실 경찰이 어떠한 문제에 대응하더라도 그것은 사회사업가로서가 아니라 경찰관으로 대응한다는 것이다.50

경찰업무의 특성을 밝히기 위한 좋은 방법의 하나는 다른 기관에서 수행되지 않는 경찰만의 독특한 기능이 무엇인지를 파악하는 것이다. 그러한 기능 중의 하나가 법집행이라고 한다. 많은 사람이 법집행을 경찰역할의 핵심이라고 주장하는 이유가 바로 여기에 있다. 물론 많은 공공기관에서 법을 집행하지만 무언가 일어나지 않아야 될 때와 지금 바로 무언가가 행해져야 할 때 우리가 찾는 것은 바로 경찰이다. 무언가 행해져야 할 때 궁극적으로 동조를 강제할 수 있는 것은 경찰이다. 즉, 경찰은 우리를 다르게 행동하도록 강제할 수 있는 법적 권한, 도구, 훈련, 기술을 가지고 있기 때문에 무언가 행해져야 할 때 궁극적으로 동조를 강제할 수 있다.51

그러나 경찰이 무력을 사용할 수 있는 권한이나 면허는 항상 뒷전이기 쉽다. 경찰은 시민의 행위를 변화시키기 위하여 시민을 설득하고 상담하려고 하며, 이러한 견지에서 경찰이 사회사업가로 행동할 수도 있다. 그러나 시민은 언젠가는 무력을 사용할 수 있다는 것을 알고, 경찰도 이 점을 알기 때문에 바로 궁극적인 힘을 시민의 동조로 얻어내는 데 지렛대로 활용하고 있다.52

따라서 현대 사회에 있어서 경찰의 역할을 다음과 같이 가상해 볼 수 있다.

가. 경찰역할의 핵심은 법집행과 강제력의 사용을 포함한다.

나. 경찰활동의 일차적 기술은 무력사용을 피하면서 문제 상황을 효과적으로 해결하는 것을 내포한다.

다. 기술적인 경찰관은 우선적으로 효과적이고 창의적인 의사소통을 통하여 무력의 사용을 회피한다.53

POLICE SCIENCE

참고문헌

1 James J. Fyfe, Jack R. Greene, William F. Walsh, and Roy Clinton McLaren, *Police Administration*(5th ed.), New York: The McGraw-Hill Companies, Inc., 1997, p. 8, Box 1-1에서 재인용.

2 Samuel Walker, *A Critical History of Police Reform*, Lexington, MA: Lexington Books, 1977, p. 25.

3 Chris Braiden, "Bank robbers and stolen bikes: Thought of a street cop," *Canadian Police College Journal*, 1986, 10:1-30, p. 5.

4 Herman Goldstein, *Problem-Oriented Policing*, New York: McGraw-Hill, 1990, p. 10.

5 *Ibid*, p. 8.

6 George L. Kelling, Tony Pate, T, Duane Dieckman, and Charles E. Brown, *The Kansa City Preventive PatrolExperiment: A Technical Report, Washington, DC: Police Foundation*, 1974; William Spelman and Dale K. Brown, Calling the Police: Citizen Reporting of Serious Crime, Washington, DC: Police Executive Research Forum, 1981; Peter Greenwood, Joan Petersilia, and Jan Chaiken, The Criminal Investigation Process, Lexington, MA: Heath, 1977 참조.

7 Fyfe *et al.*, *op cit.*, p. 21.

8 Robert Trozanowicz and Bonnie Bucqueroux, *Community Policing: A Contemporary Perspective*, Cincinnati, OH: Anderson, 1990.

9 Herman Goldstein, "Improving police: A problem-oriented approach," *Crime and Delinquency*, 1979, 25:236-258; Herman Goldstein, *Problem-Oriented Policing*, New York: McGraw-Hill, 1990, p. 33.

10 William Spelman and John E. Eck, "Problem-oriented policing," Research in Briefing, Washington, DC: National *Institute of Justice*, 1987, p. 2.

11 A. J. Reiss, Jr., *The Police and The Public*, New Haven: Yale University Press, 1971, pp. 1-2.

12 President's Commission on Law Enforcement and Administration of Justice, The Challenge of Crime in a Free Society, Washington, DC: U.S. Government Printing Office, 1967, pp. 91-92.

13 C. B. Klockars, The Idea of Police, Newbury Park, CA: Sage Publications, 1985, pp. 8-13.

14 E. Bittner, *The Functions of Police in Modern Society*, Washington, DC: U.S. Government Printing Office, 1970.

15 R. R. Roberg and J. Kuykendall, *Police Organization and Management: Behavior, Theory and Processes, Pacific Grove*, CA: Brooks/Cole, 1990에서 인용.

16 Roy Roberg, John Crank, and Jack Kuykendall, *Police & Society*(2nd ed.), Los Angeles, CA: Roxbury Publishing Company, 2000, p. 21.

17 *Ibid*, p. 22.

18 *Ibid*, pp. 23-24.

19 J. Q. Wilson, "Dilemmas of police administration," *Public Administration review*, 1968, 28:407-417.

20 D. H. Bayley and E. Bittner, "Learning the skills of policing," in Roger C. Dunham and Geoffrey P. Alpert(eds.), *Critical Issues in Policing: Contemporary readings*(3rd ed.), Prospect Heights, IL: Waveland Press, Inc., 1997, pp. 128-129.

21 R. Wasserman and M. H. Moore, *Perspectives on Policing: Values in Policing*, Washington, DC: National Institute of Justice, 1988에서 인용.

22 Roberg *et al.*, *op cit.*, p. 27.

23 G. W. Cordner and R. Sheehan, *Police Administration*(4th ed.), Cincinnati, OH: Anderson Publishing Co., 1999, p. 46, Figure 3-1.

24 *Ibid.*

25 Peter Manning, *Police Work: The Social Organization of Policing*, Cambridge, MA: M.I.T. Press, 1977.

26 Manning, *op cit.*, 1977, p. 8.

27 *American Bar Association Project on Standards for Criminal Justice*, Standards Relating to the Urban Police Function, New York: American Bar Association, 1973, pp. 4-5.

28 Herman Goldstein, *Policing a Free Society*, Cambridge, MA: Ballinger, 1977, p. 35.

29 *Ibid.*, p. 44.

30 *Ibid.*, p. 243.

31 Fyfe *et al.*, *op cit.*, p. 38.

32 Fyfe *et al.*, *op cit.*, pp. 41-42.

33 Herman Goldstein, *Problem-Oriented Policing*, New York: McGraw-Hill, 1990.

34 William K. Muir, *Police: Streetcorner Politicians*, Chicago: University of Chicago Press, 1977.

35 Egon Bittner, *The Function of the Police in Modern Society*, Rockville, MD: National Institute of Mental Health, 1970, p. 122.

36 Albert Reiss, *The Police and the Public*, New Haven, CT: Yale University Press, 1971, p. 1.

37 James Q. Wilson, *Varieties of Police Behavior*, Cambridge, MA: Harvard University Press, 1968.

38 L. K. Gaines, V. E. Kappeler, and J. B. Vaughn, *Policing in America*, Cincinnati, OH: Anderson, 1994.

39 R. H. Langworthy and L. F. Travis III, *Policing in America: A Balance of Forces*, New York: Macmillan, 1994, pp. 150-157.

40 G. L. Kelling and M. H. Moore, "The Evolving Strategy of Policing," *Perspectives on Policing*, U.S. Department of Justice, Washington, DC: U.S. Government Printing Office, 1988.

41 Steven M. Cox, *Police: Practices, Perspectives*, Problems, Boston, MA: Allyn and Bacon, 1996, pp. 19-20.

42 M. H. Moore, "Community Policing," pp. 99-158 in M. Tonry and N. Morris(eds.), Modern Policing, Chicago: University of Chicago Press, 1992, p. 123.

43 R. R. Roberg and J. Kuykendall, *Police in Society*, Belmont, CA: Wadsworth, 1993, p. 47.

44 A. V. Bouza, *The Police Mystique*, New York: Plenum, 1990.

45 S. Cox and J. Fitzgerald, *Police in Community: Critical Issues*(2nd ed.), Dubuque, IA: Wm C. Brown, 1991, p. 195.

46 Steven M. Cox, *Police: Practices, Perspectives, Problems*, Boston, MA: Allyn and Bacon, 1996, p. 24, Table 2-1.

47 J. Livingsoton, *Crime and Criminology*, Englewood Cliffs, NJ: Prentice Hall, 1992, pp. 432-434.

48 C. Klockars and S. Mastrofski, *Thinking about Police: Contemporary Readings*, New York: McGraw-Hill, 1991, p. 131.

49 Gary C. Cordner and Robert Sheehan, *Police Administration*(4th ed.), Cincinnati, OH: Anderson Publishing Co., 1999, p. 35.

50 C. D. Shearing and J. S. Leon, "Reconsidering the police role: A challenge to a challenge of a popular conception," *Canadian Journal of Criminology and Corrections*, 1977, 19:342.

51 E. Bittner, "Florence Nightingale in pursuit of Willie Sutton: A theory of the police," in H. Jacob(ed.), *The Potential for Reform the Criminal Justice System*, Beverly Hills, CA: Sage Publications, 1974, p. 30.

52 E. Bittner, *The Functions of the Police in Modern Society*, Washington, D.C.: U.S. Government Printing Office, 1970, p. 46.

53 Cordner and Sheehan, *op cit.*, p. 38.

제 2 장

경찰운용론

POLICE SCIENCE

제 1 절 순찰(Patrol)

경찰의 기본적 임무를 위한 행위로는 개인의 범죄성을 예방하거나 근절하는 것, 또는 범죄를 예방하기 위하여 고안된 모든 안전장치를 도입하는 것이다. 비행을 하려는 동기는 유해한 영향력을 억누르거나 제거함으로써 어느 정도는 예방될 수 있으나 경찰이 그것을 완전히 제거하리라고 기대할 수는 없다. 동시에, 경찰이 비행의 모든 기회를 제거할 수 있는 효율성이나 충분한 역량을 가질 수도 없다.[1]

1. 순찰의 특성과 목적

순찰기능은 거리를 순찰하는 물리적 행동 이상의 많은 다른 활동을 포함하고 있다. 순찰업무는 집중적인 범죄예방 접촉과 임무, 범죄수사, 교통법규의 집행, 그리고 기타 일선 경찰관이 수행하는 다른 활동을 다 포함하고 있다.

물론 순찰의 기본적 목적은 성공적인 범죄행동의 실질적인 기회 또는 적어도 그러한 기회가 존재한다는 믿음의 제거이다. 이러한 기능은 범죄억제(crime deterrence)라고도 불리기도 한다.

순찰의 두 번째 목적은 비행 양산 환경조건의 발각, 더 높은 윤리적 기준의 자극, 부정적 영향의 제거와 같은 범죄예방 활동을 위한 자원을 제공하는 것이다. 범행기회를 제거하기 위하여 직접적으로 시도하는 유일한 형태의 경찰 서비스라는 점 외에도 순찰기능은 긍정적인 영향력을 개발하고 공중과의 관계와 지속적인 접촉을 통하여 개인이나 집단의 태도에 긍정적으로 영향을 미침으로써 비행에 대한 욕망의 진전을 통제할 수도 있다.

순찰의 세 번째 주요한 목적은 범죄행동의 욕망을 제거하지 못했거나 범행기회가 좋다는 믿음이 있을 때 가장 분명하게 알 수 있다. 순찰은 범행의 수사, 범인의 검거, 재물의 회복 등에 즉각적으로 쓰일 수 있다. 네 번째로 24시간 전 지역을 담당하기 때문에 비범죄적 서비스를 위하여도 쓰일 수 있다. 잃어버린 물건이나 사람을 찾아서 돌려주고, 시민에게 고지하고 도움을 주며, 교통통제에서부터 가정불화의 해결에 이르기까지 다양한 비범죄적 서비스를 제공한다.

이처럼 순찰은 다양한 목적과 전략을 이용하여 여러 가지 형태로 기능할 수 있으나 대체로 다음과 같은 네 가지 주요 기능을 가진다. 첫째, 범죄신고에 대응하여 수사하고, 용의자를 파악하여 체포하며, 둘째로 비범죄적 위기에 생명과 재산을 보호하기 위하여 시민, 동료 경찰관 기타 응급관련 종사자를 돕고, 셋째로 차량의 검문 등과 같이 법집행에 간접적으로만 관련된 다양한 서비스를 수행하며, 넷째로 소위 예방순찰로서 범죄의 징후나 의심스러운 활동에 대하여 특정한 지역에서 사람과 위치를 관찰하는 것이라고 정의하고 있다.[2]

이들 네 가지 주요 기능은 그 중요성이 반드시 같을 필요는 없으며, 따라서 순찰경찰의 순찰시간을 동일하게 배분하지 않는다. 그러나 대부분의 경찰이나 시민은 범죄에의 대응과 비범죄적 위기상황에서의 도움이라는 두 가지 기능이 다른 기능에 비해 더 중요한 것으로 느끼고 있다.[3]

2. 순찰의 기능과 역사적 발전

정복경찰관은 특정한 전문분야가 없이 범죄예방, 법집행, 범인검거, 질서유지, 교통통제, 공공서비스의 제공 등의 책임을 가지는 것으로, 의사로 말하면 전문의가 아닌 일반의라고 할 수 있다. 이런 견지에서 경찰의 순찰활동을 '경찰활동의 중추'라고 부르고 있다. 이처럼 대부분의 경찰활동이나 업무를 수행할 뿐 아니라 가장 많은 경찰관이 배치되고 있으며, 또한 제복을 입은 순찰경관이 시민의 눈에 가장 쉽게 보이기 때문에 그들이 경찰 전반에 대한 시민의 일차적 인식도 형성한다는 점에서 경찰활동의 중추라고 하는 것이다.[4]

그러나 순찰의 일차적 목표는 범죄예방과 억제, 범죄자의 검거, 지역사회의 안전감과 만족감의 형성, 비범죄 관련 서비스의 제공, 교통의 통제, 그리고 범죄와 무질서와 관련된 지역사회 문제의 파악과 해결 등을 포함하고 있다. 그런데 이러한 순찰의 목표를 대부분의 경찰관들은 가시성, 법의 집행, 교육, 그리고 지역사회건설 등 네 가지 전략을 이용하여 달성하고자 한다.

한편, 순찰활동도 크게는 경찰의 기본임무와 유사하게 법집행, 질서유지, 그리고 서비스 기능으로 나누어질 수 있다. 법집행은 순찰 도중 범인을 체포하거나 교통위반 딱지를 발부하는 등의 경우이고, 질서유지는 법률의 위반에 해당될 수도 있고 그렇지 않을 수도 있는 경우로서 미성년자의 음주나 소란행위 등과 같이 경찰이 법을 집행하는 것보다 다른 대안을 활용하는 경향이 더 많다. 한편 봉사기능은 공중에게 정보나 도움을 제공하는 것이다. 결국, 억제 · 예방 · 검거는 법 집행과 관련되고, 지역사회 안전감과 만족감의 형성 그리고 비범죄 관련 서비스의 제공은 질서유지와 봉사 기능에 속한다고 할 수 있다. 한편, 교통통제와 교통법규 위반딱지의 발급은 법의 집행에 해당되고 교통사고 현장에서의 교통통제는 서비스에 해당될 것이다. 또한 마지막으로 지역사회 문제의 파악과 해결은 법의 집행, 질서의 유지, 그리고 서비스의 제공 모두에 해당한다고 할 수 있다.[5]

결국, 순찰의 기본적 기능은 범행기회의 제거인데, 이는 매우 가시적이고 빈번한 순찰을 통하여 잠재적인 범죄자들로 하여금 범행이 성공할 확률이 거의 없다는 인식을 심어줌으로써 범행의 가능성은 그만큼 낮아질 수밖에 없는 것이다.6

자동차순찰의 증대와 공식적인 범죄통계의 활용도 순찰에 미친 영향이 적지 않다. 공식적인 범죄통계표를 경찰의 생산성이나 업무수행능력의 일차적 평가척도로 채용함으로써 경찰은 범죄투사로서의 역할을 강조하고 그 대신 서비스 활동에는 관심을 적게 가지게 되었다.7

또한 무선통신과 전화의 발달도 경찰과 지역사회와의 관계는 물론이고 경찰의 순찰활동에도 지대한 영향을 미쳤다. 시민들이 언제 어디서나 쉽게 경찰에 전화를 걸 수 있고 경찰은 무선통신을 통하여 순찰차를 즉각 배치할 수 있게 되면서 순찰활동이 결국 범죄를 예방하기 위하여 관찰하는 것에서 범죄에 대응하기 위하여 기다리는 것으로 변하게 되었다. 즉, 경찰이 시작하는 사전예방적(proactive) 순찰에서 시민이 시작하는 사후대응적(reactive) 순찰로 바뀌게 되었다. 그 결과, 시민은 경찰에 도움을 더 자주 더 많이 하게 되고 이로 인하여 경찰의 순찰기능이 다목적 서비스 지향성을 더욱 강조하게 되었다.8

그러나 112 등 통신의 발달과 함께 경찰의 즉각적인 반응을 얻기 쉬워졌고 순찰경찰관의 업무수요도 증대시켜서 이와 같은 사고지향(incident-driven) 형태의 순찰이 경찰의 지배적인 운용전략으로서 과거의 무작위 예방순찰을 대체하기에 이르렀다. 그러나 이와 같은 무작위 예방순찰, 112 그리고 긴급출동 등은 범죄를 예방하는 대신 매우 대응적·반응적인 순찰기능으로 전환되었다. 이러한 경향은 범죄의 예방보다 오히려 범죄자를 구속하는 것과 관련된 가치와 기술에 기초한 일종의 경찰전문화를 부추기게 되었다. 한편, 순찰의 증강이 범죄율에 아무런 영향을 미치지 못하며, 긴급출동의 가치도 부정적이라는 연구결과로 인하여 지역사회지향적 순찰활동이라는 순찰기능의 또 다른 개념이 나타나게 되었다.9

지역사회지향적 순찰활동(community-oriented policing)은 순찰방법의 효과성에 관한 관습적인 지혜에 대한 도전으로서, 즉 무작위 예방적 순찰활동에 대한 대안을 제공하려는 시도인 것이다. 이는 지역사회의 참여와 문제해결을 통하여 범죄예방과 통제를 포함하는 경찰의 임무를 수행하려는 의도이다. 순찰경찰관의 관심을 개별사건으로부터 그러한 사건의 저변에 깔린 조건과 문제까지 포함하도록 확대하여 순찰활동이 다시 한 번 예방적 기능으로 되돌아가는 것이다.10

지역사회지향적 순찰활동은 지역사회의 안전과 보안을 저해하는 데 기여하는 지역사회 문제를 파악하고 시민과의 접촉의 빈도와 질을 높이기 위하여 고안되는 전술을 활용한다. 지역사회 순찰활동의 특징인 순찰부서의 도보순찰구역으로의 분권화는 순찰차의 익명성을 완화하고, 경찰관이 지역사회와 직접 접촉할 수 있게 하며, 지역사회의 문제와 가능한 해결책에 대한 정보와 식견을 얻을 수 있는 기회를 향상시킨다.11

그러나 소위 사회가 해체되고 지역사회(community) 자체가 존재하지 않는 곳에서는 지역사회 순찰활동도 있을 수 없다는 의문을 제기하기도 한다. 이러한 비판에 대하여 옹호론자들은 바로 이러한 지역일수록 지역사회 경찰관이 주도하여 지역사회를 새롭게 구축하게 함으로써 지역사회 경찰활동을 더 필요로 한다고 주장한다.12

3. 순찰의 방법

순찰업무의 수행을 위하여 다양한 방법이 활용되고 있으나 대체로 자동차, 모터사이클, 자전거, 헬리콥터, 모터보트, 롤러스케이트, 그리고 도보 등의 방법이 주로 이용되고 있다.

이들 다양한 순찰방법을 언제, 어디서, 어떤 방법을 활용할 것인가의 선택은 수행되어야 할 특정한 임무나 순찰의 일차적 목적과 그 지역에 따라 결정된다. 특히, 지역사회의 지리적·인구학적 그리고 범죄학적 여건에 크게 영향을 받게 된다. 순찰방법의 선택은 순찰의 우선적 목적과 순찰지역의 조건과 특성이라는 견지에서 각 순찰방법의 장점과 단점의 평가에 기초하여 이루어져야 한다.

순찰방법의 선택에 영향을 미치는 요소에는 경찰의 위험요소의 특성, 분포, 집중도와 순찰경찰에게 요구되는 행동의 빈도와 특성, 순찰구역의 규모, 차량과 보행인의 규모, 신호등을 비롯한 교통표시판에 의한 규제의 정확성, 조명, 기후조건, 공중의 도덕성, 재계와 주민의 특성 등을 들 수 있다. 특정한 순찰방법을 정당화하는 조건은 사물이나 사람의 존재에 따라 다양해질 수 있다.

(1) 자동차순찰(Motor patrol)

정상적인 조건에서는 자동차가 다른 모든 방법에 비해 이점이 있다. 응급신고에 가장 빨리 출동할 수 있고 넓은 지역을 담당할 수 있는 등 기동성의 장점이 자동차순찰을 경찰의 주요 운용전술로 삼도록 하고 있다. 더구나 거의 모든 기후조건에서도 운행할 수 있다는 장점도 무시할 수 없다. 또한 필요한 장비나 기계 등을 싣고 다닐 수 있어서 순찰차가 일종의 이동 경찰관서가 될 수 있다는 점도 장점이 된다. 따라서 자동차순찰이 비용-편익이라는 차원에서 가장 효율적이라고도 한다.13

그러나 자동차순찰은 경찰관을 지역사회와 시민으로부터 격리시키고 범죄와 기타 경찰업무를 예방적인 형태가 아닌 사후대응적인 형태가 되게 한다. 또한 경찰관은 순찰차의 안전운행에 신경을 집중하다보면 검문검색이 필요한 경우 등 자신의 관심을 기울여야 할 상황에 신경을 집중하기 어렵고, 특별한 일이 일어나지 않아서 한가한 시간에도 그 시간을 건설적·생산적으로 활용하지 못하며, 이들 법집행지향적인 경찰관은 지역사회 봉사를 사회사업이나 복지로 인식하고 고속추격이나 범죄수사와 같은 일을 선호하게 된다. 이러한 이유나 조건으로 인하여 70~80년대에는 자동차순찰뿐만 아니라 도보순찰을 병행하는 경우가 증가했다.[14]

(2) 도보순찰(Foot patrol)

자동차순찰이 지역사회와의 접촉을 상실하였다는 비판을 인식하여, 특히 도심지역을 중심으로 도보순찰이 다시 시행되기에 이르렀다. 양방향 무선통신기기의 발전으로 도보로 순찰하는 경찰관도 항상 본부와 교신할 수 있다는 점이 도보순찰 경찰관의 업무수행능력을 증대시켰다. 도보순찰의 장점은 관찰과 주민이나 사물과의 접촉을 위한 가장 좋은 기회를 제공하고, 신경을 써야 할 차량도 없기 때문에 순찰에 전념할 수 있다는 것도 하나의 장점이다.

물론 도보순찰은 기동성이나 담당구역의 규모면에 있어서는 한계를 가지고 있다. 따라서 담당구역의 한계는 곧 도보순찰을 매우 비싼 순찰의 방법으로 만들게 된다. 이로 인하여 종종 도보순찰은 모터사이클이나 기마순찰 등과 병용되었다. 때로는 경찰관으로 하여금 일부는 차량으로 일부는 도보로 순찰하도록 하여 보완하였다. 이렇게 함으로써 자동차순찰의 단점인 사회로부터의 소외를 해소하고 지역사회와의 접촉을 강화할 수 있고 반면에 도보순찰의 단점이었던 기동성과 순찰범위의 문제도 해결할 수 있어서 두 가지 순찰방법의 장점만을 가질 수 있었다.

지금까지의 연구결과는 도보순찰이 경찰에 대한 시민의 만족도를 향상시켰다는 것이다. 더불어, 도보순찰이 범죄에 대한 두려움을 줄일 수 있었고, 시민들이나 상인들에게 자신들의 주거지역이 더 안전하다는 인식을 줄 수 있었다는 것이다. 특히, 범죄에 대한 두려움은 범죄와 지역사회의 부패를 확산시키는 요인으로 지목되고 있는데, 이러한 지역사회의 무질서와 문제를 그냥 지나친다면 주민들의 범죄피해에 대한 공포는 증대되고 지역사회에서 일어나는 일에 대한 주민들의 책임감은 약화된다는 것이다. 이러한 관심의 부족은 더 많은 무질서와 범죄활동을 초래하고 이는 다시 더 큰 범죄에 대한 공포를 초래하게 된다.

도보순찰에 대한 평가는 다양할 수 있지만 대체로 도보순찰이 범죄를 약간은 감소시키는 것으로 알려지고 있다. 그러나 그보다 더 중요한 평가는 시민의 범죄에 대한 공포를 줄이고, 경찰과 시민의 관계를 적대적이지 않고 긍정적인 상호교환적인 것으로 변화시키는 데 크게 기여한 것이라고 할 수 있다. 한 가지 분명한 것은 도보순찰에 대한 평가는 단순히 범죄와 관련된 통계만이 아니라 시민들의 안전인식, 경찰 서비스의 제공, 범죄문제에 대한 주민의 의식전환, 주민의 참여와 협조 등이 동시에 평가되어야 한다는 것이다.

일반적으로 도보순찰이 성공하기 위해서는 경찰이 주민과 접촉할 수 있는 지역에서 시행되어야 하고 주민들을 빈번하게 볼 수 있어야 한다. 순찰구역도 지나치게 넓지 않아서 도보로 순찰할 수 있는 정도가 되어야 하는데, 이는 순찰구역이 적당해야만 향상된 경찰–지역사회 상호작용과 범죄에 대한 두려움의 감소와 같은 도보순찰의 이익을 얻을 수 있기 때문이다.[15]

(3) 모터사이클순찰

일반적으로 모터사이클은 교통체증이나 혼잡이 심한 지역에서의 교통통제나 차량 선도(escort)를 목적으로 주로 활용되었다. 높은 기동성과 가속성이 모터사이클순찰의 장점이라면 반대로 위험성이 가장 큰 단점이라고 할 수 있다. 그 밖에도 모터사이클은 날씨가 나쁘거나 얼어붙은 추위에서는 사용하기 어려우며, 장점으로 제기되었던 가속성도 더 강력한 자동차의 힘과 속도에서 밀리는 실정이다. 이로 인하여 일부에서는 위험성으로 인한 인명의 손실과 그로 인한 비용이, 장점을 훨씬 상회한다고 비판하고 있다.

모터사이클순찰은 자동차순찰에 비해 단점이 더 많다. 차량운전이 모터사이클의 운전보다 주의를 더 적게 요하고, 결과적으로 경찰관이 관찰하기가 더 쉬워진다. 모터사이클이 교통체증이 심한 곳에서는 기동성이 높고 급가속이 용이하다는 것이 자동차순찰에 대한 유일한 장점일지 모르지만 그러나 이러한 경우는 그렇게 빈번한 상황이 아니다.

(4) 기타

먼저 자전거순찰을 들 수 있다. 자전거는 자동차순찰이 곤란하고 도보로 순찰하기 힘든 지역에서 바람직한 순찰의 방법이다. 따라서 대부분 자전거순찰은 공원이나 해변 등에서 주로 이용되었다. 자전거순찰은 주민접촉과 관찰의 기회가 도보순찰에 비해 크게 나쁘지 않으며 특히 소음이 없어서 야간 이용에 유리하다. 그러나 자전거는 비용이 많이 들고, 경찰관에게 특별한 훈련이 필요하며, 신체적인 조건이 맞아야 하고, 기후조건에 따라 제약을 받을 수 있다는 문제점이 지적되고 있다.

그 밖에도 섬이나 호수가 많은 지역 또는 바닷가 같은 곳에서는 보트가 순찰에 이용되었으며, 일부에서는 교통상황의 파악이나 고속추격을 위하여 보완적으로 헬리콥터를 순찰에 이용하기도 하며, 공원이나 위락지에서는 말을 순찰에 이용하며, 심지어 일부에서는 인라인 스케이트까지도 순찰에 이용되었다.

(5) 미국 주요도시 경찰의 순찰방법

<표 2-1>은 미국의 주요 도시에서 채택하고 있는 각종 순찰방법을 요약한 것이다. 도시에 따라 차이는 있지만 자동차순찰이 적게는 42%에서 많게는 96%에 이르기까지 순찰의 대부분을 차지하고 있다. 그 다음으로 많이 활용되고 있는 순찰의 방법으로는 도보순찰, 자전거순찰, 모터사이클순찰, 그리고 기마순찰의 순서임을 알 수 있다. 그리고 하루 24시간 내내 순찰하는 인력의 비율이 16%에서 31% 정도로 나타났으며, 전원 1인 승차하는 애틀란타와 극히 일부만 2인 승차를 실시하는 휴스턴과 시애틀을 제외한 나머지 대부분의 도시에서는 아직도 2인 승차가 주류를 이루고 있음을 알 수 있다.

4. 교통의 통제 – 교통경찰론

각종 교통관련 법률과 규정 등을 집행하는 것은 경찰임무의 가장 중요한 것 중 하나이다. 이는 교통사고로 인한 인명과 재산의 손실이 경찰이 예방하여야 하는 기타 모든 손실보다 더 크다는 사실에서도 교통임무의 중요성을 알 수 있다. 교통사고로 인한 경제적 손실이 경찰이 예방하도록 되어 있는 모든 다른 손실보다 더 크며, 심지어 경찰예산을 능가하고, 어떤 분야보다 교통통제를 이유로 경찰의 기분을 상해하는 사람이 더 많다고 한다.

순찰경찰이 교통안전에 영향을 미치는 조건을 알고 관찰할 수 있는 첫 번째 사람이 되는 독특한 입장에 있다. 그 결과 교통관련 임무가 경찰의 중요한 기능이 되어 왔다. 교통통제와 관련된 임무는 교통의 흐름을 관측하고 지도하는 것, 사고를 조사하는 것, 법률과 규

표 2-1 미국 대도시 경찰서의 순찰방법, 1997[16]

도시명	차량	모터사이클	도보	자전거	말	수상	24시간 운용비율	2인 승차비율
애틀란타	77%	1%	14%	3%	1%	0%	31%	0%
볼티모어	96	1	2	0	1	0	16	0
시카고	82	1	15	1	0	0	26	52
디트로이트	84	1	7	3	1	4	16	68
휴스턴	95	1	1	1	1	0	27	11
로스엔젤레스	64	6	5	15	0	0	19	63
뉴욕	54	1	39	5	1	0	19	57
시애틀	42	14	8	16	4	3	16	31

정을 집행하는 것, 그리고 운송제도를 유지·고안·기획하는 것을 포함한다.17 그래서 대부분 교통경찰의 주요 기능은 ① 교통의 일반적 흐름을 관찰하고 필요시에는 그냥 내버려두면 교통의 흐름을 방해할 수 있는 장애물 주변의 교통정리, ② 운전자나 보행자의 교통법규 위반을 관찰, ③ 교통사고의 경우, 더 이상의 손상을 방지하기 위하여 관련된 사람과 재물을 보호하고 사고보고서 확보, ④ 운전자와 일반 시민에게 교통안전에 대한 교육을 시키는 것이다.18 그 밖에, 일반적으로 방향의 안내나 바퀴의 교체 등 운전자에 대한 서비스를 제공하는 것도 일부 교통경찰의 책임으로 받아들여지고 있다. 그러나 다른 일부에서는 이러한 서비스는 경찰의 법집행기능과는 지나치게 거리가 멀고 경찰관이 감당하기에는 지나치게 시간을 많이 소요하는 것이라고 생각한다.

이러한 교통의 통제는 대체로 다음과 같은 세 가지 단계로 행해지고 있다. 첫째, 사실이 수집되고 분석되어 사고와 혼잡의 원인이 밝혀지고, 둘째, 위험을 초래하였던 물리적 조건이 개선되며 운전자와 보행자를 규제하기 위한 법규가 제정되어, 밝혀진 원인이 수정되는 것. 셋째, 공중이 교통법규에 대하여 알 수 있도록 교육되고 운전자와 보행자가 만족할 정도로 교통안전습관을 가지도록 훈련되는 것이다. 경찰의 교통통제는 대체로 세 가지 방법으로 수행되고 있다.19

그 첫 번째 방법은 바로 교통공학(traffic engineering)이라고 할 수 있다. 교통공학의 목적은 혼잡의 정도와 사고의 빈도를 줄이고, 안전하고 신속한 이동을 용이하게 할 수 있도록 도로시설을 설계하는 것이다. 위험한 운전을 하기 어렵게 하고 혼잡을 일으키지 않도록 도로를 설계하여 건설하는 것이 바로 교통공학자들의 목표이다. 경찰이 교통통제의 목적을 얼마나 쉽게 달성할 수 있는가는 상당부분 교통공학의 수준에 달려있다. 둘째는 교육의 방법이다. 통계에 의하면 부주의와 함께 운전자와 보행자의 현명하지 못한 판단으로 인한 차량사고가 다수를 차지한다. 물론 도로와 차량의 결함이나 운전과 보행기술의 결함이나 미숙도 교통사고에 기여하는 요인이지만 다수의 사고가 그러한 결함이 없음에도 불구하고 발생하고 있다. 부적절한 운전태도가 모든 교통사고의 80% 이상을 야기한다고 한다. 특히 대다수의 교통사고가 다른 사람의 안전과 편리를 무시하는 운전자의 이기적인 태도에서 초래되기 때문에 당연히 경찰이 추구해야 할 가장 생산적인 방향은 이들 운전자의 부적절한 태도를 바르게 고치는 것이라고 할 수 있다.20

교통법규의 집행절차 위반자를 관찰하고 적절하게 대응하는 것이라고 할 수 있는데, 바로 이런 점에서 다른 법집행과 큰 차이가 없다. 그런데 교통경찰이 교통법규위반을 감시하는 방법은 비밀감시(covert surveillance)와 공개감시(overt surveillance) 그리고 정지감시(stationary surveillance)와 이동감시(mobile surveillance)로 구분할 수 있다. 공개감시는 경찰이 운전자에게 노출되어 눈에 보이게 하는 것으로서 사실 경찰의 가시적 존재만으로도 대부분의 위반을 줄일 수 있다. 비밀감시는 경찰이 잠재적 위반자의 눈에 보이지 않지만 위반자를 적발하기에 충분할 정도로 교통을 잘 관찰할 수 있는 것이다. 정지감시는 경찰관의 위치가 어디이며 그 위치가 운전자들의 눈에 보이는가에 따라 비밀감시일 수도 있고 공개감시일 수도 있다. 그러나 이동감시는 항상 공개감시이나 경찰차량이 아닌 일반차량을 이용한 감시일 경우는 예외라고 할 수 있다.[21]

교통규정을 집행하는 데 있어서 현장 경찰관이 많은 재량권을 행사하기 때문에 교통경찰의 운영에 있어서 지휘관의 영향이 중요하다고 한다. 물론 모든 교통관련 기능, 활동, 그리고 프로그램 등이 문서화된 지침으로 자세하게 만들어져 있어야 한다. 교통사고를 줄이는 현대적 접근은 물론 예방이다. 이를 위해서는 교통법규에 초점을 맞추는 것뿐 아니라 교통 경찰관의 훈련과 자격에도 지대한 관심을 가질 것을 요한다.[22]

그러나 일부에서는 오래전부터 과연 경찰이 교통행정에 관여해야 하는가에 대하여 의문을 제기하고 있다. 그들은 경찰보다는 정부의 다른 별도의 기관에서 교통행정이 다루어지는 것이 바람직하다고 주장한다. 보통의 시민들은 교통법규와 그 집행에 대하여 그리 익숙하지 않기 때문에 마음속 경찰에 대한 좋지 않은 인식을 갖게 만들고 더구나 기타 다른 경찰활동에 대해서도 경찰에 잘 협조하지 않게 한다는 것이다. 그럼에도 불구하고 확연히 표가 나는 순찰차를 타고 순찰하는 경찰관이 자신의 눈앞에서 일어난 위반이나 사고에 대하여 교통법규를 집행하지 않는다는 것은 매우 비효율적이지 않을 수 없다. 결론적으로 교통경찰은 재산과 생명을 보호하는 경찰의 일차적 책임과도 완벽하게 일치되는 주요한 경찰업무임에 틀림없다.[23]

교통사고의 수사와 관련된 교통경찰의 책임은 대체로 ① 현장에서 더 이상의 피해를 막기 위하여 사람과 재산을 보호하고, ② 가능한 빨리 교통의 흐름을 정상화시키며, ③ 사고에 대한 정확하고 완전한 보고서를 작성하는 것이다. 교통의 흐름을 정상화시키는 것은 대부분의 운전자가 사고현장을 지나면서 운전에 부주의할 수 있기 때문에 중대한 사고가 아닐 경우에는 가급적 사고차량을 빨리 옮겨서 교통의 흐름에 방해가 되지 않도록 해야 한다. 일반적으로 교통사고의 수사는 누가 잘못했는가를 결정하기 위한 의도가 아니어야 한다. 사고수사의 일차적 목적은 공공의 교통안전을 증진시키기 위한 것이어야 한다. 이는 사고기록을 분석함으로써 특정지역에 집중적인 교통통제나 관리가 필요하다든가 아니면 교통체계나 신호체계 또는 도로가 시정되거나 보완되어야 한다는 것을 알 수 있기 때문이다. 따라서 사고수사는 누가 접촉사고를 초래하였는가보다는 정확하게 어떤 일이 일어났는가를 결정하고 밝히는 데 노력이 집중되어야 한다.

교통사고와 관련된 사실은 ① 도로, 신호, 규정 등의 부적절성과 부적합성으로부터 초래되는 위험요소를 밝혀내고, ② 법집행이 보다 정확하게 선별될 수 있도록 하기 위하여 가장 빈번한 원인인 위반유형을 밝히며, ③ 교육이나 집행이 보다 효과적으로 진행될 수 있게 하기 위하여 사고가담 개인의 부류(연령, 직업 등)를 확인하는 것이고, ④ 운전자 처벌을 위하여 위반의 증거를 확보하는 등 네 가지 목적을 위하여 필요한 것이다.

운전자에 대한 도움의 제공은 ① 잠재적인 교통장애물을 제거함으로써 차량의 안전과 효과적인 이동을 증진시키고, ② 경찰과 시민의 긍정적인 접촉을 권장하기 위한 두 가지 큰 목적을 가지고 있다. 이러한 중요성을 감안하여 현재는 고장난 차량을 이동하고 정비할 수 있도록 도와주거나 연료가 떨어진 차량에 연료를 주입시켜 주는 등 다양한 서비스가 제공되고 있다.

5. 순찰에 대한 연구와 평가

(1) 무작위 순찰(Random Patrol)

미국의 Kansas City Preventive Patrol Experiment 실험의 목적은 무작위 순찰이 범죄율과 시민들의 안전에 대한 인식에 미치는 영향을 검토하기 위한 것이었다. 연구를 위하여 도시의 한 부분을 15개 구역으로 나누고 무작위로 선정된 5개 구역을 하나의 집단으로 묶었다. 각 집단은 물론 범죄통계, 인구특성, 그리고 서비스 요청 등에 있어서 서로 필적하도록 하여 서로 다른 수준의 순찰을 실시하였다. 첫 번째 집단에는 사후대응 순찰구역으로서 예방순찰을 하지 않았고, 두 번째 집단은 예방 순찰구역으로서 정상 수준의 2~3배 많은 수의 순찰을 시행하였으며, 세 번째 집단은 통제구역으로서 정상 수준의 순찰을 실시하였다.24

실험 결과 순찰의 정도에 따라서 순찰로 억제할 수 있는 것으로 알려진 강도, 자동차 절도, 절도, 기물파손 등과 같은 범죄율, 경찰에 대한 시민의 태도, 안전의식, 또는 신고 된 범죄율 등에 아무런 영향을 미치지 않는 것으로 나타났다. 이 연구결과는 일상적인 예방순찰의 효과와 경찰의 자원요구에 관해 의문을 제기하였다. 전통적인 예방순찰은 효과적이라고 할 수 없으며, 순찰 경찰관을 증원하는 것이 범죄를 줄이지 못한다고 이 연구는 결론

내리고 있다. 오히려 순찰활동이 무작위적이지 않고 보다 지정된 것이라면 순찰의 효과성이 향상될 수 있음을 지적하였다.

(2) 출동시간(Response Time)

예방순찰에 대한 연구 직후 행해진 일종의 추적연구에서는 또 다른 하나의 쟁점인 긴급출동시간의 효과라는 상식적 가정에 관한 의문이 제기되었다. 그때까지의 가정은 신고전화에 빨리 출동할수록 신고한 시민은 더 만족하고 용의자가 체포될 가능성은 더 높아진다는 것이었다. 이러한 가정에 기초하여 경찰은 출동시간을 단축하기 위해 컴퓨터를 이용한 배차 또는 위성을 이용한 지리정보시스템의 활용 등 새로운 기술과 기법 또는 기기를 도입하는 등 상당한 노력과 투자를 하였다. 그러나 연구결과 보통의 시민들은 가족이나 친지 등에게 먼저 전화를 걸기 때문에 경찰에 신고전화를 하기까지 지나치게 오랜 시간이 걸린다. 따라서 신고전화를 받고 아무리 빨리 출동하더라도 사건 이후 상당한 시간이 지나서 범인을 현장에서 검거할 가능성은 매우 희박하다는 것이다. 더구나 경찰에 대한 시민의 만족 여부는 경찰의 빠른 출동시간보다는 경찰관이 언제 도착할 것인가를 알고 있거나 모르는가에 따라 더 크게 좌우되는 것으로 조사되었다.25

이 연구 결과 경찰은 신고전화에 상이하게 대응할 필요가 있다는 점을 인식하였는데, 즉 모든 출동요청이 다 똑같은 수준의 중요성이나 긴급성을 요하는 것은 아니기 때문에 신고에 따라 상이한 우선순위가 정해질 수 있다는 점이다.26 이처럼 시민의 신고에 차등적으로 대응하는 것은 경찰의 시간과 인력이 범죄예방, 순찰, 그리고 기타 다른 활동에 활용될 수 있어서 경찰자원의 효율적인 활용에도 도움이 된다.

(3) 지정순찰(Directed Patrol)

Kansas시에서의 실험연구 이후 순찰시간을 무작위로 이용하는 것보다 경찰관이 무엇을 하도록 지정하는 것이 점점 유행하게 되었다. 전산화된 범죄지도의 이용이 경찰로 하여금 범죄와 무질서의 형태를 보다 정확하게 파악할 수 있게 하였다. 이러한 정확성의 증대는 순찰을 주요시간에 주요 범죄지역에 지정될 수 있도록 해주고 있다. 이처럼 지정순찰은 보다 예방적이고, 불특정 시간을 특정 활동에 활용할 수 있게 하며, 범죄문제의 분석에 기초하고 있다. 특히 중요한 것은 용의자의 체포, 적발보고서 발부, 현장심문 시행, 범죄에 대하여 시민에게 교육을 하는 등 지정활동의 예방적 차원이라고 할 수 있다. 이러한 예방성은 더 많은 정보를 양산하고, 경찰에 대한 시민의 인지도를 높이며, 경찰의 감시가 더 좋아졌다는 인식을 갖게 하며, 무엇보다도 경찰을 보다 능동적이고 경계심을 늦추지 않도록 한다.

그러나 예방성의 증대로 인하여 제대로 다루어지지 못한다면 지역사회 내에서의 부정적 효과가 있을 수 있다. 경찰이 보다 공격적이 됨으로써 공공의 지원이 줄어들 수 있으며, 특히 자신들이 경찰감시의 일차적 대상이라고 믿고 있는 소수계층이나 소외집단 또는 하류계층에게 있어서는 이 문제가 더욱 심각해 질 수 있다. 그러나 이 문제의 이유를 자세히 설명하고 정중하게 행한다면 시민의 태도에 부정적인 영향은 미치지 않는 것으로 알려지고 있다. 따라서 범죄예방과 관련하여, 경찰의 행태도 경찰활동의 내용만큼 중요하다는 것이다.27

소위 범죄다발지역(Hot Spot)을 표적으로 하는 지정순찰은 이들 일부 지역이 다수의 신고전화와 범죄를 점하고 있다는 사실에 기초하고 있다. 따라서 이들 소수 범죄다발지역에는 그만큼 많은 경찰자원과 시간을 요하는 것이다. 이에 대한 연구결과는 범죄다발지역과 시간에 순찰이 강화되어 경찰의 가시성이 증대됨으로써 관찰된 범죄와 무질서가 낮아지고 신고전화도 줄었으며, 따라서 어느 정도의 억제효과가 있는 것으로 보고되고 있다. 뿐만 아니라 이러한 지정순찰로 인하여 주민의 강력한 지원을 받았고, 주민들은 삶의 질이 향상된 것으로 인식하게 되었다. 또한 범죄다발지역에 경찰이 오래 머물수록 경찰이 떠난 후에도 더 오랫동안 범죄와 무질서로부터 자유로웠다고 한다.28

(4) 집중단속(Crackdowns)

집중단속은 특정한 지역의 모든 범죄나 특정한 유형의 범죄를 표적으로 하여 경찰의 주둔을 집중적으로, 단기간에 증대시키는 것이라고 할 수 있다. 음주운전의 단속, 불법주정차의 단속, 매매춘의 단속 등 소위 특정 지역의 특정 범죄에 대한 소탕작전을 대표적인 집중단속의 예로 들 수 있다. 집중단속에 대한 이론적 배경은 이렇게 함으로써 체포의 위험성은 훨씬 불확실해지고 따라서 예방적 효과가 있을 수 있다는 것이다.29

일부 연구에서는 몇몇의 범죄에 대한 초기 억제효과가 있는 것으로 밝혀지고 있다. 뿐만 아니라 집중단속이 끝난 후에도 일정 기간 일부 범죄가 감소한다는 소위 잉여억제(residual deterrence)의 효과도 있다고 한다. 연구결과 또한 장기적인 집중단속보다는 단기적인 것이 범죄억제효과의 약화를 의미하는 억제소멸(deterrence decay)도 적었다고 한다. 이를 종합하면 집중단속이 단기적으로 표적범죄나 표적지역을 바꾸어 가면서 행해진다면 보다 더 효과적일 수 있음을 암시하는 것이다.30 또한 집중단속은 일부 범죄에 대해서는 단기적인 공표효과(announcement effects)를 나타낼 수 있다고 한다. 공표효과란 예를 들어 음주운전을 집중적으로 단속한다는 것을 공개적으로 알리면 단기적으로 음주운전을 조심하게 된다는 것이다.

(5) 무관용 경찰활동: Zero-Tolerance

예방적 순찰활동의 하나로서 깨진 창문하나라도 제때 고치지 않고 방치하면 점점 더 많은 창문이 깨진다는 소위 범죄원인의 '깨진 창 이론(Broken Window Theory)'에 기초하고 있다. 즉, 조그만 일이나 문제라도 처음부터 철저히 단속하지 않으면 더 큰 범죄나 문제를 불러일으킬 수 있다는 것이다. 실제로 경찰이 노상방뇨, 고성방가, 또는 구걸 등과 같은 삶의 질과 관련된 경미한 범죄의 활동에 집중한다면 그 지역에서의 삶의 질이 향상되어 간접적으로나마 심각한 범죄의 발생률을 낮추게 된다는 것이다.31

미국 뉴욕에서는 지정된 구역에서 교통법규, 조례 등의 경미한 위반에 대해서 철저히 대응하는 등 공격적으로 이 순찰전략을 실행한 결과 범죄가 줄어들었다고 발표하였다. 그러나 범죄감소가 전적으로 이 전략 때문인지 아닌지에 대해서는 논란의 여지가 많다.32

더구나, Zero-Tolerance와 관련된 더 큰 관심과 우려는 그것이 경미한 범행으로 체포된 사람들에게 미치는 장기적 영향이다. 물론 이와 같은 철저한 단속활동이 단기적으로는 폭력을 줄일 수 있으나 장기적으로는 오히려 범죄를 증대시킬 수 있다는 것이다. 또한 이러한 경미범죄로 체포된 경험은 그 사람들로 하여금 경찰의 정당성이나 합법성 등을 영구적으로 저하시키는 결과를 초래할 수 있다.33

제 2 절 범죄수사(Crime Investigation)

범죄수사의 임무는 경찰에 인지된 모든 범죄에 대하여 어떠한 범죄가, 어떠한 방법으로, 누구에 의하여 범해졌는가를 밝히는 것이다.34 일단 그 범죄활동의 특징과 범위 등이 밝혀지면 관련된 충분한 정보를 수집하는 데 초점을 맞출 수 있게 된다. 물론 경찰에 인지되는 대부분의 범죄는 피해자, 목격자, 또는 그 범죄에 대하여 알고 있는 기타 사람들의 신고나 보고를 통하여 인지되고 있다. 바로 이 처음의 신고나 제보 또는 보고가 경찰수사 개시의 단초나 근거가 되고 성공적인 수사의 핵심이 되기 때문에 매우 중요시되고 있다.35

일단 특정범죄가 경찰에 인지되면, 일련의 활동이 개시될 수 있다. 만약 그 범죄가 최근에 행해졌거나 현재 진행 중인 것이라면 보통 피해자를 돕고, 추후 수사가 가능하도록 현장을 보호하며, 초동수사를 하기 위하여 순찰경찰이 출동하게 된다. 초동수사의 목적은 그것이 누구에 의하여 또는 언제 이루어지는가에 관계없이 범죄의 상황을 결정하고 그 범죄가 어떻게 행해졌는가와 그리고 만약에 알 수 있다면 가해자의 신분에 관한 가능한 많은 정보를 수집하는 것이다. 종종 이 초동수사가 얼마나 잘 이루어졌는가가 성공적인 수사를 결정하는 핵심적인 요소가 되고 있다.[36]

비록 초동수사에서 가해자의 신원이 밝혀지더라도 수사는 지속될 필요가 있다. 가해자의 신원이 알려지는 경우에는 그 피의자가 범행을 하였음을 입증할 수 있는 증거 수집을 위해 필요하며, 가해자의 신원이 파악되지 않았지만 범죄자의 신원이 밝혀질 수 있는 희망을 주는 충분한 정보와 물적 증거가 있거나, 범죄가 가해자의 신원을 확보하기 위하여 모든 노력을 경주할 필요가 있을 정도로 심각한 것이라면 당연히 추가수사가 필요한 것이다. 끝으로 피의자가 확인되고 검거됨은 물론이고 법원에서 유죄를 입증하기에 충분한 증거가 확보되었을 때 성공적인 수사는 끝난다.[37]

범죄수사는 경찰의 일차적·우선적 기능으로서 경찰이 범죄자를 파악, 체포, 기소하기 위하여 증거를 찾고, 보전하고, 모아서 평가하는 과정이라고 할 수 있다. 따라서 수사관이나 형사란 수사를 요하기에 충분할 정도로 심각한 범죄에 대응하는 특별한 전문가라고 할 수 있다. 범죄수사의 일차적 목표는 기소가 가능하고 유죄판결을 가져올 범죄에 대한 검거건수를 증대시키는 것이다. 이러한 목표의 부산물로서, 형사는 없어진 재물을 되찾고 종종 제보자의 개발과 이용을 통하여 다른 범죄에 유용할 수 있는 정보를 만들어 내는 것이다.[38] 통상적으로 범죄수사는 분리되기 마련인데, 순찰경찰관이 범죄가 발생했음을 확인하고 수사에 관련이 없는 사람으로부터 현장을 보호할 목적을 가진 초기 또는 일차적 수사, 흔히 한국에서는 초동수사라고도 하는 역할을 맡게 된다. 이어서 형사나 수사관은 추적수사를 행하고 사건을 전개시키게 된다. 따라서 형사나 수사관의 기본적 임무는 사건을 확립하고, 용의자를 파악하며, 가능하면 자백을 확보하고, 사건을 처리하는 것이다.[39]

그 결과, 범죄현장에 출동한 첫 번째 경찰관이 행하는 초동수사가 가장 중요한 임무가 되는 것이다. 이처럼 최초 출동자의 역할의 중요성으로 인하여, 순찰경찰이 초동수사를 행하는 것은 물론이고 증거를 찾고 수집하는 일차적 책임을 가지게 된다. 범인검거의 기회는 시간의 흐름에 따라 줄어들기 때문에 수사의 신속성이 매우 중요하다. 순찰활동은 하루 종일 모든 구역을 많은 사람을 배치하여 행해지기 때문에 신속성을 요하는 범죄수사, 특히 초동수사에 있어서 중요하다. 이처럼 순찰활동이 하루 종일 이루어지고 이들에 의하여 초동수사가 수행될 수 있기 때문에 대부분의 수사부서는 24시간 근무를 요하지 않게 된다.

1. 순찰에 의한 초동수사

범죄수사와 관련된 일부 임무는, 범죄현장에서의 직접적인 행동이나 범행 직후의 수사를 통하여 순찰경찰에 의하여 수행되는 것이 가장 유리한 경우가 있다고 한다. 순찰경찰에 의한 초동 또는 일차수사는 부상자의 보호관리, 현장이나 도주 중인 용의자 체포, 물적 증거조사가 필요한 범죄현장의 보존과 보호, 없어진 물품의 되찾기 등을 포함하고 있다.

순찰경찰을 초동수사관으로 활용하는 것은 범행현장에서 범인이나 용의자를 검거할 확률이 높고, 용의자의 검거 가능성은 시간의 흐름과 반비례하기 때문에 범죄수사에 있어서 즉시성과 속도는 매우 중요하다. 또한 순찰은 24시간 전 지역을 담당하기 때문에 바로 이러한 목적에 적합하다.40

일반적으로 사건현장에 처음으로 출동하는 순찰경관의 일차적인 수사책임은 사건의 현장에서 범죄가 행해졌음을 확인하는 것이다. 현장도착과 함께 현장에 있는 사람과 지역을 재빨리 관찰하고 동시에 다음과 같은 사항을 행동으로 옮겨야 한다.41

- ✤ 필요한 경우 부상당한 사람에게 도움을 제공
- ✤ 신고자 또는 피해자와 모든 목격자를 파악하여 위치 확인
- ✤ 신고자와 목격자 면담
- ✤ 기후와 같은 모든 조건, 조명, 사건, 기타 비고사항 등을 관찰
- ✤ 범죄발생 시간과 장소를 확인
- ✤ 범죄현장의 보안을 유지
- ✤ 증거를 찾아 보호
- ✤ 증거 수집을 위한 준비
- ✤ 용의자를 심문
- ✤ 현장에 있다면 가해자를 체포하도록 노력함
- ✤ 해결가능성 요소를 결정
- ✤ 사건을 정확하고 완전하게 보고
- ✤ 추후 수사자에게 책임을 인계

2. 수사관에 의한 수사

많은 경우, 초동수사로 범인이 현장에서 검거되거나 또는 범행 후 빠른 시간 내에 검거되기도 한다. 물론 이 경우에는 수사관의 수사책임은 없어진 재물의 회복, 기소나 법원에서 필요한 준비, 그리고 범인이 범했을 수 있는 추가범죄나 여죄의 추궁 등으로 축소되기 마련이다. 그러나 대부분의 경우, 초동수사에 이은 후속수사의 책임을 맡은 수사관은 범행과 관련된 모든 현재의 정보에 대해 적어도 다음과 같은 사항들을 검토해야 한다.42

- ✤ 초동수사 경찰, 피해자, 목격자 면담
- ✤ 수집된 모든 증거의 검토
- ✤ 실험결과의 검토
- ✤ 범죄현장의 검열
- ✤ 추가정보의 추구와 확보
- ✤ 수색의 실행

- ✤ 심문의 실행
- ✤ 신분확인을 위한 대질
- ✤ 범법자의 확인과 검거
- ✤ 범법자의 해결되지 않은 추가범죄와의 관련성 결정
- ✤ 검찰과의 연계 유지
- ✤ 기소를 위한 준비
- ✤ 사건보고서와 문서의 준비와 유지

3. 수사기법

(1) 면담과 심문 (Interviewing and Interrogation)

수사관에게 가장 기본적으로 요구되는 기술은 바로 면담과 심문이다. 면담은 대체로 피해자나 목격자로부터 정보를 얻기 위해서 이용되는 방법인 데 반해 심문은 용의자나 재소자들에게 활용되는 방법이다. 심문은 용의자가 행한 것으로 믿어지는 범죄에 관한 특정한 사실을 확보하는 것뿐만 아니라 과거 범죄에 대한 정보는 물론이고 다른 사람의 범죄활동에 관한 정보까지도 얻기 위한 것이다. 그러나 중요한 것은 시민의 권리가 침해되지 않아야 하고, 유죄처분을 받아야 할 사람이 경찰의 잘못으로 빠져나가지 못하게 하는 것이다. 심문과 관련된 경찰의 잘못은 다음과 같은 경우에 주로 발생한다고 한다.43

- ✤ 강제나 비자발적 자백이나 인정
- ✤ 용의자의 권리에 대한 적절한 고지의 실패
- ✤ 변호사의 조력을 받을 권리의 제공 실패
- ✤ 재판에 편견을 줄 수 있는 재판 전 여론몰이 등

(2) 탐문

범죄주변에서의 주민들에 대한 탐문은 모든 수사에 있어서 기본적인 도구이다. 범행직후의 주민에 대한 체계적인 탐문의 활용은 사건의 약 20% 정도에 이르는 가치 있는 정보를 얻을 수 있는 것으로 추정되고 있다. 또한 탐문은 예방적 가치도 있으며, 경찰과 지역사회의 관계도 더 좋게 할 수 있다고 한다. 따라서 경찰은 탐문을 범죄수사의 일상적인 부분으로 경찰관에게 요구할 필요가 있으며, 탐문을 하지 않을 때는 그 이유를 분명히 밝히도록 요구해야 한다.44

(3) 신고자와의 이차 접촉

사건이 해결되지 않았거나 범인이 검거되지 않은 범죄사건에 대해서는 피해자나 신고자를 재접촉하는 것이 매우 중요하다. 이러한 신고자와의 재접촉은 다른 방법으로는 얻을 수 없는 단서를 제공하는 데 매우 유용하다. 피해자나 신고자는 자신이 관계된 범죄나 사고의 정황에 상당한 관심을 가진다. 자신의 관심으로 인하여 스스로 추가적인 사항에 대하여 알 수 있으며, 사건의 해결에 도움이 되는 정보를 기억해낼 수도 있다. 신고자들은

통상 경찰서에 먼저 전화걸기를 꺼리기 때문에 이들과의 재접촉은 매우 중요하며 상당수의 사건이 이러한 방법으로 종결되고 있다. 이는 또한 범죄수사뿐만 아니라 경찰의 공공관계나 지역사회관계에도 상당한 가치를 가진다.

4. 수사절차

(1) 대인범죄

강도, 강간, 폭행, 살인 등과 같은 대인범죄(crimes against persons)는 통상 피해자와 가해자 사이에 서로 얼굴을 맞대고 하는 신체적 접촉이나 시각적 접촉뿐만 아니라 대화도 포함한다. 이러한 요소들은 대부분의 재산범죄(crimes against property)에서는 볼 수 없는 것이다. 이러한 이유로 물리적 증거를 수집하는 것 외에도 대인범죄의 수사는 범법자와 범죄를 연결시켜주는 유일한 수단을 제공할 수 있는 피해자나 목격자에 대한 면밀한 면담을 가져야 한다. 경찰은 정확한 인상착의를 이끌어내기 위하여 체계적이고 인내심 있는 면담의 가치를 인식해야 한다. 이를 위하여 경찰은 몽타주와 같은 다양한 도구를 활용하고 있다.45

대인범죄의 수사에 큰 도움이 되는 중요한 다른 하나는 범죄 유형이나 범죄자 유형에 따라 정리된 일련의 사진첩이다. 과거 유사범죄나 동일한 유형의 범죄로 검거되거나 처벌된 사람들의 사진첩은 현재 사건의 피해자나 목격자에게 보여주고 대조시킬 수 있기 때문에 유용하다.

대인범죄 수사의 중요한 관점 중 하나는 범죄유형이 밝혀지는 경우 잠재적 피해자가 될 수 있는 시민들을 사전에 경고하여 경계심을 갖도록 하는 것이다. 그러나 경우에 따라서 경찰은 범법자가 특정한 대인범죄를 계획하고 있다는 믿을 만한 사전정보를 가지고 계획된 피해자에 대한 경고나 예방적인 조치를 취하지도 않은 채, 범법자를 검거하기 위한 감시를 실행하기도 한다. 그러나 이러한 관행은 무고한 시민을 위험에 처하게 하고 법률적·도덕적·직업적으로 정당화하기 어려운 것이다.

(2) 재산범죄 (crimes against property)

절도범은 가능한 빨리 현금화할 수 있는 가치 있는 재물을 훔치려고 한다. 따라서 절도의 경우, 수사관은 없어진 물품에 대한 완전한 기술을 얻을 수 있도록 노력해야 한다. 이 때문에 경찰의 Operation Identification과 같은 노력이 필요하게 되는데, 만약 없어진 물품에 이러한 표식이 잘 되어 있고 또 경찰에서 그러한 물품의 기록을 잘 관리한다면 절도사건의 수사에 상당한 효과를 얻을 수 있을 것이다.

재산범죄에 대한 대부분의 해결은 범죄현장에서의 적절한 조사와 물적 증거를 인식하고 확보하는 능력에 달려있다.

자동차절도는 젊은 사람들이 주로 관련되는 범죄이기 때문에 재산범죄로서 특별한 관심을 기울일 필요가 있다. 자동차절도는 일반적으로 엔진이나 기타 값이 나가는 부품을 뜯기 위하여 자동차를 훔치는 경우와 단순히 일시적인 교통수단을 위하여 훔치는 소위 훔쳐타기(joyriding)의 두 부류로 나누어질 수 있다. 그러나 그 동기가 어떤 것이든, 자동차절도는 경제에 크게 영향을 미치며 자동차절도로 인한 인명의 손실은 무장 강도로 인한 손실보다 더 크다고 한다.

5. 증거수집과 현장조사

물리적·심리적 증거를 확보하기 위한 현장조사는 주로 현장감식반과 같은 전문가들의 도움을 요하게 된다. 실제로 과학수사기관의 노력이 성공적이고 유용하기 위해서는 변화나 수정되지 않은 물적 증거를 확보하는 데 달려있다. 따라서 범죄현장의 조사는 범죄현장이 변경되거나 오염되기 전에 행해져야 하고, 물적 증거는 기록되고, 보전되어 실험실로 보내져야 한다. 이를 위한 현장조사는 대체로 다음과 같은 내용들을 기본으로 하고 있다.

- ✤ 범죄현장에 대한 사진촬영과 스케치
- ✤ 지문의 확보
- ✤ 발자국, 타이어 자국 등 흔적의 확보
- ✤ 흉기, 총기, 독극물 등 치명적 도구의 조사와 보전
- ✤ 범죄자가 현장에 남긴 기타 물품의 조사

감식반의 일차적 임무는 어떤 일이 일어났는가를 결정하는 데 도움을 주고, 현장에서 물적 자료를 얻으며, 범법자를 밝혀내거나 피해자나 범죄현장과 범법자를 연계시키기는 것이다. 초동수사에서 현장에 처음 도착한 순찰경찰은 사람을 파악하는 등에 주로 관심을 가지는 반면 감식반은 물건을 찾는 데 더 관심을 가진다.

6. 범죄수사에 관한 연구와 평가

(1) 범죄수사의 효과성

70년대 중반 미국의 Greenwood와 Petersilia는 심층연구를 통해 경찰의 범죄수사가 비효율적이고 비효과적이라고 비판하였다. 연구결과 그들은 첫째, 대부분의 강력사건은 형사들이 확보한 단서가 아니라 피해자로부터 확보된 정보에 의하여 해결되며, 둘째, 전체 사건의 3/4 정도는 용의자의 신분이 범죄가 경찰에 신고되는 시간에 알려지거나 쉽게 파악되며, 셋째, 형사들은 보고서 작성과 검토에 대부분 시간을 보내고, 또한 경험상 해결될 것 같지 않으나 피해자의 기대를 충족시키기 위

하여 수행되는 사건의 피해자를 파악하여 면담하는 데 보내고 있다는 것을 지적하였다.46 그리고 후속연구에서도 유사한 결론을 얻었지만 추가로 형사들이 기술적인 심문과 사건처리기술을 통하여 수사과정과 절차에 가치 있는 기여를 한다고 밝힌 바 있다.47

절도와 강도사건 수사에 대한 연구에서는 순찰경관에 의한 초기, 초동수사와 형사에 의한 수사가 사건해결에 중요하다는 것을 지적하였다. 또한 비록 순찰경찰에 의하여 초동수사에서 아무런 단서를 찾지 못하더라도 형사들이 전체 사건의 14% 정도는 용의자를 파악할 수 있었고 8%에 대해서는 범인을 검거할 수 있었다는 것을 밝히기도 하였다. 이를 토대로 수사가 실제로 범죄해결에 의미 있는 공헌을 한다고 주장하였다. 범죄수사의 효과성을 높이기 위하여 범죄현장에서의 물리적 증거 수집, 목격자 파악, 제보자의 활용, 그리고 경찰기록의 이용 등이 강조되어야 한다는 것이다. 더구나 만약 순찰경찰이 사건현장에서 조심스럽게 증거를 수집하고 그것을 수사관들에게 제대로 전달하고, 사건이 더 이상의 진전을 위하여 더 조심스럽게 스크린되며, 개별수사관이나 수사부서가 자기들의 목표를 충족시키고 있는지를 생산성 평가의 척도로 개발하고, 표적수사를 한다면 사건의 처리가 더욱 향상될 수 있다고 한다.48

그러나 Farmer는 수사에 대한 보다 폭넓은 연구가 더 필요하다고 주장한다. 사건해결이 수사업무의 유일한 목적이라는 인식은 형사의 주요기능이 범죄를 해결하는 것이라는 사고만큼이나 부적절한 것이라고 한다. 여기에는 범죄수사에 있어서도 예방적 수사업무도 고려되어야 하는데, 형사도 시민의 만족을 향상시키고, 그들의 두려움을 줄이며, 피해자를 자문하고, 더 이상의 범죄를 억제하는 등 시민들을 돕는데 마찬가지로 중요한 다른 업무도 수행할 수 있는 것이다. 그래서 형사가 사법정의와 범죄예방을 강조하면 범죄수사도 향상될 수 있다고 한다. 만약 수사업무가 범죄자를 추적, 체포하는 것 이상이라면 자신의 목적을 달성하기 위해서 수사관은 지역사회와 상호작용해야 하며 다른 경찰부서는 물론이고 공사집단과 더 많이 협조해야 한다.49

(2) 형사 - 순찰경찰관의 관계

순찰경관과 형사나 수사관의 관계는 극단적으로 매우 중요하기도 하면서 동시에 잠재적인 갈등의 근원이기도 하다. 여기서 잠재적 갈등은 양자의 효과적인 의사소통이 다수의 범죄수사의 성패에 중요하기 때문에 제대로 다루어져야 하는 것이다. 그래서 형사들이 순찰경찰과의 좋은 신뢰관계를 형성하고 유지하는 것은 매우 중요하다. 이러한 관계는 빈번한 개인적 접촉, 수사에 있어서 순찰경찰의 기여에 대한 인정, 순찰 경찰의 충고 추구, 사건에 대한 통지 등에 기초하여야 한다.

제 3절 범죄예방(Crime Prevention)

현대경찰의 시작이라고 할 수 있는 Peel 경의 경찰사명에 대한 핵심은 범죄와 무질서의 예방이었다. 범죄예방프로그램은 일반적으로 그 저변의 이론에 기초한 범행기회축소프로그램과 비공식적 사회통제프로그램이라는 두 가지 광의의 형태로 구분되고 있다. 기회축소는 범죄발생을 불가능하게 하거나 어렵게 하기 위하여 고안되는 것이고, 비공식적 사회통제는 잠재적 범죄자의 행위를 긍정적인 방향으로 돌리는 데 영향을 미칠 수 있는 가정, 학교, 지역사회 등의 기관, 제도, 세력 등을 강화하려는 시도에서 고안되는 것이다.[50]

1. 기회축소(Opportunity Reduction) 프로그램

가장 기본적인 기회축소프로그램은 경찰이 여기저기에 있다는 인상을 심어주고 잠재적 범죄자로 하여금 범행에 대하여 다시 한 번 생각하도록 하기 위한 수단으로서 고안된 매우 가시적이고 정복경찰의 현장존재라고 할 수 있는 예방순찰이다. Kansas시에서의 예방순찰실험이 보여주듯이, 보다 고도의 인력배치가 필요하다는 것이다. 뿐만 아니라 전향적 문제해결이나 지역사회 동원기법을 통하여 젊은 사람들에게 범죄가 매력적인 것으로 보이게 할 수 있는 사회와 지역사회의 조건을 개선시킬 수 있다. 이러한 견지에서, 자신의 구역주민들을 알려고 노력하고, 젊은 사람들을 위한 역할모형으로 봉사하려고 하며, 문제를 파악하여 해결하기 위하여 기타 다른 유관기관과 협조하려는 예방순찰경찰은 비공식적 사회통제를 강화하는 것은 물론이고 기회축소프로그램을 수행하는 데도 기여할 수 있다.

(1) 범죄분석(Crime Analysis)

예방순찰프로그램의 전제 중의 하나는 범죄분석이다. 예방순찰을 가장 효과적으로 하기 위해서는 경찰관이 순찰하는 지역사회와의 밀접한 유대를 통하여 확보된 정보는 물론이고 신고된 범죄와 같은 객관적 자료에 근거해야 한다. 이처럼 범죄분석이 지역사회에서 확보되는 정보로 이루어지도록 하기 위해서는 몇 가지 원칙을 활용할 필요가 있다.

첫째, 경찰의 지역사회관계 기구나 장치가 광범위하게 집중적으로 활용되어야 하고 관계자는 자신의 일이 그 자체가 목적이 아니라 지역사회의 삶의 질을 향상시키고 범죄를 예방하는 방법임을 명심하여야 한다.

둘째, 범죄에 관한 정보와 그 예방방법에 대한 제안이 규칙적으로 시민과 경찰이 함께 할 수 있는 공식적인 경찰-지역사회위원회와 같은 제도의 설치를 통하여 용이해져야 한다.

셋째, 어떠한 경찰-지역사회 관계 노력에서도 가장 중요한 요소는 거리, 현장의 경찰관이다. 많은 경찰기관이 매우 세련되고 기술적인 지역사회관계와 범죄예방프로그램을 도입, 설치하였으나 시민과 경찰기관의 가장 영향력 있는 접촉은 순찰경찰이라는 사실을 경시하면서 대부분의 순찰경관은 범죄예방과 지역사회관계를 심각하게 받아들이지 않는다. 따라서 범죄예방의 지원을 위한 지역사회관계 프로그램이 효과적이기 위해서는 예방순찰을 수행하는 사람이 그러한 프로그램의 중추적이고, 핵심적인 부분이 되어야 한다.

넷째, 현장 순찰경관을 적극적으로 참여시키기 위해서는 범죄예방의 우수함을 보상할 수 있도록 보상제도에 대한 재고가 있어야 한다. 경찰관은 아무런 보상도 없고 오히려 사건해결을 더 인정하는 한 범죄예방을 우선한다는 공식적인 발표 등을 그렇게 심각하게 받아들이지 않는다.

(2) 정보의 제공

지역사회에서 범죄의 특성과 정도 그리고 그것을 피할 수 있는 방법에 관하여 분명한 이해를 가진 사람일수록 그렇지 못한 사람보다 범죄피해를 당할 확률이 더 낮을 것이다. 더구나 대부분의 사람들이 그러하듯이 그러한 이해가 있는 사람들은 자신의 지역사회가 실제 이상으로 범죄가 많고 더 위험하다는 잘못된 인식을 가지지 않는다. 따라서 경찰은 주민들에게 범죄예방기술과 안전에 관한 정보를 제공할 수 있어야 한다.

(3) 표적의 견고화(Target Hardening)

대상이 장소나 사람, 물건 등 어떤 것이든 잠재적 범죄 표적의 취약성을 줄이기 위한 다양한 전략과 전술 중 매우 중요한 하나의 요소는 바로 법이다. 소방서의 화재예방 노력이 화재를 피하기 위하여 건축주나 건설사가 반드시 지켜야 하는 조치, 장치 등을 세밀하게 법률적으로 규정하는 것처럼 범죄예방을 위해서도 유사한 법률적 장치가 필요하다는 것이다.

분명히 우리가 가볍게 여기기 쉽지만 범죄자가 범행 후 도주하기 쉬운 범죄적 건축물(criminogenic architecture)이 있다는 것이다. 물론 일부 엔지니어링이나 건축과 관련된 범죄의 위험은 피할 수 없다. 예를 들어, 대도시의 지하철에서 범죄자는 붐비는 사람들 속에서 어디로든 쉽게 사라질 수 있다. 그러나 일부 건축물의 경우는 비용이 조금 더 들어도 대안적인 설계를 통하여 범죄를 줄일 수도 있다는 것이다. 초고층, 대규모 빌딩이나 아파트보다는 소규모의 저층 아파트나 빌딩이 지역사회의 소속감을 높이고, 경찰에게도 편리하며, 따라서 범죄율은 더 낮아질 수 있을 것이다.

이러한 주장을 하는 사람들은 소위 방어공간(Defensible Space)이라는 개념으로 이해하고 이를 기초로 환경설계를 통한 범죄예방(Crime Prevention Through Environmental Design: CPTED)을 강조하기에 이르렀다.51

지금까지 경찰이 참여해 온 표적견고화 프로그램의 대표적인 예는 귀중품에 대한 표식을 하는 Operation Identification이라고 할 수 있다. 이는 귀중품에 그것이 자기 소유라는 것을 확인할 수 있는 비밀번호나 주민등록번호 등을 표시하고 목록을 작성하여 둠으로써 분실이나 도난시 또는 물건을 찾을 때 자기 소유임을 확인할 수 있게 하기 위한 것이다.

2. 비공식적 사회통제 (Informal social control) 프로그램

범죄의 원인이 사회의 해체와 그로 인한 사회통제의 약화에 있다는 주장을 보더라도 사회와 범죄의 관계는 크다. 20년대 초기 시카고 사회학자들의 생태학적 범죄관이나 그에 기초한 Chicago Area Project가 이를 잘 대변해 주고 있다. 즉, 해체된 지역사회를 재조직화하기 위해 지역사회를 동원하고 통합하려고 하였다. 물론 여기서는 경찰의 역할이 그다지 크지 않았지만 사회통합을 위한 경찰의 노력으로 경찰주최 청소년체육대회 개최와 같은 프로그램을 시행하기에 이르렀다. 그러나 범죄예방에서 전반적으로 경찰의 역할이 많지 않은 것처럼 사회통제를 위한 경찰의 역할도 많지는 않다.

POLICE SCIENCE

참고문헌

1 O. W. Wilson and R. C. McLaren, *Police Administration*(4th ed.), New York: McGraw−Hill Book Company, 1977, p. 319.

2 Charles D. Hale, Police Patrol, *Operations, and Management*, New York: Wiley, 1981, pp. 16−30.

3 Alfred R. Stone and Stuart M. DeLuca, *Police Administration: An Introduction*(2nd ed.), Englewood Cliffs, NJ: Prentice Hall, 1994, p. 344.

4 Roy Roberg, John Crank, and Jack Kuykendall, *Police & Society*(2nd ed.), Los Angeles, CA: Roxbury, 2,000, p. 216; James J. Fyfe, Jack R. Greene, O.W. Wilson, and Roy Clinton McLaren, *Police Administration*(5th ed.), New York: McGraw−Hill, 1997, p. 539.

5 Roberg *et al.*, *op. cit.*, p. 216.

6 O. W. Wilson and Roy C. McLaren, *Police Administration*(4th ed.), New York: McGraw−Hill, 1977, p. 319.

7 L. W. Sherman, "Patrol strategies for police," pp. 145−163 in O. W. Wilson(ed.), *Crimeand Public Policy*, San Francisco: Institute for Contemporary Studies press, 1983.

8 Roberg *et al.*, *op. cit.*, p. 219.

9 David A. Kessler, "Integrating calls for service with community and problem oriented policing: A case study," *Crime and Delinquency*, 1993, 39:485−508; Mark H. Moore, "Problem solving and community policing," pp. 99−158 in Michael Tonry and Noval Morris(eds.), *Modern Policing*, Chicago: University of Chicago Press, 1992.

10 Moore, *op. cit.*, p. 99.

11 Jerome Skolnik and David H. Bayley, "Theme and variation in community policing," pp. 1−38 in Michael Tonry and Noval Morris(eds.), *Crime and Justice: A Review of Research*, Chicago: University of Chicago Press, 1988.

12 Fyfe *et al.*, *op. cit.*, p. 542.

13 Wilson and McLaren, *op. cit.*, p. 332.

14 Herman Goldstein, *Problem−Oriented Policing*, New York: McGraw−Hill, 1990, p. 20.

15 Jack R. Greene, "Foot patrol and community policing: Past practices and future prospects," *American Journal of Police*, 1987, 6:1−15.

16 B. A. Reaves and A. L. Goldberg, *Law Enforcement Management and Administrative Statistics*, 1997, Washington, D.C.: Department of Justice, 1999, pp. 71−80에서 재편집.

17 Noel C. Bufe and Larry M. Thompson, "Traffic services," pp. 159−184 in William Geller(ed.), *op. cit.*

18 N. C. Bufe and L. N. Thompson, "Traffic services," in W. A. Geller(ed.), *op. cit.*, 1991, pp. 162−168; B. A. Hand, A. W. Sherman, Jr., and M. E. Cavana호, *Traffic Investigation and Control*(2nd ed.), Columbus, OH: Charles E. Merrill, 1980, p. 86.

19 O. W. Wilson *et al.*, p. 436.

20 Wilson *et al.*, p. 441.

21 Hand *et al.*, *op. cit.*, pp. 87−96.

22 Bufe and Thompson, *op. cit.*

23 Louis Pilant, "Speed−measuring devices," *Police Chief*, 1993, LX(11):33−39.

24 G. L. Kelling, T. pate, D. Dieckman, and C. E. Brown, *The Kansas City Preventive Patrol Experiment*,

Washington, D.C.: Police Foundation, 1974, p. 9.

25 T. Pate, R. A. Bowers, A. Ferrara, and J. Lorence, *Police Response Time: Its Determinants and Effects*, Washington, D.C.: Police Foundation, 1976.

26 Roberg *et al.*, *op. cit.*, p. 232.

27 L. W. Sherman, "Policing communities: What works?" pp. 366–379 in A. J. Reiss and M. Tonry(eds.), *Crime and Justice*, 8, Chicago: University of Chicago Press, 1986; Sherman, "Policing for crime prevention," pp. 8/1–8/58 in L. W. Sherman, D. Gottfredson, D. MacKenzie, J. Eck, P. Reuter, and S. Bushway(eds.), *Preventing Crime: What Works, What doesn't, What's promising?* Washington, D.C.: Office of Justice Program, 1997.

28 L. W. Sherman and D. A. Weisburd, "General deterrence effects of police patrol in crime hot spots: A randomized, controled trial," *Justice Quarterly*, 1995, 12:625–648; J. W. Shaw, "Community policing against Guns: Public opinion of the Kansas City Experiment," *Justice Quarterly*, 1995, 12:695–710; C. S. Koper, "Just enough police presence: Reducing crime and disorderly behavior by optimizing patrol time in crime hot spots: A randomized, controlled trial," *Justice Quarterly*, 1995, 12:625–648.

29 L. W. Sherman, "Police crackdowns," NIJ Report, 1990, 3/4: 2–6.

30 L. W. Sherman, "Police crackdowns: Initial and residual deterrence," pp. 1–48 in M. Tonry and N. Morris(eds.), *Crime and Justice A Review of research*, 1990, Chicago: University of Chicago Press.

31 O. W. Wilson and G. L. Kelling, "Broken windows: The Police and neighborhood safety," *Atlantic Monthly*, 1982, 249:29–39.

32 G. Witkin, "The crime bust," *U.S. News and World Report*, 1998년 5월 255일, pp. 28–36.

33 L. W. Sherman, 1997, *op. cit.*

34 J. M. Gilbert, *Criminal Investigation*(2nd ed.), Columbus, OH: Charles E. Merrill, 1986, pp. 3–11.

35 R. V. Ericson, *Making Crime*, Toronto: Butterworth and Co., 1981, pp. 68–70.

36 Gilbert, *op. cit.*, pp. 59–64; P. W. Greenwood, J. M. Chaiken, and J. Petersilia, *The Criminal Investigation Process*, Lexington, MA: D.C. Heath, 1977, p. 121.

37 Gilbert, *op. cit.*, pp. 64–68.

38 W. B. Waegel, "Patterns of police investigation of urban crimes," *Journal of Police Science and Administration*, 1982, 10:452–465; M. A. Wycoff, "Evaluating the crime effectiveness of municipal police," pp. 15–36 in J. R. Greene(ed.), *Managing Police Work*, Newbury Park: Sage, 1982.

39 Roberg *et al.*, p. 246.

40 Wilson and McLaren, *op. cit.*, p. 349.

41 Fyfe *et al.*, *op. cit.*, p. 598.

42 *Ibid.*, p. 600.

43 Fyfe, *et al.*, *op. cit.*, p. 613.

44 *Ibid.*, p. 376.

45 *Ibid*, p. 380.

46 P. Greenwood and J. Petersilia, *The Criminal Investigative Process*, Santa Monica, CA: Rand, 1975.

47 M. William and J. Snortum, "Detective work: The criminal investigative process in a Medium–size police department," *Criminal Justice Review*, 1984, 9:33–39.

48 J. Eck, Solving Crimes, Washington, D.C.: *Police Executive Research Forum*, 1984.

49 D. J. Farmer, *Crime Control: The Use and Misuse of Police Resources*, New York: Plenum, 1984, pp. 49–50, p. 181.

50 D. P. Rosenbaum, E. Hernandez, and S. Daughtry, Jr., "Crime prevention, fear reduction, and the community," pp. 96–130 in W. A. Geller(ed.), *Local Government Police Management*(3rd ed.), Washington, D.C.: International City Management Association, 1991, pp. 98–100.

51 O. Newman, *Defensible Space: Crime Prevention through Environmental Design*, New York: Macmillan, 1972.

제 3 장

경찰조직관리론

POLICE SCIENCE

제 1 절
관리론

1. 관리이론의 발전

(1) 과학적 관리이론

Gilbreth와 Taylor는 시간과 움직임의 연구를 바탕으로 모든 일에는 그것을 수행하는 가장 최선의 방법이 있다는 이론을 수용하였을 뿐만 아니라 후에 work flow process chart를 이용하여 특정한 일에 있어서 모든 개별적 단계를 기술하는 방법도 개발한 바 있다.[1] 한편, Thompson은 관리자로 하여금 재정상태를 더욱 분명하게 알 수 있도록 보여주는 새로운 회계의 방법을 고안하였고, Gant는 복잡한 작업과정을 기록하는 방법을 창안하였다. 이러한 관리이론의 발전에 힘입어, 경찰행정가들도 경찰활동을 보다 효율적으로 수행하기 위한 방법을 찾기 시작하여, 효율성이 2세대 경찰개혁의 일차적인 목표가 되었다.[2] 그러나 이러한 과학적 관리론은 근로자를 작업장에서의 또 다른 기계에 지나지 않는 것으로 취급하였고, 이로 인하여 작업장에서의 인간적 요소를 무시하였다는 비판을 받게 되었다.[3]

(2) 인간관계 관리이론

Mayo는 Taylor와 Gilbreth의 방법이 실제로 생산성을 증대시키는지 그리고 주어진 일을 수행하는 데 있어서 유일한 최선의 방법이 실제로 있는지를 실험하고자 하였다. 조도나 휴식시간의 횟수, 기간과 같은 작업환경의 상이한 관점을 다양하게 적용함으로써 어떠한 방법이 생산성을 가장 많이 증대시키는지를 결정하고자 과학적 관리의 원리를 적용하는 실험을 시도하였다. 실험자들의 의도대로 작업환경의 모든 변화는 적어도 단기적인 생산성의 증대를 양산하였다. 또 다른 일련의 실험에서도 여성 근로자들에게 휴식시간의 회수와 기간을 다양하게 변화시킨 결과 일과의 모든 변화에 따라 생산성의 증대를 가져다주었으며, 심지어 원래의 일과대로 되돌려도 생산성의 증대를 초래하는 결과를 나타내었다. 그러나 실험은 실패로 끝났고, 그 이유는 근로자들이 자신들이 실험이 행해지고 있다는 단순한 사실에 반응한 결과라는 소위 Hawthorne 효과에 지나지 않는다는 것을 알게 되었기 때문이다.[4] Mayo에 따르면 Hawthorne 효과는 근로자 자신들이 관찰되기 때문에 더 열심히 일해야 한다는 압박을 받아서가 아니라 그들이 특별한 관심과 인식을 받기 때문에 더 열심히 일하도록 장려받는 것으로 느끼기 때문이라는 것이다. 더구나 생산성의 증대는 근로자들에 의한 개별적인 결정의 결과가 아니라 오히려 집단 상호작용의 산물이라는 것이다. 구체적인 실험을 통하여 Mayo는 집단으로서의 근로자들이 주어진 시간에 자신들이 어느 정도의 일을 수행할 것인가를 결정하여 자신들의 생산기준을 설정한다는 것을 알게 되었다. 작업속도가 느린 근로자는 집단의 다른 근로자들과 보조를 맞추도록 도움을 받도록 장려되며, 반대로 작업속도가 빠른 근로자들은 동료들을 무안하게 하지 않게 하기 위하여 작업속도를 늦추도록 압박을 받는다는 것이다. 결국 이러한 연구결과는 어떠한 작업환경에서나 근로자간의 상호관계가 생산성을 결정하는 데 있어서 적어도 과학적 관리론이 주창하는 물리적 환경, 작업방법과 절차만큼이나 중요한 것으로 일반화되었으며, 이것이 곧 관리에 있어서 인간관계이론의 기초가 되었다. 나아가 Mayo는 근로자들이 오로지 돈을 벌기 위해서만 일을 하고, 따라서 더 많은 보수를 제공하는 것만으로도 근로자들을 더 열심히 일하게 하는 데, 충분하다는 과학적 관리론자들의 가정을 인간의 동기는 그보다는 더 복잡한 것이라고 비판하였다.5

그러나 인간관계이론은 법집행분야에서 그다지 큰 영향을 미치지는 못하였다. 개혁성향의 경찰행정가들은 오히려 훈육, 효율성, 그리고 통일성을 도입하고자 하였다. 오히려 그들은 경찰관 사이의 비공식적 관계와 같은 집단관계를 파괴하는 데 더 많은 관심을 가졌다. 물론 전문화운동의 일환으로서 경찰관들에게 그들의 업무가 사회적으로 매우 중요하다는 것을 확신시키려는 노력이 있었다. 전반적으로, Mayo의 이론은 관리이론에 대한 일종의 각주(footnote)로 취급되었다. 관리자들은 보다 효율적인 근무방식을 도입하고, 보다 좋은 보수를 지급하였으며, 보다 철저한 감독을 실시하였고, 또한 인간관계에도 약간의 관심을 보임으로써 생산성을 증대시키고자 하였다.

(3) 조직이론

관리이론의 세 번째 부류는 개별 근로자나 작업환경이 아니라 조직에서의 모든 요소들 간의 관계에 초점을 맞추는 것이다. 독일의 사회학자 Weber는 조직의 전체적인 업무가 조직의 개별 부서에 배정되는 일련의 특정한 업무로 분리되는 관료제(Bureaucracy)가 가장 효율적인 형태의 조직이라고 믿었다. 이러한 Weber의 이론은 매우 권위주의적이고 거칠게 보이지만, 자신의 이론이 제대로만 적용된다면 정확성, 신속함, 명확함, 지속성, 재량권, 통일성, 철저한 복종, 물적·인적 비용과 분열의 감소 등을 가져다주어 일종의 효율성을 실현할 수 있다고 생각하였다.6

Weber의 이론은 30년대 많은 경찰개혁가들에 의하여 채용되었다. 무엇보다도 그의 이론은 개인적 재량과 비동조성을 종식시킬 것으로 여겨졌고, 심지어 가장 복잡한 경찰업무 분야에서도 상당한 수준의 규칙성을 어떻게 성취할 수 있을 것인가를 보여주는 것으로 간주되었다. 그러나 그의 이론은 최근 심각한 도전을 받게 되었다. 즉 Weber 형태의 관료제적 조직은 지나치게 엄격하고, 권위적이며, 변화하는 인간의 욕구에 제대로 반응하지 못한다고 비판받고 있다.7

(4) 행동과학이론

업무를 보다 일상적이고 효율적으로 하려는 방법을 추구하는 대신, 근로자의 잠재력을 끌어냄으로써 그들을 보다 생산적으로 만드는 방법을 찾으려는 이론이 등장하게 된다. 1943년 심리학자인 Abraham Maslow는 비교적 적은 일련의 보편적인 인간욕구의 견지에서 거의 모든 인간의 행위를 설명하려고 시도하는 인간 동기이론을 발표하였다. 그에 의하면, 모든 인간은 물론 그 표현은 다를지 모르지만 거의 동일한 욕구를 가진다는 것이다. 즉, 모든 사람은 생존을 위한 음식을 필요로 하고, 고통으로부터 자유롭고 싶어하며, 신체적 안전의 필요성을 느낀다는 것이다. 그 밖에도 우정, 감정, 소속감, 자기존중심, 자기확신, 잠재력의 성취나 자기성취 등의 일련의 심리적 욕구도 가진다고 한다. 그런데 이러한 욕구는 계층적 구조로 존재하여, 기본적인 신체적 욕구가 먼저 실현되어야 하고, 이것이 만족될 때 사람들은 신체적 안전을 추구하며, 그 다음 단계에서는 사회적·감정적 욕구를 만족시키고자 하고, 이어서 자기존중심(self－respect)과 자기확신(self－confidence)의 욕구를 추구한 후, 끝으로 자기실현(self－actualization)의 욕구를 추구한다는 것이다.8

Maslow 이론의 중요성은 왜 사람들이 주어진 유인에 서로 다르게 반응하는가를 설명해 준다는 점이다. 즉 배고픈 사람에게는 음식이 동기를 자극할 수 있지만 배부른 사람에게는 음식이 동기를 자극하지 못하는 것이다. 또한, 사람들이 자신의 욕구를 표현하는 방법이나 만족도도 다르다. 어떤 사람은 물질적 양을 중시하나 다른 사람은 양보다 질을 중시할 수 있는 것이다.9

50년대 McGregor는 Maslow의 이론을 기초로 전통적·관습적 관리이론의 가정과 Maslow나 기타 행동과학적 관리이론의 가정 사이에 기본적인 갈등이 있음을 지적하였다. 관습적 관리이론은 만약 피할 수만 있다면 대부분의 사람들은 일하기를 원치 않는다고 가정한다. McGregor가 X－이론이라고 한 이 가정에 의하면, 사람은 강제로 일을 시켜야 하며 계속 일을 하는가를 확인하기 위하여 감시되어야 한다는 것이다. 또한 만약 X－이론이 옳다면 대부분의 사람들은 책임을 지고 행사할 욕망이 없고 다른 사람에 의하여 지시받고 관리되기를 원한다고 할 수 있다. 반대로 그가 말하는 Y－이론에 따르면, 일이란 모든 사람에게 자연스러운 것이며 자신의 분명한 목적이 있으면 대부분의 사람은 자신의 일과 자신을 위하여 책임을 받아들이려고 하며, 도전을 받아들일 합리적인 기회와 그에 대한 일정한 보상이 따른다면 대부분의 사람은 도전을 즐긴다는 것이다. 따라서 Y－이론을 믿는 관리자는 Weber의 관료제이론의 핵심인 권위와 책임보다는 자신의 일에서 개인적 만족을 찾을 수 있도록 도와주는 것을 더 강조하여야 한다.10

(5) 목표에 의한 관리 (Management by Objective)

목표에 의한 관리는 사람들이 자신에게 요구 또는 기대되는 것이 무엇인가를 정확하게 알고, 특정한 목표를 향하여 일할 때, 특히 자신이 그러한 목표를 정하는 데 일조를 하였을 때, 보다 생산적이고 보다 만족한다는 생각으로부터 시작된다.11 이 이론에 의하면, 관리의 가장 중요한 임무는 조직의 목표가 무엇인가를 결정하고, 그러한 목표를 모든 근로자가 이해할 수 있는 특정한 용어로 규정하는 것이다. 사람들은 스스로 설정한 목표를 성취하는 데 보다 강하게 전념하기 때문에 가능한 한 근로자 자신이 목표를 설정하는 데 가담할 수 있어야 한다.12 일단 목적이 설정되면 조직의 모든 구성원은 그 목적의 성취를 위한 진전에 대하여 잘 알고 있어야 한다. 최초의 목표 설정 이후 변경된 요인을 고려하여 목표가 수정될 때는 진전의 정도에 대한 정기적인 평가가 있어야 한다. 대부분의 목표에 의한 관리를 주창하는 이론가들은 이러한 환류(feedback)의 제공과 규칙적인 평가가 목표설정 과정 그 자체 못지않게 중요한 것임에 동의하고 있다.13

(6) 품질을 위한 관리 (Management for Quality)

1980년대 기업의 생산품이나 서비스가 단순히 사후에 평가되기보다는 처음부터 만들어질 수 있다는 주장이 일기 시작하였다. Deming은 단순히 최종 생산품의 표본에서 결점을 찾아내는 것은 생산품의 질을 유지하거나 품질을 향상시키는 데 적정한 방법이 아니라는 것을 인식하게 되었다. 그는 많은 경우에 있어서 제품의 결함이 처음 시작부터 만들어진 것이라는 것을 발견하고, 최상급의 재화와 용역을 생산하고 지속적으로 제품의 질을 향상시키기 위해서는 조직의 모든 요소가 정비되고 조정되어야 한다고 주장하였다. 그는 이 과정에서 관리가 중요한 핵심적 역할을 담당한다는 것을 발견하였다.14

Juran에 따르면, 품질(quality)은 실질적 규정이 무엇이든 고객이 원하는 것 또는 보다 구체적으로 고객의 기대치를 초과하거나 만족시키는 제품의 특징이 있거나 결함이나 결점이 없는 것이라고 한다.15

Deming의 품질을 위한 관리 이론은 처음 재화를 생산하는 기업을 위해 개발되었으나 점차적으로 용역을 제공하는 조직에도 적용되기에 이르렀고 최근에는 공공기관에도 적용하려는 노력이 시도되고 있다. 그렇다면 품질을 위한 관리라는 개념과 이론이 법집행에도 적용될 수 있는 것인가? 물론 기업관리 모형을 경찰기관의 환경에 제공한다는 것이 쉽지는 않지만 가능하다고 한다. 중요한 문제점은 품질에 대한 정의 또는 규정이다. 만약 품질이라는 개념이 고객의 기대를 충족시키는 것이라면 경찰의 고객은 누구이며 그들이 경찰에 기대하는 바는 무엇인가?에 대한 의문에 답하는 것이 주요한 과제라고 할 수 있다. 그럼에도 불구하고 산업 생산품과 상업적 용역의 질을 향상시키는 데 대한 관심이 증대됨에 따라 경찰에 대해서도 제공하는 서비스의 질을 향상시키도록 하는 압력이 생기게 된다.16

(7) 분할이론 (Contingency Theory of Management)

분할이론은 복잡한 조직을 운영하고 조직하는 것에는 보편적인 최선의 방법은 없으며, 오로지 조직이 직면한 특정한 상황에 달려 있다는 것이다. 즉, 관리자는 조직 자체의 필요성, 조직 구성원, 그리고 조직이 봉사하고자 하는 외부세계에 적절한 관리기술을 선택해야 한다는 것이다. 따라서 관리자의 일차적 임무는 하나의 특정한 이론이나 제도를 단순하게 선택하고 적용하는 것이 아니라 조직의 욕구와 필요성을 충족시키는 어떠한 제도를 선택하여 활용함으로써 조직의 필요성과 개인의 필요성을 통합시키는 것이다.17

Roberg는 기계적 조직과 유기적조직을 구분하였는데, 그에 의하면 기계적 조직은 Weber의 관료제적 조직과 같은 매우 권위적 체제에 따라 관리되는 조직이다. 이러한 조직에는 조직 내 구성원의 개인적 특성과 개인적 선호를 위한 여지는 거의 없으며, 조직의 원칙적인 임무가 콘베어 시스템과 같이 획일적이고 표준화된 업무를 수행하는 것일 때 비로소 성공적일 수 있다는 것이다.18

유기적 체제나 조직은 가능한 구조가 적고 가능한 한 개인적 창의와 재량을 허용하고 보상하며, 변화하는 내적·외적 조건에 반응하여 변화와 개선을 위한 기회를 적극적으로 추구하는 것이다. Roberg는 경찰이 성공적이기 위해서는 조직구조와 관리에 있어서 과거보다 더 유기적인 접근을 개발해야 한다고 주장한다.19

그러나 유기적 조직관리나 분할이론이 직면한 과제도 적지 않다. 유기적 체제는 관리자로 하여금 조직의 궁극적인 목표를 상실하지 않으면서 조직 구성원의 욕구와 외부세계의 요구에 민감할 것을 요구하게 된다. 따라서 관리자는 관리에 관한 다양한 이론과 기술은 물론이고 어떠한 상황에서 어떠한 기술과 이론이 적절한가에 대하여 정통해야 하는 것이다.

2. 경찰관리론

(1) 관리의 과정

관리란 조직 구성원으로 하여금 효율적이고 효과적인 방법으로 조직의 목표를 수행하도록 인도하는 것이다. 따라서 경찰 관리자들에 의하여 수행되는 기능은 조직, 지도, 기획, 그리고 통제를 포함하게 된다. 따라서 이러한 기능이 얼마나 잘 수행되는가가 대체로 경찰기관이 얼마나 성공적인가를 결정하게 된다.20

조직화(organizing)란 목표를 성취하고 계획을 수행하기 위하여 물리적·인적 자원을 조정하는 과정이다. 따라서 조직구조나 설계, 업무설계, 집단 업무조정, 개인 업무조정 등이 조직화 과정의 주요 주제이며 과제라고 할 수 있다. 물론 모든 관리자가 조직화 과정에 개입하게 되지만 그 정도와 범위는 그들의 조직 내 위치에 따라 달라진다. 하급관리자는 업무배정에 더 많은 관심을 가지는 반면 최고관리자는 인적·물적 자원의 전반적인 배분에 더 큰 관심을 가지게 된다.

지휘(leading)는 조직의 목표와 목적을 성취하는 데 기여하는 다양한 업무를 수행하도록 구성원을 자극하고 동기를 제공하는 것이다. 이는 특히 관리자가 민간분야에 비해서 보수나 상여금 등의 훨씬 통제력이 적은 공공기관에서는 어렵고 복잡한 과정이다. 따라서 경찰관리자는 직업만족도와 성취감과 같은 직원들에게 동기를 부여하기 위한 내부보상제도의 활용에 더욱 의존하게 된다. 이는 곧 경찰관에게 동기를 부여하는 데 있어서 업무설계가 핵심적인 요소라고 할 수 있다. 또한 최고관리자의 지도력이나 지휘력 역할은 형사사법기관과 정부기관과 같은 다른 주요기관은 물론이고 지역사회와 경찰 사이의 관계를 향상시킬 수도 있는 것이다.

기획(planning)은 목표와 목적을 설정하고 그것을 성취하기 위하여 경찰의 사명과 가치관을 설정하고, 연구를 시행하며, 전략과 방법을 파악하고, 정책과 절차를 개발하며, 예산을 책정하는 등과 같은 행동과정의 개발을 통하여 미래를 준비하는 과정이라고 할 수 있다. 물론 모든 관리자가 기획에 참여하지만 활동의 범위와 특성은 조직 내에서의 관리자의 위치에 따라 상당한 차이가 있다. 일반적으로 지위가 높을수록 기획을 위한 기간이 더 길어지고 기획의 범위도 더 넓은 포괄적 기획을 하게 된다.

통제(controlling)는 관리자가 조직의 제도와 서비스의 질과 양이 어떻게 향상될 수 있으며, 조직의 목표와 목적이 성취되고 있는지, 조직이 계획대로 운영되고 있는지, 그리고 경찰관이 조직의 정책과 절차를 잘 따르고 있는지 등을 결정하는 과정이다. 따라서 통제과정에서는 효율성과 효과성이 핵심적인 개념이다. 만약 목표나 목적이 성취되지 않거나 기획, 정책, 절차가 지켜지지 않는다면 관리자는 그 이유를 밝히고 상응한 조치를 취해야 한다. 통제는 왜 업무수행이 실패하고 그것을 고치거나 향상시키기 위하여 어떠한 조치를 취할 것인가를 결정하기가 매우 어려운 일이기 때문에 가장 까다로운 관리기능이라고 할 수 있다.

이상의 주요 관리기능들은 대체로 관리자의 조직 내에서의 위치에 따라 그 범위와 특성 등에 있어서 상당한 차이를 보이고 있다. 최고 관리자는 전반적인 목표를 설정하고 자원의 분배와 관련된 정책을 결정하며, 중간 관리자는 상부로부터의 결정을 실행하기 위한 기획과 목표를 설정하고 하부로부터의 활동을 조정하며, 하급 관리자는 상부에서 이루어진 결정을 실행하고 조직의 최하위에 있는 직원들의 업무를 지시하고 조정하게 되며, 최일선 근무자는 특정한 업무를 수행하게 된다.

(2) 경찰관리의 발전

1) 고전적 경찰관리

초기의 경찰관리는 철저한 계층구조, 강력한 중앙집중적 통제, 그리고 권위주의적 지휘 등을 강조하는 고전적 접근을 강조하였다. 물론 이 고전적 접근은 합리적 기초 위에 조직운영에 필요했던 특성을 파악하기 위하여 활용되었던 Weber의 관료제(Bureaucracy)의 개념이 근간이었다. 고전적 접근을 반영하는 일부 Weber의 행정원리는 업무분장과 같은 전문화(specialization), 명령하고 이에 복종할 것을 요구하는 권리인 권위와 책임(authority and responsibility), 효과성을 위하여 필요한 훈육(discipline), 단지 한 사람의 상급자로부터만 명령을 받아야 한다는 지휘명령계통(chain of command), 권한의 계층제, 의사결정이 최고 조직지도자에게 주어지는 중앙집권화(centralization), 숫자가 적을수록 통제가 강한 상관에게 직접 보고할 수 있는 부하의 수를 나타내는 소규모 통솔범위 등을 포함하는 것이다.[21]

보다 전문적인 경찰력을 만들기 위하여 초기 경찰이론가들은 이 고전적 접근을 매우 강조하였다. 그 결과 경찰은 매우 관료제적으로 구조화되었으며, 경찰을 정당정치로부터 격리시키기 위해 군대식으로 조직되고 관리되었다. 이러한 준군대식 모형(paramilitary model)은 법률적 접근(legalistic approach)과 범죄통제를 향상시키고 부정한 관행을 축소시키기 위하여 경찰관의 행동을 통제하려는 의도에서 관리관행을 강조하였다. 그러나 일반적으로 고전적 경찰이론은 경찰을 향상시키는 접근방법에 있어서는 약간의 차이가 있다. Fuld는 경찰관리로부터 정당정치를 격리시켜야 할 필요성을 강조하고, 비경찰임무의 제거를 포함한 경찰임무를 분명하게 규정하였으며, 강력한 감독과 훈육을 강조하였다.[22] Fosdick은 경찰관서가 자신들의 기능을 규정하지 못하였고, 설정된 목적을 가지지 못했으며, 유능한 지도력이 부족하였음을 지적하였다.[23] Smith도 경찰관서의 관리나 조직구조에 관심을 갖지 않았다는 점을 지적하고, 기업이나 군에서 폭넓은 지지를 받았던 조직의 원리에 따라 적정하게 설계되고 관리된다면 경찰관서도 상당히 향상될 수 있음을 강조하였다.[24] Wilson과 McLaren도 효과적인 범죄통제조직은 특히 명령계통이나 권한의 계층과 관련한 기본적인 조직원리에 따라 설계되고 관리되어야 한다는 것을 강조하였다.[25]

경찰활동의 법률적 접근은 조직과 관리의 발전을 위해서 고전적 이론에 크게 의존하게 된다. 이러한 접근의 원리는 경찰행위를 보다 객관적이고 관료제적으로 만들어서 경찰업무와 관련된 정치성을 줄이고자 했던 경찰개혁가들의 목표와도 같은 맥락이라고 할 수 있다. 결국 경찰활동에 대한 이러한 관료제적 접근과 함께 경찰의 일차적 기능으로서 법집행이 강조되는 것이다. 이러한 강조는 경찰로 하여금 범죄를 통제하는 능력에 따라 평가되고 판단되게 하고 있다.[26]

2) 행동이론적 경찰관리론
(Behavioral Theories of Police Management)

70년대로 접어들면서 경찰관리론은 경찰의 역할에 대한 지나치게 협의적인 관점이나 권위적 관리, 관료제와 계층적 구조 등을 강조하는 고전적 접근을 비판하기 시작하였다. 근로자의 참여와 직무만족을 강조하는 인간의 행위에 대한 과학적인 연구와 같은 행동연구의 증대와 함께 이들은 경찰역할의 복잡한 특성의 인식과 같은 보다 융통성 있고 민주적인 조직모형을 강조하였다.[27] 따라서 경찰의 역할이 많은 사람들이 처음 생각했던 것보다 더욱 복잡하고 광범위하다는 것도 분명하게 되었다. 따라서 효과적인 경찰활동은 폭넓은 범위의 복잡한 문제와 상황을 다루기 위하여 재량권을 현명하게 이용할 수 있는 자격 있는 인력을 필요로 한다는 것이다.

이러한 연구결과는 준군대식 모형에 많은 영향을 미쳤다. Bittner는 경찰사명의 핵심은 군대모형과는 완전히 양립될 수 없다고 하면서 경찰의 군대식 관료제적 조직이 심각한 장애라고 지적하였다. 그는 재량권의 적절한 활용을 경찰역할의 전문적 발전을 위한 핵심으로 간주하고, 경찰이 규정과 관료제적 일상에 지나치게 의존하는 것은 전문적 발전을 심각하게 해치게 된다고 경고하였다.[28]

이러한 비판에 대응하여, Angell은 계층적이지 않고 공식적인 계급이나 감독자가 없는 민주적 경찰활동 모형을 제안하였다. 경찰관은 하나의 팀으로 일하는 generalist이고 업무배정에 있어서 상당한 융통성을 가지고, 단지 필요할 때만 전문화한다는 것이다. 경찰관은 문제해결을 위하여 지역사회에 밀접하게 연관되어 함께 노력하고, 폭넓은 서비스를 제공하며, 직원의 직무만족에도 관심을 가질 것을 강조한다. 물론 이 모형이 그대로 채택되지는 않았지만 70년대의 집단경찰활동(team policing)이나 현대의 지역사회 경찰활동(community policing)을 부분적으로 대변하고 있다.29

경찰조직의 극단적인 권위주의적 분위기로 인하여 경찰이 범죄대응에 있어서 비효과성과 차별적 행위에 대하여 비판을 받았으며, 적절하지 못한 관리방법을 활용한다는 것도 지적되었으며, 권위주의적 관리와 권위주의적 경찰행위가 관련이 있다는 지적도 받고 있다. 결과적으로 행동과학연구로부터 얻어진 지식이 점차적으로 경찰에 영향을 미치기 시작하였고, 경찰이 의사결정에 있어서 직원참여, 폭넓은 경찰역할의 인식, 지역사회와 동반자로서의 업무의 중요성을 이해하는 데도 많은 기여를 하였다.

3) 현대경찰관리론

행동과학연구의 결과는 곧 체제이론(systems theory)과 분할이론(contingency theory)의 발전과 품질관리(quality management)를 지향하는 운동으로 이어지게 된다. 이러한 발전은 관리관행의 개선뿐만 아니라 경찰의 지역사회관계에 대한 중요성의 이해를 가져다주었다.

개념적으로 체제이론은 어떠한 체제나 조직의 모든 부분에 상호 연관되며 서로 의존적·종속적이라는 것을 의미한다. 경찰관서에 대한 체제이론 적용의 중요성은 그것이 관리자로 하여금 자신의 부서에서 이루어지는 어떠한 변화가 다른 부서에도 그로 인한 영향을 미치게 된다는 것을 이해할 수 있게 하는 것이다. 따라서 경찰관리자는 자신의 부서에서 활동이 조직의 전체적인 목표와 필요에 일치된 것임을 확인하기 위해서 다른 부서와 지속적으로 접촉해야 한다.

경찰관리자는 체제나 조직은 폐쇄적일 수도 있고 개방적일 수도 있다는 것을 알아야만 한다. 개방체제는 자신의 환경과 지속적으로 상호작용하며 그 환경에 적응하는 반면, 폐쇄적 체제는 그렇지 못하다. 경찰관서의 환경은 특히 각자 담당하는 지역사회라고 할 수 있는데, 보다 개방적인 경찰관서일수록 지역사회의 기대와 요구를 더 잘 알고 그에 따라 경찰활동을 적용할 수 있기 때문에 보다 효과적이라고 할 수 있다. 과거 환경과의 상호작용의 부족과 그로 인한 지역사회 관심사에 대한 이해의 부족으로 경찰과 지역사회관계에 심각한 문제를 유발하기도 하였다. 초기 지역사회 경찰활동과 집단경찰활동의 실험은 지역사회의 문제와 관련된 문제를 파악하고 해결하는 데 시민을 참여시키는 최초의 시도였다.

또한 경찰은 형사사법제도의 한 부분이고 자신의 행동이 다른 형사사법기관에 영향을 미치기도 하고 그들로부터 영향을 받기도 한다는 것을 인식해야만 한다. 따라서 경찰은 형사사법제도 내는 물론이고 지역사회 일반의 변화하는 여건에 적응해야만 한다. 만일 경찰이 개방적 제도로 운영되지 않는다면 변화하는 환경의 영향과 세력에 적응할 수 없고 따라서 비효과적이거나 적어도 덜 효과적일 수밖에 없는 것이다. 이 경우, 경찰관서는 어쩔 수 없이 변화하도록 압력을 받게 된다.30

그 밖에도 분할관리(Contingency Management)와 통합품질관리(Total Quality Management: TQM) 두 가지 접근도 현대 경찰관리에 있어서 매우 중요하다. 물론 둘 중 어느 하나도 분명한 관리이론이라고는 할 수 없지만 둘 다 관리관행에 있어서 매우 타당한 것으로 여겨지고 있다. 분할관리는 개방적 제도 이론에 기초하며, 조직행위에 영향을 미치는 다양한 내적·외적 요소가 있다는 점을 인정하는 것이다. 물론 이들 요소는 상이한 조직 여건에 따라 달라지기 때문에 다양한 형태의 경찰을 조직하고 관리하는 유일한 최선의 방법 없이 오로지 모든 것은 특정한 상황에 따른다는 것이다. 따라서 관리자의 임무는 바로 어떤 상황에서 어떤 시기에 어떠한 방법이나 기술이 가장 효과적인가를 결정하려고 시도하는 것이다.31

70년대 말 Roberg는 이 분할관리를 경찰활동에 적용하였다. 그는 분할의 개념과 경찰행위에 영향을 미치는 내적·외적 요소를 파악할 필요성을 강조하였다. 결국 경찰역할의 복잡성, 경찰관의 교육수준의 향상, 정치적 영향이나 법률의 개정 등 비교적 환경에 불안정한 특성 등과 같은 요소가 가장 효과적인 경찰관리방법을 결정하는 데 고려되어야 한다는 것이다. 따라서 경찰이 효과적으로 업무를 수행하기 위해서는 덜 관료제적이고 덜 중앙집권적인 조직설계가 필요하다는 것이다.32

통합품질관리(TQM)는 지속적인 개선을 위하여 계량적 방법과 인적 자원을 강조하는 고객지향의 접근(customer-oriented approach)이다. 인적 자원활용을 극대화하기 위하여 품질관리는 직권의 참여, 팀워크, 지속적 학습과 개선 등을 강조한다. 계량적 차원은 조직에서의 과정을 평가하고 개선시키며 그러한 과정을 결과에 연계시키기 위하여 연구와 통계적 기술을 활용하는 것이다. 이러한 품질관리는 대부분의 공공기관에서도 다양한 형태로 활용되고 있으며, 경찰도 예외는 아니어서 품질관리의 다양한 분야가 활용되고 있다. Hoover는 팀워크와 협동이 이루어지는가 또는 상응한 보상이 주어지는가 등 문화, 설문조사나 건의와 같은 고객에 대한 서비스가 그들이 원하는 대로 제공되고 있는가라는 고객, 그리고 문제해결과 체포와 같이 경찰 생산성이 질적·양적으로 측정되는가라는 계리의 세 가지 주요 개념을 가지고 경찰관리자들을 평가하였다. 그는 경찰관서가 문화적 원리는 비교적 합리적인 수준으로 적용하고 고객지향의 기술도 어느 정도 활용하고 있으나 생산성 측정의 노력은 거의 하지 않고 있다는 것을 알았다. 따라서 비록 품질관리개념이 경찰에도 적용되고 있지만 경찰이 더 많이 개선되기 위해서는 특히 품질-실적 측정과 관련된 부분은 더 많이 활용되어야 할 것이다.[33] 품질 관리가 고객에 대한 양질의 서비스와 지속적인 개선에 대한 관심을 강조하기 때문에 경찰의 지역사회 경찰활동으로의 전환에 있어서 매우 유용한 것이 될 수 있다.

제 2 절 조직론

1. 조직의 원리

비교적 긴 기간 동안 2인 또는 3인 이상의 사람을 필요로 하는 활동은 일정한 종류의 조직을 요구한다. 심지어 관련된 사람들이 공식적인 조직구조를 피하고자 하더라도 누군가 한 사람은 지배적인 위치가 되는 어쩔 수 없는 상황이 생기게 된다. 그것은 그 사람의 우월한 지식과 기술이 그 사람으로 하여금 지도력을 행사하도록 만들거나 다른 사람이 그 지도적인 위치에 있는 사람의 지도력이나 지휘력에 의존하기 때문일 것이다. 이렇게 하여 지도자가 있게 되면 그 집단은 조직구조를 갖게 되는 것이다. 한편 집단이 지나치게 규모가 크거나 활동이 지나치게 복잡하여 한 사람의 지도자가 전체를 감독할 수 없을 때는 중간 지도자에게 집단의 전반적인 임무에 대한 권한과 책임이 주어질 수 있다. 계층적 구조를 지향하는 이러한 경향은 인간사회에서는 보편적인 것으로 보인다는 사실을 이해하는 것이 중요하다. 그렇다고 조직구조가 성공적이기 위해서는 엄격하게 권위주의적이어야 한다는 것을 의미하지 않는다. 물론 이러한 계층적 구조의 원리가 인정되고 관찰되어야 하지만 조직의 모든 구성원이 자신의 공헌과 기여가 필요하고 가치를 인정받는다는 것을 느낄 수 있는 방향으로 적용되어야 하는 것이다.[34]

(1) 계층제의 요소

특정인이 다른 사람에 대하여 권한을 가지게 되는 조직을 계층이라고 할 수 있다. 어떤 조직은 상대적으로 다른 조직에 비해 더 계층적일 수 있으나 대부분의 조직은 어떤 형태로든지 어느 정도 계층적이라고 할 수 있다. 조직이 가지는 감독이나 행정가의 계층 수가 많을수록 그 조직은 보다 계층적이라고 할 수 있다.

전통적으로 조직이 클수록 더 계층적이라고 하는데, 그것은 더 큰 조직일수록 더 많은 감독관을 요하고 감독관이 더 많을수록 더 많은 중간관리자를 필요로 하기 때문이다. 그러나 만약 지나치게 많은 수의 계층이 만들어지면 상의하달의 의사소통의 지연이나 조직 최고위자에게로의 환류(feedback)의 부족과 같은 많은 상이한 조직문제가 일어날 수 있다. 따라서 경찰을 비롯한 많은 조직이 불필요한 계층을 제거함으로써 보다 덜 계층적으로 평탄해지려고 한다. 그러나 이 경우에도 충분한 감독과 가능한 조직구조를 날씬하게 하려는 욕구 사이의 균형을 맞추어야 한다.[35]

(2) 계층조직의 이론

1) 권한 · 의무 · 책임 (Authority, Responsibility, and Accountability)

권한이란 사람이 어떤 행동을 수행하고, 다른 사람에게 어떤 행동을 수행하도록 요구하는 어떠한 의사결정을 하는 권리나 특전을 가지는 것을 의미한다. 원칙적으로 모든 법률적 권한은 처음에는 대체로 사회에 기초를 두고 있다. 특정 개인이나 개인들의 집단이 소유하는 특전이나 권리는 나머지 사회에 의하여 주어지고, 이러한 권리나 특전의 공여는 전체 사회의 목적과 이익이나 욕구에 봉사하는 것이어야 한다.[36] 그래서 정부의 권한은 피통치자의 동의나 또는 일반적으로 정부를 갖고자 하는 사람들의 욕구로부터 나오지만 마찬가지로 사람들은 그 권한에 조건이나 제한을 둠으로써 그들이 공여하는 권한을 제한할 원천적 권리를 가지고 있다.

모든 권한의 부여는 위임받은 임무를 수행하고, 사람들이 정한 한계와 제약을 준수하며, 궁극적으로는 그 권한이 부여되는 목적과 공익에 봉사하는 임무라고 할 수 있는 동등한 의무도 수반한다. 이와 관련하여, 입법부에 법률을 제정할 권한과 의무를 부여하고, 다양한 행정부에 그 법을 집행할 권한과 의무를 부여하고 있는 것과 같다.[37] 마찬가지로, 권한을 남용할 우려가 있기 때문에 근로자에게 상응한 의무도 없이 권한만 주어서도 안 되는 것이다. 따라서 미국의 법집행기관에 대한 인증 위원회에서는 “의무는 상응한 권한이 수반되고, 각 모든 피고용인은 위임된 권한의 활용에 대한 책임을 가진다”라고 적시하고 있다.[38] 의무와 권한이 부여되거나 위임될 때 그것을 부여받는 사람은 권한과 의무를 부여한 사람, 기관 또는 사회에 책임을 가져야 한다. 여기서 책임이란 조직 내 모든 사람이 권한을 적절하게 활용하였는지 확인하는 것을 의미한다.[39]

경찰기관장은 자신이 권한을 위임한 사람들이 그 권한을 현명하게 사용할 것이라고 가정하는 실수를 결코 해서는 안 된다. 위임된 권한이 오용되거나 남용될 가능성을 최소화하기 위하여 권한이 위임된 모든 경찰관의 활동을 감시할 수 있는 공식적인 제도를 갖추어야 한다. 바로 이러한 제도가 책임의 원리에 기초하는 것이다.

책임의 원리란 권한이 위임된 모든 개인은 그 권한의 사용에 대하여 책임이 있다는 것을 의미한다. 그것은 개인이 자신의 권한을 부적절하게 또는 무책임하게 사용하거나 할 때는 그에 대한 행동이 취해질 것을 요구하는 것이다. 더불어 자신의 권한을 활용하지 못하거나, 지나치게 많은 권한을 사용하거나, 권한을 부적절하게 사용하는 사람이 누구인지 밝히려는 노력이 이루어질 것도 요구되고 있다. 그런데 경찰기관장은 조직구성원의 권한 사용을 감시할 여러 가지 방법을 가지고 있다. 기본적인 방법은 지휘명령계통 안에서 감독하는 것이다. 예를 들어 내부감사제도와 근무평정제도 등이 이에 해당한다고 할 수 있다.40

책임의 원리는 신속하고 확실한 행동과 통일적이고 공정하게 집행함으로써 실행될 수 있다. 모든 개인은 계급이나 지위와 관계없이 동일하게 취급되어야 하고, 이 원리를 실행하는 데 어떠한 정실도 보여서는 안 된다.

2) 기능적 규정의 원리 (Principle of Functional Definition)

경찰관은 다양한 기본적 임무를 가지고 근무하게 된다. 경찰관의 임무는 많고, 때로는 갈등적이기도 하다. 경찰조직은 다양한 임무를 수행할 독자적인 부서를 가질 수는 없기 때문에 일정한 체계적 방법으로 이들을 조합해야 할 필요가 있다. 여러 기능을 분류하는 가장 유용한 방법은 바로 이 기능적 규정의 원리를 적용하는 것이다. 이 원리는 유사한 기능은 조직적으로 함께 분류되어야 한다는 것이다. 그런데 동일한 수준의 권한이 기능의 집행을 위하여 요구될 때, 그에 대한 의무가 동일한 시간이나 동일한 장소에서 집행될 때, 그리고 임무수행을 위하여 동일한 정도의 기술이나 동일한 정도의 훈련을 요할 때 기능이 유사하다고 말할 수 있다.41 따라서 경찰의 기관장은 조직의 틀 안에서 유사한 과업을 논리적으로 함께 분류하기 위한 합의되고 일치된 노력을 경주해야 한다. 이러한 경찰의 노력에 대해 유용한 하나의 기준은 일반적으로 모든 경찰운용업무, 모든 행정업무, 그리고 모든 지원업무를 별도로 분류하는 것이다. 그래서 대부분의 미국 경찰조직은 이러한 기본에 충실하여 대체로 경찰기능과 조직을 순찰과 수사 등을 중심으로 하는 운용, 행정, 그리고 지원부서로 나누고 있다.

3) 계층원리(Scalar Principle)

권한과 책임이 조직의 다양한 부분으로 위임된다는 사실이 바로 지휘명령계통(chain of command)을 만들어 내게 된다. 따라서 이 지휘명령계통은 권한과 책임이 쪼개져서 나누어지는 것이다. 계층원리란 군사모형으로부터 따온 것으로서 종종 지휘명령계통으로도 불리는 계층원리는 경찰관서 내의 공식적인 의사소통계통을 보여주는 조직기제이다. 이는 최고의 권한으로부터 모든 하급자들에게 이어지는 권한의 계통이 분명할수록 보다 효과적인 의사결정과 조직의 의사소통이 가능해진다는 전제에 기초하고 있다. 이를 통하여 정보, 지시, 명령의 조직을 통한 하향적인 수직적 흐름의 틀을 마련해 준다. 또한 이 계층적 원리는 조직의 모든 구성원과 부서장 사이의 직접적인 통로를 마련해 주며, 이 통로는 정보가 전 조직을 통하여 부하로부터 상사 그리고 궁극적으로는 부서장에 이르는 쌍방향 통로가 될 수도 있다. 이러한 지휘명령계통을 제공하는 도식적 설계가 바로 조직도 (organizational chart)이다.42

계층적 원리는 그 자체가 공식적인 의사소통 계통을 설정하는 것이기 때문에 매우 가치있는 중요한 조직적 도구이다. 일단 경찰관서가 적절하게 조직되면 이러한 의사소통 계통이 어떤 방법으로든 공식적으로 의사소통을 하기 위하여 전체 조직에 걸쳐 모든 구성원에 의하여 활용되어야만 한다. 반대로 이 지휘명령계통이 모든 공식적인 의사소통을 위하여 활용되지 않는다면 심각한 조직의 어려움이 예견될 수 있다. 계층적 원리는 조직도를 통하여 시각적으로 만들어지는 것이며, 조직 내 권한의 분배를 위한 기초를 제공하는 것이다. 이러한 계층적 원리를 경찰기관에 적용하려면 다양한 수준의 조직관리가 있다는 사실이 고려되어야 하는데, 대체로 조직에는 관리의 수준과 단계를 최고관리자, 중간관리자, 감독자의 세 가지 단계로 분류한다. 지휘명령계통을 설계하는 데 있어서 고려해야 할 또 다른 요소는 조직 내 다양한 단계에서의 전문화조직의 전반적인 목표와 목적을 충족시키는 데 미치는 영향이라고 할 수 있다. 전문화는 계층적 원리와 기능적 규정의 원리에 직접적으로 영향을 미치기 때문에 경찰기관장은 지휘명령계통을 고려할 때 전문화를 면밀하게 검토해야 한다.

경찰조직에서 어느 정도의 전문화가 필요한지에 대한 결정은 그것이 조직 전체의 효과성에 직접적으로 영향을 미치기 때문에 매우 중요하다. 전문화는 경찰의 다른 임무를 수행하는 다른 구성원들과의 관계에 직접적으로 영향을 미치므로 방향, 조정, 통제를 복잡하게 한다. 전문화된 하급부서가 많은 경찰조직에서는 지휘명령계통조차도 크게 효과적이지 못한 의사소통이므로 하급부서는 서로 독자적으로 운영되는 경향이 있다.43

4) 권한-단계 원리 (Authority-Level Principle)

이 원리는 권한이란 조직 내의 모든 단계에 존재하며, 권한의 부족으로 인하여 특정한 단계에서 이루어질 수 없는 의사결정만 그 해결을 위하여 상위 단계에게 위임되어야 한다는 전제에 기초하고 있다. 그러나 이 원리는 권한이 위임되고 기능적 규정의 원리와 계층적 원리가 조직 내에 도입되기 전에는 실천될 수 없다. 따라서 이 원리는 일종의 조직에 대한 문제해결 도구로 간주되어 조직이 조직의 목표를 달성하기 위하여 조직 내에서 해결해야 할 문제가 있다는 가정에 기초하고 있다. 또한 모든 의사결정은 가능한 조직의 하위단계에서 결정되어야 한다는 것도 내포하고 있다.44

그러나 권한은 계층적 원리를 통하여 개인에게 위임되며 책임의 원리의 적용을 통한 권한의 책임이 요구된다. 따라서 문제해결을 위한 권한을 가진 조직 내 모든 사람은 그 문제를 해결할 책임을 가진다. 권한-단계 원리는 특정한 단계에서 해결될 수 없는 문제를 해결할 수 있는 권한이 있는 상위단계로 위임하도록 함으로써 모든 문제를 해결하는 것이다.

5) 조정과 통제의 범위 (Coordination and Span of Control)

지휘명령 계통과 통일의 원리는 구성원이 권한과 책임의 계층적 순서로 배정되는 방법을 규정하고 있다. 경찰업무란 때로는 생과 사의 위기상황을 내포하게 되고 누군가가 조정을 해결할 때까지 기다릴 여유가 없다. 따라서 더 바람직한 해결방안은 모든 사람들로 하여금 자신의 업무를 조정하고, 최대한 다른 사람들과 협조하고, 관할권을 상사에게 넘기지 않도록 권장하는 것이다. 물론 일부 공식적인 규칙은 필요하지만 그것을 조정하기 위한 일반적인 원칙과 개괄적인 지침을 마련하려는 의도여야 한다.45

조직이론가들의 전통적 관심 중 하나는 한 사람이 담당하는 사람이나 조직요소의 수라고 할 수 있는 관리자나 감독자의 통솔의 범위(span of control)이다. 즉, 한 사람의 상급자에게 보고하는 부하직원의 수를 통상 통솔의 범위라고 한다. 만약 경찰서장이 세 명의 과장에게 지휘·명령한다면 그의 통솔의 범위는 셋이라고 할 수 있다. 감독자나 관리자가 자신의 부하직원의 일에 대해서 알고, 그들의 활동을 조정하고, 그들의 업무수행을 평가하고 바로잡기 위해서는 통솔의 범위가 합리적으로 작아야만 할 것이다. 통솔의 범위가 지나치게 크다면 하루의 일과를 알고, 중요한 의사결정을 하며, 갈등을 해결할 충분한 시간조차도 없을 것이다. 따라서 조직이 비대해지면서 커지게 되는 통솔의 범위를 해결하기 위해서는 어쩔 수 없이 중간관리자를 두고 최고관리자는 이들로부터 보고를 받고, 이들의 업무를 평가하고 수정하며, 활동을 감시하고 갈등을 해결하는 등 이들 중간관리자를 관리하고 감독하도록 하는 것이다.46

오늘날 대부분의 전문가들은 업무의 특성(Nature of the work), 근무자의 특성(Character of the workers), 그리고 관리자의 특성과 인성(Character and personality of the manager)과 같은 세 가지 요소를 고려하여 적정한 통솔의 범위를 정하려고 한다.47

우선 업무의 특성에 관한 것으로서, 다소간 지속적으로 수행되는 일상적인 업무는 관리자에게 많은 의사결정을 요구하지 않기 때문에 관리자가 더 많은 수의 직원을 통솔할 수 있다. 반면에 업무의 내용이 다양하고, 많은 재량과 판단의 행사를 요하는 업무, 또는 상대적으로 복잡한 업무 등은 관리자의 근접 감독이 필요하기 때문에 통솔의 범위도 그만큼 줄어들 수밖에 없다. 이상적인 통솔의 범위를 정하는 확고한 규칙은 있을 수 없다. 훌륭한 자격을 갖춘 인력과 비상한 능력을 갖춘 관리자가 있더라도 경찰업무의 특성상 일선 실무수준에서 10여 명 이상 그리고 중간관리 단계에서는 약 5명 이상을 적절하게 직접 감독하기란 쉽지 않다. 반대로 최고 중간관리단계를 제외한 5명 이하를 통솔하는 관리자라면 결코 과다업무라고는 할 수 없을 것이며, 그러한 조직구조는 필요 이상으로 지휘명령 계통이 길다고 해야 할 것이다. 그러나 불행하게도 통솔의 범위 내의 모든 감독자에게 적절한 기관으로 조직하는 것은 종종 지나치게 전문화하려는 많은 경찰행정가들의 경향과 충돌하게 된다.48

6) 전문화(Specialization)

조직의 기본적인 목적은 업무를 분류하여 각 임무에 가장 적합한 사람에게 그 임무를 배정하는 것이다. 경찰의 전문화는 개인의 기술과 흥미를 가장 잘 활용하도록 하고, 반복적인 경험을 통하여 자신의 전공이나 전문분야에 대하여 최대한 학습하게 하며, 자신의 특수한 전문성에 대한 자긍심으로 높은 수준의 동기를 개발하도록 하는 것이다. 또한 전문화는 모든 업무가 특정한 부서의 임무가 되기 때문에 행정가로 하여금 책임을 보다 분명하게 지정하고, 전문화된 개인은 단지 특수한 자신의 전문분야에 요구되는 훈련만을 필요로 하기 때문에 훈련을 보다 효과적으로 조직할 수 있게 해주는 것으로 알려지고 있다.49

그러나 전문화에 따른 단점도 최근 들어 폭넓게 지적되고 있다. 전문화의 가장 심각한 단점은 전문화가 조직 내 모든 구성원 개인의 능력의 범위를 축소시킨다는 것이다. 예를 들어 형사가 살인에 대해서는 모든 것을 훤히 꿰뚫고 있지만 방화에 대해서는 아는 것이 거의 없다면 방화 살인사건은 적절하게 수사하지 못하거나 다른 전문가의 도움을 받아야 하게 되는 것이다. 심지어 이보다 덜 전문화된 경우에도 마찬가지의 단점이 있을 수 있다.50 또한 경찰의 지나친 전문화는 본질적으로 어려운 경찰관들의 활동에 대한 조정업무를 더욱 어렵게 만들게 되어 인력의 비효율적인 배분을 초래하게 한다.

일반적으로 경찰에서는 그 업무가 특별한 기술이나 훈련을 요하고, 회계와 같이 지속적이고 반복적인 행정이나 기술 분야에서 가장 실질적이라고 할 수 있다. 그러나 이런 분야에서도 유사하거나 관련된 업무를 수행하는 사람끼리 상호 교환훈련(cross-training)을 시킬 필요가 있다. 이렇게 함으로써 근무자들끼리 서로 상대의 업무와 일에 대해서 더 잘 이

해하게 되어 조정과 협조도 더 잘 될 수 있게 한다.51

2. 조직설계(Organization Design)

조직설계는 조직의 목표를 달성하기 위하여 사람들을 함께 연계시키기 위한 경찰관관리에 의하여 개발된 인력의 배치와 관계의 공식적 유형에 관한 것이다. 전통적으로 고전학파는 피라미드 설계가 경찰기관에 가장 적합하다고 주장하였다.

직원과 조직운영에 있어서 철저한 감독과 통제를 가능하게 하는 많은 지휘명령계통과 작은 통솔의 범위로 특징 지어지는 고전적 설계는 일종의 Tall structure로 알려져 있다. 반대로 직원에게 더 많은 자율권을 주고 조직운영에 대해서도 통제가 낮은 Flat structure는 넓은 통솔의 범위와 작은 지위명령계통으로 특징지어진다.

일반적으로 Tall structure를 가지는 조직은 집중화(centralization)를 통하여 활동을 조정하고자 하는데, 즉 권한과 의사결정이 조직의 최상위에 주어지는 것이다. 반대로 Flat structure를 가지는 조직은 조직 활동을 통제하기 위한 기제로서 권한과 의사결정을 조직의 하부로 위임하는 분권화(decentralization)를 활용하려고 한다. 따라서 경찰은 지리적으로는 집중화도 될 수 있고 분권화도 될 수 있는데, 예를 들면 집중화된 경찰서가 있으면서 여러 개의 파출소가 있기 때문이다. 의사결정의 측면에서 집중화된 경찰도 지리적·지역적으로는 집중화될 수도 있고 분권화될 수도 있다. 분권화된 의사결정을 실시하는 경찰은 지역적·지리적으로도 분권화되는 경우가 많다.52

Tall structure는 개인이 수행하는 임무나 활동의 수 또는 인력의 분업과 관련하여 더 많이 전문화하는 경향이 있다. 개인이 수행하는 임무의 수가 적을수록 전문화의 정도는 더 커지며 반대로 개인이 수행하는 임무의 수가 많을수록 전문화의 정도는 더 낮아지는 것이다.

그런데 경찰이 어떤 형태의 조직설계를 따르는가는 대체로 경찰조직에 유입되는 투입(input)의 특성에 따라 달라진다고 한다. 경찰이 법률이나 민의의 대행자라면 민의와 법률이 일상적으로 가장 잘 대행되도록 하고 재량을 억제하는 전통적·집중적 모형이 가장 바람직하다. 반면에 경찰이 문제해결에 있어서 집합적 판단과 함께 재량을 활용하도록 기대되는 전문가로서 더 간주된다면 지역사회 지향의 분권화된 모형이 더 바람직할 것이다. 그러나 오늘날의 경찰환경은 비교적 불안정하기 때문에 거의 모든 경찰은 이러한 환경에 적응하고 나아가 지역사회에서 더 효과적으로 임무를 수행하기 위해서는 덜 관료제적이고 보다 융통성이 있어야 한다. 즉, 보다 융통성 있고 분권화된 의사결정을 하기 위하여 지역사회경찰활동을 지향하는 경찰조직에서는 가급적 지휘명령계통을 줄이는 Flat 구조를 취하는 경향이 있다.53

경찰이 현장운용과 의사결정의 분권화, 전문화의 완화, 지휘명령계통의 축소 등 지역사회경찰활동을 지향하는 시도를 하면서 과거 전통적인 준군대식 설계는 점점 더 비판을 받고 있다. 업무의 특성상 엄격한 규칙이 경찰활동에 적용될 수 없고, 대부분의 일선 경찰관의 업무가 노상에서 이루어져 감독자의 눈에 보이지 않기 때문에 명령이 거의 요구되지 않는다. 따라서 임무가 제대로 수행되기 위해서는 상당한 솔선과 재량이 요구된다.54

이러한 비판에도 불구하고, 아직도 준군대식 경찰조직이나 부서가 지속되고 있다. 예를 들어 SWAT(Special Weapons and Tactics) 팀을 비롯하여 SRT(Special Response Team) 또는 ERU(Emergency Response Unit)와 같은 것이 경찰에서 일종의 특수부대 또는 대표적인 준군대식 경찰부서라고 할 수 있다. 이들 부서는 어쩔 수 없이 지역사회경찰활동과는 반대의 방향, 즉 더욱 군대식이고, generalist 보다는 specialist를 강조하고, 서비스나 문제지향보다 공격적인 범죄투쟁을 강조하는 방향으로 움직이게 된다. 따라서 지역사회경찰활동이 변화의 주류를 이루면서도 동시에 이러한 준군대식 모형도 공존하는 형국을 이루고 있다. 예를 들어 뉴욕에서는 지역사회경찰을 강조하면서도 공격적이고 때로는 위협적인 경찰전술을 강조하는 강력한 반범죄 프로그램인 Compstat(Compare Statistics)을 시행하였다. 이 Compstat은 경찰관이 경미한 교통법규의 위반이나 경미비행에 대해서도 검문과 체포를 단행하는 소위 Zero-Tolerance를 내재한 순찰을 포함하고 있다. 이러한 경찰관행과 프로그램은 악화되는 범죄 상황과 그로 인한 보수적 강경대응의 형사정책에 기인하지만 경찰의 과잉대응이나 지나친 무력의 사용 등으로 인한 시민과의 관계를 악화시킬 수도 있다는 우려에서 경찰의 전문화, 시민에 대한 예절과 존중 등을 강조하고 있다. 하지만 앞으로도 범죄상황은 더욱 악화되고 그로 인한 시민의 범죄에 대한 두려움이 증대되거나 마약범죄가 더욱 증가된다면 또다시 범죄와 마약에 대한 강력한 전쟁을 요구받게 되어 많은 비판에도 불구하고 준군대식 또는 군대식 조직이 지배적인 경찰의 조직설계 모형의 하나로 계속 존재해야 할지도 모른다.55

3. 조직의 이미지

조직은 사람에 따라 다양한 것을 의미하게 된다. 일부에서는 조직을 권력체계(authority system)로 보고, 어떤 사람들은 조직을 의사소통체계로 보며, 다른 일부에서는 조직을 소집단의 교차로 보게 된다. Morgan은 이러한 조

직의 다양한 이미지를 다음과 같이 8가지로 설명하고 있다.56

(1) 기계(Machines)로서의 조직

조직과 관리에 대한 폐쇄 체제적 접근에 대한 비판의 상당 부분은 공식조직이 지나치게 기계와 같아졌다는 점이다. 이처럼 조직을 기계처럼 보는 것은 조직 내에서 규칙, 규정, 절차, 정책 등이 맞물린 연동구조를 강조하는 것이다. 이는 노동, 즉 인력은 조합라인(assembly line)에서 단지 또 하나의 요소에 지나지 않는 정도로 보는 것이다. 관리나 경영이 작업과정을 통제하고 이용하여 반복적이며 효율성과 기계적 응용을 강조하는 과업을 만들어 내는 것이다. 예를 들어, 경찰이 112 신고전화를 받는 것은 반복적인 것이다. 시민이 전화를 하고 현장 경찰관에게 무선연락을 하면 현장 경찰관이 출동하는 방식은 경찰을 단순히 '신고접수자'에 지나지 않게 역할을 축소시키게 된다. 오늘날의 문제지향적 경찰활동은 이러한 신고접수와 출동이라는 반복적인 면을 가급적 줄이기 위하여 경찰관의 임무를 확대하려는 시도를 반영하고 있다. 그렇다고 일부에서 주장하는 것처럼 조직을 기계적으로 보는 시각을 전적으로 폐기할 수는 없다. 오히려 규칙을 따르는 것과 같이 이와 같은 기계지향성의 요소가 경찰관의 재량권을 형성하고 지도하는 하나의 지표를 마련해 줄 수 있는 것이다.57

(2) 유기체(Organism)로서의 조직

개방체제적 접근과 더 가까운 것으로서 조직을 유기체로 보는 시각은 조직과 그 환경을 특징짓는 역동적 관계에 대한 관심을 불러일으키게 된다. 유기체는 그 환경 속에서 존재하는 것이어서 상호작용적인 방향으로 환경에 의하여 형성되고 환경을 형성하기도 한다. 조직은 그들이 스스로 필요로 하는 것들의 환경을 관리함으로써 만족시켜야 한다. 대부분의 contingency theory가 관리하고, 조직·지도력의 형태는 조직이 직면한 환경이나 상황의 형태에 따라 크게 좌우된다는 가정에서 출발하고 있다. 그래서 많은 contingency management에서는 조직이 직면한 환경과 조직의 내부구조화 사이의 바람직한 조합을 추구하게 된다.

그러나 일부에서는 경찰조직을 그들의 환경으로부터 단절된 것으로 보고 있다. 즉, 경찰조직은 그들이 직면한 환경과는 상관없이 내부조직을 구축하고 목표를 추구해 왔다는 것이다. 그러나 최근 들어서는 경찰에 대한 법원의 개입과 개별 경찰관의 행동뿐만 아니라 범죄억제에 대한 경찰의 전반적인 능력과 효과성에 대한 시민의 불평과 소청이 경찰조직의 개혁을 요구하는 압력으로 작용하는 환경을 초래하게 되었다.58

(3) 두뇌(Brains)로서의 조직

조직을 두뇌와 같이 보는 시각은, 조직은 반드시 생각하고 학습할 수 있는 능력을 가져야 한다는 점을 강조하고 있는 것이다. 조직은 환경으로부터의 지식과 정보를 받아들이는 통신체계를 개발하고, 그 정보를 조직을 위하여 활용한다. 생각하는 조직은 새로운 정보와 지식을 지속적으로 흡수하고 활용하기 때문에 발전적이라고 할 수 있다. 어떤 면에서는 조직을 두뇌로 보는 시각이 조직관리에 있어서 인간관계적 접근과 사고의 공유를 중요시하는 입장과 맥을 같이한다고 볼 수 있다.

경찰은 어느 조직보다 더 많은 정보를 처리하고 활용하기 때문에 조직을 두뇌로 보는 시각은 경찰조직관리에 있어서 상당한 의미를 가진다. 경찰의 정보체제, 기획과 연구, 문제해결 지향적 경찰활동 등은 모두가 생각하고 지성적인 경찰조직을 요하고 있다. 더구나 오늘날 강조되고 있는 문제지향적 경찰활동은 전체 경찰조직을 통하여 경찰의 사고, 학습, 반응 등을 더욱 확장시키고 있다. 예를 들어 경찰활동으로서의 문제해결은 경찰관으로 하여금 환경을 조망하고, 문제와 용역의 필요성을 분석하며, 그러한 필요성에 대응하여, 노력의 결과를 분석하도록 요구하고 있다. 이것이 바로 경찰조직이 생각하는 조직의 징표라는 것이다.59

(4) 문화(Cultures)로서의 조직

조직의 문화모형은 조직구성원이 가지고 있는 저변의 가치, 신념, 그리고 태도를 강조한다. 문화란 사회적, 공식적 조직 내에서 구성원들이 그들의 상호작용에 부여하는 의미이다. 조직의 문화를 이해한다는 것은 구성원을 함께 묶어주는 그 무엇인가를 알 수 있게 해준다.

경찰의 직업적 문화는 일련의 혼합된 가치와 태도를 연상케 한다. 처음 경찰에 입문해서는 사회부조, 공공의 안전에 대한지지, 무고한 시민의 범죄자로부터의 보호 등의 가치를 표현하는 경향이 있다. 그러나 시간이 경과함에 따라 그들은 점점 더 냉소적이 되고 자신이 봉사하는 대중과의 거리를 두게 된다. 아마도 그것은 경찰이 오랜 시간 최악의 경우에 놓인 사람들을 보아왔기 때문에 매일 직면하게 되는 고통과 아픔으로부터 자신을 멀리하는지 모른다. 반면에 또 다른 요소들이 부정적으로 경찰의 직업문화에 영향을 미칠 수도 있다고 한다.60

경찰의 사회로부터의 격리는 위험성, 권한, 그리고 효율성과 무력의 사용에 대한 그들의 관심과 우려에 의하여 가장 큰 영향을 받는 것으로 알려지고 있다. 대중, 적어도 그 일부가 경찰에 위험을 초래하고, 경찰은 자신의 권한이 의심받는 것을 싫어하며, 자신의 행위에 대한 효율성이 비판받고 있다고 느끼고, 종종 무력을 사용해야 하기 때문에 사회로부터 격리되는 대신에 자신들만의 문화적 집단화를 형성하게 된다는 것이다.[61]

그런데 경찰의 직업문화는 보편적으로 두 가지 형태로 존재하는 것으로 알려지고 있다. 첫째는 '노상 경찰문화(street cop culture)'라고 하여 지난 수년에 걸쳐 침식되었다고 믿고 있는 경찰의 권한과 권위를 강조하고, 훌륭한 경찰활동을 방해한다고 믿고 있는 규칙, 규정, 관료제를 제한하고, 충성심을 강조하던 옛 시절로의 회귀를 갈구하는 문화이다. 반대로 두 번째는 '관리 경찰문화(management cop culture)'로서 행정적 규칙성, 효율성, 그리고 공적 책임 등을 강조하는 일종의 상급 관리자들의 경찰문화라고 할 수 있다.

(5) 정치적 체제(Political System) 로서의 조직

조직생활은 정치적 차원을 가지게 마련이다. 전통적으로 조직은 권한과 권력을 조직 전체에 분배하기 위하여 고안된 것이다. 조직 내에는 조직을 지배하는 사람도 있고 지배받는 사람도 있게 마련이다. 그러나 경찰에서는 특히 지휘명령계통이 조직 내에서 권력과 권한의 이치를 분명하게 보여주며, 그러한 권력과 권한의 균일하지 않은 분배는 조직 내에서의 내적 정치역학을 만들게 한다.

특히 대규모 조직은 일련의 소규모 조직의 연립과 제휴로도 보일 수 있다. 이러한 소집단적 연립과 제휴는 알게 모르게 경찰의 정책과 의사결정에 영향을 미치게 된다. 이들 연합과 제휴가 곧 경찰에 있어서 정치적 세력을 대변하는 것이다. 뿐만 아니라 경찰관리자들은 외부 기관이나 사람들과의 정치적 관계를 갖지 않을 수 없다. 정치와 경찰은 여러 가지 면에서 서로 얽혀 있기 때문이다.[62]

(6) 심령교도소(Psychic Prisons) 로서의 조직

조직을 심령적 교도소로 보는 시각은 사람들을 심리적으로 올가미를 씌우고, 개인의 스트레스를 증대시키며, 일반적으로 사람들을 비인간화하는 것으로 간주하고 있다. 조직생활의 일상이 사람들을 피로하게 만들고, 그러한 스트레스가 궁극적으로는 직업만족, 조직에 대한 전념, 그리고 실제로 피고용인의 심리적·육체적 건강에 영향을 미치게 된다는 것이다. 경찰업무에 있어서 경찰활동의 일상이 상급자들의 지지와 그들이 사용하는 장비의 질에 대한 관심과 우려와 함께 때로는 그들의 도덕적·윤리적 문제를 초래하고 있다. 이러한 문제가 바로 조직을 심령적 교도소로 보는 시각과 관련된 것이다. 그러나 조직이 구성원의 행위에 끼치는 일상적인 영향 이상으로 그들이 만들어 내는 '집단사고(group think)'가 그들의 장기 생존에 더 중요한 것일 수 있다.[63]

(7) 유동성과 변화의 구조로서의 조직

조직은 안정을 추구한다고 보는 시각에서 변화는 불가피하지만 그럼에도 불구하고 변화를 겪게 되는 조직에서는 문제를 야기시키는 파괴적인 것으로 간주한다. 대부분의 조직관리이론들도 변화를 조직에 불안을 야기하는 것으로 취급하는 경향이 있다. 그러나 조직이 끊임없이 변화하고, 진화하는 것으로 보는 대안적 입장에서는 조직과 환경의 역동적인 관계가 일시적인 것이 아니라 지속적인 변화과정을 가져다 주는 것으로 보고 있다. 조직은 환경에 의하여 영향을 받기도 하고 환경을 변화시키기도 하는 등 조직의 환경과 상호작용하는 변화는 다른 변화에도 불을 지피게 되어 조직과 환경이 지속적으로 상호 적응하는 과정에 놓이게 한다.

경찰활동에 있어서 조직과 환경의 상호작용과 변화는 매우 분명하다. 자신의 중심적인 목적으로 여겼던 범죄투사로서의 전통적 이미지가 현재는 보다 서비스지향적이고 문제해결지향적인 것에 자리를 내주고 있는 실정이다. 시민, 공공기관, 지역사회단체 등 경찰의 외부환경에서는 지속적으로 범죄예방과 통제에 있어서 경찰의 보다 폭넓은 역할을 강조하였고 그 결과 오늘날의 경찰이 지역사회 경찰활동과 문제지향적 경찰활동을 받아들이도록 만들었다. 이처럼 경찰과 환경의 상호작용은 하나의 지속적인 과정이어서 가정폭력, 무력의 사용 등과 관련된 경찰정책의 지속적인 변화과정을 잘 보여주고 있다.64

(8) 지배도구(Instruments of Domination)로서의 조직

조직이란 자신의 목적을 추구함에 있어서 지역사회, 피고용인 기타 다른 사람들을 이용할 수도 있다. 조직을 지배도구로서 특징짓는 것은 조직생활의 어두운 면을 보여주는 것이다. 경찰활동이 항상 합의적이고 법을 준수하는 것은 아니다. 경찰을 '철의 주먹(iron fist)'으로 묘사하는 상상이 곧 경찰을 우리 사회의 억압적 세력으로 보게 된다. 그러한 억압적 세력은 어쩔 수 없이 정치적·경제적 권력을 가진 사람들을 선호하는 소위 현상유지(status quo)를 강화하는 것으로 여겨지며, 이러한 경우 경찰의 역할은 하류계층을 관리하는 것이다.

4. 조직발전론

(1) 인력개발(Human Development)

1920년대 Hawrhorne은 근로자를 단순히 인간기계(human machine) 이상인 인간욕구(human needs)를 가진 사회적 존재로 특징짓고 관리자들은 근로자들을 보다 인간적으로 대할 것을 요구하는 인간관계운동(human relation movements)의 기초를 제공하였다.

되돌아보면, 인간관계운동은 작업장을 상당히 개선하였고, 근로자 보상 등의 개선에 기여한 것으로 평가받고 있다. 가장 중요한 것은 인간관계운동이 조직에서의 인적 요소가 자금, 기계, 재료와 같은 자원에 견줄 수 없다는 것을 인식하는 첫 단계였다는 사실이다. 조직생산성은 근로자들을 존중과 존엄성으로 대우하는가 여부에 의존하게 될 정도로 인간관계운동과 이를 이용한 인간개발접근법이 조직발전에 중요한 기여를 하였다.

<표 3-1>에서 제시된 접근방법들 외에도 양질의 지도력(quality leadership) 역시 필요하다고 제시하였는데, 이는 원칙적으로 훌륭한 지도력은 경찰의 생산성향상을 위한 올바른 방향을 제공하기 때문이다. 지도력이론은 최근의 동기이론과 지도력이론에 기초하고 있으며, 근로자의 마음과 가슴을 열 필요성을 인식하며, 대단히 융통성이 있다고 할 수 있다.65

또한 경찰조직발전이나 개선을 위한 첫 번째 대중적 조직의 하나이며 직접적으로 인간개발에 초점을 맞춘 것은 경찰관에 대한 교육수준의 제고였다. 경찰의 기능과 역할에 대한 이해의 증진을 위하여 대학교육 등 고등교육을 받도록 함으로써 경찰조직발전과 생산성 향상을 기하자는 것이다. 물론 이러한 교육수준의 향상이 경찰의 조직개선에 어떠한 영향을 미쳤는지는 아직 결론을 내리기 어렵지만 한 가지 분명한 것은 교육이 경찰생산성에 긍정적 영향을 미친다는 것이다. 특히 오늘날 경찰업무가 점점 전문화되고 특수화되

표 3-1 인간개발접근법(Human Development Approaches)66

접 근 법	핵심이론가	내용요약
인간관계론 (Human Relations)	Roethlisberger 등	Hawthorne 연구: 근로자의 사회적 욕구 (social needs) 인식
X-이론과 Y-이론 (Theory X & Theory Y)	McGregor	욕구계층(need hierarchy): 근로자의 자기방향성 (self-direction)과 자기통제(self-control)
목표에 의한 관리 (Management by Objective)	Drucker	방향과 통제를 위한 목표와 목적
직무향상 (Job Enrichment)	Herzberg	업무 자체의 중요성: 업무로부터의 동기
참여관리 (Participative Management)	Likert	민주적 관리: 지원적이고 충고적 감독
조직개발 (Organization Development)	Bennis	변화로서의 조직개선: 통합적 전략

면서 더 많은 재량과 판단을 요한다는 점을 고려한다면 교육의 필요성은 더욱 커지게 된다. 또한 국민의 교육수준이 높아짐에 따라 경찰의 교육수준도 높아지지 않을 수 없다.67

경찰의 조직발전을 위하여 경찰관의 교육과 함께 논의되는 것이 바로 전문화(professionalization) 이다. 일부에서는 다양한 이유로 진정한 의미에서의 경찰의 전문화는 불가능하다고 주장하고 있으며, 일부에서는 설사 전문화가 가능하더라도 그 전에 책임감의 확보와 안전장치의 마련이 우선이라고 한다. 그러나 경찰기능의 다양화와 복잡화, 그로 인한 업무의 특수화 등을 고려할 때 경찰의 전문화는 당연한 것으로 보인다.

경찰의 조직개선을 위한 또 다른 인간개발접근법은 바로 민간화(civilianization)이다. 이는 단순히 효율성기술로서 가능한 한 고비용 제복경찰관을 비교적 저비용 민간인으로 대체하자는 것이다. 그 밖에 이러한 민간화는 경찰조직에 상이한 종류의 사람들을 투입시킨다는 점이 부수적 이점이라고 할 수 있다.

(2) 구조적 설계

조직발전을 위해서는 인적 자원뿐만 아니라 조직 그 자체에 대한 관심을 잊어서는 안 된다. 조직이 어떻게 구조화되는가에 따라 그 조직의 효율성과 효과성에 큰 영향을 미치기 때문이다. 초기 구조적 이론가들은 통솔의 범위와 같은 계층제의 원리에 의존하였는데, 그들이 그것이 조직발전을 위한 최선의 방법으로 믿었기 때문이다. 그러나 최근에는 조직구조에 대한 위기이론 또는 분할이론(contingency theory)이 확산되어 상황적 지도력이론(situational leadership theory)처럼 상황적 요소가 상이한 여건에 따라 상이한 조직구조를 요한다는 인식을 갖게 되었다.

(3) 전략적 관리

조직발전을 위한 세 번째 접근법은 업무흐름과 정보처리 과정 및 경찰조직의 목표와 목적을 성취하기 위한 경찰조직의 기술과 관련된 것이다. 조직의 인력과 구조에 초점을 맞추는 대신에 전략적 관리는 조직의 업무를 수행하기 위한 조직의 절차와 과정에 초점을 맞추고 있다. 여기서 대표적인 예로 순찰배분과 경찰활동에 대한 기업전략을 비롯하여 COMPSTAT를 이용한 일선지휘관에 대한 책임의 강화, 통합품질관리(Total Quality Management: TQM) 등을 들 수 있다.

POLICE SCIENCE

참고문헌

1 Edwin B. Flippo and Gary M. Munsinger, *Management*(5th ed.), Boston: Allyn and Bacon, 1982, p. 11.

2 *Ibid*, p. 12.

3 Alfred R. Stone and Stuart M. DeLuca, *Police Administration: An Introduction*(2nd ed.), Englewood Cliffs, NJ: Prentice Hall, 1994, p. 32.

4 *Ibid*, pp. 12－14.

5 Ernest Dale, *Management: Theory and Practice*(3rd ed.), New York: McGraw－Hill, 1973, pp. 136－143.

6 Marx Weber, *Theory of Social and Economic Organization*, translated by A. M. Henderson and Talcott Parsons, New York: Oxford University Press, 1947, p. 333.

7 Charles C. Goodsell, *The Case for Bureaucracy*, Chatham, NJ: Chatham House Publishers, 1983, pp. 1－12; James Q. Wilson, Bureaucracy, New York: Basic Books, 1989, pp. 316－332.

8 Abraham H. Maslow, *Motivation and Personality*, New York: Harper & Row, 1954.

9 Flippo and Munsinger, *op. cit.*, pp. 268－270.

10 Douglas M. McGregor, The Human Side of Enterprise, New York: McGraw－Hill, 1960; Flippo and Munsinger, *op. cit.*, pp. 270－272.

11 Flippo and Munsinger, *op. cit.*, pp. 91－99.

12 Wilson, *op. cit.*, pp. 25－36.

13 Roy Roberg, *Police Management and Organizational Behavior*, St. Paul, MN: West Publishing, 1979, pp. 9－92, 98, 114.

14 Mary Walton, *Deming Management at Work*, New York: G. P. Putnam's Sons, 1990, pp. 12－13.

15 Joshep Juran, *Juran on Planning on Quality*, New York: Free Press, 1988, pp. 4－5.

16 Jeffrey W. Vincoli, "Total Quality Management and the Safety and Health Professional," *Profession safety*, 1991, 36(6): pp. 27－32.

17 Flippo and Munsinger, *op. cit.*, pp. 21－34; Roberg, Police Management, pp. 43－47.

18 Alfred R. Stone and Stuart L. Deluca, *Police Administration: An Introduction*, Englewood Cliifs, NJ: Prentice－Hall, 1994, p. 40.

19 Roberg, *Ibid.*, pp. 208－211.

20 Roy Roberg, John Crank, and Jack Kuykendall, *Police & Society*, Los Angeles: Roxbury Publishing Company, 2000, pp. 103－105.

21 Roberg *et al.*, *op. cit.*, p. 106.

22 L. Fuld, *Police Administration*, New York: Punam, 1909.

23 R. Fosdick, *American Police Systems*, Montclair, NJ; Patterson Smith, 1915.

24 B. Smith, *Police Systems in the United States*(2nd ed.), New York: harper & Row, 1960.

25 O. W. Wilson and R. C. McLaren, *Police Administration*(4th ed.), New York: McGraw－Hill, 1977.

26 Roberg *et al.*, *op. cit.*, p. 107.

27 O. W. Wilson, Varieties of Police Behavior, Cambridge, MA: Harvard University, 1968; H. Goldstein, "Police response to urban crisis," *Public Administration review*, 1968, 28:417－418.

28 E. Bittner, *The Foundation of the Police in Modern Society*, Washington, D.C.: US Government Printing Office, 1970, pp. 51–54.

29 H. Goldstein, *Policing a Free Society*, Cambridge, MA: Ballinger, 1977, p. 264.

30 J. Zhao, *Why Police Organizations Change: A Study of Community–Oriented Policing*, Washington, D.C.: Police Executive Research Forum, 1996.

31 Roberg *et al.*, *op. cit.*, p. 110.

32 Roy Roberg, *Police Management and Organizational Behavior: A Contingency Approach*, St. Paul, MN: West, 1979, p. 190.

33 L. T. Hoover, "Translating total quality management from the private sector to policing," in L. T. Hoover(ed.), Quantifying Quality in Policing, Washington, D.C.: Police Executive Research Forum, 1996.

34 Arnold S. Tannenbaum, Bogdan Kavcic, Menachem Rosner, Mino Vianello, and Georg Wieser, *Hierarchy in Organizations*, San francisco: Jossey–Bass Publishers, 1974, p. 2.

35 G. W. Sordner, "Elements of community policing," in L. K. Gaines and G. W. Cordner(eds.), *Policing Perspectives: An Anthology*, Los Angeles, CA: Roxbury, 1999,. pp. 137–149.

36 Stone and DeLuca, *op. cit.*, p. 50.

37 Eugene J. Benge, *Elements of Modern Management*, New York: American Management Association, 1976, pp. 129–131.

38 Gary W. Cordner and Robert Sheehan, *Police Administration*(4th ed.), Cincinnati, OH: Anderson Publishing, 1999, p. 147.

39 James E. Morgan. Jr., *Administrative and Supervisory Management*(2nd ed.), Englewood Cliffs, NJ: Prentice–Hall, 1982, pp. 62–63.

40 Cordner and Sheehan, *op. cit.*, p. 147.

41 Cordner and Sheehan, *op. cit.*, p. 149.

42 Cordner and Sheehan, *op. cit.*, pp. 151–152.

43 W. Wilson and R. C. McLaren, *Police Administration*(4th ed.), New York: McGraw–Hill, 1977, p. 77.

44 R. Townsend, *Up the Organization*, New York: Knopf, 1970, p. 45.

45 Walter R. Mahler, *Structure, Power, and Results*, Homewood, IL: Dow Jones–Irwin, 1975, pp. 42–43.

46 James E. Morgan, Jr., *Administrative and Supervisory Management*(2nd ed.), Englewood Cliffs, NJ: Prentice Hall, 1982, p. 63.

47 Stone and DeLuca, *op. cit.*, p. 56.

48 Anthony V. Bouza, *The Police Mystique*, New York: Plenum Press, 1990, p. 122.

49 O. W. Wilson and Roy C. McLaren, *Police Administration*(3rd ed.), New York: McGraw–Hill, 1972, pp. 80–81.

50 Peter W. Greenwood, Jan M. Chaiken, and Joan Petersilia, *The Criminal Investigation Process*, Lexington, MA: D. C. Heath, 1977, pp. 115–120.

51 Stone and DeLuca, *op. cit.*, p. 60.

52 Roberg *et al.*, *op. cit.*, pp. 113–114.

53 R. H. Langworthy, "Organizational structure," in G. W. Cordner and D. C. Hale(eds.), *What Works in Policing?* Cincinnati, OH: Anderson, 1992, pp. 87–105.

54 J. H. Auten, "The paramilitary model of police and police professionalism," *Police Studies*, 1981, 4:67–78.

55 P. C. Dodenhoff, "LEN salutes its 1996 people of the year, the NYPD and its Compstat process," *Law Enforcement News*, 1996 December, pp. 1–4; Roberg *et al.*, *op. cit.*, pp. 118–123.

56 Gareth Morgan, *Images of Organization*, Beverly Hills, CA: Sage, 1986.

57 Samuel Walker, "Historical roots of the legal control of police behavior," pp. 32–58 in David Weisburd and Craig Uchida(eds.), *Police Innovation and Control of the Police: Problems of Law*, Order and Community, New York: Springer–Verlag, 1993.

58 Gary Cordner, "Open and closed models of police organization: Traditions, dilemmas and practical considerations," *Journal of Police Science and Administration*, 1978, 6:22–34.

59 Morgan, *op. cit.*, 11986, p. 79; Herman Goldstein, Problem–Oriented Policing, New York: McGraw–Hill, 1990 참조.

60 Jerome Skolinick and James J. Fyfe, *Above the Law: Police and the Excessive Use of Force*, New York: Free Press, 1993, p. 92.

61 Fyfe *et al.*, *op. cit.*, p. 161.

62 Richard J. Brzecz, "Chief–mayor relations: A view from the Chie'f s chair," in William A. Geller(ed.), *Police Leadership in America: Crisis and Opportunity*, New York: Praeger, 1985, p. 48.

63 Gareth Morgan, *Images of Organization*, Beverly Hills, CA: Sage, 1986, p. 202.

64 Jack Greene, "Civic accountability and the police: Lessons learned from police and community relations," pp. 369–394 in Roger C. Dunham and Geoffrey P. Alpert(eds.), *Critical Issues in Policing: Contemporary Readings*(2nd ed.), Prospect heighrs, Il: Waveland, 1989.

65 Cordner & Sheehan, *op. cit.*, p. 432.

66 Cordner & Sheehan, *op. cit.*, p. 423, Table 16.1– Human Development Approaches.

67 C. L. Sparling, "The use of education standards as selection criteria in the police agency; A review," *Journal of Police Science and Administration*, 1975, 3:335; V. E. Kappler, A. D. Sapp, and D. L. carter, "Police officer higher education, citizen complaint, and department rule violations," *American Journal of Police*, 1992, 11(2): 37–54.

제 4 장

경찰인사관리론

POLICE SCIENCE

제1절 경찰기관장

1. 경찰기관장의 두 가지 기본역할[1]

경찰기관의 장은 두 가지 기본적인 역할을 가지고 있는데, 그 첫째는 경찰조직의 내적 업무를 관장하는 것으로서 예산, 업무효율성, 직원, 감독 등과 같은 조직 자체에 초점을 맞추는 것이다. 이 경우, 기관장은 조직이 운영되도록 하는 데 관심을 가지고 투입, 과정, 산출, 그리고 환류(feedback)가 적절하게 결합되어 조직체계가 목표를 성취하도록 만들어야 한다.

두 번째 역할은 외부지향적인 역할로서, 개방체제라고 할 수 있는 경찰조직의 외부환경과의 상호작용에 관련된 역할을 수행하는 것이다. 경찰의 조직 환경은 수많은 종류의 요구를 쏟아내는데, 경찰의 기관장은 이러한 요구들에 대해 경찰이 어떻게 대응할 것인가에 대한 전적인 책임을 가지고 있다. 쉽게 설명하자면, 경찰기관장은 경찰조직의 목표달성에 지장을 받지 않도록 조직과 환경의 상호작용을 관리할 책임을 지게 된다는 것이다.

물론 이들 내적·외적 역할 모두가 중요한 것임에는 의심의 여지가 없다. 경찰관서의 내부운용에 대하여 세심한 주의를 하는 것은 당연히 모든 관리자에게 있어서 중요한 임무요 책임이다. 이에 비하여 외적 역할은 그렇게 분명한 것은 아닌데, 그 이유는 경찰조직의 상호작용하는 환경이 너무나 다양하고 복잡하기 때문이다. 따라서 이러한 역할을 제대로 수행하지 못한다면 많은 문제가 발생할 것이다. 우선 내적 관리의 문제는 생산성의 저하, 사기 저하, 인력자원의 수준저하, 업무의 미숙련, 부패와 같은 문제를 초래하게 된다. 그 결과, 조직의 목표가 달성되기 어려운데, 이는 곧 시민의 재산과 생명의 보호가 수준 이하로 떨어지고 질서유지가 부적절하게 되는 것을 의미하게 된다. 또한, 환경과의 상호작용을 적절하게 관리하지 못한 경우 조직목표의 성취는 어려워진다. 예산당국과의 갈등은 자원 확보를 어렵게 하고 언론과의 마찰이 있으면 시민의 이해와 지지를 확보하기가 어려워질 수 있으며, 검찰이나 법원과의 불편한 관계도 경찰업무를 어렵게 만들 수 있는 것이다.

(1) 내적 역할

경찰기관장의 내부지향적 역할은 경찰조직 자체를 운영하므로 조직의 테두리 안에서 일어나는 거의 모든 것과 관련된 것이라고 할 수 있다. 물론 이러한 역할은 관리자의 임무와 책임에 대한 전통적 개념과 맞아떨어지지만 일부 지휘관은 이러한 역할을 거의 무시하기도 한다. 경우에 따라서는 지휘관이 외부지향적 역할에 치중하여 다양한 지역사회집단이나 조직과 적극적으로 접촉한 결과 지역사회나 정치권 등으로부터는 상당히 인정을 받을 수 있지만 오히려 내부적으로는 이방인일 수 있는 것이다. 이처럼 지휘관의 부재는 조직이 잘못 관리되거나 거의 관리되지 않는 상태를 초래하게 되어 그 누구도 조직을 지휘, 명령하지 않아 조직이 제대로 운영되지 않으며, 아무도 그것을 시정하려고 노력하지도 않게 된다. 이러한 경찰 지휘관의 내부지향적 역할은 대체로 관리(managing)와 지휘(leading)라는 두 가지 연관된 역할을 중심으로 논의되고 있다.

1) 관리(Managing)

관리란 일이 제대로 행해지게 하는 것이라고 할 수 있다. 관리자는 다른 사람과 함께 목표성취를 위하여 조직을 인도하는 것이다. 관리자는 조직 구성원들의 일을 지시할 권한을 가지고, 바라는 결과를 성취하는 데 대한 책임도 지게 된다. 이론적으로는 관리라는 것이 목표가 달성될 수 있도록 조직을 만들고 인도하는 것을 내포하게 된다. 경찰기관에 있어서도, 관리자는 예산, 인력, 장비 등과 같은 투입은 물론이고 범인의 검거, 보고서 작성, 시민에 대한 서비스 제공과 같은 산물에 대해서도 상당한 관심을 갖지 않을 수 없다. 즉, 경찰지휘관은 시민의 생명과 재산의 보호와 질서유지를 극대화하기 위하여 투입, 과정, 산출이 평가되고, 수정되고, 향상되도록 환류에도 관심을 가져야 한다.

2) 지휘(leading)

대체로 경찰기관의 관리는 사람을 관리하는 것을 포함한다. 그러나 과정과 투입이 기계, 돈, 정보와 같은 기본적으로 가공되지 않은 물질인 조직과는 달리 경찰은 예산의 대부분을 인건비에 사용하고 대부분의 일이 기계가 아닌 사람에 의하여 수행되고 있다. 따라서 경찰기관의 관리에 있어서 사람, 즉 경찰관의 관리는 그만큼 중요한 것이다. 그러나 사람을 관리한다는 것은 기계나 돈을 관리하는 데서 겪을 수 없는 복잡한 문제를 유발하게 된다. 그것은 사람이 감정, 사고, 개인적 목표를 가지고, 지극히 다양하여 항상 일관적이지 않으며, 완전히 이해되지 않고, 항상 변화를 하면서도 동시에 변화에 저항하기도 한다. 이러한 소위 인간요소가 인사관리를 한편으로는 과학이라기보다는 실무적인 것으로 만들고 있다.

지휘는 대부분의 경우 예를 들거나 충고를 통하여 방법을 보여주는 것을 내포하고 있다. 지휘관은 구성원들이 자신의 노력이 가치있는 결과에 얼마나 어떻게 기여할 수 있는가를 이해하도록 하는 데 도움을 주어야 한다. 그들로 하여금 추구할 만한 가치가 있는 목표를 그려보도록 하고, 조직의 성공에 기여할 수 있는 가치를 강화시키고, 단순히 감독자나 규칙만을 만족시키려는 최소한의 업무수행이 아니라 그 이상을 추구하도록 권장하여야 한다. 이러한 지휘가 특히 경찰조직에서 중시되는 것은 경찰업무의 특성과 무관하지 않다. 경찰관은 아주 민감한 임무에 많은 재량권을 가지나 거의 감독받지 않고 수행하고 있는데, 이처럼 강력한 통제나 지도가 없는 상황에서 조직이 바라는 행위를 수행하게 하는 가장 좋은 방법은 경찰관의 조직과 목표에 대한 전념이며, 이 전념은 경찰지휘관이 추구해야 하는 지도력, 지휘력(leadership)을 통하여 가능하다.

(2) 외적 역할

경찰지휘관의 외부 지향적 역할은 조직환경과의 상호작용을 관리하는 것이라고 할 수 있다. 개방제도로서의 경찰기관은 다양한 유형의 환경적 투입을 받는 동시에 자신의 산출로서 환경에 영향을 미치는 등 환경과 상호작용하게 된다. 이러한 상호작용의 결과는 긍정적일 수도 있고 부정적일 수도 있으며 때로는 양자 모두일 수도 있기 때문에 경찰지휘관은 이 모든 경우를 다 대비할 수 있어야 한다.

물론 가장 대표적인 외부지향적 역할은 기관장이 그 기관을 대표한다는 공식적인 조직대표성이다. 그가 기능적으로, 지역사회에 대하여, 정치권이나 언론 등에 대하여 경찰조직을 대표하는 것이다. 상징적 의미에서는 그가 경찰기관의 인상까지도 대변하는 것이다.

한편 경찰기관장이 수행해야 할 가장 중요한 외적 책임 중 하나는 효과적인 업무수행에 필요한 자원의 확보이다. 사실 경찰기관의 효과성은 상당부분 적정한 자원의 확보와 그에 대한 책임이 있는 기관장이 조직외부로부터 자원을 확보하는 능력에 달렸다.

경찰기관장의 또 다른 중요한 외부지향적 역할은 외부환경의 위협으로부터 조직을 보호하는 것이다. 그러한 위협은 자의적인 법률, 불공정한 행정결정, 제재하는 정책, 공중의 비판, 새로운 기술, 사회환경 악화 등의 형태로 나타날 수 있다. 따라서 기관장은 기관과 구성원의 자체이익과 현상유지를 위하여 지나치게 방어적이지 않으면서 동시에 이러한 외부로부터의 원치 않는 위협과 공격으로부터 경찰을 보호해야만 한다. 가장 좋은 방법은 기관장이 모든 위협적인 투입을 경찰조직목표의 성취에 미치는 영향이라는 입장에서 평가하는 것이다. 따라서 기관장의 임무는 변화에 저항하는 것이 아니라 공격과 위협을 방어하는 것이다. 실제로 변화가 일어나면 기관장은 조직이 그 변화에 적응하도록 분석하고 감시할 책임이 있다. 이러한 개방적 체제는 단순히 환경뿐만 아니라 변화하는 환경을 가지기 때문이며, 이러한 변화하는 환경에 성공적으로 적응하는 조직만이 살아남을 수 있다. 즉 이러한 환경에 적응과정을 인도하는 것이 경찰기관장의 외부지향적 역할의 중요한 부분이다.

종합하자면, 경찰기관장의 외부지향적 역

할은 기관의 공식적 대표자, 기관의 자원을 확보하는 것, 외부위협으로부터 기관을 보호하는 것, 변화하는 환경에 조직이 성공적으로 적응하도록 하는 것 등을 포함하는 것이다. 따라서 기관장의 외부지향적 역할은 환경과의 상호작용을 관리하는 것이라고 할 수 있다. 경찰기관이 주로 상호작용하는 환경은 크게 정치권, 정부기관, 형사사법기관, 언론, 지역사회 등으로 나눌 수 있다.

(3) 경찰기관장의 유형

자신의 외적·내적 역할을 수행함에 있어서 경찰기관장은 수많은 결정을 내리고 다양한 종류의 문제를 다루게 된다. 그들은 이러한 일을 처리함에 있어서, 외적·내적 역할과 책임에 부여하는 상대적인 중요성과 그를 위하여 할애하는 시간과 노력 등 많은 문제에 관하여 다양한 형태를 보이게 된다. 구체적으로 어떤 일부는 단 하나만의 형태를 보이나 또 다른 일부는 둘 이상의 형태를 결합할 수도 있는 것이다.

1) 행정가

이 유형은 기관장의 내적 역할을 강조한다. 이들은 조직통제, 지도, 기획, 인사 등을 강조하고, 경찰발전을 위한 모형으로서 교육, 훈련, 기술에 대한 강력한 신념과 자율성에 대한 믿음을 가지고 경찰행정의 전문가모형을 선호한다. 이들은 기관장으로서 관리자가 우선이며 경찰관은 한참 다음 순위라고 믿는다. 그러나 경찰자율성에 대한 지나친 믿음과 외적 역할에 대한 결과적인 관심의 부족은 정치권, 지역사회, 언론 등과의 마찰과 문제를 야기시킬 소지를 만들 수 있다. 물론 내적 역할의 강조는 특히 효율성과 통제라는 내적 이익을 가져다 줄 수 있으나, 만약 그것들이 직원이나 대중과의 관계를 비용으로 본다면 그러한 긍정적인 결과는 오래 가지 못할 것이다. 행정가 유형은 실제 업무보다는 내부절차에 더 초점을 맞추는 경향이 있어서 보기에는 그럴 듯하지만 고객을 만족시키거나 조직목표를 성취하는 데는 실패하게 된다.

2) Top Cop

이 유형은 행정가형과 마찬가지로 지휘관의 내적 역할을 강조하지만 관리보다는 지도나 지휘(leading)에 더 초점을 맞추고 있다. 이들은 경찰의 현장 운용에 깊숙이 관여하여 현장에서 지휘하기도 한다. 모범을 보임으로써 어떠한 행동과 태도가 조직으로부터 많은 가치를 인정받는가를 보여준다. 이들은 물론 운영능력에 달렸지만 행정가형에 비해서 직원들로부터 존경받고 직원들이 좋아할 가능성이 더 높다고 한다. 만약 그들이 실패하거나 현장지휘를 잘못한다면 직원들의 존경도 잃게 된다. 이들의 현장지휘에 대하여 부하직원에 대한 신뢰의 부족으로 해석하는 경찰관들은 그들을 존경하지 않게 된다.

만약 이들이 관리에 대한 일상적 관점들을 경시한다면 경찰관서는 점점 그 조직이 해체되거나 비효율적이 되고 만다. 외부관계에 대한 이들의 영향력은 예측하기가 쉽지 않다. 그러나 대체로 이런 유형의 지휘관은 외부관계에 많은 시간과 정력을 소비하지 않으며 궁극적으로 일부 사람들을 격리시키게 된다.

3) 정치인(politician)

정치인형은 지휘관의 내적 역할보다 외적 역할을 더욱 강조한다. 이들은 기관의 내부운영은 하급관리자에게 맡기고 자신의 역할을 우선적으로 외부지향적인 것으로 간주한다. 또한 이들도 사교모임보다는 현장지휘를 더 선호하지만 만약 사교모임이 조직에게 필요한 자원을 제공할 것이라고 가정한다면 그 모임에 참석하기도 한다.

그러나 내부운영이나 지도력을 경시함으로써 정치가형은 그러한 일을 부하직원의 손에 맡기게 된다. 비록 부하직원이 유능하고 자질이 있더라도 권한과 지도력을 가진 최고 지휘관이 부재한 상태에서 그들은 결국 조직을 만족스럽게 관리하지 못하게 된다.

정치가형의 외부관계에 대한 접근법은 정치지도자, 지역사회 지도자 등을 만남으로써, 내·외부의 위협으로부터 조직을 보호하고, 자원 확보를 위하여 지속적으로 관계기관의 비위를 맞춤으로써 경찰조직의 이익을 보호하는 것을 강조한다. 외부관계에 너무나 많은 시간과 관심을 투자함으로써 이들은 경찰에 대한 지역사회와 재정적 지원을 쉽게 얻기도 한다.

4) 경세가(statesman)

이 유형은 지역사회, 조직내부, 그리고 구성원 사이에서의 leadership을 강조한다. 이들은 누구도 대신할 수 없는 지휘관의 책임을 인식하고 있다. 기관의 운영이나 관리를 경시하지 않는 반면 대부분의 관리업무를 위임하고 조직의 전반적인 것에 초점을 맞춘다. 이들은 조직에 대한 심각한 위협에 집중하고 지역사회에서의 leadership을 제공하기 위하여 일부 외부지향적인 역할까지도 위임하기도 한다.

이들은 대체로 높은 이상과 목표 등을 주창하는데, 바로 이것이 때로는 경찰의 일상적 활동으로부터 관심을 멀게 하고 그 결과 시민에 대한 서비스의 질을 떨어뜨리기도 한다. 또한 이들은 규범으로부터 지나치게 벗어난 이상과 가치를 강조함으로써 경찰과 지역사회로부터 신뢰를 잃을 수도 있으므로, 이들은 높은 이상이 강조되더라도 기본적 서비스가 악화되지 않도록 해야 한다. 마찬가지로 이들은 현실감을 상실할 수 있기 때문에 자주 현장으로 나가볼 필요가 있다. 한편 이들 유형 중에서 가장 바람직한 것은 네 가지 유형을 혼합한 것이라고 할 수 있다. 그 이유는 부하의 능력, 정치적 분위기, 경찰조직의 장단점

등과 같은 요소와 상황에 따라 어떤 유형 또는 어떤 조합이 어떤 상황에서 가장 효과적인가를 결정하기 때문이다. 그러나 이 네 가지 유형 중에서 경세가형이 경찰에서는 가장 드물며, 상황에 따라 다르지만 오늘날 우리가 필요로 하는 유형은 경세가형이라고 한다.

제 2 절 지휘론(Leadership)

1. 리더십의 개념

경찰기관의 중대한 특징 중 하나는 리더십의 문제일 것이다. 현대 경찰이 전문화를 지향해 오면서 강조하는 것도 바로 모든 단계의 관리자나 행정가 또는 감독자가 행사하는 리더십의 질을 향상시키는 것이다. 이러한 경찰의 리더십의 질적 향상에 대한 관심은 법집행 업무가 매우 모호하다는 특성에서 나온 직접적인 결과라고 할 수 있다. 만약 경찰업무가 단순하고, 명확하고, 틀에 박힌 것이라면 경찰관으로 하여금 자신의 임무를 제대로 수행하였는지 검증하는 것은 어렵지 않기 때문이다.2

더구나 대부분의 경찰은 순찰업무와 같이 자신의 업무를 즉각적인 감시와 감독을 받지 않고 혼자 혹은 둘이서 독자적으로 수행하고 있다. 이러한 여건으로 말미암아 경찰지휘관의 직선적인 관리기술보다는 리더십의 기술에 의존함으로써 경찰지휘관은 적정한 수준의 통제력을 행사하고, 기관의 규칙과 정책에 동조하도록 조장하며, 직원들의 업무수행에 관해 믿을 만한 정보를 확보하는 것을 어렵게 만든다.3

그렇다면 과연 리더십이란 무엇인가? 리더십은 정의하기가 어려운 개념의 하나로서, 일부에서는 지도자는 선천적으로 태어나는 것이라고 믿지만 다른 일부에서는 후천적으로 만들어지는 것이라고 믿고 있는 것이 그 한 예라고 할 수 있다. 일반적으로 리더십은 어떠한 보편적 목표를 향하여 사람들을 일하게 만드는 과정이라고 한다. 따라서 리더십은 조직의 목적을 규정하고, 그 목적을 향하여 조직을 움직이게 하는 많은 과정들을 포함하게 된다. 이에 대한 다양한 개념적 정의나 규정이 있으나 일반적으로 권력, 권한, 조정, 집합적 행동, 설득 등의 개념을 포함하고 있다.

물론 리더십에 관한 많은 주장들이 있지만, 대부분 다음의 두 가지 요소를 바탕으로 그 개념을 정의하고 있다. 리더십은 집단역동성이며 영향력의 행사를 포함하는 것이다. 지휘관에게는 개인이나 집단의 행위에 영향을 미칠 수 있는 권한이 주어지는데, 여기서 권한이란 다른 사람의 행동을 인도하는 의사결

정을 할 수 있는 힘이라고 한다. 리더십은 따라서 둘 이상의 사람 사이의 관계라고 볼 수 있다.[4]

조직에서 지휘관은 공동의 목표를 위하여 개별적 행위를 조직한다. 그 결과, 지휘관은 개인은 물론이고 집단의 요구 모두를 이해해야만 하고 뿐만 아니라 사람들을 생산을 향하여 움직이게 하는 요소들에 대해서도 이해할 수 있어야 한다. 이 과정에서 지휘관은 보상, 처벌, 설득, 칭찬, 교육 등의 방법들을 동원하게 된다. 하지만 모든 사람들은 동일하게 동기를 부여받거나 자극을 받지는 않는다. 즉, 개인이나 집단에 따라서 함께 일할 의지와 지휘관의 영향을 받아들일 의지가 다르기 때문이다. 이것이 바로 Herbert가 말하는 피고용자의 '수용지대(zone of acceptance)' 또는 개인이 수용할 수 있는 영향의 정도이다.[5]

그러나 사회학자인 Davis는 '정해진 목표를 열성적으로 추구하도록 다른 사람을 설득하는 능력'이라고 리더십을 정의하고 있다. 여기서 중요한 용어는 바로 '설득한다'는 것이다. 관리자(manager)는 직원들이 업무를 수행하도록 요구할 권한이 있기 때문에 직원들이 각자의 일을 적절하게 하도록 설득할 필요가 없다. 관리자가 자신의 직원이 정해진 일을 수행하고 있는지를 결정할 수 있는 한 설득이 필요하지 않으며 단지 권한(authority)만으로도 충분한 것이다.[6] 그러나 직원들에게 직접적인 감독권을 행사할 수 없는 경우라면 유일한 대안은 바로 직원들을 설득하는 것뿐이다.[7] 이것이 바로 경찰 지휘관이 처한 입장이며 따라서 경찰 지휘관에게 있어서 리더십은 매우 중요한 것이다.[8]

Davis의 정의에서 중요한 또 다른 용어는 바로 '열성적으로'와 '정해진 목표'이다. 지도자의 가장 중요한 임무 중 하나는 바로 조직의 목표를 분명히 하여 직원들로 하여금 자신에게 요구되는 임무가 무엇인지를 확실하게 알 수 있도록 하는 것이다. 다음으로는 분명한 조직의 목표를 위하여 열성적으로 일하게 하는 것이다. 열정이나 열성은 직원들이 자신의 능력을 최대한 발휘하여 자신의 임무를 수행하도록 동기를 부여하는 것이 필요한데, 직접적인 감독이 가능한 경우는 그것만으로도 충분하나, 경찰업무처럼 직접적인 감독이 불가능하고 개인의 창의나 판단을 요하는 경우에는 기준 이상으로 임무수행을 잘 하려는 개인의 욕구와 열정은 매우 중요한 것이다. 특히 경찰관의 비리, 독직과 같은 사건이 발생하는 경우는 문제의 발단이 일관성이 없고 무능력한 리더십에 기인한 바가 크다고 한다.[9]

2. 리더십의 기능

어떠한 리더십의 기술도 항상 모든 지도자에게 다 성공적일 수는 없다고 한다. 어느 조직에나 특정한 방법이나 기술이 특정한 조건에서 특정한 부하직원들을 대상으로 특정한 지도자에게만 성공적일 수 있다는 것이다.[10] Roberg에 따르면, 어떠한 리더십 행동이 성공적인가를 결정하는 것은 바로 부하의 기대감에 크게 좌우된다고 한다. 즉, 직원들이 지도자가 명령하고 엄격한 규율준수를 강조하는 것을 기대한다면 그런 방향으로 행동하는 지도자가 성공적이고, 반대로 직원들이 자신의 지도자가 민주적인 의사결정 등을 하기를 기대한다면 권위적인 지도자는 많은 저항에 부딪힐 것이다.[11] 그러나 많은 경우 지도자의 역할 또는 기능을 조직구조의 규정, 조정통제, 목표와 규범의 명확화로 크게 세 가지로 나누고 있다.

(1) 조직구조의 규정

이 기능은 기획, 조직, 인사 등 관리기능과 유사하다. 지도자의 주요임무 중의 하나는 조직의 목표와 목적의 성취를 위하여 일과 사람을 배정하는 것이며, 이것이 곧 조직구조의 규정이라고 한다. 범죄현장의 지휘자는 현장조사의 방법, 확보할 증거의 유형, 담당자의 배치 등을 지시한다. 이처럼 지휘자는 조직구성원이 무엇을 어떻게 할 것인가를 더 잘 알 수 있도록 수행되어야 할 임무의 구조를 규정하는 것이다. 이 기능은 지휘자의 위치에 따라 그 범주가 달라지는데, 상급지휘자는 조직의 전반적인 의사결정을 한다면 하급지휘관은 구체적인 결정을 하게 되는 것이다.

(2) 조정통제

이 기능은 지휘와 통제라는 관리기능을 포함하며, 지휘관의 일상적인 의사결정의 대부분을 포함하는 것이다. 다른 집단과의 관계, 조직 내 사람들의 활동 조정, 그리고 구성원의 일에 대한 감독이 모두 조정통제의 부분이라고 할 수 있다. 즉, 악단의 지휘자가 모든 악기를 하나의 집단적 화음으로 조화를 이루게 하는 것과 같은 것이다.

이러한 조정통제는 모든 단계의 지휘관에 의하여 행사되지만, 이 기능이 얼마나 효과적으로 수행되고 있는지는 상당부분 하급지휘관에 달려 있다. 이론적으로는 상급지휘관이 대부분의 지시를 내리고 조직을 통제하는 책임을 가지지만, 그들은 수적으로 적어서 조직의 구석구석에 미칠 수 없기 때문에 조직의 지시나 통제를 수행하기 위하여 중간 또는 하급지휘관에 의존하게 된다. 실제로 경찰에서도 조정통제는 상급지휘관보다는 하급지휘관과 더 밀접한 관계가 있다.

(3) 조직목표와 규범의 명확화

Mitchell과 Larson의 이론에 의하면, 지도자의 가장 중요한 기능 중의 하나는 조직의 목적과 그 목적이 성취될 수 있는 과정을 분명히 하는 것이다. 그들에 의하면, 직원들은 일반적으로 자신의 일을 잘하기를 원하는데, 그것은 그렇게 함으로써 중요한 보상을 받을 수 있기 때문이다. 따라서 만약 조직의 목표나 목적이 분명하지 않고 그들에게 기대되거나 요구되는 일이 무엇인지 분명하지 않을 때 직원들은 좌절하기 쉽다. 바로 이 점에서 지도자는 모든 구성원이 조직의 목표와 그 성취 방법을 분명히 이해하도록 해야 하는 것이다.[12] 따라서 경찰임무의 목표와 목적을 분명히 하여 직원들로 하여금 자신들에게 기대되는 일이 무엇인가를 알 수 있도록 할 필요성이 있다.

지도자는 받아들일 수 있는 행위와 받아들일 수 없는 행위를 정하고 조직 활동의 목적과 목표를 개발하는 데 있어서 조직에 기여해야 한다. 지도자는 반드시 조직의 임무, 사명, 핵심가치 등을 분명하게 밝히고 재강화하며 그러한 내용의 중요성과 정당성 등을 다른 사람들에게 이해시키고 조직 구성원들에게 그들이 이해하고 믿을 수 있는 비전을 제시해야 한다. 따라서 지도자는 관리자의 생산성과 효율성에 대한 관심 그 이상으로 기능해야 하며, 조직의 이상에 대한 구성원들의 전념과 헌신을 확보할 수 있도록 노력해야 한다. 따라서 이 기능을 수행하는 데 있어서 지도자가 활용할 수 있는 가장 효과적인 방법은 자신의 행동으로 직접 보여주는 것이다.

3. 리더십의 원천[13]

지휘관은 지휘할 권한(authority)을 가지며, 이 권한을 부여받고 그 권한을 행사할 힘을 가진다. 여기서 권한이란 사람들에게 영향을 행사할 수 있는 합법적 권리이며, 힘 또는 권력(power)은 지휘할 수 있는 능력이라고 할 수 있다. 권한이 없는 힘은 조직에서 오래 갈 수 없다.

독일의 사회학자 Weber는 조직에서의 권한을 전통적(traditional), 카리스마적(charismatic), 그리고 합법적-이성적(legal-rational) 형태의 세 가지로 구분하고 있다. 전통적 권위나 권한은 부모나 왕과 같은 관습에 의한 것이고, 카리스마적 권위는 케네디 대통령이나 처칠수상과 같이 일 집단의 추종자에 대한 개인적 호소력에 의한 것이며, 합법적-이성적 권위는 서장이나 대통령과 같이 조직에서의 공식적 지위와 그 지위에 부여된 합법적 의무와 책임에서 나온다고 한다. Weber는 합법적-이성적 권위가 조직의 생존을 위하여 필요조건이라고 하는데, 그것은 왕이나 부모는 사망할 수 있으나 조직의 지위로부터 권위가 파생되는 관료는 능력에 따른 평가를 통하여 승계될 수 있기 때문이다. 따라서 Weber에 의하면 지도자는 자신의 지위와 능력의 힘으로 자신의 지도력을 행사하는 것이다.

(1) 지위에 의한 힘(Position Power)

지휘관에게 지도력을 제공하는 힘 또는 영향력의 원천으로서 지휘관의 지위는 지휘관 개인과는 독립적인 것이다. 이는 지휘관의 지위로부터 직접적으로 나오는 것이며, 그 지위를 가진 누구에게나 주어지는 것이다. 즉, 경찰관이 됨으로써 일반 시민이 가질 수 없는 권한을 부여받으나 경찰을 그만두면 동시에 그 권한도 상실하게 되는 것이다. 지위로부터 주어지는 지도력은 운동경기에서의 심판, 판사, 선장 등의 예에서 잘 알 수 있다. 모든 조직에서 이 지위력은 모든 종류의 지위에 다 권한이라는 형태로 위임되게 된다. 이 지위력은 경찰 지휘관에게 영향력과 권한의 기본적 자원이기도 하다.

(2) 강제에 의한 힘(Coercion Power)

강제력은 처벌의 위협이나 실제 처벌의 집행에 기초하는 것으로서, 이는 지휘관의 지위에서 나올 수도 있고 때로는 지휘관의 개인적 속성일 수도 있다. 예를 들어, 부모가 자식을 훈육할 때 부모로서의 지위에서 가지는 훈육권도 있지만 동시에 부모의 성향에 따라 그 힘이 달라질 수도 있기 때문이다.

경찰지휘관은 이 강제력을 통제기능을 통하여 확보하고 있다. 처벌의 하나로서 특정인을 더 어려운 일에 배치함으로써 부하를 강제할 수 있는 것이다. 그러나 경찰조직에 있어서 강제력은 근본적으로 개인적인 것일 수도 있다. 즉, 어떤 지휘관은 그의 체구, 성격, 말투 등으로 인하여 공포의 대상이 되기도 한다.

(3) 보상에 의한 힘(Reward Power)

이는 지휘관이 조직 구성원에게 보상을 제공할 수 있는 능력에 기초하는 힘이다. 위의 강제력과 마찬가지로, 보상을 이용한 영향력의 행사도 지휘관의 지위에 따른 특징일 수도 있다. 그러나 어느 정도는 지휘관이 자신의 개인적 재물이나 자산의 일부를 보상으로 분배하는 도구일 수도 있다.

그러나 경찰관리의 어려움 중의 하나는 지휘관이 이용할 수 있는 보상이 상대적으로 적다는 점이다. 경찰서장이라고 해서 부하직원에게 특진을 시킬 수도, 봉급을 올려줄 수도, 상여금을 더 지급할 수도 없는 것이다. 기껏해야 칭찬하고 격려하는 것이 고작일 수 있다. 물론 이러한 보상이 전혀 가치가 없는 것은 아니다. 대부분의 사람은 자신과 자신의 일을 다른 사람, 특히 상관이 알아주는 것을 감사하게 여기기 때문이다.

(4) 전문성에 의한 힘(Expert Power)

지휘관이 부하직원에게 지도력을 발휘할 수 있게 해주는 또 다른 힘의 원천은 지휘관이 가지는 전문성, 지식, 그리고 기술에서 나오는 것이다. 이는 다른 사람이 수행할 수 없거나 수행하지 않으려는 어려운 임무를 성취할 수 있는 지휘관의 능력에 기초한다. 물론 지휘관의 지위가 전문가를 지칭하는 것일 수도 있으나 지휘관이 가지는 영향력은 지휘관의 타고난 또는 학습된 재능으로부터 직접적으로 나오는 것이다. 예를 들어, 범죄감식현장이나 폭발사건의 현장에서는 서장이나 과장이 아니라 범죄감식 전문가나 폭발물 전문가가 비록 지위는 낮을지라도 상당한 영향력을 행사하게 되는데, 이것이 바로 그의 전문성 때문인 것이다.

(5) 카리스마에 의한 힘 (Charisma Power)

지휘관이 가지는 영향력 중의 하나로서 카리스마는 지휘관의 개인적인 개성, 명성, 성실성, 매력, 가치 등으로부터 나오는 것이다. 일부 지휘관이 다른 사람에게 영향력을 행사할 수 있는 것은 그들이 다른 사람으로 하여금 그들을 믿고 따르게 할 수 있는 거의 천상적인 오묘한 자질을 가지고 있기 때문이다. 간디와 킹 목사가 이러한 카리스마적 힘을 가지고 엄청난 영향력을 행사한 좋은 예라고 할 수 있다. 그들이 대단한 지위도 없고, 전문가의 힘도 없으며, 보상이나 강제할 수 있는 능력도 없었음에도 불구하고 대단한 영향력을 미칠 수 있었던 것은 수많은 사람들로 하여금 그들을 믿고 따르게 했던 바로 그들의 카리스마 때문이라는 것이다.

4. 리더십의 유형

지휘관이 자신의 리더십 기능을 수행하기 위하여 영향력과 권한을 행사하는 방식을 리더십 유형이라고 한다. 다양한 유형의 구분이 있으나 대표적인 몇 가지만을 소개하고자 한다.

(1) 개인적 속성으로서의 리더십

복잡한 조직에서 리더십은 종종 지도자의 개인적 속성과도 관련을 가지고 있다. 먼저, Weber와 같은 초기 조직이론가들은 전통에 뿌리를 두는 지도자의 합법성과 지도자의 카리스마적 매력을 들고 있다. 즉, 왕위를 계승하는 것처럼 지도자로 태어나거나 자신의 신념에 기인하여 사람들을 따르게 하는 인성으로 지도자가 된다는 것이다.14

그동안 많은 연구에서는 어떠한 인성이나 자질이 성공적인 지도자가 가져야 할 것인가를 지적하였다. 이들 연구는 자신감, 표현력, 매너와 같은 자질을 잠재적인 지도력의 증거들로 제시하고 있다. 어떠한 조직의 목표를 향하여 사람들에게 동기를 부여하고 진전시키는 기술만큼이나 사람들을 지도하고 지휘하는 데 인성도 중요하다는 것이다. 실제로 개인적인 카리스마, 앞장서는 자세, 신체적 조건 등이 훌륭한 경찰지도자와 그렇지 않은 사람을 구별하는 데 이용되고 있다. 재미있는 것은 훌륭한 지도자의 개인적 자질이나 인성 또는 속성은 언제나 긍정적인 면만 제시할 뿐 부하를 제재하는 능력과 같은 부정적인 면은 배제되고 있다는 사실이다.15

(2) Cordner와 Sheehan의 분류

Corderner와 Sheehan은 리더십을 독재적(Autocratic), 관료적(Bureaucratic), 외교적(Diplomatic), 참여적(Participative), 그리고 자유재량적(Free-rein) 유형의 다섯 가지 유형으로 분류하고 있다.16

먼저 독재적 또는 권위적 지도자는 스스로 의사결정을 하고, 전례, 규칙, 규정 또는 다른 사람의 의견을 무시한 채 자신의 신념에 따라서 자신의 결정을 수행한다. 따라서 독재적 리더십은 신속한 의사결정의 장점이 있고 대부분의 조직구성원이 책임을 피하고자 한다면 잘 적용될 수도 있으나, 일방적인 의사소통과 그에 따른 부수적인 결점과 관련된 단점을 가지고 있다. 지도자가 모든 의사결정을 개인적으로 하거나 전문가가 아니라면 성공하기란 쉽지 않을 것이다. 독재적 지도자는 자신들도 뭔가 기여할 수 있다고 믿는 사람과 의사결정시 자신들도 자문을 해야 한다고 생각하는 사람들로부터 항상 저항을 받게 된다.17

관료제적 유형의 리더십은 모든 것을 정책, 절차, 규칙, 규정 등에 따라서만 움직이는 유형이다. 조금이라도 의문이 있으면 즉각 일을 진행시키는 올바른 방법을 아는 상급자나 다른 사람들에게 상의를 한다. 관료제적 지도자는 일관성이 있고 공정하여 유사한 상황은 유사하게 처리를 하게 된다. 이 유형이 안고 있는 기본적 결점은 융통성이 전혀 없다는 점이다. 규정대로만 움직이는 것은 변화하는 환경에 대한 지도자의 적응능력과 모든 상황에 따르는 다양한 의미와 여건에 반응하는 능력을 제한하게 된다. 이러한 융통성의 부족은 때로는 관계된 사람들이 개인으로 취급받지 못한다는 점을 싫어하기 때문에 저항과 불만을 불러오기도 한다.

외교적 유형은 누구와도 상의하거나 누구의 자문을 받지 않고 의사결정을 하지만 결정 후에는 구성원들에게 이해하고 따르도록 호소하고 설득하는 것이다. 구성원들에게 결정의 이유를 설명함으로써 결정사항의 집행시 구성원의 협조를 얻게 된다. 구성원들은 이러한 지도자의 노력을 자신들에 대한 존중의 표시로 받아들이고 감사의 표시로서 그 결정을 따르게 된다. 그러나 지도자가 구성원을 제대로 설득시키고 이해시키지 못한다면 구성원들은 지도자의 노력이 진실되지 못한 흉내내기에 지나지 않다고 느끼고 지도자는 저항에 부딪히게 된다.

참여적 유형은 어떠한 의사결정이 이루어지기 전에 구성원과의 자문이나 상의를 강조하며, 심지어 어떤 경우에는 구성원들이 스스로 의사를 결정하기도 한다. 어떤 경우이건 구성원이 의사결정과정에 영향력을 행사하고 그 결과 의사결정에 대한 구성원의 지지도 더 크다. 또한 결정된 사항이 수행되는 밑바닥으로부터의 정보를 포함하여 의사를 결정하는 사람들이 활용할 수 있는 정보도 더 많이 있게 마련이다. 더불어 구성원의 참여는 그들의 개인적·직업적 성장에도 기여하게 되어 미래 의사결정을 할 지위가 되는 경우 더 잘 적응하게 만든다. 그러나 이러한 유형은 때로는 시간을 지나치게 많이 필요로 한다는 결함도 있다. 또한 이 유형은 조직 내 소집단을 형성하게 하거나 지도자가 자신의 책임을 회피할 수 있는 도구가 되기도 하며, 자신의 의견이 거부된 구성원은 지도자에 대한 극단적인 저항감을 가지게 될 수도 있다.

자유재량적 유형은 자신의 조직에 대한 최소한의 통제와 지시만 하여 가능한 의사결정을 피하려는 유형이다. 일부 구성원들은 이러한 환경에서 편안하고 생산적일 수 있다. 구성원 각자가 자신의 의사를 결정하도록 하기 때문에 상당한 개인적 성장이 가능하지만 일부 구성원들은 그러한 비구조화된 상황에서 제대로 기능하지 못한다. 또한 이 유형은 집단 구성원의 행동에 최소한의 통제만 행사하기 때문에 관련된 위험성이 매우 높을 수 있다.

그러나 일부 이론가들은 이와 같은 리더십 유형의 분류에 의문을 제기하는데, Mitchell과 Larson은 예를 들어 지시적(Directive), 지지적(Supportive), 참여적(Participative), 그리고 성취지향적(Achievement-oriented) 유형으로 구분하였다.[18] 그들에 의하면, 지시적 유형은 위에서 분류한 전통적인 독재적 유형과 유사한 것으로서 대부분의 의사결정을 하고, 구성원에게 정해진 임무를 지정하며, 규칙과 업무수행기준의 동조를 강조하는 것으로 특징지어진다. 지지적 유형은 대체로 위의 자유 재량적 유형과 가까운 것으로서 오로지 구성원의 감정과 복지에만 관심이 있고, 구성원으로 하여금 정책과 업무수행기준에 관한 모든 결정을 하도록 하며, 일반적으로 적극적인 지도력을 행사하지 않는 특징이 있다. 참여적 유형은 지도자의 주요 관심사가 구성원을 의사결정에 개입시키는 것이며, 성취지향의 유형은 오로지 조직의 목표성취에만 관심을 가지며, 업무수행기준을 정하고 집행하는 반면에 어떻게 업무를 수행할 것인가 등의 업무수행방법은 구성원들에게 자유롭게 맡기는 유형이다.

5. 리더십의 이론

(1) 특성이론

이 이론은 효과적인 지도자가 가지는 훌륭한 자질이나 특성을 파악하려는 것이다. 성공적인 지도자가 가지는 소질이나 속성 등은 수없이 많아서 Davis는 수십년 전에 지능, 경험, 창의성, 수용성, 교육능력, 인성, 인간행위

표 4-1 **지도력 특성**

	지도력 특성
능력(Capacity)	지능, 정신적 경계심, 언어적 능력, 창의성, 판단력
성취(Achievement)	집단 속에서 일하는 방법을 아는 것, 생각을 표현할 줄 아는 능력, 좋은 학교 성적의 취득, 운동실력
책임감(Responsibility)	신뢰성, 책임질 의향, 솔선, 지속성, 자기 확신, 남보다 뛰어나고 싶은 욕망
참여의식(Participation)	높은 활동수준, 사교성, 협조성, 적응성
지위(Status)	사회적 위치, 경제적 위치, 대중성

에 대한 지식, 용기, 정의감과 공정한 경쟁심, 그리고 끈기 등을 포함한 지도자가 가져야 할 무려 56가지의 자질을 제시하였다.19

물론 일부에서는 이처럼 다양한 자질을 열거하는 것을 훌륭한 자리들의 목록을 나열한다고 해서 소위 '소년단(Boy Scout)'식 접근이라고 비하하기도 한다. 그럼에도 불구하고 아직도 많은 조직과 기관에서는 그와 유사한 속성과 자질들을 지도자들에게 요구하고 있다. 미국의 어느 대규모 경찰서는 훌륭한 지휘감독자의 자질로서 정열적(energetic), 예의바름(courteous), 협조성(cooperative), 신속성(prompt), 공정성(Fair), 열린 마음(Open minded), 신뢰성(reliable), 인내심(tolerant), 그리고 자원이 있는(Resourceful) 등의 9가지 자질을 추천하고 있다.20

그러나 우리가 잠재적 지도자를 파악하는 수단으로서 이 특성이나 자질들을 이용한다면 많은 문제가 생기게 된다. 우선 많은 경우에 지도자의 지위나 자리가 그러한 자질의 개발을 초래하는지 아니면 지도자가 되기 전부터 그러한 속성을 지니고 있었는지 알기 어렵다. 또한 이 이론은 다양한 자질과 속성들이 지도자에게 미치는 상대적 영향력이나 상대적 중요성을 비롯하여 상황과 지도자 행동의 복잡한 상호작용을 고려하지 않고 있다.

이러한 한계와 문제에도 불구하고 Stogdill은 효과적인 지도력과 관련되는 자질들을 5가지의 집단으로 나누고 있다.21

(2) Fiedler의 상황이론 (Situational Theory)

Fiedler는 리더십의 효과성을 상황이론으로 설명하면서 업무지향적(Task-oriented) 리더십이 가장 효과적인 상황과 관계지향(Relationship-oriented) 리더십의 가장 효과적인 상황을 결정하려고 하였다. 그는 이러한 결정에 영향을 미치는 세 가지 핵심적인 상황적 요소를 지도자-구성원의 관계(leader-member relations), 업무구조(Task structure), 그리고 지위권한(Position power)으로 파악하였다.22

그는 지도자-구성원 관계가 좋은지 나쁜지, 업무구조가 분명한지 애매한지, 그리고 지도자의 지위권한이 강한지 약한지 등의 견지에서 상황을 특징지으려고 하였다. 그에 따르면, 지도자와 구성원의 관계가 좋고, 업무구조가 분명하며, 지도자의 지위권한이 강한 경우는 업무지향적 지도자가 더 성공적이고, 반대로 세 가지 요소가 모두 부정적인 경우인 지도자와 구성원의 관계가 나쁘고, 업무구조도 애매하며, 지도자의 지위권한도 약한 경우에도 업무지향적 지도자가 더 성공적이라는 것이다. 그러나 세 요소가 혼합되는 경우, 즉 세 요소 중 일부는 긍정적이고 일부는 부정적인 경우에는 관계지향적 지도자가 더 성공할 가능성이 높다는 것이다. 따라서 그는 현재 상황에 맞는 유형의 지도자를 임명할 것을 주장하여, 어떤 유형의 지도자가 성공할 가능성이 가장 높은가는 전적으로 상황에 달렸다는 것이다.

(3) Blake와 Mouton의 격자(Grid)

Fiedler가 관계지향과 업무지향의 지도자 중 누가 더 성공적인가를 알고자 했던 반면 이들은 업무지향과 관계지향의 이분법 그 자체에 의문을 가졌다. 그들에 의하면, 그와 같은 전통적인 이분법적 구분에서 보면 업무를 더 지향하는 것은 어쩔 수 없이 관계를 경시하게 되고, 관계를 더 중시하면 업무지향성을 경시한다. 업무와 관계지향성은 전통적 분류에서 요구되는 것과 같이 경쟁적 관계라기보다는 하나의 관리형태를 형성하기 위하여 상호작용하는 독립적 행위라고 주장한다. 지도자의 행위는 강력한 업무지향에서 미약한 업무지향까지 다양할 수 있고, 이와는 별개로 강력한 관계지향에서 경미한 관계지향까지 다양할 수 있다는 것이다. 그들은 이러한 주장을 아래와 같은 격자로 나타내어 다섯 가지 리더십 유형을 제시하고 있다.[23]

<그림 4-1>에서의 1,9 유형은 컨트리클럽형 관리로서 Fiedler의 관계지향의 유형과 외교적 유형에 유사한 것으로 강력한 관계지향성과 미약한 업무지향성을 가지는 유형이다. 반대로 9,1 유형은 관계보다는 업무를 강조하는 것으로 Fiedler의 업무지향적 유형, 독재적 유형과 유사한 형태이다. 유형 1,1은 업무지향과 관계지향성이 모두 약한 형태로서 위에서 제시한 자유재량적 유형과 유사하다고 볼 수 있다. <그림 4-1>에서의 5,5 유형은 위에서 설명한 관료제적 유형과 유사한 것으로서 관계지향성과 업무지향성이 모두 중간 정도인 형태이다. 유형 9,9는 업무지향성과 관계지향성을 모두 중시하는 형태로서 위에서 분류한 참여적 유형과 가장 가까운 형태이다. 더 최근에는 Blake와 Mouton은 복종에 대해서는 보상이 따르나 불복에 대해서는 처벌의 위협이 가해지는 집안에서는 가장이 최고이기 때문에 가장의 말을 따라야 한다는 소위 '부모형'과 지도자에게 가장 큰 이익을 가져다 줄 것이라고 지도자가 느끼는 형태에 따라 달라진다는 '기회주의적 유형', 두 가

그림 4-1 리더십 격자

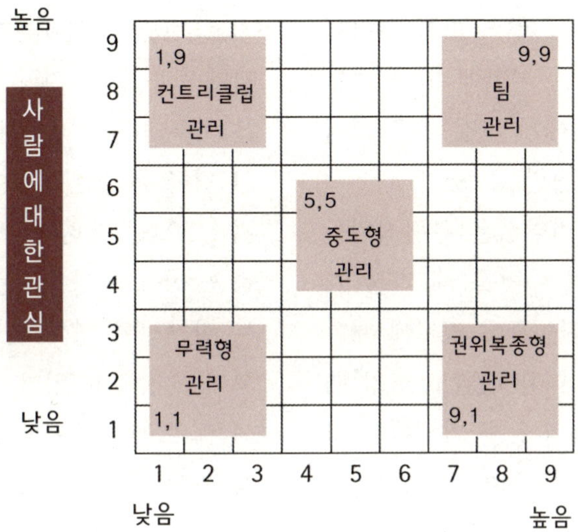

지 유형을 추가하였다. Blake와 Mouton은 9,9 유형을 가장 효과적이라고 제안하면서, 직원과 구성원과의 관계성에 대한 관심을 가지고 동시에 업무지향성에도 높은 관심을 가지는 지도자가 가장 성공적일 것이라고 주장하였다.

(4) Hersey와 Blanchard의 이론

Blake와 Mouton은 자신들의 유형론에서 <그림 4-1>에서의 9,9 유형이 가장 좋다고 주장함으로써 그들은 한편으로는 Hersey와 Blanchard가 주장한 상황이론(situational theory)을 비판하였다. 그러나 리더십 격자가 업무/관계성이라는 이분법적 주장을 파괴함으로써 리더십이론을 발전시켰으나 상황을 무시한 채 최선의 하나의 유형만을 옹호함으로써 일보 후퇴한 감도 없지 않다.[24]

Hersey와 Blanchard는 <그림 4-1>과 같이 관리격자(Managerial grid)와 상황이론의 흥미로운 통합을 시도하였다.[25] 그들은 리더십 격자에 업무관련 성숙성(Task-ralated maturity)이라고 하는 상황적 차원을 추가하였는데, 상황적 차원을 부하직원이나 구성원 등 추종자들이 업무관련 기술과 지식을 숙달한 정도, 그리고 그들이 조직의 가치와 목표에 전념하는 정도라고 규정하였다. 즉, 자신의 업무에 숙달하고 조직에 전념하는 사람은 업무관련 성숙성에 높은 점수를 받게 된다.

따라서 가장 성공적인 리더십 유형은 부하직원들의 업무관련 성숙성에 가장 잘 어울리는 유형이라는 것이다. 업무관련 성숙성이라는 요인은 상황에 따라 매우 다양할 수 있기 때문에 가장 효과적인 리더십 유형도 상황에 따라 다양할 수 있는 것이다. 또한 부하직원들의 업무관련 성숙성은 시간에 따라 변할 수 있기 때문에 특정집단에게 가장 좋은 리더십 유형도 시간에 따라 변할 수 있다.

가장 업무지향적인 리더십은 부하직원들의 업무관련 성숙성이 매우 낮을 때 가장 효과적인데, 이 경우 부하직원들이 업무에 대한 숙련도가 낮고 생산성에 대한 전념도 낮기 때문에 지도자는 지시와 통제 등을 가해야만 한다. 지도자는 부하직원에게 해야 할 일을 보여주어야 하고, 업무수행을 감독해야 하며, 실수를 바로잡아 주어야 한다.

부하직원들의 업무관련 성숙성이 향상될 때 가장 바람직한 유형은 업무지향성은 낮아지고 반면에 관계지향성은 높아지는 것이다. 관계성과 업무 지향성이 모두 높은 9,9 유형은 부하직원들의 업무관련 성숙성이 평균에서 평균 이하인 경우에 바람직한 것으로 알려져 있으며, 부하직원들의 업무관련 성숙성이 평균 이상인 경우에는 업무에 대한 관심보다는 관계성에 대한 관심을 더 강조하는 1,9 유형이 권장되고 있다. 마지막으로, 부하직원들의 업무관련 성숙성이 매우 높을 때는 1,1 유형 또는 자유재량적 유형이 바람직하다고 한다. 이 경우에는 부하직원들이 업무수행에 있어서 전문가들이고 조직에 매우 전념하기 때문에 지도자는 부하직원들의 활동을 조정하

그림 4-2 Hersey와 Blanchard의 상황모형

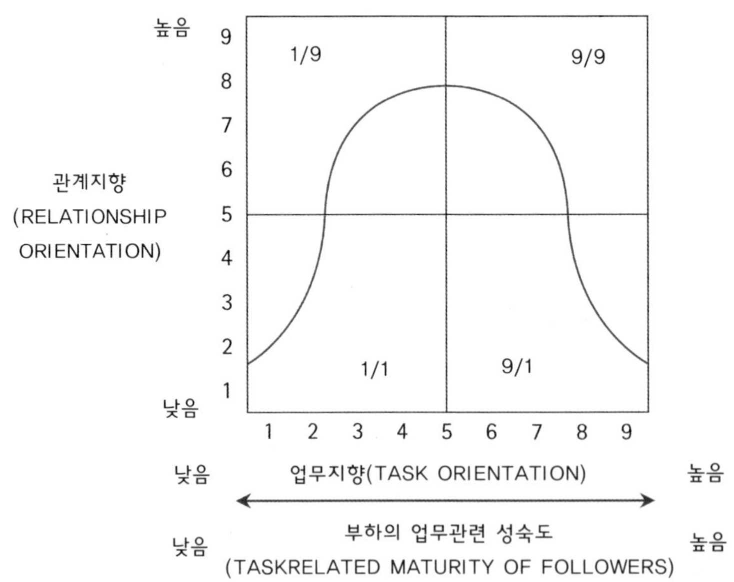

고 직원들을 불필요한 일로부터 보호하는 이상으로 할 일이 없다고 한다.

이 이론에 기초하여 Loen은 지도자가 전문가인 경우와 모든 비상상황에서는 독재적 유형, 단지 조직 구성원들이 극단적으로 유능한 경우에만 참여적 유형, 조직 구성원들이 독자적으로 일할 때 생산적일 수 있다면 자유재량적 유형을 활용할 것을 권고하였다.26

그런데 경찰행정에 있어서 가장 최근의 사고는 관리나 리더십 효과성에 있어서 가장 성공적인 유형은 상황에 따라서 다양하다고 보는 contingency 모형이나 상황적 모형을 지지하고 있다.27

(5) Path-Goal Theory

이 이론은 60년대 기대이론(expectancy theory)에 뿌리를 둔 것으로서, 지휘관이 부하들에게 자신이 할 일을 이해시키고 조직목표를 성취함에 있어서 자신의 개인적 목표도 실현될 수 있음을 알게 한다면 부하들은 지휘관이 원하는 것을 할 것이라고 가정하고 있다. 이러한 이론하에서 지휘관의 역할은 부하들에게 자신의 목표와 조직의 목표 모두를 극대화시킬 수 있는 임무를 부여하는 것이다. 따라서 이 모형과 관련된 가장 핵심적인 변인은 부하의 동기, 능력, 그리고 직업만족도와 이들 요소를 평가하여 부하들이 따를 수 있는 최선의 길을 선택하는 지휘관의 능력이라고 할 수 있다.28

이 이론을 이용하여 House와 Mitchell은 지시형(Directed), 지원형(Supportive), 참여형(Participative), 그리고 성취지향형(Achievement-oriented)의 4가지 리더십 유형을 도출하였다. 그들에 따르면, 지시형은 업무수행목표와 기준의 설정을 강조하고, 지원형은 부하들에 대한 사회적, 집단적, 그리고 심리적 지지와 지원을 강조한다. 그리고 참여형은 직원들과의 자문적 관계와 목표의 달성을 위하여 직원들의 전념이 필요한 임무와 관련된 의사결정에 있어서 직원들의 참여를 강조하며, 성취지향형은 높은 목표치와 일과 관련된 직원들의 자신감과 우수성을 강조한다.29

(6) 다중연계모형 (Multiple-Linkage Model)

지휘관의 효과성에 대한 가장 종합적인 평가 중의 하나는 Yukl의 평가로서, 그는 집단이나 개인의 행위에 영향을 미칠 것으로 생각되는 다양한 상황 또는 여건변수를 분석하여 집단의 업무수행에 영향을 미치는 몇 가지 요소를 파악하였다. 그가 제시한 요소에는 부하직원들이 자신의 일을 이해하는 정도인 역할의 명확성(Role clarity), 자신의 일을 수행하는 데 요구되는 능력, 기술, 지식의 정도인 업무기술(task skills), 직원들이 자신의 일을 수행하는 필요한 적정한 도구인 자원과 지원 서비스(Resources and support services), 업무부서가 효율적으로 조직화되었는지의 여부인 업무－역할 조직화(Task－role organization), 그리고, 집단 구성원 간의 협조적 상호작용의 정도인 집단융화와 팀워크(group cohesiveness and teamwork) 등이 있다.30

6. 리더십 행위의 주요 유형

(1) 지시적(Directive) 유형

대부분의 지도자는 이 지시적 지도력을 행사할 때 가장 편안함을 느낄 것이다. 이 유형을 다른 말로는 전제적 또는 독재적 지도력이라고도 부른다. 물론 이 유형은 감소추세에 있으나 많은 법집행기관에서는 아직도 널리 활용되고 있다. 경찰의 업무특성이나 근무여건 등을 고려할 때가 많은 경우 이 지시적 지도력을 행사하지 않을 수 없다.

지시적 감독자는 부하직원에 대한 관심은 많지 않고 의사결정에 있어서 그들의 참여를 거의 허락하지 않는다. 즉, 감독자가 의사결정을 하고 그 결정이 실행되도록 확인하는 것이다. 통제가 상황을 지배하고 '내가 말하는 대로 하라' 이것이 핵심철학이다. 마치 동기이론의 X－이론과 같이 이런 유형의 지도자는 부하직원들이 게으르고 믿을 수 없는 것으로 간주하기 때문에 그들은 각자 할 일을 지시받아야 하며 그들의 활동과 행동은 철저히 감시되어야 한다고 믿는다.31

이 유형은 쉽게 통제될 수 있는 형태로 작업을 구조화하고, 부하직원들의 복종을 얻어내기 위한 기초로서 자신의 지위에서 수반되는 권력을 이용하며, 만일 일탈이 발생하면 부하를 비난함으로써 부하를 통제하며, 부하의 동조를 확보하는 수단으로서 규칙과 규정에 의존하여 통제가 지속되도록 한다. 이 유형은 권위주의적인 특성으로 인하여 갈등을 누르거나 줄이기 위해 지위에 의한 권력(Position power)에 의존하게 된다. 지도자의 권위는 절대로 도전받아서 안 되며 절대적인 복종이 요구된다. 의사결정은 상관에 의하여 결정되고 부하들의 투입은 허용되지 않는다. 작업의 완수가 우선이며 목표달성에 도움이 되지 않는 한 사회적 상호작용 같은 것은 무시된다. 이 유형의 장단점은 다음과 같다.32

표 4-2 지시적 지도력(Directive leadership)

장점	목표성취에 초점, 부하들이 무엇을 해야 하는가 안다, 의사결정이 빠르다, 지위에 의한 권력의 논리적 확장이다, 부하의 통제를 극대화한다, 부서의 규칙과 규정에의 동조를 부추긴다.
단점	감독자를 고립시킨다, 부정적 감정이 생길 수 있다, 최소한의 동조, 감독자에게 스트레스를 줄 수 있다, 처벌적이고 거의 보상적인 것이 없다, 사기를 떨어뜨릴 수 있다, 창의성을 억누른다, 쌍방향 의사소통을 제한한다.

(2) 협의적 지도력 (Consultative Leadership)

경찰관 모두가 자신의 최고의 능력을 다 발휘해서 일한다면 감독자의 필요성도 그만큼 줄어들 것이지만 불행하게도 현실은 그렇지 못하다. 지도자는 지시적 지도력을 완전히 포기할 수는 없지만 경찰관의 근무여건을 향상시키는 동시에 보다 더 생산적인 지도력 유형이 있을 수 있다고 한다.

협의적 지도력은 부하경찰관과 그들의 욕구는 물론이고 조직의 목표에 대한 관심을 보여주는 유형이다. 부하들도 의사결정과정에 참여가 허용되고 그들도 잠재적 팀의 부분으로서 받아들여진다. 이 유형은 결정되어야 할 일이 상대적으로 단순한 일이나 쟁점을 다룰 때 가장 효과적일 수 있다. 반대로 사안이 복잡하고 논의할 충분한 시간이 없을 때는 지도자나 감독자가 의사를 결정하여야 한다. 특히 상황이 긴급하거나 지시적 지도력이 가장 바람직한 대응일 때 더욱 그렇다. 의사결정에의 참여라는 점에 있어서 지시적 지도력과는 상당한 차이가 있으나 그럼에도 불구하고 완전히 참여적인 것은 아니다. 다음은 협의적 지도력의 장단점이다.33

(3) 참여적 지도력 (Participative Leadership)

이 유형은 지도자가 자신의 부하에 대한 믿음과 존경을 가질 때만 이용할 수 있는 것이며 지시적 유형에서 제시된 동기의 X－이론과는 정반대라고 할 수 있다. 감독자나 지도자는 부하와 협의하며 그들을 의사결정과정에 참여시키며 부하경찰관의 태도, 가치관, 감정 등을 중시하며 고려한다. 집단참여가 추구되고 권력은 나누어진다. 쌍방향 의사소통이 가능한 작업환경이 되도록 모든 노력을 경주하며, 아이디어는 받아들여지고 창의성은 권장된다. 경찰관 각자는 자신의 최고의 잠재력을 개발하도록 권장받고, 모든 경찰관으로 하여금 자신에게 위임된 권한과 책임을 수용하도록 한다. 비공식조직도 공식조직의 중요한 요소로 받아들여진다.

이 유형의 지도자는 업무가 다른 사람의 노력으로 수행될 수 있다면 그 일을 결코 혼자서 스스로 수행하지 않는다. 문제해결에 있어서 부하들의 창의성을 권장하고 전통적인 통제기법들은 외면당한다. 감독관의 대부분의

표 4-3 협의적 지도력(Consultative Leadership)

장점	부하직원을 의사결정과정에 참여시킨다, 부하직원의 복지에 관심을 보인다, 스트레스를 주는 상황을 줄인다, 부하직원의 아이디어를 활용한다, 의사결정의 질을 향상시킨다.
단점	문제해결에 있어서 제한적 효과, 부하의 제안이 미칠 영향에 대해서 누구도 알지 못한다, 중간관리자를 남겨두게 되어 그들은 자신이 무엇을 하고 무엇을 기대할 것인가를 알지 못하게 한다.

표 4-4 참여적 지도력

장점	부하직원의 기술과 능력을 완전히 파악한다, 부하직원과의 관계를 향상시킨다, 직원들의 동기가 부여된다, 더 나은 의사결정이 가능하다, 직원들이 전념한다, 의사소통이 향상된다.
단점	의사결정과정을 지연시킨다. 완전한 참여적 형태가 되기 위해서는 오랜시간을 요한다, 경찰관의 기대치를 높인다, 시간을 많이 소비한다.

일과는 경찰관의 동기를 부여하는 데 투여되고 잘한 일을 인정하는 것을 강조한다. 참여적 관리형태는 경찰관서가 부서의 인력자원에 대하여 긍정적인 지향성을 가지고 부하직원들이 자신에게 부여된 임무를 수행하거나 약간의 재량권이 주어질 때 가장 유용한 것으로 알려져 있다. 참여적 지도력의 장·단점은 <표 4-4>와 같다.34

7. 경찰과 리더십

(1) 경찰에 있어서 리더십

경찰지휘관은 지역사회의 안전이라는 가장 중요한 공공서비스의 하나를 관리하고 지도할 궁극적인 책임을 가지고 있다. 이러한 책임감이 곧 때로는 경찰이 무엇을 해야 하는가라는 경찰에 대한 경쟁적인 기대감, 언론, 정치적 이해, 그리고 경찰 자체의 이해관계 속에서 강력한 리더십을 요구하게 되는 것이다.

실제 범죄피해는 물론이고 일반화된 범죄에 대한 시민의 관심과 두려움으로 인하여 많은 경찰지휘관들로 하여금 안전에 대한 인식과 실제 위험성에 초점을 맞추게 한다. 범죄문제를 다룸에 있어서 경찰지휘관들은 실제 범죄사건부터 심지어 범죄에 대한 시민들의 공포와 두려움까지도 관심의 대상이 되어야 한다는 것을 깨닫게 되었다. 따라서 경찰지휘관들은 더욱 안전한 지역사회를 향하여 주민과 기업을 조직화하고 지도하는 데 도움을 주어야 한다.

한편, 경찰지휘관은 아주 중요한 공공의 관심사인 경찰에 대한 통제에 대해서도 관심을 가져야 한다. 최근 높아진 인권의식으로 인하여 경찰에 대한 엄격한 감시의 필요성을 부르짖는 소리가 커지고 있다. 이러한 요구는 종종 경찰권의 남용과 오용으로 인하여 가열되기도 한다. 이러한 경찰의 비행과 일탈이 바로 경찰에 대한 시민감시의 필요성을 부채질하기도 한다. 이와 같은 범죄로부터의 더욱 안전한 보호와 경찰권에 대한 더 많은 제재를 원하는 시민의 요구가 현대 경찰지휘관들로 하여금 많은 시간과 노력을 투자하도록 만들고 있다.

그러한 공공의 관심이 경찰지휘관으로 하여금 제도적 리더십 역할을 수행하도록 많은 부담을 가하게 되었다. 여기서 제도적 리더십이란 조직과 구성원의 역할을 규정하고 조직과 그 주변환경 사이의 관계에 다리를 놓는 역할이라고 할 수 있다. 이를 위하여 경찰지휘관은 외부의 개별적 사람들과 집단을 다루는 데 일상활동의 상당부분을 할애하게 된다.

동시에 경찰지휘관은 경찰관의 내부적 행위와 그들이 제공하는 서비스의 질과 양에 대해서도 더 많은 관심을 가져야 하는데, 이를 내적(internal) 리더십이라고 할 수 있다. 경찰은 많은 재량권을 가지고 있으나 동시에 그 재량권을 행사하는 데 따른 상응한 문제로 인하여 지휘관은 경찰관과 경찰기관의 행동이 합법적이고 공개적으로 수용 가능하도록 경찰관과 경찰기관의 행동을 지속적으로 챙기게 되는 것이다. 뿐만 아니라, 지휘관은 부서의 내적 근무환경의 개선에도 관심을 가져야 한다. 경찰관의 사기, 장비의 질과 양, 경찰서비스 전달지원체계의 구축 등이 모두 지휘관의 내적 지도력에 관한 사항이다. 물론 이러한 사항들은 관리단계나 실무단계에서의 리더십이라고 할 수 있다.35

한편, 경찰의 리더십을 논할 때는 경찰조직이 상징적, 기능적으로도 상당부분 군대조직과 유사하다는 것에 유의할 필요가 있다. 철저한 계급제도, 중앙집권화된 권력, 권한과 통제 등으로 특징지어지는 군대조직은 시민사회의 경찰을 인도하고 통제하는 데 없어서는 안 될 중요한 요소라고 한다. 경찰이 우리 사회에서 무력을 사용할 수 있는 극단적인 권력을 가지고 있기 때문에 더욱 그러한 지도력과 통제는 법집행활동에 대한 시민감시의 필수적인 요소로 간주되고 있다. 경찰은 계급제도와 권위야말로 경찰행위를 통제하고 지도하는 데 필요한 리더십을 제공해 줄 수 있다고 가정한다. 즉, 자신의 조직구조와 명령체계를 군으로부터 채용함으로써 경찰조직은 지휘관의 행위와 계급과 임무부과를 혼동하는 경우도 생기게 된다. 이처럼 리더십과 공식적인 권한 간의 혼돈으로 인하여 경찰조직 내부에서 리더십 책임을 가진 사람과 그렇지 못한 사람 사이에 커다란 긴장이 조성되기도 한다. 즉, 다시 말하자면 경찰 리더십이 종종 경찰계급과 혼돈된다는 것이다. 지휘관은 필연적으로 그들이 지도능력이나 지휘능력이 출중해서가 아니라 높은 계급을 달고 있기 때문이라는 것이다.36

그러나 이러한 유사점에도 불구하고 더 중요한 것은 경찰활동이라는 것은 기능적으로나 운영면에서 군과는 상당히 다르다는 점이다. 경찰관은 직접적인 감시를 받지 않고 혼자나 기껏해야 둘이서 순찰활동을 하기 때문에 상당한 운영상의 재량을 즐길 수 있는 반면에 군은 소대, 중대 대대 등 집단으로 기능한다는 점에서 확연히 다르다. 군처럼 집단으로 또는 단체로 기능하는 경우에는 개인적 재량은 집단에 종속되고 지휘관의 직접적인 감시와 감독을 받지 않을 수 없다. 또한 경찰은 군처럼 사명과 목적을 명확하게 규정하기 힘들고 적과 동지를 구분하기도 쉽지 않으며, 엄격한 헌법적 규칙과 절차의 지배를 받아야 한다. 민주사회에서 경찰활동의 수단은 목표만큼이나 중요시되어야 한다. 다시 말해서 범인을 검거하여 사법의 심판을 받게 하는 것이 헌법의 테두리 내에서 행해졌는가보다 더 중요하지 않다는 점이다. 그러나 군에서 이러한 사항들은 경찰만큼 중요시되지 않고 있다.

(2) 경찰 리더십의 환경

인간행위의 요소로서 리더십은 환경에 의하여 영향을 받기도 하고 환경에 영향을 미치기도 하는 개방체제라고 할 수 있다. 리더십 기능을 수행함에 있어서 경찰지휘관들은 외부요인에 의하여 많은 제약을 받게 된다. 조직구조를 정함에 있어서는 예산의 제약을 받고, 정치적 압력은 종종 관할구역이나 인력배치를 지배할 수도 있다. 또한 조정통제도 지시와 통제를 피하고자 하는 인간의 자연적 욕구에 의하여 크게 제약을 받는다. 목표와 규범의 명확화도 전체 사회의 목표와 규범을 경계하고 있고, 이러한 한계 속에서 경찰문화와 하위문화는 지휘관의 영향을 더욱 제약하게 된다.

지위로부터 나오는 권한은 상당부분 자신의 상관에 의하여 결정되고 따라서 가변적이다. 처벌할 수 있는 능력이나 권위인 강제력은 형법, 규율, 적법절차의 보장 등에 의하여 엄격하게 제한되고 있으며, 보상을 통한 권한도 예산 등의 제약을 받기는 마찬가지다. 끝으로 전문성이나 카리스마로 인한 권위나 권한 또는 권력은 물론 개인적이긴 하지만 그럼에도 불구하고 인적·조직적·정치적 요소에 의하여 제약을 받는다.

이러한 것들이 바로 경찰지휘관이 경찰조직에서 리더십을 발휘하기가 어려운 이유이다. 경찰 리더십은 정치, 법률, 기타 공공기관, 예산 등의 제약요소들의 영향력 아래서 행사되고 있다. 이러한 여건에서 조직구조의 규정, 조정통제, 목표와 규범의 명확화 등은 결코 쉬운 일이 아니다.

(3) 경찰 리더십 연구

Pursley는 전통적 또는 비전통적 지휘관으로 분류된 경찰지휘관을 비교한 결과 전통적 경찰지휘관은 Blake와 Mouton의 권위-복종 관리형을 보였는데, 이들은 부하들의 일을 면밀하게 구조화하고 통제하며 권한을 거의 위임하지 않고 권한과 의사결정권을 집중화하는 경향이었다. 반면에 비전통적 경찰지휘관들은 전통적 지휘관에 비해 더 젊고, 교육수준이 더 높으며 관리형태가 보다 융통성이 있었으며, 부하들에게 권한을 위임하는 경향이어서 Blake와 Mouton의 Team 관리형 리더십에 가까운 것으로 지적되었다.37

한편, Kuykendal도 자신의 연구에서 경찰지휘관 대부분이 Blake와 Mouton이 분류한

team 관리형을 지향한다는 사실을 밝혔으나, 동시에 그들이 목표와 목적을 정하고 그것을 어떻게 집행하는가에 따라 리더십 유형을 변화시킨다는 사실도 보고하였다. 이 연구결과는 목표와 목적을 규정할 때 보다 개방적이고 반면에 그것을 집행할 때는 보다 제한을 받게 되는 등 리더십 유형은 성취되어야 할 중심적인 임무에 의해서 수정된다는 것을 보여주고 있다.38 그러나 반대로, Swanson과 Territo는 대부분의 경찰지휘관은 권위-복종형을 취하나 때에 따라서는 Blake와 Mouton이 분류한 impoverished형으로 바뀌기도 한다는 사실을 연구결과 밝히고 있다.39

Cohen은 경찰관리자들을 전통지향적 관리자와 개혁지향적 관리자를 구분한 결과 전통지향적 관리자는 개혁지향적 관리자에 비해 대체로 나이가 더 많은 편이고 교육수준이 낮으며 계급과 위계질서를 지향하며 관리목표에 덜 전념하는 것으로 기술하였다. 그의 이러한 이분법적 구분은 개혁지향적인 관리자가 전통지향적인 관리자에 비해 보다 독립적이고, 교육수준이 더 높으며 이동성이 더 높았다는 사실을 보여주고 있다.40

이처럼 경찰관리자에 초점을 맞추는 것 외에도 Wilson은 경찰의 지휘유형은 지역사회에 의해서도 영향을 받는다고 주장하면서, 지역사회가 궁극적으로는 경찰의 지휘형태를 선택하며 그러기 위해서 지역사회는 지휘관의 리더십과 지역사회의 조화를 이루는 지휘관을 찾게 된다고 주장하였다. 그렇다고 경찰지휘관의 리더십 유형이 지역사회에 의하여 직접적으로 영향을 받는다는 것을 의미하지는 않는다. 그에 의하면 경찰은 세 가지 유형이 있으며, 따라서 경찰 지휘유형도 세 가지가 있다. watchman 유형은 오히려 자유재량적(laissez-faire)이며, 반면에 legalistic 경찰은 중산층 사회를 둘러싸고 있는 정치적 풍조에 의해서 영향을 받으며, 따라서 법, 질서, 행정의 효율성을 강조한다. 끝으로 서비스를 강조하는 일부 경찰은 질서와 범죄문제가 상대적으로 경미하고 정치적 풍조가 보다 서비스지향적인 경찰을 요망하는 상류사회에서 빈번하게 찾아볼 수 있다.41

제 3 절 경찰조직에서의 개인

인간의 행위는 관리과정에 있어서 가장 복잡하고 포괄적인 투입이라고 할 수 있다. 인간행위에 대해서는 수많은 설명이 가능하지만 대부분의 사람은 왜 다른 사람들이 특정한 방식으로 행동하는가에 대하여 항상 주관적인 판단을 하게 된다. 사람들은 상대의 가치관, 인식, 동기의 차이를 고려하거나 인정하지 않은 채 우리 자신의 주관적 관점에서 다른 사람의 행동을 인식하는 경향이 있다. 우리가 행동이론에 철저하게 근거하지 않는 한 다른 사람의 언행에 대한 개인의 주관적 평가는 잘못되기 아주 쉬운 것이다.42 그런데 조직에서의 개인행위는 대부분 다음과 같은 몇 가지 관점에 따라 영향을 받는 것으로 알려져 있다.

1. 태도

심리학자들은 개인의 태도가 그 사람의 평가, 행위, 그리고 사건에 영향을 미친다고 말하고 있다. 상이한 태도를 가진 사람들은 자신이 관계하는 사람에 대해서도 상이한 의견을 갖게 된다. 뿐만 아니라 자신의 태도에 따라 자신이 가담한 사건이나 활동에 대해서도 상이하게 평가하게 된다.

그러나 태도와 행위의 관계는 직접적이지 않다. 예를 들어, 자신의 일에 대해서 지루하게 생각하면서도 일을 계속하거나 자신의 상사가 감독능력이 부족하다고 믿으면서도 그의 지시와 명령을 따르는 것과 같다. 물론 인간의 행위는 여러 가지 요소에 의하여 영향을 받지만 사람들이 어떻게 행위하는가는 그 사람의 태도와 상당한 관련이 있음을 부인할 수는 없는 것이다.43

태도와 행위의 간접적인 관계를 잘 보여주는 것이 편견(태도)과 차별(행위)의 관계일 것이다. 구체적으로 미국의 백인 경찰관들이 대체로 흑인에 대한 인종적 편견을 가지면서도 업무에 있어서 실제로 흑인을 차별하는 경우는 거의 없다고 한다. 결국 태도가 그 사람의 행위에 상당한 영향을 주지만 그 관계는 우리가 일반적으로 생각하는 것처럼 그렇게 직접적이거나 단순하지는 않다는 것이다.44

조직의 관점에서 보면, 가장 중요한 개인의 태도는 역시 업무와 권위에 대한 조직 구성원의 태도일 것이다. 어떤 사람은 자신의 일을 즐겁게 여기고 잘하려고 하며 조직이나 상사의 권위를 받아들이는 반면 일부는 단지 목표를 위한 하나의 수단에 지나지 않는 것으로 생각하며 상사나 조직의 권위를 폄하하기도 한다. 그러나 대부분은 자신의 의지에 따라 스스로 조직에 가담하고 일하기 때문에 집합적 행동과 조직적 통제를 가능하게 한다.

사람들은 오랜 시간 동안의 경험과 검사를 통해서 감정적으로 자신의 태도에 고착되기 때문에 태도를 변화시키는 것은 매우 어려운 일이다. 행동변화에 대한 전통적인 통로는 태도의 변화라는 방법을 통해서 행해져 오고 있다. 그러나 인간의 태도가 가지는 강력한 감정적 관점으로 인하여 이러한 시도는 종종 실패로 끝나고 만다. 반대로, 최근의 몇몇 행동변화 방법들은 개인의 태도를 송두리째 지나쳐서 행위와 보상의 관계에 집중하고 있다. 이 행위와 보상의 관계는 행동수정(behavioral modification)이라고 불리는 것으로서 보상과 처벌을 통하여 인간의 행위가 수정될 수 있다고 가정하는 것이다.

그러나 처벌과 보상을 통하여 이루어지는 행동수정이 태도를 다루는 데 이용될 수 있는 유일한 효과적인 방법이라고 가정해서는 안 된다. 물론 그 과정이 복잡하고 시간이 오래 걸릴지라도 태도는 변할 수 있다. 개인의 태도상의 단점이나 결점과 관련된 비합리성을 직면하도록 만들기 위하여 고안된 감수성훈련(sensitivity training)이 가장 보편적인 방법이라고 한다. 한편, 이러한 감수성훈련이나 교육 외에도 사람들의 일상생활상의 경험이 축적된 결과로도 그 사람의 태도를 변화시킬 수 있다고 한다. 예를 들어, 경찰생활을 통하여 경찰관은 다른 사람을 더 의심하게 되고, 더 냉소적으로 되며, 더 정치적으로 보수적이 되는 것과 같은 것이다.

물론 경찰관의 이러한 태도에 영향을 미치기는 동료들의 압박도 근무경험만큼이나 중요하다고 한다. 젊은 경찰관은 자신들의 선배 경찰관들로부터 받아들여지기를 갈망하여 바른 태도에 적응하고 보여주는 것이 경찰 하위문화의 시작의 한 가지 전제조건이 되고 있다. 신참들은 그러한 태도가 위험성, 적대감, 공포, 폭력과 권위와 같은 새로운 세계의 특성을 이해하는 데 도움이 된다고 생각하기 때문에 동료들의 지배적인 태도를 받아들이려고 한다. 이러한 근무경험과 동료들의 압력이라는 두 가지 영향은 극단적일 정도로 막강하여 수년 안에 자신의 태도가 상당히 변하지 않는 경찰관은 드물다는 것이다.45

따라서 경찰관리자는 이러한 막강한 동료압력을 줄임으로써 젊은 경찰관들의 태도가 부정적이 아니라 긍정적으로 변할 수 있도록 해야 한다. 물론 냉소주의나 불신 등이 경찰업무의 보편적 영향이라고는 하지만 그들이 허무주의나 냉소주의에 빠지지 않도록 만들어야 할 것이다.

2. 역할

어느 조직에서나 구성원 각자 다양한 역할을 동시에 수행하게 되는데, 이들 역할이 각각 상이한 유형의 행위를 요하는 서로 다른 역할이기 때문에 때로는 문제가 되기도 한다. 그런데 구성원의 행위에 상당한 영향을 미치는 그들의 역할은 그 역할이 어떻게 인식되는가에 따라 다르게 수행된다. 따라서 사람들은 유사한 역할을 매우 다르게 수행할 수 있다는 것이다. 경찰관의 근무형태에서 유형화되고 있는 것처럼 일부 경찰관은 자신을 범죄투사(crime fighter)나, 강력한 경찰(tough cop) 등으로 보는 반면 일부는 자신을 전문가(professional)나 봉사지향공복(service-oriented public servant)으로 인식하는 것과 같은 것이다.

경찰관의 역할은 그 역할을 수행하는 경

찰관 자신들에게 강력한 영향을 미친다고 한다. 경찰에 주어지는 권한, 그들이 겪게 되는 위험, 경찰에게 따라 다니는 사회적 낙인, 일반 시민으로부터의 소외 등이 경찰관으로 하여금 동료와 경찰의 역할에 강력한 일체감이나 동일체의식을 가지게 한다. 그런데 경찰관의 역할의 이러한 특성은 그들의 다른 역할이나 생활에까지도 영향을 미칠 수 있다고 한다. 경찰관은 종종 심지어 자신의 배우자나 자녀들과 상호작용할 때도 경찰관처럼 행동하고 매일 매일의 일상적인 사회생활에 있어서도 의심과 냉소주의를 가지고 대한다는 것이다.

경찰관이 자신의 역할을 보는 견해는 다양하지만 대체로 다섯 가지 유형으로 파악되고 있다. 이들 유형은 개별적인가, 보편적인가(particularistic vs. universalistic), 결과를 지향하는가, 과정을 지향하는가(outcome vs. process orientation), 공격성, 선별성(selectivity), 관점, 강제력의 도덕성, 그리고 적법절차와 사회질서(due process vs. social order) 등을 포함한 몇 가지 차원에서 차이를 보이고 있다. 이들 차원에서 유형화된 다섯 가지 유형은 전문가(professional), 강력한 경찰(tough cop), 깔끔한 범죄투사(clean−beat crime fighter), 문제해결사(problem−solvers), 그리고 회피자(avoider)이다.46

먼저 전문가형은 필요하다면 강제적 경찰권도 기꺼이 활용하지만 그것을 과용하지는 않으려고 한다. 이들은 경찰의 역할을 넓게 규정하고 합법적인 목적을 성취하기 위한 다양한 방법을 추구한다. 이들은 타인의 어려움을 자신이 경험하는 것으로 생각하여 자신이 다루어야 하는 사람들에 대한 동정심을 가진다. 그러나 이들은 다른 사람들의 문제나 어려움을 해결할 수 있는 자신들의 능력의 한계도 이해하며 따라서 큰 좌절을 느끼지 않고 자신의 최선을 다하는 편이다. 이들은 경찰업무와 공중에 대하여도 긍정적인 견해를 가지는 편이다.

강인한 경찰형은 경찰권의 사용에 열정적이며 일반적으로 자신이 다루는 사람들은 그들이 마땅히 받아야 할 대우를 받는다고 믿고 있다. 문제해결을 위한 다양한 의견을 추구하기보다는 합법성에 대한 많은 고심도 하지 않으면서 강제적 권한의 사용을 선호하는 편이다. 이들은 타인에 대한 동정심보다는 '우리와 그들'이라는 사고를 견지하고, 범죄문제의 지속이 지역사회, 법원, 경찰 상급자들의 부족한 자원 때문이라고 비난한다. 이들은 따라서 같은 유형의 동료 경찰관을 제외한 거의 모든 사람과 거의 모든 것에 대하여 아주 부정적인 태도를 견지하게 된다.

깔끔한 범죄투사형은 강인한 경찰형과 상당부분 동일한 태도와 신념을 가지나, 보다 법과 규칙의 틀 안에 머무르는 경향이 있다. 강인한 경찰형이 결과 지향적인 반면 이들은 과정을 더 중시하고 지향하는 형이라고 할 수 있다. 이들은 자신의 일차적 역할을 법집행이라고 보고 체계적이고 완벽한 법의 적용이야말로 보다 안전하고 질서 있는 사회로 이끌 것이라고 믿고 있다. 이들은 공격적으로 법을 집행하려는 자신의 노력이 지역사회나 상급자로부터 방해를 받거나 자신의 노력이 기대한 만큼 법위반자들을 억제하지 못하기 때문에 종종 좌절감을 경험하게 된다.

문제해결형은 전문가형과 동정이나 경찰의 역할에 대한 견해는 유사하나, 강제적 권한의 사용에 대해서는 좀 더 복잡한 면을 가지고 있다. 이들은 개인과 지역사회에 긍정적 영향을 미치기를 원하고 법집행이나 무력의 사용은 부정적인 영향으로 보고 있다. 이들은 서비스의 제공, 시민과의 협조, 갈등의 해소 등을 강조하고 권한의 사용은 피하고자 한다.

마지막으로 회피자형은 타인에 대한 동정도 문제해결을 위한 무력사용의 의지도 부족한 형이다. 이들은 어려운 상황과 자신의 임무를 회피하려고 하며, 매우 생산적이지 못하고, 가급적 주의를 끌지 않으려고 한다. 쉽게 말하자면, 이들은 정년까지 그냥 시간만 보내는 등 아무것에도 큰 관심을 가지지 않는다.

3. 자아관념(Self-concept)

조직에서의 개인의 행위를 결정하는 또 다른 요소인 자아관념은 실제 자신은 물론이고 이상적 자신에 대한 인상(image)이라고 할 수 있는 것으로 다른 사람과의 상호작용을 통해서 형성되는 것이다. 즉, 다른 사람이 자신에게 어떻게 반응하는가를 관찰함으로써 자신이 누구이고 무엇인가를 알게 된다. 그 사람에 대한 다른 사람들의 행위는 각자 자신을 볼 수 있는 거울이고 이것이 바로 그 사람이 자신의 자아관념을 형성하는 토대가 되는 것이다.

사람들은 경찰의 역할에 대한 자신의 인식이 자신의 자아관념과 맞아 떨어지고 경찰관이 되는 것이 자신의 이상적인 자아관념의 요소와 일치되기 때문에 경찰에 입문하게 된다. 경찰관으로서의 직업선택이 얼마나 성공적인가는 이러한 관념들과 개인의 능력에 달린 것이다.

경찰관리자는 자신의 부하를 어떻게 생각하고 무엇이 될 수 있을 것이라는 견지에서 부하를 격려함으로써 부하들의 행위를 이해하고 그들의 개인적이고 직업적인 성장과 발전에 긍정적인 기여를 할 수 있게 된다. 이런 노력을 통해서 조직 전반의 업무수행과 생산성을 향상시키게 된다.

자아관념과 행위의 관계는 직접적이라고 할 수 있다. 일반적으로 대부분의 사람들은 주어진 상황을 평가하고 그들의 자아관념이 어떠한 영향을 받게 될 것인가를 판단하여 자신의 행위를 선택한다. 따라서 자신의 이상적인 자아관념을 만족시킬 것으로 인식되는 행위를 선택하고 반면에 자신의 이상적인 자아관념을 해칠 것이라고 인식되는 행위는 거부한다. 이러한 견지에서 보면, 자신의 이상적인 자아관념을 향상시킬 것이라고 믿는 행위를 선택하는 데 있어서 잘못이 있거나 그 행위를 수행하는 능력이 없을 때 그 사람의 행동문제가 발생하게 된다. 따라서 경찰관 각자의 이상적인 자아관념을 향상시키는 데 도움이 될 수 있고 개인에게도 편안한 현실적이고 성취가능한 목적과 목표를 제공함으로써 개별 구성원의 자아관념을 향상시키는 것이 바로 경찰 관리자들의 책임이고 역할이다.

4. 동기(Motivation)

조직에서의 인간행위보다 중요한 관점의 하나는 동기이다. 동기란 조직 구성원으로 하여금 특정한 방향으로 행위하도록 만드는 것이라고 할 수 있다. 여기서 중요한 것은 무엇이 개인으로 하여금 일을 하도록 동기를 제공하는가라는 의문이다. Huse와 Bowditch는 이 의문에 대해서 다음의 4가지 모형으로 설명하고 있다.47

(1) 무력과 강제모형 (Force and Coercion Model)

이 모형에 따르면, 인간은 고통과 처벌을 피하기 위하여 일하게 된다는 것이다. 흥미를 갖지 않는 필수과목을 수강하는 학생들이 공부하는 것은 바로 졸업하는 데 필요한 학점을 따기 위해서이고, 그 과목에 대한 시험은 바로 학생들로 하여금 공부하도록 강제하고 강요하기 위하여 구성되는 것이다.

그러나 대체로 어떠한 행위를 강제하거나 강요하는 것은 바람직한 것으로 받아들여지지 않고 인간을 평가 절하하는 경향이 있기 때문에 가장 바람직하지 않은 동기모형이라고 할 수 있다. 또한 이 모형은 처벌을 피하는 데 필요한 최소한의 노력과 일만을 권장하기 때문에 가장 비효과적인 모형이기도 하다. 또한 이 방법은 분노와 도덕적 문제를 초래할 수도 있는데, 극단적인 경우 이 분노와 도덕의 상실은 공개적인 항거와 조직적 집단행동을 유발하기도 한다.

그럼에도 불구하고, 이러한 모형은 경찰기관에서는 흔히 볼 수 있는 모형이며, 실제로 많은 경찰조직에서 중간감독자 등은 주로 위협, 공포심, 강제의 방법으로 동기를 추구하고 있는 반면에 상위계층에서는 경찰관에게 동기를 부여하기 위해서는 그 이상의 욕구가 필요하다고 답한 것으로 알려져 있다.48

그러나 경찰분야에서는 강요와 강제가 바라는 행위를 하도록 동기를 부여하기 위하여 이용될 수 있는 유일한 방법인 경우가 종종 있다고 한다. 만약 지배적인 경찰 하위문화가 조직의 목표에 반하는 역할기대감을 지배하는 경우나 지배적인 경찰의 하위문화 행위가 조직의 정책과 갈등을 일으키는 경우에는 조직의 안정성을 유지하기 위하여 어쩔 수 없이 강제와 강요에 호소할 수밖에 없는 것이다.

(2) 경제적/기계모형 (Economic/Machine Model)

인간은 고용 결과 제공되는 실체적인 보상을 얻기 위해서 일한다는 것이 이 모형의 주장이다. 동기에 대한 당근과 채찍이라는 접근에서 보면 이 모형은 당근을 대변하는 반면, 위의 강제와 강요모형은 채찍을 의미하는 것이다. 앞의 이론에 따르면 일이란 목표를 위한 수단에 지나지 않는다. 이 경우라면 모든 사람이 다 부자가 된다면 더 이상 일하지 않게 되는 것이다.

경제적/기계모형을 따르는 경찰 관리자라면 기본적으로 경찰관을 오로지 실용적 이유만을 위하여 고안된 기계로 간주할 것이다. 그러한 경찰의 장은 직원들의 업무수행과 생산성을 제외하고는 그들에 대한 특별한 관심을 가지지 않을 것이다. 그들의 주요 관심사는 비용-편익이라는 견지에서 최소한의 투자로 최대한의 이득을 얻을 수 있는 효율성일 수밖에 없다.

(3) 정서적/동맹모형 (Affective/Affiliation Model)

고전적인 동기연구라고 할 수 있는 Hawthorne 연구를 통하여, 즉각적인 경제적 보상이 개인적 생산성의 유일한 이유는 아니라는 것이 분명해졌다. 작업환경에서의 사회적이고 심리적인 요소들도 근로자의 업무수행에 상당한 영향을 미친다는 것이다. 특히, 근로자들이 자신이 중요하다고 느끼고 작업에 관한 의사결정에 자문을 받게 되었을 때 그들의 생산성이 현격하게 향상된 것으로 나타났다. 바로 이러한 점이 이 모형의 핵심인데, 다시 말하면 근로자는 자신들의 사회적 욕구, 다른 사람들과 조화롭게 일하고자 하는 욕구 때문에 일하고자 하는 동기를 부여받게 된다고 할 수 있다.49

(4) 성장-개방체제모형 (Growth-Open System Model)

이 모형 또한 Hawthorne 연구와 그 후속 연구들로부터 발전된 것으로서, 그 철학적 근거를 위의 경제적/기계모형에 상당부분 기초하고 있다. 그러나 이 모형은 추가로 위의 정서적/동맹모형이 중요시 여겼던 근로자에게 근무행태에 영향을 미치는 사회적·심리적 요인들도 고려하고 있다. 이처럼 앞의 두 모형을 결합한 결과 이 모형은 작업상황이 외부세계로부터 격리될 수 없다는 것을 인식하고 강조하기 때문에 개방체제라고 할 수 있으며, 따라서 작업장의 개별 근로자는 환경에 영향을 받는 존재로 간주되어야 한다는 사실을 강조한다. 이 모형에 따르면 사람은 특정한 인간의 욕구를 충족시키기 위하여 일한다는 것이다. Maslow가 주장하는 욕구의 5단계가 이에 해당된다고 할 수 있을 것이다.

이 모형은 인간의 성장, 자아관념, 역할, 그리고 태도를 조직의 목표와 목적을 달성하는 데 있어서 고려되어야 할 요소라고 강조한다. 이 모형에 따르면 인간은 지시받고 통제되어야 할 기계도 아니고 더구나 진공상태에서 작용하는 완전히 자유로운 의사 결정자도 아니라는 것이다. 작업환경에서의 인간의 행위는 쉽게 파악할 수 없는 상호 연관되고 복잡한 동기의 결과라는 것이다. 특히, 행위와 그 행위의 동기는 개방체제이며, 개방체제로서의 인간행위와 동기는 외부 환경요소에 의하여 영향을 받으며 구성원에게 매우 사적이라고 할 수 있는 투입, 산출, 과정, 그리고 환류를 가지고 있다.

(5) 간소이론(Modest theory)

간소이론은 수학적 공식처럼 규정적이지도 않고 더구나 다른 이론들처럼 결정적이지도 않다. 이 이론은 다음의 세 가지 요소로 구성되어 있다. 먼저, 한 사람의 자아관념은 자아인식(Self－perception)에 의하여 결정되고, 인식은 양심적이고 잠재적인 요소들에 의하여 영향을 받는다. 둘째, 한 사람의 개인적 참조의 틀은 특정한 여건과 결합하여 직접적인 환경에서의 사물, 사람, 장소를 포함하는 주어진 시간에 그 사람이 세상을 인식하는 방법에 기초하여 함축된다. 셋째, 사람은 주어진 상황에서 타당함과 안전에 대한 자신의 느낌을 고양하거나 보호하기 위하여 행동한다.50

이 이론에 의하면, 모든 행위는 논리적이며, 설명될 수 있는 것이다. 이 이론은 이해하기 어렵거나 규범에 동조하는 것 같지 않은 행위를 이해하는 데 매우 중요한 개념을 제공하고 있다. 인간은 자신이 보는 상황에서 자신이 최선이라고 생각하는 방식으로 행동한다는 것이다. 경우에 따라서는 개인의 행위가 비합리적이고 심지어는 자기 파괴적인 것처럼 보일지라도 그 행위를 하는 당사자에게는 그러한 행위가 이해가 가는 행위인 것이다. 이 이론은 개인이 특정한 사물을 보는 것과 그 사물의 실제는 차이가 있음을 인정하고 있다. 그런데 이 차이는 바로 인식의 산물인 것이다.

5. 인식(Perception)

사람은 감각기관에 의하여 취합된 정보를 통하여 다른 사람, 장소, 사물에 대하여 알게 된다. 인식에 대한 기초자료는 개인이 환경을 어떻게 보고, 듣고, 만지고, 맛보고, 냄새 맡는 방식이다. 사람에 따라 각자의 감각능력에는 차이가 있기 때문에 사람의 행동도 매우 다양할 수 있다. 쉽게 말하자면 시력이 좋은 사람과 나쁜 사람이 얻는 정보는 차이가 있으며, 두 사람의 행위도 차이가 날 수 있는데,

그것은 그들이 서로 다른 정보에 기초하기 때문이라는 것이다.

대부분의 감각정보는 그것이 적절한 행위를 위하여 활용될 수 있기 전에 해석될 필요가 있는데, 이 감각자료의 해석이 곧 인식이라고 할 수 있다. 따라서 인식은 감각기관이 수집하는 정보에 대한 자신의 독특한 해석을 포함하고 있다. 그런데 사람의 정보수집기능은 순수하게 수학적이고 일상적인 심리학적 과정의 결과는 아니며, 그 사람의 인성과 사회적 욕구가 함께 작용하여 그 사람이 사물을 어떻게 보게 되는가를 결정하게 된다.[51]

그렇다면 상당부분 사람들은 자신의 태도, 역할, 자아관념, 동기에 따라 사물을 본다고 할 수 있다. 경찰관은 약물중독자를 범죄자로 인식할 수 있으나 의사에게는 환자로, 마약공급자에게는 고객으로 인식될 수 있는 것이다. 이처럼 마약중독자는 동일한 사람임에도 각자 수행하는 사회적 역할에 따라 다르게 인식된다.

6. 의사소통(Communication)

다른 사람에 대한 인식, 동기, 자아관념, 역할, 그리고 태도 등은 의사소통을 통하여 우선적으로 알려지게 된다. 즉, 상대와의 의사소통을 통하여 알게 되는 것이다. 사람들이 다른 사람의 행위에 영향을 미치려는 시도도 바로 이 의사전달과정을 통해서이다.

의사전달이란 단순히 정보가 교환되는 방식이다. 이러한 의사전달은 구술적인 것, 언어적인 것, 그리고 비언어적인 것이 있고, 일방통행식이 있고 쌍방향통행식이 있다. 의사전달의 매체나 방법이 어떠하거나 받아들인 정보를 정확하게 해석하지 못하면 그 정보는 아무런 소용이 없게 된다. 그런데 그러한 정보의 해석은 곧 인식을 포함하게 된다. 즉, 자신의 심리적 능력, 태도, 역할, 자아관념, 그리고 동기가 결합하여 그 사람 정보를 얼마나 정확하게 수용하는가를 결정하게 된다. 동일한 사안에 대하여 서로 다르게 인식하게 되고 바로 이러한 잘못된 인식이 조직의 의사전달 문제의 주요 요인으로 지적되고 있다.

실제로 조사결과 경찰관은 근무시간의 72%를 어떤 형태로던 의사전달에 사용하는 것으로 알려져 있다. 경찰기관자의 경우는 이보다 더 많은 시간을 의사전달에 할애해야 할 것이다. 성공적인 조직 관리를 위해서 관리자는 당연히 성공적인 의사전달자가 되어야 한다. 관리자의 효율성은 전적으로 듣고 읽고 말하고 쓰는 능력에 달려 있다고 한다. 따라서 경찰 기관장은 자신의 생각을 다른 사람들에게 정확하게 전달할 수 있는 능력과 다른 사람들이 무엇을 추구하고 있는가를 찾아내는 능력을 가져야만 한다. 효과적인 관리자는 효과적인 의사전달자가 될 필요가 있다.[52]

제 4 절
관리론

경찰활동에 종사하는 사람의 중요성은 아무리 강조하여도 지나치지 않다. 경찰의 시설과 장비가 경찰사명의 성공적인 수행에 매우 중요한 것이지만 경찰사명을 수행하는 인력자원에는 비할 바가 아닐 것이다. 그것은 아무리 훌륭한 시설과 장비와 아무리 좋은 정책이라도 그것을 시행하고 운영하는 것은 결국 사람이기 때문이다. 특히, 이처럼 경찰의 인력자원이 중요시되는 것은 경찰활동이 대부분의 문제가 기계나 기술보다는 사람과 사람의 관계를 내포하는 요구수준이 매우 높은 일종의 노동집약적인 서비스산업이기 때문이다. 결국, 경찰의 성패 여부는 첨단설비나 장비보다는 다른 인력의 질적 수준과 타인과의 상호작용능력에 달려 있다고 할 수 있다.53

그런데 경찰이 인력자원을 효율적으로 관리하기 위해서는 일선 경찰관을 인사관리에 활용하는 것이 중요하다. 대부분의 경찰기관에서는 이들 일선 경찰관들이 서로에 대해서 너무나도 잘 알고 있기 때문에 누가 무엇을 잘하고 누가 무엇을 잘못 하는지 등을 피부로 느끼면서 인식하고 있다. 더구나 이들은 기관이나 부서의 목표달성에 장애가 될 수 있는 인사정책이나 관행이 무엇이며 그것이 가져올 수 있는 즉각적인 결과가 무엇인지도 가장 먼저 그리고 가장 분명하게 잘 알고 있다. 반대로, 바로 이들이 어떻게 하면 인사정책이 개선될 수 있는지에 대한 가장 많은 생각과 대안을 가지고 있기도 하다.

그럼에도 불구하고 일반적으로 경찰의 인사관리에 있어서 이들의 도움을 요청하거나 받는 데 거의 모든 관리자들이 상당한 어려움을 겪어왔다. 이처럼 일선 경찰관들을 인사관리에 참여시키고 유용하게 활용하지 못하는 데는 다양한 이유가 있을 수 있다. 경찰과 같은 준군사조직에서는 직계(line) 피고용자는 행정업무에 관여하지 않아야 한다는 신념에 기초하여 직계(line)와 참모(staff)의 구분이 매우 분명하다. 이러한 가정은 일부 조직에서는 조직의 관리부서에서 직계근무자를 열등한 것으로 간주한다는 직계근로자 자신들의 신념에 의하여 지나치게 확대되기도 한다. 마찬가지로, 많은 기관에서는 내부자고발(whistle-blowing)과 같은 인사관리의 보다 부정적인 측면에 가담하지 않는 것에 대한 책임도 묻지만 진급이나 인사이동 등 보다 긍정적인 인사행정기능에 대한 참여는 거부되고 있다.54

그러한 지나친 구분의 대가는 적지 않다. 기관장은 자신의 기관의 효율성에 대한 궁극적인 책임을 가지기 때문에 이러한 종류의 분파를 제거하도록 노력해야 될 사람도 바로 자신인 것이다. 그 노력은 Reuss-Ianni55가 말하는 소위 '노상경찰(street cops)'과 '관리경찰(management cops)'이라는 이원화에 기여하는 요인들의 분석과 평가로부터 시작되어야 한다. 분파의 한 원인은 현실에 맞지 않는 엄격한 규정의 존재일 것이다. 관리직에서 만드는 실제로 실현하기 어려운 비현실적인 규칙, 규정 등은 그것을 실천해야 하는 노상결찰들에게는 적대감과 반항감을 불러일으킬 수 있다. 따라서 이들 노상경찰 또는 직계경찰(line officers)들의 전문성을 인사관리에 유용하게 활용하기 위해서는 관리경찰이 독점하지 않는다는 것을 모든 사람들에게 이해시켜야 한다. 노상경찰들의 재능과 전문성을 제대로 살리지 못하는 관리자는 단기적으로는 기관의 효율성을 상실하고 장기적으로는 기관의 분열을 초래하게 된다.

경찰의 인사관리에 있어서 또 다른 중요한 요소의 하나는 경찰활동의 위험성이다. 경찰활동은 오래전부터 매우 위험한 직업으로 알려져 왔다. 실제로 많은 경찰관이 근무 중 사고나 범죄피해로 인하여 살해되거나 부상을 당하고 있다. 또한 일부 연구에 의하면 경찰관의 자살률이 일반 시민들의 평균 자살률보다 더 높다고 한다. 자살의 이유야 다양하겠지만 자살은 극단적인 자기파괴행위이며, 희망이 없고, 소외되고, 부적응의 표출이고 표현이라고 한다. 그럼에도 불구하고 처음부터 철저한 심리적 검증을 거쳐서 선발되는 경찰관에게 자살률이 더 높다는 것은 그 무엇인가가 이들 경찰관에게 상당한 영향을 미쳤기 때문이다. 미국의 한 연구는 자살한 경찰관의 대부분이 소외와 따돌림을 겪었지만 관리자나 감독자 또는 상급자 그리고 동료들에 의하여 무시되었다는 증거를 보여주었다고 한다. 그러나 문제는 인사관리자가 이들을 인지하기가 어렵다는 사실이다. 따라서 효율적인 인사관리를 위해서는 관리자는 경찰활동의 위험성에 대한 올바른 인식과 경찰관 개개인과 관련된 문제의 파악과 그 해결을 위한 관심과 도움의 제공을 필요로 하고 있다.

1. 직무분석(Job Analysis)

신입 경찰관을 모집하고 선발하기 전에, 법집행 역할을 적절하게 수행하기 위하여 그들이 가져야 할 자질이 무엇인지를 먼저 결정해야 한다. 이를 위한 적절한 방법의 하나가 바로 직무분석이다. 직무분석은 직무를 수행하는 데 필요한 유형의 사람과 그 직무를 성공적으로 완결하는 데 필요한 자격을 결정하기 위하여 이용되고 있다. 이러한 직무분석을 위해 필요한 자료는 관찰, 개별면접, 집단면접, 구조화된 설문조사, 그리고 회의 등 다양한 방법으로 확보될 수 있다.56

2. 모집과 선발

경찰관의 모집과 선발은 경찰에 있어서 인적 자원이 가장 중요한 자산이요 자원이기 때문에 중요하다. 성공적인 모집과 선발이야 말로 경찰의 효율성과 효과성을 가늠하는 잣대라고 할 수 있다. 실제로 경찰관의 선발이 경찰행정의 핵심인데 그것은 새로운 인적 자원을 수혈함으로써 경찰이 재충전되는 과정이기 때문이다. 경찰기관이 아무리 잘 조직되고 운영되더라도 경찰임무를 수행하는 경찰관이 자질이 부족하다면 경찰의 사명을 수행함에 있어서 최고의 목표에 도달할 수 없는 것이다.57

특히 경찰기관과 활동의 특성은 점점 더 복잡해지고 도전적으로 변화하고 있음을 고려한다면 인적 자원의 중요성은 더욱 높아질 것이다. 경찰역할의 복잡성의 증대와 지역사회 경찰활동으로의 전환은 경찰관의 자질과 효과적인 경찰운용을 위한 가장 핵심적인 요소이다. 훌륭한 인적 자원을 갖기 위해서는 우선 답해야 될 몇 가지 사항이 있다. 먼저 해야 할 일은 어떻게 하면 우수한 자격을 갖춘 사람들이 경찰관이 되도록 끌어들일 것인가, 즉 훌륭한 자원을 모집하는 방법을 가져야 한다. 그런데 이를 위해서는 경찰관으로서 가장 우수한 자격을 갖춘 사람이란 어떤 사람을 말하는가에 답할 수 있어야 한다. 그 다음은 지원자 중에서 훌륭한 경찰관으로 가장 성공할 가능성이 많은 사람을 어떻게 선발할 것인가, 선발의 기준과 방법이 제시되어야 한다. 그러나 여기서도 과연 훌륭한 경찰관이란 어떤 경찰관을 말하는 것인가도 규정되어야 한다.

경찰의 입장에서는 모집과 선발이 부적격자를 골라내기보다는 양질의 적격자를 가려내는 긍정적인 방향으로 접근하여야 할 필요가 있다. 부적격자를 골라내는 것은 적격자뿐만 아니라 부적격자는 아니라도 함량이 미달되는 사람까지도 선발될 수 있는 문제가 있으나, 양질의 적격자를 골라 뽑는 긍정적 접근은 이직률의 저하, 징계와 훈육문제의 감소, 도덕과 윤리성의 제고, 지역사회관계의 향상 등 긍정적인 장점을 가져다준다고 한다.58

(1) 모집

일반적으로 사람들은 다음의 세 가지 이유에서 조직에 지원하게 된다고 한다. 첫째는 그 직업, 직장, 직책에 매우 관심이 많고 그래서 그 직업 또는 직장을 원하는 사람이다. 두 번째는 그 직업 또는 직장에 큰 흥미는 없으나 다양한 취업기회 중의 하나로 보는 사람이다. 세 번째는 그 직장이나 직책에 아무런 흥미가 없으나 유일한 취업기회이기 때문에 어쩔 수 없이 지원하는 사람이다. 상식적으로 보면 당연히 첫 번째 유형의 지원자가 업무수행을 더 잘 할 것으로 생각되지만 연구결과 지원동기와 임용 후 업무수행능력과는 큰 관계가 없는 것으로 나타나 있다. 그러나 분명한 것은 조직에 대한 인상이 많은 지원자를 끌어들이는 중요한 요소라고 한다. 그것은 어느 조직이나 조직에 스스로 지원하는 사람들 중에서 선발할 수 있기 때문이다.59

경찰관으로서 우수한 자질을 가지고 자격이 충분한 사람을 얼마나 많이 모집할 수 있는가가 경찰의 자질을 결정하는 핵심적인 요소이다. 우수한 자질의 자원을 모집하기 위한 다양한 노력 중에는 안내문, 방송, 신문 등 광고, 방송 등을 통한 공보, 대학에서의 취업홍보, 현직 경찰관의 소개와 추천 등의 방법이 있다. 그 밖에 정보화시대에 대응한 인터넷홍보나 홈페이지의 활용도 최근 증가하고 있다.

적격자를 모집하기 위해서는 경찰업무가 때로는 위험하기도 하며, 대부분은 지루하기도 하고 가끔은 실망스럽기도 하고, 때로는 감정적으로 후회스럽기도 하다는 점을 주지시켜야 한다. 또한 경찰업무는 신체적으로 강인한 체력, 정신적 긴장, 아주 신뢰할 만한 기억력, 사소한 일에 대해서도 지속적인 관심, 아주 단단한 감정적 안정감 등을 요한다. 가장 우수한 자격과 자질을 갖춘 지원자를 많이 모집하기 위해서는 다양한 모집전략이 필요하다. 그것은 경찰이 되고자 하는 사람들이 저마다 지원동기나 이유가 다를 수 있기 때문이다. 예를 들어, 남자는 여자에 비해 범죄투사로서의 경찰에 매력을 느끼나 여자는 봉사에 무게를 더 많이 두고 있다. 따라서 우수한 여성지원자를 모집하기 위해서는 문제해결이나 지역사회 봉사 또는 지역사회경찰활동 등 경찰의 봉사 지향적 역할을 강조할 필요가 있을 것이다.60

또한 경찰의 업무가 상당히 위험한 경우가 많기 때문에 강한 체력과 체격을 요구하지만 경찰업무의 현실은 반드시 그렇지 않다. 이처럼 왜곡된 경찰상이나 경찰업무에 대한 인식은 훌륭한 경찰관이 될 수 있는 잠재적 능력, 자질, 자격을 갖춘 사람들에게 지원동기를 억제할 수 있다. 따라서 정확한 경찰상과 경찰업무에 대한 인식을 가질 수 있게 하고 그러한 사람들이 지원하여야 민주사회의 다양한 경찰역할을 성공적으로 수행할 수 있는 다양한 자원을 모집할 수 있을 것이다. 그러나 우수한 자원을 모집하기 위하여 가장 필요한 것은 경찰에 대한 좋은 평판과 평가일 것이다.

(2) 선발

경찰의 지원자에 대해서는 아무런 통제력을 가지지 못하나 누구를 채용할 것인가에 대해서는 통제할 수 있는데, 이것이 곧 선발의 과정이다. 그러나 지원자 중에서 부적격자는 제외되어야 하지만 누가 부적격자인지가 항상 분명한 것은 아니어서 일련의 평가과정을 통하여 적격여부가 결정되어야 한다.

지원자로부터 필요한 사람을 선택하는 과정을 선발이라고 한다. 모든 지원자는 일련의

표 4-5 경찰관 선발과정 요약[61]

단계	관련된 쟁점
모 집	광고, 홍보, 안내 등
선발범주	연령, 신장, 체중, 시력, 전과기록 등
필기고사	일반지능 또는 업무관련
신체검사	민첩성과 내구력
구두면접	의사소통능력, 대인관계유형, 의사결정능력
심리검사	감정적 안정성과 심리유형
배경조사	성격, 신용, 근무경력, 교육, 동료관계, 전과기록
거짓말탐지기검사	성격과 기초정보
건강검진	건강의료상태와 문제점

표 4-6 다양한 선발기준 활용 정도[62]

	1990년	1994년	변화추이
배경조사	98.6%	96.6%	−2.0%
건강검진	95.9	98.3	+2.4
필기고사	94.3	96.6	+2.3
구두면접	94.3	98.3	+4.0
민첩성검사	80.3	84.7	+4.4
심리면접	83.1	91.5	+8.4
지능검사	76.1	94.5	+18.4
추 천 서	57.7	71.2	+13.5
심리검사	56.4	55.9	−0.5
약물검사	23.9	22.2	−1.7
필적분석	11.2	10.2	−1.0
실무검사	7.0	28.8	+21.8

선발과정의 결과로 선택되거나 거절되기 마련이다.[63] 선발과정에 관한 하나의 이론은 사람을 강조하여 특정한 직책에 대한 특별한 배려보다는 가장 성숙하고, 지능적이며, 안정적인 지원자를 선발하는 것이다. 반면에 선발에 대한 다른 하나의 이론은 빈자리를 채우기 위하여 선발되는 사람보다는 그 자리 또는 일을 강조하는 것이다. 이는 일부 직책과 일은 누구나 쉽게 배울 수 없는 특정한 능력과 기술을 필요로 한다고 믿기 때문인데, 그 특정한 기술과 능력을 평가하고 검증하기가 어렵다는 것이 문제로 지적되고 있다. 예를 들어,

질서유지는 갈등관리 능력에 좌우되는데 일부 경찰관은 선천적으로 질서보다는 평화유지임무를 지향하는 성향이 있지만 이처럼 민감하고 특정한 분야의 능력과 기술을 가진 지원자를 정확하게 미리 결정하기 위한 객관적인 검증도구가 개발되기 전에는 문제가 될 수 있다.[64]

직무지향의 접근은 직무에 대한 기계적, 계량적 관점을 강조하는데, 이는 주로 직무분석을 바탕으로 시행되고 있다. 따라서 그 직무가 분명하게 규정된다면 이러한 접근이 보다 효율적일 수 있으나, 경찰업무는 복잡하고 다양한 특성으로 인하여 직무가 분명하게 규정되고 계량적으로 분석되기가 쉽지 않다는 데 문제가 있다. 대부분의 경찰 직무분석은 판단력이나 성숙도 등과 같은 인성보다는 신체특성, 기계적 기술 등을 강조하는 범주를 규정하나 이들이 경찰업무의 성공적인 수행을 위해서는 크게 중요하지 않다는 것이다.[65]

경찰이 수행해야 하는 임무가 매우 다양하고 복잡하며 이를 성공적으로 수행하기 위해서는 수많은 자질과 능력을 가져야 한다는 것을 고려하여 신입경찰관의 선발은 당연히 사람과 직무 모두를 강조해야 한다. 최근 경찰에서는 상식, 지능, 언어능력, 판단력, 성숙도와 같은 자질을 강조하고 있다. 이는 이러한 자질의 소유자가 경찰에 요구되는 수많은 임무를 잘 수행할 수 있도록 훈련될 수 있다는 가정에서 출발하는 것이다. 대부분의 직무는 채용 전이 아니라 채용된 후에 학습되는 것이다.

이를 위하여 다양한 범주의 평가가 행해지지만 거의 모든 경우 지원자의 인지능력을 평가하기 위한 필답고사를 시행하고 있다. 물론 경찰업무의 특성을 고려할 때 필답고사의 변별력과 그 타당성에 대해서는 많은 논란의 여지가 있다. 그리고 많은 경우 인성검사와 심리검사를 요구하며, 대부분은 신체검사나 체력측정과 지원자의 신분조회를 요구하며, 때로는 상황 테스트나 시뮬레이션 테스트를 이용하기도 하며, 미국의 일부에서는 법률적 문제가 내포되지만 거짓말탐지기까지도 동원하고 있다.[66]

이처럼 다양한 선발기준이 활용되고 있으나 대체로 연령이나 신장과 같은 임용 전 기준, 거짓말 탐지기나 신원조회 등 일반적 안정성, 심리검사, 신체검사, 필기고사와 구두시험 임용고시 등의 기준이 활용되고 있다. 미국의 예를 들면, 경찰관 선발과정을 <표 4-5>와 같이 요약할 수 있다.

한편, 미국에서는 <표 4-5>와 같이 같은 내용의 선발기준들이 경찰관 신규채용과정에서 주로 활용되고 있는데, 실제 조사에서도 대부분의 경찰관서에서 <표 4-5>의 선발기준을 활용하는 것으로 밝혀지고 있다. <표 4-6>은 이들 기준들이 경찰기관에서 얼마나 널리 채용되고 있는지를 조사한 결과이며, 이를 토대로 각 기준별 중요성 또는 활용정도를 알 수 있게 해준다.

그런데 이러한 기준이나 검증들이 장차 업무수행의 타당하고 신뢰성 있는 지표여야 한다는 것이 중요한 것이다. 타당성(validity)이란 그 척도가 실제로 측정하고자 했던 속성을 평가하는 정도이며, 신뢰도(reliability)란 반복적으로 일관적인 결과를 얻을 수 있는 척도의 측정능력이라고 할 수 있다.

무엇보다도 중요한 것은 선발기준이 타당성이 있고 신뢰도도 높아야 하지만 동시에 업무수행과 관련된, 즉 직무관련성이 높아야 한다는 것이다. 그러나 직무와 직접적인 관련성이 높지 않더라도 업무수행의 타당한 지표라면 선발기준으로 삼을 수도 있을 것이다. 따라서 경찰에서는 타당하면서도 역효과가 없는 선발방법을 채용하려고 노력하게 된다. 이는 경찰이 주로 직무분석을 통하여 선발과 검증방법을 타당화하고자 자원을 할애하고 있음을 의미하는 것이다. 여기서 직무분석이란 적절한 직무수행에 필요한 행위를 파악하는 것이다. 직무수행에 필요한 행위의 파악을 기초로, 그에 필요한 지식, 기술, 능력이 공식화되고, 이러한 요건을 충족시키는 지원자를 파악하기 위하여 검증 등의 절차가 개발되는 것이다.67 물론 직무분석과 같은 절차가 법률적 의무는 아니지만 지역사회에 효과적으로 봉사할 가능성이 가장 높은 지원자를 찾게 해준다고 강조되고 있다.68

선발에 있어서의 문제는 장차 경찰관으로서의 성공 가능성을 가장 잘 예측할 수 있는 자질이 무엇인가가 분명하지 않다는 점이다. 이는 경찰의 업무가 다양하기도 하지만 우선은 훌륭한 또는 성공적인 경찰관이란 어떠한 경찰관이며 하물며 무엇이 성공적인 또는 훌륭한 경찰관을 만드는지 조차 분명하지 않기 때문이다. 그럼에도 불구하고 경찰관으로서 부적격자나 유능한 경찰관이 될 수 없는 지원자를 골라내고(screen out) 반면에 가장 성공할 확률이 높거나 유능한 경찰관이 될 가능성이 높은 지원자를 선발하거나 뽑을 수(screen in) 있어야 한다.69

1) 복합장애물 절차 (Multiple-Hurdle Procedure)

지원자 집단으로부터 적격자를 선발하는 전통적 방법으로서 일련의 독립된 검증을 활용하는 것이다. 어떠한 검증절차라도 통과하지 못하는 지원자는 즉시 고려 대상에서 제외시키는 것이다. 우선, 모든 지원자에게 연령, 학력, 신장과 체중 등 기본적인 최소한의 자격요건을 갖출 것을 요구하고, 이들 요건을 갖춘 지원자에 대해서 다음 단계의 검증을 받도록 한다. 그러나 때로는 필답고사를 먼저 거쳐서 일정한 점수를 얻지 못한 지원자를 가려내어 신체검사를 실시한 후, 통과한 지원자에게만 다시 체력측정을 하고 심리검사, 면접, 신원조회 등을 받도록 한다.

이러한 방법의 가장 큰 장점은 효율성이

다. 일반적으로 가장 먼저 실시하는 필답고사는 많은 사람에게 적은 비용으로 시행할 수 있으며 마지막 단계인 신원조회나 심리검사 등은 시간과 비용을 많이 요하는 것이다. 따라서 어차피 자격이 모자랄 것이 확실한 지원자에게 시간과 비용을 요하는 모든 검증절차를 거치게 할 필요가 없다. 두 번째로 지원자의 입장에서도 자신이 무엇이 부족하고 어디서 탈락는지를 분명하게 알 수 있게 해야 다음을 준비할 수 있게 해준다.

그러나 필답고사가 지원자를 검증할 수 있는 유일한 최선의 방법이 아님에도 불구하고 한 번의 시험으로 부적격 처리하는 것은 단점으로 지적될 수 있다. 특히 경찰관이라면 당연히 평균 이상의 지능을 가지고 심리적으로 안정되어 있어야 하지만 최신의 지능검사나 심리검사도 경찰관의 직무와는 직접적인 관계가 있다는 아무런 증거를 발견하지 못하고 있다. 심지어 심층적인 심리면접이나 신체검사조차도 경찰관의 직무수행 능력과 입증된 관계가 없는 것으로 알려지고 있다. 또한 이 절차는 이상적인 경찰관을 규정하는 데 활용될 수 있는 어떠한 일련의 인성도 있을 수 없다는 점을 경시하고 있다. 성공적인 경찰관 중에서도 일부는 지능이 우수하고, 일부는 체력이 우수하며, 일부는 심리적 안정성이 높을 수 있기 때문이다. 따라서 이러한 특성 중에서 하나라도 결점이나 결함이 심각해서는 안 되겠지만 일부 특성은 조금 부족하더라도 나머지 부분이 뛰어나다면 한 가지 결점이나 결함은 그리 중요하지 않을 수도 있다. 또한 이 절차는 한 분야의 조그만 결점을 다른 분야에서 상쇄할 수 있는 기회를 주지 않으며, 대부분 적절한 훈련과 지도를 받는다면 자신의 지적, 육체적, 정신적 능력을 향상시킬 수 있다.

2) 복합평가절차 (Multiple Assessment Procedure)

복합장애물과정의 단점인 단 하나만의 합격-불합격 기준을 사용하지 않는 대신 일련의 검증과정에 대한 지원자의 전반적인 업무수행능력을 고려함으로써 해결될 수 있다고 한다. 물론 일련의 검증이 복합장애물절차에서 이용되는 것과 동일한 경우도 있지만, 각 지원자가 각 검증마다 계량적 점수를 받고 각 검증의 상대적 중요도에 따라 가중치가 부여되는 것이다. 검증절차를 마친 모든 지원자는 자신의 총점이나 평점에 따라 순위가 정해지게 된다.70

이러한 절차는 지원자로 하여금 어느 한 검증에서 적은 점수를 받았어도 다른 검증에서 높은 점수를 받음으로써 부족한 부분을 보완할 수 있는 기회를 줄 수 있다. 만약에 가중치를 부여하게 되면 가장 중요하다고 판단되는 부분에 더 큰 비중을 둘 수 있는 것이다. 자신의 점수에 따라 모든 지원자가 순위가 정해지면 가장 높은 점수를 받은 지원자부터 구두면접을 실시하고 필요한 인원을 다 충원할 수 있을 때까지 차례로 면접을 실시하는 것이다.

3) 평가센터 방식 (Assessment Center Method)

이 방식은 가장 최신의 선발절차로서 복합평가절차가 확대된 유형이라고 할 수 있다. 통상적으로 모든 지원자를 한 장소에 집합시켜서 일련의 평가검증을 받도록 하는 것이다. 그럼에도 불구하고 이 방법은 장소의 개념이 아니라 하나의 선발방법으로 이해되어야 한다.[71]

물론 복합장애물과정이나 복합평가절차에서 이용되는 동일한 평가절차와 기법들의 대부분이 여기서도 활용되고 있다. 그러나 모든 지원자는 경찰관으로서 실제로 수행하는 일과 유사한 업무를 수행하는 자신의 능력을 보여주도록 하는 다양한 업무수행검증을 추가로 받도록 하고 있다.

이 방법의 중요한 부분은 지원자가 한 가지 평가척도에 의해서 순위가 정해지지 않고 다양한 척도에 의한 평가로서 순위가 정해지며, 업무수행능력검증에 대한 최종 점수는 여러 가지 평가척도에 의한 순위를 종합한 것이 된다는 점이다. 지원자의 점수는 평균을 낼 수도 있고 가중치를 부여할 수도 있다. 그러나 이 방법의 저변에는 지원자를 전체적으로 평가하고 단순히 임의적인 합격-불합격 범주를 정하기보다 가능한 다양한 분야의 장점과 단점, 강점과 약점을 평가하고자하는 의도가 깔려 있다.[72]

이 방법의 장점은 객관적 검증과 상황적 검증 모두에 대한 지원자의 전반적인 업무수행능력으로 순위를 정할 수 있게 해준다는 점이다. 다양한 평가척도를 활용하고 각각의 점수들을 종합함으로써 단 하나의 평가척도가 초래할 수 있는 지원자에 대한 긍정적이거나 부정적인 편견의 가능성을 극복하는 데 도움이 될 수 있다.

그러나 이 방법의 단점은 상당한 비용을 요한다는 점이다. 즉, 이 방법은 다른 방법에 비해 많은 시간을 요하며, 잘 훈련된 전문적인 평가자를 필요로 하기 때문이다. 더구나 상황적이거나 가상현실에 대한 지원자의 업무수행능력의 검증에 있어서 무엇을 어떻게 평가하고 측정할 것인가에 대한 만족할 만한 기준이 설정되어 있지 않다는 점도 개선되어야 할 단점으로 지적할 수 있다.

3. 교육훈련

조직의 효과성을 확보하기 위한 가장 중요한 과정은 훈련이다. 경찰관은 시민의 자유를 제한하고 체포할 수 있으며 시민의 생과 사가 그들의 손에 달려 있지만 사람의 머리를 손질하는 이발사보다도 훈련을 적게 받고 있는 실정이다.[73] 경찰관의 부적절한 훈련은 잘못된 의사결정, 지나치거나 부족한 자신감, 상황에 대한 부정확한 평가를 초래하게 된다.74 경찰관이 아무리 헌신적으로 일을 하더라도 그들이 전혀 훈련되지 않았다면 그들로부터 적정한 경찰활동을 기대할 수는 없다.

특히 너무나 많은 것이 급변하고 있어서 누구도 기술과 이론의 변화를 따라갈 수 없는 실정이므로 적절한 교육과 훈련만이 이를 해소할 수 있는 것이다. 이러한 현실은 컴퓨터, 통신, 과학수사, 범죄분석 등의 새로운 기술의 증대와 그 활용의 증대에서 피부로 느껴지고 있다.75 따라서 신입자뿐만 아니라 모든 경찰이 직급에 관계없이 교육훈련을 통하여 자신의 능력을 지속적으로 향상시켜야만 하는 것이다. 교육과 훈련이야말로 새로운 전문화된 기술을 습득하고 자질을 향상시키는 주요한 수단인 것이다. 더구나 급변하는 사회에서의 경찰에 대한 기대치의 증대는 보다 효과적이고 세련된 경찰활동을 요구하게 되고 이는 경찰에 대한 보다 많고 나은 훈련을 필요로 하게 된다.76

그런데 훈련의 부족은 대체로 경제적 문제로 설명되고 있다. 신입자에게 필요한 훈련을 제대로 제공하기 위해서는 상당한 경비와 시간을 요하기 때문이다. 더불어 많은 사람들이 경찰활동은 웬만한 사람이면 누구나 짧은 시간의 실무경험을 통해서도 쉽게 터득될 수 있는 오히려 천박한 임무라는 생각이 적지 않으며, 반대로 경찰활동이 전문적인 식견, 기술과 태도를 가진 실무자를 요하는 매우 복잡한 분야라는 주장에 대해서는 예산을 더 얻기 위한 하나의 속임수에 지나지 않는다고 치부하는 것도 문제라고 할 수 있다.77

기본적으로 우수한 인력을 채용하여 그들로 하여금 자신의 일과 역할을 수행하도록 하는 것이 성공적인 관리운영의 비결일 것이다. 결국 경찰훈련은 경찰업무에 대한 일종의 전설보다는 경찰업무의 현실에 초점이 맞추어져야 한다. 항상 잘못된 일을 하도록 훈련시키는 것이나 제대로 된 일을 잘못하도록 하는 것은 쉬운 일이다. 경찰관이 자신의 임무를 효과적으로 수행하도록 훈련시키기 위해서는 먼저 훈련관계자 모두가 경찰의 임무, 역할이 무엇인지를 정확하게 알아야 하는 것이다.

(1) 경찰관에게 왜 훈련이 필요한가?[78]

1) 사회적 변화

법집행은 항시 급변하는 사회에서 일종의 질서유지의 과학이다. 과거 효과적이었던 경찰의 관행이 오늘날의 경찰에게는 아무 쓸모없는 낡은 관행이 되고 만다. 사회가 변하고 시간이 변함에 따라 경찰의 관행과 절차 또한 변하지 않을 수 없다.

직무연수(On the Job Training)만으로는 항상 변화하고 있는 환경에 부응할 수 없다. 물론 경험을 대체할 수 있는 것은 없지만 모든 경찰관이 자신의 실수로부터 배우는 것이 아니고 많은 경우 과거의 관행이 실패했거나 잘못되었다고 시인하려 하지도 않는다. 새로운 기술과 사고가 훈련되어야 하고 실제 활용되어야 한다.

결국 현대 경찰에 요구되는 기능과 역할이 과거보다 훨씬 수준 높은 경찰관을 요구하고 있어서, 오늘날의 경찰관은 더 많은 일에 대하여 더 잘 알 것을 요구받게 되었다. 따라서 경찰관리자는 과거의 경찰관보다 더 수준 높은 우수한 인력을 선발하여 더 많은 일에 대하여 더 잘할 수 있는 능력을 갖도록 양질의 훈련을 제공하도록 요청받고 있다. 시간의 흐름과 함께 지식의 양과 질 또한 높아지는 것처럼 경찰관은 선배 경찰관보다 더 많은 일에 대해서 더 잘 알아야만 한다. 또한 과거에 비하여 경찰활동에 활용되는 기계와 장비 및 기술의 발전도 훈련의 필요성을 배가시키고 있다.

2) 법률적 강제

법집행이란 그 이름만으로도 경찰관이 법률지식을 필요로 하고 있음을 암시하고 있다. 법률 또한 일반적 사회환경과 마찬가지로 항상 변화하기 마련이고 경찰관은 항상 그러한 변화에 대해서 숙지하고 있어야 한다. 특히 경찰관에게 필요한 법률적 지식이 형법이나 형사소송법에만 국한되지 않는다. 경찰을 비롯한 공공기관에 대한 민사소송의 증대는 민사책임과 관련된 법률적 지식의 습득도 요구하고 있다. 경찰관은 자신의 임무를 어떻게 수행할 것인가를 알아야 할 뿐만 아니라 업무수행의 잘못으로 있을 수 있는 비용에 대해서도 잘 알고 있어야 한다. 또한 경찰관리자는 직원들을 적절하게 훈련시키지 못하면 이들 훈련을 적절하게 받지 못한 경찰관의 부적절한 행동에 대하여 경찰관리자가 법률적으로 책임을 지게 한다는 것을 명심하여야 한다. 따라서 법률적으로 경찰관에 대한 적정한 훈련의 필요성을 강제하게 되는 것이다.

3) 업무수행능력의 극대화

훈련을 필요로 하는 가장 중요한 이유는 경찰관에게 재량권과 판단력을 가르치는 것이다. 훈련 없이는 경찰관 각자가 제멋대로일 것이기 때문이다. 제대로 훈련시키지도 않고서 그들의 잘못된 업무수행을 야단치는 것은 옳지 않다. 훈련이야말로 경찰관에게 경찰의 가치와 자긍심을 심어줄 수 있는 가장 좋은 방법이다. 좋은 훈련과정은 단순히 경찰관을 직무에 준비시키는 것 이상, 경찰의 가치와 이상을 갖도록 그들을 사회화시켜 주는 것이다. 경찰관이 훈련이 잘되면 잘될수록 적절한 행동을 위한 상관의 감독은 덜 필요하게 되고, 감독이 적게 필요할수록 일을 하는 사람을 감독하는 대신 실제 그 일을 하는 데 더 많은 인력과 자원을 사용할 수 있다.

훈련은 개별 경찰관의 업무수행을 증대시

키기는 반면 동시에 감독활동에 필요한 인력과 자원을 해소시킴으로써 효과성이나 효율성을 높이게 된다. 더구나 감독이 줄어들게 되면 관료제적 계층이 줄어들게 되고 따라서 비용 또한 줄게 되며, 하급계층의 창의성과 진취성을 증대시킬 수 있으며, 경찰운용에 대한 책임성을 증대시켜서 경찰관 각자가 자신이 더 중요하게 느끼게 됨으로써 동기와 사기가 진작되는 등의 부가적인 이점을 가져다주게 된다.

4) 이직률의 감소

경찰관의 이직률이 높으면 신입자에 대한 교육훈련과 경험이라는 측면에서 적지 않은 경비와 시간과 노력을 다시 투자하게 된다. 경찰관의 이직은 여러 가지 원인이 있겠지만 그 중에서도 경찰이라는 직업에 대한 좌절감이 큰 몫을 차지한다고 한다. 이러한 좌절감은 여러 가지 이유에서 파생되지만 가장 큰 이유는 경찰조직의 관료제적 특성에 기인한다고 한다. 지나친 관료제는 경찰관으로 하여금 자신의 본래 임무를 제대로 할 수 없을 정도로 많은 잡다한 일에 매달리게 만들기 때문이다. 경찰관이 느끼는 좌절감은 또한 경찰의 임무와 역할에 대한 경찰관의 혼돈에 기인한다. 경찰의 특성 중 하나는 즉시성인데 경찰관은 대부분의 일을 즉각적으로 해결하고 의사결정을 해야 하는 것도 경찰관에게 좌절감을 안겨준다고 한다. 또한 어렵게 그리고 힘들게 해결한 사건에 대해서 검찰이나 법원이 내리는 결정에 대해서도 많은 경찰관이 실망하는 것도 경찰관의 좌절감을 초래하는 원인이라고 한다. 그리고 경찰의 역할은 대부분 범죄가 발생한 후 행동을 취하는 사후대응적이거나 반응적인 것인데, 사실 경찰관은 범죄가 발생하기 전에 다수의 도움을 요청받게 된다. 그런데 그러한 요청에 대하여 경찰이 즉시 행동을 취하지 않으면 범죄가 발생할 것이라고 확신하면서도 아무런 도움을 제공하지 못 한다.

문제는 경찰관들이 좌절감을 많이 느낄수록 전직을 고려하기 쉬워진다는 것이다. 즉, 경찰이라는 직업을 즐기지 못한다면 더 이상 경찰에 매력을 느끼지 못하고 다른 직업을 찾게 되는 것이다. 따라서 경찰관이 느끼는 좌절감을 줄이는 것이 경찰의 이직률을 낮추는 것이다. 그런데 경찰관에 대한 적정한 교육과 훈련이 이러한 좌절감을 줄이는 하나의 방법이다. 적절한 훈련은 우선 억압적인 감독과 제약적인 정책을 완화하기 때문이다. 그리고 훈련은 검찰, 법원, 그리고 교정에 대한 이해도를 높여서 그와 관련된 좌절감을 줄여줄 수 있다고 한다. 또한 경찰관이 경찰의 역할과 관련된 좌절감을 직접 경험하기 전에 적절한 훈련을 통하여 경찰의 한계 등에 관한 이해를 시킨다면 좌절감을 완화시킬 수 있다고 한다.

(2) 훈련의 내용

경찰훈련은 실제 경찰업무의 대부분은 법집행과 무관하다는 사실에도 불구하고 자기방어나 총기사용의 기술만큼이나 법집행의 측면을 강조해왔다. 그러나 관련된 다른 분야도 역시 중요하지 않을 수 없다. 사실 경찰업무는 즉시성이라는 특성상 주로 신속한 의사결정과 밀접한 관련을 가지고 있기 때문에 경찰의 잘못된 의사결정으로 인하여 야기될 수 있는 위해의 정도에 기초한 주제를 파악하는 것이 중요하다. 따라서 훈련의 우선순위는 사회 구성원이나 경찰관에 대한 위해의 잠재성에 따라 결정되어야 하는 것이다. 다음은 이러한 우선순위를 가리기 위한 지침이다.79

1) 신체적 위해

경찰은 특정한 상황에서 생사여탈의 권리를 부여받는다. 이러한 막강한 권한과 책임때문에 법집행가들은 생사의 결정에 관한 훈련을 최우선순위로 삼게 된다. 이는 무력사용과 관련된 법률지식, 무력사용에 관한 정책지식, 극단적인 스트레스 하에서의 적절한 의사결정, 그리고 무기의 적절한 사용 등을 포함한다. 대다수의 경찰관은 단 한 번도 총기를 사용한 경험이 없지만 실수로 인하여 무고한 시민이나 피의자를 살상할 잠재성은 충분하기 때문에 무기사용을 훈련의 주요 내용으로 삼게 된다.

실제 경찰관이 총기를 사용하는 경우는 다음 사항들을 고려하는 것으로 알려져 있다. 우선, 실제상황으로 인한 경찰관이나 다른 사람에 대한 심각한 살상의 위험성이라는 견지에서 실제 위험이 얼마나 되는지가 먼저 고려된다. 그리고 상황에 대한 경찰관의 위험성 인식과 범죄피의자를 검거하기 위한 총기사용에 관한 법규 및 총기사용에 관한 정책과 규칙 등이 고려되고 있다. 또한, 경찰관 개개인의 가치관과 범죄의 심각성도 고려되는 것으로 알려져 있다.80

총기사용은 경찰관의 신체적·정신적 능력을 일시에 총동원해야 한다는 점도 총기사용 훈련의 중요성을 증폭시키고 있다. 총기사용시 가능한 모든 정보가 신속하게 처리되고 최종결정에 도달함과 동시에 거의 모든 근육이 다 동원되고 있다. 따라서 상황, 법규, 규칙과 정책, 개인의 가치관, 그리고 총기사용 훈련 등 거의 모든 것이 동시에 고려되어야 하는 것이다. 다른 어떤 의사결정도 이처럼 많은 요소를 동시에 그처럼 신속하게 고려해야 할 경우는 없을 것이다. 어떠한 행동도 총기사용시처럼 감정의 격변을 초래하지는 않을 것이다.

물론 경찰관 관련된 잠재적 위해가 총기나 무력의 사용에만 국한되는 것은 아니다. 응급구호도 시민이나 피의자의 생과 사에 영향을 미칠 수 있는 것으로 경찰의 중요한 책임이다. 대부분의 비상상황이나 응급상황에서 가장 먼저 현장에 도착하는 사람이 경찰이기 때문이다. 따라서 경찰이 때로는 사람을 죽일 수 있는 권한도 있지만 가능하면 사람의 생명을 살릴 책임도 동시에 주어지기 때문에 경찰관에 대하여 응급구호훈련을 시키는 것은 중요한 과제이다.

결국 경찰기능과 그 기능들이 경찰관과 시민의 신체적 안전에 어떻게 관련되는가가 경찰훈련의 최우선순위가 되어야 하는 것이다. 더구나 잘못된 또는 부적절한 훈련이나 훈련의 부재로 인한 경찰관이나 시민에 대한 위해나 손상에 대해서 경찰이나 경찰관서가 민사책임의 대상이 되는 것도 이에 대한 훈련의 중요성을 부채질하고 있다.

2) 심각한 불편함

범죄피의자를 체포하고 교통법규의 위반자에게 벌과금을 부과하는 등의 일은 경찰관에게는 어쩌면 일상적인 일일지도 모르지만 시민들에게는 상당한 불편함을 초래하는 중요한 사건일 수 있는 것이다. 하지만 이러한 사건들이 시민들에게는 단순히 불편함만을 가져다주는 데 그치지 않고 상당한 금전적 부담도 가져다주고 있다. 더구나 그러한 사건이 가져다주는 황당함과 모멸감뿐만 아니라 경찰관의 실수로 인한 위해를 초래할 수 있다는 잠재성도 문제가 된다.

실수나 권한의 오·남용의 잠재성은 그로 인하여 피해를 보게 되는 사람에게는 극적인 결과를 초래하기 때문에 경찰은 이러한 실수를 최소화하기 위하여 가능한 모든 주의를 기울여야 한다. 물론 경찰관도 사람이기 때문에 실수할 수 있지만 범죄수사나 피의자 검거와 관련된 모든 분야에 대한 적절한 훈련을 통하여 그러한 실수를 최소화할 수 있는 것이다. 따라서 경찰훈련의 두 번째 우선순위는 시민들의 생활에 지대한 영향을 미치는 경찰관의 의사결정과 관련된 것이어야 한다.

3) 일상적 의사결정

경찰활동의 대부분은 일상적인 것이다. 따라서 경찰훈련도 어떠한 기능이 일상적인 것인지를 파악하여 가장 적절한 대응방법을 가르치도록 해야 한다. 물론 일상적인 일이야 규정이나 정책만으로도 충분하고 별도의 훈련까지 필요한가라는 의문을 제기할 수도 있으나 오히려 훈련이 일상적 기능을 다루는 데 가장 확실하고 바람직한 접근방법이라고 한다. 훈련이 일상적 기능에 대한 규칙 등보다 더 좋은 이유는 문제에 대한 논의를 가능하게 하기 때문에 상황이 변하고 새로운 기법이 개발되어 새로운 대응방법을 강구하는 등 그에 필요한 훈련이 신속하게 보완될 수 있어서이다. 규칙이나 교본 등은 항상 실제 상황의 변화에 뒤지기 마련이고, 해석을 요하기 때문에 훈련을 대신할 수는 없다.

4) 역할의 이해

경찰관이 경험하는 좌절의 상당 부분은 경찰관이 하지 않아도 되거나 하지 않아야 할 무언가를 하려고 하는 데서 기인한다. 자신의 적절한 역할에 대한 이해의 부족은 경찰관에게 불필요한 스트레스를 초래할 수 있다. 당연히 경찰훈련도 경찰관에 대한 적절한 역할을 파악하도록 하는 것이어야 한다. 경찰관은 훈련을 통하여 경찰이 이루고자 하는 것이 무엇인지를 배우고 경찰사명과 관련한 자신의 책무가 무엇인지를 알도록 해야 한다.

5) 사회적 이해

경찰역할의 이해는 경찰이 전반적으로 사회에 꼭 맞을 때만 중요한 것이다. 모든 사회는 그 분위기, 구성, 여건 등이 다 다르다. 경찰훈련은 경찰관에게 자신이 봉사하는 지역의 사회적 구성과 그 사회를 구성하는 다양한 계층과 사람들의 다양한 가치관을 이해시켜야 한다. 경찰가치가 사회의 가치관과 어울릴 수 있어야 하기 때문이다. 만약 사회와 경찰의 가치체계가 서로 동조되지 않는다면 경찰과 사회의 적대와 분개가 쉽게 일어나게 된다. 경찰과 지역사회관계가 중시되고 사회가 더욱 다양해지고 복잡해지고 있다는 점을 고려한다면 경찰의 사회이해 훈련은 더욱 중요하지 않을 수 없을 것이다. 더구나 경찰이 사회와 시민으로 하여금 경찰을 이해하도록 훈련시킬 수는 없는 것이기 때문에 사회에 대한 경찰의 이해의 폭을 증대시키기 위한 훈련은 더 중요해지는 것이다.

(3) 훈련의 형태

1) 신입경찰관 기본훈련(Recruit training)

❶ 훈련의 기본성향

경찰훈련에 있어서 중요한 쟁점의 하나는 훈련의 기본성향이 긴장이 많은 것이어야 하는지 긴장이 없어야 하는 것인지이다. 긴장이 많은 훈련은 기본훈련이나 군사훈련에 가깝지만, 긴장이 많지 않은 훈련은 학구적인 환경에 가까운 것이라고 할 수 있다. 다수의 신입자 기본훈련은 신입자가 매우 조직화된 환경에서 지적·육체적 욕구를 강요하고 복종적일 것을 기대하는 긴장이 많은 성향이었다. 훈육과 심지어 괴롭힘이 훈련의 중요한 부분이기도 하였으나, 기존경찰관에 대한 직무연수는 보다 학구적인 환경에서 이루어지고 있다.[81]

이처럼 신입자에 대한 기본훈련이 긴장을 강요하는 전통을 가지고 있으나 이러한 접근이 신입자를 훈련시키는 타당한 방법이라거나 긴장을 요하지 않는 훈련보다 더 혹은 덜 효과적이라는 증거는 아직 밝혀지지 않고 있다. 그러나 긴장을 많이 요하지 않는 훈련을 받은 경찰관이 높은 직무수행평가를 받고, 자신의 일을 더 좋아하며, 시민들과 더 잘 어울린다는 연구결과가 나오고 있다. 특히 최근의 지역사회경찰활동, 문제해결, 그리고 고학력을 추구하는 추세를 감안한다면 긴장을 많이 요하는 훈련은 비생산적이고 따라서 보다 학구적인 긴장을 많이 요하지 않는 훈련으로 대치되어야 한다는 주장이 무게를 더 얻고 있다.[82]

❷ 훈련의 철학과 교수방법

훈련의 철학은 교육과 훈련이라는 두 가지 주요 접근법을 중심으로 논의되고 있다. 훈련은 경찰관에게 업무에 관한 상응한 정보를 제공함으로써 그 업무를 어떻게 하는가를 교육시키는 과정이라면, 교육은 직무를 수행함에 있어서 왜 그 임무가 수행되어야 하는가의 기초가 될 수 있는 의사결정에 대한 일반적인 지식의 체계를 제공하는 과정이라고 정의할 수 있을 것이다. 훈련이 구체적인 절차와 사실을 다룬다면, 교육은 그 범위가 더 넓고 이론, 개념, 쟁점, 그리고 대안에 관한 것이다. 대부분의 경찰훈련은 이론, 쟁점, 개념, 분석적 사고보다는 사실과 절차를 가르치는 성향이 더 강하다고 할 수 있다. 그러나 이러한 접근에 지나치게 또는 철저하게 의존하는 것은 많은 경찰업무가 모든 상황에 다 맞아떨어지는 구체적인 절차의 적용이라기보다는 분석과 사고를 요하는 것이기 때문에 문제될 수 있다. 따라서 학계에서는 범죄학, 형사사법학, 심리학, 사회학 등 사회과학분야의 전문가를 교·강사로 활용함으로써 교육적 접근에 더 많은 시간을 할애하려고 시도하고 있다. 경찰업무의 복잡성에 대한 인식의 증대로 인하여 신임경찰관을 그에 맞게 적절하게 준비시키기 위한 교육과 훈련 모두가 필요하다는 인식으로 교육과 훈련에 대한 전통적인 구분은 그 의미가 퇴색하고 있다.[83]

교수방법은 어떠한 교육과 훈련의 철학이 강조되는가에 따라 결정되는데, 대체로 Pedagogy와 Andragogy라는 두 가지로 요약될 수 있다. Pedagogy는 강사가 피교육자에게 사실과 절차라는 형식으로 일방적으로 지식을 전수하는 것이다. 이의 주요관심사는 특정한 상황에 대한 절대적인 해결책을 증진시키는 것이다. 학습과정에서 강사와 피교육자의 상호참여를 강조하고 분석적이고 개념적인 기술을 강조하는 대안적 방법이 곧 Andragogy라고 할 수 있다.

Pedagogy가 강의, 시청각자료의 활용, 노트필기, 암기, 시험 등으로 이루어지는 반면 Andragogy는 분석, 역할극, 집단토의와 프로젝트, 자율학습, 실습 등이 활용된다. 최근에는 역할극, 시뮬레이션, 문제분석 등의 활용이 증가하고 있으나 개념의 이해 등은 거의 강조되지 않고 있는 추세이다. 심지어 직무에 대한 일반적 지식보다는 그 직무를 어떻게 수행할 것인가를 지향하는 추세이다. 경찰역할의 복잡성과 재량권을 현명하게 이용할 필요성을 인식할수록 Andragogy 교수법의 활용도 더욱 강조되고 있다. 그러나 동시에 법이나 규칙 등 암기를 요하는 내용이나 교통통제나 범인의 검거 등과 같은 행위적 기술의 분야에 있어서는 Pedagogy 교수법도 필요한 것이다.84

❸ 훈련의 내용

경찰훈련의 내용은 경찰의 윤리와 사명에 기초하고, 실제 경찰관이 일상적으로 수행하는 일을 반영하여야 한다. 훈련의 주제는 경찰관이 수행하는 임무에 대한 직무분석에 기초로 구성된다.85

훈련의 내용을 실제로 경찰관이 현장에서 일상적으로 수행하는 일을 기초로 짜야 하는 것이 중요한 이유는 아무리 강조하여도 지나치지 않는다. 전통적으로 경찰훈련에 있어서 법집행은 지나치게 강조한 반면 질서유지와 사회봉사는 소홀히 한 면이 없지 않다. 이처럼 법집행에 대한 지나친 강조는 경찰에 대한 macho image의 형성에 기여한바 적지 않다. 문제는 특정한 image는 신입경찰관이 자신의 역할을 보는 시각에 지대한 영향을 미친다는 점이다. 또한 경찰활동에 대한 비현실적인 표상은 신입 경찰관에게 잘못된 메시지를 전달하게 되고 초기 업무적응을 더욱 어렵게 만들게 된다.

2) 현장훈련(Field training)

현장훈련은 대부분 일정기간의 교육을 이수한 신입경찰관에게 현장에서 실무를 수습할 수 있는 기회를 제공하는 훈련이라고 할 수 있다. 현장훈련의 가장 큰 장점은 경찰관의 실수로 인한 민사소송을 줄일 수 있고, 훈련과정의 표준화를 가능하게 하며, 신입경찰관의 업무수행을 더 잘 평가할 수 있게 하여 경찰훈련의 효과성을 판단하는 데 도움을 줄 수 있다는 점이다.86

3) 직무연수(Career development, In-service training)

지원자가 모집되고 선발되어 일정한 훈련과 실무수습을 마치게 되면 경찰관으로서의 직업이 시작되는데, 여기서부터 그 사람의 직무연수 또는 자기계발과 성장이 중요시되는 것이다. 물론 이는 경찰관 개인의 자기계발도 되지만 동시에 그 사람이 담당하고 있는 특정 부서나 지위의 발전과 계발도 되는 것이다. 따라서 경찰기관에서는 경찰관의 현재위치, 계급, 지위에서 필요한 지식과 기술만 성장, 개발시키는 것은 물론이고 승진이나 신분상승 또는 전근 등을 포함한 전반적인 직업경력까지 고려하여야 할 것이다.

❶ 선진화훈련(Advanced training)

경찰관은 법률의 개폐, 지역사회의 요구사항과 기대, 경찰활동의 방법과 기술 등에 관하여 항상 잘 알고 있어야 한다. 경우에 따라서는 경찰이 자체교육과 훈련으로 대체하기도 하지만 많은 경우에는 외부의 교육훈련기관과 프로그램을 활용하고 있다. 경찰관을 외부교육기관이나 대학에 위탁교육을 보내는 것이 대표적인 예라고 할 수 있다. 일반적으로 경험이 많고 나이가 많은 경찰관일수록 긴장을 많이 초래하는 것보다는 학구적인 교육훈련을 선호하는 것으로 알려져 있어서, 이 점을 고려한다면 이들에게는 Andragogy 훈련법이 선호되고 가장 유익할 것으로 기대되고 있다.

❷ 직무연수(In-service training)

직무연수의 일차적 목적은 모든 경찰관에게 경찰의 다양한 분야에 있어서 정기적으로 새롭게 해주기 위한 것이다. 따라서 이는 통상 모든 경찰관이 제대로 기능하기 위해서 알아야만 할 모든 주제를 망라하게 된다. 현재 경찰을 비롯한 거의 모든 공공기관에서 직무평가나 승진요건의 하나로서 모든 구성원에게 제공하는 일반적인 교육훈련과정이 여기에 속한다고 볼 수 있을 것이다.

❸ 전문화훈련(Specialized training)

경찰관이 순찰업무가 아닌 다른 경찰업무를 효과적으로 수행하기 위해서는 이 전문화된 훈련을 받을 필요성이 높다고 한다. 구체적으로 초급간부로 승진한 경찰관에게는 부하를 효과적으로 감독할 수 있도록 일정 형태의 감독훈련이 제공되어야 하고, 그가 다시 중간관리자로 승진된다면 경찰기관의 관리와 운영에 관한 경영관리훈련이 추가로 제공되어야 할 것이다. 뿐만 아니라, 경찰업무의 복잡화와 근무환경의 악화 그리고 인권의 향상 등도 전반적인 경찰활동은 물론이지만 특히 과학수사 분야나 새로운 기기의 활용 등에 있어서 전문지식을 요하는 전문화 훈련은 더욱 더 필요해질 것으로 보인다.

(4) 훈련의 문제와 개선

과연 경찰훈련은 경찰관이 자신의 직무를 효과적으로 수행하는 데 얼마나 상응한 내용과 방법으로 이루어지고 있는가? 신입자 교육훈련에 대한 전통적인 비판의 하나는 경찰관에게 숙달시키고자 하는 업무가 현실성을 제대로 반영하지 못한다는 점이다. 이러한 비판을 초래하는 첫 번째 이유는 처음부터 의도적으로 경찰업무의 현실에 상응한 훈련을 시키지 않거나 못하고 있고 그 두 번째는 훈련이 지나치게 고립된 상아탑과 같기 때문이라고 한다.87

경찰업무가 지나치게 복잡하고 다양하기 때문에 모든 경찰업무를 표준화하여 표본을 만들어 획일적으로 훈련시킬 수 없기 때문에 짧은 훈련기간에 경찰업무의 일선현장에 절대적으로 상응한 훈련을 한다는 것은 무리라는 것이다. 더구나 이러한 문제를 더 어렵게 하는 것은 훈련기관이 사회로부터 소외되어 사회의 변화하는 요구와 필요성에 부응하지 못하고 있다는 것이다.88

그렇다면 경찰훈련이 경찰업무의 현실 또는 현장에 상응한 훈련이 되기 위해서는 무엇이 필요한가? 먼저, 경찰책임자 또는 관리자와 교·강사의 적극적인 상호작용이 필요하다는 것이다. 경찰의 일반적인 철학과 구체적인 절차와 정책 등을 훈련시키지 못한다면 훈련의 의미나 가치는 제한적일 수밖에 없는 것이다. 따라서 관리부서와 훈련부서의 원활한 상호작용을 통하여 실제 경찰현장에서 필요로 하는 내용의 훈련이 이루어지도록 해야 하는 것이다.

또한 훈련이 필요성에 상응한 것이 되기 위해서는 피교육자는 물론이고 상급자나 일선기관 및 심지어 지역사회와 시민 등 소비자로부터 환류(feedback)를 통해 이를 적극적으로 수용, 반영하여 교육훈련의 내용과 방법에 있어서 결함과 문제점을 수정하고 보완하는 데 적극적으로 활용하여야 한다. 특히, 신입 경찰관의 차상급자들의 의견은 가장 가치 있는 환류라고 할 수 있다. 그들은 직접 일을 시키고 감독하는 입장이기 때문에 신입 경찰관의 업무능력을 가장 잘 평가할 수 있는 위치에 있기 때문이다.

경찰훈련을 비현실적으로 만드는 원인의 하나는 바로 모든 일어날 수 있는 잠재적인 문제에 대한 확실하고 즉각적인 해결책을 찾으려는 욕구에서 비롯된다고 한다. 따라서 경찰관에게 가능한 한 재량권을 묶어주는 지침을 제공하고 의사나 변호사와 같이 경찰도 확실성보다는 가능성 또는 개연성을 보고 일한다는 점을 인식하도록 해야 한다.

4. 경찰평가와 훈육

(1) 경찰의 생산성과 업무수행측정

조직의 발전을 위해서는 조직의 업무수행성과를 측정할 수 있는 방법이 필요하다. 그러한 측정이 없다면 조직의 어떤 분야가 개선되어야 하는지 알 수 없으며, 뿐만 아니라 변화나 개선의 결과 어떠한 성과가 있었는지도 알 수 없기 때문이다. 개선, 향상, 또는 발전 등의 개념은 현재의 업무수행정도에 대한 정보뿐만 아니라 새로운 전략과 프로그램의 시행에 따른 변화의 측정도 함축하고 있는 것이다.

또한 조직 전체에 대한 전반적인 평가뿐만 아니라 개인의 업무수행성과에 대한 평가의 필요성도 마찬가지로 중요하지 않을 수 없다. 조직구성원의 개별적인 근무행태에 대한 환류(feedback)제공과 인사, 의사결정, 그리고 지시 등 조직관리를 위한 정보를 제공하기 위해서도 개인에 대한 업무수행성과의 평가는 필요한 것이다. 그런데 조직의 개선과 발전을 위해서는 생산성(productivity)이 중요한 요소가 되고 있다.

1) 생산성의 개념

생산성이란 사람에 따라 다양한 의미를 가진다. 사람이나 조직이 생산적이거나 혹은 그렇지 않은 것에 관한 가장 보편적인 논의는 결과물을 도출하기 위하여 자신의 자원을 최대한 활용하는 정도를 내포하고 있다. 생산성의 증대와 감소는 투입과 산출, 즉 자원과 결과물의 관계로 측정되는 것이다. 생산적인 사람과 조직은 자원은 최소화하되 결과는 극대화한다. 반대로 비생산적인 사람이나 조직은 최대의 자원으로 최소의 결과를 낸다. 따라서 생산성이란 성취된 결과와 비용의 관계라고 할 수 있다.

그런데 조직의 생산성의 평가는 효율성(efficiency)과 효과성(effectiveness)이라는 두 가지 관련된 개념을 내포하고 있다. 효율성은 최소한의 자원으로 서비스나 상품을 생산하고 결과를 성취하는 것을 의미한다. 이는 결국 무엇이 산출되었는가가 아니라 생산의 비용을 의미한다.

생산성의 개념은 비용의 견지에서 생산된 서비스의 영향을 측정함으로써 효과성과 효율성 간의 관심을 연계시키는 것이다. 따라서 생산성은 효과성과 효율성 개념의 결합이라고 할 수 있다. 생산성은 바라던 결과가 성취되었는지(효과성)와 그 결과를 성취하기 위하여 어떠한 자원이 쓰여 졌는지(효율성) 두 가지를 묻는 것이다.89

기관의 생산성을 평가하고 측정하는 목적은 기관의 기능과 노력을 향상시키기 위한 것이다. 경찰에 있어서 생산성의 측정은 ① 경찰 서비스가 어떻게 생산되는가, ② 그러한 서비스의 비용은 어느 정도인가, ③ 제공된 서비스별 비용은 얼마인가, ④ 상이한 서비스가 성취하고자 하는 목표나 해결하고자 하는 문제에 미치는 영향은 무엇인가에 관한 이해를 증진시키기 위한 것이다.

2) 개념정의의 문제점

경찰뿐만 아니라 모든 공공기관은 자신들의 노력의 결과를 규정하고 측정하는 문제를 안고 있다. 이익과 손실을 측정할 수 있는 사기업과 달리 공공기관은 폭넓게 규정되고 상징적인 임무와 목표를 추구한다. 경찰이 사회를 보호하고 주민에 봉사한다는 것처럼 매우 상징적이고 정치적이며 감정적인 요소를 가진 지나치게 광범위하게 기술된 임무와 목표는 사실 누구를 보호하고 얼마나 많은 비용이 들며 그 결과는 어떠한 것인지 등 생산성의 평가에 필요한 요소들이 분명치 않다. 이처럼 공공기관의 목표가 모호한 것은 공공기관의 일이 상당부분 상징적 요소를 가진다는 사실과 무관하지 않다.

더구나 우리는 아직도 경찰이 과연 무엇을 해야 하는가에 대한 완전한 합의도 이루지 못하고 있다. 경찰은 전문화된 범죄투사인가 아니면 평범한 서비스 제공자인가? 경찰은 범죄의 예방에만 책임이 있는가 아니면 공공질서의 유지에도 책임이 있는가? 이러한 의문들은 당연히 경찰 생산성을 정의하는 데 중요한 영향을 미치는 것이다.

이처럼 지나치게 상징적이고 보편적으로 규정된 목표를 가진 공공기관은 종종 결과가 아닌 노력을 측정하는 경향이 있다. 즉, 경찰이 하는 일이 사회의 안전에 어떠한 영향을 미치는지를 추산하기는 어려운 반면에 자신이 무엇을 하고 있는지는 알고 있다. 전형적으로, 그러한 생산성의 이차적 척도는 결과척도의 대용으로 활용되고 있다.

경찰의 업무수행성과나 생산성에 대한 대용척도는 경찰기관과 개별 경찰관의 생산성과 업무성과의 실제 수준과는 거리가 먼 경찰기관의 상대적 성공이나 실패의 인상을 비추는 것이어서 문제가 있다고 한다. 예를 들어, 경찰이 업무성과의 척도로서 교통범칙금 부과건수를 산출한다면 그에 소요된 경찰자원과 정해진 할당량 등을 고려하지 않고 있다. 생산성에 대한 대용으로서 그러한 척도를 사용하는 것은 보다 안전하고 덜 혼잡스러운 도로와 같은 경찰이 발부하는 교통벌칙통지서로부터 얻고자 하는 결과나 영향과는 무관한 것이다. 다수 경찰활동의 결과를 측정하기가 어렵기 때문에 경찰은 목표성취를 위하여 제공받은 도구의 활용빈도나 횟수로서 생산성을 측정하려고 한다.

한편 경찰의 생산성측정과 관련된 또 다른 문제는 범죄와 사회질서에 대한 많은 정부기관과 다양한 사회적 조건이 미치는 집합적 영향에 기인한다. 설사 특정지역의 범죄발생률이 감소하였더라도 그것이 경찰활동에만 기인한 것이라고 단정할 수만은 없기 때문이다. 그 결과 경찰의 전반적인 성공이나 실패에 대한 실제 척도는 있지 않으며, 대용척도는 출동시간, 체포율, 해결률과 같이 범죄율이나 공공질서수준과 아무런 상관성도 없을 수 있는 과정척도에 지나지 않는다.90 그래서 경찰은 자신의 생산성을 노력으로 업무성과 평가의 범주로 활용하여 보려는 반면에 시민은 결과에 더 많은 관심을 가진다.

3) 경찰에 있어서 업무성과측정

일반적으로 업무성과측정(performance measurement)은 업무와 관련된 일과 행위, 그리고 바람직한 조직의 결과물의 전념에 대한 과학적 평가라고 할 수 있다. 따라서 이는 노력의 측정을 내포하고 조직 내 집단과 개인의 활동을 조직의 임무와 목표에 결부시키는 것이다.

일부에서는 업무성과평가(performance appraisal)와 업무성과측정(performance measurement)을 구분하고 있는데, 업무성과평가는 개인의 직무수행을 평가하는 것과 관련된 과정이며 업무성과측정은 목표성취에 대한 평가를 지칭하는 것이라고 한다. 개별 경찰관이 직무수행을 얼마나 잘하는가인 경찰업무성과 평가의 기준은 직무의 목표가 실제로 달성되었는가의 여부인 업무성과측정의 기준보다는 더 잘 발달되어 있다고 한다.91

경찰의 업무성과평가를 향상시키기 위한 다수의 방안들은 다양한 유형의 직무분석과 함께 각자의 직무역할과 활동에 대한 개별 경찰관에게 등급을 매기는 제도를 포함하고 있다. 조직직무의 내용과 특성에 대한 지식이 효과적인 조직관리에 매우 중요한 것인데, 직무분석이 다음의 두 가지 목적에서 조직직무를 체계적으로 연구할 수 있는 수단을 제공하고 있다. 즉, 각각의 조직직무와 관련된 역할, 책임, 그리고 기술을 명확히 해주고, 유사한 업무의 직무를 집단으로 묶어주는 것이다. 직무분석은 또한 업무규정에 있어서 해당 직원의 개입을 증대시키는 데도 도움을 주고 있다.

직무분석은 해당 직무를 개인이 성공적으로 수행하는 데 필요한 기술, 지식, 능력이라는 측면에서 직무를 평가하는 것이다. 직무분석은 전형적으로 해당 직무의 담당자가 알아야 할 것과 그 직무가 요구되는 것을 수행하는 데 필요한 능력과 기술의 범위 등을 기술하고 있다.

물론 다양한 직무분석법이 있지만, Mastrofski와 Wadman은 네 가지 포괄적으로 규정된 부류로 나누고 있다. 첫째는 업무에 기초한 방법(task-based method)으로서, 이는 현재의 업무와 작업의 조건을 강조하는 것이고, 두 번째 속성에 기초한 방법(Attribute-based method)은 신체적·정신적 요건을 강조하고 동시에 그러한 요건에 관련된 직원의 속성을 규정하며, 행위에 기초한 방법(Behavior-based method)은 직원이 무엇을 하는가를 강조하며, 끝으로 기능적 직무분석(Functional-job analysis)은 위의 세 가지 방법을 종합한 것이다.92

(2) 경찰생산성의 측정방법

범죄와 체포통계와 같은 경성적(hard) 생산성척도가 오랜 전통이었으나, 근래에는 지역사회의 안전에 대한 시민의 인식이나 경찰에 대한 확신과 신뢰도와 같은 경찰업무수행의 연성적(soft) 지표까지도 포함시키고 있다. 이보다 더하여, 범인검거건수와 같은 업무수행의 수단지향의 척도(means-oriented measures)는 이러한 노력들이 가져다주는 공공의 안전이나 질서의 정도와 같은 보다 직접적인 척도로 보완되고 있다.

Bayley는 직접적인 업무수행척도에 대해서는 경성(hard)과 연성(soft), 즉 지역사회의 객관적 변화를 측정하는 것과 변화의 주관적 인식을 측정하는 것을 구분하는 것이 중요하다고 지적하였다. Bayley에 따르면, 직접적인 척도(Direct measures) 중 경성적인 척도로는 범죄율을 대표적으로 들 수 있고, 연성적 척도에는 범죄에 대한 공포나 경찰에 대한 신뢰를 들 수 있으며, 간접적인 척도(Indirect measures)로는 경찰관의 수나 출동시간 또는 체포율이나 해결률 등이 해당된다고 한다.93

1) 전통적 척도

❶ 공식범죄통계와 범죄율

전통적으로 범죄의 증감 등 범죄관련 공식통계가 매년 주기적으로 공개되고 있으며, 경찰에서는 이를 자신들의 업무수행성과의 척도로 활용하곤 한다. 물론, 범죄가 증가했을 때보다는 감소했을 때 더욱 활발하게 거론되고 인용된다. 범죄가 감소했을 때는 자신들의 공으로 돌리고, 반면에 증가했을 때는 통상 범죄와의 전쟁에 더 많은 예산과 인력 등 경찰자원의 증대를 요청하는 근거로 삼아 왔다.

그러나 공식범죄통계를 범죄와 경찰생산성의 척도로 삼는 것은 많은 문제를 내포하고 있다. 우선 공식통계가 보고된 범죄만을 기록하여 암수범죄로 인한 범죄 실상을 왜곡할 수 있다는 것이다. 또한 공식통계에는 범죄유형별 심각성에 대한 상대적 가중치를 부여하지 않고 모든 범죄를 동일한 가치로 취급하고 있다. 더구나 공식통계는 주로 전통적인 노상범죄를 중심으로 이루어지기 때문에 조직범죄, 기업범죄, 화이트칼라범죄 등에 대한 정확한 척도로 보기 어렵다. 그리고 범죄발생률은 인구 10만명당 범죄발생건수로 산출되어서 범죄자와 피해자의 특성을 고려하지 않고 있다는 점도 그 의미를 축소시키고 있다. 또한 인구 10만명당 범죄발생건수는 방화, 주거침입절도 등의 범죄와는 사실상 아무런 관련이 없는 통계라고 할 수 있다.

❷ 체포율 또는 검거율

체포율은 경찰에 보고된 모든 사건으로 체포된 사람의 수를 계산하는 것이다. 이는 보통 신고된 범죄에 대한 체포비율로서 기록되고 있다. 그러나 공식통계가 많은 문제를 안고 있다면, 이를 바탕으로 하는 체포율 또한 경찰기관 생산성이나 경찰관의 업무평정의 척도로서 의문스러울뿐더러 많은 요인이 구금결정에 영향을 미친다. 범죄의 심각성 외에도 피해자와 가해자의 관계, 피해자의 청원이나 요구의 존재나 부재 등의 요소가 경찰관의 체포결정에 영향을 미치고 있다.

더 중요한 것은 범인의 체포가 경찰에게 그리 흔한 일이 아니라는 것이다. 특히, 근무부서 또는 근무지역에 따라서 범인의 체포기회가 많은 차이가 있다. 소년경찰이나 지역사회경찰이 강력반 형사에 비하여 범인체포의 기회는 비교할 수 없이 부족한 것이다. 범인체포 기회 자체가 전 경찰에게도 그리 흔하지 않지만 더구나 예방적 기능에 종사하는 경찰관에게는 그러한 기회란 거의 전무한 실정이라고 할 수 있다. 또한 경찰업무 중 약 20% 정도만이 체포상황을 포함한 법집행관련 업무라고 한다. 따라서 범죄나 체포통계를 경찰기관이나 개별 경찰관의 업무성과를 평가하기 위한 척도로 이용하는 것은 문제가 있는 것이다. 끝으로 경찰은 통상 강력범죄보다는 경미범죄자를 더 많이 체포하기 때문에 체포율을 집합적 범죄통계와 비교하여 평가척도로서 이용한다면 더욱 문제가 될 수 있다. 다시 말해서, 경찰의 체포통계는 주요범죄가 아닌 범죄자를 상당수 포함하게 되는 반면 범죄통계는 대부분 강력범죄를 중심으로 작성되기 때문이다. 결국 범죄통계와 체포율을 비교하는 것은 사과와 귤을 비교하는 것이나 마찬가지이어서

서로 다른 것을 반영할 따름이다.[94]

❸ 사건해결률

해결률이란 경찰에 신고된 범죄의 수를 용의자를 파악하고 있다고 경찰이 믿는 범죄의 수로 나눈 것이다. 그래서 해결률은 전통적으로 경찰의 범죄해결능력의 척도로서 이용되어 왔고, 특히 이는 수사업무와 가장 많은 관련을 가진 척도로서 수사관들이 이를 자신들의 '타율'이라고 칭하기도 한다.

그러나 이 사건해결률로 경찰의 생산성을 규정하는 데는 의문의 여지가 있다. 우선 해결률은 독립적인 검증방법이 거의 없으며 오로지 전적으로 경찰에 의해서만 결정되고 있다. 즉, 사건이 해결되었는지 아닌지를 결정하는 것은 바로 경찰 자신이다. 비록 특정범죄로 체포된 사람이 혐의가 없다고 석방되더라도 경찰의 해결률이 정정되는 것은 아니다. 또한 경찰은 유사한 범죄에 대하여 체포된 범죄자에게 그 여죄를 다 씌우는 경향도 무시할 수 없다. 한편 다수의 범죄는 해결될 때까지는 신고되지 않는다. 예를 들어 마약이나 매춘 등은 그러한 피해자 없는 범죄자를 체포하기 전에는 경찰에 알리거나 신고되지 않는다. 다른 대부분의 범죄와는 달리 이러한 경찰관이 신고한 범행은 거의 그 해결률이 100%에 이르게 된다. 그래서 만약 자신들이 생산적임을 보여주고 싶다면 이러한 범죄의 해결률을 이용하여 얼마든지 전체 사건해결률을 끌어올릴 수 있는 것이다.

❹ 시민-경찰관 비율

경찰의 생산성을 평가하기 위하여 간접적인 척도로서 종종 인구 1,000명당 경찰관의 수가 이용되고 있다. 이 척도는 특정한 관할지역에서의 경찰 서비스의 적정성을 나타내는 지표로서 널리 인용되고 있다. 그러나 사실은 이 비율은 인구밀도, 유동인구의 다양성, 지역의 특성, 범죄율, 범죄피해율 등이 거의 고려되고 있지 않다. 그리고 이 비율은 거의 정복경찰관을 고려하고 있다는 점도 오해의 소지를 남기게 한다.

2) 경찰생산성 척도의 발전

지금까지의 전통적인 평가방법과 척도 등에 대한 불만은 곧 새로운 방법의 모색으로 이어지고 있다. 이들 척도의 일부는 경성이고 일부는 연성이지만, 경찰활동의 환경의 변화와 경찰에 대한 시민의 수용과 인식을 강조하고 있다.[95]

경찰생산성과 업무평가의 혁신의 대부분은 경찰조직에서 환경으로 초점이 전환되고 있음을 보여주고 있다. 과거에는 거의 모든 척도가 경찰이 무엇을 하고 있는지에 초점을 두었으나 오늘날에는 경찰기관과 경찰관에 대한 평가의 대부분이 경찰활동이 자신의 가장 가까운 고객인 시민에게 미치는 영향에 초점을 맞추고 있다.

이는 경찰생산성 측정에 있어서 하나의 분수령이라고 할 수 있다. 이는 분명히 노력에서 결과로 의문을 전이시킴과 동시에 경찰의 평가를 자신으로부터 고객으로 전환시키고 있음을 보여준다. 고객주도의 정부(customer–driven government)라는 더 큰 운동의 일환으로서 고객에 기초한 정보가 경찰을 포함한 정부기관에 점점 더 중요하게 되고 있다.

그런데 경찰기관의 효과성과 적정성에 관한 고객정보의 가장 지배적인 형태는 피해자조사, 고객만족도조사, 범죄에 대한 공포의 조사, 그리고 지역사회의 삶의 질의 평가조사로부터 나오고 있다. 이러한 정보의 근원은 지역주민들에게 자신들의 범죄와 경찰에 대한 경험에 관하여 묻는 데 있으며, 경찰의 생산성과 업무수행에 대한 매우 상이한 그림을 제공해 준다.

❶ 피해자조사(Victimization Survey)

사건에 기초하기보다 피해자정보는 경찰기관에게 지역사회 피해의 실제정도에 대한 더 나은 추정치를 제공해 준다. 피해자조사는 경찰기관의 생산성과 영향에 대한 평가의 중요한 한 부분이 되고 있다. 이러한 피해자 정보와 연구는 보다 전통적인 범죄와 체포통계에 대한 아주 유용한 보완이 될 수 있다. 그러나 이들의 활용은 그 이면의 과학성에 따라 달라질 수 있다. 즉 적절한 표본추출절차가 없는 피해자조사는 오히려 아무 소용도 없는 정보만을 가져다줄 뿐이다.

❷ 경찰업무평가(Police task evaluation)

경찰업무와 노력에 관한 연구는 오랜 역사를 가지고 있다. 경찰의 업무량이나 간접적으로는 경찰의 생산성이 경찰의 통신지령기록(dispatch record) 혹은 활동보고서를 활용하거나 현장의 경찰관을 관찰하고 설문조사를 행함으로써 평가되어 왔다. 이러한 연구는 일반적으로 경찰이 수행하는 다양한 범주의 활동을 겨냥할 뿐만 아니라 이들 활동을 둘러싼 개념규정상 상당히 높은 수준의 모호성을 내포하고 있다. 경찰이 출동하는 대부분의 경우는 시민에 의하여 처음부터 시작되는 것이다. 결과적으로 경찰업무수행에 대한 평가의 대부분은 도움을 요청하는 시민의 요구에 대한 반응으로서 경찰활동이라고 할 수 있는 사후반응적·대응적 경찰활동에 대한 태생적 편견을 가지게 된다.96

그러나 최근 경찰활동의 초점이 경찰의 매일매일의 활동, 특히 지역사회경찰활동의 강조로 인한 경찰과 지역사회의 관계와 상호작용의 강조는 경찰업무평가의 초점을 전환시키는 계기가 되고 있다. 이러한 초점의 이동은 다양한 정책적 함의를 가지고 있다. 우선 경찰지역사회관계에 대한 폭넓은 평가는 경찰개입에 대한 시민의 수용 정도는 물론이고 경찰영향력에 대한 보다 일반화된 평가를 통찰할 수 있게 해준다. 또한 지역사회 또는 문제지향의 경찰활동(Community–and problem–oriented policing)의 기존 관행과 철학은 범죄와 무질서를 초래하는 지역사회의 조건에 영향을 미치거나 그 문제를 해결하는 경찰의 능력에 초점이 맞추어지고 있다. 그리고 경찰업무성과와 생산성을 재개념화하려는 기존의 노력들도 경찰조직의 문화나 내적 가치관의 변화를 불러오기도 한다.97

❸ 범죄에 대한 두려움과 지역사회 삶의 질

범죄와 범죄피해에 못지않게 범죄에 대한 공포와 지역사회의 삶의 질 또한 도시생활에 있어서 중요한 관심사항으로 등장하고 있다. 실제로 많은 연구결과가 대부분의 시민들이 범죄에 대한 공포를 느끼고 그 결과 생활의 형태를 변화시키는 등의 사전주의조치까지도 취하는 것으로 알려져 있다. 더구나 상당수 경찰연구에 따르면 경찰의 전술과 인력배치 계획 등이 주민이나 상인들이 자신의 지역사회와 공공장소의 활용에 대한 느낌에 지대한 영향을 미치는 것으로 나타나고 있다.

범죄에 대한 공포를 줄이기 위한 노력을 뒷받침해 주는 이론은 Wilson과 Kelling의 1982년도 논문 "Broken Windows"에서 보편화되었다. 그들은 지역사회공동체가 지역사회를 두려워할수록 주민들은 지역사회를 버리게 된다고 주장하였다. 지역사회를 포기하여 버리게 되면 이어서 그러한 지역사회는 법을 위반하는 사람들에게 남겨지게 된다는 것이다. 이러한 지역사회 피폐화의 지속적인 순환은 결국 법을 준수하는 시민들을 범죄피해의 두려움으로 공공장소로 나가지 못하고 자신의 가정에 감금된 수용자로 만들게 된다.98

범죄에 대한 공포의 조사는 그러나 범죄피해자조사와 마찬가지의 필요성과 한계를 가지고 있다. 환경적 정보를 수집하기 위한 이러한 접근방식의 요체는 표본추출과 과학적 연구절차의 응용에 달렸다고 한다.

❹ 경찰서비스에 대한 고객만족도

최근 들어 경찰은 자신들이 어떻게 하고 있는지를 자신의 서비스 사용자인 시민들에게 묻기 시작하였다. 그러한 물음에 대한 시민들의 대답은 곧 경찰책임자나 관리자로 하여금 기관과 경찰관의 업무수행을 더 잘 평가할 수 있는 기준을 제공해 준다.

전통적으로 경찰은 자신의 고객인 시민들에게 직접 질문을 던지지는 않았다. 경찰을 전문가라고 생각하는 입장에서는 경찰이 전문가로서 일반대중과는 얼마간 거리를 두어야 한다고 생각하였다. 또한 전문가로서 경찰은 범죄통제에 대해 자기들이 가장 잘 알고 있다고 믿었기 때문에 자신들의 일에 관하여 시민들에게 묻는다는 것은 있을 수도 없으며 필요도 없다고 생각하였다. 그러나 최근 다른 공공분야와 마찬가지로 형사사법제도도 고객지향, 소비자지향으로 선회하면서 경찰서비스에 대한 고객만족도에도 관심을 갖기 시작하였다.

3) 생산성 향상의 기회

현재 경찰활동이 전통적 방법에서 일종의 문제지향 또는 지역사회지향의 경찰활동으로 이동하고 있는 추세와 함께, 기존의 경찰 생산성과 업무수행평가를 새롭게 할 기회도 열리고 있다. 이미 이러한 변화의 추세는 시작되고 있어서 과거 범죄율이나 해결률 등을 계산하던 방식에서 시민만족도나 피해자조사 등이 강조되고 있다.

더구나 문제해결(problem-solving)적 접근이 경찰 생산성이나 경찰관 업무평가측정의 새로운 핵심적 특징으로 문제의 해결과 감소를 평가할 필요성을 강조하고 있다. 아마도 이러한 변화의 핵심은 지역사회의 범죄와 안전상태에 미친 경찰활동의 영향을 검증하는 것이라고 할 수 있다. 이는 범죄나 무질서를 조장하는 지역사회의 상황이나 여건도 측정될 수 있고 또 객관적일 수 있다는 합의와 증거가 있기 때문이다. 사실, 지역사회범죄예방에 관한 연구들은 범죄활동을 조장하거나 억제할 수 있는 노상활동의 정도나 지역사회의 융합과 유대의 존재가 중요함을 지적하고 있다.99 이들 연구는 사회적 유대와 정보가 있는 지역사회가 해체되거나 정보가 없는 지역사회보다 범죄와 무질서를 퇴치하기가 더 쉽다고 주장하고 있다. 이러한 연구결과는 지역사회를 자기보호를 위한 전략과 정보로 무장시키는 데 경찰이 중요한 역할을 할 수 있으며, 혹은 적어도 치안서비스의 공동생산에 지역사회를 참여시키는 데 중요한 역할을 할 수 있음을 보여주고 있다.100 만약 그러한 지역사회동원(community mobilization)이나 범죄예방이 가능하다면, 지역사회 삶의 여건도 변할 수 있음을 보여주는 것이다. 이는 결국 해당 지역사회에서의 범죄와 무질서 수준의 변화를 가져오게 될 것이다. 지역사회의 '깨진 창(Broken windows)'을 보수함으로써 지역사회의 생존능력은 증대하는 반면 범죄와 무질서는 감소하게 될 것이다.101

만약 우리가 위와 같은 지역사회 여건을 측정할 수 있다면 우리는 경찰 서비스의 영향에 대한 독립적인 평가도 할 수 있을 것이다. 경찰의 입장에서는, 자기들의 개인적이고 집합적인 활동과 노력을 일일이 콩을 세듯이 하지 않고 대신에 자신들의 노력이 지역사회에 미친 영향을 측정할 것이 요구되고 있다. 이러한 견지에서, Wilson은 "경찰은 교통범칙금을 더 많이 부과하고 더 많은 용의자를 검거하고 범죄율을 낮추는 것이 아니라 보다 안전하고 보다 질서 있는 지역사회를 만드는 것을 목표의 하나로 해야만 한다. 경찰은 다양한 경찰개입의 전과 후에 지역사회의 조건을 평가할 수 있는 방법을 고안해야만 한다. 경찰은 그 평가를 자신의 인력배치와 전술을 수정하는 데 활용해야만 한다"고 주장하였다.102

(3) 경찰관의 업무수행 평가

1) 평가의 목적과 중요성

경찰조직의 내적 관리는 업무수행성과의 수준에 관한 정보에 상당부분 좌우되고 있다. 조직관리자는 그러한 정보를 바탕으로 더 열

심히가 아니라 보다 빈틈없이 일함으로써 조직개선에 기여할 수 있는 것이다.[103]

서장을 비롯한 모든 경찰 관리자들은 지역사회에 합리적인 비용으로 최상의 양질의 서비스를 제공할 전적인 책임이 있다. 그러나 경찰기관의 업무수행성과에 대한 정확한 정보를 가질 때만이 그러한 책임을 다할 수 있다.

또한 시민들은 경찰이 업무를 얼마나 잘 수행하고 있는지를 알 필요도 있으며 알 권리도 있다. 자신의 경찰을 면밀히 조사하고 의문을 제기하며 지역사회 공공의 안전이 지켜지고 있는지 스스로 결정하는 것은 시민의 의무이자 권리라고 한다. 물론 일반 시민의 대부분은 경찰업무나 업무수행성과의 평가와 측정에 전문성은 부족하더라도 경찰서비스의 소비자이자 경찰의 업무수행성과의 정도에 대한 최종평가자이기 때문이다.[104]

경찰의 기관장은 자신의 기관이 자원의 확보를 효과적으로 할 수 있고, 정책결정에 영향을 미칠 수 있으며, 전문화와 전문성을 확립할 수 있어야 한다. 이를 위해서도 업무성과의 측정과 평가는 필요한 것이다. 또한 경찰기관장으로서의 성공과 실패는 물론이고 개인의 미래도 업무수행성과의 측정과 평가를 위한 의미 있는 제도나 방안을 개발할 수 있는 자신의 능력에 따라 좌우될 수 있다.

2) 업무수행측정의 쟁점

❶ 측정의 목표와 범위

업무수행성과의 측정은 무엇을 측정할 것인가의 결정을 요한다. 이는 조직이나 개인의 활동의 모든 부분을 다 측정하기란 사실상 불가능하기 때문이다. 무엇을 측정할 것인가의 결정은 수행되는 많은 활동 중에서 가장 중요한 것이 무엇인가의 선택을 요구한다. 불행하게도 다양한 경찰활동에 대해서는 상당한 논란의 여지가 있으며, 이러한 논란은 경찰의 업무수행평가와 측정을 더욱 어렵게 만든다. 일부에서는 표면적으로는 경찰활동의 중요한 특징을 보여주는 것 같은 범인의 검거, 사건해결률, 범죄발생률 등과 같은 범죄통제의 요소를 측정하고자 하는 반면, 일부에서는 적법절차의 준수가 성공적인 경찰업무의 지표이기 때문에 측정되어야 한다고 주장한다. 또 다른 일부에서는 시민이 경찰업무수행에 대한 최선의 판단자라는 가정에서 경찰서비스에 대한 시민의 만족도를 측정할 것을 주장한다.[105]

이처럼 심각한 의견의 차이는 광범위한 경찰목표의 모호성과 경찰의 특정한 목적과 그들의 상대적 우선순위에 관한 합의점의 결여를 보여주는 것이다. 시민들도 경찰 업무수행의 효과성이나 비효과성의 지표와 범주에 대하여 그리고 무엇이 경찰의 업무수행성과가 향상되었음을 보여주는 것인지에 관한 의견의 일치를 보지 못하고 있다.

따라서 이러한 문제를 해결하는 가장 좋은 방법은 경찰업무수행의 측정에 있어서 복수척도를 도입하는 것이다. 단순히 범죄율의 증가나 감소 또는 사건해결률의 증대나 저하에만 의존한 평가는 부족하며, 경찰기관을 적법절차의 준수나 위반에만 기초한 평가 또한 부적절하기는 마찬가지이다. 경찰기능에 대한 상이한 다양한 관점을 반영하고 각 분야에 대한 성과를 측정하는 것이 필요하다.106

❷ 주관적 척도와 객관적 척도

경찰 업무수행측정과 평가의 또 다른 쟁점은 객관적 척도와 주관적 척도에 대한 상대적 효용성의 문제이다. 범죄량이나 검거건수와 같은 객관적 척도는 정확성이란 가치가 있어서 결과적으로 평가결과의 방어가 용이하다. 경찰에 대한 시민의 만족도와 같은 주관적 척도는 일반적으로 실수의 여지가 많고 따라서 결과에 의문을 제기하는 경우가 많아질 수 있다.

이러한 특징으로 인하여 일부에서는 주관적 척도를 줄이고 객관적 척도에 비중을 더 많이 두는 경향이 있다. 그러나 이러한 경향은 몇 가지 문제에 봉착하게 된다. 우선 많은 경우 검거건수, 범칙금부과건수, 사건해결률 등을 계산함으로써 중요한 것보다는 측정하기 쉬운 것을 측정하게 된다. 물론 이러한 척도들도 측정되어야 하지만 다른 것을 제외한 채 이들 활동만 측정된다면 부적절할 것이다.

이러한 관행은 경찰의 업무수행 자체에도 영향을 미치게 된다. 즉, 경찰관들이 그러한 잘못된 측정에 맞추기 위하여 자신의 활동과 행위를 조정하게 되고 조직 또한 그에 맞추게 된다. 결과적으로 측정의 용이성 때문에 도입된 업무수행평가범위가 사실상 조직과 개인의 목표와 목적이 되어버리는 것이다.

따라서 경찰기관장은 활용할 적절한 척도를 선택하기 전에 경찰업무의 중요한 관점에 대해서 먼저 생각할 필요가 있다. 분명한 것은 경찰업무의 복잡성을 고려할 때 특히 경찰업무의 다양한 관점을 다 포함하고 그것을 평가할 수 있는 복수의 척도를 활용할 필요가 있는 것이다. 주관적 척도와 객관적 척도 사이의 선택은 각 업무의 최선의 지표를 파악하고 그에 기초하여 이루어져야 할 것이다. 일부 업무는 객관적 척도가 유리하고 일부는 주관적으로 측정되는 것이 더 좋을 수 있는 것이다.

한편, 객관적으로 측정하려는 의도를 가진 다수의 척도도 정확성을 결여할 수 있다는 점을 인식할 필요가 있다. 예를 들어, 범죄량의 척도로서 공식범죄통계를 이용하는 것은 심각한 문제와 한계를 가진다. 또한, 수사업무의 객관적 척도로 보이는 사건해결률도 개별수사관이나 기관에 의하여 심각하게 조작될 수 있다. 그러한 측정의 부적절성으로 인하여 객관적 척도와 주관적 척도의 실질적인 차이는 기대하는 것만큼 크지는 않다고 할 수 있다.107

❸ 양과 질(Quantity vs. Quality)

질적 평가와 양적 평가의 문제는 주관적 척도와 객관적 척도의 문제와 측정하기 가장 쉬운 것을 측정하려는 경향 이 두 가지와 밀접한 관련이 있다. 업무수행의 양은 일반적으로 업무수행의 질에 비해 보다 측정하기가 쉽고 보다 객관적일 수 있기 때문이다. 교통범칙금이 부과된 건수는 이미 측정되고, 요약되고, 제출되어 있지만 교통경찰의 업무수행을 질적으로 측정하기란 어려운 것이다.

그러나 경찰 봉사의 질에 대한 시민들의 평가나 부하직원의 보고서에 대한 상급자의 질적 평가와 같이 업무수행의 질적 평가를 위한 훌륭한 주관적 척도가 없는 것은 아니다. 그리고 때로는 객관적 척도도 질적 평가를 반영할 수 있는데, 예를 들어 징수된 교통범칙금의 양과 같이 단순한 부과건수보다는 교통경찰의 질을 평가하는 데 더 가깝다고 할 수 있을 것이다.

❹ 신뢰성(Reliability)과 타당성(Validity)

신뢰성이란 반복적 또는 독립적인 측정의 결과가 동일한 점수나 결과를 보여주는가의 문제이다. 만약 모든 수사관에게 사건해결에 관한 동일한 규칙이 적용된다면 사건해결률이 믿을 만한 척도라고 할 수 있을 것이다. 자료의 타당성이란 척도와 측정의 결과가 실제 업무수행성과를 그대로 정확하게 대변하는가의 문제이다. 타당성이 없는 신뢰할 만한 척도는 제한된 목적이지만 때로는 적정한 것일 수도 있다. 앞에서 지적한 것처럼, 공식범죄통계가 실제 범죄발생량에 대한 정확한 척도는 될 수 없을지라도 경찰의 업무량과 범죄발생현상의 변화에 쓸 만한 지표가 될 수 있다.

❺ 원인과 결과

전통적으로 경찰기관은 시민, 정치권, 경찰관리자들에 의하여 범죄율의 변화에 기초하여 평가되곤 하였다. 즉, 범죄발생률의 저하는 경찰 효율성의 증거로 잘못 알려져 왔고, 범죄발생률의 증대는 효율성의 부족을 지칭하는 것으로 잘못 취급되어 왔다. 이는 범죄발생률과 경찰업무수행성과 간의 인과관계가 정확하게 알려지지 않기 때문에 적절한 평가라고 할 수 없는 것이다. 범죄율은 사회, 경제, 정치 등 다양한 여건에 따라 영향을 받는데, 경찰의 업무수행은 그러한 다양한 요인 중 단지 하나에 불과하기 때문이다.

특정한 지역에서의 특정한 범죄를 줄이기 위한 특정한 전략이나 전술은 범죄발생률에 어떠한 영향을 미쳤는가에 기초하여 평가될 수 있을 것이지만 이러한 평가가 받아들여지기 위해서는 업무수행과 결과라는 인과관계의 존재가 필요하다.

3) 개별 경찰관에 대한 업무평가

❶ 평가의 의의

개별 경찰관에 대한 업무수행성과의 평가는 개인에 대한 연구에 필요한 정보, 인사결정

을 위한 자료, 직원들에 대한 환류(feedback)를 제공하는 세 가지 목적을 가지고 있다.108

개인에 대한 업무수행성과의 평가는 한편으로는 직원의 선발과 승진제도나 방법의 타당성을 검증하기 위해서도 필요한 것이다. 그런데, 선발시험의 타당성 검증은, 그 시험으로 가장 일을 잘할 후보자를 선발한다는 것을 확인해 주며, 시험이 후보자를 임의적으로 차별하지 않는다는 것도 확인해 주기 때문에 중요한 것이다. 즉, 타당성 있는 시험은 기회균등과 최고 양질의 자원을 보장해 주는 것이다.109

그리고 승진과 전보 등 거의 모든 인사도 개별 경찰관의 업무수행성과에 관한 정보에 의존하고 있다. 더불어 경찰관 자신도 자신이 과연 얼마나 일을 잘하고 있는지에 관한 환류를 필요로 하며, 감독자는 지속적으로 부하직원에 대한 정보를 직원들에게 제공하고 직원들의 부족한 점이 무엇이며 어떻게 그것을 향상시킬 것인지에 대하여 상담할 필요가 있다.

그럼에도 불구하고 많은 관리자들은 평가제도나 형태에 대한 불만, 평가의 기초가 되는 정보의 부족, 부정적인 평점을 주는 데 대한 불편함, 그리고 평가결과의 통보의 어려움 등 다양한 이유로 직원들을 평가하기를 무척이나 싫어한다. 결과적으로 다수의 관리자들은 종종 필요하지만 귀찮은 일로 여겨 매우 형식적으로 실시하곤 한다.110

뿐만 아니라 피평가자인 직원들도 불만을 가지기는 마찬가지이다. 그들은 자신이 얼마나 일을 잘하고 있는지에 관한 정보를 알고 싶어하지만 임의성, 부적절성, 평가대상의 부정확성, 평가결과에 대하여 평가자들이 의미있는 방향으로 활용하지 못하거나 하지 않으려는 점 등의 이유로 일반적으로 현재의 평가제도에 대하여 만족하지 못하고 있다.

다행히 이처럼 평가자나 피평가자 모두가 가지는 평가에 대한 불만을 줄이는 방법이 전혀 없는 것은 아니다. 우선은 평가의 초점을 가능한 개인의 인성보다는 업무수행결과에 맞추는 것이다. 업무수행이 조직의 효과성에 실제로 영향을 미치지만 직원의 인성이 때로는 도덕성과 조직문화에 영향을 미칠 수도 있지만 업무수행에 상당할 정도는 아니라고 할 수 있다. 경찰관의 인성은 그것이 자신과 동료의 업무수행, 개별 시민과 대중과의 관계에 영향을 미칠 때만 고려되어야 한다.

또 다른 방법은 평가과정을 가능한 평가라기보다는 분석으로 특징짓는 것이다. 평가란 좋은 점과 나쁜 점을 평점하는 과정을 암시하고 피평가자의 방어를 증대시키는 경향이 있다. 자신의 가치가 평가된다는 것은 모든 사람에게 위협적인 것이다. 그러나 분석은 보다 중립적이며 함축성을 가진다. 분석의 목적은 향상이 필요한 분야를 찾기 위한 것이다.

또한 평가에 대한 만족도를 향상시키기 위해서는 평가자에 대한 조심스러운 훈련을 필요로 한다. 모든 평가자가 적절한 훈련을 받음으로써 평가제도와 방법을 이해하고 모든 평가자가 동일한 영역에 대하여 동일한 척도를 적용함으로써 평가의 타당성과 신뢰성도 높일 수 있기 때문이다.111

업무성과를 분석함에 있어서 평가대상자를 관여시킴으로써 평가제도의 수용을 증대시킬 수 있다. 평가대상자로 하여금 주기적으로 스스로 자신의 업무성과를 검토시키고 부족한 분야를 파악하여 그 개선방법을 찾도록 하는 것이다. 또한 반대로 부하가 상급자의 업무수행결과를 평가하게 하는 것도 평가제도에 대한 불만을 줄일 수 있는 방법이다.112

❷ 고려사항

업무평가에 있어서 중요한 고려사항의 하나는 상대적 방법을 사용할 것인가 아니면 절대적 방법을 사용할 것인가의 선택의 문제이다. 말 그대로 절대적 평가는 모든 평가대상자가 절대적 기준에 따라 근무성과가 측정되는 것이다. 그 기준은 보고서의 기일 내 제출 등과 같이 객관적일 수도 있고 건전한 판단력의 활용 등과 같이 주관적일 수도 있다. 반면에 상대적 평가는 평가대상자 사이의 비교를 요하는 것이다. 단순히 판단력의 건전함 정도를 개별 경찰관에게 독자적으로 매기는 대신에 평가대상자들의 판단력을 최우수에서 최하위까지로 서열을 매기는 것이다.113

다른 하나의 선택은 객관적 척도와 주관적 척도에 관한 것이다. 앞에서도 논의되었지만 객관적 척도는 규정과 방어가 용이하여 감독자의 편견이 적으나, 모든 업무수행이 다 객관적으로 측정되기는 어려운 일이다. 예를 들어 훌륭한 순찰경관과 그렇지 못한 경관의 차이는 창의성이나 태도 등과 같이 객관적으로 측정할 수 없는 요인에 기인하는 경우가 더 많고 크다는 것이다. 따라서 가장 좋은 방법은 업무평가를 위하여 다수척도를 활용하는 것이다.114

최근 경찰분야에서 관심을 갖기 시작한 쟁점의 하나는 평가대상자의 경력 단계에 따라 상이한 분야, 범위, 기준으로 평가하자는 가능성의 고려이다. 예를 들어, 근무초기에는 경찰업무를 효과적으로 수행하는 데 필요한 지식, 기술, 능력을 개발하였는지를 평가하고, 이러한 능력이 입증되었을 때, 그가 적절한 노력을 다하고 있는지가 평가의 초점이 되어야 하며, 능력과 노력이 입증되었을 때는 그 결과에 평가의 초점이 맞추어져야 한다는 것이다.

또 하나의 중요한 쟁점은 누가 평가할 것인가의 선택이다. 대부분은 직속상관이 담당하지만 때로는 다수의 감독자가 합동으로 평가하는 경우도 있다. 이처럼 합동평가는 더 많은 정보를 평가과정에 들여올 수 있기 때문에 더 정확한 평가가 될 수 있다. 또 다른 방법은 동료에 의한 평가이다. 물론 이러한 방법은 권한의 계층을 따르지 않고 상호 경쟁관계에 있는 사람끼리 상호 평가하기 때문에 논

란의 여지는 있으나 동료가 서로에 대해서 가장 잘 알기 때문에 가장 정확한 평가가 될 수도 있다.115

마지막으로 공중 또는 시민도 경찰관의 평가자가 될 수 있다. 경찰서비스에 대한 시민의 만족도를 평가하기 위하여 시민을 대상으로 설문조사를 하는 형태로 주로 실시되고 있다. 그러나 이러한 시도는 대체로 개인보다는 조직이나 기관의 평가를 위하여 주로 이용되고 있다. 그러나 해당 경찰관과의 접촉경험이 있는 시민을 상대로 설문조사를 함으로써 경찰관 개인에 대한 평가에도 이용될 수는 있다. 그러나 이러한 시도는 경찰의 역할 그 자체가 시민과의 적대적 관계에 빠지게 하기 때문에 논란의 여지가 있다. 논란의 여지가 있음에도 불구하고 현대 경찰의 추세라고 할 수 있는 지역사회경찰활동에서는 시민들이 경찰관이 어떻게 행동하는가에 대한 가장 직접적인 지식을 가지고 있으며, 궁극적으로는 시민들이 경찰이 효과적으로 업무를 수행하고 있다고 만족해야 하기 때문에 상당한 호소력을 가지고 있다.116

❸ 평가의 방법

i. 업무성과평가법 (Work production method)

개별 경찰관의 보고서, 범죄자 체포, 교통위반 스티커 등의 건수를 일상적으로 수집하여 그것을 평가의 목적으로 활용하게 된다. 일부에서는 전적으로 이러한 자료에 의존하여 경찰관을 평가하고 일부에서는 다른 평가자료에 더하여 활용하며 또 다른 일부에서는 경찰관의 업무의 양과 질에 관한 실적평가와 판단을 위한 기초로 사용하고 있다.

미국 콜로라도의 이글우드경찰서의 경우, 23가지 업무에 대해서 조직효율성의 기여도와 소모된 시간에 따라 일정한 가중치를 부여하고, 매월 각 경찰관이 이들 업무의 수와 가중치에 기초하여 성적을 매기고, 이들 점수는 다시 각 경찰관의 근무일수에 따라 조정되며, 마지막으로 각 경찰관의 점수는 부서 내 다른 경찰관들의 점수와 비교하여 평균 이하 또는 이상 등으로 등급을 매기는 방법을 채택하고 있다.117

이러한 방법은 일종의 상대적 평가라고 할 수 있는데, 그것은 절대적 기준에 따라 비교되지 않고 부서의 평균과 비교되기 때문이다. 그러나 이글우드의 방법은 또한 객관적이라고 할 수 있는데, 그것은 이미 계량화할 수 있고 검증할 수 있는 업무성과가 측정되기 때문이다. 또한 이 방법은 상이한 가중치를 가지는 다양한 업무분야를 활용하기 때문에 업무성과의 질과 양을 동시에 측정할 수 있다. 그리고 활용되는 척도의 특성으로 인하여 확보되는 자료는 신뢰할 수 있고 타당한 것으로 기대할 수 있다.

그러나 문제점은 객관적 척도가 모든 분야의 업무성과를 다 대변할 수는 없다는 점이다. 이글우드의 방법도 사실은 법집행활동을 제외한 거의 모든 경찰활동이 측정대상에서 제외되고 있다. 서비스의 질, 분쟁해결의 효율성, 판단력 등에 대한 객관적 척도는 그 개발이 불가능하거나 적어도 매우 어려운 것들이다. 또한 전적으로 객관적 척도에만 의존하는 것은 단지 측정하기 쉬운 것만 측정하고 측정되는 항목이나 분야만 권장하는 문제를 초래하게 된다.

ii. **등급척도**(Rating scale)

직원들은 객관적 척도로 등급이 매겨질 수 있으나 통상적으로 등급척도는 감독자에 의한 주관적 판단을 요하게 되어 상대적이거나 절대적일 수 있다. 즉 등급을 위한 응답이 평균을 기준으로 행해진다면 등급화는 적어도 원칙적으로는 상대적이라고 할 수 있다. 실제로 만약 감독자가 부서평균에 따라 등급을 매긴다면 그 등급은 상대적인 반면, 감독자가 평균적인 업무수행의 일반적 기준에 따라 등급을 매긴다면 그 등급은 절대적인 것이다. 대부분 평가척도가 만족에서 불만족 또는 우수에서 불량으로 구성된다면 등급척도는 절대적 업무평가방법이 되는 것이다. 절대적 특성을 분명히 하기 위하여 일부 등급척도는 매우 기준미달에서 매우 기준초과로 구성되기도 한다.

이 방법은 전통적 등급(conventional rating)과 행위고정등급(behaviorally anchored rating)이 있으며, 전통적 방법에는 다시 이산범주척도(discrete category scale), 시각등급척도(graphic rating scale), 그리고 종속척도(adjective scale)가 있다.118

먼저 전통적 방법으로서 이산범주척도는 업무수행과 관련된 일련의 자질이나 속성 등을 정하고 각 속성마다 평정대상자의 성공과 실패 또는 만족과 불만 등 업무수행능력에 대한 평정자의 생각을 보여주는 둘 이상의 배타적 범주를 주고 여기에 예/아니오 또는 만족/불만족 등으로 표시하는 것이다. 이 방법의 장점은 우선 간단하게 만들 수 있고, 사용하기 쉬우며, 평정자 교육훈련이 많이 필요하지 않고, 평정자간의 일치율이 높다는 점이다. 반대로, 선택된 항목 또는 속성들이 각각 평가하려는 행위에 대한 배타적 범주로 가정한다는 점, 모든 항목마다 그 사람을 우수, 보통, 부족 등으로 범주화한다는 것은 무리라는 점, 그리고 후광효과, 지나치게 관대하거나 박한 평가, 중앙 집중화 경향 등의 가능성이 높다는 점 등은 단점으로 지적되고 있다.

시각등급척도는 하나의 직선 위에 업무수행과 관련된 자격이나 특성의 정도를 표시하는 방법이다. 이 척도는 부정적인 극단에서부터 긍정적인 극단으로 이어지는 하나의 연속변수이며, 대부분 아주 불만족인 1에서 아주 만족인 10으로 구성되고 있다. 이 방법 또한 만들고 이용하기가 쉬우며, 평정대상자의 전반적인 가치를 대변하고 다른 대상자와 비교할 수 있는 총점을 만들어 낼 수 있다는 장점을 가진다. 그러나 장점이라고 할 수 있었던 총점수의 이용은 어떤 분야에서는 낮은 평가를 받은 사람이 다른 분야에서는 매우 높은 평가를 받음으로써 상쇄시킬 수 있음을 의미하여 단점이 되기도 한다.

종속척도는 가장 세련된 평정방법이라고 할 수 있는 것으로서, 업무수행특징들의 목록에 각각 독립된 직선을 두고 그 밑에는 해당 특징을 규정하는 짧은 진술을 달아둔다. 그러나 어떠한 특징에도 수치가 표현되거나 적용되지 않는다. 이 방법의 장점은 연속적인 시각특징척도의 장점을 유지하되 동시에 평정될 행위에 대한 명확하고 객관적인 기술을 함으로써 평정자에게 아무런 해석의 여지를 남기지 않는다는 점이다. 즉, 평정자는 각각의 진술을 읽고 가장 적절한 하나를 찾아서 체크하는 것이다. 반면에 이 방법이 요구하는 정도까지 직무행위를 자세하게 기술할 수 없다는 것이 단점으로 지적되고 있다. 우선, 직무수행이 일반적으로 너무 특화되어서 평정자가 평정대상자를 적절하게 기술할 마땅한 구절을 찾기가 쉽지 않다. 그리고, 각각의 특징 기술에도 어느 정도의 한계가 있기 마련이어서 일종의 이산범주에 가까운 접근이 될 수 있다.119

한편 행위고정등급방법은 전통적 등급제도의 방법론적 문제점을 극복하려는 시도라고 할 수 있다. 처음 두 단계는 뒤에 기술되는 핵심사안기법에서 이용되는 것과 동일하다. 감독자로 하여금 매우 우수하거나 매우 잘못된 직무수행의 예를 기술하도록 하여, 이들 사안들이 더 작은 수의 일반적 범주로 축약되도록 한다. 다음에 감정단으로 하여금 각각의 핵심사안에 등급을 매기도록 하고, 감정단간에 동의율이 높은 가장 많이 언급되는 사안들이 최종 도구로 남게 된다. 이들 남은 사안들은 각자의 일반범주로 배당되고, 각 범주에 대한 척도는 감정단에 의하여 부여된 가치에 따라 범주의 사안을 서열화함으로써 만들어질 수 있다. 평정자는 평정대상자를 각 범주에 따라 등급을 부여하고, 대상자의 평가는 모든 일반범주의 총점을 합산함으로써 정해진다.120 여기서 평가될 업무수행 분야는 그 척도를 활용할 사람들에 의하여 파악되고 규정된다. 척도는 감독자들이 합의하는 업무수행의 특정한 수준을 대변하는 실제 직무행위에 대한 기술로서 정해진다.121 이 방법은 핵심사안과 등급화의 긍정적인 측면과 밀접한 상관성과 관련된다는 장점이 있다. 가장 바람직한 관점은 환류를 통한 직원계발에 대한 잠재적 가치라고 할 수 있다. 매우 상세하게 직원의 직무행위를 지적함으로써 가능한 것이다. 그러나 이 방법은 그 개발이 어렵고 시간을 요하며, 바르게 행해지지 않으면 거의 아무런 소용이 없다는 점은 단점으로 지적되고 있다.

등급척도를 종합하여 평가하자면, 이러한 평가방법의 주요 결점은 감독자에게 요망되는 주관적 판단이라고 할 수 있다. 부하직원을 창의력, 판단력, 업무의 질 등에 있어서 위와 같은 등급으로 평가하기는 어려운 일이기 때문이다. 더구나 이러한 방법이 광범위하게 활용되고 있기 때문에 이러한 방법과 관련된 문제점을 인식하는 것은 매우 중요한 것이다. 그 하나는 소위 말하는 halo 효과이다. 하나의 척도에 대한 평가가 다른 척도의 평가에 영향을 미칠 수 있다는 것이다. 즉, 직원들이 전형적으로 모든 척도가 우수하거나 아니면 모두가 평균인 평가를 받기 쉽다는 것이다. 사실 모든 사람은 장점과 단점을 동시에 가지고 있으나 이 halo 효과가 그러한 차이점을 상쇄하는 경향이 있다는 것이다.122

halo 효과가 개인에 대한 평가를 모든 척도에서 평균이거나 우수 등으로 일관되게 일반화된 평가를 만드는 경향이 있지만 중도경향(central tendency)의 문제는 모든 직원이 우수평가를 받는 등 모든 직원이 동일한 평가를 받는 결과를 초래하게 된다. 그 원인의 하나는 감독자가 매우 낮거나 매우 우수한 평가를 할 때 그 이유나 설명을 첨부하도록 요구하는데 기인한다고 할 수 있다. 이러한 관행은 곧 감독자로 하여금 추가문건을 요하지 않는 범위 내로 평가를 제한하게끔 부추기게 되는 것이다. 또 다른 이유는 감독자의 관대함의 현상이라고 할 수 있다. 대부분의 감독자는 매우 낮은 평가로부터 파생되는 부하직원과의 불가피한 갈등을 피하려는 경향이 있기 때문이다. 실제로 많은 경우 약간 낮은 평가나 등급마저도 부하직원의 장래를 흔들 수 있기 때문에 결과적으로 평가나 등급이 가치 절하되는 것이다.

iii. 서열화(Rank ordering)

다양한 척도에 따라 각 경찰관을 평가하는 대안으로 직원들을 최고에서 최저까지 서열을 매기는 것이다. 이는 감독자가 하나의 총체적인 척도로 자신의 부하직원들을 최우수 일등에서 최악의 꼴찌까지 서열을 매기게 하는 것이다. 그러나 물론 일련의 특정한 평가범주에 대한 서열화도 가능하다. 예를 들어, 직원들이 그들의 판단력, 그리고 작업기술 등과 같은 특정한 자질에 대하여 각각 점수를 부과하고 이를 종합하여 전체적인 서열을 매기는 것이다. 물론 서열화는 당연히 상대적 방법의 평가이며, 동일한 부서 내에서는 신뢰할 만한 직원들에 대한 서열을 매길 수 있으나 다른 부서의 직원들과의 의미있는 비교는 불가능하지 않으며 매우 어렵다고 할 수 있다.

통상적으로 아주 우수하거나 아주 부족한 직원을 골라내고 서열을 매기는 것은 그리 어려운 일이 아니지만 그 중간에 위치하는 다수에 대하여 서열을 매기기는 매우 어렵다고 한다. 바로 이러한 문제점을 극복하려는 시도에서 변형서열화(alternative raking)를 채택하기도 한다. 이는 평가대상자 전원의 명단을 놓고 먼저 가장 우수한 사람을 뽑은 다음에 가장 부족한 사람을 뽑고, 남은 사람 중에서 가

장 우수한 사람과 가장 부족한 사람을 뽑는 방식으로 전원을 뽑을 때까지 계속하는 방법이다.123

iv. 쌍방비교(Paired comparison)

또 다른 상대적 업무평가는 감독자가 직원들을 짝을 만들어 총체적인 척도나 몇 개의 특정한 척도에 따라 두 사람 중 한 사람을 더 우수한 것으로 선택하는 것이다. 구체적으로, 대상자 명부로부터 한 사람을 뽑아서 나머지 사람들과 일일이 한 사람씩 비교한 후 더 우수한 사람을 결정하는 방법을 대상자 전원의 서열이 정해질 때까지 계속하는 방식이다. 이 방법은 위의 서열화보다 더 신뢰할 수 있는 정보를 제공해 준다. 사실 두 명을 비교하는 것이 여러 사람을 비교하는 것보다 훨씬 용이한 것이다. 또한 이 방법은 다양한 특성에 대하여 상호 비교하기 때문에 태도나 책임감과 같이 비교되는 모든 요소에 대해서도 모든 대상자를 서열화할 수 있다.124 그러나 이 또한 상대적 평가방법이기 때문에 위의 서열화와 마찬가로 결함을 가지고 있으며, 그 밖에도 피평가자의 수 혹은 평가척도가 많다면 널리 활용되기는 어려울 것이다.

v. 강제배분(Forced distribution)

강제배분도 다른 하나의 상대적 평가방법으로서 전체적인 총체적 평가나 특정한 척도에 대해 감독자가 부하직원들을 상위 10%, 중상위 20%, 보통 40%, 중하위 20%, 하위 10% 등 특정한 비율에 따라(%) 배분하는 것이다. 대부분의 경우에는 그 비율을 정규분포(normal distribution)가 되도록 요망하고 있다.

지금까지의 서열화 방식은 많은 장점을 가지고 있다. 우선 고안과 사용이 간단하고 사람들은 다른 사람을 서열화하는 경향이 있기 때문에 아주 자연스러운 제도라고 할 수 있다. 또한 서열화는 지나치게 엄격하거나 지나치게 후한 평가 또는 중간밀집 등과 같은 문제나 오류의 소지가 적다. 더구나 평가자가 대상자와 관련된 문제에 익숙하지 않을 때도 가장 권장할 만한 방식이라고 할 수 있다.

그러나 서열화의 단점도 적지 않다. 우선 평가대상자가 많아지면 서열화가 매우 어려워지며, 서열 간 능력의 차이가 동일하지 않고, 대상자가 단 하나의 관점에서만 서열이 매겨지며, halo 효과가 개입할 소지가 많다. 또한, 집단 간 비교가 곤란하고, 직원계발과 환류의 목적으로 활용할 수 없으며, 업무수행 만족도에 관한 평가가 되지 못한다.125

그런데 강제배분은 다른 비교기법에 비해 몇 가지 장점을 가지고 있다. 우선, halo 효과를 통제할 수 있으며, 많은 평가항목에 대하여 비교할 수 있다. 그러나 이 강제배분 방식은 정규분포의 개념 위에서 실시되는데, 어떤 직업집단도 업무수행기술에 따라 무작위로 분포되지 않는다. 이는 직원들이 채용과 승진으로 이미 사전에 선발되었고, 통계적 요건을 충족시킬 정도로 그 수가 많지 않기 때문이다. 또한 강제배분은 조직의 다른 부서의 직원들간의 비교를 불가능하게 하는 점이 하나의 결점으로 지적되고 있다. 즉, 특정 부서에서는 최악의 평가를 받거나 다른 부서에서는 최고의 직원보다 더 우수할 수 있지만 이 방법은 그러한 정보를 제공하지 않는다. 감독자들은 이 방법이 자신들의 등급이나 평가의 자유를 제약하고 상대적 평가로 인하여 더 나은 평가를 받을 자격이 있는 직원에게 좋지 않은 평가를 주어야 하기 때문에 불편해 한다.

vi. **점검표**(Checklists)

등급척도의 대안으로서 다른 부서의 직원들과 비교할 수 있게 해주는 가장 널리 알려진 방법이 바로 점검표라고 할 수 있다. 이 방법은 감독자로 하여금 직원의 업무수행을 가장 잘 기술하는 일련의 행동목록을 점검하는 것이다. 목록에 점수나 등급이 매겨지는 것이 아니어서 감독자가 점검목록의 각 항목이 직원의 등급에 어떠한 영향을 미치는지에 대해서 알 수 없기 때문에 등급척도와 관련된 대부분의 문제점은 거의 없어지게 된다. 점수의 부여는 감독자가 아닌 다른 사람에 의하여 점검되는 행위에 긍정적 또는 부정적 가치를 부여하는 채점기준에 따라 주어지게 된다.

점검표방식의 수정안은 응답척도(response scale)를 활용한다. 해당 직원이 시민을 존중한다 등과 같은 항목에 check하는 대신에 각 항목에 자주, 가끔 등의 응답지에 check하도록 하는 것이다.

연구결과에 의하면, 이 방법의 장점은 우선 halo 효과와 개념적 편견을 줄일 수 있으며, 상이한 부서에 근무하는 사람과의 비교가 가능하며, 평가에 관하여 직원과 평가자의 토론을 활성화시킬 수 있다는 점이다.126

그러나 감독자가 평가의 실제 점수부여에 직접 참여하지 않고 각각의 항목에 부여된 가중치를 알지 못하기 때문에 직원들에게 업무수행에 대한 정확한 feedback을 제공할 수 없다. feedback과 상담이 업무수행평가의 중요한 소득이기 때문에 이러한 결점은 심각한 한계라고 할 수 있다. 한편, 방법론상으로도 평가유형을 구성하는 데 많은 어려움과 시간을 요하게 되고, 지나치게 복잡하여 평가자의 오해의 소지를 가지고 있다.

vii. **강제선택**(Forced choice)

점검표방식의 또 다른 변형은 바로 강제선택의 방식이다. 이 평가기법은 감독자로 하여금 주어진 4개의 지문 중에서 부하직원을 가장 잘 설명하거나 잘 어울리는 지문 또는 가장 잘못 설명하거나 가장 잘 안 어울리는 지문을 반드시 선택하도록 하는 방식이다. 각 지문마다 감독자가 모르는 수치가 주어진다. 이 방법은 위의 점검표가 가지는 공통의 장·단점을 가지나 점수의 부여가 더 복잡하여 직원에게 유용한 feedback을 제공하는 데는 더 불리한 단점이 있다. 그러나 이 방법은 성공에 대한 가장 타당한 예측으로 알려져 있기 때문에, 보다 객관적이고 거의 정상분포에 가까운 결과를 가져다 줄 수 있는 장점이 있다.

그러나 이 방법은 평가자가 대상자를 부정적으로 또는 긍정적으로 평가하고 있는지를 알지 못하도록 노력하고 있고 그 결과 약간의 편견을 줄일 수는 있으나 평가자의 협조를 상실할 우려가 있다.[127]

viii. 핵심사안(Critical incidents)

업무수행평가의 마지막 접근방법으로서, 조직의 성공에 핵심적인 특정한 업무수행사안에 초점을 맞추고 있다. 경찰업무에 있어서 그러한 핵심적인 업무는 폭력적인 범죄자의 통제, 가정폭력의 해결과 같은 것이다. 핵심사안은 업무에 대한 효과적 또는 비효과적 수행의 정확한 척도가 될 수 있어야 하며, 따라서 일상적인 활동이 아니라 성공과 실패를 구분할 수 있는 효과적인 업무수행의 핵심적인 활동이어야 한다.[128] 감독자는 바로 이러한 핵심사건의 처리에 대하여 매일매일 직원들을 평가하는 것이다. 평기기간의 말미가 되면 감독자는 각 직원의 업무수행에 대한 일련의 기재사항을 갖게 된다. 이들 기재사항들이 전반적 업무수행에 대한 판단의 기초로 활용되거나 판단력이나 민감성 등과 같은 특정한 범주에 대한 등급의 기초가 되는 자료로 이용될 수 있다.

따라서 이 방법은 실제로 척도화의 방법이 아니라 직원의 업무수행에 대한 중요한 사실들을 수집하는 절차라고 할 수 있다. 이 방식은 몇 가지 장점을 가지고 있다. 우선 대부분의 기법이 직무뿐만 아니라 근로자를 동시에 평가하는 경향이 있는데, 이 기법은 그러한 경향을 최소화시킬 수 있다. 또한 이 방법은 직원의 상담이나 자기 계발을 비롯한 모든 직무에 쉽게 적용될 수 있는 맞춤형 기법이며, 평정의 효과성을 검증할 수 있는 기회를 제공해 준다.

그러나 핵심사안을 특정한 범주에 대한 등급을 위한 자료로 활용하는 것이 더 바람직한 것으로 알려져 있다. 경찰감독자는 핵심사건에 대한 직원들의 업무수행을 직접 관찰할 기회가 제한되기 때문에 극히 일부 업무수행만으로 그 사람의 전반적인 업무수행을 평가한다는 것은 무리라는 것이다. 반대로 핵심사건 업무수행의 기록들이 지금까지 설명한 모든 평가방법에 있어서 등급을 지원하는 자료로 활용될 수 있다. 사실 업무수행평가를 성공적으로 하는 중요한 단서의 하나는 감독자가 직원에 대한 자신의 등급화나 평가를 지원할 수 있도록 기록들을 보관하는 것이다. 한편, 이 방법은 평가자의 많은 시간과 노력, 집중적인 관리훈련과 타당성의 검증이 필요하고, 평가자에 의한 조작의 가능성이 제기될 수 있다.

(4) 훈육

훈육은 일련의 규칙과 기준의 동조, 그리고 그 규칙과 기준을 어겼을 때 초래되는 처벌이라는 견지에서만 고려되는 경우가 많다. 그러나 이러한 훈육에 대한 부정적인 개념은 극단적인 경우에는 조직의 구성원을 아무런 생각도 없이 그냥 겁에 질린 양처럼 만들게 된다.[129] 따라서 보다 긍정적인 훈육의 개념이 바람직하며 가능한 것이다. 훈육이란 애초에 맹목적인 복종이 아닌 지휘관의 지도와 지휘를 따르는 것을 의미하였다.[130]

훈육이 필요한 이유는 조직의 구성원 모두가 조직의 전반적인 이익을 인식하고 행동으로 옮길 수 있을 정도로 이해력과 지식이 충분하리라 기대하는 것은 처음부터 비현실적이기 때문이다.

중요한 것은 조직의 규칙에 복종하는 것 그 자체가 목표가 되어서는 안된다는 점이다. 조직이 올바르게 기능하기 위해서 규칙은 존재하는 것이다. 규칙에의 복종은 조직 전반에 대한 구성원의 충성심과 조직의 궁극적인 목표를 넓히려는 욕구의 산물이어야 한다.[131]

사려 깊지 못함, 부주의, 무시, 악의 등의 결과로 생기는 규칙의 위반은 용인되어서는 안 되고, 심지어 어떤 규칙은 그 의도가 좋았더라도 규칙이 위반된다면 결코 용인되어서는 안 된다. 따라서 적절한 훈육의 유지는 단순히 일련의 규칙을 제정하고 그것을 엄격하게 집행하는 것보다 훨씬 더 많은 것을 의미한다. 경찰관은 솔선하고 많은 재량권을 행사하거나 때로는 권장받고 있어서 규칙의 위반이 있을 때 규칙을 위반한 경찰관의 의도와 동기를 고려하여 규칙의 위반과 조직의 더 큰 이익을 저울질해야 한다. 물론 규칙은 경찰조직에서 중요하기 때문에 어떠한 의도나 이유에서라도 위반이 허용될 수 없다. 그렇기 때문에 모든 경찰관은 어떤 경우에서도 어떤 규칙들을 위반해서는 안 된다는 것을 분명하게 인식해야 하며, 가능한 한 규칙의 집행은 일관적이어야 한다.

1) 훈육문제의 근원

❶ 과다한 규칙이나 잘못된 규칙

만약 어느 누구라도 모든 것을 다 알고, 이해하고, 기억하리라고 기대할 수 없을 정도로 많은 규칙, 지침, 절차, 정책 등이 있다면, 혼돈과 빈번한 위반을 피할 수 없을 것이다. 규칙과 정책은 기관의 이익을 보호하고 원활한 운영을 유지하는 데 필요한 최소한이어야 한다.

반대로 규칙과 정책이 지나치게 잘못 기술되어서 아무도 이해할 수 없거나 특정한 규칙이 언제 적용되는지가 불확실하고, 또는 동일한 상황에 대해 갈등적인 규칙이 존재한다면 규칙에 대한 적절한 준수는 불가능할 것이다. 따라서 모든 규칙, 절차, 정책 등을 정기적으로 검증하고 재고하여 절대적으로 필요하지 않은 것은 제거하고 혼돈스럽거나 상반되는 것은 수정하여야 한다.

❷ 부적절한 훈련

영국의 법원은 법에 대한 무지가 변명이 될 수 없다는 원칙을 가지고 있다. 적정하게 통보되지 않고 비밀스러운 법은 누구도 지킬 수 없는 것이다. 따라서 모든 구성원이 모든 조직의 규칙과 정책은 물론이고 또 그것들이 어떻게 적용되는지를 알도록 해야 한다. 이러한 견지에서 중요한 규칙일수록 그 내용과 적용을 모든 구성원들이 더 철저하게 숙지하도록 교육과 훈련을 시켜야 한다.

❸ 부적절한 감독과 지도력

경찰관은 대체로 감독자의 직접적인 통제보다 독립적으로 업무를 수행하는 경우가 많다는 사실은 적정한 감독의 중요성을 저해하고 있다. 물론 경찰지휘관이나 감독자가 부하들이 하는 모든 것을 다 관찰할 수는 없지만 가능한 많은 것을 관찰하고 그들이 취한 행동에 대한 보고서를 검토하며, 때로는 그들의 일을 어떻게 하고 있는지 비공식적으로 물어봐야 한다.

더구나 감독자는 기관의 규칙과 기준을 준수하도록 표본을 정하고, 부하들이 업무수행을 잘할 것을 기대함으로써 지도력을 발휘할 수 있다. 부주의하고, 무능하고, 게으른 감독자는 마찬가지로 부주의하고 게으르고 무능한 부하를 갖게 마련이다.

❹ 제도적 부패

경찰의 집단에 대한 충성, 완고함, 적대감, 그리고 자긍심은 때로는 경찰부패를 만연하게 하는 여건을 만든다. 비록 스스로도 부패가 존재하고 있음을 알고 있으면서도 서로에 대한 잘못된 충성심, 외부세계에 대한 적대감, 그리고 경찰의 명예를 손상시키지 않으려는 의지 등으로 인하여 경찰의 부패에 대해 별다른 조치를 취하는 것을 거부한다. 심지어 자신은 부패하지 않은 고위직이라도 주변의 부패의 존재를 무시하는 여건은 그것을 이용하고자 하는 사람들에게는 이상적이다. 신입자들은 상급자들로부터 부패에 동참하도록 요청받고, 그러한 요청을 거절하는 신입자들은 불신받고 경찰사회로부터 차단되며, 이러한 사정을 상급자에게 호소하는 신입자는 문제아로 취급받고 무시당하게 된다.132

이러한 관점에서 경찰부패가 일부 부패한 경찰관에 의해서만 초래된다는 소위 '썩은 사과 이론(Bad apple theory)'은 거의 받아들일 수 없게 된다. 오히려 경찰의 일이란 부패의 기회가 무궁무진한 곳이다. 경찰사회의 구성원들이 가지고 있는 일련의 가치와 태도라고 할 수 있는 경찰문화가 부패한 행위를 무시하고 처벌받지 않고 넘어가도록 허용된다면 경찰의 부패는 폭증할 것이고 해결하기 어렵게 되고 만다. 따라서 뇌물을 받는 경찰관을 단순히 하나의 '썩은 사과'로 치부할 것이 아니라 긍정적인 경찰문화를 조장하여야 할 것이다.

경찰관이 훈육의 대상이 되게 하는 행위는 다양할 수 있으나 일반적으로 다음의 네 가지 유형으로 분류할 수 있다. 내부절차의 위반, 기관의 안전과 완전성의 위반, 업무수행상의 부적절한 행동, 그리고 불법행위로 구분한다. 내부절차의 위반은 지각이나 결근 등 기관의 내부 규율, 절차 등의 위반을 말하며,

기관의 안전과 완전성의 위반이란 장비의 남용이나 부주의한 사용 또는 기밀의 누설 등이며, 업무수행상의 부적절한 행위는 근무 중의 음주나 취침 등이 해당되고, 불법행위는 뇌물의 수수 등을 말한다.

2) 긍정적 훈육

훈육이라는 용어 자체가 가르치다 또는 인격을 도야하다는 의미에 근원을 두고 있다고 한다. 긍정적 훈육은 조직의 충성스럽고, 헌신적이며, 책임 있고, 생산적인 구성원이 될 수 있는 방향으로 조직 구성원을 지도하고 인도하기 위하여 고안된 체계적·제도적 접근이라고 할 수 있다. 실무적인 관점에서 보면, 모든 경찰 구성원이 공동의 목적을 가지고, 자기훈육을 실천하고, 경찰기관 내의 업무를 용이하게 하고 질서를 증진시키기 위하여 입안된 규칙, 규율, 절차, 정책을 자발적으로 따를 때 훈육은 긍정적일 수 있다. 긍정적인 훈육은 집단이 공유하는 기대로부터의 일탈을 예방하고 또는 처벌이나 다른 유형의 부정적 제재에 호소하지 않고 적응하지 못하는 경찰관을 다루기 위하여 활용되는 사회화와 태도 조절의 부산물이다. 자신의 일을 통달하고, 전문가로서 자신에게 기대되는 것이 무엇인지를 알고, 그러한 기대를 왜 받게 되는지를 이해하는 경찰관일수록 경찰의 목표, 사명, 목적을 따르고 추구할 가능성이 더 높으며, 자신의 시간, 에너지, 노력, 전문성을 직무관련 활동에 투자할 확률도 더 높아진다고 한다. 따라서 긍정적 훈육은 그 자체에 경찰의 윤리성과 기풍에 대한 개인적 전념과 전문적 헌신에 기초한 자기제재의 참여와 동조의 의지를 보여주는 것이라고 할 수 있다.133

가장 긍정적인 형태의 훈육은 행해져야 할 일을 행하고, 주어진 상황에서 얻은 것을 행하며, 조직의 모든 구성원들에게 적용 가능한 행동과 업무수행의 합리적 기준을 자발적으로 준수하려는 인간성향에 기반을 둔 자아훈육(self－discipline)이다. 따라서 모든 감독자는 이 자아훈육이 보상받고, 외적 또는 부과된 훈육이 최소화될 수 있는 환경을 만드는 데 최선을 다해야 한다.

비록 금전이나 다른 물질적 보상이 동기부여책으로서 매우 강력한 것이지만, 인정해 주는 것이 직무관련 행위에 보다 극적인 영향을 미칠 수 있다. 사람을 인정해 주는 것이 아무런 비용은 들지 않지만 자신의 일이 중요하며 인정받고 있다고 느낄 때 그들이 얼마나 일을 열심히 할 것인지는 상상을 초월한다. 사람들은 성과나 돈보다 더 원하는 두 가지가 있다고 한다. 그것은 바로 자신의 직업세계에 긍정적인 영향을 끼칠 수 있고 현장에서의 업무수행과 성과를 판단할 수 있는 위치에 있는 사람으로부터 받기를 원하는 인정과 칭찬이라고 한다.

❶ 훈육으로서의 훈련

경찰훈련에 대한 가장 보편적이면서도 가

장 중대한 비판의 하나는 경찰훈련이 경찰활동이나 업무의 현실을 제대로 반영하지 못하고 있다는 점이다. 예를 들어 미국 뉴욕시 경찰국에 대한 조사위원회는 뉴욕경찰이 경찰관들이 경찰의 부패를 제대로 다룰 수 있도록 훈련시키지 못한다고 질책하였다. 경찰업무가 사무실 밖의 일선현장에서 감독자의 감독도 받지 않고 이루어지는 게 현실이어서 일선 경찰관에게는 부정과 부패에 대한 유혹이나 기회도 많아질 수 있음에도 불구하고 일선 경찰관을 제대로 준비시키고 훈련시키지 못했다는 것이다.[134] 마찬가지로, Los Angeles시 경찰국의 Rodney King 사건에 대한 조사위원회도 시경찰의 교육훈련이 경찰관이 비행을 회피할 수 있는 방법을 가르치지 않았을 뿐만 아니라 실제로 시민을 지나칠 정도로 과격하게 다루도록 장려하였다고 지적한 바 있다.[135] 결국 훈련의 결핍이 경찰의 부정과 부패를 초래하는 훈육문제의 한 가운데 자리하고 있다. 따라서 최선의 훈육은 경찰관에 대한 철저한 교육과 훈련에서 시작되어야 한다.

❷ 훈육으로서의 보상제도

i. 상주기와 칭찬하기

심지어 부하직원에게 공적 보상을 시상할 권한이나 기회가 거의 없을 때라도 가능하면 공개적으로 훌륭한 성과에 대해서 칭찬해야 한다. 인정받고 싶은 욕망이 바로 사람들에게 동기를 부여하는 핵심요소이기 때문에 조직의 생산성을 증대시키기 위해서는 이를 최대한 활용할 필요가 있다. 지휘의 도구로서 칭찬하는 것은 비판하거나 징계하는 것보다 더 효과적일 수 있다. 예를 들어 이달의 포돌이를 선정하여 게시판이나 인터넷 등에 게시하거나 공보나 홍보물에 게재 또는 회의 등 공식석상에서 치하하는 등의 방법이 예라고 할 수 있다.

그러나 이러한 방범도 지나치게 남발하거나 지나치게 형식적이거나 의례적이게 되면 그 효과는 반감될 수도 있다. 칭찬이나 상은 반드시 공식적일 때가 아니라 그것이 의미 있을 때 가장 가치 있는 것이다. 한편, 경찰에 있어서 범인을 검거하지 않고도 인정할 수 있는 다른 공적에 대해서도 강력범죄자를 검거하는 것과 차별하지 않고 마찬가지로 인정해 줄 필요가 있다.

ii. 승진과 보직

경찰기관이 수여할 수 있는 가장 중요한 보상은 승진과 원하는 보직의 부여일 것이다. 그러나 객관적이고 실적과 성과에 기초한 것이 아니라면 오히려 업무성과에 대한 유인으로서 의미가 없을 뿐만 아니라 조직과 지휘관에 대한 존경과 존중심만 손상시킬 수 있다. 특히, 승진이 연공서열이나 시험에만 의존한다면 기관의 규칙이나 정책을 얼마나 잘 지키고 따르는가 또는 실제 업무수행성과가 고려되지 않기 때문에 긍정적 보상으로서 의미를 잃게 된다. 따라서 승진이나 좋은 직책으로의 전보는 당사자의 모든 기록이 검토된 다음에 이루어져야만 한다.

iii. 일선감독자의 권한 확대

비공식적인 보상제도가 활용되는 이유의 하나는 일선감독자가 잘못에 대해서 징계를 가하거나 우수한 업적에 대해서 보상할 수 있는 권한이 거의 없기 때문이다. 실제로 미국 시카고시 경찰을 연구한 결과 순찰조장이 부하의 수준 이하의 업무를 시정시키고 우수한 업적에 대해서 보상할 수 있는 권한이 거의 없기 때문에 부하직원들의 행태에 거의 아무런 영향을 미치지 못하였으나 수사반장은 사건배정이라는 당근과 채찍을 가지고 있어서 수사관들에게 막강한 영향력을 행사할 수 있었다는 점이 밝혀지기도 하였다. 따라서 이러한 상벌제도가 효과적이기 위해서는 경찰관을 직접 관찰하기 가장 좋은 위치에 있는 일선감독자에게 중요한 처벌과 보상을 행사할 수 있는 권한이 부여되어야 한다.136

iv. 전출

전출이 부정적 징계의 형태로 이용되어서는 안 된다는 것은 오랜 지혜라고 할 수 있다. 이유는 다른 부서나 기관으로 전출을 보낸다는 것은 문제의 해결이 아니라 문제를 떠넘기는 것이기 때문이다. 경찰에는 일반적 업무와 부서가 있지만 동시에 특성화된 업무와 부서도 있고, 보편적으로 선호하는 업무와 부서가 있으나 동시에 회피하는 업무와 부서도 있게 마련이다. 이런 특성을 이용하여, 훌륭한 경찰관에게는 전문화되고 선호하는 업무와 부서로 보내고 수준이하의 경찰관에게는 회피하는 업무와 부서로 보내는 것이다.

3) 부정적 훈육-처벌

자기훈육은 가치 있는 것이지만, 그 자체만으로는 복잡한 경찰기관에서 구성원들의 행위를 규제하기에는 충분하지 않다. 따라서 이 자기훈육을 보완할 수 있는 외적 또는 부정적 부과된 훈육을 필요로 하게 된다. 보상이 아니라 처벌에 기초한 훈육을 부정적 훈육이라고 일컫는다. 이를 우리는 징벌이라고도 하며, 모든 긍정적 훈육이 특정한 업무수행기준이나 행위기대치를 만족시키지 못할 때 권한이 있는 사람이 부과하는 것이다. 징벌은 어쩔 수 없이 처벌적인 특성을 가지며, 조직의 통합성을 지키고 업무관련 행위를 규제하기 위하여 고안된 것이다. 징벌적 형태로서의 부정적 훈육은 모든 준군대식 경찰기관에서 합법적이고 필요한 행위통제기제라고 할 수 있다.

그러나 처벌은 훈육기법의 마지막이어야 한다. 물론 처벌이 필요할 때는 망설이지 않아야 하지만 채찍질로만 문제를 해결하려고 해서는 안 된다. 동시에 누구를 포상하거나 징계할 것인가를 결정하는 데 있어서 정실이나 임의성이 개입되어서는 안 되며, 소위 사기를 보전하거나 정치적 목적으로 잘못을 눈감아 주어서도 안 된다. 또한 포상이나 처벌이 그 사람의 공과가 아니라 인성에 기초한 것이어서도 안 된다.

규율의 위반을 다룸에 있어서, 절대적 훈육과 같은 것은 없다는 점을 인식할 필요가 있다. 경찰관은 감독자의 감독이 미치지 않는 외부에서 혼자 근무하는 경찰조직에서의 일부 실수는 불가피할 수 있다. 또한 조직의 목표와 그 목표를 달성하기 위한 수단에 의문을 가지는 사람도 있을 수 있다. 이러한 경우에는 즉각적인 처벌이 능사는 아니다. 그 대신 누가 어떠한 행동이 어떠한 공식적인 처벌을 받게 될 것인지를 결정하는 데 있어서 우선순위를 설정할 필요가 있다. 그렇지만 우선순위를 정하지 않고 그 해석도 자의적으로 한다면 직원들은 그러한 규칙을 장애물로 생각하고 지휘관을 지도자가 아닌 적으로 여기게 되는 위험이 도사리고 있다. 만약 창의적인 일을 하는 과정에서 발생한 조그만 규율의 위반이나 어마어마한 성과를 거둔 일의 과정에서 생긴 경미한 규율위반에 대해서 당사자들이 처벌을 받게 되고 그러한 이야기가 조직에 퍼지게 되면 자신의 경찰조직이 서로 반대되는 두 진영인, 자신들과 관리직으로 나누어져 있다고 생각하게 되고 급기야는 통제와 관리의 문제를 야기하게 된다.137

관련된 고려사항의 하나는 규율의 위반을 처벌할 것인지 여부와 처벌한다면 처벌의 수준은 어느 정도가 되어야 할 것인가를 결정하는 것이다. 그런데 그 결정은 대부분 위반의 내용이나 형태에 달려있는데, 대체로 불법적인 행동을 하거나 잘못을 저지른 위법 또는 부정행위(Malfeasance), 적법하거나 합법적인 행위를 부적절하게 한 부당행위 또는 실수(Misfeasance), 그리고 요구되는 직무를 수행하지 않은 부작위 또는 직무태만(Nonfeasance)의 세 가지 유형으로 나누어지고 있다.138

이처럼 규율의 위반에서 그 유형이 다르다는 것은 모든 규율의 위반에 즉각적으로 처벌을 가하지 않아야 할 이유라고 할 수 있다. 규율의 위반이 비생산적인 행위에 대한 경찰관의 의식적인 성향이라기보다 규율 자체의 문제 때문일 수도 있고, 규율을 잘 지키도록 경찰관들이 교육훈련 되지 않을 수도 있기 때문이다.

따라서 규율위반 시 위반행위뿐만 아니라 그러한 상황에서 규율을 따르는 것이 합법적인 경찰목표의 성취에 장애가 되는지 아니면 도움이 되는지도 평가되어야 할 것이다.

4) 효과적인 훈육의 열쇠

경찰기관을 효과적으로 운영하기 위해서는 훈육에 대한 강력하고 긍정적인 태도가 요구된다. 그러기 위해서는 당연히 상급자, 감독자, 관리자부터 몸소 기관의 목표에 대한 전념과 기관의 규칙과 정책 등에 대한 동조의지를 먼저 모범을 보여야 한다. 동시에 완벽한 훈육은 없다는 것을 인식하여야 한다. 일부는 여러 가지 이유로 기관의 규칙을 위반하게 된다.

물론 위반행위나 부패가 무시되거나 용서되어서는 안 되지만, 지나친 훈육도 경찰관의 창의성이나 책임감을 앗아갈 수 있다. 따라서 모든 사람에게 기본적인 공정감을 유지할 수 있을 정도로 일관성을 가지되 각각의 위반상황에 걸맞도록 융통성 있게 활용될 수 있는 일련의 훈육절차가 필요한 것이다.139

그런데 일반적으로 경찰관의 훈육절차는 대부분 위반이 인지되고 그에 대한 시정조치가 취해지는 2단계로 이루어진다고 한다. 또한 훈육과정은 위반사실의 인지와 시정조치에 있어서 비공식적 모형과 공식적 모형의 두 가지 다른 형태가 다 운용되어야 한다. 예를 들어 감독관이나 상사는 평소의 관찰을 통하여 부하 직원의 위반사실을 비공식적으로 인지할 수 있으며, 이러한 위반사실을 인지함과 동시에 가능한 빨리 자신이 취할 수 있는 비공식적 시정조치를 취해야 한다. 그리고 보다 심각하거나 중요한 위반사항은 보다 공식적인 형태로 인지되고 시정되어야 한다. 이를 위하여 대부분의 경찰기관에서는 옴부즈만이나 감찰 또는 감사기능을 가진 부서와 징계위원회 등을 운영하고 있다. 이에 대해서는 경찰의 통제에서 보다 자세하게 논의될 것이다.

ⅰ. 공정하고 공평한 훈육

복잡한 형사사법기관에서의 징벌은 권력의 무작위적 행사여서는 안 된다. 경찰의 전반적인 효율성, 효과성, 그리고 생산성을 보장함과 동시에 개별 경찰관의 옳지 못한 행위를 통제하기 위하여 고안된 목표지향 과정의 핵심적인 한 부분이어야 한다. 합리적인 업무수행기준에 도달하지 못하거나 현장업무에서 지켜야 할 선을 지키지 못하는 경찰관은 공식적인 징벌의 합법적 표적이나 대상이 되는 것이다. 이들은 적절한 행위를 보여주고 수용가능한 업무수행기준에 도달하는 것을 학습할 수 있는 방향으로 처벌되어야 한다.

공정하고 공평한 징벌절차는 서비스의 완결성을 보호하고, 모든 경찰관에게 적절한 참조의 틀을 제공하기 위하여 필요한 것이다. 어느 관리자라도 부하직원을 징벌하는 것을 좋아하지 않지만 징벌의 활용은 피할 수 없는 중요한 직무의 한 부분이다. 관리자가 아무리 유능하더라도 처벌의 부과는 불가피하고 정상적이다.

그러나 부하를 징계하는 데 있어서 일관성이 없거나 정실에 치우치면 직원들의 사기와 생산성에 부정적이며 잠재적으로 파괴적인 영향을 미치게 된다. 따라서 징계는 합법적이고, 합리적이며, 일관성이 있고, 시의 적절한 것이어야 한다. 부하직원 스스로가 불공정하게 취급받았다고 생각하면 강하게 반발하거나 때로는 쟁송의 대상이 되기도 한다.

ⅱ. 훈육의 활용과 남용

부정적 훈육으로서 처벌은 사기의 저하와 같은 일부 부정적 영향을 초래하겠지만 실질적인 대안이 없기 때문에 때로는 그 활용이 불가피하다고 한다. 그러나 처벌이 지적이고,

공정하고, 예측 가능한 방법으로 이루어지고, 징벌의 대상이 되는 직원에게 저조한 업무성과나 잘못으로 처벌이 불가피하다는 것을 이해시킨다면 처벌에 대한 역반응도 완화될 수 있을 것이다.

신뢰성의 부족도 고려되어야 할 또 다른 요소이다. 경찰관들은 정치적 소용돌이에 휘말리고, 지나치게 급하거나 비이성적으로 의사를 결정하고, 사소한 문제에 대해서도 징계를 하는 감독자를 신뢰하지 않고, 두려워하며, 존경하지 않게 된다. 성숙한 경찰관들은 그들의 상관이 훈육시에 평등하고 신의로서 행하기를 바란다. 감독자가 이러한 기대에 어긋날 때 불협화음은 문제를 더욱 어렵게 만들게 된다. 또한 감독자가 권위주의적 인성을 가지고, 업무의 특성을 오해하거나 지도력이 부족하다면, 훈육의 남용 가능성은 커지게 마련이다.

조직에서의 징벌의 부과는 개별 범법자를 개선시키고 다른 사람들을 억제시킨다는 두 가지 상이한 그러나 상호작용적인 목표를 가진다. 따라서 모든 징벌은 해당 일탈적 행위를 수정할 뿐만 아니라 해당 행위자는 물론이고 관측자의 미래행위에도 영향을 미친다는 견지에서 가치를 가진다. 이러한 목적에서, 감독자는 특정한 여건에서 활용될 수 있는 가능한, 타당하고 적절한 처벌이 무엇인가를 결정하여야 한다. 그러한 대안을 평가할 때는 처벌이 가져다줄 단기적이고 장기적인 영향이 추정되어야만 한다. 그 다음에 가장 효과적인 형태의 처벌을 선택해야하며, 다른 모든 것이 동일하다면 범행에 상응한 처벌을 해야 한다. 지나친 처벌은 반생산적이며 노사관리에 있어서 하나의 스트레스 요인이 될 수 있다.140

반면에 일선 감독자들은 주관적이거나 함정을 피하고 감정에 기초한 징벌을 하지 않도록 지속적으로 경계하여야 한다. 훈육과정에서 복수, 응보, 또는 화가 개입할 여지는 현대 조직관리 이론에서는 찾아볼 수도 없다. 권한의 자의적 이용을 통하여 직원을 농락하거나 징벌의 대상자를 의도적으로 모독하는 것 등은 법률적으로도 위법한 것이다. 즉 훈육의 목적은 미래를 보다 만족스럽게 만드는 것이기 때문에 감정을 이입해서는 안 된다.

POLICE SCIENCE

참고문헌

1 Cordner and Sheehan, *op. cit.*, pp. 109－110.
2 Herman Goldstein, *Problem－Oriented Policing*, New York: McGraw－Hill, 1990. p. 16.
3 Michael K. Brown, *Working the Street*, New York: Russell Sage Foundation, 1988,pp. 119－121.
4 Herbert A. Simon, *Administrative Behavior*(3rd ed.), New York: Free Press, 1976, p. 125.
5 *Ibid.*, pp. 110－112.
6 Keith Davis, *Human Behavior at Work*(6th ed.), New York: McGraw－Hill, 1981, p. 124;n Geoffrey P. Alpert and Roger C. Dunham, *Policing Urban America*(2nd ed.), Prospect Heights, IL: Waveland Press, 1992, p. 81.
7 Harold J. Leavitt and Homa Bahrami, *Managerial Psychology*(5th ed.), Chicago: University of Chicago Press, 1988, pp. 122－130.
8 Roy R. Roberg, *Police Management and Organizational Behavior: A Contingency Approach*, St. Paul, MN: West Publishing, 1979, pp. 158－159.
9 Stone and DeLuca, *op. cit.*, p. 319.
10 James G. Hunt and Lars L. Larson(eds.), *Contingency Approach to Leadership*, Carbondale, IL: Southern Illinois University Press, 1974, pp. 189－198.
11 Roberg, 1979, *op. cit.*, p. 165; Steven A. Goren, *Productive Management*, Acton, MA: Brick House Publishing, 1990, p. 24.
12 Terrence R. Mitchell and James R. Larson, Jr., *People in Organization*(3rd ed.), New York: McGraw－Hill, 1987, pp. 433－460.
13 Cordner and Sheehan, *op. cit.*, pp. 298－301.
14 Max Weber, *The Theory of Social and Economic Organization*, A. M. Henderson and T. Parsons(eds. and Trans.), New York: Macmillan, 1975, p. 328.
15 Fyfe *et al.*, *op. cit.*, pp. 94－95.
16 Cordner and Sheehan, *op. cit.* pp. 301－303.
17 R. L. parker, "Autocratic Police Administration: An Outmoded Concept," *Law and Order*, May 1986, p. 33.
18 Terrence R. Mitchell and James R. Larson, Jr., *op. cit.*, pp. 351－354.
19 Harry M. Moore and W. Fred Wegener, *Effective Police Supervision*, Cincinnati, OH: Anderson Publishing Co., 1990, p. 114.
20 Gerald H. Graham, *Management*, Belmont, CA: Wadsworth Publishing Co., 1975 참조.
21 R. M. Stogdill, *Handbook of Leadership*, New York: Free Press, 1974 참조.
22 F. Fiedler, "Engineer the job to fit the manager," *Harvard Business Review*, 1965, 43(5):115－122.
23 R. R. Blake and A. A. McCanse, *The Management grid Ⅲ: The Key to Leadership Excellence*, Houston, TX: Gulf Publishing Company, 1985, p. 29.
24 Cordner and Sheehan, *op. cit.*, p. 307.
25 Paul Hersey and Kenneth H. Blanchard, *Management of Organizational Behavior: Utilizing Human Resources*(4th ed.), Englewood Cliffs, NJ: Prentice－Hall, 1982, p. 152.
26 R. O. Loen, *Manage More by Doing Less*, New York: McGraw－Hill, 1971, p. 111.

27 J. K. Kuykendall, "Police managerial styles: A grid analysis," *American Journal of Police*, 1985, 4(1):61.

28 Fyfe et. al., *op. cit.*, p. 104.

29 R. J. House and T. R. Mitchell, "Path-Goal Theory of Leadership," in K. N. Wexley and G. A. Yukl(eds.), *Organizational Behavior and Industrial Psychology*, New York: Oxford University Press, 1975.

30 G. A. Yukl, *Leadership in Organizations*, Englewood Cliffs, NJ: Prentice-Hall, 1981, p. 154.

31 Mervin Kohn, *Dynamic Management*, Menlo Park, CA: Cummings Publishing Co., 1977 참조.

32 Moore and Wegener, *op. cit.*, pp. 123-124.

33 *Ibid.*, pp. 126-127.

34 *Ibid.*, pp. 127-129.

35 Richard J. Daft, *Organizational Theory and Design*(3rd ed.), St. Paul, MN: West, 1989, p. 30.

36 Fyfe *et al.*, *op. cit.*, pp. 110-111.

37 Robert D. Pursley, "Leadership and community identification: Attitudes among two categories of police chiefs," *Journal of Police Science and Administration*, 1974, 2:414-422.

38 Jack Kuykendal, "Police leadership: An analysis of executive styles," *Criminal Justice Review*, 1977, 2:89-102; "The grid styles of police managers," *American Journal of Police*, 1985, 4:38-70.

39 Charles Swanson and Leonard Territo, "Police leadership and communication styles," in Jack Greene(ed.), *Police and Police Work*, Beverly Hills, CA: Sage, 1982.

40 Bernard Cohen, "Leadership styles of Commanders in New York City Police Department," *Journal of Police Science and Administration*, 1980, 8:125-138.

41 James Q. Wilson, *Varieties of Police Behavior: The Management of Law and Order in Eight American Cities*, Cambridge, MA:Harvard University Press, 1978.

42 Cordner and Sheehan, *op. cit.*, pp. 241-242.

43 S. P. Robinns, *Organizational Behavior: Concepts, Controversies, and Applications*(3rd ed.), Englewood Cliffs, NJ: Prentice-Hall, 1986, pp. 101-102.

44 S. F. Coleman, *Street Cops*, Salem, WI: Sheffield Publishing, 1986, pp. 145-148.

45 Cordner and Sheehan, *op. cit.*, p. 249.

46 S. White, "A perspective on police professionalization," *Law & Society Review*, 1972, 7:61-85; R. E. Worden, "Police officers' belief systems: A framework for analysis," in D. J. Kenney and G. W. Cordner(eds.), *Managing Police Personnel*, Cincinnati, OH: Anderson Publishing Co., 1996, pp. 140-147.

47 E. F. Huse and J. L. Bowditch, *Behavior in Organizations: A System Approach to Managing*(2nd ed.), Reading, MA: Addison-Wesley, 1977, pp. 80-100.

48 J. H. Auten, "Police management in Illinois: 1983," *Journal of Police Science and Administration*, 1985, 13(4):325-337.

49 Hawthorne 연구에 대한 구체적인 내용은 F. J. Roethlisberger and W. J. Dlckson, *Management and the Worker: An Account of a Research Program Conducted by the Western Electric Company*, Hawthorne Works, Chicago, Cambridge, MA: Harvard University Press, 1939 참조.

50 A. G. Athos and R. E. Coffey, *Behavior in Organizations: A Multidimensional View*, Englewood Cliffs, NJ: Prentice-Hall, 1968, p. 154.

51 M. Alexis and C. Z. Wilson, *Organizational Decision Making*, Englewood Cliffs, NJ: Prentice-Hall, 1967, p. 69.

52 T. R. Cheatham and K. V. Erickson, "Law enforcement communication contacts," *The Police Chief*, 1975, 12(3):49.

53 G. P. Alpert and R. G. Dunham, *Policing Urban America*, Prospect Heights, IL: Waveland, 1988, p. 35.

54 Fyfe *et al.*, *op. cit.*, pp. 271－272.

55 Elizabeth Reuss－Ianni, *Two Cultures of Policing: Street Cops and Management Cops*, New Brunswick, NJ: Transaction Books, 1983 참조.

56 Stephen P. Robbins, *The Administrative Process*(2nd ed.), Englewood Cliffs, NJ: Prentice－Hall, 1980, p. 251.

57 L. K. Gaines and V. E. Kappeler, "Selection and testing,"in G. W. Cordner and D. C. Hale(eds.), *What Works in Policing? Operations and Administration Examined*, Cincinnati, OH: ACJS/Anderson, 1992, pp. 107－123.

58 National Advisory Commission on Criminal Justice Standards and Goals, *Report on Police*, Washington, D.C.: U.S. Government Printing Office, 1973, p. 20.

59 S. W. Gellerman, Motivation and Productivity, New York: American Management Association, 1963, p. 238.

60 R. Langworthy, T. Hughes, and B. Sanders, *Law Enforcement Recruitment, Selection and Training: A Survey of Major Police Departments in the U.S.*, Highland Heights, KY: ACJS－Police Section, 1995.

61 R. Roberg and J. Kuykendall, *Police Management*(2nd ed.), Los Angeles, CA: Roxbury, 1977, p. 246.

62 R. Langworthy, T. Hughes, and B. Sanders, *Law enforcement recruitment, selection and training: A survey of major police departments in the U.S.*, Academy of Criminal Justice Sciences－Police Section, 1995, Highland Heights, KY, p. 26.

63 E. Burbeck and A. Furnham, "Police Officer Selection: A critical review of the literature," *Journal of Police Science and Administration*, 1985, 13(1):58.

64 Cordner and Sheehan, *op. cit.*, p. 193.

65 G. Cordner, "Job analysis and the police: Benefits and limitations," *Journal of Police Science and Administration*, 1980, 8(3):355－362.

66 Vance McLaughlin and Robert Bing, "Selection, training and discipline of police officers," in Dennis J. Kenney(ed.), *Police and Policing*, New York: Praeger, 1989, pp. 28－29; Robin Inwald and Dennis J. Kenney, "Psychological testing of police candidates," in Kenney(ed.), *op. cit.*, pp. 34－41; Philip Ash, Karen B. Slora, and Cynthia F. Britton, "Police agency officer selection practices," *Journal of Police Science and Administration*, 1990, 17(4):258－269.

67 Roberg *et al.*, *op. cit.*, pp. 175－177.

68 J. G. Sauls, "Establishing the validity of employment standards," *FBI Law Enforcement Bulletin*, 1995, August:27－32.

69 E. Metchik and A. Winton, "Community policing and its implication for alternative models of police officer selection," in P. C. Kratcoski and D. Dukes(eds.), *Issues in Community Policing*, Cincinnati, OH: Anderson Publishing Co., 1995, pp. 107－123; Melany E. Baehr and Arnold B. Oppenheim, "Job analysis in police selection research," in Charles D. Spielberger(ed.), *Police Selection and Evaluation*, Washington, DC: Hemisphere, 1979, pp. 33－59; Joseph M. Fabricatore, "Preentry assessment and training,"in Spielberger(ed.), *op. cit.*, p. 79. 263) Stone and DeLuca, *op. cit.*, p. 284. 264) Robert J. Filer, "The assessment center method in the selection of law enforcement officers," in Spielberger(ed.), *op. cit.*, p. 212.

70 Stone and DeLuca, *op. cit.*, p. 284.

71 Robert J. Filer, "The assessment center method in the selection of law enforcement officers," in Spielberger(ed.), *op. cit.*, p. 212.

72 Ronald G. Lynch, *The Police Manager*(3rd ed.), New York: Random House, 1986, pp. 180－195.

73 E. Nowicki, "Police training: A sense of priority," *Police*, 1990, 14(1):4.

74 F. R. Graves, "Trainers technique syndrome," *Police Chief*, 1991, 58(11):62－63.

75 Steven M. Cox, *Police: Practices, Perspectives, Problems*, Boston, MA: Allyn and Bacon, 1996, p. 123.

76 Michael Brave, "Liability in law enforcement," in American City and County, 1992, 107(2):10; Gary M. Post, "Police recruits: Training tomorrow's workforce," *FBI Law Enforcement Bulletin*, 1992, 61(3):19.

77 Stone and DeLuca, *op. cit.*, p. 293.

78 Richard N. Holden, *Modern Police Management*, Englewood Cliffs, NJ: Prentice–Hall, 1986, pp. 232–236.

79 Holden, *op. cit.*, pp. 236–243.

80 Michael F. Brown, "Use of deadly force by patrol officers: Training implications," *Journal of Police Science and Administration*, 1984, 12:133–140.

81 Roberg *et al.*, *op. cit.*, p. 190.

82 B. L. Berg, "First day at the police academy: Stress–Reaction–Training as a screen–out technique," *Journal of Contemporary Criminal Justice*, 1990, 6:89–105.

83 Roberg *et al.*, *op. cit.*, p. 191.

84 R. R. Roberg, "Police training and Andragogy: A new perspective," *Police Chief*, 1979, 46:32–34.

85 G. Apert and W. Smith, "Defensibility of law enforcement training," *Criminal Law Bulletin*, 1990, 26:452–458; D. Bayley and E. Bittner, "Learning the skills of policing," pp. 87–110 in R. Dunham and G. Alpert(eds.), *Critical Issues in Policing: Contemporary Readings*, Prospect Heights, IL: Waveland Press, 1989.

86 M. S. McCampbell, *Field Training for Police Officers: State of the Art*, Washington, D.C.: National Institute of Justice, 1986.

87 Fyfe *et al.*, *op. cit.*, p. 299.

88 Jonathan Rubinstein, *City Police*, New York: Farrar, Straus and Giroux, 1973, p. 405.

89 George H. Kuper, "Productivity: A national concern," pp. 1–10, in Joan L. Wolfle and John F. Heaphy(eds.), *Readings on Police Productivity*, Washington, D.C.; Police Foundation, 1975, p. 3.

90 James Q. Wilson, "The problems of defining agency success," in *Performance Measures for the Criminal Justice System*, Washington, D.C.: US Department of Justice, 1993, p. 16.

91 Stephen D. Mastrofski and Robert D. Wadman, "Personnel and Agency performance measurement," pp. 363–397 in William A. Geller(ed.), *Local Government Police Management*(3rd ed.), Washington, D.C.: International City Management Association, 1991, p. 363.

92 Mastrofski and Wadman, *op. cit.*, p. 366.

93 David H. Bayley, "Back from Wonderland, or Toward rational use of police resources," pp. 1–34 in Anthony N. Doob(ed.), *Thinking about Police Resources*, Toronto: University of Toronto, Centre for Criminology, 1993, p. 16.

94 Fyfe *et al.*, *op. cit.*, pp. 382–383.

95 David H. Bayley, *op. cit.*, 1993.

96 Fyfe *et al.*, *op. cit.*, p. 387.

97 George L. Kelling, "Measuring what matters: A new way about thinking about crime and public order," *City Journal*, 1992, pp. 21–34; Jack R. Greene, Geoffrey Alpert, and Paul Styles, "Values and cultures in two American Police Departments; Lessons from King Arthur," *Journal of Contemporary Criminal Justice*, 1992, 8:183–207.

98 James Q. Wilson and George L. Kelling, "'Broken Windows': The police and neighborhood safety," *Atlantic Monthly*, March 1982, pp. 29–38.

99 Jack R. Greene and Edward D. McLaughlin, "Facilities for communities through police work: Drug problem solving and neighborhood involvement in Philadelphia," pp. 141–161 in Robert C. Davis, Arthur G. Lurigio, and

Dennis Rosenbaum(eds.), *Drugs and the Community*, Springfield, IL: Thomas, 1993.

100 Jerome H. Skolnick and David H. Bayley, *The New Blue Line*, New York: Free Press, 1986 참조.

101 Wilson and Kelling, *op. cit.*

102 James Q. Wilson, "The problems of defining agency success," in *Performance measures for the Criminal Justice System*, Washington, D.C.: U.S. Department of Justice, 1993, p. 161.

103 J. K. Stewart, "Research and the police administrator: Working smarter, not harder,"in W. A. Geller(ed.), *Police Leadership in America: Crisis and Opportunity*, New York: Praeger, 1985, pp. 371－382.

104 D. C. Couper, *How to Rate Your Local Police*, Washington, D.C.: Police Executive Research Forum, 1983, p. 24.

105 G. L. Kelling, "Defining the bottom line in policing: Organizational philosophy and accountability," L. T. Hoover(ed.), *Quantifying Quality in Policing*, Washington, D.C.: Police Executive Research Forum, 1996, pp. 23－36; J. R. Hepbyrn, "Crime control, Due process, and the measurement of police performance," *Journal of Police Science and Administration*, 1981, 9(1):88－98; G. P. Whitaker(ed.), *Understanding Police Agency Performance*, Washington, D.C.: US Government Printing Office, 1984, pp. 111－147.

106 D. H. Bayley, "Measuring overall effectiveness," in Hoover, *op. cit.*, pp. 37－54; G. T. Marx, "Alternative measures of police performance," in R. C. Larson(ed.), *Police Accountability: Performance Measures and Unionism*, Lexington, MA: Lexington Books, 1978, pp. 15－32.

107 Cordner and Sheehan, *op. cit.*, pp. 353－354.

108 F. J. Landy, *Performance Appraisal in Police Department*, Washington, D.C.: The Police Foundation, 1977, pp. 4－5.

109 Cordner and Sheehan, *op. cit.*, p. 358.

110 D. McGregor, "An uneasy look at performance appraisal," *Harvard Business Review*, 1957, 35(3):89－94; W. F. Walsh, "Performance evaluation in small and medium police department: A supervisory perspective," *American Journal of Police*, 1990, 9(4): 93－109.

111 W. C. Lawther, "Successful training for police performance evaluation system," *Journal of Police Science and Administration*, 1984, 12(1):41－46.

112 G. M. McEvoy, "Using subordinate appraisals of managers to predict performance and promotions: One agency's experience," *Journal of Police Science and Administration*, 1987, 15(2):118－124.

113 Cordner and Sheehan, *op. cit.*, p. 360.

114 Landy, *op. cit.*, p. 6.

115 K. G. Love, "Accurate evaluation of police officer performance through the judgement of fellow officers; Fact or fiction?" *Journal of Police Science and Administration*, 1981, 9(2):143－149.

116 T. N. Oettmeier and M. A. Wycoff, "Police Performance in the nineties; Practitioner perspectives," in G. W. Cordner and D. J. Kenney(eds.), *Managing Police Organizations*, Cincinnati, OH: Anderson Publishing Co., 1996, pp. 131－156.

117 J. R. Vaughn, "Police officer productivity assessment program," *Journal of Police Science and Administration*, 1981, 9(4):412－427.

118 Richard N. Holden, *Modern Police Management*, Englewood Cliffs, NJ: Prentice－Hall, 1986, p. 261.

119 Lopez, *op. cit.*, p. 195.

120 L. L. Cummings and Donald P. Schwab, Performance in Organizations: Determinants and Appraisal, Glenview, IL: Scott, *Foreman and Company*, 1973, p. 91.

121 James Q. Goodale, "Behaviorally－based Rating Scales: Toward an integrated approach to performance appraisal,"

in *Contemporary Problems in Personnel*, W. Clay Hamner and frank L. Schmidt(eds.), Chicago: St. Clair Press, 1978, pp. 246–254, p. 248.

122 F. J. Landy and C. V. Goodin, "Performance appraisal," in O. G. Stahl and R. A. Staufenberger(ed.), *Police Personnel Administration*, North Scituate, MA: Duxbury Press, 1974, pp. 180–181.

123 W. Oberg, "Make performance appraisal relevant," *Harvard Business Review*, 1972, 50:61–67, p. 65.

124 Paul M. Whisenand, *Police Supervision: Theory and Practice*, Englewood Cliffs, NJ: Prentice–Hall, Inc., 1971, p. 338.

125 Felix M. Lopez, Evaluating Employee Performance, Chicago, *Public Personnel Association*, 1968, p. 200.

126 Lopez, *op. cit.*, p.202.

127 Norman R. F. Maier, *Psychology in Industrial Organization*(4th ed.), Boston: Houghton Mifflin, 1973, p. 191.

128 W. K. Kirchner and M. D. Dunnette, "Identifying the critical factors in successful salesmanship," *Personeel*, 1957, 34:54–59, p.54.

129 Michael R. Carrell, Frank E. Kuzmits, and Norbert F. Elbert, *Personnel/Human Resource Management*(4th ed.), New York: MacMillan, 1992, p. 634.

130 Vance McLaughlin and Robert Bing, "Selecting, training, and descipline of police officers," in Dennis J. Kenney(ed.), *Police and Policing*, New York: Praeger, 1989, pp. 30–31.

131 Carrell *et al.*, *op. cit.*, pp. 632–644.

132 Stone and DeLuca, *op. cit.*, p. 332.

133 Harry W. Moore and W. Fred Wegener, *Effective Police Supervision*, Cincinnati, OH: Anderson Publishing Co., 1990, p. 140.

134 Whitman Knapp *et al.*, *Report of the New York City Commission to Investigate Allegations of Police Corruption and the City's Anti–Corruption Procedures*, New York: Bar Press, 1972, p. 239.

135 Warren Christopher *et al.*, *Report of the Independent Commission on the Los Angeles Police Department*, 1991, p. 131.

136 Larry Tifft, "Control systems, social bases of power and power exercise in police organization," *Journal of Police Science and Administration*, 1975, 3:155–182.

137 Fyfe *et al.*, *op. cit.*, pp. 417–418.

138 Daniel Oran, *Oran's Dictionary of the Law*, St. Paul. MN: West Publishing Co., 1983, p. 259, 272, 288.

139 Arthur W. Sherman, Jr., George W. Bohlander, and Herbert J. Chruden, *Managing Human Resources*(8th ed.), Cincinnati, OH: South–Western Pobulishing, 1988, pp. 442–458.

140 Moore and Wegener, *op. cit.*, p. 148.

제 5 장

경찰연구기획론

POLICE SCIENCE

제1절 경찰연구

경찰기관에 대한 가장 빈번한 비판 중 하나는 미래에 대한 기획의 실패라고 한다. 많은 경찰행정가들이 너무나 자주 장기적으로 고려하거나 나아가야 할 방향에 대한 아무런 고려 없이 하루하루 경찰기관을 운영하는 데에만 급급하고 있다. 그 결과, 그들은 적절한 기획이 사전에 행해졌다면 미연에 예견될 수 있었고 피할 수도 있었지만 그러지 못했기 때문에 위기에 종종 봉착하게 된다.[1]

기획은 피할 수 없는 인간활동이다. 즉, 모든 사람은 아침 일찍 일어나기 위하여 자명종 시계를 미리 맞추어 놓는 등 자신을 위하여 계획한다. 가장 넓은 의미로 기획이란 '바람직한 미래와 그것을 해내는 효과적인 방법의 고안'이라고 할 수 있다.[2] 기획은 지속적인 과정이다. 과거에 우리가 만든 기획이라도 항상 재구성의 대상이고, 기존의 위치에 대한 새로운 정보나 새로운 사고로 인하여 새로운 기획이 만들어진다. 미래를 그냥 내버려둔다면 결코 우리가 원하는 방향으로 와주지 않을 것이다. 기획은 바람직하고 실천하지 않으면 결코 일어나지 않는 하나 이상의 미래를 만들어 내는 것을 지향하는 핵심적인 관리기능이다. 연구는 이러한 기획을 위해 필요한 정보와 자료를 제공해주는 기획의 기초이자 토대이다.[3]

일반적으로 연구는 어떠한 현상이나 쟁점에 대한 체계적 학습이라고 할 수 있다. 심지어 일반인들도 자신의 사생활 속에서 중요한 결정을 하기 전에 연구를 행하기 마련이다. 또한 연구는 경찰행정의 기본적인 부분이기도 하다. 연구가 없다면, 대부분의 경찰활동은 정확한 분석보다는 단순한 예감이나 육감에만 의존하게 된다. 따라서 기초적인 연구원리에 대한 지식과 경찰의 응용가능성이란 경찰관리자에게 핵심적인 일이라고 할 수 있는 것이다.

1. 일차적 연구와 이차적 연구[4]

연구에 대한 학습과정에 있어서 바람직한 첫걸음은 일차적 연구와 이차적 연구의 차이를 이해하는 것이다. 일차적 연구(Original Research)는 지금까지 모든 사람에게 잘 알려지지 않았던 의문에 대한 해답을 추구하며, 과거에 존재하지 않았던 자료의 수집과 분석을 통하여 새로운 지식을 만들어내는 것이다. 일차적 연구는 대부분 고도의 훈련된 전문가에 의하여 행해지기 때문에 그 결과도 소수의 동료 전문가들만 이해할 수 있을 정도로 기술적이고 전문적이다. 그러나 여론조사와 같은 일부 일차적 연구는 많은 일반 대중들의 즉각적인 관심을 끌기도 한다.

이차적 연구(Secondary research)는 반대로 보다 보편적이며, 일차적 연구에서 고려되지 않은 의문에 답하거나 특정한 주제에 대하여 이미 다른 사람들이 알고 있는 바를 학습하기 위하여 기존의 자료를 재검증하는 시도라고 할 수 있다. 도서관에서 문헌을 조사하고 인터넷을 검색하는 것이 이차연구의 좋은 예라고 할 수 있다.

그런데 경찰연구의 대부분은 이차연구에 가깝다고 할 수 있다. 가정폭력대책을 마련하기 위한 서장의 요구에 따라 담당자는 가정폭력에 관한 연구와 문헌을 종합하고 요약하게 된다. 이 경우 담당자는 과거에 존재하지 않던 자료를 수집하고 분석하는 것이 아니라 기존의 연구결과와 자료를 찾게 된다. 결국 담당자가 서장에게 제출하는 것은 자신과 서장에게는 새로운 것이지만 그 같은 연구를 하거나 경찰활동을 이미 한 사람에게는 전혀 새로운 것이 아닌 지식의 집합이 되는 것이다.

2. 연구의 형태

경찰연구는 일차 연구와 이차 연구로도 구분할 수 있지만, 세 가지 잣대를 기준으로 여러 가지로 구분할 수 있다. 우선, 경찰연구는 기술과 장비의 연구와 경찰관이라는 인간 행위와 관련된 연구로 구분될 수 있고, 행정과 관리의 향상이나 경찰운용을 지향하는가에 따라서도 구분될 수 있으며, 기초연구인지 아니면 응용연구인지에 따라서도 구분될 수 있다.

(1) 기초연구와 응용연구

기초연구는 사전에 최종결과와 목표가 무엇인지 알지 못하는 연구나 실험인 순수, 비지시적 연구를 지칭하며 기존문제의 해결을 위한 새로운 개념이나 새로운 해결방안의 개발을 의미한다. 한편, 응용연구는 이미 사용되고 있는 방법이나 산물에 대한 평가와 검증, 그리고 완전히 개발된 아이디어가 특정한 경찰활용에 적용될 수 있는가를 결정하기 위한 검증이라고 할 수 있다.

(2) 기술연구와 행동연구

기술연구는 물리학, 장비 또는 산물을 포함하고 행동연구는 사회과학과 인간이 행동하고 다른 사람과 관계를 형성하는 방법의 연구와 관련되는 것이다. 그러나 기술연구와 행동연구를 구분하는 확실한 선이 있는 것은 아니다. 대부분의 기술연구가 기술을 이용하거나 기술의 이용으로 영향을 받는 인간에 대한 고려도 내포하고 있기 때문이다. 예를 들어 경찰의 휴대무기를 권총에서 반자동소총으로 바꿀 것인가에 대한 많은 연구는 다양한 행동과학적 고려로 인하여 더욱 복잡해지는 기술적 문제를 내포하고 있다.

결국 대부분의 경찰기술에 대한 연구는 기술을 이용하는 사람과 기술의 상호작용을 고려하게 된다. 실제로, 경찰분야에 있어서 순수한 기술연구는 거의 찾아보기 힘들다. 물론 소방이나 환경과 같은 다른 분야에서는 주로 기술적인 문제에 직면하는 과학계의 노력으로 많은 발전을 이루었지만 경찰분야에서의 가장 큰 도전은 과학적 장애보다는 인간 대 인간의 문제이기 때문에 다른 인간봉사(humans service) 분야와는 달리 경찰분야는 행동연구의 결과를 바탕으로 많은 진전을 하고 있다. 따라서 행동과학적 연구와 문제를 다루지 않고 오로지 기술에만 초점을 맞추는 연구는 의미가 없는 것이다.

(3) 운용연구와 행정연구

운용연구(Operational Research)는 경찰서비스의 직접적인 전달과 관련된 연구이다. 연구의 주제는 경찰이 존재하는 목적이라고 할 수 있는 순찰, 수사, 범죄예방과 같은 계선활동을 대상으로 한다. 반면에, 행정연구(Administrative research)는 경찰운용을 지원하는 서비스와 관리에 관한 연구라고 할 수 있다.

이를 종합하면 8가지의 가능한 연구형태와 분야로 경찰연구를 분류할 수 있다.

- ✤ 기술 – 행정 – 기초: 자동차 자동 추적 장치의 실험, 새롭게 개발된 컴퓨터기술의 행정적 활용탐구
- ✤ 기술 – 행정 – 응용: management – systems engineering의 응용, 경찰장비의 시험
- ✤ 행동 – 행정 – 기초: 혁신적 관리의 실험, 근로자 동기향상방법의 탐구
- ✤ 행동 – 행정 – 응용: 신 감독기법의 응용, 신 승진심사 및 기준의 개발
- ✤ 운용 – 기술 – 기초: 비살상무기에 대한 개념의 개발, 새롭게 발견된 과학현상의 범죄수사과정에서의 응용가능성 분석
- ✤ 운용 – 기술 – 응용: 운용장비의 검사, 기존무기의 효과 연구, 보안장비의 평가
- ✤ 운용 – 행동 – 기초: 범죄원인과 제거방법의 발견, 피해자연구, 새로운 경찰문제를 다루기 위한 전술의 개발
- ✤ 운용 – 행동 – 응용: 경찰 – 지역사회관계 향상 프로그램의 평가, 다양한 현장운용결과의 평가, 혁신적 운용방법의 연구수행

3. 행동연구에 대한 경찰의 저항

경찰은 역사적으로 연구에 저항하는 경향이 있었고, 특히 기술보다 경찰행위에 관련된 연구일 때 그 저항은 더욱 강했다. 경찰의 대다수 실무자들이 경찰연구를 '현실세계'에서는 거의 가치가 없는 상아탑실습으로 보는 행동지향적인 학문으로 여겼기 때문이다.

(1) 지나친 단순화와 비합리적 기대

순수기술연구는 대부분 특정한 의문에 대하여 비교적 분명한 해결책을 내놓고 있다.

그러나 경찰관에게 유용한 대부분의 경찰연구는 어쩔 수 없이 기술연구만큼 정확하고 분명한 결과를 내놓기가 쉽지 않다. 그것은 이들 연구가 대부분 인간행위에 대한 연구를 내포하고 있기 때문이다. 알다시피 인간과 경찰관이 직면하는 상황이 같을 수 없기 때문에 특정한 경찰행동에 사람들이 어떻게 반응하고 모든 경찰관이 치안정책을 제대로 수행할 능력이 있는지 정확하게 예측하기란 곤란하기 때문이다.

그렇다고 이런 상대적 부정확성을 이유로 모든 행동연구를 불신하거나 거부하는 것도 바람직하지 않다. 행동연구가 자연과학처럼 분명하고 절대적인 결과를 도출할 수 없을지는 모르지만 많은 경찰분야에서 성공의 확률을 상당히 증대시킬 수도 있는 것이다. 심지어 그러한 연구에 기초한 결정이 바람직한 결과를 가져다주지 못하더라도 주어진 여건에서는 가장 합리적이고 논리적인 것으로 변호될 수 있는 것이다.

(2) 의사소통의 실패

경찰이 행동연구나 연구자들을 거부하는 두 번째 이유는 경찰과 연구자들의 언어와 관심이 너무나도 다르다는 점이다. 때로는 연구자들이 자신들의 연구결과를 경찰운영 현장에의 응용을 이해하는 데보다는 환상적인 결과를 우수한 학술지에 출판하는 데 더 관심을 가지기 때문이기도 하다.

이처럼 경찰과 연구자들의 의사소통이 실패하는 것은 대체로 계량적 연구가 지나치게 궤변적이라고 생각하기 때문이다. 반대로 연구자들은 자신의 연구가 의미있는 문제를 다루는가 또는 연구결과를 실행할 사람들에 의하여 해석될 수 있는가를 고려하지 않고 방법론적 순수성과 세련됨에만 집착하는 경향이 있다. 경찰연구에 이용되는 수많은 통계학적 분석기법들이 분석의 결과를 실제로 적용할 경찰관들이 이해할 수 있는 언어로 만들지 않는다면 그 분석은 아무런 의미가 없는 것이다.

(3) 상응성의 부족

대부분의 연구는 하나의 장소에서 한 번에 걸쳐 이루어지고 있다. 이러한 현실은 대부분의 연구자들이 매우 제한적인 연구비에 얽매여 여러 곳에서 여러 번의 연구를 수행할 수 없으며, 자원이 허락하는 경우라도 다수의 장소에서 한꺼번에 이루어지는 연구를 관리하고 그 결과를 해석하기가 어렵기 때문이다.

분명히 한 장소에서의 연구결과가 다른 곳에서도 그대로 적용되리라는 법은 없다. 따라서 다른 지역에서 행해진 연구라고 자신의 관할구역하고는 무관하다고 팽개치기보다는 자신의 구역에서 어떻게 적용될 수 있을지 정확하게 결정하기 위해서 조심스럽게 검토할 필요가 있다. 이 경우, 경찰활동은 하위직보다는 상위직으로 갈수록 장소에 따라 더 다양하다는 것을 명심하여야 한다. 그것은 기관장의 정치적 성향과 관계없이 대부분의 일선경찰활동은 어디서나 큰 차이가 있을 수 없기 때문이다. 결과적으로 경찰의 일선활동을 다루는 연구는 지역에 관계없이 어디서나 상응성이 더 큰 것으로 볼 수 있다.

(4) 경험이 최고의 교사라는 신념

현실세계의 경험이 최고의 경험이라는 믿음은 실제 수사경험이 없고, 순찰차도 타보지도 않고, 순찰구역을 돌아보지도 않은 사람이 어떻게 경찰업무나 문제를 정확하게 이해할 수 있는가라는 물음에서부터 시작된다. 그러나 불행하게도 모든 사람이 다 그러한 기회를 가질 수 있는 것은 아니기 때문에 모든 사람은 경험을 통하여 최선의 것을 배울 수 있는 기회를 가질 수 없다. 더구나, 가장 가치 있는 현실세계의 경험을 누릴 수 있는 사람이라고 모두가 현실을 동일하게 보지도 않으며 경험을 통하여 동일한 학습을 하는 것도 아니다. 연구가 가져다주는 최고의 가치 중 하나는 경험의 결과를 얻을 수 있는 가장 가치 있는 학습을 자동적으로 밝혀내게 해주고 다른 모든 사람들에게 그 이점을 널리 알릴 수 있게 해준다는 점이다. 이러한 연구의 기여가 없다면 모든 경찰관은 많은 도전과 실패를 통한 직접적인 경험으로 필요한 것을 학습할 수밖에 없을 것이다.

제 2 절 경찰기획

1. 기획 이론

(1) 경찰기획에 있어서 연구의 역할

기획에 관한 한 가지 가장 흥미롭고 염려스러운 것은 기획이란 기대했던 대로 아주 잘 이행되는 경우가 많지 않다는 점이다. 이러한 주장에는 그만한 이유들이 있다. 우선 기획은 미래에 대한 예측을 요하는데 예측이 완벽하게 정확하기 어렵고, 기획은 기존의 조건에 대한 인식에 기초하지만, 이것이 부정확하거나 불완전한 정보에 기초하는 경우가 많다. 기획은 또한 기존의 목적이나 대상에 기초하는데, 그것은 시간이 흐름에 따라 변하기 때문에 기획이 완전히 성취되기 전에 그 목적은 버려지게 되며, 기획을 수행하기 위하여 선택된 행동은 기대되었던 것과 다른 결과를 가져올 수도 있다.[5]

따라서 모든 기획은 현재의 조건, 미래, 그리고 현재행동의 결과에 대한 지식에 기초하여야 하고, 이러한 지식의 정확성과 완결성은 기획의 성공에 상당한 역할을 하게 된다. 바로 이런 점이 경찰연구가 경찰기획에 상당한 역할을 하게 되는 것이다.

(2) 기획의 의미

경찰에 있어서 효과적인 기획은 매우 중요하다. 지역사회에서 질서 유지 및 시민의 생명과 재산의 보호란 경찰이 필요한 시간과 장소에서, 필요한 조치를 취하는가에 따라 좌우되기 때문이다. 현대와 같이 급변하는 복잡한 사회에서는 오로지 조심스러운 기획만이 이를 가능하게 하는 것이다.

기획이란 계획과 프로그램(산출)을 향상시키기 위한 노력으로서 정보, 자원, 목표와 목적(투입)이 처리되는 과정이다. 목표달성을 위한 일반적 지침을 제공하고 특정한 금기사항을 제시하는 일반적 계획도 가능하지만, 투입이 상황에 따라 변하기 때문에 각각의 상황이 다 같지 않고 나름의 특징을 가지게 마련이다. 따라서 비록 사전에 상황에 대한 반응이 계획되더라도, 투입의 특징에 따라 상당한 조정과 추가적인 기획을 요하게 된다.

기획은 모든 관리자와 감독자들의 업무에 있어서 중요한 한 부분이다. 대부분 기획부서가 쉽게 풀리지 않는 특정한 문제를 연구하여 기관장이 수용하거나 거부할 수 있는 계획의 형태로 이들 문제에 대한 해결책을 제시할 책임을 가지게 된다.

(3) 기획에 대한 책임

경영자 책임의 하나는 기획이 제대로 수행되는가를 눈여겨보는 것이다. 실무적인 기획도 절대적으로 필요하지만, 기획의 책임이 별도의 기획부서로 위임된 후 잊혀져서는 안 되는 것이다. 기획과정은 반드시 기획을 실행에 옮길 책임이 있는 사람에 의하여 수행되어야 한다. 따라서 일선 순경에서 최고 책임자에 이르기까지 모든 경찰관은 이러한 기획과정에 맡은 바 역할과 분야가 있는 것이다.[6]

(4) 기획의 형태

1) 기획의 형태와 종류

기획은 기획에 따라 취해질 행위의 특성과 범주, 기획에 포함된 기간, 기획이 반복될 횟수, 기획의 명확성 등에 따라 그 형태가 다양하다. 일부에서는 모든 정책, 표준운영절차(SOP), 규칙은 미래행위에 영향을 미치기 위해서 시도되는 것이라는 점에서 일종의 잠정기획(standing plans)으로 고려하기도 한다. 그러나, 기획은 하나의 특별한 사례로 다루어져야 한다.[7] 이는 우리가 관심을 가지는 기획의 형태나 종류는 직원들의 업무수행을 표준화하기 위해서가 아니라 기관의 바람직한 변화를 일으키거나 특수한 미래사건을 다루기 위하여 의도되는 것이기 때문이다.[8]

❶ 운영기획(Operational Plans)

위에서 언급한 기준에 의하면 운영기획은 제한된 범위의 행위, 상대적으로 짧은 기간, 약간의 변화는 있으나 반복될 수 있는 특성을 가진다. 이러한 기획의 목적은 바람직한 결과를 얻기 위한 다수의 사람, 활동, 과정에 대한 조정을 제공하기 위한 것이다. 가장 보편적인 운영기획으로는 사람, 물품, 과정의 일정이라고 할 수 있는데, 예를 들어 업무계획이나 근무자명부가 이에 속하는 것이다. 물론 여기서 말하는 바람직한 결과는 모든 업무가 완결되는 것이다.

또 다른 형태의 운영기획은 강력범죄자의 체포와 같은 특정하고 제한된 목적을 성취하기 위한 복잡한 행동을 수행하는 데 있어서 필요한 사람들의 조정을 포함하는 것이다. 이 경우 자세한 서식으로 꼭 기록되어야 할 필요는 없지만 사전에 훗날을 위한 참고자료로서 기록하여 보관할 필요가 있다. 이러한 기획의 목적은 해당업무의 운영에 관련된 모든 사람이 무엇을 해야 하고, 그것을 언제 할 것인가를 알게 하고, 운영과정에 있어서 일어날 수 있는 가능한 모든 것을 고려할 수 있게 하기 위한 것이다.

❷ 긴급기획(Contingency Plans)

경찰기관의 책임은 대부분의 국가기관의 책임보다 훨씬 광범위한 것이다. 어느 정도까지는 경찰은 시민의 생명과 재산을 위험하게 할 수 있는 거의 모든 것에 대하여 대비해야만 한다. 예를 들어, 경찰은 모든 종류의 응급 또는 비상상황에 있어서 보안과 구조활동의 책임을 지는 것으로 기대되고 있지만, 이러한 상황은 흔치 않은 일이기 때문에 표준화된 정책이나 운영기획을 따로 만들어 놓는다는 것은 현실적이지 못하다. 그러나 일단 그러한 사건이 발생하게 되면 사려깊고, 상세한 기획을 하기에는 너무 늦고 만다. 즉, 경찰은 효율적으로 조정된 방법으로 즉각 대응해야 하기 때문에 기획이 사전에 잘 갖추어져 있고 필요할 때 언제든지 이용할 수 있도록 준비되어 있어야 한다. 이러한 기획은 오로지 특정한 사건이 발생할 때만 효력을 가지게 된다. 즉, 특정한 사건이나 조건에 따른 긴급한 것이기 때문에 긴급기획이라고 불리는 것이다.

❸ 실용기획(Programmatic Plans)

경찰을 포함한 어느 조직이나 가장 중요한 기획이 성공적으로 완수된다면 조직의 기본 목표나 기능을 수행하는 데 중요한 공헌을 할 수 있는 일련의 행동을 특정하는 기획일 것이다. 이러한 기획은 조직의 기능을 수행하기 위한 조직의 프로그램을 대변하는 것으로서 전체 조직의 성공에 핵심적이라고 할 수 있다. 그럼에도 불구하고 경찰기관에서는 이러한 기획이 전혀 이루어지지 않는 경향이 있다.9

실용기획은 비교적 장기간에 걸쳐 여러 사람에 의해서 수행되는 일련의 복잡한 행동을 내포하고 조직의 기본기능의 수행에 있어서 현재 수준, 즉 현상유지만을 위하여 만들어질 수 있다. 행정가들은 현상유지가 전적으로 만족스러운 것이며 현재의 조건을 향상시키기란 불가능하거나 더 많은 노력을 할 만한 가치가 없다고 스스로 믿으려는 경향이 있다.

정 반대의 경우에는 행정가들이 자원의 한계 없이 모든 활동에 대해 지나치게 이상적인 기획을 하기도 한다. 그러나 대부분의 경우, 양 극단의 경향을 모두 피하는 것이 최선이다. 행정가는 자원에 대한 현실적 평가와 적정한 기간에 성공될 수 있는 일련의 행동을 채택함으로써 조직을 이상적 조건에 더 가까이 갈 수 있도록 하는 특정한 전환을 기획하여야 한다.10 건설적 변화를 위한 기획은 관리자가 취할 수 있는 가장 도전적이나 가장 보상적이기도 한 과업의 하나다. 대부분의 관리자는 자신의 기획이 성공적으로 실행되고 효력을 발하는 것을 볼 때 만족감과 자긍심을 느끼게 된다. 이는 운동선수들이 중요한 승리를 했을 때 느끼는 감정과 유사한 것이며, 자신의 노력과 창의성에 대한 보답인 것이다.11

❹ 전략기획(Strategic Plans)

모든 경찰기관은 다소간 끊임없이 변화를 겪게 된다. 실용기획이 조직의 사회봉사능력을 향상시키기 위하여 바람직한 변화를 일으키기 위해 의도되는 것이지만, 다수의 개별 프로그램과 프로젝트가 어떻게 전체 기획으로 맞추어질 수 있는지 알기가 쉽지 않다. 여기서 필요한 것이 바로 장기간에 걸친 (수년 이상) 전체 조직에 있어서 대대적인 향상을 성취하기 위한 실용기획의 요소와 이러한 요소가 어떻게 상관되어지고 조정되어지는가를 보여주는 전체 조직에 대한 하나의 마스터플랜이라고 할 수 있는 전략기획인 것이다.12

전략기획은 대체로 장기적인 것이기 때문에 예측 곤란한 미래의 변화에 가장 취약하다. 마찬가지로, 기존의 상황에 대한 정확한 지식과 미래의 상황에 대한 정확한 예측에 가장 의존적이기도 하다. 전략기획이 쓸모없게 될 가능성을 피할 수 있는 한 가지 방법은 여러 가지 상이한 미래를 고려하는 것이다.

2) 기획의 유형

한편 일부에서는 기획의 유형을 행정, 관리, 운영, 절차, 그리고 전술이라는 5가지 광의의 유형으로 분류하기도 한다.13

❶ 행정기획(Administrative Plans)

행정기획은 어떤 면에서는 조직표, 지역사회, 기타 관료와 기관과의 관계의 기술, 의무와 권한 및 기관 내 부서 간 업무 분화에 관한 기술 등 일종의 기관의 헌법이라고 할 수 있다. 최근 기관이 공식적으로 기술된 조직가치를 세우고 지키는 가치지향의 경찰활동(value-driven policing)이 전적으로 새롭고 다양한 행정기획을 만들도록 유도하고 있다.

❷ 관리기획(Management Plans)

관리 또는 전략기획이란 사실 장래 관할권을 예견하고 그에 맞는 자원을 확인하려는 시도라고 할 수 있다. 이러한 기획은 필연적으로 조직에 대한 광범위한 사회적·경제적, 그리고 환경적 추세와 경향을 내포하게 된다. 심지어 아무리 일반적인 기획이라도 이들 쟁점들에 대한 많은 분석을 요하게 된다. 최근의 사회, 경제적 변화와 컴퓨터와 인터넷을 비롯한 기술의 진전 등의 변화는 경찰기획에 많은 영향을 미치고 있다.

관리기획은 통상적으로 특정 하위부서보다는 전 조직과 기관에 영향을 미치고, 종종 일반명령이나 특별명령의 형태로 이루어지고 있다. 일반명령은 통상 인력충원을 다루기 위한 일반정책의 형성과 같은 장기적 관심사항을 다루고 있다. 예를 들어, 총기사용, 대언론관계, 훈육 등의 정책들은 일반명령에 속하는 것으로 볼 수 있다. 한편 특별명령은 전 기관이나 기관의 두수에 영향을 미치는 특정한 특수사건을 취급하는 데 도움을 주기 위하여 만들어지는 것이다. 큰 운동경기, 축제, 귀빈의 방문 등과 같은 경우가 이에 해당되는 예라고 할 수 있다.

❸ 운영기획(Operational Plans)

운영기획은 통상 기관의 업무량 분석에 기초하고 그것을 수행하기 위한 각 부서의 노력을 기술하는 것이다. 예를 들어, 경찰순찰활동의 효과에 대한 많은 연구가 전통적 순찰에 대한 대안의 개발을 유도하였는데, 바로 이러한 대안의 실행을 기술하는 실무부서의 문서들이 운영기획에 속한다고 볼 수 있다.

만약 지역사회와 문제지향의 경찰활동에 대한 현재의 추세가 계속된다면, 경찰기획의 분야는 장래보다 분권화될 가능성이 많다. 지역적인 문제에 대한 운영기획의 개발과 집행에 현장인력이 더 많이 참여하는 것은 중앙기획자에게는 흥미롭지만 도전적인 시간을 가져다주게 된다. 특히 대규모 기관에서 중앙기획자는 무엇이 효과적이고 무엇이 그렇지 못한가를 인식하고 있어야 한다. 즉 현장부서가 자신들의 성공과 실패에 대하여 보고함으로써 중앙행정가나 기획자가 성공한 것과 성공하지 못한 개혁에 관한 정보를 순환시키는 데 참여할 수 있어야 한다.

❹ 절차기획(Procedural Plans)

각종 교범이나 편람 등이 해당되는 것으로서 경찰기획의 핵심이라고 할 수 있다. 이러한 기획은 일상적인 경찰운용과 그렇게 일상적이지 못한 경찰운용의 지침을 제공한다. 특히 대규모 경찰기관에서는 그 양이 방대한 경우가 많다. 이는 이러한 절차적 기술이 분명 어떠한 경찰기관이라도 필요한 것이지만 동시에 일이 행해지는 방법을 지나치게 강조해서는 안 되며 실제로 일이 행해지는가를 보는 것을 경시해서도 안 된다.

❺ 전술기획(Tactical Plans)

전술기획은 특정한 유형의 비상상황에 대비하여 만들어지는 것이다. 일부 전술적 기획은 경찰관 개인이나 소집단을 포함하는 포괄적인 문제를 다루기 위한 지침을 제공한다. 이 경우는 교통통제나 분쟁의 조정과 같은 시민과 경찰의 비교적 일상적인 접촉 및 인질과 같은 보다 긴장감이 높은 사건에 도움을 준다. 또 다른 형태의 전술기획이라고 할 수 있는 비상기획(Contingency Plans)은 광범위한 무질서와 재난 또는 교도소 폭동이나 대중시위 등 특정한 장소에서의 문제에 대비한 기획이다.

2. 기획의 과정

많은 경찰행정가들이 기획을 잘 하지 못하거나 아예 기획을 하지 않는 이유 중 하나는 아마도 그들이 절망적일 정도로 복잡하거나 불가사의한 과정으로 위협받기 때문일 것이다. 물론 기획이란 많은 시간을 필요로 하기 때문에 기획이 좋을수록 더 많은 시간이 걸린다. 또한 기획은 기획과정의 다양한 부분이 상이한 개인들에 의하여 수행되지만 집단에 기초하여 진행되어야만 하기 때문에 전체 기획과정에 있어서 어느 특정인이 지나치게 많은 양의 시간을 투자해서는 안 된다. 일반적으로 기획의 과정에는 다음의 여섯 단계가 있다.

(1) 필요성 평가(Needs Assessment)

미래에 특정 행위나 조건을 유발시키기 위하여 어떠한 기획이 고안되기 전에 먼저 그러한 행위나 조건이 바람직한 것인가가 결정되어야 한다. 다시 말해서, 필요성 평가는 행정가로 하여금 우리가 현재는 하고 있지 않지만 앞으로 해야만 하는 것이 무엇인가 또는 무엇을 해야만 하는가라는 의문을 던지도록 요구하는 것이다.14 이는 병원에서의 진찰과정과도 유사하여, 정확한 진단이 이루어지지 않는다면 그에 따른 처방, 즉 기획은 잘못된 것이고 낭비일 수밖에 없는 것이다.

이 필요성 평가는 단순히 기획행위의 목적을 기술하는 것, 즉 해결되어야 할 필요가 있는 문제나 성취되어야 할 필요가 있는 목표를 기술하는 것이다. 문제점들은 조직구성원에 의해서, 때로는 지역사회 구성원에 의해서, 혹은 기타 경찰환경의 대변자에 의하여 파악되어진다. 이 과정에서 가장 중요한 것은 문제나 목표상황에 대한 정보를 가능한 한 많이 수집하는 것이다. 이 과정에는 언제, 누가, 어디서, 무엇을, 어떻게 그리고 가능하다면 왜를 설명하는 상황의 분석을 포함하고 있다.15

그런데 정확한 진단을 위해서는 무엇보다도 정보의 정확성이 요구된다. 즉, 어떠한 진단이라도 다양한 정보원으로부터의 정보를 필요로 하는데 이 정보가 정확하지 않다면 그에 기초한 진단도 정확할 수 없는 것이다. 이를 위하여 정확한 기록과 체계적인 방법으로의 기록보관이 필요한 것이다. 또한 정보가 아예 없다면 대부분의 경우 행정가들은 기획이 필요한 분야라고 생각조차 하지 않기 쉽다.

한편 필요성의 판단이 공공의 요구에 따르는 경우도 있다. 특히 일반 대중이 정부에 대한 의사결정에 더 많이 참여하기를 요구하는 현대에는 경찰행정가들은 경찰이 봉사하는 시민, 즉 고객의 이익과 요구를 고려하는 것이 매우 중요하다. 그러나 불행하게도 대중의 요구와 소망을 결정하는 것은 쉬운 일이 아니다. 그것은 경찰에 대한 공공의 요구가 다양하고 심지어는 갈등적이거나 충돌적일 수 있기 때문이다. 이러한 문제를 해결할 수 있는 하나의 방법은 경찰서비스에 대한 시민의 기대, 욕구, 관심 등을 설문 조사를 통하여 주기적으로, 체계적으로 조사하는 것이다.16

(2) 예측(Forecasting)

목표와 문제가 파악되면, 중요한 다음 단계는 바로 예측이다. 이는 기획이 분명하게 미래지향적(future-oriented)이 되는 시점이다. 기획자들은 현재 문제가 존재할지라도 문제의 해결책이 시행될 것이고 목표는 미래에 성취될 것이라 것을 인식하여야 한다. 따라서 기획자는 예측된 해결책이 적용될 미래여건에 관한 정보를 추구하여야 한다.

기획이 장래 몇일이나 몇 주 단위로 실행될 수도 있는데, 이 경우는 많은 변화가 없을 것이라고 가정할 수 있다. 그러나 기획은 때로는 보다 장기적일 수도 있다. 예를 들어, 순찰경관의 배치계획이 매년 재편된다고 가정할 때 지난해의 기록에 기초해야 하고, 신년에 완공될 대형 쇼핑몰도 고려해야 하며, 있을 수 있는 예산감축도 고려해야 되기 때문에 장기적인 예측이 필요한 것이다.

(3) 목표와 목적의 설정

모든 조직의 목표와 목적은 궁극적으로 조직의 기본적 가치와 목적으로부터 도출된다. 기본적 가치는 통상 지나치게 일반적인 용어로 기술되기 때문에 그 자체로서는 즉각적인 문제에 직접적으로는 적용될 수 없다. 따라서 조직의 목표와 목적은 구체적으로 재기술되어야 하는 것이다.17

조직의 기본적 가치와 목적의 구체적 기술은 그 기관이 추구하는 목표의 표현이다. 이처럼 조직의 목표를 구체적으로 기술하는 것의 장점은 목표성취를 향한 진전상황이 측정될 수 있고, 그것을 성취하기 위한 특정한 활동이 고안될 수 있다는 점이다. 그러한 목표를 우리는 때로 기관의 가치에 대한 조작적 정의(operational definition)라고도 한다. 가치와 목표가 조작적으로 정의되면, 필요와 욕구를 비교할 수 있는 용어로 평가할 수 있고, 그러한 필요에 대한 근원적 원인을 결정할 수 있게 된다.

목표의 설정은 기획자 자신의 경험, 다른 사람들의 경험, 그리고 창의적 상상에 기초한 판단의 행사이다. 목적과 목표는 측정 가능한 용어로 기술되어야 하고, 성취할 수 없을 정도로 지나치게 높아서도 안 되지만 도전할 만한 가치는 있을 정도로 충분히 높게 설정되어야 한다.18

(4) 수단의 분석(Means Analysis)

목표가 설정되고 예측이 이루어지면, 가능한 대안이 파악되고 연구되어야 한다. 즉, 어떻게 목표를 달성할 것인가 목표달성을 위한 수단이 분석되어야 한다. 최종 계획이 만들어지기 전에 문제의 모든 관점이 철저하게 조사되고 고려되어야 한다. 대안적 해결방법에 대한 폭넓은 조사가 필요하다. 기존의 대안은 때로는 조직 내에서 찾아볼 수 있으며, 종종 유사한 문제나 목표상황에 대한 대응으로서 이미 대안을 개발하고 검증한 다른 경찰기관에서도 찾아볼 수 있다. 현명한 기획자는 불필요한 시간을 허비하지 않기 위해서 다른 경찰기관의 경험과 노력이나 사례를 최대한 활용할 것이다. 이러한 기존의 대안들은 개인적 접촉, 관련 전문가 단체, 학술지, 인터넷 등을 통하여 찾을 수 있다.

(5) 기획의 실행

대안이 선정되어 전략, 기획, 프로그램 등의 형태로 만들어지면, 체계적으로 실행되고 평가되어야 한다. 많은 경우, 우수한 경찰기획안들이 실패하거나 아예 시도조차 되지 않는데, 그것은 실행계획이 부족하거나 잘못 되었기 때문이다. 기획의 실행에 요구되는 것은 조직, 인사, 지휘감독, 통제 등 나머지 관리기능이라고 할 수 있다. 그러나 많은 경우, 기획안이 완결되자마자 곧바로 다음의 문제나 목표로 눈을 돌리고 한참 후에나 기획의 실행이 실패하였다는 것을 인식하게 된다.19

(6) 기획의 평가

기획의 평가는 문제가 해결되었는지 여부, 목표가 달성되었는지 여부, 그리고 조정이 필요한지 여부 등에 관한 정보를 제공해준다. 간단하게 말해서, 평가는 기획체계의 구멍을 막아줄 일종의 환류(feedback)이다. 이러한 환류를 바탕으로, 합리적인 조정과 결정이 만들어지는 것이다. 이러한 노력이 없다면, 경찰은 단지 일이 잘 될 것이라고 희망하는 것밖에 없는 것이다.20

3. 기획에 대한 저항

기획의 필요성이 일반적으로 인식되고 있더라도 경찰분야에 있어서는 일부가 기획에 대하여 오랫동안 저항하고 있다. 무엇보다도, 경찰활동은 행동지향의 직업이다. 적지 않은 경찰간부들이 그들의 일반적인 행정기술 때문이 아니라 자신의 조직이 가장 우수한 위기관리자임을 입증했기 때문에 현재 자신의 위치까지 오르게 되었다고 할 수 있다. 따라서 이들은 경찰사명을 가장 잘 완수할 수 있는 최선의 방법은 경찰관이나 관리자로 하여금 사후 대응적인 방법으로 일을 하도록 권장하는 것이라고 믿게 된다.21

(1) 위기관리로서의 경찰업무

이러한 견지에서 보면, 이들 경찰간부들의 마음속에는 경찰에 있어서 기획은 최소화되어야 하며, 모든 위기는 임기응변적으로 다루어져야 한다는 생각을 갖게 된다. 문제는 이러한 접근이 역사의 교훈을 경시하고 의사결정자로 하여금 위기에 봉착할 때마다 매번 새로운 방안을 창안하도록 만든다는 것이다. 더 중요한 것은 이러한 접근은 일부 가장 핵심적인 경찰의 의사결정이 실수할 가능성이 아주 높을 때 허겁지겁 서둘러서 감정적으로 이루어질 수 있다는 점이다.

뿐만 아니라 일선 경찰관들조차도 기획의 가치에 대한 부정적 견해를 가지기 쉽다. 그들이 인식하든 그렇지 않든 간에 훌륭한 경찰관은 그들이 중요한 사건을 다룰 때마다 항상 기획과 계획을 실행하고 있다. 전형적으로 그들은 자신들이 직면하는 모든 새로운 상황에 자신들의 경험과 훈련을 적용하고, 거의 본능적으로 처음부터 끝까지 신속하게 공식화된 기획을 채택함으로써 상황을 처리하게 된다.

(2) 상아탑 기획(Ivory-tower plans)

일선 경찰관들의 성공담이야말로 이들의 의견이 기획에 충분히 반영되어야 할 필요가 있다. 그러나 대부분 그들의 의견이 개진되지 않아 그 결과 경찰기획은 실제로 현장에서 실행에 옮겨야 하는 일선 경찰관들에 의해서 탁상공론에 지나지 않는 것으로 치부되기 쉽다.

따라서 경찰기관에서는 기획과정이 경찰운영과 밀접하게 연계되어 있다는 것을 항시 염두에 두고, 이들 일선 운용요원들이 가능한 기획에 참여할 수 있도록 해야 한다. 따라서 기획부서에서는 기획과정이 전 조직의 일차적 사명이라는 사실을 갖도록 분위기를 조성하여 일선 현업부서와 부서원들로부터 기획에 참여할 의무를 배제시켜서는 안 된다. 배제할 경우 기획을 성공시키는 데 있어서 확신을 상실하거나 비현실적인 제안을 초래할 수 있기 때문이다.

따라서 기획의 결과에 영향을 받을 수 있는 모든 부서가 기획을 준비하고 만드는 데 적극적으로 참여하여야 한다. 기획의 개발에 참여하는 것은 그 운용에 있어서 관심을 자극하고 그 목적과 응용의 이해를 증진시켜 준다. 기획에 의하여 영향을 받는 사람들이 그 기획을 실질적이고 수용 가능한 것으로 받아들일 수 있어야 한다. 대체로 기획에 기여한 사람들은 기획이 가능하고 건전한 것으로 여기기 쉽고 그 실행에 있어서도 체계적인 지원을 아끼지 않는다.

(3) 마지막 전쟁

기획과 기존 계획에 대한 일반적 검토에 실무 현업부서를 참여시키지 않으면 나중에 아무런 의미가 없는 계획에 의존하는 결과를 초래하게 된다. 이러한 사실은 종종 예기치 않던 위기가 경찰관서를 무지하게 하고 준비를 하지 못한 후에나 정교한 계획을 만들게 한다. 상급자들로 구성된 Task Force나 중앙기획부서에 의한 새로운 계획은 뒤로 버려지게 되며, 몇 년이 지난 후 유사한 위기는 발생하지 않게 된다. 이 기간 동안, 계획을 만든 일부는 은퇴하거나 다른 일부는 새로운 위기를 해결하기 위하여 계획을 시도하는 것은 간단한 일이라고 가정하게 된다. 급기야 유사한 위기가 발생하게 되고 그에 맞는 계획을 다시 끌어내지만 그러한 계획은 이미 변화하는 조건에 맞도록 수정·보완되지 않아서 아무런 소용이 없게 되었다는 사실을 발견한다.

POLICE SCIENCE

참고문헌

1 Jerome H. Skolnick and David H. Bayley, *The New Blue Line*, New York: Free Press, 1986, pp. 225–226.

2 Russell L. Ackoff, *A Concept of Corporate Planning*, New York: Wiley–Interscience, 1970, p. 1.

3 Ackoff, *op. cit.*, p. 3.

4 Fyfe *et al.*, p. 181.

5 Russell L. Ackoff, *A Concept of Corporate Planning*, New York: Wiley–Interscience, 1970, p. 3.

6 Merritt L. Kastens, *Long–Range Planning for Your Business*, New York: American Management Association, 1976, p. 4; Louis A. Allen, *Making Managerial Planning More Effective*, New York: McGraw–Hill, 1982, pp. 5–8.

7 William H. Newman, E. Kirby Warren, and Jerome E. Schnee, *The Process of Management*(5th ed.), Englewood Cliffs, NJ: Prentice Hall, 1982, pp. 56–58.

8 William R. Osgood, *Basics of Successful Business Planning*, New York: American Management Association, 1980, pp. 7–10.

9 Allen, *op. cit.*, pp. 251–267.

10 Ackoff, *op. cit.*, pp. 8–20.

11 Allen, *op. cit.*, p. 272.

12 Osgood, *op. cit.*, pp. 31–32.

13 Fyfe *et al.*, *op. cit.*, p. 232.

14 William H. Newman, E. Kirby Warren, and Jerome E. schnee, *The Process of Management*(5th ed.), Englewood Cliffs, NJ: Prentice Hall, 1982, pp. 111–112.

15 Cordner and Sheehan, *op. cit.*, p. 1771.

16 R. M. Patterson, Jr., and Nancy K. Grant, "Community mapping: Rationale and considerations for inplementation," *Journal of Police Science and Administration*, 1988, 16(2):136–143.

17 James Q. Wilson, *Bureaucracy*, New York: Basic Books, 1989, pp. 32–26.

18 Newman *et al.*, *op. cit.*, pp. 41–42.

19 J. R. Grteene, W. T. Bergman, and E. J. McLaughlin, "Implementing community policing: Cultural and structural change in police organizations," in D. P. Rosenbaum(ed.), *The Challenge of Community Policing: Testing the Promises*, Thousands, CA: Sage, 1994, pp. 92–109.

20 T. D. Cook, "Lessons learned in evaluation over the past 25 years," in E. Chelimsky and W. R. Shadish(eds.), *Evaluation for the 21st Century*, Thousands, CA: Sage, 1997, pp. 30–52.

21 Fyfe *et al.*, *op. cit.*, p. 226.

제 6 장

경찰정책론

POLICE SCIENCE

제1절
경찰전략과 전술

조직에 대한 어떠한 분석적 접근도 조직의 기본적 업무를 수행하기 위하여 사용된 방법에 자연스럽게 초점을 맞추게 된다. 이들 업무수행방법들은 때때로 업무 또는 조직 기술로 불리기도 한다. 이는 복잡하거나 단순한 조직의 업무를 수행하기 위하여 도입된 기법(techniques)이라고 할 수 있다.

경찰행정에 대한 합리적 접근에서 살펴보면, 경찰관리자들은 조심스럽게 업무과제를 고안하고 생명과 재산을 보호하며 질서를 유지하는 조직의 목표가 최대한 성취될 수 있는 방향으로 업무과제를 전술과 전략으로 조직할 필요가 있다.

여기서 문제는 질서유지라는 경찰목표의 모호함이다. 물론 모든 시민이 막연하게나마 질서정연함을 바란다 하더라도, 무엇이 또는 어떤 것이 질서정연한 것이고 무질서한 것인가에 대해서는 서로 다른 의견이 있을 수 있기 때문이다. 재산과 생명의 보호라는 경찰목표는 이보다 더 분명하지만, 공격적 순찰(aggressive patrol)이나 사형제도 등과 같이 생명과 재산을 보호하는 방법에 대해서는 이견이나 갈등이 있을 수 있다. 심지어 법집행 방법에 대해서는 경찰목표가 보다 분명하고 논란의 소지는 적지만, 그러한 목표를 성취하기 위하여 어떠한 방법을 도입할 것인가에 대한 지식은 상당히 부족한 것이 현실이다.[1]

유지되어야 할 질서의 적절한 정도나 법을 집행하는 적정한 방법에 대한 우리 사회 합의의 부재는 경찰행정에 심각한 제약을 가하게 된다. 이러한 상황이 바로 James Q. Wilson이 지적한 합리적 관리를 위한 세 가지 전제조건이다. 즉, 목표가 충분히 조작적이어서 문제의 바람직한 상태가 실제로 존재하는 것인가에 대해 비교적 분명한 판단을 할 수 있어야 하고, 조직은 그 목표를 성취할 수 있는 기술을 가져야만 한다. 또한, 주어진 목적에 맞는 기술을 비교적 자유롭게 적용할 수 있어야 한다.[2]

경찰목표가 모호하고, 경찰전략의 효과가 정확하게 알려지지 않으며, 경찰이 도입할 수 있는 전략에도 제약이 있기 때문에 경찰행정은 목표와 사명을 지향하는(goal-and task-oriented) 것만큼이나 생존과 제약을 지향(survival-and constraint-oriented)하게 되는 경향이 있다. Wilson에 의하면, 이들 제약은 경찰행정가들이 어떻게 행동해야 하는가를 공통적으로 결정하는 것이 아니라 단지 전술선택의 여지를 줄여주게 되는 것이다.[3]

1. 전통적 경찰전략의 세 가지 초석

(1) 일반 순찰(Routine Patrol)

순찰 경찰관은 대부분의 시간을 일반 순찰에 할애하고 있다. 일부 경찰관들은 그들의 근무 중 이 부분에 무엇인가 일어나기를 기다리는 시간으로서 그냥 허비되는 시간으로 본다.

그러한 순찰활동은 중요한 목적을 가지고 있으며, 경찰운용에 있어서 반드시 필요한 것이다. 일찍이 영국의 Peel경도 제복을 입은 경찰관이 순찰에 임하는 것을 범죄예방의 일차적 기제로서 경찰을 예방적 세력으로 인식하였다. 오늘날 이러한 전략은 많은 사람들에 의하여 예방적 순찰(preventive patrol)이라고 불리고 있다. 1967년 미국의 법집행과 사법행정에 관한 대통령위원회(President's Commission on Law Enforcement and Administration of Justice)는 예방순찰이야말로 경찰이 활용할 수 있는 최선의 범죄통제방법으로서 보편적으로 추구되고 있는 것을 발견하였다.[4]

그런데 순찰활동은 경찰이 동시에 도처에 존재(Omnipresence)한다는 점과 언제 어디에 존재하는지 예측할 수 없다는 점이 핵심이라고 할 수 있다. 그러나 현실적으로는 경찰이 항상 모든 곳에 다 있을 수 없기 때문에 언제 어디서 순찰을 하는지를 예측할 수 없도록 순찰하여야 한다. 바로 이러한 예측 불가능한 순찰활동을 무작위순찰(random patrol)이라고 한다.[5]

순찰활동은 주로 예방적 목적을 가진다고 하지만 범죄를 행하거나 무질서한 행동을 범한 사람들을 체포하는 것도 순찰활동의 또 다른 목적이다. 예측할 수 없는 순찰과 범죄다발지역의 순찰은 경찰관이 현재 진행 중인 범죄를 인지하고 범죄자를 체포할 기회를 증대시켜 줄 것이다. 더구나 범인의 체포는 잠재적 범죄자에게 검거의 위험성이 매우 높다는 인식을 줄 수 있어서 우수한 예방적 도구가 될 수 있다.

순찰활동은 경찰운용에 있어서도 반드시 필요한 전략이다. 시민의 신고전화에 즉각적으로 대응할 수 있기 위해서는 순찰경찰은 원칙적으로는 그 신고가 처리되는 순간에 아무것도 하지 않아야 한다. 이를 가용성요인(availability factor)이라고 하는데, 그것은 언제라도 항상 전화에 대응할 수 있는 순찰중인 경찰관이 있어야 한다는 것이다.

일부에서는 이러한 일상적인 순찰활동을 시간 낭비라고 오래전부터 비판해 오고 있고, 또 다른 일부에서는 현대경찰활동의 초석이라고 강력하게 대응하는 등 논란의 여지가 많다. 그럼에도 불구하고 70년대 초에 이르러서야 그 효과에 대한 연구가 수행되기 시작하였고, 그 대표적인 사례가 바로 유명한 미국의 캔사스시 예방순찰실험(Kansas City Preventive Patrol Experiment)이다. 실험의 결과는 일상적인 예방순찰의 증가나 감소가 범죄, 범죄에 대한 공포, 경찰 서비스에 관한 경찰에 대한 시민의 태도, 출동시간, 또는 교통사고 등에 아무런 영향을 미치지 못했다고 결론내리고 있다. 더욱 놀라운 것은 실험구역의 시민들이 순찰의 정도에 관한 어떠한 변화조차도 알지 못했다는 사실이다.6

물론 부정적인 연구결과에도 불구하고 예방순찰의 제거까지는 초래하지 않았지만 대안적인 순찰전략과 전술에 대한 더 많은 실험의 장을 제공해 주었다. 더구나, 경찰의 예방순찰 감축이 재난을 초래할지도 모른다는 두려움을 가지지 않고 새로운 대안을 실험할 수 있다는 점을 확인시켜 주었다.

(2) 긴급출동 (Immediate Response to Calls)

기술의 발전, 특히 통신기술의 발전은 경찰이 출동시간을 단축시키는 데 지대한 기여를 하였다. 경찰이 이처럼 더 빨리 시민의 신고나 현장에 출동하려고 노력하는 데는 다음과 같은 이점이 가정되기 때문이다. 경찰이 빨리 출동할수록, 현장이나 인근에서 범법자를 검거할 확률을 높일 수 있고, 증인을 확보할 기회를 높이며, 물리적 증거를 즉시 수집할 수 있게 한다. 또한 인명을 구할 수 있는 응급처치를 할 수 있고, 경찰의 인상과 명성을 향상시킬 수 있으며, 시민의 만족을 창출할 수 있다는 가정에 근거하고 있다.7

이러한 가정에 대한 많은 연구결과는 그리 긍정적이지 못하다. 초기 연구들은 대체로 출동시간의 단축이 체포의 가능성이 높였음을 보여주었으나, 단지 신속한 출동만이 생산적일 수 있음을 강조하였다. 즉, 출동시간이 2분 이내인 경우 15초에서 30초 정도의 단축으로 성공확률의 가능성을 상당히 높였으나 출동시간이 3~4분이 넘을 경우에는 전반적인 성공확률이 급격히 낮아졌다. 또한 출동시간을 어느 정도 단축하여도 결과에는 큰 영향을 미치지 못하였다.8

이후 이루어진 연구결과도 초기 연구와 크게 다르지 않았는데, 더욱 중요한 연구결과는 시민들이 사건발생 후, 경찰에 신고하기 전에 상당한 시간을 지체 한다는 사실이다. 즉, 시민들이 부상이나, 정신이 없어서, 또는 전화기가 없는 등의 다양한 이유로 사건발생 후 상당한 시간이 경과한 후에나 경찰에 신고한다는 것이다. 또는 많은 경우 범죄피해자들이 경찰보다는 가족, 친지, 학교 등 주변에 먼저 전화하기 때문이다. 따라서 신고자체가 지연된다면 지연된 전화에 경찰이 아무리 신속하게 출동하여도 실제 상당한 시간이 경과한 후이기 때문에 아무런 소용이 없게 되는 것이다.

전통적으로 출동시간은 경찰이 신고를 받은 시점에서 현장에 도착한 시점까지로 측정하고 있고, 실제 사건발생 시점에서 경찰에 신고하기까지의 시간은 측정되지 않고 있다. 그러나 현장에서 범인을 검거하거나 목격자를 확보하고 응급조치를 할 수 있는 기회나 가능성은 신고접수부터 현장출동까지가 아니라 실제로 사건발생부터 현장출동까지의 시간에 달려 있다. 바로 이런 점에서 경찰의 신속한 출동은 우리가 기대한 만큼 중요한 것은 아닐 수 있는 것이다.

또한 경찰출동시간의 연구에서 중요한 사실 중 하나는 범죄의 유형, 즉 연루범죄(Involvement crime)와 발각범죄(Discovery crime)에 따라 상당한 차이가 있다는 점이다. 연루범죄는 강도나 폭행과 같이 피해자가 직접 가담되고 개인적으로 위협을 받는 등 범행발생동안 피해자나 목격자에 의해서 직접 경험되는 범죄이며, 반면에 발각범죄는 절도나 도둑과 같이 통상 범행사실이 알려지기까지는 발각되지 않아서 피해자나 목격자가 범행발생 이후에나 범죄를 알게 되는 범죄를 말한다.9 연루범죄의 경우는 시민의 신고가 크게 지연되지 않는다면 경찰의 신속한 출동이 상당히 생산적일 수 있지만, 발각범죄의 경우에는 범행발생과 인지 이후 경찰에 신고되기까지 이미 상당한 시간이 경과했기 때문에 경찰의 출동시간이 크게 문제되지 않는다.

이처럼 경찰의 신속한 출동에 대한 부정적 평가에도 불구하고, 대부분의 경찰기관에서 신속한 출동시간을 강조하는 것은 시민들이 신속한 출동을 요구하고 있다고 믿기 때문이다. 그러나 실제 연구결과는 시민의 만족은 절대적인 신속한 출동 자체보다는 경찰이 합리적인 시간 내에 도착하였는지 여부에 더 크게 영향을 받는 것으로 보고되고 있다. 또한 시민들이 이해할 수 있는 정도의 시간에 대한 시민의 기대는 시민이 경찰에 신고전화를 하였을 때 경찰로부터 듣는 설명에 크게 좌우된다고 한다. 즉, 경찰이 즉시 출동한다고 하였다면 5분의 지연은 상당한 것이지만 경찰이 다른 긴급한 용무로 인하여 어쩔 수 없이 30분 후에나 출동할 수 있다고 설명하였다면 30분 이내 출동하여도 신고한 사람은 만족스러워한다는 것이다.

(3) 추적수사 (Follow-up Investigations)

경찰은 적절한 인력을 수사나 형사기능에 배정하고 있다. 이 기능은 대부분 순찰경찰관에 의한 초동수사에 이어 이루어지기 때문에 추적수사라고 칭하고 있다. 대부분의 형사업무는 범죄발생 이후에 범죄를 수사하고 어떻게 범죄가 발생하였으며 누가 범행하였는지에 초점을 맞추는 추후활동을 내포하고 있다.

형사들은 대부분 사복을 착용하고, 일상적인 봉사요청에 대응할 책임으로부터 자유롭기 때문에 순찰경찰보다는 높은 지위를 누려왔다. 이러한 신비는 수많은 영화나 텔레비전 프로그램을 통하여 더욱 미화되어 왔다. 그러나 최근의 연구결과들은 이러한 형사에 관한 신비는 그야말로 신화(myth)에 지나지 않으며, 그들은 하는 일에 비하여 훨씬 낮은 평가와 대우를 받는 것으로 보고되고 있다. 수사업무를 보다 비판적으로 보면, 신고된 강력사건의 일부만이 해결되는 데 그치고 있음을 주지할 필요가 있다. 사건의 해결 여부는 상당부분 피해자가 현장에 출동한 순찰경찰관에게 제공하는 정보에 좌우되며, 현장에서 용의자가 파악되지 않은 경우는 경찰의 일상적 활동의 결과로 해결되고 있다. 이러한 사실들은 피해자, 목격자, 순찰경관이 형사나 수사관보다 더 많은 사건을 해결하고 있음을 보여주고 있다.10

실제로 다수의 수사관들은 보고서의 작성 등 사무실에서 대부분의 시간을 보내고 대중매체에서 그려지는 그런 모습과 활동에 할애할 수 있는 시간은 그리 많지 않다. 좋건 나쁘건, 현대의 수사업무가 상당히 관료화되고 있는 것이다.11 따라서 추적수사는 종종 아무 소용없는 일이 되고 때로는 단순히 순찰경관의 초동수사를 복사하는 데 지나지 않는다.

2. 보완전략

(1) 집중순찰(Saturation patrol)

이 전략은 표적이 된 지역에 순찰을 집중하는 것이다. 물론 집중의 정도는 다양하다. 집중순찰의 저변에 깔린 일차적 합리성은 경찰의 가시성(visibility)을 증대시키면서 범죄의 발생을 예방할 수 있다. 이러한 주장과 관련된 캔사스 시에서의 실험에서는 긍정적 결과를 보여주지 못했으나, 그 이전에 뉴욕에서 실시된 실험에서는 도보순찰을 2배 증가시킨 결과 노상 강력범죄가 상당히 감소하였다고 한다.12 영국에서는 경찰관이 배치되지 않았던 구역에 1명의 순찰경관을 배치한 결과 범죄의 감소가 있었으나 1명에서 2명으로 늘린 경우에는 별 차이가 없었으며 2명 이상 증원한 경우에도 다시 범죄감소효과가 있었다고 한다.13

그러나 이러한 연구와 실험의 결과로서 집중순찰의 영향에 관해서 명확한 결론을 내리기는 힘들다. 지리, 범죄율, 그리고 시간 등의 조건으로 인한 일정수준의 집중으로는 어떠한 영향을 미치기에는 충분하지 않다. 예를 들어, 지하철이나 소규모 도보순찰구역에서는 순찰경찰관의 증원이 대규모 자동차순찰구역에서보다 인지될 가능성이 더 높은 것이다. 또한 예방적 효과도 범죄유형에 따라 차이가 있다. 더욱 중요한 것은 집중의 정도는 도입되는 전술보다 훨씬 덜 중요하다는 것이다.14

(2) 지정순찰(Directed patrol)

지정순찰은 정해지지 않은 순찰시간의 활용에서 일반적인 순찰활동과 차이가 있다. 지정순찰에서는 경찰관이 신고전화에 응하지 않을 때 따라야 할 지시나 방향이 주어지는데, 이러한 지시는 대체로 최근의 범죄사례와 유형의 분석에 기초하고 매우 일반적인 것과 특정한 것이 있다. 지정순찰의 배경은 순찰을 가능한 한 합리적인 정보에 근거하여 만들자는 것이다. 그래서 경찰관에게 범죄나 사고가 발생할 확률이 높은 위치를 안내하고, 표적범죄를 예방하거나 발견하는 데 이용될 전술을 제공해주며, 범죄의 예방과 발견의 가능성을 높이기 위한 용의자와 그 방법에 관한 정보를 제공하는 것이다.

미시간의 Pontiac에서의 연구에 따르면, 지정순찰로 표적범죄는 감소되었으며, 순찰의 시간보다는 순찰에 도입된 전술이 범죄에 더 큰 영향을 미친다고 하였다. Minneapolis에서의 연구에서는 범죄다발지역에 순찰경관을 배치하는 것으로 강력범죄를 줄이지는 못했으나 무질서는 줄일 수 있었다. 여기서, 범죄다발지역에서의 경찰관의 활동은 비구조화되고 상당하지 않음으로 단순한 가시성은 미미한 영향만을 미치는 것으로 보인다.15

그러나 지정순찰은 관리계층이 순찰경관 스스로 일을 하고자 하는 솔선수범정신과 판단을 믿지 않는다는 인상을 줄 수도 있다. 만일 이와 같이 지정순찰이 무작위 순찰시간의 활용에 대한 통제로서 활용된다면 경찰관들에 의해서 방해를 받을 확률이 많아진다. 반면에 범죄를 예방하고 발견할 수 있는 더 많은 기회와 더 많은 정보를 주기 위한 도구라면, 지정순찰은 유망하고 효과적인 전략일 수 있다.

(3) 도보순찰(Foot Patrol)

도보순찰은 자동차순찰만큼 넓은 구역을 담당할 수는 없다. 따라서 예방적 목적이라면 당연히 도보순찰구역은 자동차순찰구역보다 그 규모가 작아야 한다. 동시에 출동업무까지 도보순찰이 맡는다면 도보순찰은 차량보다 느리기 때문에 작은 규모의 많은 순찰구역과 더 많은 인력을 필요로 하게 된다.

그런데 다양한 이유로 도보순찰을 폐지한 결과 경찰업무의 특성에 변화를 가져왔고, 시민과 경찰의 관계에도 부정적인 영향을 미치게 되었다. 과거 도보순찰시에는 경찰관들이 주민들과 보다 친근하게 관계를 유지할 수 있었으나 순찰차를 타고 다니는 자동차순찰은 주민들을 직접 접촉할 기회를 놓치게 되어 주민과 지역사회와의 밀접한 관계와 이해를 발전시키기가 어려워지게 되었다. 그러나 통신기술의 발달은 다시 한 번 도보순찰의 부흥을 위한 발판을 마련해 주었다.

초기 영국과 뉴욕에서의 도보순찰은 범죄를 예방할 수 있었다고 보고되었지만 Newark에서는 도보순찰을 추가하거나 폐지해도 범죄에 어떠한 영향을 미쳤다는 것을 입증할 수 없었다. 그러나 시민들은 범죄에 대한 두려움을 적게 느꼈고, 자동차순찰보다는 도보순찰 서비스에 더 만족해했다.16

이러한 연구결과만을 본다면 도보순찰은 성공적이라 할 수 있다. 그것은 도보순찰경찰이 자동차순찰에 비해 더 무질서행위나 경비행에 더 많은 관심과 주의를 기울일 수가 있기 때문이다. 즉, 도보순찰경찰이 자동차순찰경찰보다 노상의 무질서를 통제하여 질서 있고 시민을 안심시키는 기회를 더 많이 가질 수 있기 때문이다.

물론 그렇다고 항상 도보순찰이 긍정적인 효과가 있는 것은 아니다. 우선 지리적 여건이 경찰전략으로서 도보순찰의 실행가능성을 결정하는 데 중요한 역할을 한다. 인구밀도가 높을수록 도보순찰이 경찰전략으로서 효과적일 수 있는 확률도 높아지게 마련이다. 물론 도보순찰이 광활한 지역을 담당할 수 없고 느리다는 점에서도 인구가 밀집한 지역이 바람직한 것으로 알려져 있다. 따라서 도보순찰이 과거처럼 지배적인 순찰방법으로서 경찰전략이 되기는 어렵겠지만 많은 지역사회에 경찰서비스를 제공하는 데 상당한 역할은 할 수 있을 것으로 기대되고 있다.

(4) 범죄예방(Crime prevention)

경찰에 있어서 범죄예방은 예방순찰보다는 시민, 주택, 그리고 사업장에 피해 입히는 것을 더욱 어렵게 하기 위하여 고안된 특별프로그램에 더 큰 관련이 있을지 모른다. 한 예로, 표적의 견고화(target hardening)라고 하는 방법은 가옥이나 사무실에 대한 불법침입을 더욱 어렵게 하고 시간을 더 많이 필요로 하는 각종 보안장치의 개선을 추구하는 것이다. 또 다른 예는 시민들이 위협적인 상황에 처하지 않고 위험한 상황에 처했을 때 적절하게 반응하도록 교육, 훈련시키는 것이다. 뿐만 아니라 이웃감시(neighborhood watch)와 같이 이웃의 재산과 생명을 감시하고 심지어 스스로 자신의 이웃을 순찰하도록 시민들을 권장하는 것이다.

이러한 목적으로 일부에서는 소정의 인력을 범죄를 예방하는 임무에 배치하여, 방범활동, 안전진단, 범죄예방강연 등을 하게 하고 때로는 범죄예방 프로그램에 지역사회가 참여할 수 있도록 지역사회를 조직하도록 한다. 물론 다른 일부에서는 전 순찰경찰관에게 이러한 범죄예방임무를 부여하기도 한다.

물론 범죄예방에 있어서 경찰의 역할이 지극히 제한적이기 때문인지 경찰의 범죄예방효과에 대한 확정적인 결론은 없다. 그러나 범죄예방 프로그램이 적어도 시민들이 안전하다고 인식하게 하고 수상한 활동을 지체없이 보고하고자 하는 의향을 증대시킨다는 사실은 실제 연구결과에서 어느 정도 확인되고 있다. 그러나 범죄예방 프로그램을 모든 지역사회에서 범죄와 범죄에 대한 두려움의 문제에 대한 해결책임을 지나치게 과장하는 경향도 없지 않다고 한다. 뿐만 아니라, 일부 지역에서는 그러한 프로그램의 실시가 불가능하거나 충분히 오랜 기간 지속되지 못하며, 참여자의 일부는 범죄에 대한 공포를 더 많이 가질 수도 있다고 한다.17

3. 운용전술(Operational Tactics)

지금까지 논의한 경찰전략들은 대부분 경찰 서비스의 제공과 경찰목적의 추구에 대한 비교적 광의의 접근들이라고 할 수 있다. 그러나 전략의 일부는 그 효과에 대한 기존의 연구결과가 결론적이지 못하거나 일관적이지 못한 것으로 나타나고 있다. 그 이유는 부분적으로 전략 자체의 복잡성에 기인한 바 적지 않다. 한 가지 전략이라도 다양한 관점과 요소를 가지기 때문에 있을 수 있는 효과라도 그것이 반드시 그 전략에 기인한 것이라고 결론내리기 어려우며, 경찰기관에 따라 상이하게 실행될 수도 있다는 점도 이유일 것이다.

그런데 전술이란 보통 전략에 비해서 보다 정밀하고 그 범위도 좁다고 할 수 있다. 전략이란 재산과 생명을 보호하고 질서를 유지하기 위한 일차적 목적을 달성하기 위하여 경찰이 채택하는 포괄적 접근이다. 반면에 전술이란 이러한 전략보다 특정한 요소라고 할 수 있다. 즉, 전술은 이차적 목적의 성취에 기여하는 것이고, 일차적 목표의 부분적 완성을 제공하는 것이다.

(1) 공격순찰(Aggressive patrol)

공격적인 순찰은 교통위반에 대한 차량의 정지, 수상한 사람의 검문, 약물과 무기를 찾아내기 위한 모든 법적 기회의 활용 등 순찰경찰에 의한 높은 수준의 적극적 개입을 내포하는 것이다. 이러한 순찰의 저변에는 이와 같은 공격적인 경찰개입으로 범인의 체포, 범죄활동의 방해, 범죄의 예방 등을 가져다 줄 것이라는 가정이 있다. 그러나 그것이 적법하게 그리고 적절하게 실행되지 않으면 경찰이 시민의 삶에 개입하게 되고, 준법시민에게도 위협적이고 영향을 미치게 되며 경찰권 남용에 대한 우려를 초래하게 된다.18

공격적 순찰에 대한 지금까지의 연구는 공격적 순찰이 범죄억제에 기여한 효과가 있다고 주장하고 있다. 물론 이러한 효과가 과연 시민의 삶에 경찰이 지나치게 침해하는 것까지 상쇄할 정도로 충분한 것인가에 대한 대답은 쉽지 않은 별도의 어려운 문제로 남아 있다. 일반적으로 공격순찰은 법이 허용하는 범위 내에서 행동하고, 예의바르고 정확하게 범행했거나, 범행하고 있거나, 범행하려고 하는 사람을 선택하도록 순찰경찰관에게 부담을 지우고 있다.

(2) 위장잠입수사(Decoy Operations)

위장잠입전술은 경찰관을 강도와 같은 노상범죄의 잠재적 피해자로 가장하는 것이다. 노상범죄의 발생 정도에 기초하여 해당지역이 선정되고, 경찰관은 필요한 훈련을 받고, 자신을 보다 매력적인 범행대상으로 만들기 위해서 분장하고 위장한다. 동료 경찰관들은 위장잠입 경찰관이 공격을 받거나 범죄자가 접근해 올 때 체포할 수 있도록 주위에 남아 있는다.

이러한 위장잠입전술은 다수의 경찰관과 상당한 시간을 요하기 때문에, 용의자를 유인할 가능성이 높지 않다면 비용-편익이라 측면에서는 문제가 될 수도 있다. 이런 이유 때문에, 위장잠입은 범죄발생률이 아주 높은 지역에서 더 바람직한 전술이며, 범죄발생률이 낮은 지역에서는 반대로 바람직한 전술이라고 보기 어렵다.

이 전술에 대한 실제 경험과 연구결과는 성공적인 것으로 평가되고 있지만, 전술의 비용-편익, 위장잠입에 가장 적절한 범죄의 유형, 이 전술의 활용을 정당화시킬 수 있는 범죄의 수준 등에 관해서는 결론적인 연구가 나오지 않고 있다. 물론 적정한 여건에서는 이 위장잠입전술이 효과적일 수 있는 것은 분명하나, 언제 어디서 이 전술을 도입할 것인가에 대한 권위있는 결정을 하기 위해서는 더 많은 정보를 필요로 한다.19

(3) 함정수사(Sting Operations)

함정수사는 위의 위장잠입수사와 밀접한 관련이 있다. 함정수사에 있어서, 은밀하게 작업하는 경찰관은 절도범들로부터 훔친 물품들을 다량으로 구입하는 등 장물아비나 거래자로 위장한다. 그 과정에서, 그들은 절도범들에 대한 증거를 수집하고, 체포하고, 기소하는 것이다. 함정수사가 많은 사람들에게 알려졌음에도 불구하고 놀라울 정도로 많은 절도범들을 붙잡고 있다.

함정수사에 관한 대부분의 연구들은 체포된 범죄자의 수나 되찾은 물품의 가치 등에 대해서는 언급하고 있으나, 과연 함정수사가 범죄의 감소에도 기여하였는지에 대해서는 입증하지 못하고 있다. 함정수사는 누범자들을 함정에 빠뜨려서 붙잡고 있는 것은 사실이다. 그러나 함정수사의 비용-편익효과와 범죄에 대한 효과를 알기 위해서는 더 많은 연구가 필요하다.

4. 특수전술

(1) 군중 및 폭동통제 (Crowd and Riot Control)

민권운동이나 반전운동 등은 여론과 정치권에 영향력을 행사하기 위한 수단으로서 군중집회를 활용하고 있다. 이들 집회는 물론 합법적인 것도 있고 불법적인 것도 있을 수 있으나 그것이 계획 혹은 우연에 의한 것이라도 모두 때로는 폭력적으로 변하는 경우가 있다. 그런데 많은 경우 경찰은 이들 집회나 폭동을 제대로 다루지 못하고 있으며, 때로는 경찰이 과잉대응함으로써 단순한 집회를 폭동으로 변하게 만들 수도 있고, 폭동이 종종 통제불능의 상태가 되어 경찰이 자신을 보호하는 것 외에는 더 이상 아무것도 할 수 없는 무기력한 상태로 만들게 된다. 따라서 군중 및 폭동 통제상황은 너무나 일상적인 것이고, 많은 문제를 가지고 있어, 경찰은 훈련과 전술을 상당히 향상시키도록 압력을 받을 수밖에 없게 되는 것이다.

(2) 특수무장전술 (Special Weapons and Tactics: SWAT)

최근 국제적인 테러와 인질사건은 물론이고 국내적으로도 납치, 유인, 유괴와 인질사건이 빈번히 발생하고, 불특정 다수를 대상으로 하는 무동기, 증오범죄가 증가하여 범죄자들과의 대치상황이 빈발함에 따라 특수무기와 전술(Special Weapons and Tactics, SWAT)에 관한 관심도 증대되고 있다. 과거 이러한 상황은 대부분 위험한 상황을 다루는 데 필요한 특수한 훈련, 장비, 전술을 가지지 못한 일반 순찰경찰관에 의하여 다루어져 왔다. 그 결과 준비 부족으로 인하여 많은 시민과 경찰이 위험에 처하고 때로는 목숨을 잃거나 부상을 당하는 경우가 많았다. 팀의 구성원들은 대체로 신체적 조건이나 훈육의 정도를 기초로 선발되는데, 이들은 함께 훈련하고 최상의 장비로 무장하게 된다. 다양한 상황에 대한 전술도 상당히 개발된다. SWAT 팀의 활용은 활용되는 무기와 군대식 전술로 인하여 때로는 논란의 대상이 되기도 하며, 특히 이들 전술이 일상적인 경찰업무분야로 넘겨질 때는 더욱 논란이 되고 있다. 그러나 SWAT 팀이 제대로 지휘, 통제된다면 경찰관과 시민의 생명을 구할 수 있다. 실제로 보통의 평균적인 순찰경찰은 자신의 힘만으로는 해결할 수 없는 특수한 위험 상황에 직면할 수 있고, 그러한 상황에서는 특수한 무기와 전술로 무장한 SWAT 팀으로부터 도움을 받을 필요가 있는 것이다.20

(3) 인질협상(Hostage negotiation)

인질협상에서 인질 협상자가 상당한 전문 훈련을 추가로 더 받기는 하지만, 위의 SWAT 전술과 결합하여 채택되는 전술이기도 하다. 인질협상자의 임무는 대화를 통하여 위험한 상황을 평화스럽게 해결하려고 하는 것이다. 이를 위하여 그들은 인질범이나 자살하겠다고 위협하는 사람과의 대화를 시도하는 것이다. 대화의 목적은 당사자를 일단 진정시키고, 동정적인 청취자가 되며, 그 사람의 동기를 결정하여 평화적 해결책을 협상하는 것이다. 인내심이 강해야 하는 협상자는 차후 협상이 실패하여도 SWAT가 필요할 경우 SWAT 팀에게 전달될 수 있는 인질, 조건, 무기 등에 관한 정보를 구할 수 있다. 대부분의 인질극은 성공적으로 평화적으로 해결된다. 물론 행동지향의 경찰관에게는 오랜 기다림의 상황에 좌절할 수도 있겠지만 결국은 협상자의 인내가 보상을 받게 된다.

(4) Undercover Work

약물위반에 대한 경찰의 기본전술은 대부

분 undercover work에 의존하는 경향이 있다. 이러한 임무를 수행하는 경찰관은 실제 거래자와 복용자에 대한 증거를 확보하기 위해서 약물복용자와 약물거래자 등으로 가장하게 된다. 이들 경찰관은 그들이 체포하려고 하는 사람들과 비슷하지만 가능한 한 경찰관 같지 않은 복장을 하고 행동을 하려고 한다. 즉, 이들은 약물현장 속으로 섞여들려고 하는 것이다. 이처럼 이 전술은 약물수사에서 흔히 활용되고 있지만, 그 활용이 마약업무에만 제한되는 것은 아니다. 때로는 경찰이 조직범죄, 공무원범죄, 도박, 또는 절도, 강도 등 보다 전통적인 범죄를 수사하는 데도 활용되고 있다.

이러한 과업은 지하세계로의 완전한 잠입을 요한다. 경찰관은 경찰서나 지구대 등 경찰기관, 감독자, 전체 경찰분위기 등을 피하려고 한다. 장기간에 걸쳐, 경찰관은 자신의 신분을 숨기고 다른 어떤 수사수단으로는 일반적으로 얻을 수 없는 증거를 확보하기 위하여 그러한 역할을 수행하게 된다. 그러나 이러한 업무는 흥미 있기도 하지만 위험한 일이기도 하다. 범인을 체포해야 하는 상황에서, 위장한 경찰관이 시민과 다른 경찰관에 의해서 범법자로 오인받을 수도 있고, 이로 인하여 때로는 치명적인 결과를 초래할 수도 있다. 또한 이들 경찰관은 그들의 위장이 벗겨지고 인식되어 아주 위험하고 때로는 생명에 위협을 초래할 수도 있는 위험성도 가지고 있다. 그리고 이러한 작업은 경찰관에게 심리적으로 감정적으로도 위험한 상황을 만들 수도 있다.21

이러한 위험에도 불구하고, 이 전술은 경찰업무에 있어서 매우 유용한 것이라고 할 수 있다. 조직화된 특성의 범죄활동 등의 경우 경찰이 신분을 위장하지 않고서는 수사하기가 정말 어려운 경우가 많기 때문이다.

(5) 가정폭력(Domestic violence)

가족간 특히 부부간의 언쟁과 분쟁은 비교적 경찰개입의 보편적 대상이라고는 할 수 없다. 가족분쟁은 순찰경찰에게 할당되는 임무 중 가장 빈번한 형태라고 할 수 있으나 동시에 경찰관이 가장 좋아하지 않는 일 중의 하나이다. 가족분쟁은 때로는 매우 위험하며, 대개의 경우 해결하기가 어렵다. 가정폭력을 다룬 경험이 있는 많은 경찰관은 가족분쟁의 화를 경찰관에게 표출하는 상황을 경험하고 있다.

이러한 상황에 대처하기 위하여 1970년대 미국에서는 경찰이 가정폭력이나 분쟁을 다루는 데 있어 필요한 위기개입과 갈등관리의 기술을 개발하려는 노력을 해 왔다. 경찰관들이 상담기술을 훈련받고, 문제해결을 위한 처우를 받을 수 있는 적절한 사회기관으로의 위탁절차 등도 마련되었다. 일부 대규모 경찰서에서는 일선 경찰관으로부터 이러한 부담을 덜어주기 위하여 위기개입부서를 설치하기도 하였다. 그러나 일반적으로 가족구성원을 사법제도보다는 건강, 복지, 사회제도로 전환시키는 것을 강조하였다.22

미국의 많은 주에서는 가정폭력과 관련된 법률을 강화하여, 가해자의 체포를 보다 용이하게 하거나 여성에 대한 보호를 강화하였다. 초기의 연구는 가해자의 체포가 추가적인 폭력을 예방하는 가장 효과적인 단기처방이라고 보아 가정폭력을 다루는 데 있어서 이러한 법률적인 접근을 지지하였다. 그러나 그 이후의 연구에서는 복합적인 결과들이 나왔으며, 연구들 중에는 법률적 접근이 최선의 방안이라는 것에 대해 강력한 지지를 얻지 못하기도 했다.23

(6) 실종아동(Missing children)

수많은 어린이가 실종되거나 유괴되고 있으나 경찰에서는 이 문제에 대해서 별로 열의가 없는 접근을 해온 것으로 알려져 있다. 경찰은 많은 경우 아동이 가출했거나 조만간 되돌아올 것이라는 가정에서 상당 시간이 지날 때까지도 공식적으로 수사에 착수하지 않고 있는 실정이다. 즉 상당한 증거가 나오기 전까지는 거의 실질적인 수사노력이 전개되지 않고 있다.

그러나 최근 들어 아동유괴사건, 실종아동문제, 아동학대와 관련된 문제와 인식의 증대가 동시에 작용하여 경찰로 하여금 실종아동보고에 최우선순위를 두도록 요구받고 있다. 따라서 실종아동사건은 최근 어떠한 범죄보다 관심을 받고 있으며, 실종아동사건 해결에 대한 대중의 요구도 급증하는 실정이다.

5. 현대 경찰전략

(1) 차별적 대응
(Differential Response to Calls for Service)

경찰의 차별적 대응이란 경찰이 요구받은 모든 신고에 즉시 출동한다는 전통적인 관행에서 탈피하고, 신고전화의 심각성과 중요성에 따라 일의 우선순위를 다르게 하여 대응하자는 것이다. 즉, 이렇게 함으로써 경찰의 업무량을 효율적으로 관리하고 줄여서 전체 경찰인력을 효율적으로 활용할 수 있게 하자는 것이다.

순찰업무를 줄이고 관리함으로써 더 많은 인력과 시간이 지정순찰, 순찰경찰에 의한 초동수사, 범죄예방활동 등에 할애될 수 있다는 것이다. 일부 순찰자원이 수사나 기타 다른 기능에 재배정될 수도 있을 것이며, 보다 많은 순찰경찰이 범행현장이나 응급상황에 집단으로 대응할 수 있게 되고, 그 결과 순찰중 범인체포의 효율성을 증대시킬 수도 있을 것이다.

차별적 대응을 성공적으로 실행하기 위해서는 기획과 숙련된 통신인력이 필요로 하게 된다. 경찰지령실이나 통신실에서는 모든 신고전화의 특성을 평가, 분석하여 적정한 대응 형식을 결정해야 한다. 물론 미리 정해진 기준에 따라서 우선순위와 대응방식을 결정하겠지만, 그럼에도 불구하고 상황실이나 지령실에서는 신고에 대한 지속적인 분석과 그 심각성과 즉시성에 대한 결정을 내려야 한다. 또한 신고에 대한 우선순위가 낮아서 출동이 늦어지는 경우에는 왜 즉시 출동할 수 없는지 그 이유를 신고자에게 설명하여야 한다. 연구에 따르면, 대부분의 신고자는 경찰의 설명이 정중하고 논리적인 경우에는 출동지체에 대하여 충분히 이해하고 그것을 받아들이지만 그러한 설명은 경찰의 통신에 있어서 전통적인 역할은 아니기 때문에 그에 대한 훈련과 감독을 요한다는 것이다.

차별적 대응에 대한 지금까지의 연구결과는 비교적 희망적이라고 할 수 있다. 많은 경우, 경찰은 시민의 만족도를 떨어뜨리지 않으면서도 신고전화의 약 50% 정도를 다른 대안적 방식으로 대응할 수 있었다고 한다. 물론 초기에는 상황실이나 지령실에서 신고접수 즉시 경찰관을 출동시키지 않고 대안을 찾도록 하는 데 어려움도 있었지만 경험이 쌓이면서 이러한 어려움도 해소될 수 있었다고 한다. 즉, 다른 더 생산적인 전략에 순찰자원을 활용할 수 있었다는 점에서 이 프로그램은 성공적인 평가를 받고 있다.[24]

(2) 지역사회 및 문제지향적 경찰활동

미국에서는 1950~1960년대 들어 경찰-지역사회관계에 있어서 인식된 문제를 해소하려는 노력으로 경찰기관에 지역사회관계부서를 설치하였다. 이들 부서는 지역사회에 대한 경찰의 관점을 제시하고 경찰에 대한 지역사회의 관점을 표현할 수 있는 마당을 제공하도록 기대되었다. 이러한 경찰-지역사회관계의 기본적 철학은 경찰과 지역사회의 상호이해와 의사소통의 중요성을 강조하였다.

이러한 노력에도 불구하고 70년대에 접어들면서 기존의 경찰-지역사회관계가 지역사회와 경찰의 유기적 관계를 보장하는 데는 효과적이지 못하였다는 것이 분명해졌다. 사실 지역사회는 경찰의 지역사회관계전문가보다는 수사관이나 순찰경찰의 활동과 행동을 통해서 경찰을 더 자주 경험하고 있다. 따라서 범죄예방기술과 지역사회관계에 대하여 경찰관을 훈련시키고, 경찰관으로 하여금 지역사회의 특성과 문제에 관하여 더 많은 것을 알 수 있도록 하기 위한 노력들이 경주되었다.

80년대 들어서면서 지역사회경찰활동에 대한 보다 폭넓은 접근이 시도되어 점점 더 많은 경찰기관이 도보순찰을 핵심적인 경찰운용전략으로서 도입하기 시작하였다. 범죄예방 프로그램들도 Crime Stoppers, 지역사회순찰, 이웃감시(Neighborhood Watch) 등의 프로그램과 같이 지역사회의 참여에 점점 더 의존하기에 이르렀다. 그 결과, 경찰은 다양한 경찰활동분야에서 시민과 자원봉사자들의 활용을 점점 증대시켰고, 경찰관을 특정지역에 영구적으로 배치하는 것을 순찰배치의 중요한 요소로 간주하게 되었다. 현대 지역사회경찰활동은 경찰의 사고에 상당한 변화를 가져오게 되어, 경찰의 전략과 전술을 각 경찰기관이 봉사하는 상이한 지역사회의 필요와 요구에 맞추도록 하였고, 경찰 서비스에 대한 지역사회의 필요와 요구에 기초한 다양한 형태의 서비스와 프로그램의 필요성을 인식하게 되었다. 또한 경찰의 목표를 성취하기 위해서는 지역사회의 상당한 개입과 참여가 필요하다는 점도 인식하게 하였다.25

경찰의 시민접촉의 부족이라는 문제에 기인하여, 지금까지의 노력은 사실상 순수한 지역사회지향적이지 못했으며 따라서 성공적이지도 못했다는 인식에서 경찰은 방범심방과 지역사회모임 등의 방법으로 시민과의 접촉을 증대시켰고, 그 결과 시민의 범죄에 대한 두려움에 상당히 긍정적인 영향을 미치게 되었다. 그러나 경찰의 시민접촉의 증대와 그로 인하여 경찰이 지역사회의 관심사에 대해서 더 많은 것을 알게 되었지만 그러한 지역사회에 대한 정보를 제대로 활용하지는 못하였다.

경찰이 어떠한 전술을 채택할 것인가를 결정하기 전에 지역사회주민과 기타 정보원으로부터 정보를 수집하는 과정을 도입하면서 순수한 지역사회 지향의 경찰활동을 하게 되었다. 수집한 정보를 가지고, 경찰은 대상 지역사회의 상황을 분석한 다음에 그 상황을 향상시키거나 문제를 해결할 가능성이 가장 높은 전술을 선택하게 된다. 이러한 경찰활동이 지역사회 문제의 파악과 그 해결에 있어서, 시민이 깊숙이 개입되기 때문에 지역사회 지향의 경찰활동이라 불리게 되는 것이다. 그 결과, 경찰에 대한 시민의 만족 증대, 범죄에 대한 공포의 감소, 범죄의 감소 등이 어느 정도 달성되기에 이르렀다.

그러나 경찰이 지역사회 문제에 대한 정보를 확보함에도 불구하고, 그 해결책을 강구할 때 또다시 전통적인 방법에 매달리곤 하였다. 경찰이 채택하는 해결책은 그것이 결코 가장 효과적이기보다는 그러한 해결책에 더 익숙했기 때문이었으며, 따라서 특정한 지역사회의 문제와 관심사에 가장 효과적인 대응이 될 수 없었다.

이에 대한 보완으로서, 경찰은 다시 문제지향적 접근방법(Problem-oriented approach)을 도입하게 되었다. 앞에서 언급한 것과 같이 지역사회경찰활동이 대상 지역사회의 상황에 관한 정보를 수집하여, 문제를 파악하고 분석하기 위해 그 정보들을 이용하며, 가장 성공할 가능성이 높은 해결방안을 결정하기 전에 다양한 대안을 고려하는 것이다. 문제지향의 경찰활동과 다른 점이 있다면 그것은 지역사회의 문제를 해결하기 위하여 기타 정부기관과 민간자원을 훨씬 더 많이 활용한다는 점이다.

이러한 문제지향적 경찰활동의 장점은 단순함이라고 할 수 있다. 즉, 전통적으로 경찰은 시간과 장소에 따라 경찰관을 배치하고, 범죄를 예방하며 신고전화에 즉시 출동하도록 훈련받고, 범죄신고에 수사관을 배정하여 수사하도록 하였다. 이러한 기본전략은 범죄와 기타 지역사회문제를 다루는 유일한 방법이고, 우리가 무비판적으로 가정하는 경찰업무에 대한 이해의 한 부분으로 인식되어왔다. 물론 이러한 전략도 분명히 경찰운용에 있어서 필요한 것이지만 다양한 지역사회문제에 대한 일시적이고 가상적인 대응에 지나지 않는 것이기 때문에 문제에 대한 보다 근본적인 해결이 필요하다.26

물론 문제지향 또는 문제해결지향의 경찰활동이 현대경찰의 모든 병을 고쳐줄 수 있는 만병통치약으로 간주되어서는 안 되지만, 그럼에도 불구하고 지역사회지향의 경찰활동과 현대경찰활동에 최고의 희망을 제공하고 있다.

제 2 절 지역사회경찰론(Community Policing)

1. 지역사회경찰활동으로의 전환

(1) 경찰을 어떻게 평가할 것인가?

80년대 초, Wilson과 Kelling은 지역사회에서의 삶의 질이 경찰에게 중요한 고려사항이 되어야 한다는 주장을 하였다. 그들의 소위 '깨진 창 이론(Broken-windows theory)'이 그것으로, 그들은 지역사회는 퇴락하기 시작하면 단기간에 황량하고 무서운 정글이 된다고 주장하였다. 동시에 범죄에 대한 두려움에 관한 연구들도 범죄율보다는 기물파손, 낙서, 청소년 갱, 방치된 건물, 버려진 차량 등과 같은 지역사회의 무질서와 더 밀접한 관련이 있음을 지적하고 있다.27

이러한 연구결과는 경찰 스스로가 얼마나 효과적인가를 측정하는 척도로서, 범죄율뿐만 아니라 시민들의 범죄에 대한 두려움까지도 고려해야 한다는 사실을 함축하고 있다. 그러나 이를 위해서는 경찰이 시민이 규정하는 삶의 질이라는 문제에 초점을 맞출 수 있도록 경찰의 역할을 확대해야 한다는 것이다. 비평가들은 경찰이 경미한 일탈, 질서유지, 지역사회 조직화와 만족 등을 더 강조함으로써, 통상적으로 강력범죄를 강조하는 것을 의미했던 범죄투사지향성(crime－fighting orientation)을 바꾸어야 한다고 주장한다. 이를 위하여, 경찰은 봉사모형과 관련된 지역사회관계와 범죄예방활동을 확대하고, 범죄다발지역과 같은 경우 철저한 법집행관행을 지속하거나 증대시켜야 한다.28

이러한 공격적 법집행의 관행은 범죄에 대한 경찰의 사전예방적 대응의 한 부분이다. 최근 이러한 관행들이 소위 '관용(Zero Tolerance)' 집중 또는 공격적 순찰, 그리고 집중단속 등의 이름으로 불리고 있다.

(2) 경찰연구의 증대

70년대에 접어들면서, 전통적 경찰전략과 전술이 체계적 연구로 얻어진 자료를 통하여 많은 비판과 도전에 직면하게 되었다. 가장 많은 도전을 받은 분야는 주로 수사와 순찰이라고 할 수 있다. 이 연구들은 범죄통제에 있어서 사후대응적이고 무작위적인 순찰의 효과, 모든 시민의 요청에 대한 신속한 대응의 필요성, 그리고 범죄수사관의 효과성 등에 대한 의문을 제기하였다. 물론 이들 연구가 결점이 없는 것은 아니지만, 경찰이 에너지를 투자하고 활동하는 방식에 대한 많은 의문을 제기하였다.

또한 경찰은 문제 해결을 위하여 연구와 분석적 과정의 이용을 증대시키도록 요청받게 되었다. Goldstein의 주장대로, 경찰은 사건이 아니라 문제라는 견지에서 생각해야 한다. 즉, 경찰은 사건에 기초한 대응전략이 아니라 문제지향의 전략으로 바꾸어야 한다는 것이다. 이와 같은 Goldstein의 문제지향 순찰활동(problem－oriented policing)은 최근 들어 문제해결 경찰활동(problem－solving policing)으로 불리고 있다.29

(3) 전략적 관리

경찰 서비스에 대한 요구가 증대되면서, 경찰은 그들의 대응방식을 일부 수정하였으나, 아직도 가시적인 순찰, 수사와 범인검거, 긴급출동 등을 강조하고 있다. 그러나 수요가 증대됨에 따라 경찰이 보조를 맞출 수 없게 되어 범죄문제와 지역사회의 관심사에 대응하기 위한 대안적 방법을 모색하지 않을 수 없게 되었다. 그것은 과거의 전통적인 접근방법은 과중한 업무를 초래하고 뿐만 아니라 효과성조차도 의심받게 되었기 때문이다. 효과적이고 효율적인 경찰자원의 활용, 전통적 경찰방식에 대한 의문을 제기하였던 연구결과와 문제해결을 위해서 경찰이 법집행 이상의 다른 방식을 고려해야 한다는 제안들이 경찰로 하여금 전략적 관리개념의 채택을 시도하게 만들었다.

전략적 관리란 조직의 목표와 그것을 성취하기 위한 가장 효과적이고 효율적인 방법을 파악하는 데서부터 시작한다. 경찰관서가 반드시 순찰과 수사를 일차적 방법으로 활용하도록 요구받는 것은 아니다. 오히려 경찰은 자유롭게 대안적 접근방법을 실험할 수 있어야 한다. 이러한 철학을 채택하는 경찰관서는 민주사회에서 경찰활동의 특성을 결정하고, 경찰활동의 환경이 변함에 따라 경찰목표를 수정하거나 변경하며, 이들 목표를 가장 잘 성취할 수 있는 방법을 결정할 책임을 가지고 있다.

따라서 경찰지도자는 경찰의 사명이 법을 집행함으로써 범죄를 통제하는 데 제한됨을 가정할 필요가 없다. 오히려 전략적 관리에서는 경찰이 자신의 지역사회에 가장 중요한 기여를 할 수 있는 방법을 고려할 것을 요구하고 있다. 이러한 견지에서 경찰을 위한 전략을 기술할 수 있는 한 가지 방법은 경찰의 사명이나 목적의 진술로서 전문적인 법집행(professional law enforcement)과 전문적인 범죄투쟁(professional crime fighting)이라는 용어의 활용이다. 이러한 용어의 활용은 경찰의 가장 중요한 활동인 신체와 재산을 보호하는 법을 집행하는 것을 내포하고 있다는 가정에 기초하고 있다. 이것이 좀 더 심각하고 강력한 법률의 위반이 될 때 비로소 전문적 범죄투쟁이 되고 교통법규의 위반이나 안전수칙의 위반 등을 포함할 때 경찰사명은 전문적 법집행이 되는 것이다. 또 다른 하나의 전략은 범죄예방(crime prevention)으로서, 이는 전문적 법집행과 범죄투쟁뿐만 아니라 자신의 신체와 재산을 어떻게 보호할 것인가에 대하여 시민을 교육하기 위한 자원의 활용까지도 포함하고 있다. 더 나아가 어린이와 청소년을 감독하기 위한 프로그램을 개발하고, 역기능적 가정을 지원하며, 지역사회를 정돈하는 것 등을 통하여 범죄와 관련된 사항에 대응하기 위한 자원의 활용을 포함하게 된다.30

(4) 지역사회와 범죄

범죄에 관한 지역사회이론에 따르면, 사회질서는 경찰이 할 수 있는 어떠한 것보다는 지역사회에서의 비공식적 사회과정의 결과이다. 그러나 이러한 생각은 경찰역할을 결정하고 삶의 질의 문제에 대한 해결책을 찾는 데 시민을 동반자(partners)로 참여시키는 것의 중요성을 과소평가한다. 바로 이러한 주장과 목표를 우리는 공공안전의 공동생산(co-production of public safety)이라고 하며, 이는 범죄, 지역사회의 무질서 등 관련된 문제에 대한 대응에 있어서 공공이 경찰과 그 책임을 공유하는 것을 의미한다. 즉, 시민과 경찰이 공공의 안전을 공동으로 생산하자는 것이다. 이는 또한 비공식적 해결 또는 이웃공동체에 의한 해결과 이러한 문제의 해결을 위한 건강, 상담, 복지 등 기타 지역사회기관의 활용을 확대할 것을 강조한다. 물론 경찰은 막대한 자원과 전문성을 가지고 있기 때문에 시민의 참여를 권장하고 기타 기관과의 협조를 구하는 데 선도적 역할을 해야 할 것이다.31

2. 집단경찰활동(Team Policing)

60년대 미국의 많은 도시에서 반전운동과 같은 폭동 등의 위기가 빈발하였는데, 이러한 위기에서 경찰이 지역사회에 대한 이해와 책임감이 결여되고 있음을 인식하게 되었다. 그 결과 지역사회의 필요성이 요구되면서 보다 더 책임있는 새로운 형태의 경찰이 필요하다는 사실이 분명해졌다. 결과적으로, 70년대 들어서면서 소위 '집단경찰활동(Team policing)'이라고 하는 지역사회 참여의 증대와 분권화를 지향하는 재조직화의 노력이 시도되기에 이르렀다.

이론적으로는 집단경찰활동이 지역사회에 대한 경찰 서비스의 향상과 경찰관의 직업만족도를 증대시키기 위한 목적으로 순찰대를 하나 이상의 자율적인 집단으로 재조직화하는 것을 기초로 하고 있다. 이 팀은 통상 특정한 지역에 배치되어 그 지역의 모든 경찰 서비스를 책임지도록 하고 있다. 팀이 하나의 단위 또는 부서로 활동하며 범죄를 예방하고 질서를 유지하기 위하여 지역사회와 밀접한 관계를 유지하도록 한다.

Sherman 등은 실제로 미국의 7개 도시에서 실시되었던 집단경찰활동에 대한 평가연구에서 약간의 차이는 있었지만 세 가지 공통적인 운용요소가 있음을 지적하였다. 그들에 따르면, 대부분의 집단경찰활동은 순찰의 지역적 안정성, 즉 소규모 지역에 집단의 경찰을 영구히 배치하고, 하루 24시간, 일주일 동안 지역에 배치된 모든 경찰관 사이의 밀접한 내부통신과 의사소통을 포함하는 집단구성원 사이에서 최대한의 상호작용, 그리고 집단구성원과 지역사회 간의 의사소통의 극대화라는 세 가지 공통요소를 실행하려고 시도하였다. 이들 운영요소를 성공적으로 실행하기 위해서는 감독의 통일성(한 사람의 감독관이 항상 정해진 지역에 책임을 짐), 정책입안에 있어서 하급자들의 융통성, 그리고 수사와 순찰기능의 통합 등을 포함하는 몇 가지 조직지원도 필요한 것으로 밝혀졌다.32

그러나 대체로 대부분의 집단경찰활동이 그리 성공적인 것으로 평가되지는 않았다. 예를 들어, 집단경찰활동을 시도한 거의 모든 곳에서 권한과 의사결정이 말단 순찰경찰에게 위임되지 않는 등 분권화된 순찰형태가 실현되지 않았다. 그 이유는 중간관리자들이 집단경찰활동을 자신의 권한과 권위에 대한 위협으로 보아 망설이거나 방해하였으며, 통신기술 등의 발전이 순찰경찰관으로 하여금 자신의 지역에만 머물 수 있게 하지 않았으며, 순찰이 한 번도 정규순찰과 집단경찰활동의 다른 점이 무엇인지 분명한 정의를 받지 못하였기 때문이라고 한다.33

물론 집단경찰활동실험이 크게 보아 적정한 기획과 훈련의 부족으로 실패한 것으로 보이지만, 비교적 짧은 시간에 대단히 권위적이고 관료적인 구조를 민주적이고 분권화된 구조로 바꾸는 데 요구되었던 변화의 정도는 결코 적은 것이 아니었다. 그러한 중요한 변화를 시도하는 경찰기관이 직면하는 또 다른 장애가 있다면 그것은 부서의 개혁분위기를 형성하기 위한 시도를 하지 않았다는 것이다.

더구나 집단경찰활동은 순찰대에 대한 분권화된 의사결정에 기초하기 때문에, 일부 경찰관리자들은 책임의 문제를 염려하게 된다. 비록 그들의 팀이 지역사회에 응하기를 원하지만, 약속된 자율성과 중앙통제의 감축으로 경찰관들이 비생산적이거나 심지어 부패할지 모른다는 두려움을 갖게 된다. 바로 이런 점 때문에 지난 수십년 동안에 걸쳐 강력하고 관료적이며 중앙집권적인 통제가 경찰행정에 있어서 주류가 되어온 이유이기도 하다. 그러나 그러한 중앙집권화된 통제와 관련된 딜레마는 지역사회 대응의 부족일 뿐만 아니라 의사결정의 책임을 갖고 있지 않은 경찰관들의 사기를 저하시키기도 한다.34

이러한 결점에도 불구하고, 집단경찰활동은 70년대의 유행이 되었다. 그러나 지역사회의 필요성과 요구와 경찰관의 만족도를 높일 수 있는 경찰활동에 대한 새로운 접근이 필요하다는 것이 분명해지게 되었다. 집단경찰활동은 이론적으로는 양자 모두를 시도하지만 여러 가지 이유로 제대로 실천되지 못하고 있는 실정이다.

3. 문제지향적 경찰활동 (Community and Problem-Oriented Policing)

다양한 경찰유형 중에서도 법률적 모형(legalistic model)은 경찰전문화의 기틀을 제공하였다고 볼 수 있다. 집단경찰활동의 실험이 경찰 서비스와 지역사회와의 관계 증진과 향상을 강조하였고, 경찰의 조직과 관리에 있어서 새로운 접근을 시도하였으며, 경찰관의 직업만족도를 높였다고 고려되는 경찰의 역할확대도 강조하였다. 이러한 변화들과 함께 경찰은 철저히 법집행지향적인 것에서 사회봉사와 지역사회문제해결을 지향하는 쪽으로 점진적인 변화가 생겼다.

경찰의 확대된 역할은 소위 지역사회 지향적 경찰활동(community-oriented policing)이라고 불리는 새로운 철학으로 등장하였고, 연구의 강조는 문제지향적 경찰활동(problem-oriented policing)의 발전에 기여하였다. 일반적으로 지역사회경찰활동의 초기발전은 지역사회와의 실질적 동반자관계의 형성을 우선적으로 강조하였던 반면, 문제지향의 경찰활동은 지역사회문제의 파악과 필연적인 것은 아니지만 대체로 지역사회로부터의 투입과 함께 그 문제를 해결하는 데 일차적인 관심을 가졌다. 지역사회경찰활동의 일반적 진전은 지역사회지향과 문제지향의 경찰활동 모두를 포함하는 것이라고 할 수 있다. 지역사회경찰활동의 문제해결방법을 활용한다면 더욱 효과적일 수 있고, 마찬가지로 전폭적인 지역사회의 투입과 지지가 있다면 문제해결경찰활동도 더욱 효과적일 수 있는 것이다.35

문제지향전략은 범죄를 양산할 뿐만 아니라 지역사회에서의 불만도 만들고, 다른 문제에도 영향을 미치는 지역사회문제에 대처하기 위하여 법집행은 물론 지역사회자원을 도입하게 된다. 이러한 접근은 그러한 문제가 경찰의 대응과 출동을 요하는 사건으로 발전하기 전에 조건과 상황을 완화시키거나 제거하려는 것이다.

반면에 지역사회지향경찰활동은 전통적으로 법집행과 시민들 사이에 놓여있던 장벽을 제거하는 것이다. 경찰이 자신이 봉사하는 지역사회와 친숙해지고 그 결과 공중으로 하여금 개별 경찰관들과 친해지게 함으로써, 시민들이 더 이상 경찰을 이름 없는 제복의 사나이로 보지 않게 되는 것이다. 결국 지역사회지향경찰활동이 철학이라면, 문제지향경찰활동은 전략이라고 할 수 있다.36

문제지향경찰활동의 제창자로 알려진 Goldstein은 경찰이 전통적으로 결과보다는 수단에 치우치는 경향이 있다고 한다. 즉, 경찰은 노력의 결과물보다는 조직과 운용방법의 향상을 더 강조하는 경향이 있다고 한다. 그에 의하면 경찰이 전문직으로서 성장, 발전하기 위해서는 그들의 노력의 최종산물에 보다 더 직접적인 관심을 가져야 한다는 것이다. 이런 점에서 경찰은 사건지향보다 문제지향이 되어야 한다는 것이다. 경찰이 특정한 사건에 너무 협의로 초점을 맞출 것이 아니라 이러한 반복적 사건을 유발시키는 문제의 해결에 더 초점을 맞추어야 한다는 것이다.37 이런 면에서, Stevens는 만약 경찰이 이처럼 하나의 사건을 다루고 대응하는 것에만 급급한다면 경찰에게는 미래도 과거도 없다고 주장하였다.38

문제지향의 경찰활동은 대중들이 경찰이 해결하리라 기대하는 문제들을 분석하고 다루고 보다 체계적인 과정을 개발할 것을 제안하고 있다. 이를 위해서는 우선, 경찰은 문제를 보다 구체적으로 규정할 필요가 있다. 지나치게 광의의 규정이나 개념만으로는 문제가 구체적으로 다루어지기 어렵기 때문이다. 또한, 문제에 대한 연구가 필요하다. 특정한 문제에 대한 자료를 수집하고 분석해야 한다. 그리고 다양한 대안적인 대응방법을 찾아야 한다. 경찰과 형사사법제도는 물론이고 그 밖에서도 가능한 대안을 찾도록 노력하여야 한다.39

Goldstein은 문제지향적 접근은 경찰개혁과 변화에도 매력적인 접근이라고 한다. 그에 따르면, 이러한 접근은 기존의 경찰가치체계에 대한 직접적인 도전으로 보는 경향이 약하기 때문에 조직개혁이 보다 용이한 면이 있다는 것이다. 이는 집단경찰활동을 실행함에 있어서 경험하였던 장애의 하나가 바로 중간관리자들의 저항이나 반대 또는 소극성이었다는 점을 고려한다면 매우 중요한 사실이 아닐 수 없다.

또한 경찰관은 문제지향적 접근은 문제의 해결에 있어서 보다 창의적이고 주도적인 시도를 할 수 있는 더 많은 융통성을 가질 수 있기 때문에 경찰관의 근무환경을 증진시킬 수 있다. 즉 향상된 근무환경은 경찰관의 직무만족도를 증대시키며 결국은 지역사회에 제공되는 경찰 서비스도 향상시킬 수 있는 것이다.40

4. 지역사회경찰활동의 현재

(1) 개념과 철학

Trojanowicz와 Bucqueroux에 의하면, 지역사회경찰활동은 ① 단지 하나의 독립된 프로그램이 아니라 철학이다, ② 지역사회에 대한 항구적인 전념을 내포한다, ③ 경찰의 역할을 범죄통제 이상으로 확대한다, ④ 모든 서비스를 제공하고, 개별화 · 분권화 또는 지방화나 지역화된 경찰활동을 제공한다, ⑤ 문제해결에 초점을 맞춘다, ⑥ 책임을 높인다, ⑦ 대응적, 예방적 경찰활동 모두를 이용한다, ⑧ 기존자원의 테두리 안에서 운영해야 한다.41

반면에 일부에서는 가장 빈번하게 인용되는 지역사회경찰활동의 요소는 다음과 같이 요약하기도 한다.

- ✤ 경찰업무를 보다 광범위하게 규정한다.
- ✤ 경찰의 우선순위를 다시 정한다.
- ✤ 지역사회의 무질서와 삶의 질에 관한 문제에 더 큰 관심을 보인다.
- ✤ 시민과의 의사결정권을 공유한다.
- ✤ 결과를 선호하여 관료제적 과정을 강조하지 않는다.
- ✤ 사건위주경찰활동보다 오히려 범죄예방과 문제해결에 초점을 맞춘다.
- ✤ 지역사회문제의 해결에 지역사회가 중요한 역할을 한다는 것을 인식한다.
- ✤ 새로운 일련의 경찰행위를 보상하고 장려하기 위하여 경찰관서를 재구조화 · 재조직화 한다.42

또 다른 일부에서는 지역사회경찰활동은 경찰이 다양한 지역사회집단과 공중 및 민간 분야 기관들과의 능동적이고, 다면적이며, 협의적이고, 협조적인 관계를 통하여 범죄, 무질서, 두려움 문제를 예방하고 다시 고치는 데 더 큰 도움이 될 수 있다는 견해로의 전략적 전환을 포함하는 것이라고 한다.43 이러한 전략적 전환은 공공의 안전이 단순히 경찰의 책임이라기보다는 지역사회의 책임이라는 사고에 기초하는 것이다. 이와 같은 변화는 경찰관을 수사관이나 법집행관으로부터 지역사회 자조(community self-help) 과정에서의 주춧돌로 전환시키는 것이기도 하다. 표준화된 서비스보다는 경찰 서비스가 개별 지역사회에 따른 맞춤 서비스가 되는 것이다.44

경찰자원의 전략적 활용을 위한 기초를 제공하는 철학으로서, 지역사회경찰활동은 ① 지역사회에서의 경찰의 역할을 누가 결정하는가? ② 그 역할은 무엇인가? ③ 그 역할을 수행하기 위하여 요구되는 능력은 무엇인가? 라는 경찰에 관하여 제기되는 세 가지 가장 근본적인 의문을 고려해야만 한다.45

먼저 경찰의 역할을 누가 결정하는가는 매우 정치적인 질문이라고 할 수 있다. 지역사회 경찰활동이 시민이 그러한 역할을 결정하는 데 있어서 상당한 역할을 할 것이라는 가정에 기초하기 때문이다. 경찰의 역할은 시민의 사고와 경찰의 전문성에 기초하여 그것이 불법적이지 않는 한 지역사회가 원하는 것이 무엇인가에 크게 좌우되는 것이다. 물론 실제로는 경찰이 시민들보다는 더 많은 영향력을 행사하는 경우가 종종 있지만, 적어도 시민들이 참여할 기회는 갖는다는 것이다. 경우에 따라서는 경찰보다는 시민들이 지역사회의 범죄와 무질서에 대한 더 많은 정보를 가지고 있기도 하다. 물론 경찰이 듣고 싶지 않은 것이겠지만 바로 그것이 경찰이 반드시 해야 할 일이기도 하다. 문제해결과 자원 활용에 있어서의 융통성이 지역사회경찰활동의 중요한 부분이다. 그렇다면 이러한 경찰의 역할을 수행하는 데 필요한 능력과 자질은 무엇인가는 특정한 경찰관행과 그 결과의 관계에 대한 지식이 매우 제한적이기 때문에 답하기 매우 어려운 상황이다. 그러나 지역사회경찰활동에서는 이 문제의 연구와 평가를 강조함으로써 해결해 보려고 노력하고 있다.

제 3 절 무관용경찰활동 (Zero-Tolerance Policing)

1. 무관용경찰활동의 이해

무관용경찰활동의 기본적 교조는 낙서, 기물파손(vandalism) 등과 같은 낮은 수준의 공공무질서범행에 경찰력과 활동을 집중하는 것이다. 이는 그와 같은 유형의 행위에 대한 강제적 경찰력의 강력하고 권위적인 사용이 보다 심각한 유형의 무질서와 범죄의 발생을 예방할 수 있을 것이라는 가정에 기초하고 있다.46

이러한 경찰전략은 전통적 경찰전략과는 다소 대조적인 면이 있는데, 그것은 전통적 경찰활동의 정당성과 효과성이 소위 '벨벳장갑 속의 쇠주먹(an iron fist in a velvet glove)'으로서 강제력의 숨겨진 특성으로부터 나오며, 강제력의 부과는 마지막 수단으로 여겨졌으나 무관용경찰활동에서는 이처럼 가장된 강제력의 집행은 사라지고 경찰기능이 소위

'쇠 장갑 속의 쇠주먹(an iron fist in an iron glove)'의 기능이 되기 때문이다.

이러한 무관용경찰활동의 실질적 기초는 물리적 무질서가 개선되지 않으면 물리적 환경이 더욱 악화되어 준법시민들이 두려워하고 따라서 사회적 상호작용을 피하게 되어 비공식적 사회통제는 약화되고 범죄활동이 급증하게 된다는 Wilson과 Kelling의 '깨어진 창 이론(Broken Window Theory)'이 제공하고 있다. 즉, 물리적 무질서가 곧 사회적 무질서를 초래한다는 가정에 기초하고 있다.47 따라서 글자 그대로 조그만 무질서가 심각한 범죄로 이어질 수 있기 때문에 심각한 범죄의 예방을 위해서는 조그만 무질서라도 일체 용인할 수 없으며, 이를 위하여 경찰이 작은 무질서행위를 철저하게 단속하는 경찰활동을 일컫는다.

New York 경찰의 무관용경찰활동은 공공의 무질서에 초점을 맞춘 공격적 경찰활동 전략을 포함하는 것이었다. 노숙자, 만취자, 배회하는 청소년, 걸식자 등이 권위적 경찰개입의 정당한 표적이 되었다. New York 경찰은 이러한 전략이 청소년을 비롯한 과거 비행적인 사람들의 생활유형의 변화를 조장하였기 때문에 성공적인 것이라고 믿게 되었다.48

무관용경찰활동이 현재와 같은 관심을 받을 수 있었고 폭넓게 도입될 수 있었던 것은 물론 범죄감소에 대한 기대가 일차적인 것이지만 '범죄에 대한 강력한 대응'이라는 강력한 시민들의 대중주의적 지지도 한 몫을 하였다. 범죄문제가 심각해짐에 따라 시민들은 이에 대해 무엇인가 행해지기를 기대하고 요구하기 마련이다. 실제로 범죄문제가 시민들이 우려하는 심각한 사회문제의 하나라는 사실이 각종 여론조사의 결과로 밝혀지고 있다. 삼진 아웃(3 strikes out), 강제양형(mandatory sentencing), 야간통행금지, 성범죄자등록, 출입이 통제되는 주거공간(최근의 고급 고층 주상복합 등), 무관용경찰활동 등은 모두가 범죄피해자가 될 수 있다는 시민들의 상당한 우려와 걱정을 반영한 결과이다.

2. 무관용경찰활동의 평가

정책으로서 무관용경찰활동의 중요성은 어느 정도는 상당한 수준의 범죄 감소에 그 근거를 두고 있다. New York 시의 경우, 1994년과 1997년 사이에 범죄율이 무려 37%나 감소하였으며, 특히 살인은 50% 이상 감소한 것으로 보고되고 있다. 무관용경찰활동을 도입하기 전 2년 이상 New York 경찰은 마약, 자동차절도, 부패, 가정폭력, 청소년범죄의 6가지 범죄통제전략을 도입하였으나, 시민들의 삶의 질에 영향을 미치는 것으로 간주되었던 낮은 수준의 경미한 범행에 초점을 맞추는 것으로 전환하였다. 그 중에서도 가장 관심을 끌었던 것은 삶의 질을 위한 경찰활동이었다. 한편 영국의 Cleveland 경찰도 무관용경찰활동을 도입하였는데, 그들은 특히 강도 등 보다 심각한 범죄자들의 활동을 차단하고 젊은 범법자들이 직업적 범죄자의 길로 들어서지 못하도록 청소년들의 배회, 낙서, 기물파손, 구걸 등에 경찰활동을 집중하였다. 또한, 고강도의 검문검색을 실시하여 그들의 전술의 결과 범죄가 1년 사이에 25%나 감소한 것으로 평가되었다.49

물론 New York 시의 범죄율 감소에 경찰이 일정부분 역할을 하였지만 소위 '기적적인 경제'와 그 결과로 인한 합법적인 경제활동의 역할도 무시할 수 없는 것이다. 그것은 New York뿐만 아니라 거의 모든 미국의 도시와 국가에서 범죄율은 감소하였으며, 특히 매우 상이한 경찰활동전략을 채택하였던 지역에서도 범죄는 감소하였다는 사실이 이를 대변하고 있다. 결과적으로, 범죄율의 감소는 무관용경찰활동 이외의 전략이 도입되어도 가능하다는 것이며, 범죄율의 감소가 전적으로 무관용경찰활동의 결과만은 아닐 수 있다는 것이다.50

또한 무관용경찰활동은 New York 경찰의 여러 가지 변화 중의 하나에 지나지 않는다. 가장 중요한 변화로, 경찰인력의 급증과 CompStat의 도입을 들 수 있으며, 그 결과 경찰업무수행에 대한 보다 철저한 평가와 감독을 가능하게 하고 경찰관의 사기도 향상시킬 수 있었다. 이러한 경찰의 전반적인 변화와 개선이 범죄율의 감소에 기여할 수 있었다는 것이다. 보다 일반적인 것으로, '깨진 창 이론'은 경험적 검증이 부족하다. 경범죄와 강력범죄의 연관성을 주장한 주요연구도 사실은 다른 연구에서는 무질서가 범죄로 이어진다는 것을 입증하지 못하였으며 결과적으로 '깨어진 창 이론'도 지지받지 못하는 것으로 보고 되기도 하였다.51

3. 무관용경찰활동의 비판

(1) 인과관계 설명의 문제

무관용경찰활동이 범죄율의 급감을 가져왔다는 주장은 과연 얼마나 타당한 것인가가 핵심적인 논란의 대상이 되고 있다. New York의 경우 실제 범죄율이 낮아졌으며 경찰활동이 기여한 바 있다는 점에는 의심의 여지가 없다. 그러나 이러한 범죄율의 감소를 오로지 무관용경찰활동의 결과로만 공식화하는 것은 반드시 진정한 원인을 제대로 반영한 것이라고는 할 수 없을 것이다. 그것은 무관용경찰활동을 도입하지 않은 다른 도시에서도 범죄율의 상당한 감소를 경험하였기 때문이다. 이는 곧 범죄율의 감소에는 무관용경찰활동 외에도 더 깊은 사회적 요인이 작용하고 있음을 보여주는 것이다.52

New York의 경우, 살인범죄율이 급감하였다고 하지만 그것을 경찰활동만의 기여라고 간주하는 것은 오해의 소지가 있다. 물론 경찰활동이 일정 부분 역할을 하였지만 코카인과 같은 약물의 공급과 사용의 변화가 살인범죄율의 변화에도 영향을 미쳤다는 증거들이 나오고 있고, 실제 연구결과도 코카인사용과 살인범죄의 긍정적인 관계가 밝혀지고 있다.

또 다른 비판은 '삶의 질'이란 보다 폭넓은 범죄전략의 한 부분이라는 사실과 관련된 것이다. 즉, 전국적인 또는 전 세계적인 범죄의 감소를 범죄전략의 한 가지 요소의 탓으로 치부하는 것은 문제가 될 수 있다는 것이다. 예를 들어, 범죄정보체계의 개선과 향상은 경찰순찰의 효과성과 효율성을 향상시킬 수 있지만 이것이 반드시 무관용경찰활동의 정책과 등식화할 필요는 없는 것이다. 경찰이 New York 시의 범죄를 줄이는 데 일정한 역할을 하였지만, 범죄의 감소는 오히려 경찰조직의 효과적인 현대화 프로그램과 더 큰 관련이 있을지도 모른다는 것이다.

(2) '쇠주먹' 경찰활동의 적용문제

'무관용'이란 단어 자체가 뜻하는 것처럼 조그만 무질서도 용인하지 않을 정도로 강력한 경찰권을 행사하는 무관용경찰활동을 도입한 지역에서는 과도한 물리력의 사용이나 잔혹성에 대한 비난과 제소 등이 빈번하게 제기되고 있는 것으로 알려져 있다.

이러한 주장과 관련하여 한 가지 예견할 수 있는 사실은 경찰관이 자신의 순찰전략에 있어서 공격적인 자세를 취하도록 권장하는 것이 경찰의 잔혹성과 위법행위의 위험성을 증대시킬 수 있다는 것이다. 실제로 New York에서는 공격적인 순찰전술의 채택이 시민에 대한 경찰의 폭력의 수준을 증대시킨 것으로 알려지기도 하였다.53

(3) 단기유한론(Short-termism)과 고립주의(Isolationism)

무관용경찰활동은 범죄문제 해결책의 제공에 대한 단기적이고 고립된 접근방법을 채택하고 있다. 범죄수준의 감소를 위하여 범죄의 근원적 원인을 해소하거나 해결하려는 것은 지나치게 어렵고 복잡한 것으로 여긴다. 그래서 미국에서의 무관용경찰활동은 물리적 퇴거를 통한 다중의 안전확보라는 보다 단순한 목표를 채택하여 법집행의 공리적 도구로서 공간적 대체(spatial displacement)를 이용하는 데 초점을 맞추고 있다. 다중의 안전은 현상을 방해하는 구성원을 도시의 변두리나 좋지 못한 환경으로 이동시킴으로써 확보하는 것이다.54 즉, 무관용경찰활동은 '단기적 해결책(short-term fix)'을 제공할 수 있으나 한편으로는 '장기적 책임(long-term liability)'이 될 수 있다는 것이다.55

(4) 낙인이론의 비판

무관용경찰활동은 낙인이론의 관점에서 두 가지 중요한 비판이 제기되고 있다. 우선

무관용경찰활동은 경미한 일탈자나 비행자에 대한 형사사법기관과 제도의 부적절한 개입이 오히려 장기적적인 관점에서 범인성을 증대시킬 수 있다는 경고를 무시한다는 비판을 받고 있다.

Wilson과 Kelling의 '깨어진 창 이론'은 범행이 기회주의적으로 매력적이기 때문에 사람들이 범행을 한다는 점을 이용하고 있으나, 범죄화를 통한 비범죄적 기회의 차단이 장래 범죄활동을 보다 더 매력적인 것으로 만들 수 있다는 점을 미처 인식하지 못하는 문제를 안고 있다는 것이다. Matza의 '비행과 표류(delinquency and drift)'에 있어서도 무관용경찰활동은 '당근과 채찍'을 통해서 범죄를 보다 더 매력적인 것으로 만들 수 있다는 것이다.56

(5) 자유민주주의적 비판

최근 지역사회의 권리와 개인의 권리, 즉 지역사회와 자유라는 경쟁적 딜레마가 경찰활동에 있어서 예외가 아닌 것으로 받아들여지고 있다. 그러나 그것이 지역사회냐 아니면 자유냐의 문제가 아니라 민주사회에 대한 경찰활동의 문제는 지역사회와 자유의 균형을 찾는 것이다. 그러나 타인에게 해를 가함으로써 개인주의가 표현되어서는 안 됨에도 불구하고 무관용경찰활동과 같이 지역사회의 욕구를 지나치게 강조하는 경찰활동의 근본적인 결함은 그것이 종종 경찰활동의 전략이 낙인 찍힌 소수집단을 표적으로 하는 '다수의 폭정'의 표현을 위한 도구가 되기 쉽다는 것이다. 결과적으로 무관용경찰활동도 일부 소수집단이나 그들의 거주지역을 표적으로 하는 차별적 법집행을 초래할 수 있다는 것이다. 즉, 무관용경찰활동이 조심스럽게 집행되지 않으면 특정한 집단과 지역사회를 사회적으로 배척하고 축출하는 데 기여하고 그것을 재강화할 수도 있다는 것이다.57

제4절 정보에 의한 경찰활동 (Intelligence-led Policing)

오늘날의 경찰은 '사전예방적(proactive)', '표적대응(targeted response)', '범죄관리(crime management)', '문제지향적 경찰활동(problem-oriented policing)'은 물론이고 최근에는 '정보에 의한 경찰활동'이라는 용어까지도 낯설지 않게 되었다. 이러한 정책들은 단기적으로나 장기적으로나 형사사법에 심각한 영향을 미칠 수 있는 경찰활동에 있어서 급속하고, 중대하며, 폭넓은 변화를 보여주는 것이다.58

정보에 의한 경찰활동은 비교적 가장 최근의 전술로서 현재 경찰이 범죄예방과 감소를 위하여 할 수 있는 가장 긍정적인 공헌으로 간주되고 있다. 이러한 정보를 이용한 전략들은 현대 경찰의 현실인 재정적 제약에 그 근원을 두고 있다. 위험한 사회(risk society)로부터의 정조에 대한 수요의 증대와 재정적 회계감사를 통한 경찰 서비스에 대한 새로운 공공관리가 외부기관으로 하여금 경찰의 업무수행을 감시하는 수많은 통계적 자료를 제공하고 있다. 여기서 소위 '돈의 가치를 위한 경찰활동('value for money' policing)'이 강조되고 비용－편익적인 범죄예방과 감소의 중요성이 제기되는 것이다.59

이들 정보를 이용한 경찰활동과 전략들은 정보를 강조하여, 감시도구와 기술의 활용, 정보원의 활용에 특별한 관심을 두고 있다. 이는 곧 강도와 차량절도와 같이 빈번하게 발생하는 범죄문제에 모든 경찰자원이 투입하는데 관심이 있었음을 보여주는 것이다. 그래서 정보원활용의 확대와 개선은 정보에 의한 경찰활동과 전술의 핵심적 사안이라고 할 수 있다. 정보가 적당한 재량과 적절한 감시와 함께 활용될 수 있다면, 정보에 의한 경찰활동은 동일한 정보를 수집하기 위하여 많은 인력을 투입해야 하는 것과 비교할 때 범죄에 대항하는 전략, 전술의 개발을 위한 비용－편익(cost－effective)적인 수단이 되는 것이다.60

1. 정보에 의한 경찰활동의 도입배경

다차원적 활동으로서 경찰활동의 대부분은 실제로는 법집행이나 범죄통제활동보다는 오히려 정보 처리와 관련된 것이다. 예를 들어, 사복형사이건 정복경찰이건 일선경찰관들은 정보의 수집과 배포에 관여하게 되고, 심지어 지원부서의 경찰관도 정보의 접수, 처리, 그리고 다른 기관이나 부서로의 정보 배포에 관련되기 마련이다. 이런 면에서, 경찰을 일부에서는 '지식근로자(Knowledge worker)'라고 말하기도 한다.61 그럼에도 불구하고, 지금의 경찰은 경찰에 대한 사회적 기대에 대하여 정보가 부족하고, 분석되지 않은 정보로 넘치며, 전략적 연구에도 적절하게 전념하지 못하는 형태로 조직되어 있다고 한다.62

따라서 정보에 의한 경찰활동의 도입배경은 범죄 감소와 발견에 있어서 실질적인 향상을 확보하기 위한 정보를 이용함으로써 상당한 경찰의 노력과 자원이 범죄에 투자되어야 한다는 것이다.

우선 70년대 이후 경찰활동과 연구에 대한 미국에서의 실험들은 다수의 범행을 지속하는 범죄자를 척결하는 기초로서 정보를 이용하려는 시도였다. 이러한 시도는 영국에서도 마찬가지여서 범죄통제에 관련된 경찰의 효과성에 대한 관심으로 나타났다.

미국의 경우, Kansas 시에서 정보창고로서 이용하기 위해 범죄정보센터(Criminal Information

Center)를 시 경찰국에 설치하고, 이를 토대로 '위치지향 순찰(Location Oriented Patrol: LOP)'과 '가해자지향 순찰(Perpetrator Oriented Patrol: POP)'이라는 두 가지 사전예방적 전략을 고안하였다. 이들 전략은 일차적으로 강도와 절도범을 현장에서 검거하는 것을 목표로 하고, 이를 위하여 감시와 첩보원이 이용되고 있다.63

경찰의 범죄수사에 대한 Rand연구소의 연구는 범인의 검거율이나 체포율이 형사들의 훈련, 수사의 절차나 수사부서의 조직 등에 따라 크게 차이가 나지 않는다는 소위 'Nothing Works'라는 극단적으로 부정적인 결론을 내린 바 있다.64 그러나 이러한 주장에 대하여 일부에서는 비록 경찰이 주로 증인에 의존하지만 정보원의 이용 등 경찰의 향상된 정보능력은 범행의 인지와 검거를 향상시킬 수 있다고 주장한다.65

대부분의 강력범죄가 소수의 중누범자들에 의하여 이루어진다는 점에 기초하여 이들 반복범죄자들을 표적으로 하는 것은 경찰이 직업범죄자체에 초점을 맞춘 정책 등의 도입으로 80년대 초 점점 유행하게 되었던 것으로 보인다.66 강력범죄를 반복적으로 범하는 범죄자들을 검거하기 위한 Washington D. C.의 반복범법자 프로그램(Repeat Offender Program)이 그 좋은 예로 감시와 정보원의 활용과 같은 정보에 의한 대책을 중심으로 운영되었다.

영국에서도 경찰활동의 효과성에 대한 문헌조사와 미국의 Rand연구 등의 연구결과와 유사한 범죄의 발견은 주로 범법자의 신분을 경찰에 제공할 수 있는 공중의 능력에 좌우되며 해결률 등에 미치는 수사활동의 영향은 크지 않다는 결론을 내린 바 있다. 그러나 연구자들은 경찰의 기량도 그에 대하여 일정 부분 역할을 할 수 있으며, 전문화된 경찰전술은 범죄에 영향을 미칠 수 있다는 증거가 있다는 점을 미처 인식하지 못하였음을 시인하였다.67

이러한 연구결과들을 기초로 Hough는 기술적 향상, 공중으로부터 정보 흐름의 증대, 비공식적 사회통제의 강화, 범죄를 억제하기 위한 경미사건에 대한 공격적 경찰활동, 그리고 범죄와 거리가 있는 경찰업무에 다시 초점을 맞추는 등 경찰이 유용하게 활용할 수 있는 5가지 전략을 제안하였다.68

경찰자원의 한계와 인지된 범죄사건의 상당부분이 상대적으로 소수의 누범자들에 의한 것이라는 점을 감안하여 강력범죄자와 반복범죄자들을 표적으로 하는 사전예방적 활동의 능력을 갖기 위한 효과적인 자원의 활용을 강조하고 있다.69

반복범죄자들을 표적으로 하는 것은 경찰이 상당한 수준의 범죄감소효과를 얻을 수 있는 데 필요한 효율적인 경찰자원의 활용을 가능하게 해 주기 때문에 경찰에게는 매력적인 가설이 될 수 있다. 그러나 좀 더 면밀하게 고려하면 그러한 목표의 실현은 몇 가지 연관된 사전조건들에 달려 있음을 알 수 있다. 우선 가장 활동적인 범죄자들에 의한 범행의 비율이 전체 범행과 비교하여 상당한 수준이 되어야 한다. 또한, 경찰은 그들 활동적인 반복범죄자들의 상당한 비율의 범죄활동을 분쇄시킬 수 있는 충분한 자원과 효과적인 전술을 가지고 있어야 한다. 그리고 이들 반복범죄자를 무능력화(Incapacitation)시킴으로써 얻을 수 있는 효율성이 형사사법기관의 수용능력이나 새로운 경찰전술에 대한 범죄학습과 같은 다른 요소들에 의하여 상쇄되지 않아야 한다.70

2. 정보에 의한 경찰활동으로서의 전환의 원인

(1) 세계화(Globalization)와 조직범죄(Organized crimes)

경찰활동의 변화와 발전에 있어서 가장 많이 거론되고 있는 요소는 거의 모든 인간활동에 널리 퍼져있는 국가 간의 네트워크, 사회적 이동과 관계라고 할 수 있는 세계화라고 할 수 있다. 공간적으로 활동이 국경을 넘어 확대되고 그 결과 또한 국경을 초월하여 나타나는 것이다. 또한 NAFTA, ASEAN, EU와 같이 세계화와 상호 관련 되지만 별개의 과정으로 존재하고 인식되는 소위 '지역화(Regionalization)'도 기존의 경찰활동의 변화와 발전에 영향을 미치고 있다.71

이러한 여건에서 각국은 정치적 폭력, 마약과 불법무기의 밀반입과 밀반출, 그리고 각종 테러 등에 보다 효과적으로 대처하기 위하여 국가간 협력을 강조하게 되었다. 대표적인 예로, EU에서는 초창기 실무부서 보다는 정보부서로서 Europol이라는 유럽경찰기구(European Police Office)를 창설하였으며, 그 전에도 국제적인 정보교환의 창구로서 Interpol이 만들어지기도 하였다. 이러한 범죄들은 대부분 일종의 조직범죄로 지칭되고 있는데, 그 중에서도 국경을 초월하여 행해지는 것을 국가간(Transnational) 또는 국제적(International) 조직범죄라고 할 수 있다. 그런데 이와 같은 조직범죄와의 투쟁에서 가장 핵심적인 역할을 하는 것은 다름 아닌 정보이다. 물론 경찰의 정보는 조직범죄에만 국한되는 것은 아니며, 거의 대부분의 경찰활동에 관련된 것이다.

(2) 새로운 경찰전략의 추구

영국의 회계감사위원회(Audit Commission)에서는 범죄에 관련된 경찰효과성에 관한 보고서에서는 범죄에 대한 통합적 접근의 부재, 경찰자원의 효율적 활용의 실패, 그리고 범죄수사의 초점을 범죄자가 아닌 범죄에 둔다는 사실을 기존 경찰활동조직의 세 가지 주요 문제점으로 지적하였다. 그들은 이와 같은 경찰정보의 자원과 현상이 만족스럽지 못하다는 사실을 토대로 경찰이 범죄유형분석(Crime Pattern Analysis)과 같은 기타 정보기술과 정보원의 활용을 극대화하는 방법으로 '알려진 범죄자(known criminals)'를 표적으로 함으로써 수사업무에 있어서 사전 예방적 요소를 증대시킬 것을 주창하였다.72

이를 계기로, 더 이상 신뢰받지 못하는 체포－자백(arrest－confession)의 전략을 대신할 범죄해결의 새로운 모형을 추구하게 된 것이다. 범죄사건에 대응하지 않고 인지된 범죄유형에 대응함으로써 잠재적 용의자가 파악될 수 있다는 것이다. 필요한 정보는 정보원으로부터 얻을 수 있고, 기타 정보수집과 감시기술을 이용해서도 확보할 수 있다는 것이다. 물론 자백이 아직도 일종의 보험으로서 추구되고 있고 여죄를 해결하기 위한 심문과 조사도 이루어지지만 그래도 정보(intelligence)가 최종결과를 얻기 위한 열쇠로서 심문(interrogation)을 대신하는 것이다.73

(3) 경찰 네트워크의 구축

경찰활동의 변화추세에 기여한 또 하나의 요인은 바로 '민간경찰의 재탄생(rebirth of private policing)'이라고 한다. 일부의 주장에 의하면, 기존의 민간경찰과 공경찰의 균형은 민간경비(private security)의 확대, 공경찰의 민영화(privatization of public policing), '변형(hybrid)' 경찰활동의 성장, 적극적 시민정신(active citizenship)의 발전이라는 네 가지 과정을 통하여 재협상되고 있다는 것이다.74

이와 같은 재협상의 원동력은 이미 앞에서 언급된 내용인 제한된 경찰예산, 시장우월성에의 믿음, 공경찰에 대한 민간분야의 불가침성 등이라고 할 수 있다. 그러나 정확한 원인이 무엇이건, 중요한 것은 오늘날의 경찰활동은 이들 상이한 경찰분야 사이의 중요한 상호작용을 내포하고 있으며, 특히나 그러한 상호작용의 절대다수는 다른 두 기관 사이의 합동활동의 형태가 아니라 정보의 교환이라는 형태를 내포하고 있다는 것이다. 합동활동은 비교적 투명하기 때문에 당국과 시민들의 눈에 이론의 여지를 남길 수 있으나 비공식적인 정보의 교환은 비교적 불투명하다고 볼 수 있다.75

3. 정보에 의한 경찰활동의 평가

정보에 의한 경찰활동은 새로운 법집행 정책의 하나이고 미국과 영국의 여러 지역에서 채택, 운용되고 있으나, 경찰로부터 인정을 받는 것이 쉬운 과정은 아니며, 변화에 대한 경찰조직의 저항도 만만치 않은 것이 사실이다.

정보에 의한 경찰활동이 아직은 걸음마 단계에 지나지 않기 때문에 그 효과가 입증되었다고는 할 수 없지만, 몇몇 분야에서는 일부 진전된 부분도 있으며, 일부 문제점들은 단기적이고 일시적인 것에 불과한 것으로 여겨지고 있다. 예를 들어, 호주의 New South

Wales에서는 정보처리와 관련된 문제점들을 해소하고 다양한 데이터베이스들을 통합하기 위하여 새로운 정보처리기구를 도입하였다. 또한 GIS 분야의 Software의 발전으로 보다 세련된 범죄유형분석이 가능해지기도 하였다.76

그러나 지금까지의 정보에 의한 경찰활동은 그렇게 정보에 의한 경찰서비스가 아니라 오히려 지능적으로 다루어지게 하려는 서비스라고 할 수 있다. 즉, 보다 증거에 기초한 목표의 모형으로 다루어질 뿐만 아니라 발전에 장애가 되는 환경적·문화적 장애물을 해소하려는 서비스라고 할 수 있다.

표 6-1 다양한 경찰활동의 형태별 사적 상호작용과 구조적 요소의 비교

사회적 상호작용/구조적 차원	전통적 경찰활동	지역사회경찰활동	문제지향경찰활동	무관용경찰활동
경찰활동의 초점	법집행	범죄예방 통한 지역사회건설	법, 질서, 공포 문제	질서문제
개입의 형태	형법에 기초 사후대응적	민·형·행정법기초 사전예방적	민·형·행정법기초 혼합	민·형·행정법기초 사전예방적
경찰활동범위	협의, 범죄에 초점	광의, 범죄, 질서, 공포, 삶의 질 초점	협의에서 광의 문제에 초점	협의 위치와 행위에 초점
일선 경찰관의 재량권의 수준	높고 책임 없음	높고 지역사회와 지휘관에 책임	높고 일차적으로 경찰행정에 책임	낮으나 일차로 경찰행정에 책임
경찰문화의 초점	내부지향 지역사회 거부	외부지향 동반자관계구축	혼성 문제에 좌우되나 분석에 초점	내부 표적문제의 공격에 초점
의사결정의 위치	경찰지시 타자개입 최소화	지역사회-경찰 공동생산 합동책임과 평가	다양 지역사회참여와 행동과 함께 경찰이 문제파악	경찰지시 필요한 경우 다른 기관과 일부 연계
의사소통 흐름	경찰에서 지역 사회로의 하달	경찰-지역사회 수평	경찰-지역사회 수평	경찰에서 지역 사회로의 하달
지역사회참여의 범위	낮고 수동적	높고 능동적	문제에 따라 혼재	낮고 수동적
다른 기관과의 연계	약하고 간헐적	중요한 과정에서 참여적·통합적	문제에 따라 참여적·통합적	중간 정도 간헐적
조직과 지휘초점의 형태	중앙집권화된 지휘명령	지역사회와 분권화	중앙행정에의 지역 지휘책임과 분권화	중앙집권화 또는 분권화 내부초점
조직변화와 개발에의 함의	적음 환경을 피하는 정적 조직	많음 환경과 환경적 상호작용에 초점 두는 역동적 조직	다양 조직정보와 구조에 대한 유입과 함께 문제해결에 초점	적음 다양한 전통적 방법 이용한 표적문제에 초점 맞춘 제한된 개입
성공의 측정	검거율·범죄율 특히 강력범죄	다양 범죄, 서비스 요청전화, 공포의 감소, 공공장소 이용도, 지녁사회연계와 접촉, 더 안전한 이웃	다양 해결되고, 최소화되고, 대체된 문제	검거, 현장검문활동 특정위치의 표적활동 감소

자료: Jack Greene, "Community policing in America: Changing the nature, structure, and future of the police," *Criminal Justice*, 2000, 3:311

POLICE SCIENCE 참고문헌

1 J. Q. Wilson, "Dilemmas of Police Administration," *Public Administration Review*, September/October 1968:407−417.

2 J. Q. Wilson, *The Investigators: Managing F.B.I and Narcotics Agents*, New York: Basic Books, 1978, p. 203.

3 *Ibid.*, p. 204.

4 President's Commission on Law Enforcement and Administration of Justice, *The Challenge of Crime in as free Society*, New York: Avon Books, 1968, p. 295.

5 Richard L. Holcomb, *Police Patrol*, *Springfield*, IL: Charles C. Thomas, 1948, p. 19.

6 G. L. Kelling, T. Pate, D. Dieckman, and C. E. Brown, *The Kansas City Preventive Patrol Experiment: A Summary report*, Washington, DC: The Police Foundation, 1974, p. 16.

7 Cordner and Sheehan, *op. cit.*, p. 389.

8 C. Clawson and S. K. Chang, "The relationship of response delays and arrest rates," *Journal of Police Science and Administration*, 1977, 5:53−68; D. P. Tarr, "Analysis of response delays and arrest rates," *Journal of Police Science and Administration*, 1978, 6:429−451.

9 Cordner and Sheehan, *op. cit.*, p. 390.

10 P. W. Greenwood and J. Petersilia, *The Criminal Investigation Process Volume I: Summary and Policy Implications*, Santa Monica, CA: Rand Corporation, 1975, p. vii.

11 J. L. Kuykendall, "The Municipal police detective: An Historical analysis," *Criminology*, 1986, 24(1):175−201.

12 J. Q. Wilson, *Thinking about Crime*, New York: Basic Books, 1975, pp. 82−83.

13 J. A. Bright, *Beat Patrol Experiment*, London: Home Office, 1969.

14 Cordner and Sheehan, *op. cit.*, p. 395.

15 L. W. Sherman and D. Weisburd, "General deterrent effect of police patrol in crime 'hot spots': A Randomized, controlled trial," *Justice Quarterly*, 1995, 12(4):625−648.

16 Cordner and Sheehan, *op. cit.*, p. 397.

17 D. P. Rosenbaum, "The theory and research behind neighborhood watch: Is it a sound fear and crime reduction strategy?" *Crime & Delinquency*, 1987, 33(1):103−134.

18 G. W. Cordner, "Evaluating tactical patrol," in L. T. Hoover(ed.), *Quantifying Quality in Policing*, Washington, DC: Police Executive Research Forum, 1996, pp. 185−206.

19 G. T. Marx, "The new police undercover work," in *Thinking about Police: Contemporary Readings*, C. B. Klockars(ed.), New York: McGraw−Hill, 1983, pp. 201−202.

20 P. Kraska and V. Kappler, "Militarizing the American police: The Rise and normalization of paramilitary units," *Social Problems*, 1997, 44(1):1−18.

21 G. I. Miller, "Observations on police undercover work," *Criminology*, 1987, 25(1):27−46.

22 Cordner and Sheehan, *op. cit.*, p. 405.

23 L. W. Sherman and R. A. Berk, "The Minneapolis Domestic Violence Experiment," *Police Foundation Report* I, April 1984, pp. 1−8.; J. D. Hirschel, I. W. Hutchson, C. W. Dean and A. M. Mills, "Review essay on the law enforcement response to spouse abuse: Past, present and future," *Justice Quarterly*, 1992, 9(2):247−283.

24 R. E. Worden, "Toward equity and efficiency in law enforcement: Differential police response," *American Journal of Police*, 1993, 12(1):1−32.

25 A. J. Reiss, Jr., "Shaping and serving the community: The role of police chief executive," In William A. Geller(ed.), *Police Leadership in America: Crisis and Opportunity*, New York: Praeger, 1985, p. 63.

26 L. W. Sherman, "Policing communities: Waht works?" in A. J. Reiss, Jr. and M. Tonry(eds.), *Communities and Crime*, Chicago, IL: University of Chicago Press, 1986, p. 359.

27 G. L. Kelling and M. H. Moore, "The evolving strategy of policing," *Perspectives on Policing*, Washington, DC: National Institute of Justice, 1988.

28 Roberg *et al.*, *op. cit.*, p. 65.

29 H. Goldstein, "Improving policing: A problem−oriented policing," *Crime and Delinquency*, 1979, 25:236−258; "Toward community−oriented policing: Potential, basic requirements and threshold questions," *Crime and Delinquency*, 1987, 33:6−30; *Problem−Oriented Policing*, Philadelphia: Temple University Press, 1990, p. 97.

30 M. H. Moore and D. W. Stephens, *The Strategic Management of Police Department: Beyond Command and Control*, Washington, DC: Police Executive Research Forum, 1991, pp. 14−27.

31 J. E. Eck and D. P. Rosenbaum, "The new police order: Effectiveness, equity, and efficiency in community policing,"in D. P. Rosenbaum(ed.), *The Challenge of Community Policing: Testing the Promises*, pp. 3−23, Thousand , CA: Sage Publications, 1994.

32 L. W. Sherman, C. H. Milton, and T. V. Kelly, *Twam Policing: Seven Case Studies*, Washington, DC: Police Foundation, 1973.

33 *Ibid.*, pp. 107−108.

34 A. T. Schwartz and S. N. Clarren, *The Cincinnati Team Policing Experiment: A Summary Report*, Washington, DC: Police Foundation, 1977, p. 7.

35 Roberg *et al.*, p. 73.

36 Police Executive Research Forum, *Themes and Variations in Community Policing: Case Studies in Community Policing*, Washington, DC: Police Executive Research Forum, 1996, p. 74.

37 H. Goldstein, "Improving policing: A problem−oriented approach," *Crime and Delinquency*, 1979, 25:236−258.

38 D. W. Stevens, "Policing in the future," *American Journal of Police*, 1990, 9:151−169.

39 *Ibid*, p. 236.

40 H. Goldstein, "Toward community−oriented policing: Potential, basic requirements, and threshold questions," *Crime and Delinquency*, 1987, 33:6−30.

41 R. Trojanowicz and B. Bucqueroux, *Toward Development of Meaningful and Effective Performance Evaluations*, East Lansing, MI: Michigan State University, National Center for Community Policing, 1992, pp. 4−6.

42 D. P. Rosenbaum, A. J. Lurigio, and R. C. Davis, *The Prevention of Crime: Social and Situational Strateigies*, Belmont, CA: West/Wadsworth Publishing Co., 1998, p. 176.

43 W. A. Geller and G. Swanger, *Managing Innovation in Policing: The Untapped Potential of the Middle Manager*, Washington, DC: Police Executive Research Forum, 1995, p. 3.

44 D. Osborne and T. Gaebler, *Reinventing Government*, New York: Penguin, 1993, pp. 50, 174.

45 Roberg *et al.*, pp. 81−82.

46 M. Innes, "'An iron fist in an iron glove?' The Zero Tolerance Policing debate," *The Howard Journal*, 1999, 38(4): 397−410.

47 J. Q. Wilson and G. Kelling, "Broken Windows," *The Atlantic Monthly*, March 1982, pp. 29−38.

48 Innes, *op. cit.*

49 *Ibid.*

50 D. Dixon and P. Coffin, "Zero tolerance policing of illegal drug markets," *Drug and Alcohol Review*, 1999, 18:477–486.

51 B. Harcourt, "Reflecting on the subject," *Michigan Law Review*, 1998, pp. 291–389.

52 Innes, *op. cit.*

53 Innes, *op. cit.*

54 J. Sheptycki, "Insecurity, risk suppression and segregation: Some reflections on policing in the transnational age," *Theoretical Criminology*, 1997, 1: 303–315.

55 Book Reviews, "Policing change and changing policing," *Policing and Society*, 1999, 9: 287–308.

56 Innes, *op. cit.*

57 Dixon and Coffin, *op. cit.*

58 M. Maguire, "Policing by risk and target: Some dimensions and implications of intelligence–led crime control," Policing and Society, 2000, 9: 315–336.

59 J. H. Ratcliffe, "Intelligence–led policing and the problems of turning rhetoric into practice," *Policing and Society*, 2002, 12(1): 53–66.

60 HMIC, *Policing with Intelligence*, London, Her Majesty's Inspectorate of Constabulary, 1997, p. 17.

61 R. V. Ericson, "The division of expert knowledge in policing and security," *Britisch Journal of Criminology*, 1994, 45(2): 151–156.

62 T. Tremblay and C. Rochon, "Police organizations and their use of knowledge: A grounded research agenda," *Policing and Society*, 1991, 1:269–283.

63 R. Heaton, "The prospects for Intelligence–Led Policing; Some historical and quantitative considerations," *Policing and Society*, 2000, 9: 337–355.

64 P. W. Greenwood, J. M. Chaiken, J. R. Petersilia, *The Criminal Investigation Process*, Lexington, MA: D. C. Heath and Company, 1977.

65 J. E. Eck, *Solving Crime: The Investigation of Burglary and Robbery*, Washington: Police Executive Research Forum, 1983.

66 S. E. Martin, "Policing career criminals: An example of an Innovative Crime Control program," *Journal of Criminal Law and Criminology*, 1986, 77(4): 1159–1182; S. E. Martin and L. W. Sherman, "Selective apprehension: A police strategy for repeat offenders," *Criminology*, 1986, 24(1): 155–172.

67 P. Morris and K. Heal, *Crime Control and the Polce: Home Office Research Study No. 7*, London: H. M. S. O. 1981, pp. 22, 33.

68 M. Hough, "Thinking about effectiveness," *British Journal of Criminology*, 1987, 27(1): 70–79.

69 Audit Commission, *Helping with Enquiries: Tackling Crime Effectively*, London: Audit Commission, 1993, p. 54.

70 Heaton, *op. cit.*

71 D. Held and A. McGrew, "Globalization and the liberal democratic state," *Government & Opposition*, 1993, 28(2): 262, 263, 271.

72 Audit Commission, *Helping with Inquiries: Tackling Crime Effectively*, Police Paper No. 12, HMSO, London, 1993, pp. 35–40, 54–59.

73 P. Gill, "Making sense of police intelligence? The use of a cybernetic model in analysing information and power in police intelligence processes," *Policing and Society*, 1998, 8: 289–314.

74 L. Johnston, "Policing diversity: The impact of the public–private complex in policing,"in F. Leishman(*et al.*), *Core Issues in Policing*, London: Longman, 1996, pp. 59–63.

75 Gill, *op. cit.*

76 E. Neville, "The public's right to know–the individual's right to privacy," *Policing and Society*, 2000, 9: 413–428.

제 7 장

경찰행위론

POLICE SCIENCE

제 1 절 경찰행위

1. 경찰행위의 관점

(1) 보편적 관점 (Universal Perspectives)

보편적 관점은 모든 경찰관이 보편적으로 가지는 유사점을 보는 시각을 말하며, 이는 경찰이라는 직업을 다른 직업과 구분할 수 있는 길을 열어주기 때문에 많은 연구자들에 의하여 폭넓게 이용되고 있는 관점이다. 그러나 이러한 보편적 관점도 사실은 사회학적, 심리학적, 그리고 조직적 관점으로 나누어지고 있다.[1]

먼저 사회학적 관점은 경찰관이 고용되고 훈련되며, 경찰과 시민의 접촉이 일어나는 사회적 여건(social context)을 강조한다. 경찰관은 훈련과 경험의 결과로써 특정한 방식으로 상황을 보며, 그에 따라 행동하는 경향이 있다. 따라서 이러한 관점에서의 연구는 대부분 경찰관의 재량권에 영향을 미치는 외적 또는 환경적 요인을 파악하는 데 중점을 두고 있다.

심리학적 관점은 경찰인격(police personality)의 특성에 관심을 가지는 것으로서, 이들은 경찰관으로 고용되기 이전부터 이미 특정한 형태의 인성 또는 경찰관으로 고용된 이후 업무 수행의 과정에서 겪게 되는 경험으로 인해 선천적인 인성이 변할 수 있다고 보는 것이다. 그러나 경찰행위에 대한 연구에 있어서 쟁점 중 하나는 경찰관의 가치와 태도가 개인적 배경에서 나오는 것인지, 아니면 경찰업무경험 중의 결과에서 형성되는 것인지 하는 것이다. 90년대까지만 해도, 경찰업무의 경험이 경찰인성에서 가장 중요한 결정인자로 여겨졌으나, 최근에는 오히려 소질적 요인이 생각했던 것보다 더욱 중요하다는 주장이 제기되고 있다.

한편, 조직적 관점은 공식적·비공식적·문화적 또는 제도적인 조직적 요소가 경찰행위에 있어서 중요한 역할을 한다고 믿고 있다. 특히, 공식적 요소의 영향을 중시하는 경찰기관에서는 주로 경찰활동의 구조화 방법에 관심을 가지고 비공식적 요소를 주시하는 입장에서는 경찰문화에 관심을 가진다. 어떤 면에서 경찰활동은 문화일 수도 있고 반면에 하위 또는 부문화일 수도 있다. 문화로서의 경찰업무는 모든 경찰관이 공유하는 경찰 자체의 직업적 신념과 가치로서 특징지어진다. 반면, 하위문화로서의 경찰업무는 경찰관이 살아가는 큰 사회로부터 유입된 많은 가치를 가지고 있다. 예를 들어, 대부분의 경찰관들이 보수적인 것은 대중사회로부터 경찰에 투신한 개인들의 유형을 반영하는 것이다. 또한, 제도적 요소를 다루는 입장에서는 경찰기관이 환경에 적응하는 방법에 관심을 가진다.

이들에 따르면, 효과성과 효율성에 대한 관심은 중요한 행위자가 가지는 가치보다 중요할 수는 없다는 것이다.

(2) 특정적 관점 (Particularistic Perspectives)

이 관점은 경찰관의 유사점을 강조하는 대신에 경찰관 사이의 의사결정의 차이에 초점을 맞추고 있다. 따라서 이 관점은 상이한 경찰유형과 경찰활동의 형태를 직시하는 관점의 유형론이라고 할 수 있다.

Worden에 의하면, 관습적인 지혜와는 대조적으로 경찰관들이 심리학적으로 동질적이지 않다고 한다. 즉, 경찰관들은 항상 서로에게 철저하게 충성적이지도 않고 명령에 사로잡히지도 않는다는 것이다. 또한 그들은 모두가 비밀스럽고, 타인을 의심하며, 냉소적이거나 권위적인 것도 아니라고 한다. 즉, 경찰의 사회화과정이 반드시 동일한 모습을 갖는 경찰관을 만드는 것은 아니라는 것이다.[2]

Worden은 경찰관이 다섯 가지 관점에서 서로 다를 수 있다고 한다. 첫째는 인간본성에 관한 시각의 차이다. 냉소적인 경찰관은 남을 의심하고 믿지 못하는 경향이 있다. 문제는 개인이 경찰이 되기 전에 얼마나 냉소적이었던가, 그리고 냉소주의가 시간이 흐름에 따라 얼마나 변하며, 그것이 경찰관의 행위에 어떠한 영향을 미치는가라는 점이다.

두 번째, 경찰관은 서로 다른 역할지향성을 가질 수 있다는 점이다. 일부는 자신을 범죄투사로, 일부는 범죄전쟁뿐만 아니라 범죄예방이나 사회봉사까지도 경찰의 역할로 포함되어야 한다고 믿는다. 세 번째는 경찰관들은 법률적 또는 제재나 제한에 대한 태도를 달리한다는 것이다. 일부 경찰관은 법률이나 정책지침이 지나치게 제한적이기 때문에 범죄자를 놔줄 수밖에 없게 되고 결과적으로 범죄와 피해자의 고통을 증대시킨다고 생각하기 때문에 경찰활동에 있어서 목적이 수단을 정당화하여야 한다고 믿는다. 네 번째는 경찰관의 주요 고객이 누구냐에 따라서도 달라진다는 것이다. 즉, 경찰관의 역할, 업무, 근무부서 등에 따라서 달라질 수 있다는 것이다.

끝으로, 조직관리와 동료집단의 지지와의 관계에 따라 달라진다고 한다. 이론적으로 경찰기관은 바람직한 행위를 포상하지만 그렇지 못한 행위에 대해서는 처벌하게 되어 있다. 그러나 실제는 경찰기관이 주로 처벌지향적이라는 것이다. 즉 경찰기관이 경찰관에게 포상할 수 있는 방법은 거의 없으며 따라서 엄격한 기준을 정한 후, 철저하게 시행하여 그것을 어기는 경찰관에 대해서 처벌함으로써 경찰관을 통제하는 경향이 강하다고 한다. 그 결과, 경찰관들은 동료집단에 도움을 청하게 되는 것이다.

(3) 사회화와 소질

지역사회경찰활동이 강조되면서, 지역사

회경찰활동에 적합한 경찰관에 대한 관심이 경찰관의 태도와 가치는 어디서 오는 것인가라는 의문에 대한 논쟁을 불러일으키고 있다. 만약에 경찰관의 가치와 태도가 경찰관이 자신의 직업적 환경에 적응하는 방식에서 온다면 경찰관리자는 조직이나 업무수행방식을 바꾸어야 할 것이고, 반면에 경찰관의 배경에서 파생되는 것이라면 경찰관 채용정책을 바꾸어야 할 것이다. 이들 두 관점을 하나는 사회화이론(socialization theory), 그리고 다른 하나를 소질이론(predispositional theory)이라고 한다.3

먼저 사회화이론은 60년대에 시작된 것으로서 경찰행위에 대한 지식이 쌓여감에 따라 경찰행위가 채용 전의 가치와 태도보다는 근무경험에 의하여 결정된다고 가정하는 것이다. 즉, 사람들이 그들의 직업적 경험의 결과로 사회화된다는 것이다. 예를 들어, 경찰관이 부패해진다면 그것은 경찰이란 직업이 어떤 면에서 그 가치를 약화시키는 데 기여하기 때문이라고 한다. 즉, 다시 말해 부패는 조직 내에서 학습된다는 것이다.

이러한 사회화는 경찰조직에 있어서 두 가지 과정으로 일어난다. 첫째는 공식적 사회화(formal socialization)로서 채용과 훈련과정에서 전달되고, 정책과 절차에 관하여 학습되며, 감독자와 관리자가 전달하는 결과라고 할 수 있다. 반면에 비공식적 사회화(informal socialization)는 신참이 고참과의 상호접촉함으로써 일어나는 것이다. 이러한 비공식적 사회화는 경찰관이 근무 중이나 동료로부터 학습하는 것이 종종 공식적 사회화과정에서 학습하는 것들과 상반될 수도 있기 때문에 매우 중요하다고 한다.

그런데 대부분의 경우 신임 경찰관을 채용할 때는 미리 인성이나 가치관 등에 문제가 있다고 판단되는 사람을 제외시키고 있기 때문에 경찰행위에 따라서는 채용 이후에 학습된 행위의 결과로 보는 경향이 크다. 따라서 경찰경험과 그 경험에 어떻게 적응하는가가 바람직한 경찰행위를 권장하고 그렇지 못한 경찰행위는 회피할 수 있게 하는 중요한 고려사항이 되고 있다.

한편, 소질이론은 경찰관의 행위는 경찰관이 되기 전부터 개인이 가지고 있는 인성, 가치관, 태도에 의하여 주로 설명되어야 한다는 관점이다. 만약, 경찰관이 정직하거나 부정직하다면 그것은 그가 채용되기 전부터 부정적이거나 긍정적인 속성을 가졌기 때문이라는 주장이다. 이러한 주장은 일부 연구결과 경찰관은 유사한 보수적인 정치적 가치관을 가지고 있으며, 경찰관이 되고자 하는 사람은 권위의 중요성에 대한 신념과 전문적 업무수행의 강조와 같은 특정한 가치관을 가진다는 것이다.4

이러한 연구에 있어서 경찰문화와 맥을 같이 하는 가치관은 경찰로 채용되기 전부터 존재하였으며, 그러한 가치관은 채용 이후에도 경찰로서의 경력이 쌓임에도 불구하고 크게 변하지 않았다는 연구결과로서 다시 입증되고 있다. 더욱이 경찰관의 채용시 실시되는 선별과정도 인종이나 성별에 관계없이 신규 채용자들이 유사한 가치관을 가지고 있음을 확인시켜 주고 있다. 이러한 관점은 소위 경찰태도와 행위에 대한 하위문화이론이라고 할 수 있으며, 일반적인 경찰가치관은 업무상 학습되는 것이 아니라 경찰에 지원할 때부터 이미 학습되었음을 의미한다.5

2. 경찰행위에 대한 주요연구

(1) 경찰활동의 유형

James Q. Wilson은 그의 저서 '경찰행위의 다양성(Varieties of Police Behavior)'에서 경찰이 여러 가지 면에서 매우 상이하다는 사실을 지적하면서 그러한 상이점을 경찰활동의 세 가지 유형이라는 측면에서 설명하였다.6

그에 의하면, 경찰기관은 두 가지 일반적인 문제에 직면하고 있다. 법집행의 문제는 체포를 요할 정도로 심각하게 고려되는 행위이며, 질서유지의 문제는 그보다는 경미한 법률위반에 관한 것이라고 한다. 경찰활동의 유형에 있어서 차이는 주로 어떻게 질서유지문제가 다루어지는가에 따라 나타난다고 한다. 이러한 견지에서 그는 Watchman style, Service style, 그리고 Legalistic style의 세 가지 유형으로 분류하고 있다.

Watchman style에서는 경찰관은 어떻게 문제를 다룰 것인가에 관하여 상당한 자유가 주어진다고 한다. 그러나 대부분 경찰관을 인도하는 정책이나 절차는 없다. 결과적으로 각 경찰관은 자기 스스로의 해결책이나 대응책을 마련할 수 있을 정도로 자유롭다는 것이다. 따라서 동일한 문제에 대해 경찰관에 따라서 여러 가지 상이한 대응이 나올 수 있는 것이다.

Service style에서는, 경찰은 자신을 지역사회가 원하는 재화를 제공하는 것으로 보게 된다. 이러한 형태는 주로 공공질서에 대한 보편적 사고를 가지는 동질적 지역사회에서 나타나고 있다. 이 경우에는 경찰관에게 무엇을 어떻게 할 것인가를 훈련시키고 있다. 경찰의 빈번한 개입은 대부분 비공식적이며, 피의자나 용의자를 체포하는 것은 불가피한 것이 아니다. 이들은 그 대신 다양한 기관이나 단체 등에 위탁하고 있다.

끝으로 Legalistic style의 경찰은 주로 법을 집행하기 때문에 경찰관들은 자신을 법집행관으로 생각한다. 물론 법률적 유형의 경찰이라고 반드시 피의자 등을 체포하는 것은 아니며 단지 이들은 다른 두 가지 유형의 경찰에 비해서 체포하거나 법을 집행하는 경향이 더 높다는 것이다.

(2) 윤리적 관점에서 본 경찰행위유형

70년대 W. K. Muir는 그의 저서인 '경찰: 골목정치인(Police: Street-Corner Politicians)'에서 경찰관의 동정심의 정도라고 할 수 있는 인간고통의 특성을 이해하는 정도와 경찰관이 권위를 행사하는 강제적 수단으로서의 사법정의라는 목표를 성취해야 하는 충돌에 어떻게 대응하는가라는 두 가지 중요한 쟁점으로 경찰관의 윤리계발을 논하였다. 그는 두 가지 사항을 기초로 전문가형, 집행자, 교환자, 그리고 회피자의 네 가지 유형으로 경찰관을 분류하였다.7

전문가형 경찰관은 자신의 권위에 대하여 동정적이고 동시에 편안한 경찰이며, 자신의 업무를 성취하기 위하여 필요하다면 강제력도 이용한다. 즉 더 좋은 결과를 찾기 위한 관점에서 강제력을 행사한다. 전문가형은 때로는 강제력이 필요하다고 인식하지만 다른 대안부터 먼저 강구하고 차선책으로 강제력에 호소하는 것이다.

집행가는 기회가 있을 때 무력을 사용하려는 경향을 가지고 있다. 그들은 무력사용의 필요성을 인식하지만 무력을 사용하려는 사람들과의 공동체의식은 결여되어 있다. 그들은 무력사용을 삶의 철학으로 통합시키지 못한다. 그들에게 있어서 무력은 그들이 직면한 문제를 해결하기 위한 가장 단순한 방법인 것이다.

교환자는 자신의 권위에 대하여 동정적이지만 편안함을 느끼지는 못하는 경찰관이다. 그들은 강제력에 의존하지 않고 협조하도록 개인을 설득하기 위해 노력한다. 그들은 경찰업무에 따르는 책임을 이해하지만 다른 대안이 없는 상황에서도 강제력에 대해서는 불편하게 생각한다.

끝으로 회피자는 자신의 권위에 대하여 동정적이지도 않고 편안하지도 않은 경찰관이며, 어려운 상황이나 문제를 피하고자 한다. 그들은 책임있는 방향으로 강제력을 이용할 정도로 성숙하지 못하고, 보통 사람들에 대한 동정심도 부족하다. 대부분 문제를 피할 수 있는 최선의 방법은 가능한 일을 적게 하고 위험을 감수하지 않는 것이라고 여기는 경찰관들이다.

(3) 범죄문제에 대한 선별성과 공격성에 따른 경찰관의 유형

M. K. Brown은 그의 저서 「노상근무: 경찰의 재량(Working the Street: Police Discretion)」에서 개별 경찰관의 유형은 범죄문제에 대한 선별성과 공격성에 달려 있다고 주장하였다. 그에 따르면, 공격성은 범죄문제를 능동적으로 찾고자 하는 정도이고, 선별성은 단지 심각한 범죄문제에만 관심을 가지는 정도라고 할 수 있다. 이러한 두 가지 변수를 이용하여, 그는 네 가지 유형의 경찰행위를 제시하였

다.8

첫째, 고전적 범죄투사형(Old-style crime fighter)은 매우 공격적이고 선별적인 경향으로서 주로 강력범죄에 주력한다. 이들은 자기 지역에 대한 상당한 지식을 개발하고, 제보자를 활용하며, 강압적인 성향을 가진다. 때때로 이들은 결과를 얻기 위해서 불법적으로 행동하기도 한다. 둘째, 구역일소형 범죄투사(Clean-beat crime fighter)는 법률적 절차의 중요성을 믿는다. 이들은 사전예방적이고 법률적이지만, 선별적인 경향은 갖지 않는다. 이들에게는 모든 법률위반이 중요한 것으로 고려된다. 셋째, 봉사형(Service-style officer)은 공격적이지 않고 매우 선별적인 경향이 있어서 가장 심각한 범죄에 대해서만 법을 집행하는 경향을 보인다. 그 대신 이들은 문제에 대한 법률적 해결보다는 비공식적 해결에 의존하는 성향이 있다. 넷째, 전문가형(Professional-style officer)은 사전예방활동에 제한적으로 개입하고 선별적이지는 않다. 이들은 필요시에는 강경하지만 상황지향적이지만, 그렇지 않은 경우에는 봉사지향적이다. Muir처럼 Brown도 가장 바람직한 유형의 경찰관을 기술하기 위하여 전문가라는 용어를 활용하고 있다.

3. 경찰의 일탈(Police deviance)과 비행(Misconducts)

불행하게도 모든 경찰행위가 다 합법적인 것은 아니다. 다수의 경찰은 경찰관이 보통시민들보다 더 높은 기준이 적용되어야 한다고 믿고 있다. 그들은 경찰이 사회의 도덕적 구성의 상징으로서 그들의 행위는 공중이 따라야 할 기준으로 생각한다는 것이다.

경찰의 일탈은 경찰에 대한 규범이나 기대치에 동조하지 못하는 행위라고 할 수 있다. 이러한 기준이 결정되는 것은 대체로 윤리적·조직적, 그리고 법률적 측면에서 이루어진다고 한다. 우선 윤리적 기준이란 경찰관이 개인적으로 수행하는 적절한 행동의 원리이다. 윤리적 행위는 개인적 가치의 표출이다. 조직적 기준은 공식적인 것과 비공식적인 것이 있는데, 공식적인 것은 조직의 정책, 절차, 규칙, 규정으로부터, 그리고 비공식적인 것은 동료들의 기대치로부터 파생된다고 한다. 또한, 법률적 기준은 경찰관이 지키겠다고 서약한 법률과 선의의 결과를 성취하기 위하여 경찰관이 활용할 수 있는 수단을 설정해주는 적법절차에 의하여 대변되는 것이다.9

분명한 것은 이들 기준의 대부분이 다른 요소들과 갈등의 잠재성을 가지고 있다는 것이다. 예를 들어, 부서의 공식적인 정책이 부서의 비공식적 문화규범과 충돌할 수도 있는 것이다. 법집행을 둘러싼 기대치는 적법절차의 원리와 갈등을 일으킬 수도 있고 경찰관의 개인적 가치는 기관의 윤리적 원칙과 다를 수도 있다. 결론적으로, 경찰관에게 기대되는 기준이란 비정상적일 정도로 복잡하기 때문에 경찰관의 일탈을 완전히 피하기란 거의 불가능한 것이다.

(1) 일탈의 유형

경찰의 비행은 여러 가지 방법으로 분류될 수 있으나, 가장 기본적인 구분은 영리를 동기로 하는 부패(profit-motivated corruption) 혹은 시민에 대한 비영리적 남용(nonprofit abuse of citizens)인가에 대한 구분이라고 할 수 있다. 우선 시민에 대한 비영리적 남용은 경찰의 잔혹성(brutality)이나 불필요한 무력의 사용을 포함하는 것이며, 영리를 동기로 하는 부패는 뇌물 등과 같은 부패와 선심을 주요한 예로 하고 있다.10

Barker와 Carter는 경찰의 일탈을 권한의 남용(Abuse of authority)과 직업적 일탈(Occupational deviance)이라는 두 가지 분류로 대변하고 있다. 권한의 남용은 동기, 의도, 또는 악의에 관계없이 인간의 존엄성을 짓밟고, 모욕하고, 열등감을 표출하는 등 시민들의 고유한 법률적 권리를 위반하는 경찰관의 행위로 규정되고 있다. 반면, 직업적 일탈은 정상적인 업무활동의 과정 또는 경찰관 권위의 가장 하부에서 행해지는 범죄적이거나 비범죄적인 일탈적 행위라고 할 수 있다.11

이들은 또한 경찰의 직업적 일탈을 경찰비행(police misconduct)과 경찰부패(police corruption)로 다시 분류하고 있다. 경찰비행은 경찰관의 적절한 행위나 부적절한 행위 모두를 규정하기 위하여 만들어진 정책, 규칙, 절차, 규정 등 부서의 지침을 위반한 것이며, 경찰부패는 실제 또는 기대되는 물질적 보상이나 이득을 위하여 경찰관 지위의 오용을 포함하는 금지된 행동이라고 할 수 있다.

한편, Kappeler 등은 경찰일탈을 경찰범죄, 직업적 일탈, 경찰부패, 그리고 권한의 남용이라는 네 가지의 일반적 형태로 나누고 있다. 우선, 경찰범죄는 범죄행위와는 다른데, 그것은 경찰에 의한 모든 범죄행위가 모두 경찰범죄는 아니라는 뜻이다. 즉, 경찰범죄는 경찰관이 형법 위반에 가담하기 위하여 경찰권을 이용하는 것이다. 직업적 일탈은 경찰권을 가장하여 행해지거나 정상적인 업무활동 과정에서 행해지며 기준에 동조하지 않는 활동이다. 따라서 일탈이 단순히 직업과 관련된 것이 아니라 일탈행위가 경찰관이기 때문에 상당히 용이해지는 것이다. 경찰부패는 개인적 이득을 위하여 경찰권을 이용하는 것이며, 권한의 남용은 경찰관이 과다한 무력의 사용으로 타인을 신체적으로 학대하거나, 경찰관이 언어적 폭력, 조롱, 또는 희롱으로 시민을 심리적으로 학대하는 등 경찰관이 시민의 헌법적 권리를 위반하는 행위를 말한다.12

또한 Punch는 경찰부패를 직선적 부패

(straightforward corruption), 약탈적 부패(predatory corruption), 투쟁적 부패(combative corruption), 그리고 사법정의의 악용(perversion of justice)이라는 네 가지 유형으로 분류하고 있다. 직선적 부패는 어떠한 보상을 위하여 행해지는 것으로서, 이 경우 경찰은 조직범죄와 연계되어 일부 범죄를 선별적으로 집행하지 못할 수 있다. 약탈적 부패는 경찰이 범죄를 조장하고 자극하거나, 부정이득을 조직하거나, 금전을 적극적으로 왜곡할 때 생기는 부패로서 경찰 자신이 조직범죄라고 할 수 있다. 투쟁적 부패는 목격자를 협박하거나 정보제공자를 매수하는 등 용의자를 체포하고 유죄판결을 얻고 장기형을 받기 위한 것이 주요 목표일 때 발생하는 것이다. 사법정의의 악용은 복수를 위한 동기에서 용의자에게 증거를 조장하거나 목격자를 위협하거나 헌법적 서약을 어기는 행위 등이라고 할 수 있다.13

종합하면, 경찰관의 비행과 일탈은 대체로 부패(corruption)와 신체적·감정적 학대(physical/emotional abuse)라는 두 가지 큰 유형으로 대별할 수 있을 것이다. 물론 두 유형은 다수의 하위유형으로 다시 분류될 수 있고, 각 하위유형은 때로는 중복될 수도 있으나 중요한 것은 둘 다 경찰관의 윤리기준의 위반이라는 사실이다. 그런데 경찰은 두 가지 점에서 그들의 윤리적 문제가 특별한 관심의 대상이 되게 한다. 바로 ① 경찰의 강제 행사와 ② 폭넓은 재량권이다. 그럼에도 불구하고 업무의 특성상 감독은 쉽지 않다는 것이다.

1) 경찰부패

경찰부패는 경찰관이 임무보다 자신의 개인적 이득을 우선하여 경찰의 적법절차나 형법 또는 양자를 위반하는 방향에서 행동할 때 일어나는 것이다.14 보편적으로 부패한 행동은 세 가지 요소를 내포하게 된다. 첫째, 법률, 규칙, 규정, 또는 윤리적 기준에 의해서 금지된 행동이며, 둘째는 경찰관 지위의 오용을 포함하고, 셋째로 실질적이거나 기대되는 보상과 이득을 내포하는 것이다.15

경찰부패는 경찰관 개인의 정도를 벗어난 행위라기보다는 모순된 일련의 규범에 의한 집단행위로 보는 것이 가장 적절하다. 경찰부패는 관련된 행위자와 행위, 위반된 규범, 동료집단의 지지율, 조직화의 정도, 경찰관서의 대응 등을 포함하는 몇 가지 견지에서 분석될 수 있는 다수의 특정한 유형을 가지고 있다. 이러한 차원에서 Barker와 Roebuck은 경찰부패를 8가지 상이한 유형으로 나누고 있다.16

❶ 경찰부패의 유형

권력의 부패(Corruption of aythority)는 법률을 위반하지 않았지만 경찰관에 의한 공식적으로 권한이 주어지지 않은 이득을 포함하는 것이다. 여기에는 무료식사의 대접, 성의 상납 등이 해당된다고 할 수 있다. 이러한 이득은 비록 경찰기관의 정책을 위반하는 것이지만 자발적으로 행해진다면 형법을 위반하는 행위는 아니라고 할 수 있다. 이들 행위는 업무 때문에 있을 수 있는 것으로서 사회적인 관심사가 되지 않는다면 경찰기관에 의하여 지나치게 된다. 그러한 사의의 수수가 문제가 되는 것은 경찰관이 제공자가 언제 보상을 기대하거나 요구할지를 모른다는 것이다. 보상의 요구가 있을 때는 요구에 응하지 않더라도 경찰관은 곤란한 입장에 빠지게 된다. 또한 사의의 수수와 윤리적 기준의 위반과 금전적 가치라는 견지에서 기타 부패한 행위를 구분하기 어렵게 된다. 물론 경찰의 인상에도 부정적인 영향을 미치기도 한다.

상납(Kickbacks)은 견인업자가 사고차량을 소개해 준 경찰관에게 그 대가로 일정의 금품 등을 제공하는 행위가 좋은 예라고 할 수 있다. 이러한 경우 문제는 비교적 분명한 것으로서 이와 같은 행위가 그 결과로 공개적인 쟁점이 되지 않는 한 비교적 너그럽게 봐준다는 점이다. 세 번째 유형의 경찰부패는 수뢰(Shakedown)로서 이는 경찰관이 체포하지 않는 대가로 뇌물을 공여 받는 것이다. 비록 경찰관이 그러한 뇌물을 적극적으로 찾거나 요구하지 않을지라도 유책한 사람이 제공하는 다른 대안을 고려할 의향을 암시할 수 있다.

네 번째 유형은 경찰관이 이익을 위하여 불법행위의 보호(Protection of illegal activities)에 가담하는 경우이다. 이 경우 경찰관은 매춘이나 마약 등에 관련된 사람으로부터 금품을 받는 대신 그러한 불법 활동에 대해서 아무런 조치를 취하지 않거나 때로는 그러한 활동에 대한 수사를 방해하는 것이다. 다섯 번째는 조작(Fix)으로서 기소를 취하하는 것 등을 일컬으며, 여섯 번째는 강도나 절도 등 경찰관에 의한 직접적인 범죄활동(Direct criminal activities)이며, 마지막 유형은 내부 분배(Internal payoffs)로서 주로 하급자가 상급자에게 승진이나 전보 등의 대가로 일정한 금품을 상납하는 행위이다.

❷ 경찰부패의 통제

관리책임(management accountability)이 경찰부패를 예방하고 적발하는 데 가장 중요하고 효과적이면서도 가장 어려운 도구라고 할 수 있다. 그렇다고 해서 이것이 특정한 프로그램이나 기구라기보다는 관리의무와 감독의 의미에 대하여 철저하게 다시 한 번 생각하는 것이다. 책임 또는 책무란 지휘관이 자신의 부서에서 일어나는 모든 경찰활동에 대하여 책임을 져야 한다는 것이다. 이러한 정책은 간단히 말해서 부패가 발견되었을 때 지휘관이 책임을 인정하지 않거나 놀라지 않아야 함을 의미한다.17

Trojanowitcz는 감독자는 부패한 행위에 영향을 미칠 수 있으며, 자신의 부하가 시민들을 존경으로 대할 수 있도록 해야 한다고 주장한다. 지역사회 경찰활동(Community policing)을 수용해 온 경찰은 시민이 그러한 우려와 의문을 분담하고자 하는 마음에서 분위기를 조성하는 데 중요한 발걸음을 디디게 되었다고 설파하였다. 결국 그에 의하면 지역사회 경찰활동은 경찰부패를 통제할 수 있는 하나의 훌륭한 방안이 될 수 있다는 것이다.[18]

① 부패를 적발하기 위하여 관리자들이 활용하는 또 다른 기술은 일선경찰관을 현장의 비밀감시자로 이용하거나, ② 다른 동료들의 부패를 제보하는 부패경찰관에게 선처를 하거나 또는 불문에 붙이고, ③ 근무지역이나 조를 바꾸어 시민과의 유착을 어렵게 만드는 등의 방법이 있다. 그런데 첫 번째 기법은 동료간의 불신풍조를 초래할 수 있으며, 세 번째 기법은 경찰이 지역사회관계에 부정적인 영향을 미칠 수 있고 지역사회 지향의 경찰활동을 불가능하게 만들 수 있다는 점에서 지적을 받았다.

부패를 줄이기 위한 또 다른 전술로는 경찰관의 모집을 들 수 있다. 높은 수준의 도덕성을 가진 사람을 경찰관으로 선발하여 처음부터 경찰윤리에 대하여 철저하게 교육·훈련시키자는 것이다. 또한 경찰기관이나 경찰 하위문화가 반부패 태도와 정서를 조장하고, 능력에 기초하여 승진시키며, 비교적 좋은 보수를 제공한다면 부패의 유혹도 다소 줄어들 것이다. 그 예로 내부감사나 외부 소청위원회 등도 부패통제를 위하여 활용되고 있다.[19]

미국 뉴욕시의 Mollen Commission에서는 경찰기관의 반부패활동을 감독하기 위하여 수사와 소환권을 가지는 영구적이고 독립적인 외부기관의 설립을 권고하였다. 이 위원회에서는 경찰관에 대한 무작위적이고 예고되지 않은 약물검사, 세금정산과 기타 재무기록의 제출, 부패와 기타 비행을 척결하는 데 도움을 제공한 정직한 경찰관을 포상하는 제도 마련 등을 권고하였다.[20]

그러나 장기적으로 경찰부패를 크게 줄이기 위한 유일한 방법은 부패 관련자들을 법이 허용하는 한 최대한으로 기소하여, 모든 경찰관들에게 부패행위는 반드시 기소되며, 그 결과 또한 심각한 것이라는 분명한 경고의 메시지를 전달하는 것이다.[21]

2) 물리적 · 감정적 학대

경찰관의 잘못된 행동은 부패한 활동에만 그치지 않고 감정적 학대와 희롱 및 신체적 학대를 포함하는 것이다. 속임수나 허가받지 않은 사기행위 등은 부패와 기타 유형의 비행과의 연결고리로 작용할 수 있다.

❶ 감정적 학대와 심리적 희롱

경찰은 인종이나 계층 등과 관계없이 모든 시민에게 봉사하게 되어있다. 경찰은 정부를 대표하기 때문에 다른 사람을 희롱하거나 비인격적인 언행을 하면 그들의 행위가 정부의 태도를 보여주는 것이라는 인식을 심어주게 된다. 그리고 경찰은 국가권력을 대표하고 있다는 사실 때문에 그들 스스로 희롱과 도전의 대상이 되기 쉽다. 비인격적인 언행이나 경찰을 희롱하거나 화나게 하려는 의도가 일어나게 되면 경찰도 유사하게 되갚을 가능성이 높아지기 마련이다. 또한, 경찰관들의 직업적 하위문화는 그러한 낙인이나 언어의 사용을 정당화하고 의미있는 것으로 만들게 된다. 그리고 희롱당하거나 언어적으로 학대를 받은 시민들은 경찰관의 학대적 행위를 보다 재강화하거나 사실과 다르게 신고하는 경우가 많다. 끝으로 희롱당한 사람들 중 다수는 차라리 희롱을 당하는 편이 체포되는 것보다 불행 중 다행이라고 생각하는 경향이 있다.22

❷ 물리적 잔혹행위

Reiss는 법적으로 현대 민주사회에서의 경찰은 시민에 대한 무력의 합법적 사용에 관한 실질적 독점권을 가지고 있다고 주장하였다.23 Bittner는 경찰의 무력사용능력을 경찰역할의 핵으로 보았으며,24 Rubinstein은 경찰관의 신체가 자신의 가장 중요한 도구이며 시민을 다룰 수 있는 신체적 능력이라는 견지에서 시민을 평가하는 과정으로 논하고 있다.25 따라서 경찰관에 의한 무력남용의 문제가 일어나는 것은 그렇게 놀라운 일이 아니다.

❸ 살상무기의 사용

경찰은 전통적으로 누군가의 생명이 위협받거나 도주하는 강력범을 붙잡기 위하여 무력을 사용할 권한을 가져왔다.

일반적으로 젊은 경찰관은 나이가 많은 경찰관보다 총기사고에 관련될 확률이 높고, 근무경력이 낮을수록 총기사고에 관련될 확률은 높기 때문에 범죄다발지역에서 더 많이 발생하는 등 사고발생지역의 폭력수준에 정비례하며, 총기사용결정은 통상적으로 한 순간에 이루어지기 때문에 대부분의 경찰관은 퇴직할 때까지 총기사고를 경험하지 않는 것으로 알려져 있다.26

(2) 일탈의 단계

일탈은 단계적인 것으로서 단계가 올라갈수록 일탈행위도 증가하는 것으로 기술되고 있다. 이러한 특징에서 Sherman은 경찰의 일탈을 점진적 부패라는 견지에서 설명하고 있다. 즉, 경찰의 비행, 일탈, 부패가 하루아침에 이루어지는 것이 아니라 처음의 작은 일탈에서 시작하여 점점 더 큰 일탈에 가담하게 된다는 것이다.

그러나 일반적으로 경찰업무수행과정에 있어서 부정적인 유혹에 접했을 때 그것을 거부함으로써 동료들로부터 존중심을 잃게 될 수도 있지만, 그러한 유혹을 거부할 수는 있다. 그러나 경찰관은 경찰문화 속에서 다른 경찰관들과 접촉하기 때문에 그러한 유혹을 거부하는 것은 매우 어려운 일이다. 거부하는 경우에는 부패한 경찰관들은 정직한 경찰관을 오히려 소외시키기 때문이다.27

(3) 경찰부패와 비행의 원인

일반적으로 경찰의 부패는 진공 속에서 일어나는 것은 아니라고 한다. 일부 경찰기관이 역사적으로 오랜 기간 동안 부패로부터 자유로울 수 있었던 데는 관할지역사회의 특성상 경찰관이 성공적으로 부패행위에 가담할 기회를 거의 주지 않았기 때문에 가능했던 것이라고 한다. 경찰을 매수할 필요성을 느끼지 않은 지역이나 사회에서는 아무리 부패한 경찰관이라도 부패행위에 가담할 기회를 거의 주지 않는다. 반면에 부패와 피해자 없는 범죄 등 사적 이익을 채울 수 있는 범죄가 만연한 지역에서는 경찰의 부패 또한 만연하게 나타난다는 것이다.

경찰기관이 경찰업무에 대한 주요관심이 독직이나 뇌물수수인 썩은 사과들(rotten apples)만을 고용하기 때문에 경찰이 부패한다고 주장하기는 어려운 일이다. 반면에, 다수의 청렴한 경찰관들조차도 부패가 너무나 만연하여 옳고 그름에 대한 규범적 정의조차 분명하지 않게 되어 부패 속으로 녹아들기 쉽다고 할 수 있다. 부패가 만연한 상황에서는 부패에 가담하지 않는다는 것은 낙인찍히는 행동이 될 수 있다. 결론적으로 일부 썩은 사과보다는 체제 또는 제도가 경찰부패와 더 관련이 있다는 것이다.

따라서 Sherman이 기술한 것처럼 경찰부패는 부패의 정도, 조직, 그리고 뇌물의 근원에 따라 다음의 세 가지 형태로 분류될 수 있다. 우선, 썩은 사과와 썩은 주머니(rotten apples and rotten pockets)라고 할 수 있는 것으로서, 일부 개별 경찰관이나 일부 소규모 집단의 경찰관이 스스로 부패에 개입하는 것을 들 수 있다. 다음으로 폭넓게 이루어지고 있으나 조직화되지 않은 부패(pervasive un-organizedcorruption)는 대부분의 소속 경찰관들이 부패하지만 서로 독립적으로 부패에 가담하는 것을 말하며, 끝으로 폭넓게 만연된 조직화된 부패(pervasive organized corruption)는 가장 나쁜 경우로서 대규모 부패조직을 포함하고 있다.28

(4) 경찰부패가 상존하는 이유

경찰부패는 왜 지속적으로 발생하는가? 우선 경찰관은 매우 강력한 권한과 힘을 가지고 있다. 바로 이러한 막강한 권한 때문에 경찰관은 부패에 대한 광범위한 기회를 가지게 된다. 경찰관은 자신의 결정이 시민의 자유와 향유에 부정적이거나 긍정적으로 막대한 영향을 미치는 상황에 끊임없이 노출되고 있다. 시민들은 호의적인 결정을 초래할 가치 있는 물품을 제공함으로써 그러한 경찰관의 재량에 영향을 미치려고 시도하게 되는데, 그때 경찰관이 뇌물을 받게 되면 중독될 수도 있다. 즉, 그들은 그러한 과외소득에 의존하기 시작하고 그에 맞게 소비를 하게 된다.29

둘째, 지역사회와 정치적 환경도 부패활동에 대한 태도를 형성하는 데 영향을 미친다. 다른 정부기관, 저명한 정치가, 재계에서의 부패가 경찰관으로 하여금 자신들의 부패행위를 합리화할 수 있게 한다.30

셋째, 일부 유형의 경찰관의 일탈에 대한

시민들의 폭넓은 관대함도 경찰부패를 지속시키는 원인이라고 한다. 일부 시민들은 강력범을 체포하기 위하여 경찰이 시민의 기본권이나 적법절차를 위반하도록 권장한다는 것이다. 시민들이 경찰이 공정하기를 원하는지조차 분명하지 않고 오히려 경찰의 도덕적, 경제적 부패를 부추기는 경우가 많다는 것이다.

넷째, 일탈의 전형 자체가 행위의 표준이 되기도 한다는 것이다. 그러한 표준이 일탈행위를 에워싸게 되면 경찰관은 비밀스럽게 되어 외부에서 경찰행위를 논하지 않도록 상당한 압박이 가해지게 된다. 심지어 비일탈적인 경찰관조차도 보복의 두려움 때문에 그러한 침묵의 강령을 파기하지 않으려고 한다. 더구나 기관장조차도 그러한 비행이나 일탈이 알려지게 되면 자신의 자리마저 위험할 수 있다고 판단하여 침묵을 지키고 비밀에 부치려고 한다.

Caiden에 의하면, 경찰의 부패문제는 제도적인 것이며, 일부 썩은 사과 때문이 아니라는 것을 이해하기 시작한 이후부터 경찰부패를 다루는 데 있어서 실질적인 진전을 보이게 되었다고 한다. 부패의 제도적 이론이란 경찰부패가 경찰업무의 특성에서 비롯되는 것이며, 만약 반부패 규제가 부적절하면 부패가 전 부서에 만연할 것이라는 주장이다. 반면 썩은 사과이론은 경찰부패가 경찰이 되기 전부터 부정직하였던 소수의 경찰관에게 제한되는 것이라고 보고 있다.31

제 2 절 무력과 강제

무력의 사용은 경찰업무에 있어서 핵심이라고 할 수 있다. 그러나 동시에 무력의 사용은 경찰의 법률적 권한에 대한 논란의 여지가 가장 큰 부분이기도 하다. 그럼에도 불구하고 무력의 사용은 불가피하게 필요한 것이며, 그것은 곧 경찰목적을 위한 경찰수단임을 의미한다.

그렇다면 경찰이 무력을 사용할 권리는 어디서 오며, 우리 사회는 평등이라는 민주사회의 원리와 무력의 사용을 어떻게 조화시킬 것인가? Bittner에 의하면, 무력의 사용은 두 가지 관점에서 정당화될 수 있다. 첫 번째는 정당방위다. 사람들이 자신이 위험에 처해 있다는 현실적인 믿음을 가진다면 자신을 방어하기 위하여 무력을 사용할 수 있다는 것이다. 둘째는 경찰의 고유권한에 기초한 것으로서, 경찰은 우리 사회에서 상황적으로 정당화되는 무력을 분배하기 위한 기제라는 것이다.32

왜 우리 사회는 무력의 분배를 위한 경찰기제를 필요로 하는가? 민주적 과정을 보전하기 위하여, 우리 사회는 시민들에게 허용되지 않는 배타적 권리를 경찰에게 부여하는 것이다. 즉, 민주적 결과나 목표를 성취하기 위한 무력의 사용이라는 것이다. 그러나 적지 않은 사람들에게 무력이란 경찰에 의한 폭력행위로 간주된다. 그러나 그러한 생각은 잘못된 것이다. 무력에는 운전면허증을 보여달라는 단순한 요구처럼 매우 부드러운 것도 있을 수 있으나 그러한 행위조차도 그 속에는 국가의 권위가 내포되어 있기 때문에 무력의 사용이라고 할 수 있는 것이다. 경찰은 시민의 활동에 개입할 수 있는 국가적 권한을 수행하기 때문에 모든 경찰-시민과의 상호작용은 무력의 요소를 가지게 된다.33

1. 무력의 사용

(1) 훈련

경찰관은 용의자에 대한 저항의 정도에 맞게 가장 약한 것에서부터 가장 강한 것으로 무력을 단계적으로 이용하도록 훈련받는다고 한다. 이상적으로는 경찰관이 문제를 해결하고, 용의자를 제재하며, 상황을 통제하는 데 필요한 최소한의 무력을 동원하는 것이다. Skolnick과 Fyfe는 다음과 같은 무력사용의 단계를 기술하고 있다.34

가장 약한 무력의 사용은 단순한 경찰관의 존재(mere presence)라고 할 수 있는데, 이것은 경찰관이 현장에 있다는 사실만으로도 대부분의 상황을 통제하기에 충분하다는 것이다. 즉, 국가의 가시적 권위 또는 권한만으로도 범죄적 잘못을 억제하기에 충분하다는 가정이다. 그러나 많은 경우 이러한 수동적 국가권위만으로는 불법적 행위를 억제하거나 동조를 얻기에는 불충분한 것으로 알려져 있다.

두 번째는 언어적 무력(verbal force)으로서 경찰관이 자신의 지휘를 언어로 표현하는 것이다. 세 번째는 지시와 명령을 하는 것이고, 네 번째는 고통을 주지는 않지만 용의자의 물리적 이동이 필요할 때 용의자의 신체를 붙잡는 것이며, 다섯 번째는 고통을 부과함으로써 용의자가 복종하도록 하는 것으로, 경찰봉이나 체루가스 등과 같은 비살상무기 등을 사용하는 것이며, 마지막으로 살상무기를 이용하는 것이다.

때로는 경찰의 무력사용에 대해서 적절한 무력과 적절치 못한 무력에 관한 의견의 차이를 보이고 있다. 무력사용의 적절성 여부를 결정하는 데 있어서 중요한 요소 중 하나는 경찰권에 저항하는 사람에 의한 실제 또는 인식된 위협이라고 할 수 있다. 위협의 잠재성은 실제저항이나 위협의 특성뿐만 아니라 그 사람의 체격, 약물이나 알코올의 영향, 무기 소지 여부 등에 의해서도 평가되어야 한다. 그 밖에 그 사람에 대한 사전지식과 정보 또는 위험의 잠재성도 중요한 요소이다. 특정집단에 대한 편견이나 위험한 경험도 그러한 집단이 다른 사람들에 비해 잠재적으로 더 위험하다고 인식될 수 있다.

(2) 경찰문화와 무력의 사용

경찰의 무력사용은 경찰문화의 비공식적 기준에 의해서도 영향을 받는다고 한다. 여기서 경찰문화란 가치에 따라 경찰관이 개인적으로 그리고 집단적으로 추구하는 목표를 수반하는, 일종의 경찰지구대 현장경찰관의 문화라고 한다.[35] 물론 각 기관마다 각자의 문화를 가지지만 경찰문화의 초석이라고 할 수 있는 모든 경찰서에는 유사하고 아주 폭넓게 다양한 문화적 주제가 있다고 한다.[36] 그러나 이들 다양한 문화적 주제는 대부분 활동지역과 활동에 대한 보편적 사고의 방향이라는 크게 두 가지 특징으로 요약되고 있다.[37]

한편, 경찰의 무력사용에 있어서 경찰관이 비공식적·문화적 기준에 의존하는 데는 그만한 이유가 있다고 한다. 무력에 대한 법률적 규정에만 지나치게 초점을 맞추다 보면, 경찰관이 자신들의 업무수행과정에서 능동적으로, 적극적으로 채택하는 기준과 이해를 가볍게 여기게 된다. 경찰은 임무를 통하여 습득된 수용 가능한 무력의 수준이나 기준이라고 할 수 있는 정상적 무력에 대한 자기들만의 실무적 개념을 가지고 있다. 그것은 실제로 경찰이 훈련을 통해서 학습하는 것과는 다소의 차이가 있다.[38]

그런데 무력은 두 가지 상황에서 정상적이거나 또는 수용가능한 것이라고 한다. 첫째, 무력의 사용은 일상적인 경찰활동으로부터 정상적으로 생기게 되는 강력한 또는 심지어 통제할 수 없는 감정의 산물이기 때문에 정상적이라고 한다. 둘째, 무력의 사용이 위협에 직면하여 경찰권을 세우는 것이라면 경찰이 직면한 범죄의 유형에 도덕적으로 적절한 것이기 때문에 정당화될 수 있다. 경찰이 지나친 무력을 사용하거나 충분한 무력을 사용하지 않을 때, 해당 경찰관은 비난·회피 등의 대상이 된다고 한다.

(3) 무력사용의 갈등

1) 지역사회와의 갈등

법이나 내부정책은 경찰의 무력사용을 적절한 것으로 고려할지 모르지만 지역사회의 상당부분은 그렇지 않는 것으로 생각할 수도 있다. 이러한 갈등은 주로 소수계층이나 약자들과의 관계에서 가장 자주 발생하게 된다. 이러한 갈등이 발생하게 되면 경찰관은 자신의 무력사용이 적절했다는 것을 입증할 막중한 부담을 안게 된다. 그러한 상황에서는 비록 경미한 것이라도 무력사용의 사고들이 축적되어 급기야는 비록 그것이 정당화될 수 있어도 지역사회의 폭력, 폭동, 또는 반경찰활동을 초래할 수 있다는 것이다.

2) 법률과의 갈등

법률과 내부정책과의 사이에 차이가 생길 때 일어날 수 있는 갈등으로서, 이 갈등은 공중을 가담시키게 된다. 즉, 일부 시민은 법률에 찬동하나 다른 일부에서는 경찰의 내부정책을 선호하는 경우가 이에 해당되는 갈등이다. 경찰의 초고속추격에 대한 높은 관심과 우려가 좋은 예라고 할 수 있다. 그런데 이러한 갈등의 결과는 대체로 두 가지로 나타난다. 하나는 높은 보험료와 경제적 손실에 직면한 사람들이 초고속추격을 제한하는 정책을 선호하는 것이며, 반면에 다른 하나는 경찰 내부에서 그러한 제한에 불만을 가지게 되는 것이다.

3) 규범 간의 갈등

경찰관의 행위가 지역사회 일부의 기대는 충족시키지만 법률과 경찰 내부정책과는 일치하지 않을 때 생기는 갈등이다. 예를 들어 마약문제가 심각한 지역사회에서 경찰이 마약거래의 혐의가 의심되는 용의자를 육체적으로 학대하고 희롱한다면 그것은 분명히 불법이며 내부정책을 위반한 행위이지만 그 지역사회의 많은 거주자들은 오히려 박수를 보낼 것이다. 이러한 갈등은 경찰과 지역사회가 지나치게 밀접한 관계여서 법률을 따르기보다는 지역사회규범이라고 고려되는 것에 따라 집행할 때 가장 일어나기 쉬운 것이다. 따라서 조심스럽게 감시하지 않는다면 지역사회지향적 경찰활동은 이러한 갈등을 초래하기 쉽다.

2. 부적절한 무력

민주주의하에서 경찰권은 민주주의적 이상에 의하여 제한을 받기 마련이다. 한편에서는 적법절차의 법률이 경찰관에게 허용되는 합법화된 수단을 제공하지만 다른 한편에서는 다수의 경찰관이 목표지향적이어서 목표달성을 위해 합법적으로 수용 가능한 수단을 따르기보다는 형사사법의 목표에 더 초점을 맞추고 있다. 또한 경찰문화도 합법적 수단보다는 훌륭한 결과와 목표를 더욱 강조하며, 때로는 좋은 결과를 추구함에 있어서 의문스러운 수단까지 정당화하기도 한다.39

(1) 잔혹함과 과도한 무력

경찰의 잔혹함을 규정하기란 어려운 일이다. 그것은 사람에 따라 상이한 의미를 부여하기 때문이다. 일부에서는 잔혹함과 과도한 무력을 구분함으로써 규정하기도 한다. 그들은 과도한 무력(Excessive force)에 따라 정당한 경찰기능을 위하여 정당화될 수 있는 것 이상의 정도를 폭력으로 규정한다.40 반면에, 경찰의 잔혹함은 과도한 무력이지만, 그 정도보다 극단적이고 정당한 경찰기능을 지지하지 않는 폭력을 포함하는 것으로 규정한다.[41] 이미 수갑이 채워진 용의자를 구타한다면 그것은 경찰의 잔혹함에 해당되는 것이다.

그러나 이러한 규정은 잔혹한 것으로 간주되지만 폭력적으로 무력적이지 않는 일부 경찰행위를 완전하게 설명하지는 못한다. 이러한 문제를 다루기 위하여, 일부에서는 잔혹함을 규정하는 데 있어서 두 번째 접근방법이라고 할 수 있는 권한의 남용에 초점을 맞추기도 한다.

(2) 과도한 무력과 잔혹함의 발생빈도

그렇다면 경찰의 무력사용이 지나치게 과도하거나 심지어 잔혹한 경우는 얼마나 폭넓게 일어나고 있는가? 물론 여러 가지 이유로 잘 알려지지 않고 덮어지는 경우도 적지 않아서 정확한 정도를 알지 못할 수도 있다. 미국의 한 연구에 의하면 무려 40% 이상의 경찰관이 과도한 무력을 사용한 경험이 있는 것으로 밝혀진 바 있다. 그러나 더욱 심각한 문제는 이들 경찰관들은 과도한 무력의 사용보다는 오히려 법정에서의 거짓진술, 근무 중의 수면이나 취식 등이 더 심각한 경찰의 일탈행위라고 믿는 경향이 있다는 것이다. 또한 약 절반 이상의 경찰관이 동료 경찰관의 과도한 무력사용에 대해서 보고하지 않을 것이라고 답했다는 사실이다.[42]

그러나 또 다른 연구에서는 범법자나 용의자와의 접촉과정에서 단지 5%만 무력이 사용되었고, 그 중에서도 2/3 정도만이 과도한 무력을 사용했다고 고려되었다는 것이다. 따라서 경찰-시민 접촉의 극히 일부만이 범법자나 용의자와의 접촉이고 그 중에서도 5%만이 무력을 사용했으며, 무력이 사용된 경우에도 2/3만이 과도한 무력을 사용한 것으로 고려되기 때문에 경찰업무에 있어서 일반적인 무력의 사용은 물론이고, 과도한 무력의 사용 역시 극히 드문 사례라고 주장하였다.[43]

무력의 과도한 사용은 의도적일 수도 있고 그렇지 않을 수도 있다. 무력이란 협조의 확보와 경찰관의 권위를 유지 또는 보복을 위하여 사용될 수 있다. 또한 무력이 사용되는 경우에도, 경찰관들은 대부분의 동료 경찰관이나 상사들까지도 그 사실을 알아도 보고하지 않거나 문제가 되더라도 거짓말 또는 허위증언을 해줄 것이라 믿는다고 한다.

(3) 살상무기의 사용

살상무기는 말 그대로 지대한 신체 손상이나 살해를 야기하기 위한 의도로 사용되는 무력이라고 할 수 있다. 그러한 살상무기는 용의자와의 대면에서 총기를 사용하는 상황으로 항상 제한되기 마련이다. 물론 그 밖의 다른 유형의 무력사용의 결과로 심각한 신체적 손상이나 죽음을 초래하는 경우도 있으나 경찰의 의도라고 할 수 있는 경우는 거의 없다.

경찰의 고속추격으로 인명의 살상이 초래

되었다면 그 또한 무력의 사용이라고 할 수 있다. 그렇다고 이것이 그러한 무력의 사용으로 빚어지는 인명살상이 중요하지 않다는 것을 의미하는 것은 아니고 단지 개념의 규정상 살상무기에 해당되지 않을 따름이다.

이와 같은 규정에 의한다면, 살상무기의 사용이라고 할 수 있는 세 가지 유형이 있다. 첫 번째 유형은 사망으로서 경찰이 살상무기를 사용한 결과로 사람이 죽게 되는 경우이고, 두 번째 유형인 부상은 경찰이 살상무기를 사용하여 사람이 부상을 당했지만 사망하지는 않은 경우이며, 세 번째 유형은 경찰이 살상무기를 사용하였으나 아무런 부상도 초래하지 않은 경우라고 할 수 있다.

제 3 절 경찰윤리론

경찰은 형사사법제도에 있어서 최초의 의사결정자이다. 그래서 일부에서는 경찰관을 거리의 재판관이라고 한다. 경찰은 법의 집행자이며, 법률위반을 규정할 권한을 가지고 있다는 점이다. 그래서 경찰은 자신의 일상적 역할을 수행함에 있어서 상당한 재량권을 가지기 마련이다. 아마도 공직자나 다른 어떤 사람도 인간의 개인적 운명에 대해서 경찰보다 더 큰 권한을 가지지는 못한다. 경찰은 법과대학원을 나오지 않고도 찰나의 순간에 판사, 배심원, 사형집행자로서 재판 없이 인간의 생명을 빼앗아갈 수 있다.44

많은 일상적 의사결정에 있어서 경찰은 법률을 언제 집행할 것인가를 결정할 권한을 가지기 때문에 사람들의 생활에 영향을 미치는 상당한 의사결정권한을 가지고 있다. 물론 우리는 경찰이 완벽하기를 바라지만 실제는 그렇지 못하다. 특히, 지역사회경찰로의 전환과 그 추세는 과거에는 단지 감독자들에 의해서만 행해지던 많은 의사결정을 일선 경찰관이 하도록 요구받고 있으며, 그러한 의사결정에 있어서 창의적이고 혁신적일 것을 요구받기도 한다. 그래서 지역사회경찰활동의 추세가 지속되는 한 일선 경찰관의 의사결정과 재량권의 행사는 더욱 많아질 것이다.

1. 경찰재량

경찰재량이란 특정한 상황에서 어떠한 행동적 대응이 적절한가에 관한 의사결정을 함에 있어서 경찰관에 의한 개인적 판단의 활용을 내포하는 것이다. 경찰과 시민의 접촉에서 관찰되고, 보고된 사건에 대해서 두 가지 이상의 직무관련, 대안적 해석으로부터 선택할 자유가 있을 때는 언제나 경찰재량이 존재한

다고 할 수 있다.45

(1) 경찰재량에 영향을 미치는 요소

경찰재량은 모든 경찰기관에서 일상적인 것이라고 할 수 있는데, 그것은 경찰이 언제나 모든 법을 다 집행할 수 없으며, 동시에 모든 서비스를 제공할 수도 없기 때문이다. 따라서 법집행이나 경찰활동이란 항상 일부 법은 대부분 집행되고 일부 서비스는 대부분 제공되지만, 그 외 대부분의 법과 서비스는 집행되지 않거나 제공되지 않는 선별적 과정인 것이다. 언제 어떠한 서비스를 제공할 것인가에 대한 결정에 있어서 일부는 경찰행정가, 공중, 검사, 판사, 기타 정치인 등에 달려 있기도 하지만, 경찰관은 대체로 즉각적이고 직접적인 감독하에서 움직이기 때문에 비교적 자유롭게 자신의 행동을 결정하게 된다. 그러나 경찰관의 의사결정이 모두 자유롭게 이뤄지는 것은 아니며, 일반적으로 법률, 부서의 정책, 정치적 기대, 공공의 기대, 상황과 여건, 직업적 문화 등에 의하여 영향을 받는다고 한다.46

그래서 경찰은 실제로 어떤 경우에 어떠한 법률을 누구에게 어느 정도 집행할 것인가에 관한 정책을 만들게 된다. 만일 이것이 경찰의 법집행역할과 관련하여 사실이라면 경찰이 제공하는 다른 서비스의 견지에서도 사실일 수 있을 것이다.47

재량권의 행사에 있어서 다른 중요한 고려사항에는 법률, 범행의 심각성, 기관의 정책, 관련된 사람들의 인격적 특성, 그리고 의사결정의 가시성 또는 개방성 등이 있다.48 또한, 운전자가 음주상태인데도 불구하고 단속을 하지 않는 경우 경찰관의 근무기간, 계급, 관련 법률에 대한 태도, 음주운전자 처벌에 대한 좌절감 등이 단속하지 않는 결정에 영향을 미치는 요소라고 한 연구결과 밝혀지기도 하였다.49 또한 교육·훈련·복무기간·고소인의 희망 등도 경찰관의 재량권에 영향을 미치는 것으로 알려져 있다. 이에 따라 최근 지역사회경찰활동을 강조하는 추세로 인하여 경찰에서는 재량권의 활용에 대한 교육과 훈련뿐만 아니라 더 많은 재량권의 활용을 권장하기에 이르렀다.50

(2) 경찰재량의 결과

경찰의 재량권 행사는 경찰권행사의 비일관성(Inconsistency), 예측불가능성(Unpredictability), 그리고 책임감의 결여(Lack of accountability) 등의 문제를 수반할 수 있다고 한다.51 우선 비일관성은 개인에 따라 상이한 차등적 처우를 초래할 수 있다. 이러한 상이한 처우는 곧 차별을 야기할 수 있어서 문제가 되는 것이다. 예측불가능성은 시민으로 하여금 경찰의 요구에 자신들의 행위를 맞추기 어렵게, 즉 혼란스럽게 만들기 때문에 문제가 되는 것이다. 동일한 사안에 대해서도 경찰관과 상황 또는 시간과 장소에 따라 경찰권의 행사가 달라진다면 시민은 어느 장단에 춤을 추어야 할지 난감해지기 때문이다. 한편, 책임감은 경찰과 시민 사이의 상호 존중과 신뢰를 쌓을 수 있는 핵심이라고 할 수 있다. 동일한 사건을 처리하는 데 있어서 경찰관의 책임감 결여는 어쩔 수 없이 일부 경찰관의 재량권 행사를 수반하게 되어 경찰과 시민 모두에게 잠재적인 어려움을 초래할 수 있다. 그것은 경찰관 개인에 따라 업무처리시간이 다르다면 경찰인력자원을 배분하는 것이 곤란해지기 때문이다.

경찰의 재량권은 역기능적 결과만 초래하는 것이 아니라 다수의 긍정적인 결과도 가져다줄 수 있다. 먼저, 감독 및 관리단계에서는 지역에 따라 인력을 이동시킬 수 있다는 것이 시민과 경찰 모두에게 도움이 된다. 또한 지역과 특정상황에 적합한 맞춤 서비스를 제공하기 위해서도 획일적인 것보다는 융통성이 있는 재량적 서비스의 제공이 필요한 것이다. 이러한 점에서, 지역사회경찰활동은 경찰관에게 적절한 재량권의 행사를 권장하고 있다. 사건에 대하여 필연적으로 반드시 그 사람을 체포하지 않고 문제에 대한 혁신적인 대안과 다른 서비스 기관과 시민으로 하여금 도움을 주도록 권장하는 것이야말로 지역사회 지향적 경찰활동의 핵심인 것이다.

(3) 경찰재량의 통제

일찍이 Davis는 경찰재량은 절대적으로 필요한 것이며, 제거될 수 없고, 제거하려는 노력 역시 무의미하므로, 재량은 법집행과 서비스 모두에 있어서 경찰업무의 핵심이며, 따라서 재량이 없는 경찰업무란 팔, 다리, 머리가 없는 인간의 몸통에 지나지 않는다고 하였다.52 그럼에도 불구하고 아직까지도 재량권은 때로는 남용되고 때로는 거부된다.

이러한 재량권의 중요성을 인식하고 전달하지 못한다면 현실적으로 선별적 집행과 불평등한 처우가 요구되는 상황에서도 획일적 처우와 예외 없는 집행의 핑계를 제공하게 된다. 따라서 재량권을 다루는 데 있어서 필요한 첫 걸음은 재량권의 존재와 중요성을 인식하는 것이다.

한편, 전통적으로 경찰재량권에 대한 전형적인 대응은 부정적인 제재를 가하는 것이었다. 하지만 이러한 부정적 제재에는 몇 가지 결과가 따르기 마련이다. 영구적이라기보다는 일시적 변화, 부적절한 감정적 행동, 강직성, 부정적 제재를 가하는 사람에 대한 불신이나 두려움 등을 초래할 수 있다. 더구나, 부정적 제재로 인한 부정적 낙인은 자아존중심이나 지위에 대한 부정적 영향을 미치게 된다. 따라서 재량권의 통제를 위한 더 좋은 방법은 재량권과 관계된 정책을 자발적으로 지키도록 조장하는 긍정적 요인과 동기를 제공하는 것이다. 정책결정에의 일선 경찰관의 참여, 특수업무를 위한 특수부서의 설립, 긍정적 훈육, 교육훈련의 강화 등이 바로 긍정적 요인이라고 할 수 있다.53

(4) 경찰관의 의사결정과 재량권

경찰은 시민에게 중요한 영향을 미치는 많은 의사결정을 하게 된다. 경찰의 의사결정은 대부분 시민과 그들의 의문스러운 행위에 관련된 것이다. 경찰은 정상적인 상태가 아닌 무언가를 보게 되면 두 가지 중요한 결정을 내려야 한다. 즉, 그는 그 문제나 상황에 개입할 것인지, 그리고 개입할 것이라면 어떻게 개입할 것인가를 결정하는 것이다. 그런데 의사결정은 재량권의 활용과는 다른 점이 있다고 한다. 재량권이란 협의로 규정되며, 가장 보편적으로 활용되는 규정은 상황이 긍정적일 때 법률적 제재를 취하지 않는 의사결정이라고 한다. 경찰은 피의자와 직면했을 때 항상 피의자를 체포하는 것은 아니며, 그것이 법률적으로 정당화될 때 이를 비집행재량(non-enforcement discretion)이라고 한다.54

그렇다면 왜 경찰관은 용의자를 체포하지 않기로 결정하는가? 경찰관이 용의자에 대한 동정을 느낄 수 있고, 용의자가 어떻게 반응하고 대응하는가를 보려고 기다리기 위해서, 또는 용의자를 체포하지 않고도 상황을 쉽게 해결할 수 있다고 판단하거나, 근무시간이 끝나가기 때문에 새로운 일을 벌이기 싫거나, 자신의 스타일과 맞지 않다고 생각해서 용의자를 체포하지 않기로 재량적 의사결정을 할 수 있다고 한다.

그러나 법을 집행하지 않으려는 재량권 행사에 있어서 법률적으로 그 권한이 부여되는 것은 아니다. 오히려 재량권을 법집행의 특별사례로 보는 시각이 있다. 경찰관은 형법을 집행할 책임이 있으며, 법을 선별적으로 집행할 수 있도록 법이 허용하는 것은 아니다. 원칙이라면 법의 완전한 집행이며, 이는 모든 사건에 대한 수사, 범법자를 찾기 위한 노력, 수집된 모든 정보의 검찰제출을 의미한다. 그러나 실제로 이와 같은 완전한 집행은 다양한 이유에서 비현실적이라고 한다. 바로 이러한 완전한 집행과 실제집행의 차이가 재량권의 활용인 것이다.55

1) 조직변수

경찰기관의 관료제적 특성은 경찰행위에 영향을 미치는 중요한 요소라고 한다. 일반적으로 관료제적 절차의 목적은 경찰행위를 지도하고 인도하기 위한 것이라고 한다. 문서화된 정책이 없다면 경찰기관은 의사결정을 일선 경찰관의 주관적이고 편향된 판단에 맡기게 되어 위험한 결과를 초래할 수도 있다. 그럼에도 불구하고 많은 사람들이 관료제적 통제원리의 효과성에 대한 의문을 제기하고 있으며, 일부에서는 문서화된 정책이야말로 경찰 서비스 질의 향상에 기여한다는 주장에 반기를 들기도 한다. 경찰관의 노상활동의 재량적 수요가 경찰관의 행위를 통제하기 위한 관료제적 노력을 과소평가하게 된다는 것이다. 이러한 이유로, 일부 행위를 장려하거나 제약하기 위한 방법으로서 관료제의 효과성은 일정부분 제한적일 수밖에 없다. 관료제적 특성이 강한 조직일수록 비인간적인 성향이 있고 따라서 경찰관의 행위를 통제하려는 의도로서 처벌적 훈육을 지나치게 강조하게 된다. 이러한 성향은 곧 경찰관으로 하여금 어려움에 빠지지 않기 위하여 가급적 일을 적게 하도록 만들게 된다.56

한편, 경찰관의 행위에 영향을 미치는 조직변수로서 근무시간과 지역을 지적하고 있다. 즉, 경찰관의 근무교대 빈도와 근무지역도 경찰관의 행위에 영향을 미친다는 주장으로, 근무교대가 빈번할수록 주민들과의 관계는 더욱 멀어지면서 주민들과의 의사소통은 적어지고 그 결과 지역사회의 문제에 대한 이해도가 낮아지게 된다는 것이다. 또한 근무지역의 규모도 마찬가지로 규모가 작을수록 법집행보다도 서비스지향일 가능성이 더 높다고 한다. 그러나 규모가 작더라도 강력범죄가 다발한다면 법집행형태를 취할 가능성이 더 높다고 한다.57

2) 지역적 변수

근무지역의 특성도 경찰관의 업무에 영향을 미친다고 한다. 일찍이 Wilson은 watcha-man style의 경찰관서에서는 경찰관이 자신의 근무지를 특징짓는 문제의 유형에 자신의 업무를 적응시킨다고 주장하였는데, 이러한 관행은 곧 서비스제공의 불균형을 초래하게 된다는 것이다. Wilson과 Kelling도 이러한 생각을 확대하여, 경찰은 그들이 직면하게 되는 문제의 유형에 자신의 업무를 맞추어야 한다고 주장하였으며, 이러한 주장은 Skolnick과 Bayley에 의해서 더욱 확대되었다.58

3) 상황적 변수

❶ 출동계기

경찰이 출동하거나 상황을 접하게 된 계기나 이유에 따라 경찰관의 행위도 달라질 수 있다고 한다. 사전 예방적 또는 경찰이 시도한 대면의 경우에 경찰관은 시민으로부터 적대 받을 가능성이 더 높다. 경찰관의 사전 예방적 행위는 보다 침해적이며 피해자와 목격자로부터 지지를 받기가 쉽지 않다. 이러한 시민들로부터 부정적 반응의 가능성이 증대함에 따라 경찰도 시민을 체포할 확률이 높아지고 시민을 더 엄격하게 대할 가능성도 높아지게 된다. 결과적으로 사전 예방적 대면은 경찰과 시민의 적대와 갈등을 초래할 확률이 높아지게 되는 것이다.59

❷ 용의자의 품행과 고소인의 태도

경찰관의 재량에 있어서 용의자의 품행과 고소인의 태도가 중요한 변수로 지적되고 있다. 경찰을 존중하지 않거나 비협조적인 용의자는 그렇지 않은 용의자에 비해 체포될 확률이 높다고 한다.60

한편, 고소인의 태도도 경찰이 그를 체포할 것인가를 결정하는 데 큰 영향을 미치는 변수라고 한다. 즉, 고소인이 용의자를 체포하기를 원하는 경우에 경찰관이 그 용의자를 체포할 확률도 더 높아진다는 것이다. 그러나 만약 고소인이 경찰관을 존중하지 않는다면 경찰관은 고소인이 원하는 대로 할 가능성은 더욱 낮아진다고 한다.61

❸ 용의자와 고소인의 관계

일반적으로 용의자와 고소인의 관계가 가까우면 법정에서 피해자로부터 증언을 확보하기가 어렵다고 생각하기 때문에 경찰은 용의자를 체포하는 등의 행동을 취하는 것을 꺼려하는 것으로 알려져 있다. 물론 경찰이 항상 고소인이 원하는 대로 행하는 것은 아니지만 만약에 고소인이 원한다면 공식적 행동을 취할 가능성은 높아지게 된다.

❹ 범행유형

범행유형도 경찰관의 재량권 행사에 상당한 영향을 미친다. 상식적으로 범행이 강력범죄일수록 경찰이 공식적 대응을 할 확률이 높아지는 것은 당연하다. 폭력범죄가 범인의 체포로 이어질 확률이 더 높은 것은 그 피해자가 곧 범죄의 목격자라는 단순한 이유 때문이다. 따라서 경찰이 경비행보다 강력범죄 상황에서 용의자를 체포하는 등 공식적으로 처리할 확률이 훨씬 더 높은 것이다. 즉, 용의자를 체포하려는 결정은 범죄행위의 심각성보다는 유죄로 인정할 수 있는 상당한 원인(probable cause)에 기초하기 때문이다.62

❺ 위치

신고된 장소가 공공장소인지 아니면 사적 공간인지에 따라서도 경찰관의 행위에 영향을 미칠 수 있다고 한다. 대체로 경찰은 사적인 공간보다는 공적인 장소에서 보다 철저하고 엄격하게 행동하는 것으로 알려져 있다. 그러한 차이의 이유는 범죄가 더 강력범죄이고, 공적인 장소에서는 상황이 자기 통제하에 있다는 것을 보여줄 필요가 있으며, 또한 경찰이 능동적으로 사전 예방적 대면을 취하게 되는 경우가 사적인 장소에서보다 더 많기 때문이다.

❻ 타인의 존재 여부

동료경찰관과 목격자의 존재 여부도 경찰관의 재량권행사나 행위에 일부 영향을 미친다고 한다. 만약 동료경찰관이 공식적인 행위를 원한다면 공식적으로 처리할 가능성이 더 높아진다고 하는데, 그것은 동료가 적절하다고 믿는 대로 행동하는 것이 동료들에게 받아들여지는 중요한 부분이라고 생각하기 때문이다.63

❼ 경찰관의 개인적 변수

일반적으로 젊은 경찰관일수록 나이가 많은 경찰관에 비해 보다 공격적이고 보다 처벌적인 것으로 알려져 있으나, 질적인 측면에 있어서는 나이가 많은 경찰관의 업무의 질이 더 우월할 수 있다고 한다. 물론 나이가 많고 경륜이 많은 경찰관 중 일부는 일도 적게 하고 덜 처벌적일지라도 일부에서는 그들이 특히 냉소적인 경우에는 실제로는 더 공격적이고 처벌적이 될 수도 있다고 한다. 이들 고참들은 경찰기관과 사법제도에 대하여 좌절하게 되고 과도한 무력의 사용 등 불법적인 행위에도 가담하기 때문이다.

한편, 경찰관의 직무성향(career orientation)과 가족상황도 경찰관의 재량권 행사에 영향을 미친다고 한다. 일반적으로 비교적 용의자를 많이 체포하는 경찰관일수록 야심적이고 용의자의 체포가 자신의 승진확률을 증대시킨다고 믿고 있으며, 강력범죄자의 체포가 경찰업무의 중요한 부분이라고 믿고 있다는 것이다.

2. 경찰윤리

(1) 공식적 경찰윤리

가장 보편적인 견지에서 윤리라는 용어는 정의롭고 적정한 방법으로 행동할 인간의 도덕적 의무를 칭하는 것이라고 할 수 있다. 상이한 분야에서 일을 하는 사람들은 각자 자신의 직업을 수행함에 있어서 윤리를 개발하고 공식화하는데 이를 직업윤리라고 할 수 있다. 경찰 역시 예외는 아니어서 이미 오래전 국제경찰장협회(International Association of Chiefs of Police)는 1957년 법집행윤리헌장(Law Enforcement Code of Ethics)을 채용하였으며, 1989년에는 경찰행동강령(Police Code of Conduct)으로 개정되기에 이르렀다.64

경찰에게 특수한 행동 또는 윤리강령이 요구되는 것은 경찰관이 직면하는 두 가지 특별한 윤리적 문제 때문이라고 한다. 하나는 경찰이 강제력을 행사할 수 있다는 것이고, 둘째는 경찰은 임무를 수행하는 과정에서 다른 사람에게 거짓말을 할 수도 있고 속일 수도 있다는 것이다. 더구나, 경찰활동에 있어서 특수한 행동기준은 필요한 것으로 보이는데 지난 수년 동안에 걸쳐서 경찰관들이 수많은 사람들의 도덕적·윤리적 감수성을 위협하는 활동에 개입해 왔기 때문이다.65

그런데 경찰활동에는 분명한 윤리적 지침이 불가능한 수많은 회색지대가 있기 때문에 그 결과 절대적으로 비윤리적인 수많은 경찰행위가 있을 수밖에 없다.66

직업윤리가 경찰에게 특히 중요하게 고려되어야 하는 데는 몇 가지 이유가 있다. 우선, 윤리가 하나의 직업으로서의 법집행에 대한 인식과 인상에 기여하는 바 적지 않기 때문이다. 이상적으로 본다면 일련의 윤리가 경찰관이 합법적이고 인간적이며 공정한 방법으로 의사를 결정하는 데 도움이 될 수 있다. 또한 윤리헌장은 경찰관이 스스로 적절하고 적정한 방법으로 행동하였다고 자부함으로써 자긍심과 자기 존중심 등을 함양시킬 수도 있는 것이다. 더구나 윤리헌장은 경찰관의 상호 존중심을 고양하고 공동의 목표에 대한 집단적 감정과 단체정신도 향상시킬 수 있다고 한다.

목표, 수단, 방법에 대한 합의는 이들 감정에 매우 중요한 것이다.67

(2) 경찰 하위문화 (Police Subculture)와 윤리

공식적인 경찰의 윤리헌장의 채택과 전념에 가장 저항적인 힘의 하나는 바로 경찰의 하위문화이다. 어떠한 직업분야나 이중적 기준이 존재하여 동일한 행위에 있어서 그 직업분야의 구성원이 행하면 받아들일 수 있으나, 그 외 다른 사람이 행하면 잘못된 행위가 되는 경우가 있다. 경찰도 예외가 아니어서 다른 사람이 하면 잘못이지만 경찰관이 하면 정당화되는 행위들이 있다고 한다. 직업윤리가 바로 그러한 특권을 지도하지만 때로는 직업적 하위문화가 업무수행의 윤리적 기준을 약화시키기도 한다.

어떤 직업집단과 마찬가지로 경찰도 의사결정에 대한 합리화를 제공하는 가치체계를 가지고 있다. 이러한 가치체계는 경찰의 법규나 윤리헌장보다 경찰관의 행위에 더 큰 영향을 미친다. 그런데 분명한 것은 경찰의 공식적 윤리헌장과 그들의 하위문화적 가치관은 상당히 다를 수 있다는 것이다. 무력의 사용, 차별적 처우, 불법적 수사전술의 활용, 법률의 차등적 집행 등은 모두 윤리헌장에는 위반일 수 있으나 하위문화는 지지하고 있다. 즉, 경찰의 하위문화는 자체적인 윤리헌장을 가지는 셈이다.68

(3) 경찰훈련과 윤리

경찰업무의 상당 부분이 예측할 수 없고, 다양한 상황을 다루어야 하기 때문에 가능한 사안을 모두 다룰 수 있는 규칙을 만든다는 것은 어쩌면 불가능한지도 모른다. 그래서 때로는 강력한 윤리적 기준이 광범위한 규율을 대신하여 그 자리를 차지하게 된다. 물론 경찰도 공식적인 윤리헌장을 가지고 있다. 그러나 그러한 윤리헌장이나 기준에 대한 개별 경찰관들에 의한 내재화는 미약하기 그지없고, 일선 현장에서는 경찰관이 오히려 공식적 윤리헌장에 대한 위협과 도전에 직면하기도 한다. 그런데 공식적 윤리헌장이나 기준에 대한 가장 분명한 위협은 비공식적 경찰 하위문화라고 한다. 개별 경찰관의 일상적 상호작용에 있어서 비공식적 하위문화는 어떠한 학술적 논의보다 한층 더 강력한 것이다.

제 4 절 경찰의 통제

1. 경찰통제의 필요성

경찰은 우리 사회에서 막강한 권력을 행사한다. 즉, 강제력을 포함하는 강력한 권한을 가지고 있으며, 그 권한 행사가 국민들의 일상생활과 밀접한 관련을 가지고 있다. 경찰은 공공의 안녕과 질서유지라는 기본임무를 수행하는 과정에서 국민의 자유와 권리에 개입하는 등 국민의 기본적 인권과 충돌하기도 하고, 경찰의 권한이나 기능으로 인하여 외부의 권력으로부터 유혹을 받기도 쉽다. 다시 말해서, 경찰은 파괴적인 방법이나 건설적인 방법으로 그 힘을 행사할 수 있는 잠재력을 가지고 있기 때문에, 경찰통제가 필요한 것이다.[69] 1981년, 미국의 인권위원회(U. S. Commission on Civil Rights)는 경찰관의 강력한 권한행사에 의한 인권침해여부의 철저한 조사를 요구하며, 경찰관은 최소의 감시하에 폭넓은 재량권을 행사하고 있고, 정당치 못하거나 차별적인 강제력행사가 있거나 그러한 형태가 인지된다면 지역사회의 생활에 막대한 영향을 미치기 때문에 경찰행위에 대한 지속적이고 철저한 조사가 필요하다고 주장한 바 있다.[70]

이러한 경찰행위에 대한 연구, 조사의 필요성은 바로 통제와 관련이 있다. 경찰의 통제과정을 보면 통제기준을 정하여 이를 일탈파악을 위한 경찰활동의 방법과 비교함으로써 일탈행위의 제거·감소를 위한 방법의 결정을 위해 가능한 원인을 규명하는 것이 포함되어 있다. 그러나 적절한 기준을 정하고 경찰관으로 하여금 그 기준을 따르도록 하는 것은 경찰분야에 있어서 가장 어렵고 복잡한 문제이다.

결국 경찰에 대한 통제는 크게 경찰 스스로의 민주적 운영, 경찰의 정치적 중립성 확보, 조직의 부패방지와 건강유지를 위해서 필요하며, 경찰활동에 있어서의 법치주의를 확립하고 궁극적으로는 국민의 인권을 보호하기 위해서도 필요하다. 이는 특히 경찰활동의 특수성상 인권침해의 여지가 많기 때문에 더욱 그러하다.[71]

2. 경찰통제의 방법

민주사회에서는 대체로 경찰을 통제하기 위한 방법을 그 특성에 따라 행정적·정치적·법률적 통제 그리고 사회적 통제로 나누기도 하고, 통제제도의 소속과 위치에 따라 내부적 통제와 외부적 통제로 구분하고 있다. 따라서 본서에서는 경찰통제의 방법을 그 특성에 따른 통제방법의 유형과 통제제도의 위치에 따른 유형으로 대별하여 설명하고자 한다.

(1) 통제방법의 특성에 따른 유형

1) 정치적 통제

통제의 행정과정은 경찰조직과 경찰관 모두에 대한 평가로부터 시작된다. 경찰조직에 있어서 평가란 효과성과 효율성의 측정과 관련된다.[72] 한편, 경찰관 개개인에 대한 업무수행평가도 다른 형태의 통제라고 할 수 있다.

예산은 경찰서의 임무수행에 필요한 자원을 결정하기 때문에 매우 중요한 통제의 방법이다. 경찰에 배정되는 예산은 다른 기관과의 경쟁적, 정치적 의사결정에 따라 결정된다. 예를 들어, 관계 기관이나 공무원이 경찰의 업무수행에 만족하면 경찰서에 더 많은 예산을 배정할 수도 있으나 불만이 팽배하다면 감액될 수도 있는 것이다.

예산과 관련된 통제문제는 결국 경찰서의 자원이 어떻게 분배되는가와 관계되는데, 이는 예산당국이나 관계기관의 재량적 의사결정과정을 포함한다. 실제로, 예산의 배정은 필요성이나 정치적 영향 둘 중의 하나에 기초하게 된다. 필요성에 기초한 자원의 배분은 가장 심각한 문제에 가장 많은 예산이 배정되는 경찰문제의 시간과 장소에 대한 체계적 평가에 의하여 결정된다. 반면, 정치적 영향에 기초한 예산의 배정은 가장 영향력이 큰 사람이나 집단이 가장 중요한 경찰문제가 무엇이며 경찰자원이 어떻게 사용되어야 하는지를 결정하는 것을 의미한다.

예산 외에 경찰을 통제하기 위하여 정책이 활용되기도 하는데, 이는 정책지침을 통한 통제방법이다. 자원배분이나 정책에 변화가 생기면 이는 곧 경찰의 효과성과 효율성 또는 경찰기법과 활동에 대한 정치적, 행정적 영향과 관심의 결과라고 볼 수 있다.

정치적 관심은 보통 경찰에 대하여 가지고 있는 시민의 경험과 언론의 보도에 의해서 형성된 경찰에 대한 공공의 인식에 기인한다. 언론의 보도는 종종 경찰의 비리나 스캔들 또는 주요한 범죄사건 등에 국한되어 있어서 예산이 어떻게 사용되고 있는가에 대해서 거의 관심을 보이지 않는다.

시민의 경찰에 대한 경험은 자신과 경찰의 직접적인 상호작용 또는 경찰과의 접촉경험이 있는 다른 사람의 인식에 기인한다. 경찰에 대한 부정적 인식이나 여론이 높아지면 인사이동 등과 같은 조치가 취해지는 등 경찰에 대한 통제가 뒤따르지 않을 수 없게 된다.[73]

2) 행정적 통제

경찰통제는 조직에 대한 통제뿐만 아니라 경찰관에 대한 통제도 중요한 것이기 때문에 행정적 통제는 경찰관의 통제에 지대한 영향력을 줄 수 있다. 때문에 경찰관의 일탈행동을 줄이기 위해서 행정지도와 효율적이고 효과적인 통제제도를 두는 것이다. 이는 여러 가지 방법으로 이루어질 수 있는데, 예를 들어 건전한 관리원칙을 따르고, 권한과 책임을 분명히 하며, 철저한 감독을 시행하는 등의 방법이 그것이다. 경찰관을 통제하기 위한 행정적 기초는 경찰서를 어떻게 조직하고 관리할 것인가에 대한 생각을 바꾸는 것과 관련이 있다.

일부 경찰서에서는 조직기능, 프로그램, 경찰관에 대한 통제를 향상시키기 위해 감사과 같은 기구를 설치하기도 한다. 이러한 시도는 경찰서장이 정상적인 지휘계통으로로는 조직의 효율성과 효과성에 대한 정확한 정보가 제공되지 않아 부하직원의 통제조차도 제대로 되지 않는다는 믿음에서 기인한 것이다. 그래서 때로는 이러한 감사기구가 당사자인 경찰관에게는 위협적인 존재로 인식되기도 한다.

행정적 통제제도에 있어서 주요한 차이는 선발과 훈련과정의 특성, 마련된 기준의 범위와 명확성, 기준설정에 있어서 직원들의 참여정도, 그리고 일탈에 대한 관리자의 반응 등에서 나타난다고 할 수 있다. 이론적으로는 기준을 설정할 때 더 많은 경찰관이 참여할수록 경찰관이 그 기준을 따를 확률은 더욱 높아진다. 물론, 경찰이 정치적 과정을 통하여 법률적 기준을 변경하려는 시도는 할 수 있겠지만 법률적 기준에 대해서는 크게 영향력을 행사할 수 없다.

그런데 이러한 행정적 통제와 지도가 가능하도록 하기 위해서는 구두와 문서로 된 공식적인 지침이나 명령이 마련되어야 한다. 구두명령은 조직의 전 구성원에 대하여 직원회의를 개최하여 설명 등의 방법으로 필요한 지시나 명령을 전달하는 것을 말하며, 지침서나 명령서는 목표를 정하여 정책을 규정하고 절차를 정하여 각종 규정과 규칙을 적시하는 것이다.74

❶ 지침서와 명령서의 목적과 역할

특정한 절차와 그 절차를 적용하는 일률적인 방법을 만드는 공식적인 과정은 조직의 통제를 위해서 반드시 필요하다. 왜냐하면 개개인의 경찰관들은 폭넓은 권한을 행사하고 직면하게 되는 다양한 상황에 대처하기 위한 행동을 정하는 데 도움이 되는 보다 세밀한 지침을 제공받을 수 있기 때문이다.75

지침서나 명령서는 조직통제를 유지하고 각종 법률문제와의 충돌방지를 위한다는 측면에서 경찰조직에게 매우 중요하다. 이러한 지침이나 명령이 있음으로써 경찰기관은 자원활용 등에 있어서 보다 효율적으로 운영될 수 있고 주어진 임무를 수행하고 있는지 측정할 수 있는 결과를 제공하게 된다.76

지침서의 중요한 행정적 목적 중 하나는 각각의 조직사무가 어떻게 수행되는지 절차를 분명히 명시한다는 것인데, 이는 업무수행의 일관성과 이로 인한 신뢰성 증진, 내·외적 차별의 최소화 그리고 조직통제를 위한 기능을 하게 된다.

❷ 행정통제와 지침의 위반

내규나 지침 등은 조직에 대한 행정적 통제의 핵심이기 때문에 경찰관이 지침이 허용하는 범위를 넘어서는 행위를 하게 되면 이에 대한 어떠한 조치를 취해야 할 것이다. 그 조치는 처벌적이거나 수정적인 것 또는 양자 모두를 가미한 것일 수 있다.

제재조치를 취하기 전에 경찰관의 비행을 검토하는 데 있어서 중요한 하나의 관점은 절차적 위반의 본질을 이해하는 것인데, 이는 경찰관의 행위가 불법행위(malfeasant), 부당행위(misfeasant), 또는 태만행위(nonfeasant)인가를 결정함으로써 이루어질 수 있다.

3) 법률적 통제

❶ 형사소추와 명령

경찰관이 형법을 위반한다면 당연히 형사소추의 대상이 된다. 그러나 과도한 무력사용의 경우에는 위법사실을 충분히 입증하기가 쉽지 않기 때문에 대부분 그러한 행위에 가담할 범죄의사가 있었다는 것을 입증할 필요가 있다. 즉, 경찰관이 자신의 행동결과와 특성을 이해·인지하고 있었다는 것을 전제로 한다는 것이다. 이는 결국 경찰관이 자신이 하는 일이 잘못 되었다는 것을 알면서도 행하였다는 것이 입증되어야 함을 의미한다.

부적절한 경찰활동을 통제하는 또 다른 수단은 법원이 경찰서에 특정관행이나 행위를 제한하도록 요구하는 명령이다. 예를 들어, 경찰이 특정지역의 주민을 무작위로 불심검문하는 경우 이는 주민의 기본권을 침해할 수 있다고 판단하여 법원이 중지를 명령하는 것이다. 그러나 그러한 행위가 특정 경찰관 개인이나 일부 경찰관의 부적절한 행위의 결과라기보다 경찰서 정책의 일부라면 그것을 입증하기란 매우 어렵다.

❷ 위법수집증거 배제의 원칙 (Exclusionary Rule)

위법수집증거 배제의 원칙은 경찰관의 행위를 통제하기 위한 또 다른 법률적 수단이다. 증거가 형사재판에서 배제될 가능성으로 인하여 경찰관이 적법한 절차를 따르도록 하는 하나의 동기를 제공할 수 있다는 것이다.

이러한 배제의 원칙은 경찰활동이나 시민들에게 있어서 오랜 논쟁의 대상이 되고 있다. 그러나 배제의 원칙이 경찰의 범죄수사능력에 부정적인 영향을 미쳤다는 증거는 거의 없다. 증거를 배제시키기 위한 쟁송이 제기되는 경우는 많지 않으며 설사 그러한 소송이 제기되더라도 거부되는 것이 보통이다. 또한, 검문검색, 자백의 확보, 그리고 증거배제의 위협 등과 관련된 법원의 판례도 이들 분야에서의 경찰권남용을 완전히 제거하지는 못할지라도 경찰행위에 긍정적인 영향을 미친 것으로 보인다.

❸ 민사책임

가장 빈번하게 이용되는 경찰통제의 법률적 방법 중 하나는 민사소송이라는 법률행위이다. 이는 경찰관, 감독자, 부서장, 그리고 경찰 당국이 위 당사자들의 직무태만 등으로 인한 금전적 피해에 대하여 소송이 제기될 수 있음을 의미한다. 민사소송이 제기될 수 있는 경찰관의 행위는 대체로 고의적인 것과 태만한 것으로 나누어질 수 있다.

고의적인 불법행위는 경찰관이 의도적으로 신체적·정신적인 피해를 가하려는 것으로서 경찰관에게 법률행위가 가해지는 가장 보편적 유형의 행위에는 과도한 무력의 사용, 잘못된 구금과 체포, 폭력, 치사, 의도된 감정적, 정신적 고통의 부과, 법률적 절차의 오용, 프라이버시의 침해, 불법적 전자감시, 그리고 명예훼손 등이 있다.

반면에 태만으로 인한 불법행위는 경찰관이 해를 가할 수 있는 개인에 대하여 이성적으로 행동해야 하는 법률적 의무를 다하지 못하는 것을 의미한다. 고의적인 불법행위와 태만으로 인한 불법행위의 주요한 차이는 전자의 경우 경찰관의 정신상태가 중요하나 후자의 경우는 별로 중요시되지 않는다는 것이다. 태만으로 인한 불법행위의 예는 자동차의 부주의한 운행, 경찰의 도움을 요청하는 신고 전화에 제대로 대응하지 않는 경우 등이 있다.

의도적인 불법행위와 관련된 민사소송에 있어서 경찰관은 선의의 신념(good faith)과 가능한 이유(probable cause)와 같은 몇 가지 방어논리를 가지고 있다. 전자는 경찰관이 자신의 행위가 위법인지를 몰라서 일어난 경우라 주장하는 것이고 후자는 자신의 행위가 합법적이라는 이성적 신념에 기초하는 것이다.

경찰관 개인뿐만 아니라 감독자나 부서장도 민사소송의 대상이 될 수 있다. 감독자와 부서장이 경찰관의 선발, 훈련, 배치, 감독, 그리고 훈육에 태만한 것으로 결정되는 경우 그들에게도 지휘 책임 등을 물어 민사상의 책임이 있다는 것이다.

경찰관이나 경찰서는 민사소송을 업무의 한 부분으로 생각한다. 경찰관에 대한 가장 보편적인 민사소송은 무력의 사용과 차량추적에 관련된 것이다. 경찰관은 항상 자신이 소송당할 가능성을 염려하게 되는데, 이러한 소송을 피할 수 있는 방법으로 보편화된 인식은 경찰이 규정에 따라 행동하고 사람들을 공정하게 대해야 한다는 것이다. 이것이 바로 민사소송을 통한 경찰관의 통제를 가능케 하는 것이다.77

4) 사회적 통제

❶ 언론통제

과거 경찰을 비롯한 대부분의 행정기관은 비밀주의를 선호하여 각종 정보를 폐쇄적으로 관리하기 때문에 외부의 참여가 불가능하여 경찰에 대한 통제가 힘든 상황이었다. 사실 이 같은 정보의 독점과 폐쇄성은 경찰의 독선과 부패를 초래하게 되는데, 행정의 투명성이 확보된다면 그러한 독선과 부패도 상당부분 억제될 수 있을 것이다. 오늘날 국민의 알 권리가 강조되고 행정에의 참여와 투명성의 확보가 강력히 요구되면서 정보공개가 일반화되고 있는데, 이러한 경찰에 대한 정보의 공개요구는 경찰에 대한 통제의 기본이 되고 있으며, 공개된 정보가 널리 확산된 데에는 언론의 역할이 컸다.

경찰이나 범죄문제에 대한 시민의 인식이 대부분 언론에 의존하는 현실을 감안할 때 경찰에서도 언론에 보도되는 자신들의 모습을 심각하게 고려하지 않을 수 없기 때문에 언론이 경찰통제의 중요한 기제가 될 수 있는 것이다. 즉, 경찰관의 활동이나 행위, 비리와 부정 등 특정사건에 대한 사실의 보도와 경찰조직, 경찰문화, 경찰정책 등에 대한 사설 등의 논조를 통하여 직접, 간접적으로 경찰에 통제를 가할 수 있는 것이다.

❷ 시민통제

정보공개와 함께 경찰행정에 변화를 가져올 수 있는 방법의 하나로 경찰행정에 대한 시민참여의 필요성이 대두되고 있다. 그러나 과거 경찰은 국민의 참여기회를 인정하지 않았기에 경찰에 대한 시민의 통제가 어려웠던 것이 사실이다.

그러나 오늘날에는 시민의 참여를 통한 공정성, 투명성, 그리고 신뢰성의 확보가 강조되면서 이를 통한 시민의 권익보호를 목적으로 절차적 권리가 폭넓게 인정되고 있는 현실이다. 더구나 경찰에 대한 민주적 통제장치의 하나로 시민의 경찰행정에의 참여를 도모하기 위하여 경찰위원회를 구성하는 등 제도적 장치를 마련하고 있으며, 앞으로 어떤 형태로든 자치경찰제도가 시행된다면 시민참여의 기회와 폭이 더욱 확대될 것이며 또한 현대 경찰이 추구하는 지역사회 경찰활동(community policing)이 강화되고 그로 인하여 민경관계(police－community relationship)가 강조되고 개선된다면 경찰에 대한 시민의 참여와 그로 인한 경찰에 대한 시민통제도 더욱 활성화될 수 있을 것으로 보인다.

3. 경찰통제제도의 소속과 위치에 따른 유형

(1) 내부통제

대부분의 경찰기관은 경찰관의 행위와 경찰활동의 방법에 관한 시민소청에 대응하는 방법을 가지고 있다. West는 자신의 조사결과를 토대로 이러한 경찰의 내부통제제도를 세 가지 유형으로 나누고 있다. 첫째, 경찰관의 행위와 활동방법에 관한 소청을 동료 경찰관이 수사하도록 전적으로 내부 소청심사 절차를 두고 있는 경우로서 부분적으로는 경찰을 대신하여 일부 민간인이 수사의 일부를 담당하기도 한다. 둘째, 경찰은 수사를 담당하나 일부 선별적 사례는 경찰조직 외부의 인사에 의하여 이루어지는 절차를 두고 있다. 셋째는 경찰과 민간인 소청심사 위원회와 같이 외부 집단의 공동책임으로 두는 쌍무적 제도를 운영하는 경우이다.78

경찰에 대한 소청은 대체로 경찰관의 행위와 경찰활동의 방법에 관한 것이다. 이러한 소청은 시민이나 동료 경찰관 모두에 의하여 제기될 수 있다. 심지어 내부감사제도가 운영되고 있는 경찰서에서도 소청에 대한 대응은 소청의 심각성의 정도에 따라 결정된다.

1) 민간인 소청의 결과

시민 소청의 심사결과는 다음과 같은 네 가지 형태로 나타난다. 첫째, 조사결과 정당한 소청으로 확인된 소청이며(sustained complaints), 둘째는 대부분의 시민소청이 이에 해당하는 것으로서 소청인의 주장이 진실인지 여부를 확실히 결정하기 어렵기 때문에 진위 여부가 확인될 수 없는 소청이며(Not sustained complaints), 셋째는 소청인이 주장한 사건이 발생하지 않은 것으로 결정되는 경우(unfounded complaints)와 그리고 마지막으로 소청인의 주장이 사실이나 경찰관의 행위가 조직의 정책을 위반하지 않고 합법적이고 정당화될 수 있는 것으로 확인된 무고(exoneration)이다.79

일반적으로 경찰에 대한 시민의 소청의 양과 유형은 경찰행위에 있어서 실질적인 차이, 소청을 받아들이고 대응하는 경찰관서의 수용, 그리고 시민의 소청을 장려하거나 억제하는 정치적 분위기에 따라 달라진다고 할 수 있다. 한편, 소청은 피의자의 협상력을 신장시키기 위한 수단으로서 이용되기도 한다.

지역사회의 정치적 분위기도 경찰에 대한 시민의 소청을 권장하거나 억제하는 데 특히 중요한 역할을 한다. 정치지도자가 범죄에 대한 공격적 통제를 선호하는 경우는 경찰권 행사에 대한 우려와 관심이 그다지 심각하게 받아들여지지 않을 수 있다. 반대로 정치지도자가 경찰에 대한 소청을 적극적으로 권장할 수도 있다. 이러한 경우는 부적절한 것으로 고려되는 경찰행위를 변화시키고자 하는 희망에서 이루어진다. 그러나 그러한 시민 소청의 권장은 심각한 소청뿐만 아니라 사소한 것까지도 증대시키는 결과를 초래할 수 있다.

2) 내부조사

경찰관에 대한 내부조사제도와 관련한 몇 가지 중요한 논란이 있는데, 내부조사 업무에 어떤 사람이 근무하는가와 내부조사기구를 어디에 위치하였는가가 바로 그것이다. 구체적으로 보면 소청이 권장되어야 하는가, 내부조사기구가 사전 예방적이어야 하는가 아니면 사후 대응적이어야 하는가, 내부조사 과정 자체는 어떻게 해야 하는가, 잘못된 거짓소청은 어떻게 처리해야 하는가, 소청 사실이 확인된 경찰관에 대해서는 어떤 유형의 훈육을 어느 정도로 할 것인가, 그리고 마지막으로 경찰이 효과적으로 자신을 감시 감독할 수 있는가 등의 논란이다.

❶ 위치와 인력

자신이 경찰에 의하여 학대를 받았다고 믿는 시민 중에는 소청을 제기하기 위하여 경찰관서에 가기를 꺼리는 사람들이 있을 수 있다. 따라서 일부 경찰서에서는 내부조사기구를 경찰서가 아닌 다른 곳에 두는 경우가 있다. 이러한 위치의 변경은 시민들로 하여금 경찰이 자신들의 우려와 관심을 심각하게 받아들인다고 믿게 함으로써 경찰에 대한 대중의 인식에도 상당한 영향을 미치게 된다.

내부조사 담당자의 배치와 관련된 또 다른 중요한 고려사항은 동료 경찰관을 조사하고 경우에 따라서는 징계를 해야 하기 때문에 동료들로부터 경계의 대상이 되거나 따돌림을 받을 수 있다는 사실이다. 이러한 점을 고려하여 일부에서는 내부조사나 감사업무에 종사하는 경찰관에 대해서는 승진과 같은 인사상의 가점을 주는 등의 배려를 하기도 한다.

❷ 내부조사 또는 감사부서의 성향

시민의 소청을 권장하는 것은 다음과 같은 몇 가지 결과를 초래한다. 우선 경찰과 시민의 신뢰를 증진시킬 수 있고, 관리자에게 경찰관의 행태에 대한 가치 있는 정보를 제공할 수 있으며, 더 많은 소청을 초래할 수도 있다. 더구나 소청을 권장하는 관서에서는 다수의 경찰관이 실제 사실이 아닌 소청으로 인하여 극히 심각한 스트레스를 받을 수 있는 감사관이나 감독관의 조사를 받아야 하기 때문에 윤리나 사기문제가 발생할 수 있다.

❸ 조사, 감사과정

경찰관이 범죄혐의자로 조사를 받게 되면 그들도 다른 피의자와 동등한 형사절차적 권리를 가지게 된다. 경찰관에 대한 소청의 조사과정도 다른 유형의 조사, 수사와 유사하다.

내부감사에 있어서 더 중요한 문제의 하나는 소청이 확인되기 전에 요구되는 증거를 결정하는 것이다. 대체로 사건에 연루되지는 않았지만 소청인의 주장을 뒷받침할 수 있는 제3자적 증인이 없는 한 사실이 확인되는 소청은 거의 없다. 반대로, 소청내용이 사실이 아니라고 증명하기 위해서는 사건에 직접 관계되지 않아도 소청인의 주장을 반박할 수 있는 증인을 찾아야 한다.

❹ 징벌

경찰관에 대한 소청이 사실로 확인되면 상담과 재교육, 구두경고와 서면경고에서 해직에 이르기까지 다양한 징계조치가 따를 수 있다.

한편, 징계유형의 결정에 있어서 고려되어야 할 또 다른 중요한 사항은 경찰관의 반응과 밀접한 관련이 있다. 경찰관은 자신에게 내려진 징계를 그대로 받아들여야 할 필요는 없다. 징계 결과에 승복하지 못하는 경찰관은 재심요청이나 소송제기 등을 할 수 있기 때문이다. 따라서 징계의 정도는 부분적으로 경찰관이 이의를 신청할 것인가 또는 소송을 제기할 것인가에 대한 평가와 판단에 근거하는 경우가 많다.

❺ 내부조사, 감사의 효과성

경찰행위에 대한 내부감사를 선호하는 입장에서는 경찰윤리와 사기의 유지가 중요하고, 외부감사는 경찰과 서장의 권위와 권한을 침해하며, 사법부의 개입 등 시민의 소청에 대한 내부처리에 만족하지 못하는 경우 시민들이 이용할 수 있는 또 다른 방법들도 있다고 주장한다. 더구나, 다수의 경찰관은 경찰행동에 대한 외부감사가 정치적인 영향을 받기 쉽기 때문에 외부감사와 그 결과 취해지는 징계 등이 종종 정치적인 원인에 의해 이루어진다고 믿고 있다.

어떤 형태이건 외부감사를 선호하는 입장에서는 경찰에 대한 소청의 내부감사는 불완전한 폐쇄적 제도이고 어쩔 수 없이 경찰을 옹호하게 되어 있다고 주장한다. 더구나 내부감사는 경찰에 대한 소청심사에 경찰이 협조적이지 않고 불공정하다는 인식이 존재한다면 시민의 신뢰를 잃게 된다. 소청심사과정에 시민을 참여시키는 것은 시민의 신뢰와 확신을 심어주고 경찰과 지역사회의 관계도 증진시킬 수 있다는 주장을 제기한다.

3) 경찰의 조직문화와 통제

경찰을 통제하는 효과적인 수단으로서 조직문화의 중요성을 평가하기는 어렵다. 만약, 이러한 경찰조직문화의 가치가 경찰기관장에 의하여 강조되고 경찰문제를 해결하는 데 적합하다면 경찰관들은 더욱 그러한 가치를 수용할 것이다. 또한 경찰기관장 스스로 모범적인 행동을 보여주는 경우에는 더욱 그러할 것이다.

여기서 경찰분야에 있어서 전문화의 이유와 필요성이 경찰관으로 하여금 책임 있고 유능한 행위에 대한 윤리적·법률적 가치를 내재화하려는 시도로서 제시되고 있다. 경찰관의 행위를 향상시키기 위한 이러한 시도는 전문화의 가치가 개별 경찰관에게만 요구되고, 이러한 가치는 경찰관의 근무환경을 인식하고 그에 반응하는 방법에 중요한 영향을 갖지 못하기 때문에 부분적으로만 성공적일 수 있다.

경찰지휘관이 이러한 가치의 파악과 논의를 통하여 경찰관들에 대한 통제를 증대시키려 해도 경찰관들이 그 가치가 어떤 것이어야 하는가에 대해서는 거의 영향을 미치지 못한다. 이러한 견지에서 볼 때, 경찰을 변화시키는 데 있어서 경찰의 조직문화와 행정적 전문화라는 접근방법은 유사한 것이라고 할 수 있다.

경찰관의 업무와 관련된 가치관은 주로 경찰관의 직업적 사회화(professional socialization)와 같이 자신의 업무경험과 그 경험에 대한 적응에 의해 형성된다는 것을 이해할 필요가 있다. 결과적으로, 경찰의 근무환경이 변하지 않는 한 경찰관의 신념을 형성하는 사회화 과정도 변할 수 없다.

4) 경찰의 직업적 통제 (Occupational Control)

경찰의 일탈이나 비행은 경찰이라는 직업적 현실에서 일어나기 때문에 그에 대한 통제도 직업적 통제가 가장 효과적이라고 할 수 있다. 즉, 쉽게 말하자면, 경찰이 전문화되고 전문성이 강화되면 이러한 일탈이나 비행은 줄어들 거라는 것이다. 만약 경찰폭력이 경찰활동의 직업적 현실에 의한 것이라면 경찰 자신이 가장 효과적인 통제기관이라는 것이다. 즉, 경찰문화 등을 볼 때 어떠한 외부 기관보다 경찰 자신이 가장 효과적으로 경찰폭력을 통제할 수 있다는 것이다. 경찰폭력을 억제하기 위해서는 경찰의 직업적 전문화가 절실하게 요청되는데, 그 이유는 완전히 전문화된 경찰은 내적인 통제를 행사할 수 있고, 경찰관으로 하여금 자신의 행위를 제어하는 윤리적 기준, 지식, 그리고 기술을 가지고 업무에 대하여 전문적인 태도를 가지도록 하기 때문이다.80

❶ 경찰의 전문화와 훈육

ⅰ. 부정적 훈육

경찰의 배임행위나 과오를 다루는 기존의 방법은 소위 부정적 훈육이라고 일컬어진다. 부정적 훈육이란 공식적인 형사절차와 징계절차 모두를 이용하는 것을 의미한다. 경찰폭력이 형사처벌과 징계에 해당되는 행위를 모두 포함하기 때문에 경찰은 원칙적으로 징계규정을 더 많이 이용함으로써 더욱 큰 책임을 맡을 수 있다.81

그러나 부정적 훈육은 그 특성상 권위주의적이기 때문에 경찰의 전문화라는 개념이나 이상을 증진시키기보다는 처벌지향의 관료제와 유사하게 된다. 이러한 형태의 통제는 전문가모형이라기보다는 군사모형에 가깝다. 부정적 훈육의 특성 중 하나가 바로 책임을 떠넘기는 것이다. 관리계층에서는 자신의 실수에 대한 희생양을 찾게 되고, 더구나 전통적으로 경찰의 일탈에 대한 수사는 조직구조상 하급 직원에게 도덕적 비난을 하는 하부지향적이기 쉽고 반대로 상급자들에게는 책임회피를 가능하게 해준다.

또한 부정적 훈육의 지나친 강조는 경찰활동의 질적인 측면에 피해를 줄 수가 있다. 부정적 훈육을 피하기 위한 수단으로 경찰관들은 원칙대로만 행동하고 그 결과 창의적이거나 능동적인 업무수행과 기술을 외면하게 된다.

ⅱ. 긍정적 훈육

경찰의 통제는 장려와 설득을 포함한 긍정적 훈육으로도 이루어질 수 있다. 사실 경찰은 원칙적으로 경찰관이 잘못했을 때 거의 자동적이고 즉각적으로 부정적 제재를 가하기보다는 실수할 수도 있고 그 실수로부터 무언가 배울 수도 있어야 한다는 인식을 심어주어야 한다. 긍정적 훈육과 비공식적인 부정적 훈육 모두가 상황에 따라서 활용될 수 있는 것이다. 경찰의 통제를 위한 긍정적 훈육의 가장 중요한 방법 중 하나는 승진제도라고 할 수 있다. 물론 경찰관의 승진은 대부분 시험을 통하거나 승진과 관련된 재규정에 따르기 때문에 경찰관의 행위에 큰 영향을 미치지 못할 수도 있지만 승진절차와 과정 그리고 승진심사에 관련된 업무평정으로 인하여 직접 또는 간접적인 영향을 어느 정도는 미칠 수 있는 것으로 알려져 있다.82

❷ 경찰전문화와 통제절차

경찰폭력 예방의 일차적 책임이 경찰에 있다고 할 때, 소청절차에 있어서 경찰이 어떤 형태이건 소청을 처리할 수 있는 기회를 가질 수 있도록 공식화된 일련의 중간단계가 있어야 할 것이다.

경찰폭력에 적절하게 반응하고, 가장 적합한 절차를 찾기 위해서는 소청제도의 목적과 목표가 분명해야 한다. 그러한 제도의 목표는 현재 구조적으로 매우 어려운 목표라고 할 수 있으며 경찰관에 대한 제재의 확보일 수도 있으나 또 다른 목표가 제시되기도 한다. 우선 소청제도는 소청인이나 시민에게 정의감이나 보상과 배상의 가능성을 제공하는 것이다. 만약 소청이 소청인의 이익에만 관심이 있다면 옴부즈맨이나 민사소송을 통한 배상으로 충분할 것이나, 경찰폭력의 통제와 전문화라는 견지에서 본다면 소청인에 대한 처우, 배상과 정의감의 제공 모두가 고려되어야 한다. 이러한 점에서 소청제도는 소청의 근본원인을 수정할 수 있는 대책을 제시하는 철학이 내포되어야 한다는 것이다. 따라서 모든 소청절차는 불법적이거나 비전문가적인 행위를 바로 잡을 수 있는 대안마련에 초점이 맞추어져야 한다.

민간인 소청심사위원회는 경찰비행의 수정보완과 소청인의 만족이라는 두 가지 목적을 동시에 실현할 수 있는 것으로 보인다. 그러나 경찰비행의 다양한 형태를 파악하기 위한 관심은 부족한 데 반해 개별적 소청에 대한 관심은 증대되었기 때문에 경찰비행에 대한 영향력 행사라는 견지에서 볼 때 크게 성공적이지 못한 것으로 평가되고 있다. 그럼에도 불구하고 경찰에 대한 폭력혐의의 주장에 전문적인 방법으로 대응할 수 있는 기회를 경찰에게 제공할 수 있는 공식화된 중간단계의 필요성이 도출되는 계기가 되었다.

(2) 외부통제

1) 경찰에 대한 외부통제의 필요성

경찰행위에 대한 시민소청이나 민원제기와 관련된 논쟁의 초점은 소청이나 민원에 누가 어떻게 반응하는가라는 반응구조에 있다. 이는 이해의 당사자라 할 수 있는 경찰과 시민이 민원을 처리하는 상이한 구조를 바라고 있기 때문이며 구조, 기능, 책임, 관할 그리고 구성원에 따라 의사결정에 지대한 영향을 미치기 때문이다.83

많은 비판자들은 경찰 소청에 대한 외부심사만이 공공의 신뢰와 확신을 얻을 수 있는 유일한 방법이라고 주장한다. 내부조사는 외부에서 통제할 수 없는 형태로 비밀스럽게 이루어진다. 따라서 사법정의가 실현되는 것은 중요하지만 보여지는 것도 중요한 것으로 고려될 필요가 있는 것이다. 외부통제의 필요성을 대변해 주는 두 번째 이유는 경찰은 일반적으로 항상 소청을 필요한 만큼 철저하고 공정하게 조사하지 않는다는 사실이다. 또한 경찰은 동료의 비행을 조사하는 것이 유쾌하지 않으며 동시에 대중과 소청인으로부터도 좋은 말을 듣기 어렵다는 사실 역시 외부통제의 필요성을 보여주고 있다.84

2) 민간소청심사위원회 (Civilian Review Boards)

부적절한 경찰행위의 진정이나 소청에 대한 외부심사는 종종 민간감시(civilian over-sight)나 민간심사(civilian review)라는 견지에서 논의되고 있다. 그러나 민간소청심사라는 용어가 경찰을 통제하려는 별도의 노력을 지칭하기 때문에 민간감시보다는 바람직한 용어라고 할 수 있다. 민간감시는 지나치게 광범위하며 정부의 정치과정이나 행정구조의 일부까지 포함되는 민간통제까지도 지칭하기 때문이다.

경찰이 아닌 다른 정부부서에서도 경찰에 대한 소청을 수사할 수 있으나 민간인소청심사위원회라고 칭하기 어려운 경우도 있다. 예를 들어, 포괄적인 감시책임이 있는 경찰위원회(police commission)가 소청을 심사하여 징계하는 책임을 가질 수도 있고, 일부에서는 소위 인간관계위원회(human relations committee or board)가 책임을 담당할 수도 있으며, 경우에 따라서는 옴부즈맨(ombudsman)이 그 기능을 수행할 수도 있다.

미국의 경우, 50대 도시의 60% 정도가 적어도 경찰에 대한 시민의 소청을 심사하기 위하여 일정 형태의 민간인소청심사위원회를 두고 있는 것으로 알려져 있다. 어떤 형태이건 민간인소청심사위원회를 설치하게 되는 주요요인 중 하나는 경찰의 잔혹성 등을 경찰이 통제할 수 없으며(out of control), 시민이 경찰 스스로의 통제능력을 의심하고 있다는 정치적 인식과 관련된다.85

한편, 민간인소청심사위원회가 모든 경찰문제에 대한 만병통치약인 것처럼 많은 논쟁이 제기되며 다양한 형태로 실행하고 있지만 실제 실질적인 경찰정책에는 큰 영향을 미쳤다고 하기에는 어려운 점이 있다. 일부는 정책이라기보다는 조직배치와 조직태도에 의하여 만들어진 일종의 형태에 지나지 않고 또 부분적으로는 소청절차가 경찰관의 일반적 관행보다는 특수한 상황에 대한 특정소청만을 다루기 때문이다.86 즉, 경찰에 대한 시민의 소청을 다루기 위한 어떠한 형태의 공식적인 기제도 과연 실제로 경찰의 기본적 문제에 영향을 미칠 수 있는가라는 의문이 제기되었다.

민간인소청심사위원회는 소청심사과정에서 민간인의 참여 정도에 따라 다양한 형태로 운영될 수 있다. 물론 참여 정도가 최소인 경우로는 조직 내부의 민간인을 참여시키는 것이다. 전통적으로 이러한 형태를 선호하는 경우는 주로 소청의 접수나 수사 등 소청심사의 초기단계에 참여시키고 처벌의 결정 등 후반단계는 경찰에게 맡기고 있다. 그 밖에 경찰서 외부의 민간인을 참여시키는 경우도 시민참여 정도에 따라 다양하나 학자에 따라서는 그 참여 정도의 순서에 따라 민간인 감시자(civilian monitor), 민간인 관여(civilian input), 그리고 민간인 심사(civilian review)라는 세 단계로 나누기도 한다. 먼저, 민간인 감시자는 경찰 내부적으로 소청절차가 끝난, 즉 처벌이 결정되고 난 후 경찰의 결정을 검토하는 것이다. 따라서 개별적인 소청의 과정과 결과에 크게 영향을 미치지 못하고 있다. 다음으로, 민간인 관여는 가장 초기단계에 시민을 참여시키는 것으로 특히 소청의 접수와 조사단계에 활용되고 나머지 단계는 경찰에 맡겨지는 경우다. 끝으로 소청심사는 시민의 참여정도가 가장 높은 경우로 가능한 모든 소청과정에 참여시키는 것이다.87

3) 옴부즈맨

경찰통제를 위한 새로운 대안의 모색이 강조되었고 그 결과 옴부즈맨이 하나의 강력한 대안으로 고려되기도 하였다. 옴부즈맨은 경찰뿐만 아니라 국가기관에 대한 시민의 소청을 다루기 위하여 스칸디나비안 제국에서 시작된 제도이다. 물론, 옴부즈맨도 citizens appeal board나 independent review panel 등 상이한 이름으로 다양한 형태로 시행되고 있다. 옴부즈맨은 공직자에 대한 시민의 소청을 조사하는 권한을 가진 사람으로서 사안을 조사하여 조사결과 가장 적절한 조처를 명하지는 않지만 권고하게 된다. 따라서 옴부즈맨은 문제가 있는 경찰관에 대한 판단과 징계 등의 권한을 경찰로부터 앗아가는 것은 아니다. 옴부즈맨은 어떻게 보면 일종의 appellate office라고 할 수 있으며, 내부소청이나 외부소청을 처리하는 경찰관청의 내부 소청절차를 대체하는 것이 아니다. 실제 운영의 결과 옴부즈맨이 공공분야에 대한 시민의 신뢰를 재강화시키는 것으로 평가되고 있다.88

4. 통제기제의 유형화

지금까지 기술한 바와 같이 경찰에 대한 통제는 분명히 경찰의 내부나 외부에 위치한 통제기제에 의하여 행사된다. 그래서 경찰에 대한 통제기제를 대체로 내부통제와 외부통제로 구분하여 설명하는 경우가 많다.

그러나 외부통제도 경찰만을 표적으로 하는지, 아니면 경찰의 통제대상의 한 부분에 지나지 않는지에 따라 배타적 외부통제(exclusive external control)와 포괄적 외부통제(inclusive external control)로 나누어진다. 여기서 민간인 소청심사 위원회가 배타적 외부통제의 대표적인 예라면, 입법부에 의한 법률적 통제는 포괄적 외부통제의 대표적인 예라고 할 수 있다. 반면, 모든 내부통제는 전적으로 경찰만을 통제의 대상으로 하기 때문에 배타적 또는 포괄적 영역에 의하여 구분될 수는 없다. 다만 내부통제도 전적으로 통제만을 위하여 행해지기도 하나 일차적 기능이 통제가 아닌 통제를 돕는 경우가 있다. 여기서 전적으로 경찰통제만을 위한 기제를 명시적 내부통제(explicit internal control)라고 하며, 경찰통제가 일차적 기능이 아닌 경우를 함축적 내부통제(implicit internal control)라고 한다. 결국 이러한 관점으로 경찰에 대한 통제기제를 구분한다면 배타적 외부통제, 포괄적 외부통제, 명시적 내부통제, 그리고 함축적 내부통제로 요약할 수 있을 것이다.89

(1) 배타적 외부통제

경찰에 대한 배타적 외부통제는 매우 다양한 행태로 나타날 수 있으나, 대체로 정부 내부기관으로 두는 경우와 외부의 특별위원회의 성격으로 두는 경우로 대변하고 있다. 정부 내부기관으로 미국 등에서는 주로 시장, 주지사, 대통령 등 행정부처의 관리가, 반면에 유럽대륙에서는 주로 내무부나 법무부의 관리에 의하여 통제되는 경우가 많고, 이와 반대로 외부의 특별위원회로는 일본의 공안위원회나 기타 국가의 경찰위원회를 예로 들 수 있다. 그리고 민간인소청심사위원회도 특별위원회 성격의 배타적 외부통제제도의 또 다른 형태라고 할 수 있다.

한편, 배타적 외부통제제도는 모두 단일 기구로 이루어진 것은 아니다. 유럽의 경우는 통제를 분산하는 것이 제도화되어 있어서 질서유지기능과 범죄수사기능이 서로 다른 부서에 의하여 이루어지기도 한다. 또한 경찰에 대한 감독기능을 수행하는 사람에 따라서 구분될 수 있는데 일부에서는 선출직 정치인 또는 임명된 관료가 맡을 수도 있다. 마지막으로, 경찰에 대한 모든 통제권한이 부여되는 경우와 경찰의 비행에 대한 상벌문제에만 권한이 부여되거나 공식적인 통제권한이 주어지지 않고 시민자문위원회 성격으로 운영되는 경우가 있다. 요약하자면, 경찰에 대한 배타적 외부통제는 정부 내부기관과 외부기관, 독자기관과 복수기관, 관료와 정치인, 그리고 권력기관과 자문기관의 성격을 가지는 다양한 제도로 구분할 수 있다.

(2) 포괄적 외부통제

간헐적이거나 간접적으로 경찰을 통제하는 외부통제를 포괄적 외부통제라고 하며, 가장 대표적인 예는 법원이라고 할 수 있다. 법원은 경찰관이 직무상 범한 범죄행위에 대하여 형사처분과 민사처분을 할 수 있기 때문이다. 물론 경우에 따라서 경찰관의 직무상 범행에 대하여 통상적인 법원이 아니라 행정법원과 같은 특수법원에서 처리하도록 하는 국가도 있다. 한편 입법부 역시 경찰에 대한 외부통제의 또 다른 대표적인 예이다. 보수나 임용자격 등과 같이 책임 있는 업무에 긍정적인 조건을 부여하거나, 국정조사나 청문 또는 국정감사 등을 통하여 경찰활동을 조사하고, 예산을 통제함으로써 영향력을 행사하는 중요한 경찰통제이다.

경찰에 대한 또 다른 중요한 포괄적 외부통제는 언론에 의한 것이다. 경찰은 자신의 행동이나 활동이 여론에 미치는 영향을 매우 중요하게 생각하기 때문이다. 언론에 의한 경찰통제의 승패는 언론자유의 정도와 정보공개의 정도에 따라 결정된다.

그 밖에 스칸디나비안 국가들에서 많이 활용되고 있는 옴부즈맨제도, 일부 사회주의 국가나 공산주의 국가 등 일당지배체제에서 볼 수 있는 정당에 의한 통제, 각종 인사위원회 등도 포괄적 외부통제 제도라고 할 수 있다.

(3) 명시적 내부통제

경찰내부의 통제기제에 대한 논의는 그 구조보다는 과정에 초점이 맞추어져야 한다. 그것은 대부분의 경찰이 동일한 유형의 상이한 구조를 가지기 때문이다. 중요한 것은 내부통제가 경찰행위와 지역사회와의 바람 사이를 어느 정도 일치시키는가의 여부이다. 징벌권의 정도, 감시감독의 근접성, 징벌과정의 특성, 동료 간의 책임성, 그리고 사회화 등이 내부통제의 중요한 관점이 되고 있다.

경찰이 자신을 통제할 수 있는 능력은 처음부터 통제를 허용하는 정도에 따라 달라진다. 그러나 효과적인 통제가 허용되는 경우라도 경찰에서 행사하지 않는 것을 선택할 수 있다. 지휘통솔의 범위가 지나치게 넓어서 상급자가 하급자를 제대로 통제할 수 없거나, 여론이 철저한 감시에 반하는 등의 경우가 그 이유라고 할 수 있다.

내부통제의 효율성은 경찰의 교육훈련 유형과 정도에 따라서 달라진다. 경찰윤리에 대한 교육훈련이 얼마나 강조되고 제대로 실시되는가에 따라서 상당한 차이가 있다는 것이 좋은 예가 될 수 있다.

(4) 함축적 내부통제

경찰조직은 다른 목적의 기제를 통하여 간접적으로 내부통제에 영향을 미칠 수 있다. 우선, 경찰관들이 노동조합이나 친목회 또는 동호회 등을 결성하여 회원들의 행동지침이나 책임 있는 업무수행 등의 기준을 정하여 준수하도록 할 수 있다. 그리고 경찰관 개인의 직업적 감각에 의해서도 간접적인 통제가 가능한데, 예를 들어 경찰이 보수나 직업적 안정성 때문에 선택한 직업에 지나지 않는다면 아마도 훈육은 기대보다 느슨할 것으로 인식되고 있다. 셋째, 우수한 업무수행에 대한 승진, 승급 또는 성과급 등의 보상도 경찰관에 대한 통제와 연계될 수 있다. 끝으로 지역사회 경찰활동 등 지역사회와 경찰의 사회적 접촉의 강조와 강화도 경찰의 행위에 지대한 영향을 미칠 수 있다. 즉, 이러한 사회적 접촉을 통하여 지역사회와 가까워짐으로써 지역사회에 대한 책임감도 높아지기 때문이다.

(5) 통제기제의 결정요인

경찰통제에 있어서 가장 중요한 선택은 외부통제와 내부통제에 대한 상대적 의존성의 판단이다. 원칙적으로는 다음과 같은 이유로 내부통제과정이 더 선호되고 있다. 우선, 내부규제가 외부규제에 비해 더 잘 고지된다는 점이다. 마음만 먹으면 거의 대부분의 사실을 숨길 수 있어서 외부통제를 거의 무의미하게 만들 수 있기 때문이다. 둘째, 내부통제가 보다 총체적이고 포괄적일 수 있다. 단순히 극적이고 가시적인 일부 사례에만 국한되지 않고 거의 모든 경찰활동을 대상으로 할 수 있기 때문이다. 셋째, 내부규제가 보다 다양하고, 민감하며, 변별력이 있을 수 있다. 경찰관의 직업적 생활에 편재하는 비공식적·공식적 기제를 다 활용할 수 있기 때문이다. 결국 지역사회의 기준과 바램에 부응하고자 하는 의지가 있는 경찰에게는 외부규제의 위협으로 어쩔 수 없이 동조하게 되는 의지 없는 경찰보다 훨씬 효과적이라고 할 수 있다.

그러나 문제는 외부통제와 내부통제가 개념적으로는 분명하게 구분이 되지만 경험적으로는 상호 관련이 있다는 것이다. 우선, 외부통제에 의존하는 경우에는 내부통제의 유용성에 의문을 가지지만, 내부통제를 강조하

표 7-1 경찰통제기제의 요약

1. 배타적 외부통제(External – Exclusive)	
▸ 정부기구 – 특별위원회	▸ 정치적 – 관료적
▸ 단독 – 복수	▸ 권위적 – 자문적
2. 포괄적 외부통제(External – Inclusive)	
▸ 법원 ▸ 검찰	▸ 입법부 ▸ 언론 ▸ 옴부즈맨
3. 명시적 내부통제(Internal – Explicit)	
▸ 계층적 감독	▸ 동료의 감시
▸ 조직의 훈육절차	▸ 직업적 사회화
4. 함축적 내부통제(Internal – Implicit)	
▸ 노조, 협의회, 친목회, 동호회 등	▸ 직업관

는 경우는 어떠한 종류의 통제라도 그 필요성을 적게 인식할 수밖에 없는 것이다. 외부통제를 강화, 확대하려는 경우는 이미 내부통제를 포기한 상태여서 선택의 여지가 없다. 더욱 중요한 것은 외부통제로 선회하는 것은 실제로 적극적인 내부통제의 능력을 줄이게 된다. 내부의 자체 훈육의 효율성은 외부통제에 대한 의존정도와 관련이 있는데, 이 내부 자체 훈육이 같은 목적의 외부통제로 인하여 오히려 약화될 수 있다는 것이다. 이러한 사실은 외부통제의 증대가 내부통제를 증대시키는 하나의 방안이라는 가정에 정면으로 배치되는 주장이다.

제 5 절 경찰문화

경찰활동의 이해를 위해서는 조직구조나 지휘론 등 공식적 고려가 필요하지만 동시에 하나의 직업으로서 경찰을 이해하기 위해서는 다른 두 가지 요소가 고려되어야 한다. 바로 경찰의 하위문화와 경찰업무가 주는 각종 스트레스다. 관리자와 법규가 큰 그림을 그린다면 경찰 하위문화는 경찰관에게 의무를 어떻게 수행하고, 얼마나 열심히 일하며, 동료 경찰관과 주민과는 어떤 관계를 가져야 하고, 기타 형사사법에 대해서는 어떻게 느껴야 하는가 등을 말해 주고 있다.

공식적인 압력과 경찰의 하위문화가 만들어내는 압력이 경찰관으로 하여금 직업적·사회적·가정적 삶과 생활에 있어서 상당한 스트레스를 가져다주며 그 결과 냉소주의는 물론이고 각종 신체적·감정적 시름을 초래하게 된다.

경찰관은 경찰이라는 직업과 경찰로서의 사회화 과정에서 초래되는 지역사회로부터의 소외와 격리를 극복하기 위한 자원을 개발한다. 이러한 경찰의 하위문화적 속성은 세계에 대한 보호적·지지적, 공유하는 가치, 태도, 이해 그리고 시각을 포함한다.90

1. 경찰의 하위문화 (Police subculture)

경찰의 행위와 태도를 이해하는 데 있어서 경찰의 하위문화는 매우 중요한 요소라고 할 수 있다. 경찰의 하위문화 또는 부문화는 대중을 적대적이고, 믿을 만한 가치가 없으며, 잠재적으로는 폭력적인 것으로 특징짓고 있는데, 이러한 시각은 경찰로 하여금 비밀성, 상호지지 그리고 통일성을 요하게 만든다. 경찰업무가 가지는 어쩔 수 없는 불확실성과 정보통제의 필요성이 결합하여 경찰의 팀워크를 유도하고, 이것이 다시 집합적 유대와 상호 의존성을 유발한다고 한다.[91] 결과적으로 Manning은 경찰관의 행위를 결정하는 데 있어서 직업문화가 중요한 위치를 차지하는 것이라고 결론짓고 있다.[92]

또한 경찰업무의 불확실성의 결과로, 경찰관은 내·외부로부터의 위협에 직면하는 경우 도움, 충고, 훈련, 산지식, 보호와 위험과 대중에 대한 차단을 위하여 동료 경찰관에 의존적이게 된다고 한다. 많은 경찰관들이 자신을 하나의 팀메이트(teammate)로 생각하여, 팀의 구성원으로서 다른 팀 구성원들의 기대에 부응하려는 상당한 압력을 느낀다는 것이다.[93] 따라서 경찰관들은 다른 동료 경찰관들과 사회화하는 경향이 있으며, 경찰관이라는 자신들의 신분이나 정체성이 심지어 비번 때까지도 자기들을 사회적으로 받아들여질 수 없다는 것을 깨닫게 된다. 경찰 하위문화는 오래전부터 전해오는 비공식적 관습, 전술, 규정, 규율 등으로 이루어진다. 경찰 하위문화는 경찰이 일반 사회로부터 격리되고 소외되는 반면 자기들만 결속하는 원인이자 결과이다.[94]

그래서 경찰은 세상을 '우리'와 '그들'로 양분하는 경향이 있으며, 우리는 동료경찰이며 곧 자기들을 제외한 모든 사람이 되는 것이다. 경찰은 자신의 사회적 정체성을 자신의 직업적 환경 속에서 찾으려는 경향이 매우 강하다. 이러한 경향이 가능한 데는 경찰업무의 특성에 기인한다고 한다.

물론 경찰업무가 가장 위험한 직업은 아닐지라도 여타 직업에 비해 위험성은 항상 존재하는 것은 사실이다. 언제, 어디서, 누가, 무슨 일을 할지 누구도 예측할 수 없는 위험이 도처에 도사리고 있기 때문이다. 또한 경찰업무를 대부분 예측할 수 없기 때문에 그 위험의 가능성은 더욱 높아지는 것이다. 사실, 경찰활동에 있어서 위험성은 예측할 수 없다는 특성으로 인해 대면하는 시민 대부분을 의심하도록 교육·훈련시키고 있다.

2. 경찰관의 인성(Police Personality)

일부에서는 경찰업무와 하위문화의 영향으로 경찰관들에게 그들만의 독특한 인격특성이 형성된다는 주장을 한다. 한 연구결과 일반시민과 비교하여 경찰은 가족의 안전과 성취감을 더 강조하는 반면 사회적 형평성은 덜 중시하는 것으로 나타났다. 더구나 경험이 많은 고참들은 정서적 가치도 중요하게 여기지 않는다고 한다.[95]

보편적으로 많은 사람들이 경찰을 다른 직업집단에 비해 더 권위적이고 편견을 가지고 있는 것으로 특징짓고 있다. 대부분의 연구에서 처음부터 그러한 특성들을 가진 사람이 경찰직을 선택한다는 증거는 발견되지 않고 있어서 경찰에게 독특한 속성이 있다면 그

것은 직업적·하위문화적 압력의 결과라는 것이다.96

한편, 편견은 권위주의적 속성을 가진 사람들 중에서 더 보편적인 것으로 알려져 있다. 편견을 가진 사람들은 직업이나 인종 등의 요소에 기초하여 하나의 전형을 만들고 집착하는 경향이 있다. 그러한 전형에 기초한 경찰행동이 있다면 그것은 차별적인 것이며 부적절한 것이다. 불행하게도 경찰은 특정한 집단이나 계층에 대한 부정적 전형을 가지며 경찰의 하위문화가 그러한 전형을 만들고 유지하고 지지한다는 데 대해서 큰 의문을 두지 않는다.97

냉소주의(Cynicism)도 경찰관의 직업적 인격특성의 또 다른 하나의 특징이라고 한다. 냉소주의는 사람에 대한 신뢰의 상실, 경찰업무에 대한 열정의 상실, 자긍과 성실성의 상실을 내포하는 것이라고 한다. 이러한 냉소주의는 근무기간, 기관의 조직형태, 하위문화에 따라 그 정도가 달라진다고 한다.98 냉소주의적 속성을 가진 경찰의 폭력은 언제 어디서나 항상 발생할 수 있기 때문에 인간성의 본성에 대하여 부정적인 인상을 가지게 되며 오로지 무력만이 사회질서를 유지할 수 있다고 믿게 된다는 것이다.99

이러한 이유에서 일부에서는 경찰의 직업적 인격특성이 존재한다는 증거가 있으며, 대부분의 증거가 경찰관이 된 이후의 경험과 사회화의 영향을 그러한 독특한 속성의 주요 원천이라고 지적하고 있다.100 그러나 한편에서는 경찰관과 다른 직업에 종사하는 사람 사이에 권위주의나 편견과 관련된 실질적인 차이를 찾지 못했으며 오히려 경찰관도 지능적이고 감정적으로 안정적이며 봉사지향적이라고 주장한다. 경찰지원자들은 일반시민들에 비해 심리적으로 더 건강하고 우울증이나 불안감 등은 더 적었으며, 사회접촉에도 관심이 많고 확고하다는 연구결과가 있었다.101 결과적으로 경찰관에게만 독특한 인격특성이나 속성이 존재한다고 말하기는 쉽지 않으며, 연구결과도 경찰관에게 하나의 지배적인 인격특성 유형의 존재를 지지하지 않다는 것이다.102

3. 경찰의 스트레스(Police stress)

경찰관은 항상 의심스럽고 때로는 적대적인 공중을 대해야 하는 부담을 가지며, 경찰업무의 한 부분인 근무교대와 항시 존재하는 위험 등이 경찰관에게 심각한 직업적 스트레스를 초래한다는 것이다. 실제로 경찰업무가 모든 직업 중에서도 가장 스트레스를 많이 받는 것으로 파악되기도 한다.103

또한 정부, 시민, 상사 누구로부터도 감사의 뜻을 받지 못하는 임무를 수행하고, 경찰이라는 직업 때문에 다른 사람들로부터 다르게 취급받기도 한다. 이러한 것들이 경찰관에게 문제를 야기시키고 적지 않은 경찰관이 그러한 문제로 상당한 영향을 받기 때문에 경찰관에게 상당한 스트레스를 주게 된다는 것이다.

직업적 스트레스는 경찰관 개인의 참살이(well-being)는 물론이고 경찰기관 전체에 대한 심각한 위협이 될 수 있다. 해소되지 않은 스트레스는 고혈압, 심장질환, 만성 두통 등의 건강문제까지도 초래할 뿐만 아니라 심각한 우울증, 약물과 알코올중독, 공격성과 자살 등으로 이어질 수도 있다. 또한 경찰관의 경각심, 체력, 업무의 효과적 처리에도 영향을 미치게 되어 결과적으로 막대한 재정적 부담을 경찰기관에 지우게 된다. 더불어 과도한 결근율, 조기퇴직에 따른 보상, 인력대체비용 등도 경찰자원을 범죄예방과 법집행으로부터 빼내게 만든다.104

(1) 스트레스의 개념

스트레스를 정확하게 정의내리기란 쉽지 않다. 그러나 일반적으로 스트레스는 나쁜 상황이나 불길한 느낌을 기술하는 부정적 의미로 쓰이고 있다. 보다 더 정확하게 말하면, 스트레스는 사람에게 적응적 요구를 가하는 어떤 것이라고 할 수 있다. 일부에서는 스트레스를 개인에게 위협을 초래하는 직업환경의 특성이라고 규정하며, 다른 일부에서는 직업관련 요소가 근로자와 상호작용하여 그 개인으로 하여금 통상적 기능으로부터 일탈하도록 강제하여 그 사람의 심리적 또는 생리적 조건을 변화시키는 조건으로 규정하고 있다.105 스트레스는 생리적 과정과 심리적 과정이 겹치기 때문에 매우 복잡한 개념이라고 할 수 있으며, 심리적 영향을 다루기 위하여 불안(anxiety)이란 용어를 사용한다.106

복잡한 개념임에도 불구하고 일부에서는 우리 신체에 가해지는 어떠한 요구에 대한 신체의 불특정 반응(non-specific response)이 스트레스를 초래할 수 있는 것으로 보고 있다. 즉, 인간이 특정한 상황에 적응하도록 요구받을 때 그가 스트레스를 받고 있는 것으로 간주될 수 있다는 것이다. 이러한 견지에서 스트레스는 긍정적 스트레스, 즉 유스트레스(eustress)와 부정적 스트레스, 즉 디스트레스(distress)로 구분하고 있다.107

기본적으로는 위의 두 가지 스트레스 모두가 경찰행위에 영향을 미칠 수 있다. 그 중 하나인 급성 스트레스(acute stress)는 총기사용이나 초고속추격과 같은 초비상이나 갑작스러운 스트레스를 일컫는 것이며, 두 번째 유형인 만성스트레스(chronic stress)는 저수준의 점진적 스트레스로서 직업의 일상적인 것을 내포하는 것이다. 물론 둘 다 경찰에게는 중요한 것이지만 급성스트레스는 상당한 신체적, 심리적 적응을 요하는 반면에 만성 스트레스는 그렇지 않다는 것이다.108

(2) 직업적 스트레스

최근 공무원, 경찰관, 소방관을 대상으로 한 직업적 스트레스의 연구에서 스트레스 수준이 공무원이 최고, 소방관이 최저, 그리고 경찰관이 중간이라는 예상 밖의 결과가 나왔다. 결국 경찰관이 다른 직업군보다 더 높은 스트레스를 경험하는 것은 아니라는 결론이다.109 호주에서도 이와 유사한 연구결과110가 발표되어 경찰활동이 과거 우리가 믿었던 것에 비해서는 그렇게 스트레스를 많이 주는 것이 아니라는 인식이 점점 더 힘을 얻고 있다고 할 수 있다.

(3) 스트레스의 요인

1) 역사적 개관

Violanti와 Aron은 경찰의 스트레스를 관행과 업무의 특성이라는 두 가지 주요 유형에서 그 원인을 찾은 바 있다. 기관의 관행이란 조직의 권위주의적 구조, 행정지원의 부족, 업무에 영향을 미치는 의사결정에서의 참여 부족, 불공정한 훈육의 인식 등이 포함되며, 경찰업무의 특성은 근무교대, 지루함, 위험성, 동료의 부상과 죽음에 대한 노출, 대중의 적대시 등을 들 수 있다.111

위와 같은 기준에서 그들은 경찰관들을 대상으로 한 설문조사를 통하여 60가지 스트레스 요인을 순위로 가려낸 결과, 근무 중 타인의 살해가 가장 큰 스트레스 요인이었고 동료경찰관의 순직이 그 다음이었다. 물론 이러한 일들이 자주 발생하지는 않지만 관련된 개인에게는 지대한 심리적 영향을 미치는 것으로 보인다. 흥미로운 사실은 60개 요인 중 상위 8가지가 모두 경찰업무의 잠재적 위험성과 관련된 사항이라는 점이다. 또한 근무교대나 근무시간도 중요한 스트레스요인으로 지적되었는데, 그것은 수면시간, 가족관계와 사회관계, 식습관 등에 영향을 미치기 때문으로 보인다.112

이보다 앞선 연구에서 첫 번째는 범죄자에 대한 법원의 지나친 관대함과 재판과정과 절차의 번거로움이 가장 큰 스트레스 요인으로 지적되었으며, 두 번째는 행정지원의 부족과 업무배정이나 절차 등과 관련된 행정정책과 절차였으며, 세 번째 중요요소는 부적절한 장비의 상태이고 네 번째는 경찰에 대한 시민의 부정적 반응과 같은 좋지 못한 지역사회관계였다.113

90년대 미국에서 조사된 한 연구보고서에 따르면 조사대상 경찰관의 2/3 이상이 특별히 관리와 감독자와 관련된 문제와 근무교대 또는 근무시간과 같은 경찰기관의 조직자체를 일차적 스트레스의 근원으로 꼽았다고 한다. 뒤를 이어서 시민접촉과 잠재적 위험에 대한 우려 등 직무환경이 두 번째로 중요한 스트레스 요인으로 지적되었고, 법원의 관대함과 같은 사법행정이 세 번째 스트레스 요인으로 인식되었으며, 지방정부는 네 번째, 개인 또는 가족문제는 다섯 번째에 지나지 않았다.114

그런데 최근에는 경찰관에게 스트레스를

초래하는 새로운 요인들이 등장하고 있는 것으로 알려져 있다. 예를 들어 지역사회경찰활동이 많은 경찰관의 직무만족도를 증대시키기도 하였지만 일부에서는 지역사회경찰로의 전이가 또 다른 하나의 새로운 스트레스가 될 수 있다는 지적을 받고 있다. 이들이 겪는 스트레스는 대부분 지역사회경찰활동으로 인한 경찰의 역할갈등과 애매함에 기인하는 것으로 알려져 있다. 더구나 지역사회 범죄문제해결에 대한 높은 기대감이 이들의 직무압박과 탈진을 초래한다는 것이다. 또한 일부는 지역사회경찰활동에 관계하지 않는 경찰관들로부터 경멸적인 반응을 경험하는 것으로 알려져 있다. 그것은 지역사회경찰활동이 문제해결이나 의사소통 및 대인관계의 기술과 능력을 요하고 참여경찰관을 선발하기 때문이다.115

오늘날 경찰이 경험하는 또 다른 형태의 스트레스는 경찰관들이 생각하기에 부정적인 언론보도, 공중의 철저한 감시, 그리고 소송당하는 것 등을 포함하는 것이다. 경찰관들은 미국의 Rodney King 사건과 같은 일로 인한 부정적 평판, 경찰의 부패 스캔들, 또는 기타 경찰의 불명예스러운 사건들로 인하여 스트레스를 느낀다고 한다. 일반적으로 언론은 피해자나 경찰관의 권익보다는 범죄자의 권익에 관심의 초점을 맞추고 있다. 또한 경찰관들은 민사나 형사상 소송을 당할 수 있다는 두려움을 더 많이 느끼고 무력의 사용에 대해서도 상당한 우려를 하는 것으로 알려져 있다.116

2) 유형별 요인

지금까지의 연구결과에 기초하여, Ayers와 Flanagan은 경찰 스트레스의 요인을 <표 7-2>와 같이 4가지 유형으로 구분하였다.

❶ 경찰업무에 기인한 요인

위에서 언급된 것과 같이 경찰 스트레스의 근원 중 다수는 경찰업무 자체의 특성에 기인하는 것으로 알려져 있다. 예를 들어, 매월 바뀌는 근무시간과 그로 인한 신체리듬의 변경이 경찰생산성에도 영향을 미친다는 것이다. 근무시간대의 변경은 생물학적 적응을 요할 뿐만 아니라 경찰관의 개인적 생활까지도 복잡하게 만들기 때문이다. 또한 역할갈등도 경찰업무에 종종 수반되는 또 다른 스트레스 요인이 되고 있다. 이러한 갈등은 시민에 대한 봉사, 법의 집행, 자신의 가치와 윤리적 기준에 부합하는 행위, 그리고 가장으로서의 봉사 사이에서 쉽게 일어난다는 것이다. 그 밖에 경찰업무의 속성으로 인한 스트레스 요인에는 경찰관의 건강과 안전에 대한 지속적인 위협, 타인의 생명을 보호할 책임, 고통에 처한 사람들의 지속적인 노출, 감정통제의 필요성, 총기의 존재 등을 지적할 수 있다.117

❷ 정책과 조직에 기인한 요인

경찰기관과 조직의 각종 행정정책과 절차는 그러한 정책에 대한 경찰관의 투입이 쉽지

표 7-2 경찰에 있어서 스트레스의 요인

경찰외적 요인
▸ 형사사법제도에 대한 좌절감
▸ 법원출두일정의 결정에 있어서 배려의 부족
▸ 부적절한 공공의 지원과 공중의 부정적 태도에 대한 인식
▸ 부정적·편견적, 부적절한 언론보도
경찰내적인 요인
▸ 경찰관이 지지하지 않는 정책과 절차
▸ 부적절한 훈련과 자기성장기회
▸ 우수한 업무수행에 대한 부적절한 인정과 보상
▸ 부적절한 보수, 복지, 근무조건
▸ 지나친 문서작성
▸ 일관되지 못한 훈육
▸ 승진과 인사에 있어서 정실주의
▸ 정치적 동기의 행정결정
경찰업무관련 요인
▸ 근무교대로 인한 부정적 결과
▸ 법집행과 시민봉사 사이의 잠재적 역할 갈등
▸ 인간고통에의 빈번한 노출
▸ 갑작스러운 경계의 필요성으로 방해받게 되는 지루함
▸ 특정상황에 관련된 위험과 두려움
▸ 타인의 보호에 대한 책임감
▸ 주어진 시간에 비해 너무나 많은 일을 해야 함
개인적 요인
▸ 업무능력과 성공과 관련된 두려움
▸ 안전과 관련된 두려움
▸ 자녀의 교육과 가족의 부양을 위한 두 가지 직업을 가져야할 필요성
▸ 지역사회에서의 변화된 사회적 지위와 신분

자료: R. M. Ayers and G. S. Flanagan, Preventing Law Enforcement Stress: The Organization's Role, Washington, D.C.: *Bureau of Justice Asistance*, 1992, pp. 4~5.

않다는 점과 결합되어 경찰관에게 스트레스를 주는 한 요인으로 지적되고 있다. 예를 들어, 새로운 정책에 대한 장비와 인력의 부족 등이 바로 스트레스의 요인이 될 수 있다는 것이다. 더불어 경찰관의 근무행태나 비행 등에 대한 철저한 조사, 지나치게 엄중한 문책 등의 내부조사와 감찰 또는 감사제도도 스트레스 요인으로 지목되고 있다. 경찰관들은 때로는 자신이 체포한 범인보다도 권한이 더 적다고 느끼는 경우가 있다는 것이다. 그 밖에 부적절한 감독, 행정지원의 부족, 보상의 부족, 불충분한 훈련, 부적절한 자기계발과 직업적 성장기회, 그리고 과다한 서류 등도 경찰 스트레스의 요인으로 인용되고 있다.118

❸ 조직 외적 요인

경찰 스트레스의 일부는 경찰조직 외부의 기타 형사사법제도와 더 나아가 일반사회에 기인한 경우가 있을 수 있다. 예를 들어, 법원 출두와 관련된 법원의 일방적 출두통보 등 법원의 경찰관에 대한 배려의 부족이 종종 경찰 스트레스의 원인으로 지적되고 있다. 그것은 근무시간, 근무교대 등과 밀접한 관련이 있음에도 제대로 고려되지 않고 일방적으로 결정되고 있다는 불만일 것이다. 한편, 형사사법기관간의 세력이나 영역다툼 그리고 상호협조의 부족, 경찰활동이나 재량권에 대한 법원의 지나친 개입과 법집행역할의 제한, 법원의 지나친 관대함, 교정기관의 지나친 조기석방 등도 자주 지적되는 경찰 스트레스의 요인이다. 사회 일반적 요인으로서는 경찰에 대한 시민의 부정적 태도와 지원협력의 부족, 경찰과 관련된 언론의 왜곡, 부정적 보도, 서비스 위탁기관과 기회의 부족 등을 들 수 있다.

❹ 개인적 요인

주어진 임무를 효율적으로 수행할 수 있는 자신의 능력에 대한 염려나 걱정, 위험한 일에 대한 우려와 두려움, 무력감과 같은 내적 스트레스 요인들은 경찰관 개인의 인성과 과거사에 따라 영향을 받는다고 한다. 특히, 특정한 사건이 자신에게 스트레스 요인이 되고 안 되고는 그 사건에 대한 자신의 주관적 해석에 달려있다. 더구나, 스트레스를 받아들이거나 이겨내는 정도도 개인에 따라 상당한 차이가 있다. 또한 다른 직업에서는 가족이 스트레스를 줄여주는 것으로 받아들여지고 있지만 경찰에 있어서는 가족이 오히려 스트레스 요인으로 지적되고 있다.119

(4) 스트레스의 결과

대부분의 연구가 스트레스 요인이 직접적으로 부정적인 결과로 이어질 수 있다고 결론내리고 있으나, 다른 측면에서 보면 경찰관 개인이 자신의 사회적지지망(social support network)을 가지고 있느냐 없느냐에 따라 받게 되는 스트레스 요인의 영향도 달라질 수 있다고 한다. 즉, 사회적 지지가 스트레스를 이겨내고 잠재적인 부정적 결과를 극복할 수 있도록 도움을 줄 수 있다는 것이다.

1) 신체적 영향

심리적 스트레스가 만성적이고 정도가 심하면 눈에 띌 정도로 다양한 기질성 질환으로 이어질 수 있는 상당한 심리 생체적 장애를 유발할 수 있다고 한다. 여기에는 요통, 근육경색, 두통, 고혈압, 천식, 항진, 가슴앓이, 궤양, 갑상선장애 등을 포함하는 다양한 장애를 들 수 있다. 그런데 경찰업무와 신체적 장애의 관계를 다루는 대부분의 연구는 심장질환과 소화장애에 초점을 맞추고 있다.[120] 즉, 다른 직업에 비해 경찰관에게 이러한 심장질환이나 소화장애가 더 많이 발병한다는 것이다.

2) 감정적 영향

빈번하고 장기적인 위기와 외상의 노출로 인한 심리적 스트레스는 외상 후 스트레스 장애(Post-Traumatic Stress Disorder: PTSD)로 이어질 수 있다고 한다. 비록 신체적 손상을 입지 않더라도 감정적 상처가 바로 이 외상 후 스트레스 장애를 초래할 수 있다는 것이다. 실제 연구결과, 조사된 경찰관의 26%가 외상 후 스트레스로 고통받고 있었다고 한다. 이러한 외상 후 스트레스 장애를 유발하는 스트레스 요인에는 총기사용, 총상, 아동학대, 배우자학대, 강간 사건, 자신과 가족에 대한 위협, 살인사건, 자살 등이 있다.[121] 또 다른 연구에서도 임무관련 스트레스와 외상 후 스트레스 장애는 밀접한 관련이 있는 것으로 밝혀진 바 있다.[122] 경찰관은 그들의 직업적 스트레스로 인하여 다른 직업군에 비해 자살률, 이혼율, 그리고 알코올중독률이 더 높은 편으로 알려져 있다.[123]

3) 업무수행의 영향

장기적·만성적 스트레스에 대한 신체적 그리고 심리적 반응은 업무수행에도 영향을 미칠 수 있다고 한다. 경찰관의 스트레스가 그들의 업무수행의 비효율성과 도덕성의 저하를 초래하였다고 한다. 예를 들어, 경찰관이 누적된 피로로 인해 근무 중 잠을 자는 것처럼 근무 중 이탈의 빈도와 원인도 경찰관의 업무수행에 스트레스가 미치는 영향에 대한 유용한 자료가 될 수 있는 것이다. 그러나 아직은 스트레스가 업무수행에 미치는 영향에 대한 주장은 일관적이지 못하며, 일부에서는 오히려 단기간 스트레스 요인에 노출되면 경찰이 더 효율적이고 자기 확신적으로 된다는 주장도 한다.[124]

4) 사회적 · 가정적 영향

미국에서 행해진 한 연구에 따르면, 81명의 기혼경찰관 중에서 79명이 경찰업무가 자신들의 가정생활에 영향을 미친다고 답했으며, 19명의 미혼경찰관 중 16명은 자신들의 사회생활에 영향을 미친다고 대답했다고 한다. 기혼자들의 경우 가장 빈번한 불평은 경찰 외적 교우관계의 유지가 힘들다는 것이었고, 그 다음이 자녀들과 함께 보낼 시간이 부족하며, 가족과 주말 또는 휴일을 같이 보내기 힘들다는 것이었다. 미혼자의 경우는 비정상적인 근무시간으로 인하여 이성과의 친교나 사회적 행사에 참여하기가 힘들고, 비경찰 교우관계가 어렵다고 하소연한 것으로 알려져 있다.[125] 한편, 경찰관의 배우자를 조사한 최근 연구결과에 따르면, 경찰업무는 자신들의 사회생활에 부정적 영향을 미치며, 과도한 근무시간, 근무교대, 휴가 취소 등이 중요한 문제로 지적되었다. 반면에 이성과 관련해서 경찰관의 근무는 그들의 배우자에게 부정적 영향을 크게 미치지 않는 것으로 조사되었다.[126]

5) 탈진(Burn-out)

탈진이란 업무 스트레스의 장기 노출로부터 지쳐버리는 것을 반영하는 일련의 부정적인 심리학적 경험으로 개념화되고 있다. 이러한 탈진은 서비스를 제공하는 직업에 종사하는 사람들에게 심각한 문제로 인식되고 있다.[127] 사람들을 상대로 일을 한다는 것은 그들에게 감정적 긴장을 가할 수 있다. 경찰이란 직업 또한 일종의 서비스 직무이기 때문에 탈진에 취약하다고 할 수 있다.[128]

일반적으로 탈진은 감정적 자원(emotional resources)의 고갈이나 소모로 알려지는 감정적 고갈(emotional exhaustion), 시민 등 수용자에 대한 부정적이고 냉담하고 냉소적인 태도인 몰개성화 또는 비인간화(depersonalization), 그리고 직장에서 자신의 업무성취에 관하여 자신을 부정적으로 평가하는 경향 등 감소된 개인적 성취(reduced personal accomplishment)의 세 가지 차원으로 구성되는 증상으로 간주되고 있다.[129] 과거의 연구결과는 탈진이 우울증, 피로감, 실패감, 동기의 상실 등을 포함한 개인에 대한 부정적 결과뿐만 아니라 이직률과 무단결근율의 증가, 생산성의 저하 등을 포함하는 조직에 대한 부정적 결과에도 관련되었음을 보여주고 있다고 한다.[130]

POLICE SCIENCE

참고문헌

1 R. Worden, "Situational and attitudinal explanations of police behavior: A theoretical reappraisal and empirical assessment," *Law and Society Review*, 1989, 23:667－711.

2 *Ibid.*

3 Roberg *et al.*, p. 266.

4 M. Rokeach, M. Miller, and J. Snyder, "The value gap between police and policed," *Journal of Social Issues*, 1971, 27(2):155－171.

5 J. Crank and M. Caldero, *Police Ethics: The Corruption of Noble Cause*, Cincinatti: Anderson Publishing, 1999.

6 James Q. Wilson, *Varieties of Police Behavior*, Cambridge, MA: Harvard University Press, 1968.

7 W. K. Muir, *Police: Street－Corner Politicians*, Chicago: University of Chicago Press, 1977.

8 M. K. Brown, *Working the Street: Police Discretion*, New York: Russell Sage Foundation, 1981.

9 Roberg *et al.*, p. 286.

10 Fyfe *et al.*, *op. cit.*, pp. 451－458.

11 T. Barker and D. Carter, "A typology of police deviance," in T. Barker and D. Carter(eds.), *Police Deviance*(3rd ed.), Cincinnati: Anderson Publishing, 1994, pp. 3－12, p. 6.

12 V. E. Kappeler, R. D. Sluder, and G. Alpert, *Forces of Deviance: Understanding the dark Side of Policing*, Prospect Heights, IL: Waveland Press, 1994, pp. 22－25.

13 M. Punch, *Conduct Unbecoming: The Social Construction of Police Deviance and Control*, London: Tavistock Publications, 1985.

14 G. W. Lynch, "Police corruption from the United States perspectives," *Police Studies*, 1989, 12(4):165－170.

15 T. Barker and D. L. Carter, *Police Deviance*, Cincinnati: Pilgrimage, 1986, pp. 3－4.

16 T. Barker and J. B. Roebuck, *An Emperical Typology of Police Corruption: A Study in Organizational Deviance*, Springfield, IL: Charles C. Thomas, 1974.

17 D. H. Bracey, "Proactive measures against police corruption: Yesterdays' solutions, today's problems," *Police Studies*, 1989, 12(24):175－179.

18 R. Trojanowicz, "Preventing individual and systemic corruption," *Footprints*, 1992, 4(1):1－3.

19 O. E. Cooksey, "Corruption: A continuing challenge for law enforcement," *FBI Law Enforcement Bulletin*, September 1991, pp. 5－9.

20 *Law Enforcement News*, "Mollen Commission's prescriptions for reform," 1994, 20(405), p. 7.

21 J. R. Clark, "What kind of watchdog is in store for the NYPD?" *Law Enforcement News*, 1994, 20(405):1－6.

22 Cox, *op. cit.*, p. 192.

23 A. J. Reiss, *The Police and the Public*, new jeaven, CT: Yale University Press, 1971, p. 2.

24 E. Bittner, *The Functions of the Police in Modern Society*, Chevy Chase, MD: National Institute of Mental Health, Center for Studies of Crime and Delinquency, 1970.

25 J. Rubinstein, *City Police*, New York: Farrar, Straus, and Giroux, 1973.

26 M. Blumberg, "Issues controversies with respect to the use of deadly force by the police," in T. Barker and D. Carter(eds.), *Police Deviance*, Cincinnati: Pilgrimage, 1986, pp. 232－244.

27 L. W. Sherman, "Becoming bent," in A. Elliston and M. Feldbert(eds.), *Moral Issues in Police Work*, Totowa, NJ: Rowan and Allanheld, 1988, pp. 253−265.

28 Lawrence W. Sherman, *Police Corruption: A Sociological Perspective*, Garden City, NY: Anchor Books, 1974, pp. 7−9.

29 H. Goldstein, *Policing a Free Society*, Cambridge, MA: Ballinger Books, 1977, p. 200.

30 P. V. Murphy and G. Caplan, "Fostering integrity," in W. A. Geller(ed.), *Local Government Police Management*, Washington, DC: International City Management Association, 1991, pp. 239−271.

31 G. E. Caiden, *Police Revitalization*, Lexington, MA: D.C. Heath, 1977, p. 165.

32 E. Bittner, "The capacity to use force as the core of police role," in V. Kapper(ed.), *The Police and Society: Touchstone Readings, Prospect Heights*, IL: Waveland Press, 1995, pp. 127−137, p. 129.

33 Roberg *et al.*, p. 310.

34 J. Skolinck and J. Fyfe, *Above the Law: Police and the Excessive Use of Force*, New York: The Free Press, 1993.

35 E. Reuss−Ianni, *The Two Cultures of Policing: Street Cops and Management Cops*, New Brunswick, NJ: Transaction Books, 1983, p. 8.

36 J. Crank, *Understanding Police Culture*, Cincinnati, OH: Anderson Publishing Co., 1998.

37 E. McNalty, "Generating common−sense knowledge among police officers," *Symbolic Interaction*, 1994, 17, pp. 281−294.

38 J. Hunt, "Police account of normal force," *Urban Life*, 1985, 13(4), pp. 315−341.

39 Crank, *op. cit.*, C. Klockars, "The dirty Harry problem," Annals, 1980, 452, pp. 33−47.

40 R. R. E. Kania and W. C. Mackay, "Police violence as a function of community charactersitics," *Criminology*, 1977, 15, pp. 27−48.

41 D. L. Carter, "Theoretical dimensions on the abuse of authority by police officers," in T. Barker and D. Carter(eds.), 1994, *op. cit.*, pp. 269−290.

42 T. Barker, "Peer group support for police occupational deviance," in T. Barker and D. Carter(eds.), *Police Deviance*, Cincinnati: Pilgrimage, 1986, pp. 9−21.

43 R. J. Friedrich, "Police use of force: Individuals, situations and organizations," *Annals of the American Academy of Political and Social Science*, 1980, 452, pp. 82−97.

44 Paul Murphy and Kenneth T. Moran, "The continuing cycle of systemic police corruption," in F. Schmalleger and R. Gustafson(eds.), *The Social Basis of Criminal Justice: Ethical Issues for the 80's*, Washington, DC: University Press, 1981, pp. 87−101.

45 R. Sykes, J. Fox, and J. Clark, "A Socio−legal theory of police discretion," in A. Blumberg and A. Niederhoffer(eds.), *The Ambivalent Force: Perspectives on the Police*, New York: Holt, Reinhart & Winston, 1985, pp. 171−183.

46 A. J. Reiss, "Police organization in the Twentith Century," in Michael Tonry and Noval Morris(eds.), *Modern Policing*, Chicago: University of Chicago Press, 1992, pp. 51−98.

47 K. C. Davis, *Police Discretion*, St. Paul, MN: West, 1975, p. 1.

48 L. K. Gaines, V. E. Keppeler, and J. B. Vaughn, *Policing in America*, Cincinnati: Anderson, 1994, pp. 195−202.

49 A. R. Meyers, T. Heere, D. Kovenock, and R. Hingson, "Cops and drivers: Police discretion in the enforcement of Maine's 1981 OUI Law," *Journal of Criminal Justice*, 1987, 15(5), pp. 361−368.

50 L. W. Brooks, "Police discretuionary behavior: A study of style," in R. G. Dunham and G. P. Alpert(eds.), *Critical Issues in Policing: Contemporary readings*(2nd ed.), Prospect Height, IL: Waveland Press, 1993, pp. 140−164.

51 M. Feldberg, "Discretion: in W. G. Bailey(ed.), *The Encyclopedia of Police Science*, New York: Garland Press, 1989, pp. 146−151.

52 Davis, *op. cit.*, p. 140.

53 Brooks, *op. cit.*; Gaines *et al.*, *op. cit.*, pp. 221−230.

54 H. Goldstein, "Police discretion not to invoke the criminal justice process: Low visibility decision in the administration of justice," in G. F. Cole and M. G. Gertz(eds.), *The Criminal Justice: Politics and Policies*(7th ed.), Belmont, CA: Wadsworth Publishing Co., 1998, pp. 85−103.

55 L. W. Sherman, "Causes of police behavior: The current state of Quantitative research," in A. S. Blumberg and E. Niederhoffer(eds.), *The Ambivalent Force*(3rd ed.), New York: Holt, Rinehart and Wilson, 1985, pp. 183−195; L. W. Brooks, "Police discretionary behavior: A study of style," in R. C. Dunham and G. P. Alpert(eds.), *Critical Issues in Policing: Contemporary Readings, Prospect Heights*, IL: Waveland Press, 1989, pp. 121−145.

56 G. Alpert and W. Smith, "Developing police policy: An evaluation of control principle," in L. Gaines and G. Cordner(eds.), *Policing Perspectives: An Anthology*, LA: Roxbury Publishing Co., 1998, pp. 353−362.

57 S. Mastrofski, "Policing the beat: The impact of organizational scale on patrol officer behavior in urban residential neighborhoods," *Journal of Criminal Justice*, 1981, 4:343−358; Brooks, *op. cit.*

58 J. Q. Wilson, Varieties of Police Behavior, Cambridge, MA: Harvard University Press, 1968; J. Q. Wilson and G. Kelling, "Broken windows: The police and neighborhood safety," *Atlantic Monthly*, 1982, 127:29−38; J. Skolnick and D. Bayley, *The New Blue Line: Police Innovation in 6 American Cities*, New York: The Free Press, 1986.

59 L. W. Sherman, "Causes of police behavior: The current stste of quantitative research," in A. S. Blumberg and E. Niederhoffer(eds.), *The Ambivalent Forces*(3rd ed.), New York: Holt, reinhart and Wilson, 1985, pp. 183−195, p. 187.

60 D. Klinger, "Demeanor on crime: Why hostile citizens are more likely to be arrested," *Criminology*, 1994, 32(3), pp. 475−493.

61 D. Smith, "Police response to interpersonal violence: Defining the parameters of legal·control," *Social Forces*, 1987, 65:767−782; R. Worden, "Situational and attitudinal explanations of police behavior: A theoretical appraisal and empirical assessment," *Law and Society Review*, 1989, 23, pp. 667−711.

62 R. J. Friedrich, "Police use of force: Individuals, situations, and organizations," *Annals*, 1980, 452, pp. 82−97.

63 L. W. Brooks, "Police discretionary behavior: A study of style," Dunham and Alpert(eds.), *op. cit.*, pp. 121−145; Sherman, *op. cit.*, pp. 189−192.

64 International Association of Chiefs of Police, *Police Chief*, 1992, p. 14.

65 Cox, *op. cit.*, p. 56.

66 P. Myron, "Crooks or cops: We can't be both," *The Police Chief*, 1992, 59(1), pp. 23−29.

67 Joycelyn M. Pollock−Byrne, *Ethics in Crime and Justice: Dilemmas and Decisions, Pacific Grove*, CA: Brooks/Cole Publishing Company, 1989, p. 74.

68 William Muir, *Police: Streetcorner Politicians*, Chicago: University of Chicago Press, 1977, p. 191.

69 경찰대학, 경찰학개론, 서울: 경찰공제회, 2000, p. 254.

70 *U.S Commission on Civil Rights, Who is Guarding the Guardians? A Report on Police Practices*, Washington, D.C.:U.S. Government Printing Office, 1981, pp. ⅴ−ⅵ.

71 경찰대학, 전게서, pp. 254−255.

72 P. V. Murphy and G. Caplan, "Fostering integrity," pp. 239−271., in G. A. Geller(ed.), *Local Government Police Management*(3rd.), Washington, D.C.: International City Management Association, 1991.

73 R. R. Roberg and J. Kuykendall, *Police & Society*, Belmont, CA: Wadswerth Publishing Co., 1993, pp. 240−241.

74 O. W. Wilson and R. C. Mclaren, *Police Administration*, New York: McGraw−Hill, 1977, p. 136.

75 H. Goldstein, "Police policy formulation: A proposal for inproving police performance," in H. W. Moore(ed.) *Critical Issues in Law Enforcement*, Cincinnati: Anderson Publishing, 1972, p. 167.

76 D. L. Carter and T. Barker, "Administrative guide and control of police officer behavior: Policies, procedures, and rules," pp. 13−29., in carter and Barker(eds.). *Police Deviance*(3rd ed.), Cincinnati: Anderson Publishing, 1994, p. 16.

77 F. Scogin and S. L. Brodsky, "Fear of litigation among law enforcement officers," *American Journal of Police*, 1991, 10, pp. 41−45.

78 P. West, "Investigation of complaints against the police," *American Journal of Police*, 1988, 8, pp. 101−121.

79 Roberg and Kyukendall, *op. cit.*, p. 248.

80 N. Uildriks and H. van Mastrigt, *Policing Violence*, Aberdeen: Aberdeen Unversity Press, 1991, pp. 185−186.

81 Uildrik and Mastrigt, *op. cit.*, pp. 185−186.

82 M. K. Brown, *Working the Street: Police Discretion and the Dilemmas of Reform*, New York: Russell Sage Foundation, 1988, p. 115.

83 A. E. Wagner and S. H. Decker, "Evaluating citizen complaints against the police," pp. 271−285 in R. C. Dunham and G. P. Alpert(eds,) *Critical Issues in Policing: Contemporary Readings, Prospect Heights*, IL: Waveland Press, Inc., 1989.

84 N. Uildriks and Hans van Mastrigt, *Policing Police Violence*, Netherland: Aberdeen University Press, 1991, pp. 214−215.

85 West, *op. cit.*; Roberg and Kuykendall, *op. cit.*, p. 259.

86 J. Q Wilson, *Varieties of Police Behavior: The Managsment of Law and Order in Eight Communities*, Cambridge, MA: Harvard University Press, 1968, pp. 229−230.

87 Wagner and Decker, *op. cit*, p. 283

88 L. A. Radelet, *The Police and the Community*(4th ed.), New York: Macmillan Publishing Company, 1986, pp. 258−259.

89 D. H. Bailey, *Patterns of policing: A Comparative International Analysis*, New Brunswick, NJ: Rutgers University Press, 1990, pp. 160−161.

90 A. J. Inciardi, *Criminal Justice*(3rd ed.), San Diego, CA: Harcourt Brace Jovanovich, 1990, p. 227.

91 Cox, *op. cit.*, p. 164.

92 P. K. Manning, "Occupational culture," in W. Bailry(ed.), *The Encyclopedia of Police Science*, New York: Garland, 1989, pp. 360−364, p. 362.

93 *Ibid.*, p. 363.

94 D. H. Bayley and E. Bittner, "Learning the skills of policing," *Law and Contemporary Problems*, 1989, 47, pp. 35−59.

95 E. Burbeck and A. Furnham, "Police Officer selection: A critical review of the literature," *Journal of Police Science and Administration*, 1985, 13(1), pp. 58−69.

96 *Ibid.*

97 J. Van Maanen, "The asshole," in J. Van Maanen and P. K. Manning(eds.), *Policing: A View from the Street*, *Santa Monica*, CA: Goodyear, 1978, pp. 221−238.

98 A. Niederhoffer, *Behind the Shield: The Police in Urban Society*, Garden City, NY: Doubleday, 1967, p. 96.,; R. M. Regoli, "An empirical assessment of Niederhoffer's Police Cynicism Scale," *Journal of Criminal Justice*, 1976,

4(3), pp. 231－141.

99 R. H. Langworthy and L. E. Travis, *Policing in America: A Balance of Force*, New York: Macmillan, 1994, p. 354.

100 G. P. Alpert and R. G. Dunham, Policing Urban America(2nd ed.), *Prospect Heights*, IL: Waveland Press, 1992, p. 94.

101 W. C. Terry, "Police stress: The empirical evidence," *Police Science and Administration*, 1989, 9:61－75; B. Carpenter and S. Raza, "Personality characteristics of police applicants: Comparisons across subgroups and other populations," *Journal of Police Science and Administration*, 1987, 15(1), pp. 10－17.

102 G. M. Post, "Police recruit: Training tomorrow's workforce," *FBI Law Enforcement Bulletin*, 1992, 61(3), pp. 19－24.

103 William H. Kroes, Bruce L. Margolis, and Joseph H. Hurrell, Jr., "Job stress in policemen," *Journal of Police Science and Administration*, 1974, 2, pp. 145－155.

104 Gail A. Goolkaisan, Ronald W. Geddes, and William DeJong, "Coping with police stress," in Roger G. Dunham and Geoffrey P. Alpert(eds.), *Critical Issues in Policing: Contemporary Issues, Prospect heights*, IL: Waveland Press, 1989, pp. 498－507.

105 L. K. Gaines, "Coping with the job stress in police work," in R. G. Dunham and G. P. Alpert(eds.), *Critical Issues in Policing: Contemporary readings*(2nd ed.), Prospect Heights, IL: Waveland Press, 1993, pp. 538－550.

106 R. E. Farmer, "Clinical and managerial implications of stress research on the police," *Journal of Police Science and Administration*, 1990, 17, pp. 205－218.

107 H. Selye, *Stress Without Distress*, Philadelphia: Lippincott, 1974, p. 60.

108 Farmer, *op. cit.*

109 M. Pendleton, E. Stotland, P. Spiers, and E. Kirsch, "Stress and strain among police, firefighters, and government workers; A comparative analysis," *Criminal Justice and Behavior*, 1989, 16, pp. 196－210.

110 P. M. hart, A. J. Wearing, and B. Headey, "Police stress and well－being: Integrating personality, coping and daily work experience," *Journal of Occupational and Organizational Psychology*, 1995, 68, pp. 133－156.

111 J. M. Violanti and F. Aron, "Police stressors: Variations in perceptions among police personnel," *Journal of Criminal Justice*, 1995, 23, pp. 287－294.

112 Violanti and Aron, *op. cit.*, p. 290.

113 W. H. Kroes, B. L. Margolis, and J. L. Hurrell, Jr., "Job stress in policemen," *Journal of Police Science and Administration*, 1974, 2, p. 45.

114 J. P. Crank and M. Caldero, "The production of occupational stress in medium－sized police agencies: A survey of line officers in eight municipal departments," *Journal of Criminal Justice*, 1991, 19, pp. 339－349.

115 V. B. Lord, "An impact of community policing: Reported stressors, social support, and strain among police officers in a changing police department," *Journal of Criminal Justice*, 1996, 24, pp. 503－522.

116 Roberg *et al.*, p. 472.

117 W. H. Kroes, *Society's Victim－The Policemen: An Analysis of Job Stress in Policing*, Springfield, IL: Charles C. Thomas, 1976, pp. 29－33.

118 G. A. Goolkasian, R. W. Geddes, and W. DeJong, "Coping with police stress,"in Dunham and Alpert(eds.), *op. cit.*, pp. 498－507.

119 M. J. Hageman, "Family life,"in W. G. Bailey(ed.), *The Encyclopedia of Police Science*, New York: Garland Publishing, 1989, pp. 187－190.

120 Goolkaisan *et al.*, *op. cit.*

121 C. A. Martin, H. E. McKean, and L. J. Veltkamp, "Post－traumatic stress disorder in police and working with

victims: A pilot study," *Journal of Police Science and Administration*, 1986, 14, pp. 98−101.

122 H. M. Robinson, M. R. Sigman, and J. R. Wilson, "Duty−related stressors and PTSD symptoms in surburban police officers," *Psychological Reports*, 1997, 81, pp. 835−845.

123 M. J. Davidson and A. Veno, "Police stress: A multicultural, interdisciplinary review and perspective, Part I," *Abstracts on Police Science*, July/August 1978, pp. 190−191.

124 Davidson and Veno, *op. cit.*, pp. 198−199.

125 W. H. Kores, B. L. Margolis, and J. L. Hurell, Jr., "Job stressor in policemen," *Journal of Police Science and Administration*, 1974, 2, pp. 145−155.

126 D. A. Alexander and L. G. Walker, "The perceived impact of police work on police officers' spouses and families," *Stress Medicine*, 1996, 12, pp. 239−246.

127 C. Maslach and W. B. Schaufeli, "Historical and conceptual development of burnout," in W. B. Schaufeli, C. Maslach, and T. Mar(eds.), *Professional Burnout: Recent Development in Theory and Research*, Washington: Taylor & Ffancis, 1993, pp. 1−16.

128 Nikolien Kop, Martin and Wilmar Schaufeli, "Burnout, job stress and violent behavior among Dutch police officers," *Work & Stress*, 1999, 13(4), pp. 326−340.

129 C. Maslach, "Burnout: A multidimensional perspective,"in Schaufelli *et al.*(eds.), *op. cit.*, 1993, pp. 19−32.

130 Kop *et al.*, *op. cit.*

제 8 장

경찰정보론

POLICE SCIENCE

정보란 어느 조직에서나 매우 중요한 자원이다. 정확한 정보가 없다면 훌륭한 의사결정이 이루어질 수 없고, 훌륭한 기획도 만들어질 수 없으며, 훌륭한 전략과 전술도 창안될 수 없다. 일반적으로 정확한 정보가 없다면 누구라도 일을 만족스럽게 수행할 수 없다. 특히, 국가 서비스 조직에서는 정보의 흐름이 핵심적인 요소이다. 정보는 제공될 서비스와 관련하여 행동이 취해지는 핵심적인 의사결정 시점까지 흘러가야만 하는 것이다.

그래서 정보체계는 조직의 안정과 효과성을 위해서 기본적이고 필수적인 요소이다. 만약 어떤 행정가라도 조직운영에 관한 정보가 박탈된다면 조직을 적절하게 운영할 수가 없게 된다. 조직의 문제가 재빠르게 파악되고 믿을 만한 정보가 의사결정자에게 주어질 수 있도록 정보체계가 고안되어야 하는 것이다.

경찰기관이 행하는 모든 행위는 정보의 수집, 기록, 보관, 활용과 배분에 달려있다. 어떤 면에서는 법집행기관은 원천적으로 거대한 정보처리체제로 간주될 수 있다.1 범죄활동에 관한 관찰정보, 범죄에 대한 보고서, 재판장에서의 범죄관련 증거, 범죄자에 관한 지식정보 등 모든 것이 정보로 시작되는 일들이다.2

그런데 특정 개인의 마음속에만 간직하고 있는 정보는 오로지 그 사람에게만 유용한 것이며, 그것도 자신이 기억할 수 있어야만 유용한 것이다. 사람들은 정보를 글로 쓰거나 그림으로 그리는 등의 형태로 정보를 자신의 기억 밖에 저장하거나 말을 하거나 배포하는 등의 방법으로 다른 사람에게 정보를 전달함으로써 그 정보의 유용성을 확대할 수 있다. 바로 이러한 활동이 시간과 공간상의 정보 전달이라고 할 수 있는 의사소통(communication)의 두 가지 기본적인 형태이다.3 이런 점에서 정보체계(information system)는 특정한 목적을 위하여 정보를 수집, 분류, 저장, 재생, 취합, 분배할 수 있도록 고안된 일련의 의사소통체계(communication system)라고 할 수 있다.4

제 1 절 정보와 경찰의 의사결정

경찰의 행정과 업무의 대부분은 일종의 의사결정이라고 할 수 있다. 일반적으로 의사결정이란 여러 가지 대안들 가운데서 하나를 선택하는 것을 내포하고 있다. 그러나 의사결정 상황이 모호함과 불확실성을 내포한다면 그 의사결정은 어려워지는 것이다. 불행하게도 경찰의 의사결정 대부분은 상당한 불확실성과 모호함으로 점철되는 경우가 많다. 이러한 상황을 최소화할 수 있는 유일한 방법은 불확실성을 줄이고 목표, 문제, 대안을 분명하게 해주는 정보를 제공하는 것이다.5

1. 최일선 경찰관의 의사결정

대부분 최일선의 말단 경찰관에 의해서 행해지는 경찰업무에서 가장 기본적인 업무라고 할 수 있는 순찰활동을 수행함에 있어서, 특히 이를 수행하는 일선 경찰관들은 시민의 자유를 제한하거나 때로는 생명까지도 빼앗을 수 있는 재량권을 가지게 된다. 이러한 의사결정을 할 때는 당연히 경찰관들은 상당한 재량권을 가지게 된다. 그러나 불행하게도 이와 같은 중요한 의사가 결정될 때도 대부분의 경우에는 아무런 감독자가 없고, 시간에 쫓기기 일쑤며, 정책이나 지침 등도 필요한 만큼의 도움을 제대로 주지 못하는 실정이다.

경찰관서에서의 모든 의사결정 중에서 바로 이들 일선 순찰 경찰관들의 의사결정이 가장 극적인 것이고, 시민들의 삶에 가장 즉시적인 영향을 미친다. 그러나 물론 그 외의 단계에서 이루어지는 의사결정도 중요하며, 경찰의 업무수행, 범죄통제, 지역사회에 제공되는 서비스의 질에 심대한 영향을 미칠 수 있다.

2. 지휘관의 의사결정

순찰이나 민간경비의 지휘관은 주어진 업무를 처리하기 위하여 부하직원들을 어떻게 활용할 것인가와 부하직원들을 어떻게 관리할 것인가라는 두 가지 일반적 범주에서 다양하고 중요한 의사결정을 하게 된다. 먼저, 자원의 활용에 있어서, 순찰업무의 지휘관은 부하직원을 구역별로 업무배치를 해야 하며, 주요사안의 처리를 감독하고, 인지된 범죄와 공공질서문제에 대응한 적정한 행동지침을 정해서 지시해야 할 것이다. 한편, 수사업무의 지휘관은 수사요원의 활용, 사건배당, 특수한 수사기법의 활용 등에 관한 의사결정을 내려야 한다.

경찰지휘관은 그뿐만 아니라 좀 더 일상적인 관리차원의 의사결정을 해야 한다. 그들은 누구를 진급대상자로 추천하고, 규율을 위반한 부하직원을 어떻게 처리할 것인가, 누구를 어떤 교육과 훈련을 받도록 할 것인가 등을 결정해야 하는 것이다. 물론 시민을 체포할 것인가 아닌가를 결정하는 경찰관의 의사결정만큼이야 그처럼 극단적이라고는 할 수 없지만 이러한 관리차원의 지휘결정도 부하직원들, 기관의 업무수행, 그리고 결국은 기관의 효율성에 지대한 영향을 미치게 된다.

3. 전략과 전술적 의사결정

역사적으로 경찰행정가들이 경찰운용과 관련된 전략과 전술적 의사결정에 대해서 그리 많은 관심을 보여주지는 않았다. 대부분은 일선의 순찰경찰관과 수사관에게 스스로 각자의 전술을 선택하도록 그들의 재량에 맡기곤 하였다. 이러한 상황에서는 어쩔 수 없이 동일한 기관에서도 심지어는 동일한 순찰구역에서도 전술상의 차이는 지대할 수밖에 없었다.

그러나 자원의 제약과 기획지향 경찰활동의 강조와 함께, 전략적 의사결정은 강력하게 요망되기에 이르렀다. 성취되어야 할 일련의 목표와 그것을 성취하는 데 필요한 제한된 자원으로 인하여 경찰행정가들에게는 가용한 자원을 최대한 효율적으로 활용할 수 있는 전략과 전술을 채택하는 것이 무엇보다도 중요하게 되었다. 경찰행정가들은 기관 전체의 업무수행은 물론이고 기관의 일차적 목표의 성취에 필요한 자원을 확보할 의무를 지고 있다. 따라서 개별 경찰관에게 의심스러운 의사결정을 위임하기보다는 전략적 의사결정을 스스로 해야 하는 것이다. 따라서 자원을 효율적으로 활용하고, 지역사회의 문제와 기대에 호응하며, 최대한의 목표를 달성할 수 있는 일련의 전략과 전술을 선택하는 것이 경찰행정가들의 임무라고 할 수 있다.

4. 정책적 의사결정

이러한 의사결정은 경찰관의 의사결정뿐만 아니라 경찰조직의 지역사회 쟁점과 문제에 대한 일반적 입장을 지도하는 정책에 관련된 것들이다. 정책이란 경찰기관의 가치와 우선순위를 반영하는 것이어서 경찰행정가들에게는 중요한 결정임에 틀림없다. 다양한 정책 중에서도 시민의 재산, 생명, 그리고 자유에 영향을 미치는 경찰관의 의사결정은 가장 중요한 정책이라고 할 수 있다. 경찰행정가는 체포, 무력사용, 추격 등의 결정에 있어서 경찰관을 지도할 수 있는 정책을 선택해야만 한다. 재량권에 대한 운영상의 현실에도 불구하고, 경찰관은 자신들의 적절한 의사결정에 도움이 되는 행정지침을 필요로 하게 된다.[6]

또한 경찰행정가는 지역사회의 쟁점과 문제에 대한 조직 전반의 입장이나 정책에 관한 결정도 내려야 한다. 예를 들어, 도박, 성매매, 또는 약물 등에 관한 정책들이 이에 속하는 것들이다. 이와 유사한 것으로서 경찰행정가들은 언론관계, 관련기관과의 협동, 그리고 외부연구자들과의 협조 등에 관한 정책도 만들어야 한다. 종종 정책이라는 용어가 기관의 철학이나 유형을 기술하는 데 이용되고 있다. 이처럼 정책을 광의의 형태로 보는 것은 단순히 상투적인 것처럼 애매하게 보일지도 모르지만, 경찰조직이 경찰관에게 지침을 전달하는 가장 중요한 하나의 방법이 되고 있다. 이러한 이유로, 경찰행정가들이 그러한 정책을 조심스럽게 선택하고 전달하는 것은 매우 중요하다.[7]

5. 행정적 의사결정

경찰조직을 관리하고 운용하는 과정에 있어서 수많은 행정적 결정이 요구되고 있다. 기획, 인사, 지도, 통제 등과 같은 관리기능 모두가 상당한 의사결정을 포함하는 것이다. 예를 들어, 인사와 관련해서도 채용자격, 지원자격, 승진과 파면 등에 대한 결정이 이루어져야 하는 것이고 마찬가지로 관리자는 예산, 구매, 상훈 등에 관한 다양한 결정을 하게 된다.

제 2 절 경찰정보체계

1. 경찰정보체계의 단계

어떤 기업가라도 기업의 상황, 자원의 활용, 그리고 관련된 사람들의 활동 등에 관한 일련의 정보를 끊임없이 받게 된다. 이런 점에서 경찰기관이라고 예외일 수는 없다. 관리자는 의사결정자다. 그들은 자신의 결정을 기초할 정보를 가져야만 한다. 그들은 조직과 환경의 여건, 활용 가능한 자원, 과거의 결과 등을 알아야만 한다. 이러한 정보의 대부분은 조직의 내부로부터 나오기 마련이다.

지나치게 많은 정보가 입에 오르내림으로 인하여 문제가 발생할 상당한 가능성이 있게 마련이다. 문제의 하나는 관리자가 부정확하고, 진부하고, 그렇지 않다면 쓸모없는 정보를 받을 수도 있다는 것이다. 또 다른 문제는 유용한 정보도 그 정보를 필요로 하는 사람이 아니라 엉뚱한 사람에게 전달될 수 있다는 것이다. 마찬가지로, 관리자는 모두가 유용하고 필요한 정보를 너무 많이 받게 되면 그는 그 정보를 모두 소화하고 그것에 대응할 수 있는 시간이 없다는 것이다. 이러한 문제를 예방하거나 고치기 위해서 정보관리체계를 제대로 갖추지 않으면 안 된다.[8]

더구나 활동의 특성으로 인하여 경찰관이나 경찰조직은 엄청난 양의 정보를 수집하게 된다. 이러한 정보들이 의사결정에 유용하게 하기 위해서는 정보가 그러한 결정이 내려져야 하는 시간에 의사결정자에게 유용한 형태로 사용할 수 있도록 만들어져야 하는 것이다. 이러한 목표를 달성하기 위해서는 다음과 같은 단계를 거치게 된다.[9]

- ✤ **자료수집** – 신뢰성과 타당성에 대한 적정한 관심을 가지고 정보가 확보되어야 한다.
- ✤ **자료조사** – 정보는 반드시 추려지고, 표식을 붙이고, 분류되어야 하며, 그렇지 않으면 문제점과 의사결정에 적정하다는 것을 알 수 있도록 조작되어야 한다.

- **분석과 해석** – 정보는 유형, 추세, 그리고 일반화를 나타낼 수 있도록 도식화되고, 분석되고, 종합되어야 한다.
- **배포** – 의사결정자에게 정보와 분석을 전달할 수 있는 방법이 개발되어야 한다.
- **환류와 평가** – 정보와 분석의 유용성과 타당성에 관한 환류를 제공할 수 있는 체제가 유지되어야 한다.

그런데 일부에서는 경찰정보체계를 보편적으로 정보의 표적화(targeting), 수집(gathering), 분석(analysis)과 배포(dissemination)라는 4가지 단계로 파악하고 있다.10

(1) 표적화(Targeting)

정보체제는 무작위로 작동하지 않는다. 더구나 경찰정보는 더욱더 목표 또는 목적 지향적이다. 즉, 범죄성(criminality)의 보편성 또는 다양성과 정보부서의 소규모로 인하여 경찰정보의 표적화 과정은 매우 선별적일 수밖에 없다. 과거 정보순환으로부터의 환류나 외부기관으로부터의 요구 등에 의하여 자체 정보부서 내부적으로 우선순위가 결정된다. 정보부서는 자율성이 높을수록 다른 기관으로부터의 요구와 지시에 대하여 더 선별적일 수 있다. 이 경우 상이한 잠재적 표적의 심각성에 관련한 전문적 판단이나 잠재적 경찰자산으로서 특정한 집단이나 개인의 적합성 여부에 관한 전형적 판단을 초래할 수 있다. 또한 어떤 경우이건 외부기관의 선호에 따라 저항이 표출될 수 있을 것이다.

(2) 수집(Gathering)

정보를 수집하는 데는 공개적인 기법과 은밀한 기법 등 다양한 기법이 있다고 한다. 경찰이 스스로 정보를 수집하는가 아니면 타 부서에서 수집된 정보에 의존하는가, 정보를 수집하는 데 필요한 권한은 어느 정도 요구되며, 가장 생산적이면서도 가장 논쟁의 여지가 많은 정보수집의 방법인 정보원의 활용에 관한 점검사항은 무엇인가 등이 경찰의 정보수집단계에서 답해야 할 의문들이다.

수집단계에서 저항의 가능성은 보다 분명하다. 정보부서가 비조직범죄보다 조직범죄에 관심을 가지는 만큼, 표적조직이 경찰의 정보수집노력에 대항함에 따라 다소 세밀한 보호적 보안조치가 취해질 확률이 높아지기 마련이다. 그러나 저항은 내부적으로도 일어날 수 있다. 예를 들어, 감시허가와 정보원의 등록과 관련된 지침이나 규정들이 그것을 피하고자 하는 수사관이나 분석가들에 의해서 지나치게 제한적인 것으로 간주될 수 있는 것이다.

(3) 분석(Analysis)

모든 정보수집제도는 정보가 많을수록 더 잘 알게 될 것이라고 믿는 소위 순진한 실증주의(naive empiricism)를 범하기 쉽다고 한다. 그러나 사실은 그 반대가 진실이어서 지나친

정보과중의 문제가 더 심각한 것으로 인식되고 있다.11

정보의 분석과정은 분석가들이 보다 화려한 현장 운용요원과 같은 자원과 특전을 가질 수 없기 때문에 정보의 세계에서는 일종의 신데렐라로 간주되고 있다. 행동과 자극을 강조하는 소위 '경찰문화'도 경찰의 정보부서에서는 문제로 등장할 수 있다. 여기서 핵심의문은 분석가들이 만들어내는 것이 과연 무엇인가라는 것이다. 정보의 분류는 다양하나 모두가 현재의 보고서와 미래의 추정 사이의 구분에 기초를 두고 있다. 실무자들은 약간의 즉각적인 결과를 얻을 수 있는 잠재력을 가진 현재의 '전술적' 정보에 더 많은 관심을 가지나, 경찰관리자들은 미래위협에 대한 장기적인 '전략적' 의미에 더 많은 관심을 갖게 된다.12

분석의 단계에서도 저항은 다양한 방법으로 나타날 수 있다. 예를 들어, 분석가들의 저항은 일종의 집단사고(groupthink), 기관 내 일부 지배적 이념에 대한 자신들의 지적 예속이나 지적 열등성의 결과일 수 있다. 반면에, 일종의 역정보(disinformation)의 형태로 오보로부터의 저항도 있을 수 있다. 물론 이러한 경우는 국가안보기관과는 비교할 수 있을 정도로 심각한 것은 아니지만 국가간 범죄조직이 보다 더 정교해진다면 그 가능성은 더욱 분명해질 수 있다.

(4) 배포(Dissemination)

어떠한 정보이고 분석의 결과물이 무엇이건 그것이 누구에게 보내지는가는 중요한 것이다. 우선, 정보부서 내부용인 것, 전체 경찰정보로 보관되는 것, 그리고 기타 다른 기관으로 보내지는 정보를 구분할 필요가 있다는 것이다. 만약에 결과물이 표적을 결정하는 책임이 있는 관리자에게 보내지는 것이라면 그것은 일종의 환류가 되어 정보의 회전이 완결되는 것으로 새로운 표적의 결정에 영향을 미칠 수 있게 된다.

그런데 정보가 배포되더라도 반드시 정보가 처음 작성된 의도대로 그대로 읽혀지고 해석되리라는 보장은 없다. 정보를 받은 사람이 자기 스스로 그것을 평가하고 해석하게 된다. 이렇게 함으로써 정보부서의 영향력 확대 노력에 대응하고 저항하게 된다. 상이한 기관간의 관계가 때로는 보완적이고 정보의 흐름에 도움을 줄 수는 있지만 경우에 따라서는 갈등적이고 정보의 흐름에 장애가 될 수 있어서 저항과 권력의 충돌을 표출시킬 수 있는 것이다.13

2. 경찰정보체계의 유형

그런데 어떠한 정보를 필요로 하는가는 대체로 결정되어야 할 의사의 유형에 달려있다. 즉 어떠한 의사결정을 할 것인가에 따라 그에 필요한 정보의 종류도 결정되는 것이다. 예를 들어, 용의자의 체포에 관한 결정을 해야 하는 경찰관은 사건, 관련자, 관련법률, 그리고 대안 등에 관한 정보를 필요로 하며, 인력배치와 관련된 결정을 해야 하는 관리자는 자원과 업무량 등에 관한 정보를 필요로 하는 것이다. 그러나 경찰분야에 있어서 정보체계는 대부분 운용정보, 관리정보, 그리고 서비스 정보체계 등 세 가지 유형으로 나눌 수 있다.

(1) 운용정보체계 (Operations Information Systems)

운용정보체계는 공중에게 직접적으로 서비스를 제공하는 수사관이나 순찰 경찰관 또는 기타 경찰관에게 정보를 제공하는 체계이다. 의심스러운 상황에 개입할 것인가 말 것인가 그리고 개입한다면 어떻게 개입할 것인가, 개입 후에는 어떻게 조치할 것인가, 그리고 일상적 순찰에 있어서 어떠한 전략을 채택할 것인가에 관한 선택을 하기 위하여 필요한 정보를 제공하는 것이다. 요구되는 정확한 정보의 형태는 용의자의 수배 여부, 재물의 도난 여부, 자동차의 등록 여부, 용의자의 전과 여부 등을 포함하고 있다.

한편, 노상의 일선 경찰관에게 유용한 또 다른 형태의 정보는 범죄, 교통, 그리고 공공질서 문제의 특성에 초점을 맞추고 있다. 자신의 순찰시간을 어떻게 활용할 것인가를 결정할 때, 경찰관은 범죄추세와 유형, 범죄다발 또는 우범지역, 반복신고지역, 교통사고유형, 그 밖에 순찰구역에서의 다른 문제에 관한 정보로부터 도움을 받을 수 있는 것이다. 이러한 종류의 정보는 특정 사건에만 초점을 맞춤으로써 지리적 유형과 수사중인 사건들의 운용방법상의 유사점을 보지 못하게 되는 수사관들에게는 상당한 가치가 있는 것이다.

이러한 유형의 정보가 가지는 공통분모는 지리정보체계(geographic information system)라고 이름 붙여지는 위치지향자료(location-oriented data)의 수집과 전파에 도움이 되는 정보체계라고 할 수 있다. 최근에는 경찰이 점점 더 많은 기술개발과 더 발전된 지리정보시스템을 도입함으로써 위치지향정보가 보다 정확하고 보다 효과적으로 만들어지고 있다. 특히 지역사회경찰활동(community policing)에 있어서는 GIS가 경찰정보체계를 일선 경찰관과 경찰관리자 모두에게 보다 더 유용한 것으로 만드는 데 중요한 견인차 역할을 하고 있다.14

(2) 관리정보체계 (Management Information Systems)

관리정보시스템은 감독, 자원, 전략, 전술, 정책, 그리고 행정결정에 필요한 정보를 제공하는 시스템이다. 이러한 관리정보체계는 대체로 인사정보시스템, 영상통제정보시스템, 장비조사시스템, 증거 및 재물통제시스템, 위치정보시스템, 사건추적시스템, 재정정보시스템 등을 포함하고 있다. 그런데 이들 경찰관리정보 시스템은 전산화될 수 있으나 그렇지 않을 수도 있다. 전산화할 것인가 말 것인가의 쟁점은 주로 의사결정에 필요한 정보를 관리자에게 제공하기 위해서 시스템이 처리해야 될 자료의 양에 따라 결정되는 것이다. 많은 자료를 필요로 한다면 전산화도 필요할 것이지만 그렇지 않다면 굳이 전산화가 필요한 것은 아니다.

관리정보시스템의 저변에 있는 개념은 매우 간단한 편이다. 관리자에게 요구되는 의사결정을 파악하고 그 결정을 하는 데 필요한 정보를 파악하기 위하여 필요한 것이다. 정보체계의 임무는 관리자가 필요로 할 때 필요한 정보를 관리자에게 제공하는 것이다. 종종 정보체계의 계발에 있어서 가장 어려운 부분은 관리자에게 그들이 필요로 하는 정보를 파악하게 하는 것이다. 물론 정보를 얻는 기제는 복잡할 수 있으나, 일단 상응한 의사결정과 정보가 파악되면 통상적으로 얻어질 수 있는 것이다.15

관리정보체계의 실질적 가치는 그것이 일상적이고 지속적으로 필요한 정보를 제공한다는 사실이다. 그러한 시스템이 없다면 의사결정을 해야 하는 관리자는 필요한 시간과 수단이나 자금을 갖지 못할 수도 있다. 그러나 그러한 시스템을 갖춘다면, 정보는 이미 얻어진 것이나 마찬가지다.

(3) 서비스정보체계
(Police Service Information System)

경찰의 서비스관련 정보체계는 상호 관련된 여러 가지 상이한 목적을 가지고 있다. 첫째, 행정가들은 적절한 관리나 경영관련 결정을 하기 위하여 경찰활동에 대한 기록을 필요로 한다. 행정관리들은 각각의 다양한 경찰업무와 기능에 필요한 인력을 결정해야 하는데 당연히 이러한 정보는 기획과 예산의 기초를 제공하게 된다. 행정가들은 또한 적절한 정책과 절차가 강구될 수 있도록 경찰활동의 여건과 결과에 대해서도 알아야 할 필요가 있다.

둘째, 경찰활동은 다양한 범주의 법률적 제재와 통제의 대상이 된다는 것이다. 자신의 공식적인 임무 수행에 있어서 경찰관은 시민의 특전과 권리를 강제할 수 있다. 더구나 상호 분쟁에 휩싸인 시민들은 경찰이 취한 행동에 관하여 알 필요가 있다. 즉, 경찰활동의 기록은 종종 중요한 법률적 의미를 가지는 것이다.

셋째, 경찰활동의 기록들은 기본적인 경찰역할을 위하여 불가피하다는 것이다. 경찰이 처음 범죄가 발생했다는 사실을 인지한 시점으로부터 용의자가 법원에 넘겨질 때까지 경찰의 모든 행동은 대체로 과거의 기록에 의존하게 된다. 용의자를 파악하여 검거하는 데 있어서 경찰활동에 대한 완전한 기록은 형사재판에서 유죄를 끌어내기 위해 필수적인 것이다. 용의

자에 대한 기소의 성패는 검찰에 제출된 경찰 기록의 질에 따라 달라진다는 것이다.16

제 3 절 정보의 분석

1. 범죄분석(Crime Analysis)

범죄분석은 경찰의 문제분석의 한 유형이다. 모든 조직은 그들이 직면한 문제와 그 해결책에 대하여 더 잘 이해할 수 있는 수단으로서 조직이 직면한 문제를 분석하기 마련이다. 범죄란 경찰이 직면하는 가장 심각한 문제의 하나이기 때문에 범죄분석이 다양한 형태의 경찰분석에서 핵심적인 위치를 차지하는 것은 놀라운 일이 아니다.

미국의 법집행기관인증위원회(Commission on Accredition for Law Enforcement Agencies)는 범죄분석 절차에 포함되어야 할 내용으로 범죄분석자료의 요소를 추출할 수 있는 원천자료의 명세화, 범죄자료의 분석, 선별된 범죄의 시계열적·지리적 분포의 문서화, 범죄분석정보의 배포, 환류분석, 그리고 기관장에 대한 범죄유형과 추세의 보고 등을 들고 있다.17

범죄분석의 기본목적은 범죄유형과 문제에 관한 정보를 파악하고, 기술하고, 배포하는 것이다. 범죄분석은, 특히 범죄발생의 위치, 시간, 수법 등에 관한 정확한 정보에 초점을 맞추고 있다. 이러한 정보는 다시 꺼내 보기 위하여 수기, 반자동, 또는 전산화된 형태로 정리될 수 있다.18

이러한 범죄자료의 분석은 주로 유형과 추세를 파악하고자 하는 것이다. 유사한 수법이 인지되고, 지리적 유형이 관찰되고, 특정한 시간과 시간에 특정한 범죄발생의 정도가 입증될 수 있는 것이다. 한 사건의 용의자나 체포자가 범행의 수법, 시간, 지역 등에 의해서 해결되지 않은 다른 범죄와 연계될 수도 있다. 일정한 유형으로 다음 범행의 시간이나 장소를 예측하는 데 도움을 줄 수도 있고 동시에 주의 깊게 관찰할 필요가 있는 장소를 제시할 수도 있다.

범죄분석정보는 경찰조직에서 다양하게 활용될 수 있다. 의심스러운 상황에 개입할 것인가, 정해지지 않은 순찰시간을 어느 지역을 대상으로 사용할 것인가, 순찰 중 어떠한 전술을 사용할 것인가 등의 결정에 있어서 범죄분석정보로부터 도움을 받을 수 있다. 그러나 경우에 따라 통계적 분석과 같은 정보가 현장에서는 신뢰성의 결여, 정보전달의 지연, 또는 이미 알고 있는 수준의 정보로 치부하는 등의 이유로 부적절한 것으로 여겨지는 경향이 있다. 바로 이러한 이유로 경험 많은 경찰관이 분석과정에 참여하고, 정보의 근원으로서 문서자료에만 전적으로 의존해서도 안 되

며, 정보의 전달과 배포가 시의 적절해야 한다는 것이다.[19]

경찰관리자나 감독자도 관할구역에서 직면하고 있는 범죄와 서비스 욕구를 더 잘 이해하기 위해서 범죄분석정보를 활용할 수 있다. 순찰지역별 인력을 배치하고, 가용한 특수자원을 배치할 때 등의 경우에 이 범죄분석정보를 이용할 수 있는 것이다. 또한 그들은 부하직원들의 전술을 지시하기 위해서도 범죄분석을 활용할 수 있다.

한편, 경찰행정가들도 자원의 배분, 전술과 전략적 결정의 경우나 기획의 경우에 범죄분석정보의 도움을 받을 수 있다. 그 지역의 범죄문제의 특성이 경찰자원의 배정에 있어서 중요한 투입이 될 수 있다. 유사한 경우로서, 지정순찰), 도보순찰, 매복 등과 같은 전략과 전술을 활용할 때도 범죄문제에 대한 정보가 핵심적인 것이다. 또한 기획과 예산에 있어서도 범죄문제에 대한 정보는 매우 가치 있다.[20]

2. 첩보분석(Intelligence analysis)

첩보분석은 테러리스트, 마약밀반입자, 전통적 조직범죄단체 등을 포함하는 조직범죄와 범죄자에 관련된 정보의 수집, 취합, 분석과 배포로 이루어진다. 범죄분석이 전통적 노상범죄에 초점을 맞추는 반면, 첩보분석은 조직범죄에 그 초점을 맞추고 있다. 첩보와 정보의 자원은 아주 폭넓은 것이어서 순찰 경찰관, 수사관, 정보원, 함정수사관, 목격자, 일반시민, 그리고 심지어 신문과 잡지, 전자감시, 경찰기록 등을 모두 포함하게 된다.[21]

첩보분석으로부터 얻은 정보는 특별히 조직범죄, 마약밀반입, 테러 등을 다루는 전략수사부서에 특히 유용하다고 볼 수 있다. 더욱이 이러한 정보는 자원의 활용이나 전략과 전술, 그리고 정책에 관한 결정을 해야 하는 행정가들에게도 필요한 정보다. 그러나 종종 일선 순찰경찰관들은 이 첩보분석과정에서 등한시되고 있다. 이들 경찰관은 경찰의 어느 부서나 어느 누구보다도 범죄자들의 의심스러운 연합이나 활동에 대해서 더 많은 정보를 소유하고 있다. 또한 그들은 적어도 최일선 노상단계에서의 조직범죄에 대하여 첩보와 정보를 이용할 수 있는 최상의 위치에 있다.

테러나 마약밀반입에 대한 최근의 관심과 우려는 경찰의 첩보수집과 분석의 절대적 필요성을 잘 보여주고 있다. 그러한 활동을 하지 않고는 경찰이 조직범죄와 더 이상 경쟁할 수 없다. 그러나 마찬가지로 첩보에 있어서 자신의 사생활을 보호하고, 자유롭게 말하고 의견을 알리며, 글을 쓰고 출판을 하고, 어떠한 합법적 집단과도 공·사적으로 접촉하려는 시민의 헌법적 권리를 방해하거나 간섭하지 않도록 특별한 배려와 사전주의가 필요하다. 경찰의 첩보 수집은 순수하게 위험한 범죄자에게는 제한되고 정치적 반대자에게는 절대로 적용되어서는 안 된다.[22]

POLICE SCIENCE

참고문헌

1 C. A. Gruber, J. E. Mechling, and G. L. Pierce, "Information management," in W. A. Geller(ed.), *Local Government Police Management*(3rd ed.), Washington, DC: International City Management Association, 1991, pp. 308－309.

2 D. F. Gunderson and R. Hopper, *Communication and Law Enforcement*, New York: Harper and Row, 1984, pp. 2－5.

3 S. Souryal, *Police Administration and Management*, St. Paul, MN: West Publishing, 1977, p. 322.

4 Sone and DeLuca, *op. cit.*, p. 193.

5 Cordner and Sheehan, *op. cit.*, pp. 323－324.

6 L. P. Brown, "Police use of deadly force: Policy considerations," in R. N. Brenner and M. Kravitz(eds.), *A Community Concern: police Use of Deadly Force*, Washington, DC: U.S. Government Printing Office, 1979, p. 24.

7 Cordner and Sheehan, *op. cit.*, p. 328.

8 Stone and DeLuca, *op. cit.*, p. 195.

9 Cordner and Sheehan, *op. cit.*, p. 329.

10 P. Gill, "Making sense of police intelligence? The use of a cybernetic model in analysing information and power in police intelligence processes," *Policing and Society*, 1998, 8, pp. 289－314.

11 P. Tremblay and C. Rochon, "Police organizations and their use of knowledge: A grounded research agenda," *Policing and Society*, 1991, 1, p. 278.

12 Gill, *op. cit.*

13 R. W. Wilsnack, "Information control: A conceptual framework for sociological analysis," *Urban Life*, 1980, 8, p. 477.

14 Cordner and Sheehan, *op. cit.*, p. 331.

15 W. Archambeault, "Emerging issues in the use of microcomputers as management tools in Criminal Justice Administrations," in J. Waldron, B. Archambeault, W. Archambeault, L. Caesone, J. Conser, and C. Sutton, *Microcomputers in Criminal Justice: Current Issues and Applications*, Cincinnati, OH: Anderson Publishing Co., 1987, pp. 110－111.

16 P. W. Greenwood, J. M. Chaiken, and J. Petersilia, *The Criminal Investigation Process*, Lexington, MA: D.C. Heath, 1977, pp. 182－190.

17 *Commission on Accredition for Law Enforcement Agencies*, 1999.

18 G. H. Reinier, T. J. Sweeney, R. V. Waymire, F. A. Newton Ⅲ, R. G. Grassie, S. M. White, and W. D. Wallace, *Integrated Criminal Apprehension Program: Crime Analysis Operations Mannual*, Washington, DC: Law Enmforcement Assistance Administration, 1977, pp. 1－9.

19 G. H. Reinier, M. R. Greenlee, M. H. Gibbens, and S. P. Marshal, *Crime Analysis in Support of Patrol, Washington*, DC: U.S. Government Printing Office, 1977, p. 26.

20 Reinier *et al.*, 1977, pp. 10－13.

21 Cordner and Sheehan, *op. cit.*, p. 340.

22 J. B. Wolf, *The Police Intelligence System*(2nd ed.), New York: The John Jay Press, 1978, pp. 5－6.

제 9 장

경찰과 과학기술

POLICE SCIENCE

과학기술(technology)은 경찰을 비롯한 모든 형사사법기관에 있어서 해결책이라기보다는 하나의 도구라고 할 수 있다. 과학기술은 경찰이 자신의 임무를 더 잘 수행할 수 있는 하나의 방법이다. 과학기술은 범죄문제와 형사사법에 과학을 접목하는 하나의 방법이다. 이러한 관점에서 보면 훌륭한 연구의 결과로 제공되는 과학적 지식(Scientific knowledge)은 우리들에게 가장 강력한 과학기술이라고 할 수 있다.

과학기술은 경찰의 범죄통제기능에 즉각적으로 연계되는 방향으로 경찰의 조직과 관행에 영향을 미치는 것으로 간주되기 때문에 경찰활동에 있어서 과학기술의 진보는 매우 중요하다고 할 수 있다. 범죄의 발견, 경찰 사이의 통신, 그리고 운송을 위한 새롭고 보다 효율적인 수단은 모두가 범죄투사로서 경찰의 직무를 수행하는 데 있어서 얼마나 성공적인가에 지대한 영향을 미치고 있다.1

범죄통제에 있어서 효율성의 요구와 시민권과 인권의 존중과 인식 사이의 긴장은 과학기술이 경찰분야에 적용된 이래 논쟁의 핵심으로 남아 있다. 문제는 유전자감식, 오디오와 비디오 감시, 전산 정보분석 등과 같은 다양하고 폭넓은 방법의 범죄통제를 목적으로 하는 기술의 활용이 전례 없이 증대됨에 따라 더욱 커지고 있다.2 그러나 학자들은 주로 기술적 효율성의 요구와 규범적 특성의 고려 사이의 충돌에 대해서 주로 비판하고 논쟁하였지만3 기술개발과 진보의 조심스럽고 책임있는 활용은 오히려 편향된 재량적 의사결정권에 기초한 권력의 남용을 막아줄 수 있다는 사실을 지적하는 사람은 거의 없었다.4

경찰학자들은 경찰활동에 있어서 고도의 신기술을 이용하는 전략에 대해, 신기술을 이용하도록 부채질하는 범죄 없는 사회질서라는 왜곡된 협의의 개념과 시민의 자유를 제한하는 막대한 힘으로 비판하고 있다. 경찰이 지나치게 과학기술에 의존하는 것과 관련된 문제는 특히 경제적 조직, 사회적 조직, 문화적 구성이 복잡하고 민주주의적 이상을 열망하는 사회에서 더욱 심각해진다. 물론 기술적으로 세련된 형태의 통제는 과학적·객관적·자연적이라 정당화되고 있지만 비판가들은 과학기술이 사회적으로 이용되면서도 문화적으로 해석되고 있다고 주장한다.5

제 1 절 경찰활동의 기계화 (Mechanized Policing)

순찰차와 더 중요한 혁신이라고 할 수 있는 무전기와 같은 개인용 통신장비의 결합이 경찰에게 더 많은 자유와 기동성을 제공한 것은 분명하다. 처음에는 차량을 이용한 경찰활동이 경찰관 자신의 활동유형을 결정하는 전통적 독립성을 존중하였다. 또한 이동성의 증대로 인한 기동순찰은 동일한 인력으로 동일한 지역을 보다 빈번하게 순찰할 수 있게 해줌으로써 경찰과 시민의 접촉을 더 증대시켜 줄 것으로 인식되었다. 더구나 경찰이 보다 더 가시적이고 출동시간도 더욱 향상될 것으로 판단하였다. 그 결과 경찰력이 사전적·예방적 활동에 활용될 수 있을 뿐만 아니라 특정한 사건이나 특정한 형태의 범죄를 대상으로 더 집중될 수 있으며, 궁극적으로는 이러한 혁신이 경찰봉사의 문제점을 고쳐줄 것으로 기대하였다. 실제로 과학기술이 전통적 경찰활동에 대한 필요한 지원과 지지를 용이하게 하며 경찰자원의 효율적 활용을 가능하게 할 것으로 간주되었기 때문에 도입된 것이다.[6]

60년대 이후 시도된 특정유형의 범죄나 특정지역을 대상으로 경찰자원을 집중시키는 관행도 새로운 과학기술의 도입으로 가능해진 경찰력의 보다 경제적인 활용을 전제조건으로 하고 있다. 또한 경찰관리자에 의한 경찰자원의 일정부분에 대한 적극적이고 능동적인 지시와 관리도 경찰관리의 필요한 한 부분으로 간주되는 경향도 관찰되고 있다. 사실 경찰활동의 목표와 방향에 관한 정책을 입안하려는 욕구와 능력이 바로 경찰관리의 항시적인 특징이 되고 있다.

70년대 들어 보다 전문화된 형태의 경찰활동이 고안되고 적용됨에 따라 경찰활동의 유형도 보다 다양하게 되었다. 이러한 다양성에도 불구하고, 경찰자원의 보다 집약적 활용은 보편적 특징이 되고 있다. 다시 말해서, 특수부대와 각종 Task Force는 물론이고 수사나 순찰부서의 일상적 활동의 한 부분으로서 경찰력의 집약적인 활용이 확산되고 있다는 것이다. 비교적 예측 가능한 방법으로 동일한 고객에 대하여 빈번한 일상적 접촉을 하는 대신에 매우 증대된 경찰의 기동성이 경찰의 시민접촉의 범위를 확장시켰으며 동시에 경찰-시민 사이의 보다 협조적 근무를 가능하게 하였다. 그러나 과학기술의 도입과 활용으로 인한 경찰 내부의 변화나 지역사회에서의 변화 중에서 어느 것이 더 중요한지는 분명하지 않다. 분명한 것은 경찰과 지역사회가 함께 보다 갈등적이고 보다 전투적인 형태의 경찰-시민관계를 만들고 그것을 재강화한다고 할 수 있다는 것이다.

80년대 중반 이후의 경찰을 유형화하기는 쉽지 않다. 그것은 경찰관리형태가 다양해지고 새로운 형태들도 많이 도입되기 때문이다. 그럼에도 불구하고 몇 가지 분명한 경향을 찾을 수 있는데, 첫째는 치안수용의 증대와 자원의 한계로 인한 효율성과 효과성의 강조이다. 둘째는 경찰이 공중과의 관계를 증진시키고 법의 집행보다는 봉사를 강조하게 된 경향이며, 셋째는 전략적·전술적 경찰관리 의사결정에 도움을 주기 위한 정보기술(information technology)을 이용하는 보다 통합적이고 강력한 체제를 개발시키려는 노력이라고 할 수 있을 것이다.

우리의 지역사회도 변했을 뿐만 아니라 자동차, 무선통신, 최근에는 정보기술의 형태로 이루어지는 기술의 변화도 경찰활동에 대한 기대와 상이한 모형을 조장하고 있다. 이 기간 동안 과학기술의 적용은 경찰과 시민 사이의 관계를 왜곡시키는 결과를 초래하였다. 물론 이러한 새로운 과학기술이 시민과 경찰 사이의 보다 안정적인 조정과 화해를 용이하게 할 적절한 조직구조와 관리기술의 발전으로 흡수될 수 있을지는 분명하지 않다. 한 가지 분명한 것은 경찰자원의 효율적 활용이 강조되고 그 한 방편으로서 지역사회의 참여도 강조되고 있다는 사실이다. 그 결과, 경찰활동에 있어서 지역사회 경찰활동(community policing)이 보편화되었고, 경찰과 지역사회의 관계도 파트너십으로의 발전이 요구되었다.

제 2 절 정보기술(Information Technology)과 경찰

컴퓨터를 중심으로 하는 정보기술은 경찰 분야에서 서비스를 제공 또는 수행하는 경찰활동이나 조직기능이라는 관점에서 아주 다양한 형태로 활용되고 있다. 다양한 형태의 정보기술의 활용은 크게 주로 행정적 기능을 수행하기 위한 것과 경찰운용에 활용되는 것으로 나눌 수 있다. 행정분야에서의 정보기술의 활용은 인사, 재무, 사무자동화, 무기관리 등 전통적인 기록관리와 보관 및 지원업무를 중심으로 이루어지고 있으며, 한편으로는 지휘통제, 범죄기록, 정보관리와 같은 관리부분에서도 활용되고 있다.

경찰 운용면에서 활용되고 있는 정보기술은 행정 분야에서도 이용되는 경찰관리분야와 범죄정보, 지문 등과 같은 경찰업무를 용이하게 하기 위한 방편으로 이용되고 있다.[7] 그런데 이러한 경찰운용분야에서의 정보기술은 대체로 시민들로부터의 서비스 요구에 신속하게 출동하는 것을 용이하게 하는데 있어서 경찰자원을 효과적으로 활용하기 위한 목적으로 정보기술이 이용되고 있다. 예를 들어, 미국의 로스엔젤레스시 경찰국에서 '법집행 인력자원 활용체제(Law Enforcement Manpower

Allocation System)'가 그 좋은 예로서 이 제도는 일상적인 업무에 대응하기 위하여 요구되는 인력을 지정하고 그 부수적인 산물로서 시민신고전화와 출동경찰관의 활동에 관한 자료를 제공하기 위하여 고안된 것이다.8 로스엔젤레스경찰국에서 그와 같은 제도를 시도했던 목적은 시간과 요일에 따라 다양한 시민의 요청에 인력자원을 보다 효율적으로 활용함으로써 충분한 순찰경찰관을 확보하고 범죄예방에 보다 더 많은 주의를 기울이기 위한 것이었다.

이와 유사한 노력으로서 미국의 보스톤시 경찰국에서도 신기술이 경찰활동을 향상시킬 수 있는 방안을 강구하려고 연구한 적이 있다. 연구결과는 상황실에서나 순찰차량의 운용상태를 단번에 파악할 수 있는 지휘통제체제를 갖추고, 지구별 감독자가 소속 순찰차가 무엇을 하고 있는가를 알 수 있게 하고, 일일운용에 관련된 자료를 제공할 것 등을 권고하였다.9 보스톤시 경찰국의 의도는 관리자에게 항시 순찰차가 하고 있는 일을 파악하고 그에 대한 정보를 제공함으로써 신고전화에 보다 효과적으로 출동할 수 있도록 하기 위한 목적에서였다.

그런데 위의 로스엔젤레스시 경찰국과 마찬가지로 보스톤시 경찰국의 경우에도 새로운 제도가 신고전화에 대한 신속한 대응을 위한 것이었지만 출동시간, 출동건수 등과 같은 순찰경찰관의 활동에 관한 정보까지도 제공되기 때문에 일선 순찰경찰관들 사이에서는 그리 환영받는 제도가 아닐 수도 있었다. 그들의 견해에 따르면, 이들 제도는 언제 어떻게 일이 수행되어야 하는가를 결정하는 순찰경찰관에게는 정당화될 수 없는 간섭이 될 수 있다는 것이다. 즉, 그들에 의하면, 이런 제도가 제공하는 계량적 자료만으로는 경찰관의 재량권의 일부인 사건과 사고의 특이성이나 특수성 등을 결정할 수 있는 적절한 기준이 되기가 어렵다는 것이다. 그 결과 극단적으로는 관리자와 순찰경찰관 사이의 관계가 매우 악화된 것으로 알려지기도 하였다.

제 3 절 범죄지도(Crime Mapping)와 경찰

1. 지리정보체계 (Geographic Information System: GIS) 와 범죄지도

형사사법분야에 있어서 그 이용이 확대되고 있는 지리정보체계(Geographic Information System, GIS)의 활용은 경찰 범죄지도의 초기세대에 그 뿌리를 두고 있다. 역사적으로 법집행기관에서는 판자 등에 핀을 꼽는 방식으로 범죄활동의 유형을 추적하고는 하였다. 그러나 이러한 방식은 지나치게 정적이고 범죄 발생률이 증대함에 따라 지속하기가 매우 어려워지게 되었다. 이와 함께 급속한 컴퓨터의 도입과 활용의 확산으로 전산화된 범죄지도(Computerized Crime Mapping)가 대체되고 있다.

GIS란 지도의 형태로 다양한 유형의 자료에 대해 시각적 이미지를 만들기 위하여 database software와 graphic software를 연계시킨 것이다. 지도의 형태로 자료를 제시하는 것은 법집행기관이 범죄가 누구에 의해서, 언제, 어디서 행해졌는지의 중요성을 이해하는 데 도움을 준다.

법집행분야에 있어서 범죄의 증대와 서비스를 요청하는 전화의 증대로 방대한 분량의 자료를 분류하고, 조직하고, 분석하여 배포할 필요성이 더욱 커지게 되었다. 그 결과, 법집행기관에서는 GIS와 보다 효율적이고 교훈적인 방법으로 자료를 제공하는 최근의 범죄지도화기술에 눈을 돌리게 되었다. 더구나 범죄와 범죄행위를 지도화하기 위하여 GIS를 이용함으로써 기관간의 만연된 노력의 중복을 제거할 수도 있다.

2. 범죄지도의 발전

(1) 핀에서 컴퓨터로

범죄지도는 오늘날 범죄분석으로 알려져 있는 과정의 핵심적인 한 부분이 되고 있다. 실제로 미국 뉴욕시 경찰국은 적어도 1900년대부터 지도를 활용한 것으로 알려져 있다. 물론 그 당시엔 큰 판자 위에 핀을 꽂는 것이었지만 그것만으로도 범죄가 발생한 장소를 보여주는 데는 매우 유용한 것이었다. 그러나 범죄가 증대되고 시간이 흐름에 따라 지도가 새로운 지도로 매번 바뀌게 되자 과거의 범죄유형은 어쩔 수 없이 지도로부터 사라지게 되었다. 따라서 일차자료(raw data)는 보관될 수 있었으나 범죄지도는 보관될 수 없었다. 당시의 지도는 정적이어서 더 이상 조정될 수 없으며, 여러 가지 유형의 범죄가 함께 혼합되면 읽기가 매우 어려웠고, 상당한 규모의 공간을 요하는 한계가 있었다. 그 결과 핀을 이용한 지도는 제한적이어서 짧은 시간 동안만 효과적으로 이용될 수 있었다. 이를 보완하기 위한 노력이 바로 오늘날 컴퓨터상에 만들어지는 가상적인 핀(pin) 지도이다.[10]

(2) 제도(Cartography)와 범죄지도

범죄지도는 오늘날 지리정보체계(GIS)의 출현으로 변형을 거듭한 제도학이 과학적 분야에 폭넓게 적용된 일종의 과학적 활동이다. 오늘날까지도 많은 지도제작자들이 제도학을 정보기술의 한 분야로 보고 있다.

범죄지도는 오랜 역사를 가지고 있다. 범죄와 비행에 관한 공간적 지향의 수백 가지 연구가 행해졌는데, 대체로 제도학 또는 지리학파(Cartographic or geographic school), 유형학파(Typological school), 그리고 사회생태학파(Social ecology school)로 분류되고 있다.[11] 제도학파 또는 지리학파는 프랑스를 중심으로 유럽에서 1830년부터 1880년대까지 성행했던 학파로서 사회적 자료(social data)에 기초하여 인구밀도나 경제적 수준과 같은 변수가 범죄수준에 미치는 영향을 밝히는 데 초점을 맞추는 경향이었다. 유형학파는 20세기 생태학파와 제도학파의 중간에 나타난 것으로 사람과 범죄의 정신적·육체적 특성 사이의 관계에 초점을 맞추었으며, 사회생태학파는 사회적 조건이 범죄의 유형에 관련이 된다는 가정하에 사회적 조건에 있어서 지역적 다양성에 초점을 맞추었다.

미국의 Chicago에서 행해진 Shaw와 McKay의 청소년비행에 관한 분석은 일종의 범죄지도와 관련된 연구의 시초라고 할 수 있을 것이다. 그들은 수천의 청소년비행사건을 지도에 표시하고 비행과 다양한 사회적 조건의 관계를 분석하였다.[12] 그 이후에도 시카고학파를 중심으로 한 동심원연구를 비롯한 사회생태학적 연구가 다수 이루어졌으나, 응용범죄분석에 전산화된 범죄지도를 처음 사용한 것은 60년대 중반 미국의 St. Louis에서 행해진 연구라고 볼 수 있다.[13]

(3) 범죄지도의 내용

범죄지도가 제공할 수 있는 정보는 매우 다양한데, 범죄분석가들의 입장에서는 범죄지도로부터 얻을 수 있는 가장 중요한 정보가 위치(location)정보라고 한다. 범죄지도가 줄 수 있는 또 다른 유형의 정보는 거리정보이다. 범죄피해자가 범행현장으로부터 얼마나 떨어진 곳에 사는가, 적절한 수준의 출동시간에 도착할 수 있는 순찰차의 최대 거리는 어느 정도인가, 또는 용의자가 정해진 시간에 도주할 수 있는 최대한의 거리는 어느 정도인가 등의 정보가 여기에 해당되는 정보라고 할 수 있다. 다음은 방향정보로서 이는 물론 다른 상응한 과정이나 조건 등과 관련되지 않는 한 범죄분석에 있어서 그리 중요한 지도정보가 될 수 없지만 거리정보와 같이 고려될 때 가장 유용하게 활용될 수 있는 정보이다. 끝으로 유형(pattern)정보로서 이는 범죄분석가들이 범죄발생형태를 분석하고 기술하는 것에서 알 수 있듯이 범죄분석에 있어서 매우 유용한 개념이다. 범죄유형은 대부분 무작위(random), 동일(uniform), 집락(clustered), 또는 분산(dispersed) 등으로 분류되고 있다.[14]

(4) 이론적 관점

위에서 설명한 사회생태학적 이론 등을 제외한 범죄지도와 관련된 중요한 이론적 관점은 바로 일상활동이론(Routine Activity Theory)[15]과 범죄공간행위(Criminal Spatial Behavior)[16]라고 할 수 있다. 일상활동적 해석으로는 범죄란 범행동기가 있는 잠재적 범죄자(likely offender),

적정한 범행의 표적(suitable target), 그리고 범행을 예방할 수 있는 감시자(guardian)의 부재라는 세 가지 요소를 필요로 하는 것으로 간주되고 있다. 범죄적 충동을 억제하는 내적 견제를 조장함으로써, 사람들로 하여금 범행의사와 범행표적을 줄이거나, 수호자를 많게 하여 효과적으로 만듦으로써 범죄를 예방하거나 줄일 수 있다는 것이다. 여기서 범행의 표적을 적게 만드는 과정을 우리는 상황적 범죄예방(Situational Crime Prevention)이라고 한다.17

한편, 범지자의 공간적 행위에 초점을 맞추는 관점은 범행의 동기가 있는 잠재적 범죄자가 피해자나 표적을 평가하기 위하여 환경적 신호나 단서를 활용하는 것이라고 할 수 있다. 이러한 과정과 직접적으로 관련된 것이 범죄자가 습관적으로 돌아다니는 지역이고 자신에게 익숙한 지역인 활동공간(activity space)의 개념이다.18 미시적 분석에 의하면, 이러한 개념들은 활동공간이 인구사회학적 특성에 따라 다양해질 수 있는 것으로 알려져 있다는 점에서 유용한 것이다.

(5) 범죄지도의 활용

1) 순찰활동에서의 활용

노상에서 시간을 보내는 순찰경찰관들은 자신들의 순찰구역에 관계되는 가장 최신의 그리고 가장 종합적인 자료를 쉽게 활용할 수 있게 된다. 효과적인 경찰활동은 항상 유형(pattern)을 강조하기 마련이고 변화를 지도화(mapping)하고 이해하는 것이 이러한 유형을 이해하는 핵심이라고 할 수 있다. 그래서 순찰기능을 지원해 주는 신속한 지도화체계(mapping system)가 다양하게 개발되고 있다. 미국 시카고시의 자동화된 지도화를 위한 정보수집(Information Collection for Automated Mapping, ICAM) 프로그램이 좋은 예이다.

2) 경찰관리자의 이용

❶ 자원분배에서의 활용을 위한 서비스 요청 전화의 지도화

서비스요청전화(calls for service)는 일반적으로 경찰 서비스 수요에 대한 가공되지 않은 지표로 받아들여지고 있다. 서비스요청지도는 경찰관리자가 자원을 배분하는 데 도움을 주는 가장 유용한 도구라고 할 수 있다. 예를 들어, 미국 매릴랜드주의 볼티모어시에서는 다양한 순찰대가 출동하는 서비스요청전화건수에 대한 기술적 자료가 지도화되는데, 경찰에서는 이 지도를 이용하여 서비스요청전화를 분석하고 가중치를 두어 경찰지구대나 순찰구역을 지정하는 데 활용하고 있다.

❷ 범죄대체(displacement)의 지도화

일반적으로 범죄대체는 범죄행위가 다른 어떤 행위로 대체되거나 한 지역에서 다른 지역으로 옮겨질 때 일어난다고 한다. 공간적 대체(spatial displacement)는 범법자가 법집행의 결과로 한 지역에서 다른 지역으로 옮겨갈

때 발생한다. 범죄대체의 분석에 있어서 근본적인 문제는 범죄예방으로 인한 지역적 이익과 일반적 이익 사이의 갈등이라고 한다. 예를 들어, 범죄다발지역이 파악되고 예방 프로그램이 시행되면, 그 지역으로부터는 범법자를 몰아낼 수 있는 효과는 있지만 오로지 다른 인접지역 등으로 전이되게 할 뿐이라는 것이다. 따라서 특정한 범죄다발지역의 문제는 적어도 일시적이나마 해결되지만 전체적으로 볼 때는 얻어지는 것이 없다는 것이다. 뿐만 아니라 범법자들이 법 집행이 잘 되지 않아서 범죄에 취약한 지역으로 옮겨간다면 부정적인 결과까지도 초래할 수 있는 것이다.

Barnes에 의하면 범죄대체에는 다음과 같은 여섯 가지 유형이 있다고 한다. 먼저, 일시적 대체(temporal displacement)는 범법자들이 때로는 덜 위험한 것으로 보이는 범죄를 행한다는 것이며, 표적대체(target displacement)는 쉬운 범행을 위하여 어려운 표적을 포기하는 것이며, 공간적 대체(spatial displacement)는 범법자들이 범죄예방 프로그램의 대상지역으로부터 경찰보호가 적은 지역으로 옮겨가는 것이며, 전술적 대체(tactical displacement)는 보안이나 경비를 피하기 위하여 전술을 바꾸는 것이고, 가해자 대체(perpetrator displacement)는 새로운 범법자가 다른 지역으로 옮겨갔거나 범죄에서 손을 떼었거나 이미 검거된 범법자들의 자리를 차지하는 것을 말하며, 범죄유형의 대체(type of crime displacement)는 범법자들이 특정한 유형의 범죄를 행하기가 너무 어렵게 되면 다른 유형의 범죄를 행하게 된다는 것이다.19

이론적으로 완벽한 자료를 얻을 수 있다면 위의 여섯 가지 유형의 범죄대체가 모두 지도로 만들어질 수 있다고 한다. 그러나 실제로는 그러한 가능성은 매우 낮으며, 공간적 분석의 관점에서 보면 공간적 대체가 범죄지도화의 주요 대상이라고 할 수 있다. 그러나 공간적 대체만을 지도화하는 것은 측정의 문제로 매우 어려운 일이다. 현실적으로 지도위에 공간적 대체를 측정하는 것은 생각보다 훨씬 더 복잡하며, 범죄대체를 측정하는 능력은 법집행 프로그램의 영향뿐만 아니라 표적지역과 대체지역의 크기와 지역의 기존 범죄수준에 의해서도 영향을 받는 것이다.20

❸ ComStat에의 활용

미국의 뉴욕시에서는 1994년 일종의 범죄통제전략의 하나로서 소위 전산화된 통계(Computerized Statistics, ComStat)를 도입하게 되었으며, 상당한 범죄감소의 결과로 현재는 미국은 물론이고 많은 국가에서도 도입하고 있다. ComStat의 목적은 특별히 범죄와 삶의 질과 관련된 법집행 정보가 일선 순찰지구대장과 본부 간부들 사이에 원활하게 흐를 수 있게 하기 위한 것이다. 각 지구책임자가 참석하여 일주일에 두 번 아침에 열리는 범죄전략회의(crime strategy meeting)는 지역 책임자에게 자신의 지구대를 적절하게 관리하는 데 필요한 자원과 상당한 재량권을 제공하는 반면 그에 따른 책임도 강조하기 위한 상호작용적 관리전략의 한 부분이다.

ComStat를 이용한 범죄통제원리는 다음과 같다. 우선 이 전략은 정확하고 시의적절한 정보(Accurate and timely intelligence)를 필요로 한다. 어디서 어떻게 범행이 행해졌으며 범죄자는 누구인가 등을 기술하는 정보가 모든 경찰활동의 단계에서 얻어질 수 있어야 한다. 필요한 정보가 확보되면, 효과적인 전술(Effective tactics)이 마련되어야 한다. 전술은 정보취득과정에서 발견된 사실에 직접적으로 대응할 수 있도록 고안되고, 종합적이고, 융통성이 있으며, 변화하는 범죄추세에 적용될 수 있어야 한다. 상황에 맞는 전술이 고안되면, 그 전술을 실행할 수 있는 인력과 자원의 신속한 배치(Rapid deployment of personnel and resources)가 따라야 한다. 인력과 자원이 신속하게 배치되면 적절한 결과를 얻었는지를 확인하기 위한 철저한 추적과 평가(Relentless followup and assessment)가 따라야 한다.

경찰지휘부의 지휘통제실에서 이용하는 high-tech 기능 중에는 전산화된 핀 지도(computerized pin mapping)와 chart, graph, table 등을 포함한 다양한 형태로 범죄, 검거, 삶의 질과 관련된 자료를 보여줄 수 있는 기능이 있다. 지도정보관련 software나 기타 컴퓨터기술을 이용하여 검거지역이나 다발지역 등 거의 모든 관련 정보를 보여주는 순찰구역 지도를 만드는 데 ComStat database가 이용될 수 있다. 이와 같은 정보의 시각적 표현은 지구책임자와 본부 간부들이 범죄와 삶의 질 문제의 추세, 유형, 그리고 그에 대한 가능한 해결책을 그때그때 즉각적으로 조사하고 파악할 수 있게 해주기 때문에 ComStat 보고서에 매우 효과적인 보완책이 될 수 있다.

❹ 지역사회와 문제지향 경찰활동 (community and problem-oriented policing)에의 활용

일반적으로 범죄지도가 지역사회지향경찰활동이나 문제지향경찰활동의 지원을 위하여 활용될 수 있는 것은 대체로 다음과 같은 세 가지 유형이라고 한다. 첫째는 범행의 유형, 위치, 시간, 반복적인 범행 여부, 범행수법, 침입경로, 관련증거, 사용된 차량, 외관 등 용의자정보 등에 관한 범죄와 범죄자 정보다. 둘째는 이웃감시(Neighborhood watch) 집단, 방범 또는 순찰초소, 보호관찰대상자, 가로등, 놀이터, 범죄다발지역, 유흥가 등에 관한 정보인 지역사회와 정부자원(Community and Government resources)이며, 셋째는 인구변동, 인종구성, 사회, 경제적 지위, 모자가정의 비율, 학생비율 등에 관한 정보인 인구사회학적 정보다.

이들 정보가 비록 극단적으로 광범위한 것이라도 그와 같은 지리학적 기록자료(geoarchives)는 지역사회지향경찰활동이나 문제지향경찰활동에 매우 유용하게 응용될 수 있다고 한다. 주어진 순간에 무엇이 필요할 것인가를 예측하기란 불가능하기 때문에 참고할 수 있는 형태의 기록자료를 필요로 하는 것이다.

(6) 범죄지도의 미래

1) 지리학적 프로파일링 (Geographic profiling)

지리학적 프로파일링이란 범법자가 살고 있을 개연성이 가장 높은 지역을 결정하기 위하여 관련된 일련의 범죄의 장소를 이용하는 수사방법이다. 물론 이러한 방법은 연쇄살인, 강간, 방화, 강도사건에 일반적으로 적용되지만 범행현장이 다수이거나 기타 중요한 지리학적 특성을 가지고 있는 독립사건에도 활용될 수 있다고 한다.

이 방법은 범법자의 사냥행위(hunting behavior)를 기술하는 모형에 기초하고 있다. 이는 사람들이 일상생활에 있어서 가급적이면 일반적으로 먼 길보다는 짧은 길을 택하며, 범죄활동도 예외가 아니라는 사고를 바탕으로 하는 소위 '거리-축소개념(Distance-decay concept)'에 기초하고 있다. 즉, 범법자들은 범행의 장소로부터 멀리보다는 가까이 살 가능성이 더 높다는 가정에서 시작하는 것이다.21

그러나 지리학적 프로파일링이 사건을 해결하는 것은 아니며, 오히려 주요 범죄수사에서 전형적으로 생성되는 다량의 정보를 관리하기 위한 수단을 제공한다는 점을 알아둘 필요가 있다. 따라서 수사관이 활용할 수 있는 많은 강력한 의사결정지원도구의 하나로 간주되어야 하며, 기타 경찰방법과 함께 가장 잘 이용될 수 있는 것이다. 지리학적 범죄유형이 제대로 만들어진다면 범법자를 추적하는 데 활용될 수 있는 단서가 될 수 있다.

2) 범죄예보(Crime forecasting)

범죄지도는 범죄자가 동일한 장소를 반복적으로 이용하여 범행을 하는 일종의 습관의 창조물이라는 전제에서 매우 가치 있는 정보를 보여준다. 이를 바탕으로 표적순찰(targeted patrol), 문제해결 순찰활동(problem-solving policing), 그리고 기타 경찰전술을 매우 효율적이고 집중적으로 범죄발생지역에서 실행할 수 있게 해준다. 범죄위치와 밀도를 보여주는 단순한 범죄지도를 효율적으로 작성할 수 있는 능력은 경찰의 잠재성을 극대화하는 데 도움이 될 수 있다. 그래서 전산화된 지도화의 기술은 곧 사건분포의 시각화와 경찰전략의 생산성과 결과적인 평가를 위한 하나의 핵심적인 전제가 되고 있는 실정이다.

그러나 범죄유형은 시간의 흐름에 따라 변화하는 상황도 있기 마련이다. 예를 들어, 법의 집행으로 말미암아 범행장소의 대체가 일어날 수 있고, 개강과 더불어 대학주변의 범죄가 급증할 수도 있다. 바로 이러한 상황

이 범죄예보가 바람직한 상황이라고 할 수 있는 것이다.[22]

범죄지도화 발전의 다음 단계는 당연히 과거나 현재의 범죄추세로부터 언제, 어디서 범죄가 얼마나 발생할지에 대한 상상적 추정에 이용되는 예측적 기술의 계발이라고 할 수 있다. 이런 점에서 최근 일선 경찰도 경찰활동이 사건발생 후의 대응적 수사(reactive investigation)로부터 활동 중인 범죄자를 표적으로 하는 변화의 필요성을 인식하게 되었다. 이를 위하여 언제, 어디서 범죄가 발생할 가능성이 가장 높은가에 대한 지표를 제공하는 것이 실시간 경찰자원분배에 매우 유용하게 되는 것이다. 그런데 경찰을 위한 예측요건은 관련된 시간의 길이에 따라 주로 단기(전술적 배치, tactical deployment), 중기(자원분배, resource allocation), 그리고 장기(전략적 기획, strategic planning)의 세 가지 범주로 분류되고 있다.[23]

가장 보편적인 단기예보방법은 이미 알려진 사실로부터 미지의 사실을 추정하거나 이미 구축된 시간에 기초한 유형을 미래로 확대하는 것이다. 이처럼 기지의 사실에서 미지의 사실을 추정하는 방법은 범죄예보에 있어서 범죄건수에 시간지표를 추가하는 단지 하나의 실질적 변수만을 내포하기 때문에 일종의 '일원변량방법(univariate method)'이라고 일컬어지기도 한다. 일반적으로 이러한 방법에 포함되는 것은 시간이 흐름에 따른 범죄의 점증이나 점감과 계절적 조정이다. 예를 들어, 강도가 월평균 4건의 감소추세이나 다음 달이 7월, 즉 계절적으로 평균 10건의 강도가 증가하는 추세라면 7월의 예보는 6월의 평균에 6건을 더하는 것이 된다.

이와 같은 미지의 사실로부터 기지의 사실을 추정하는 방법(extrapolation)은 놀랄 만한 변화가 없는 일상적인 예보를 전제로 한다. 따라서 이러한 방법은 가장 정확한 단기예보가 될 수 있을 뿐만 아니라 비교를 위한 훌륭한 기초가 될 수도 있다. 즉, 실제 범죄수준과 추정예보를 비교할 수 있다. 만약 실제 범죄수준이 예보와 매우 다르다면 범죄유형의 변화가 있다는 증거가 되는 것이다.

한편 이보다 더 진전된 단기예보방법은 선행지표(leading indicators)를 이용하는 것이다. 예를 들어 이번 달에 특정한 지역에서 특정한 경미범죄와 무질서행위가 급증했다면 그것은 범죄요소의 형성과 존재를 보여주는 것이고 따라서 다음 달에는 해당지역의 강력범죄가 증가할 것이라고 예보하는 것이다. 뿐만 아니라 법집행과 공간적 범죄대체도 또 다른 선행지표가 될 수 있다. 예를 들어 이번 달에 범죄다발지역에서 마약집중단속을 실시하면 이웃한 지역으로 약물거래가 옮겨갈 수 있는 것이어서 이 경우 특정지역에서의 약물범죄가 이웃한 지역에서의 선행지표가 될 수 있는 것이다.[24]

범죄유형에 있어서 이러한 종류의 변동은 '일상적 범주(business-as-usual category)'에 해당되는 것은 아니며, 단순한 미지의 사실로부터 기지의 사실을 추정해내는 방법으로서는 예보가 불가능한 것이다. 성공적인 선행지표가 다른 방법으로는 놀라운 사실 또는 비정상적인 것을 예보할 수 있게 해주는 것이다. 그러나 문제는 이러한 선행지표변수를 갖는 것이 쉽지 않다는 점이다. 또한 이러한 선행지표를 이용한 예보는 일원량통계(univariate statistics)가 아닌 다변량통계모형(multivariate statistics models)을 요하는 것이다.[25]

3) GIS와 GPS의 통합

자료와 기술의 통합은 가능한 많은 가치를 창출하기 위하여 지속적으로 추구될 것이다. GIS가 우리들에게 강력한 도구상자가 될 것임은 분명하지만 법집행에 있어서 무한한 잠재력을 가진 또 하나의 기술인 GPS도 우리들에게 현장에서 정확한 위치파악을 가능하게 해줄 것이다. 실제로 현재의 첨단 GPS는 1cm까지 정확하게 위치를 추적할 수 있을 정도가 되었다.

그러나 현실적으로는 고층건물이나 산악지대에서의 운용 등과 같이 구조적이고 환경적인 제약과 한계는 최고 100m까지의 오차가 생길 수 있음을 보여주고 있는 실정이다. 물론 이러한 한계와 제약도 새로운 기술의 개발과 발전으로 해결될 수 있다고 한다.

기술통합의 또 다른 하나의 가능성은 GIS, GPS, 그리고 정보관리체계(MIS, Management Information System)를 통합하여 활용하는 것을 그 내용으로 하고 있다. 이와 같은 통합은 지리부호화(geocoding)의 단계가 제거되기 때문에 거의 실시간에 가까운 범죄지도를 가능하게 한다.[26] 그러나 일부 운용상의 문제점은 검증될 필요가 있는데, 예를 들어 사고지점이 어느 정도 정확하게 보고되어야 할 것인가가 분명하지 않으며, 반면에 GPS는 대규모 상가의 경우 아무리 정확한 주소라도 그 큰 상가에서 정확한 위치를 파악하는 데는 아무런 도움이 되지 않는 것처럼 아무런 의미도 없는 주소를 정확하게 보고할 개연성 역시 무시할 수 없는 실정이다.

한편, GIS가 앞으로도 경찰분야에 있어서 그 활용도가 더욱 높아질 것이라는 기대도 적지 않다. Clarke는 그 이유로 다음과 같은 세 가지를 들고 있다. 그는 추세를 예견하여 장비의 구매를 보다 효율적인 방법으로 계획할 필요성, 소위 지리정보과학(Geographic Information Science: GIS)이라고 불리는 GIS에 의해 형성되는 새로운 분야에서 뒤지지 않을 필요성, 그리고 GIS를 이용한 상이한 형사사법분야의 상호협동에 준비태세를 갖출 필요성을 제시하고 있다. 그는 이러한 필요성을 바탕으로 우리는 현재의 추세가 앞으로 확대되거나 아니면 단순한 공론에 그칠 수 있음을 지적하고 있다.[27]

3. 과학수사

(1) 약물검사기술 (Drug Testing Technologies)

형사사법에 있어서 약물검사의 잠재적 활용은 새로운 기술의 활용이 얼마나 중요한가를 단적으로 보여주고 있다. 미국에서는 다양한 경로로 경찰에 체포되어 유치된 범죄자의 절반 중 3/4이 약물검사에서 양성으로 판명되고 있는 것으로 보도되고 있다. 더불어 많은 연구결과에서도 약물사용이 범죄행위와 상당한 상관성이 있음을 보여주고 있으며, 약물치료의 제공으로 약물남용과 범죄행위를 줄일 수 있는 것으로 알려져 있고, 약물검사와 처우를 형사사법의 강제력과 연계한 최근의 약물법정(drug courts)도 석방 후 약물사용을 줄일 수 있는 것으로 보고되고 있다.

약물복용 여부를 밝히기 위한 약물검사에는 다양한 표본이 활용되고 있는데 그 가운데서도 소변, 혈액, 머리카락, 땀, 그리고 침이 가장 보편적으로 사용되고 있다. 현재로서는 소변검사가 경제성과 정확성을 이유로 불법약물복용여부를 가려내기 위한 가장 적절한 검사방법이라고 할 수 있다. 일반적으로, 소변검사방법은 도구적(instrumental) · 비도구적(non-instrumental) 방법의 두 가지 유형으로 나누어진다고 하는데, 이들 두 방법 모두 약물존재 여부에 대한 초기결정을 위하여 일정 유형의 면역학적 검증기술(Immunoassay technology)을 활용하고 있다.28

한편, 혈액검사는 사생활침해의 여지가 매우 높은 검사라고 한다. 혈액검사를 통해서 약물복용 여부뿐만 아니라 개인의 장애나 손상의 정도에 관한 정보도 밝혀질 수 있으며, 감염의 우려도 혈액검사의 활용을 쉽지 않게 만들고 있다. 반면에 새롭고 강력한 모발검사도구의 개발과 도입으로 모발검사에 대한 관심을 증대시키고 있지만, 아직도 몇 가지 해결되지 않은 의문이 남아 있다. 예를 들어, 약물복용여부의 결정기준(cutoff value)이 불분명하고, 모발표본이 체내의 약물존재와 개인의 복용정도 사이의 상관관계를 제공하지 못하며, 인종과 모발의 색깔에 따라 차이가 있을 수 있다는 점이다.29

땀을 수거하여 검사하는 방법은 장기간 활용할 수 있다는 이점이 있으나 동시에 장애의 정도에 관한 상관관계를 제공하지 않고 땀의 생성에 있어서 개인간의 차이가 있을 수 있다는 단점이 있다. 그리고 타액, 즉 침을 이용한 검사는 장애의 정도에 대한 상관관계를 알 수 있게 하며 쉽게 채취할 수 있다는 장점이 있으나 흡연이나 기타 물질로 인한 감염에 노출될 수 있다는 단점이 있다. 이들 표본을 이용한 검사는 면역학적 검증(Immunoassay)과 색층검사(Chromatography)의 기술이 이용되고 있다.

(2) 유전자감식기술 (DNA Testing Technologies)

유전자감식은 거의 절대적으로 확실한 단계까지 생물학적 표본과 개인을 연결시킬 수 있게 해주는 강력한 신기술이다. 이러한 유전자감식기술은 앞으로도 더욱 발전하여 형사사법의 초기단계부터 범죄수사에 있어서 무고한 용의자를 제거할 수 있도록 더욱 활발하고 빈번하게 활용될 것이다. 더구나 유전자감식은 현재 처벌하지 못하고 있는 피의자나 용의자까지도 처벌할 수 있도록 활용될 수 있을 것이다. 이러한 유전자감식기술은 휴대용 유전자감식장비를 범죄현장까지 들고 다니면서 비교적 적은 비용으로 많은 표본이 거의 동시에 검사되고 그 자리에서 즉각적으로 결과를 알 수 있게 해줄 것이다.

유전자검사의 개발로 혈액이나 기타 체액의 형태로 범죄현장으로부터 보편적으로 취득되는 생물학적 증거가 그 가치를 더해가고 있다. 전통적인 혈액이나 침의 검사는 이제는 거의 폐물이 되어가고 있다. 유전자는 혈액이나 침은 물론이고 거의 모든 신체조직에서 얻을 수 있으며, 더구나 유전자검사는 그러한 전통적 검사방법에 비해 더욱 민감하며, 거센 외부환경의 침해에도 이겨낼 수 있기 때문에 그 용도가 더욱 커지고 중요해지고 있는 것이다.

유전자는 오랜 기간 살아 있기 때문에 신원이 확인되지 않은 오래된 범죄사건으로부터 얻은 체액흔적이나 뼈로부터 수년 동안 발견될 수도 있는 것이다. 그 결과, 유전자검사는 다른 전통적 검사보다 훨씬 폭넓은 표본에 적용될 수 있고, 과거의 어떠한 기술보다 생물학적 증거를 분석함에 있어서 훨씬 더 강력한 것이라고 할 수 있다. 범죄현장에서 발견된 거의 모든 생물학적 증거가 유전자검사의 대상이 될 수 있다. 대부분의 범죄현장에는 혈액, 모발은 물론이고 기타 식물학적, 동물학적 성분 등 다양한 생물학적 증거들이 발견되는데 실제로 살인사건과 폭행사건의 약 60%에서 채취되고, 모발은 강도의 10%와 주거침입절도의 6% 정도에서 수거되었다고 한다.30

유전자분자의 장수성은 활용범위를 현재나 미래뿐만 아니라 과거까지도 확대할 수 있음을 의미한다. 많은 경우에 유전자검사가 존재하지도 않았던 수십년 전의 표본까지도 검사될 수 있고 그 결과로 무고한 사람이 풀려나고 진범이 잡히는 경우도 있는 것이다.

현재는 향상된 검사기술로 인하여 보다 효과적이고 효율적인 유전자검사가 가능해지고 있고, 기술과 자료은행의 발전은 수사도구로서 유전자증거의 활용을 확대시킬 것이며, 새로운 생물학적 증거의 자료들도 발견되고 있다. 유전자검사를 점점 더 빨리 할 수 있게 되고 유전자검사결과에 대한 법원의 기대도 커짐에 따라 범죄현장에서의 초기 증거수집이 더욱 강조될 것으로 보인다.

4. 화상감시기술 (Video surveillance technology)

오늘날 화상감시기술에 관한 많은 연구들이 원형교도소나 망원현미경과 같은 원유에 빗대어 국가의 감시의 눈으로 우리 사회의 거의 모든 곳에 있을 수 있고, 그러한 현미경적인 인구통제가 하나의 현실이 되고 있음을 강조하고 있다.31

그러나 이러한 자기훈육은 오로지 '재소자'가 고전적 관점에서 합리적·이성적이라는 전제하에서만 가능한 것이다. 즉, 인간이 자신의 미래행동에 대한 이익과 비용을 저울질함에 따라 시민들이 감시되고, 기록되고, 급기야는 처벌되는 결과를 심각한 비용으로 인식하게 된다는 것이다. 이러한 가정은 화상감시의 주창자들은 물론이고 화상감시로 인한 잠재적으로 더 넓고 깊은 통제에 대하여 비판적인 사람들에 의해서 제안된 안목이다. 그렇다고 고전적 합리성이 화상감시의 전부는 아니지만 고전적 합리성의 매력과 사법절차와의 양립성 또는 호환성이 화상감시제도 발전의 주요 동력이라고 할 수 있다.32

그러므로 우리 사회가 교도소처럼 되고 안 되고의 문제, 즉 우리가 중구금사회(maximum security society)에서 살게 되고 아니고의 문제는 근본적인 문제로 남게 된다. 우리 사회 전부가 감시카메라가 설치되어 화상감시가 완벽해질 수는 없을 것이다. 그러나 이론적으로는 더 많은 카메라를 설치한다면 더 많은 곳을 감시할 수는 있을 것이나 이는 경제성이나 효율성이라는 문제를 야기하게 된다. 그래서 화상감시기술이 도움을 주어 구성하고자 하는 사회질서의 이상이고 그것이 경찰전략에 미치는 영향과 결과가 중요한 것이다. 카메라 렌즈와 같은 광학을 통한 질서를 이해하는 것은 범죄의 고전적 의미에서 합리적인 것이라는 상식적 신념을 재강화하는 중요한 결과를 가져다준다.33

그러나 불행하게도 이러한 비디오감시가 어떠한 의미 있는 방식으로도 범죄를 억제하지 못하고 있다는 사실이 주장되고 있음에도 불구하고 그러한 사실은 의사결정권자들의 의사결정에 거의 아무런 영향을 미치지 못하고 있다. 이러한 대안적 형태의 사회통제가 보다 더 통제적일 수도 있고 그렇지 않을 수도 있다. 그럼에도 불구하고 전자감시기술의 응용은 그 의도된 또는 실제적 이익과 실패와는 전혀 상관없이 증가할 것으로 보인다. 다시 말하자면, 기술의 상징적 의미가 그것의 측정 가능한 결과나 영향보다 훨씬 더 중요하다는 것이다.

비록 화상감시의 실제효과는 비교적 경미할지 모르지만 여기서 말하는 효과성(effectiveness)이란 서로 구별하기 어려운 세 가지 광범위하고 중복되는 범주와 관련되고 있다. 그 하나는 억제(deterrence)이고, 둘째는 정보수집(intelligence gathering)이며, 셋째는 증거(evidence)이다.

비디오감시는 공개적(overt)일 수도 있고 은밀한(covert) 것일 수도 있다. 정보수집활동의 사례처럼 녹화가 은밀해야 한다면 카메라가 숨겨지는 것이다. 이것은 실제로 행동중인 범법자를 붙잡아서 증거를 만드는 데 도움이 될 수 있다. 그러나 카메라가 자신을 감시하고 있다는 것을 안다면 자신의 행동을 숨기기 쉽기 때문에 카메라를 숨김으로써 보이지 않는 시각이라는 원격현미경(panopticon)의 원리와 궤도를 같이 할 수 있기 때문에 은밀할 수도 있다. 이 경우에도 범죄억제(deterrence)가 목표이기 때문에 사람들에게 감시당하고 있음을 경고하는 표식이 붙을 수 있다.

비디오카메라가 범죄에 미친 영향은 궁극적으로는 범죄억제효과이기에 긍정적이라고 할 수 있으나 시간이 흐름에 따라 그 효과는 줄어든다고 한다. 또한 실제 범죄예방은 통상 카메라의 설치와 함께 따르게 되는 공개된 조경과 더 밝아진 조명과 관련되는 것으로 이러한 상황은 카메라가 존재하지 않아도 범죄가 줄어든 것으로 이미 밝혀지고 있다.

그런데 이와 함께 범죄통계상 범죄가 증가하였다는 사실을 근거로 비디오카메라가 범죄를 억제하거나 예방하지 못한다고 주장하는 사람들에게 비디오카메라를 주창하는 사람들은 카메라가 범죄를 예방하는 방법은 더 많은 범죄자를 발각해 냄으로써 가능한 것이고 따라서 비디오카메라는 실제로 효과가 있다고 반박하기도 한다.34

전형적으로 비디오 감시에 대한 시민들의 합리성에 영향을 미치는 주요한 요소는 그들의 범죄에 대한 두려움(fear of crime)이다. 무형이며, 측정하기 어렵고, 실제 위험성과도 별도인 범죄에 대한 두려움 또는 불안은 특히 지역사회 경찰활동(community policing)이 도입된 이후 경찰업무평가의 핵심적 관점이 되었다. 영국에서의 한 연구에 따르면 적어도 카메라는 시민들을 더 안전하게 만들지는 못했다고 한다. 그럼에도 불구하고 더 많은 보안카메라를 설치하고, 안전에 관한 더 많은 영상을 텔레비전에서 내보내어 시청자들로 하여금 범죄의 위험성에 대하여 더 강한 설득력을 가지게 하는 등으로 인한 매우 중요한 부수적인 결과는 있었다고 한다. 더구나 미국에서의 9.11 테러와 같은 테러의 공격도 비디오카메라의 채택을 더욱 부채질하고 있다.35

경찰관들은 감시카메라의 도입을 통상 자신들이 업무를 더 효과적으로 수행하는 데 도움이 될 수 있는 또 다른 하나의 도구의 채택으로 여긴다고 한다. 그러나 실제는 그 이상의 변화를 가져다준다고 한다. 예를 들어, 자동차순찰의 도입은 하나의 도구에 그치지 않고 경찰활동 자체를 변화시켰다. 자동차순찰은 지역사회와 그 주민들과 경찰관을 서로 격리시켜서 경찰관과 시민의 접촉과 상호작용을 범죄자나 약물중독자 등으로 제한하였고, 또한 통상적으로 경찰에 대한 시민의 신뢰와 협조를 바탕으로 하는 총체적인 문제해결적 접근으로 대체하려는 '우리 대 그들(us vs. them)'이라는 태도를 더욱 조장시켰다고 한다. 그런데 이 두 가지 형태의 경찰활동은 크게 다르지 않다. 사실, 지역사회 경찰활동은 단지 범죄투쟁에만 그치지 않고 다양한 수준의 공공질서유지도 포함하며, 이는 곧 비디오 감시가 목표로 하는 바이기도 하다. 이런 견지에서, 감시기술은 공공의 신뢰를 얻고, 유지하고, 의지할 필요도 없이 공공질서를 잡을 수 있는 하나의 방법인 것이다.

고전적인 합리적 관점에서, 즉각적인 반응이 뒤따르지 않는다면, 감시카메라의 억제효과는 경찰에 의하여 신체적으로 붙잡힐 것이 확실하지 않기 때문에 감소하기 마련이다. 따라서 카메라에 잡히는 모든 무질서는 즉시 다루어져야 하는 것이다. 즉, 전자질서유지는 즉각적인 행위통제이며, 합리적 인간은 자신이 감시되고 있으면 평화를 해치는 행위에 가담하지 않기 때문에 카메라는 하나의 해결책이며 따라서 문제해결(problem-solving)은 불필요하다는 것이다. 바로 여기서 순수한 사후대응적 경찰활동(reactive policing)으로의 대대적인 회귀를 가능케 하고 있다. 카메라의 설치는 실제로 사전적·예방적(proactive)인 것으로 말할 수 있으나 모든 유형적인 부수적 경찰활동은 반응적 예방(reactive prevention)에 제한될 것이라고 한다.36

POLICE SCIENCE

참고문헌

1 M. Deflem, "Technology and the internationalization of policing: A comparative–historical perspective," *Justice Quarterly*, 2002, 19(3), pp. 453–475.

2 G. T. Marx, "An ethics for the new surveillance," *The Information Society*, 1998, 14, pp. 171–186.

3 K. D. Haggerty and R. V. Erickson, "Militarization of policing in the information age," *Journal of Political & Military Sociology*, 1999, 27, pp. 233–255; A. J. Meehan, "Transformation of the oral tradition of the police subculture through the introduction of information technology," *Sociology of Crime, Law & Deviance*, 2000, 2, pp. 107–132.

4 R. A. Leo and R. J. Ofshe, "The consequences of false confessions: Deprivations of liberty and miscarriages of justice in the age of psychological interrogation," *Journal of Criminal law & Criminology*, 1998, 88, pp. 429–496.

5 R. S. Julie, "High–tech surveillance tools and fourth amendament," *American Criminal law*, 2000, 37, pp. 127–143; G. T. Marx, "Technology and social control: The search for the silver bullet," in P. B. Baltes and N. J. Smelser(eds.), *International Encyclopedia of the Social and Behavioral Sciences*(Vol. 23), New York: Elsevier, 2001, pp. 155–156.

6 S. Ackroyd, R. Harper, J. A. Hughes, D. Shapiro, and K. Soothill, *New Technology and Practical Police Work*, Buckingham: Open University Press, 1992, p. 73.

7 Ackroyd *et al.*, *op. cit.*, p. 81.

8 K. W. Colton, *Police Computer Technology*, Washingron, DC: Heath, Lexington, 1978, p. 111.

9 Colton, *op. cit.*, p. 172.

10 P. R. Canter, "Geographic information systems and crime analysis in Baltimore County, Maryland," in D. Weisburd and J. T. McEwen(eds.), *Crime Mapping and Crime Prevention*, Monsey, NY: Criminal Justice Press, 1977, pp. 157–190.

11 P. D. Phillips, "A prologue to the geography of crime," *Proceedings, Association of American geographers*, 1972, 4, pp. 86–91.

12 C. R. Shaw and H. D. McKay, *Juvenile Delinquency and Urban Areas*, Chcago, IL: University of Chicago Press, 1942.

13 K. Harries, Mapping Crime: Principle and Practice, *National Institute of Justice*, 1999, p. 2.

14 *Ibid.*

15 L. E. Cohen and M. Felson, "Social change and crime rate trends: A routine activities approach," *American Sociological Review*, 1979, 44:588–605; M. Felson, *Crime and Everyday Life*, Thousand Oaks, CA: Pine Forge Press, 1998.

16 P. J. Brantingham and P. L. Brantingham, *Patterns in Crime*, New York: Macmillan, 1984.

17 R. V. Clarke(ed.), *Situational Crime Prevention: Successful Case Studies*, New York: Harrow and Heston, 1992.

18 *Ibid.*

19 G. C. Barnes, "Defining and optimizing displacement," in J. E. Eck and D. Weisburd(eds.), *Crime and Placement*, Monsey, NY: Criminal Justice Press, 1995, pp. 95–113.

20 D. Weisburd and L. Green, "Measuring immediate spatial displacement: Methodological issues and problems," in Eck and Weisburd(eds.), *op. cit.*, pp. 349–361.

21 P. J. Brantingham and P. L. Brantingham, "Notes on the geometry of crime," in P. J. Brantingham and P. L. Brantingham(eds.), *Environmental Criminology*, Beverly Hills, CA: Sage Publications, 1981, pp. 27−54.

22 R. Dussault, "Betting on intelligence," *Government Technology*, 1999, 12, pp. 26−28.

23 W. Gorr, A. Dlligschlaeger, and Y. Thompson, "Assessment of crime forecasting axxuracy for deployment of police," *International Journal of Forecasting*, 2000, Special Issue on Crime Forecasting.

24 J. P. LaSage and Z. Pan, "Using spatial contiguity as Bayesian Prior Information in regional forecasting models," *International Regional Science Review*, 1995, 18(1), pp. 33−53; G. H. Moore, E. A. Boehm, and B. Anirvan, "Using economic indicators to reduce risk in stock market investments 1," *International Journal of Forecasting*, 1994, 10(3), pp. 405−417.

25 W. Gorr and A. Olligschlaeger, Crime Hot Spot Forecasting: Modeling and Comparative Evaluation, *Final Project Report*, U. S. Department of Justice, 2002.

26 S. L. Sorensen, "SMART mapping for law enforcement settings: Integrating GIS and GPS for dynamic, near−real time applications and analysis," in D. Weisburd and T. J. McWen(eds.), *Crime Mapping and Crime Prevention*, Monsey, NY: Criminal Justice Press, 1997, pp. 349−378.

27 K. C. Clarke, Getting Started with Geographic Information System, Upper Saddle River, NJ: Prentice−Hall, 1997.

28 *Drug Court Clearinghouse and Technical Assistance project, Drug Testing in a Drug Court Environment: Common Issues to Address*, Washington, DC: US Department of Justice, 2000.

29 M. H. Slawson, D. G. Wilkins, P. L. Foltz, and D. E. Rollin, "Quantitative determination of Phencyclidine in Pigmented and Nonpigmented hair by Ion−Trap Mass Spectrometry," *Journal of Analytical Toxicology*, 1996, 20, pp. 350−354.

30 B. Parker and J. Peterson, "Physical evidence utilization in the administration of justice," in *Law Enforcement, Science, and Technology*(3rd ed.), S. I. Cohn and W. B. McMahon(eds.), Chicago: IIT Research Institute, 1970, pp. 513−524.

31 C. Norris and G. Armstrong, *The Maximum Surveillance Society: The Rise of CCTV*, New York: Berg, 1999.

32 D. garland, *The Culture of Control: Crime and Social Order in Contemporary Society*, Chicago: University of Chicago Press, 2001, p. 189.

33 S. Leman−Langlois, "The myopic panopticon: The social consequences of policing through the lens," *Policing and Society*, 2002, 13(1), pp. 43−58.

34 J. Ditton and E. Short, "Yes, it works − no, it doesn't comparing the effect of open−street CCTV in two adjacent town centers," *Crime Prevention Studies*, 1999, 10, pp. 201−223.

35 Ditton, *op. cit.*

36 Norris and Armstrong, *op. cit.*, p. 24.

제 10 장

경찰과 지역사회 관계

POLICE SCIENCE

제 1 절
경찰과 지역사회

최근 경찰이 직면한 여러 가지 문제점들에 대해 평가하면서 일부에서는 진공상태에서 존재하지 않다는 것을 깨닫고 있다는 주장을 하기에 이르렀다. 지역사회경찰활동과 같이 범죄문제를 다루기 위하여 경찰이 취하는 행동과 채용하는 전략들이 바로 지역사회가 경찰 노력의 한 부분이 될 필요가 있음을 암시하고 있다는 것이다. 그렇기 때문에 경찰과 지역사회의 운명은 서로 밀접하게 연관되어 있다.[1]

그럼에도 불구하고 경찰과 지역사회 관계의 역사는 경찰 내·외부로부터 받는 인상과 표현에 대하여 대부분 지역사회로부터 격리되어 있음을 지적하고 있다. 경찰문제에 있어서 외부의 간섭에 적극적으로 저항하며 구성원들에게는 충성심을 강조하는 폐쇄적이고, 비밀스러운 조직으로 표현하는 것이 그 좋은 예라고 할 수 있다. 이와 함께 좋은 사람들은 보호하고 나쁜 사람들에게는 대항하는 두 집단으로 시민을 쉽게 구분할 수 있으며, 그 결정은 경찰이 하는 것이라는 생각도 경찰과 지역사회의 격리에 기여한 바 없지 않다. 또한 순찰차의 활용이나 무선통신기기의 사용 등 기술의 진보도 시민들로부터 경찰을 소외시키는 데 공헌하고 있다. 더구나 현대 경찰의 역할을 범죄통제 등, 비교적 배타적으로 제한하고 문제해결, 평화유지, 기타 공공봉사 등을 축소하는 경향도 경시할 수 없다.[2]

물론 개인주의, 개인의 자유, 그리고 인권이 강조되는 민주주의하에서 경찰의 역할이 경찰과 지역사회의 긴장을 초래하게 한다는 데는 의심의 여지가 없다. 그러나 최근 경찰과 지역사회 관계에 대한 관심을 더 많이 갖게 하는 몇 가지 현실도 무시할 수 없다. 개선되지 않고 있는 범죄발생률이나 그로 인해 악화된 범죄에 대한 두려움의 정도, 그리고 인권운동의 신장 등이 시민과 경찰의 긴장을 고조시켰고 경찰의 인상, 역할, 그리고 기능을 아주 복잡하게 만들고 있다.

이러한 경찰과 지역사회의 지속적인 긴장의 결과는 심각한 지역사회문제에 대하여 거의 전적으로 법집행에 의존할 수밖에 없는 무기력함의 인식과 함께 경찰과 지역사회 관계의 역동성을 면밀하게 분석하는 데 대한 새로운 관심을 갖게 되었다. Team Policing이나 도보순찰, 그리고 지역사회지향의 경찰활동이나 문제지향의 경찰활동과 같은 법집행전술의 변화와 개선이 바로 이러한 관심을 반영하는 것이다.

제 2 절
경찰 - 지역사회 관계의 요소

1. 인간관계(Human relations)

경찰과 관련한 인간관계의 개념은 시민과 경찰 사이에 일어나는 많은 대인적 상호작용의 특성과 질에 관련된 것이라고 할 수 있는 것으로서 직접적인 것과 간접적인 것이 있다. 직접적인 인간관계는 경찰과 시민이 직접 대면하거나 전화 등으로 서로 직접 의사소통을 하는 상황에서 일어나는 것이라고 할 수 있다. 간접적 인간관계는 경찰과 다른 시민의 직접적인 대면을 목격함으로써 생겨나는 잠재적 대면접촉에 대한 인식이나 참고 등이라고 할 수 있다.

다수의 경찰관과 그들과 관련된 사람들은 경찰과 지역사회 관계를 약물남용방지 프로그램(Drug Abuse Resistance Education: DARE)나 이웃감시와 같이 전적으로 조직화된 프로그램으로 생각하나, 그러한 개념은 매우 불완전한 것이다. 사실, 인간관계가 경찰과 지역사회 관계보다 근본적이고 중요한 구성요소이기 때문이다.

가장 일반적인 경지에서 보면 인간관계의 개념은 인간으로서 서로에게 서로를 위하여 함께 하는 모든 것이라고 할 수 있다. 긍정적인 인간관계는 자신과 다른 사람의 유사점은 물론이고 차이점까지도 민감하게 다른 사람의 존엄성을 가능한 보전하려는 그러한 관계로 이루어진다. 하지만, 부정적 인간관계는 다른 사람이 받아야 할 존경과 존엄성을 빼앗는 것이라고 할 수 있다.[3]

여기서 경찰과 지역사회 관계에 있어서 인간관계란 경찰과 시민의 대인적 접촉을 말하는 것이다. 전화나 우편을 통한 접촉도 있을 수 있으나, 상호대면적 접촉은 관계자나 인간관계의 견지에서 얻을 것도 잃을 것도 많기 때문에 경찰의 인간관계에 있어서 중요하다. 이는 즉각적인 환류가 가능하고 메시지가 분명해지며, 상대에 대한 사실적 감각을 가질 수 있으나, 한편으로는 이러한 사실과 상호물리적으로 근접하기 때문에 감정이 쉽게 발현될 수 있고 자기통제가 어렵게 되며 물리적 손상 등도 가능해진다. 따라서 대인간 대면적 상호작용이 경찰의 인간관계 관행의 질을 관찰하고 분석하고 평가하는 데 가장 적합하다고 할 수 있다.

대부분의 경찰과 시민의 상호작용은 도움을 청하는 시민에 의하여 시작되어 대부분 경찰의 지역사회 관계에 긍정적인 영향을 미치나 오히려 소수의 부정적, 불유쾌한 접촉이 더 오래 기억되며, 언론이나 주변사람들과의 경험담을 통하여 더 많은 사람들에게 전해지기 때문에 경찰의 지역사회 관계에 더 큰 영향을 미친다. 따라서 지금도 일부 소수에 지나지 않는 불유쾌한 접촉을 줄일 수 있는 경찰의 인간관계 관행의 향상이 경찰의 지역사회 관계에 상당한 도움이 될 것으로 보인다.4

(1) 경찰에서의 인간관계의 특성

일반적으로 사람들은 부문화 또는 하위문화로 사회화된다. 이는 경찰도 예외가 아니다. 경찰의 하위문화는 대체로 강한 집단 충성심, 정치적·도덕적 보수주의, 자율성, 냉소주의, 격리와 소외감 등으로 특징지어진다. 이러한 특징이 경찰 하위문화의 정확한 표상이라면 경찰의 인간관계는 문제가 될 수 있다.5

경찰의 하위문화뿐만 아니라 경찰관의 인성도 경찰과 시민의 대면에 영향을 미친다. 일부에서는 경찰관의 인성이 위험성, 권위, 효율성, 그리고 동료애 등으로 형성되는 것으로 보고 있으나 다른 일부에서는 내부지향(자기동기부여), 임무지향(임무수행 우선), 행동지향(추적의 위험성과 스릴로 인한 흥분), 집단의 충성, 공공에 대한 의구심과 의심, 공격적, 냉소적, 권위적 등으로 특징짓고 있다. 또한 빈번하게 인용되는 경찰관의 인성특성인, 스트레스는 효율성과 생산성의 요구, 상관과 시민을 대하는 것과 관련한 불확실성, 위험성, 경찰의 역할과 관련된 여러 가지 갈등적 압박, 그리고 시민에 대한 분개 등에 기인한 것으로 알려져 있다. 이러한 사실은 과다한 문서작업과 범죄문제의 어려움으로 인한 좌절 등과 함께 경찰의 사기를 저하시킨다. 결국 이러한 스트레스, 좌절감, 저하된 사기 등은 시민과의 긍정적인 인간관계를 형성하는 데 심각한 어려움을 가져다준다.6

한편, 대면과 접촉 당사자의 주요 관심사항도 대면과 접촉의 일반적 특징을 만들게 되는데 경찰과 시민의 대면에 있어서는 체면의 유지, 효과적인 의사소통, 그리고 당사자 간의 권위와 힘의 분배라는 세 가지 주요 관심사가 경찰의 인간관계에 특별한 중요성을 가진다.

사람과 사람의 직접적인 대면이 때로는 서로의 체면을 살려줄 수 없는 경우가 많아서 인간관계를 어렵게 하고 있다. 또한 상대와의 효과적인 의사소통도 인간관계를 향상시키는 훌륭한 방법이나 경찰의 직업적 속어 등의 사용 혹은 시민을 대체로 의심하는 하위문화 등으로 인해 이를 어렵게 할 수 있다. 그리고 경찰의 인간관계의 문제 중 중요한 근원의 하나는 경찰의 시민에 대한 복종의 요구가 합법적인지에 대한 경찰과 시민의 의견의 불일치라고 한다. 그러나 경찰이 대부분의 대면과 접촉에서 시민보다 많은 권위와 힘을 가진다는 사실은 경찰 인사관계에서 문제를 유발시키고 있다.7

(2) 경찰과 시민의 상호작용에 대한 사회적 특성

경찰의 임무는 일반적으로 법의 집행과 질서 유지라는 두 가지 요소로 구성되어 있다. 이들 두 가지 임무는 모두 강제적 권한을 내포하며, 구분이 분명하지 않을 때가 있다. 그런데 바로 경찰 기능의 모호한 구분이 중요한 인간관계 문제를 초래하고 있다. 그 이유는, 경찰관이 무엇을 하기로 결정을 할 때, 대부분 못마땅하게 여기기 때문이다.

한편 경찰관이 정복을 착용하고 무기를 소지하는 등의 모습은 시민들에게 경찰관이 권한을 가지고 있으며 필요하다면 언제나 무력이나 강제력을 사용할 수 있음을 암시하고 있는 것이다. 물론 이것이 대민 접촉시 모든 권한, 권위 등의 문제를 해결하는 것은 아니지만 대부분의 사람과 상황을 통제하는 데 상당히 유리하다는 것을 보여준다. 바로 이러한 점 때문에 많은 심각한 인간관계의 문제가 생기게 된다.

민주주의 사회에서 경찰관이 자유 시민에게 이러한 권위나 권한을 가지고 복종을 요구하는 것은 저항을 초래하기 마련이다. 그리고 경찰은 그들이 직면하는 사람들이 법률적·도덕적 근거에서 자신의 우월성을 받아들이고 수용하기를 기대하고 또 요구하기 쉽다.

시민의 이러한 법률적·도덕적 의무의 심각한 위배는 그들의 권위에 대한 도전이요, 상황의 통제에 대한 위협으로 여기게 되어 복종의 요구와 저항의 악순환을 심화시키게 된다. 또한 경찰관들은 자신을 철저한 동료의식을 가진 구성원으로 여겨서 특정한 경찰관의 권위에 대한 도전을 경찰과 사회의 근본에 대한 위협으로 간주하기 쉽기 때문에 필요 이상으로 보다 신속하고 강력하게 대응하게 된다.8

(3) 인간관계 프로그램과 정책

지금까지 지적한 문제들은 상당부분 민주사회에서의 경찰의 임무와 역할에 근본적으로 기인된 것이어서 결코 완전히 해결될 수는 없지만 인간관계 관행의 향상을 통해서 경찰의 인간관계의 문제가 경찰 지역사회 관계에 미치는 부정적 영향은 줄일 수 있을 것이다.

경찰분야에서의 전략과 전술상의 개혁·변화 등은 대체로 경찰의 일상적인 시민접촉의 빈도와 친밀성을 상당히 축소시켜 왔다. 도보순찰을 대신한 자동차순찰의 도입이 가장 극적인 예라고 할 수 있다. 경찰관은 시민을 멀리서 관찰은 하나 시민을 직접 접촉하지는 않기 때문이다. 그러나 시민과의 직접적인 대면적 상호작용은 지역사회의 협조와 지지를 얻기 때문에 기동순찰은 실제로 긍정적인 경찰과 지역사회 관계를 약화시키게 된다. 따라서 도보순찰의 재도입이나 지역사회지향 또는 문제지향의 경찰활동을 강조하는 경찰정책들은 경찰과 지역사회 관계에 있어서 대면접촉의 이점을 그대로 반영하는 것이다.

한편 좋은 인간관계 관행은 반드시 경찰기관의 분명한 내부정책으로 규정되어야 한다. 책임자나 관리자는 그 중요성을 강조하고 실천해야만 한다. 그러나 이를 극대화시키기 위해서는 인간관계 정책이 하급직원들의 행동으로 반영되어야 한다. 바로 이들이 지역사회에서 시민을 직접 접하며, 인간관계 관행이 좋고 나쁨은 바로 이러한 접촉을 통하여 느껴지기 때문이다.

2. 공공관계(Public relations)

재화와 용역을 제공하는 거의 모든 조직은 자신과 자신이 하는 일에 대해서 대중에게 알리고 의사소통할 필요가 있다. 이러한 의사소통은 대체로 상이하지만 연관된 두 가지 목적이 있다. 첫째는 자신의 제품과 서비스에 관해서 시민들에게 고지하는 것이다. 영리를 목적으로 하는 곳에서는 이러한 의사소통을 광고 또는 마케팅이라고 하며 수요가 많아질수록 좋아진다고 가정한다. 비영리, 공공분야의 경우에는 이보다 조금 더 복잡해진다. 때로는 경찰이 자신의 서비스에 대해서 시민들에게 광고하고 그 서비스에 대한 수요가 증가하고 있다는 것을 알리고 싶어 하는 경우도 있다. 반대로 경찰 서비스에 대한 수요가 다 충족시킬 수 없을 정도로 지나쳐서 공공교육을 통해서 업무의 과중을 극복하는 노력을 필요로 하는 경우도 있다. 어떤 경우에서나 시민들에게 유용하고 정확한 정보를 제공하는 것이 경찰의 공공관계에 있어서 중요한 기능이다.

경찰이 시민들과 의사소통을 하는 두 번째 목적은 좋은 인상과 명성을 형성하고 유지하기 위한 것이다. 물론 장기적으로는 최상의 서비스와 제품의 제공이 목적을 달성할 수 있는 가장 중요한 요인이다. 그러나 오늘날과 같은 언론, 정보의 시대에는 자신의 이미지를 좋게 하기 위하여 제품과 서비스의 질에만 의존할 수는 없다. 경찰활동에 비판적인 사람이나 언론에 의하여 경찰에 대한 이미지가 왜곡되고 시민과 정치권에도 영향을 미칠 수도 있다. 그 결과 경찰은 자신에 대한 긍정적인 이미지를 창출하고 자신의 이미지가 도전받을 때는 그것을 지키기 위하여 노력하는 의도로서 다양한 활동을 계획하고 집행하는 것이다.

그런데 경찰의 공공관계는 다양한 형태로 이루어지고 있다. 교회 등 지역사회의 조직이나 단체들과 좋은 관계를 맺음으로써 위기상황에서 많은 도움을 받을 수 있다. 이웃감시와 같이 시민들의 자경활동단체의 조직을 도와주는 것도 유용한 전략이며, 언론과의 좋은 관계 유지와 경찰관의 선행 등에 언론의 관심을 갖게 하는 것도 효과적일 수 있다. 물론 경찰이 관련된 문제 등을 언론이 보도함으로써 파생되는 피해를 통제하는 것 역시 경찰의 중요한 공공관계 기능이라고 할 수 있다.

(1) 공공관계 - 정책과 관행

공공관계는 정책과 관행이라는 두 가지 주요 요소로 이루어진 활동이라고 할 수 있다. 정책은 경찰에 관한 공공의 긍정적인 견해를 형성하고, 교육하고, 연계시키기 위한 의도로서 행해지는 기획, 의사결정, 성명 등으로 이루어진다. 반면에 관행이란 이러한 정책을 실행에 옮기는 과정이다. 결국 경찰의 공공관계란 경찰기관이 공중에게 알리고 관계를 설정하고 자신에게 긍정적인 견해를 조장하기 위하여 시행하는 모든 조치라고 할 수 있다. 필요한 정책이 필요할 때 입안되지 않고, 문제가 제때 처리되지 않고, 프로그램은 계획되지만 실행되지 않는다면 공공의 경찰에 대한 견해와 태도에 상당한 영향을 미치게 된다.9

그러나 아무리 좋은 공공관계 정책이라도 그 자체만으로는 경찰에 대한 공공의 호의적 이미지를 형성하기에는 불충분하다. 그것은 실제로 경찰이 하는 것이 정책만큼이나 중요하기 때문이다. 공공관계 프로그램이 관심 있는 공공이 수용하는 관행을 정확하게 반영한다면 공공의 호의적인 이미지를 단지 투영할 수는 있을 것이다. 예를 들어, 많은 시간과 돈을 들여서 경찰이 예의바르고, 공정하고 전문적이라는 사실을 광고·홍보하지만, 실제로 경찰과 시민의 접촉이 이를 반영하지 못한다면 머지않아 공공관계는 실패하게 된다. 따라서 정직성과 정책과 관행의 결합은 공공관계 과정에 있어서 불가피한 것으로 보인다.10

(2) 경찰 공공관계의 전략과 기술

경찰이 공공관계를 증진시키기 위한 첫번째 단계는 공공의 태도, 인식, 불평, 요구, 그리고 욕구 등에 관한 정보를 체계적으로 수집하는 것이다. 그러한 정보는 시민과의 접촉을 통하여 순찰경찰관에 의하여 매일매일 수집될 수 있고 내근자가 지역사회 지도자나 단체, 기관 등과의 접촉과 시민에 대한 여론조사 등을 통하여 주기적으로 수집될 수도 있다. 이렇게 수집된 정보는 지속적으로 분석되어서 관계자가 적절한 조치를 취할 수 있는 의사결정에 도움을 줄 수 있게 된다.

그렇다면 이러한 공공관계정책을 실행하기 위해 필요한 자원은 무엇인가? 경찰이 활용할 수 있는 가장 중요한 공공관계 자원은 경찰관이다. 경찰에 대한 공공의 이미지는 상당부분 시민들을 직접 접하는 경찰관들의 언행과 복장 등에 크게 좌우된다. 경찰관이 활용할 수 있는 또 다른 하나의 공공관계 도구는 보고서이다. 경찰관의 자질향상, 범인검거, 사건 해결률, 새로운 프로그램 등 경찰의 실적에 대한 정확하고 시의 적절한 보고서도 경찰에 대한 이미지를 개선시킬 수 있다. 또한 경찰은 전시회, 모임, 순찰차 동승 등을 이용하면서 경찰활동과 절차에 대하여 시민들에게 알리고 호의적인 인상을 형성하고 유지하도록 할 수 있다. 그리고 경찰이 지원하는 지역사회 프로그램도 경찰의 공공관계에 상당한 가치가 있다. 호신술이나 아동보호, 약물중독이나 방법요령 등을 예로 들 수 있다. 이러한 모든 노력들이 경찰이 시민들에게 관심을 갖고 있다는 사실을 보여줄 수 있기 때문에 시민이 경찰에 대한 호의적 이미지를 갖게 하는 데 도움을 주고 결과적으로 경찰의 공공관계의 향상에 기여하는 것이다.[11]

(3) 경찰 공공관계와 언론

훌륭한 공공관계를 원하는 모든 경찰기관이 가장 큰 관심을 갖는 것은 역시 언론이다. 신문, 라디오, 그리고 텔레비전을 활용하거나 잘못 활용함으로써 경찰에 관한 공공의 이미지를 형성하는 데 상당한 영향을 미칠 수 있다. 이들 대중매체는 지속적이고 빈번하게 많은 사람들에게 주기적으로 접근할 수 있으며 어떠한 경찰기관도 이들 대중매체의 지원 없이는 호의적인 이미지를 유지할 수 없기 때문이다.

경찰과 언론의 관계는 공개성, 정직성, 그리고 가용성에 기초하여야 한다. 경찰의 언론정책은 공개적이어서 관련된 정보에 관한 지식이 있는 사람이면 지위 고하를 막론하고 누구나 언론을 상대할 수 있어야 한다. 언론은 진행 중인 수사를 방해하지 않고 관련 당사자의 권리가 침해되지 않는 범위에서 합법적으로 얻어질 수 있는 모든 정보를 제공받아야 한다. 특히, 대다수의 시민은 경찰을 직접 대면하고 접촉하지 않기 때문에 그들의 경찰에 대한 태도와 이미지는 언론에 의하여 영향을 받게 된다. 그러나 경찰은 안전하게 공개될 수 있는 정보까지도 때로는 공개하기를 꺼리기 때문에 경찰과 언론이 좋은 관계를 유지하기는 쉽지 않다.[12] 실제로 언론과의 현실적이고 사전예방적인 관계가 경찰의 지역사회에 대한 서비스의 성패를 좌우하는 주요한 요소라고 한다.[13]

한편 성공적인 공공관계를 유지하기 위해서는 경찰은 시민들이 쉽게 접근할 수 있어야 하고 정확한 정보를 시민들에게 제공할 수 있어야 한다. 또한 경찰이 성공적인 공공관계를 갖기 위해서는 자신이 주장하는 바를 그대로 실행할 수 있어야 한다. 즉 정직해야 한다. 경찰에 대한 이미지가 현실을 반영하지 않는다면 경찰에 대한 긍정적인 이미지는 장기적인 긍정적 영향에 미치지 못하게 된다.

3. 지역사회 관계(Community relations)

지역사회 관계는 인간관계와 공공관계의 결합효과로 이루어진다고 할 수 있다. 경찰과 지역사회 관계는 경찰이나 시민에 의해서 시작되었다. 이는 인간관계와 공공관계의 모든 단계에서 경찰기관 모두와 개인은 물론이고 지역사회의 개인과 집단을 포함하는 것이다. 경찰과 지역사회 관계는 경찰관의 시민과의 접촉(인간관계)의 질과 인간관계와 공공관계로부터 파생된 경찰과 시민이 가지고 있는 상대방에 대한 집합적 이미지에 따라 긍정적일 수도 부정적일 수도 있다.

또한 경찰과 지역사회 관계의 좋고 나쁨은 경찰과 지역사회 모두에게 중요한 관심사이다. 경찰과 지역사회 관계가 향상되면 경찰 개인의 안전과 시민의 협조가 증대되며, 지역사회의 문제와 쟁점을 이해시키는데 신뢰성이 더해지고, 시민들로부터 존경받게 되고, 직업만족도와 자아존중심이 증대되며, 직업과 관련된 스트레스가 줄고, 지역사회로부터 유·무형의 지원을 더 많이 받게 된다. 반면에 지역사회는 자신이 생활하고 즐기는 등 지역사회가 더 안전해지는 혜택을 받을 수 있다.

제3절 경찰 - 지역사회 관계에 영향을 미치는 요소

1. 여론과 경찰

경찰에 대한 시민들의 태도를 조사하는 여론조사는 경찰과 지역사회 관계를 분석하는 유용한 출발점이라고 할 수 있다. 로스앤젤레스에서 있었던 Rodney King 사건과 같이 경찰의 총기난사나 폭력행사 등이 일어난 경우 일시적으로 경찰에 대한 시민의 인식에 약간의 영향을 미치기는 하지만 경찰에 대한 시민의 긍정적 태도는 크게 변하지 않고 있다.[14]

그러나 경찰에 대한 인식은 시민들의 다양한 인구사회학적 특성이나 기타 요인에 따라 차이가 있다. 우선 인구사회학적 요인 중에서 가장 중요한 것은 나이이며, 젊은 사람일수록 경찰에 대한 불만을 더 많이 표출하여 경찰에 대한 부정적 태도를 더 많이 가지는 것으로 알려지고 있다. 또한 하류계층이 중상류계층보다, 학력이 낮은 사람이 높은 사람보다, 그리고 범죄피해 경험자가 그렇지 않은 사람보다 경찰을 더 부정적으로 인식하는 것으로 조사되고 있다.[15] 그런데 한 가지 중요한 것은 시민들의 경찰에 대한 태도가 상당부분 자신과 경찰과의 개인적 경험, 즉 접촉에 의하여 영향을 받는다는 사실이다. 그러나 경찰에 대한 시민의 태도는 지역사회 경찰관서와의 개인적인 경험을 필연적으로 반영하는 것이 아니며 오히려 정부, 형사사법제도, 사회에 대한 일련의 포괄적인 태도를 반영하는 것으로 볼 수 있다. 즉, 경찰에 대한 부정적 태도를 가진 사람일수록 법원이나 판사에 대한 태도도 부정적이라고 한다. 즉, 경찰에 대한 시민의 태도는 국가의 강제력을 행사하는 권력기관으로서 경찰의 상징적 역할을 반영하는 것이다. 따라서 편견과 차별의 피해자, 사회로부터 격리되고 소외되었다고 느끼는 사람일수록 경찰에 대하여 부정적 태도를 갖기 쉽다.[16]

2. 시민에 대한 경찰의 인식

일반적으로 경찰은 자신들에 대한 시민의 인식을 정확하게 알지 못하고 있다. 일부에서는 경찰이 자신들에 대한 시민들의 적대감 정도를 과장하고 있다는 주장이 제기되기도 한다. 실제 연구결과도 73%의 경찰관이 시민이 경찰을 싫어하거나 경찰에 반대하는 것으로 생각한다는 것이다. 그 결과, 시민 또는 공공에 대한 의심과 적대감이 경찰관들의 직업적 인성의 주요요소로 지적되기도 한다.[17]

그런데 시민에 대한 이러한 경찰관의 태도는 여러 가지 요소의 결과라고 할 수 있다. 그 중에서도 가장 중요한 것은 시민과 경찰의 선별적 접촉(selective contact) 형태이다. 경찰관은 모든 지역사회 구성원들과 규칙적인 접촉을 하지 못한다. 극히 일부(미국 Minneapolis 시에서의 경우 약 5% 미만) 시민만이 경찰에게 도움을 요청하고 있으며, 경찰과 직접 대면적 접촉의 경험이 있다는 사실에 비추어 경찰이 대면접촉을 선별적으로 할 수밖에 없음을 알 수 있다.[18]

더구나 이러한 선별적 접촉 외에도 선별적 인식(selective perception)의 현상도 경찰관의 태도에 영향을 미친다. 경찰과 시민의 접촉 중 대부분은 민사적인 것이고 극히 소수만이 적대적이거나 갈등적이라고 할 수 있다. 그런데 일반인들과 마찬가지로 경찰도 일상적인 것보다는 자신에게 불유쾌했거나 잊지 못할 사건들을 기억하기 쉽다. 미국의 젊은 흑인이 경찰에 대한 적대감을 더 많이 표출하며 따라서 경찰도 이들 흑인 청년들을 상징적이고 갈등의 잠재적 원천이라는 견지에서 정형화하고 있는 것이 대표적인 예라고 할 수 있다.[19]

3. 경찰과 지역사회 관계의 문제요소

(1) 법집행 정책

경찰에 대한 불만은 경찰이 지역사회를 적절하게 보호하지 못한다는 비판에서 시작된다. 예를 들어, 범죄발생률 등을 고려할 때 필요한 만큼의 충분한 경찰을 배치하지 않는다는 생각을 갖는 것이다. 실제로 미국에서 실시된 한 조사연구에서 시민들이 경찰 서비스의 질보다는 더 많은 경찰로부터의 보호에 더 큰 관심을 나타냈다고 한다.[20]

그런데 이처럼 법집행이 시민이 기대에 못 미친다면 몇 가지 부정적인 영향을 초래하게 된다. 우선 법과 경찰을 경시하게 된다. 이는 곧 범죄에 대한 용인을 초래하기 때문이다. 더구나 범법과 범죄에 대한 용인은 부정과 부패를 수반하기 쉽고 경찰에 대한 존중심을 저하시키게 된다. 두 번째로, 경찰의 부족한 보호는 법을 준수하는 시민을 범죄활동에 노출시키게 된다. 즉, 시민들이 개인적 위험에 노출되게 되고 생활의 질이 낮아지게 되

며, 청소년들의 범죄가담 가능성을 증대시키는 위험성도 증가시키게 된다.[21]

이에 대한 반론으로는 경찰에 대한 시민의 불평은 경찰이 부적절하고, 부족한 보호나 법집행이 아니라 오히려 지나친 법집행이라는 것이다. 시민들은 경찰의 지나친 검문검색이나 체포 등 소위 과잉집행(overpolicing)에 대해 불평이 더 많다는 것이다. 그러나 이러한 논쟁은 지역사회의 다양성에 기인한 것으로 보기도 하는데, 대체로 젊은 하류계층에서는 과잉집행을 문제시하고 반대로 중상류층에서는 보호의 부족을 탓하는 경우가 많다고 한다. 따라서 경찰은 이러한 지역사회의 다양성을 고려한 다양한 방법의 범죄통제를 필요로 한다는 것이다.[22]

(2) 경찰관행

경찰의 현장관행은 시민과 경찰 사이에 생길 수 있는 갈등의 가장 큰 근원이라고 할 수 있다. 경찰의 총기사용, 무력의 사용, 체포, 검문검색, 교통위반의 적발, 그리고 현장출동의 지연 등 시민생활과 밀접한 관련이 있는 경찰의 현장관행은 경찰에 대한 시민의 태도에 결정적인 역할을 한다. 이는 경찰에 대한 시민의 태도가 시민과 경찰의 직접적인 접촉의 결과에 의하여 크게 좌우되기 때문이다.

전통적으로 경찰의 총기사용이 경찰과 지역사회의 주요갈등의 근원이 되어 왔다. 이는 미국 로스앤젤레스 시의 Rodney King 사건이 대규모 폭동까지 초래하였던 데서 잘 알 수 있다.[23] 이와 함께, 경찰관의 지나친 무력사용, 즉 과잉진압이나 대응도 경찰의 잔혹성이라는 이름으로 비판의 대상이 되고 있다. 물론, 경찰권의 남용은 복잡한 내용이어서 정확하게 규정하기 쉽지 않지만 대체로 합법적인 경찰임무를 수행하는 데 필요 이상의 무력의 사용을 지나치거나 정당화할 수 없는 무력이라고 규정할 수 있다.[24]

범죄피의자의 체포도 경찰과 시민의 갈등을 유발할 수 있는 소지가 있는데, 이는 피의자를 체포하려는 결정이 피해자의 요청, 증거여부, 범죄의 정도, 피해자와 피의자의 관계, 그리고 피의자의 행동 등에 크게 좌우되기 때문이다. 예를 들어, 피해자와 피의자의 관계, 피해자의 요청, 피의자의 행동 등이 경찰과 해당 시민의 갈등을 초래하기 쉬운 것으로 알려져 있다.[25] 한편, 정당하지 못한 검문검색도 시민으로 하여금 경찰에 대한 부정적 태도를 가지게 하고 경찰과 지역사회의 긴장과 갈등을 초래하는 요인이 되고 있다. 물론, 검문검색이 범인의 체포와 잠재적 범죄자에 대한 억제적 경고라는 긍정적인 면도 있지만 반대로 지나치게 공격적인 검문검색은 시민의 불평과 불만을 유발하기 때문이다.[26]

4. 군중과 경찰

전형적으로 시위나 데모, 농성과 비폭력적 항의 등은 평화적으로 시작되나 폭력으로 끝나는 경우가 있다. 이 경우 경찰은 질서를 유지하는 동시에 관련 당사자 모두의 생명과 재산을 보호하는 능력을 검증받게 된다. 그런데 경찰이 그러한 상황을 다루는 방법이나 방식은 장기간 지속되는 깊은 인상을 남기게 되어 경찰과 지역사회 관계에 있어서 중요성을 더하는 것이다. 따라서 훌륭한 인간관계를 실행하면서 동시에 경찰관서의 긍정적인 기여를 강조하는 것은 매우 어려운 일이지만 중요한 일이다.

사람들은 다양한 이유로 다른 목적을 가지고 다양한 상황에서 크고 작은 규모로 모이게 된다. 이러한 집단의 일부는 경찰의 지역사회 관계에 영향을 미치지는 않지만 집단의 유형과 목적에 따라 <표 10-1>처럼 경찰의 지역사회 관계에 영향을 미치기도 한다.

<표 10-1>을 참고로 군중의 유형별 경찰과 관계를 요약하면 다음과 같다.[27] 먼저, 우연하의 군중(casual crowds)은 전철역에서 차를 기다리는 대규모 집단과 같은 군중으로서 전철을 타겠다는 목적은 있으나 구성원의 목적이 동일하지는 않고 구성원 상호간 의식하지 않기 때문에 집합적 의식이 없으며 감정적 표출이 없고 단기적인 특성을 가진다. 이러한 군중은 일부 교통문제를 유발할지는 몰라도 경찰에게 문제를 초래하지는 않는다.

표 10-1 군중의 구분특성[28]

집합성의 유형	행동지향성	구성원의 안정성	집단구성원으로서의 자의식	감정적 강도	집회기간	경찰의 어려움
우연한 군중	매우 낮거나 없음	낮음	매우 낮음	매우 적음	단기적	흔치 않음
관습화된 군중	중간에서 높음	중간에서 매우 높음	높음	중간에서 높음	장기적	가끔
행동하는 군중 ❶ 난동, 폭도	매우 높음	중간에서 높음	매우 높음	매우 높음	단기에서 장기	거의 항상
❷ 축제 모임	중간에서 낮음	낮음에서 중간	중간에서 높음	중간에서 매우 높음	단기에서 장기	가끔
❸ 시민 불복종	높음	매우 높음	매우 높음	높음에서 매우 높음	장기	가끔
❹ 시위나 항의행진	높음	높음	매우 높음	중간에서 매우 높음	장기	가끔

관습적 군중(conventionalized crowds)이란 경기장의 관중이나 공연장의 관람자가 좋은 예로서 우연적 군중과 다른 점은 구성원이 오가는 이동이 거의 없어서 보다 안정적이며 오랜 시간 지속되는 응원과 같이 관습적 규율에 따라 함께 행동하고 공동의 관심사를 가지고 집단으로서 자신을 더 많이 느끼며 감정표출의 가능성이 더 높다는 것이다. 통상 이러한 경우 경찰관을 배치하거나 사설경비원을 고용하고 있으나 때로는 집단행동 등으로 경찰에게 다양한 문제를 안기기도 한다.

군중의 세 번째 유형인 행동하는 군중(acting crowds)은 군중의 목적이 뚜렷하고 한 가지에 초점을 맞추고 있으며 감정이 많이 개입된 집단행동을 한다는 특징을 가지고 있어서 때로는 경찰에게 상당한 문제를 안기기도 한다. 이러한 군중은 참여자가 집합체의 구성원으로 스스로를 인식하고, 늘 현장이나 거리에 있으며, 관심이 특정한 대상이나 쟁점에 초점이 맞추어지고, 집합적으로 행동하며, 그에 따라 참여자간의 감정적 긴장이 매우 높은 특징을 가진 대규모 집합체라고 할 수 있다.

그런데 이러한 행동형 군중은 경찰의 지역사회 관계에 기회일 수도 있으며 동시에 도전일 수도 있다. 행동형 군중 중에서도 가장 위험하고 어려운 군중은 폭도라고 할 수 있다. 특히 공격하는 폭도들에 대한 경찰의 물리력의 사용은 대부분 효과적이지 못하다. 물리력을 회피하는 이유는 폭동군중에게는 큰 영향을 주지도 못하면서 군중들의 분노와 적개심만 증대시키기 때문이다. 더구나 그로 인하여 경찰의 지역사회 관계에도 심각한 부정적 영향을 미치게 마련이다.

행동형 군중의 또 다른 유형은 성탄전야제 등과 같은 축제형 군중으로서, 소규모, 사전에 계획된 행사군중은 비교적 어려움이 적거나 없지만 대규모의 자연발생적 군중집회는 또 다른 문제가 될 수 있다. 예를 들어, 교통이 통제되고, 소음이 발생하는 등 지역사회의 생활에 불편을 초래할 수 있기 때문이다. 그렇다고 경찰이 이들 축제군중을 쉽게 통제하지도 못한다. 우선 이들 축제군중들은 경찰이 개입하여 자신들의 축제분위기를 깨는 것을 쉽게 받아들이지 않는다. 물리력의 사용 등은 비교적 큰 해를 끼치지 않는 군중까지도 적대적이고 위험한 폭동으로 몰고 갈 수 있다. 물론 경찰은 이러한 경우 제3자이기는 하지만 때로는 불행하게도 경찰이 개입한 결과나 단순히 경찰이 가장 쉽게 눈에 띄는 존재이기 때문에 화난 군중의 표적이 될 수도 있다. 이러한 경우가 경찰에게는 매우 위험하고 어려운 상황이 되고 장래 경찰과 지역사회 관계에도 상당한 영향을 미치게 된다. 결국 지역사회와의 의사소통을 원활하게 하는 등 예방적 조치가 최상의 방안이나 예방적 대처가 실패하는 경우에는 계획적이고 전문적인 대응을 할 수 있어야 한다.

경찰에 어려움을 초래하는 또 다른 형태

의 행동형 군중은 연좌농성, 침묵시위 또는 철야농성과 같은 시민불복종(civil disobedience)이다. 이들 농성군중의 존재와 그들의 행동은 사람들의 관심을 끌게 마련인데, 때로는 경찰이 다른 관계자나 지역사회로부터 이들에 대한 적절한 조치를 요구받게 되고, 그 결과 경찰이 이들 농성자들을 해산시키려고 하는 등의 시도를 하게 되면 언론의 보도가 따르며 이들에 대한 관심은 더욱 확대되고 경찰의 입지가 더욱 좁아질 수도 있다. 이러한 부정적 공명성은 경찰에 대한 지역사회의 존중심을 부식시키게 되어 경찰의 지역사회 관계에도 부정적 결과를 초래하게 된다. 따라서 최소한의 물리력 사용과 최대한의 공손함과 정중함은 경찰에 대한 긍정적 이미지를 보호하면서도 동시에 법을 집행할 수 있는 최상의 방안일 것이다.

행동형 군중의 마지막 유형은 시위나 행진 등이 있다. 사전에 당국의 허가를 받고 당국과의 협조하에 이루어지는 합법적이고 평화로운 경우에는 큰 문제가 없지만 이러한 시위 등은 대체로 특정한 쟁점에 대하여 지역사회의 관심을 집중시키고자 하는 의도에서 행해지기 때문에 때로는 갈등적이거나 서로 반대되는 입장과 위치에 있는 상대방과 충돌하는 경우가 생기게 된다. 이 경우 경찰에게도 상당한 어려움을 초래하며, 어느 일방의 편을 든다면 다른 일방에서 적대감을 표출하기도 한다.

제 4 절 경찰 - 지역사회 관계의 실제

1. 경찰 – 지역사회 관계에 있어서 지역사회의 역할

대부분의 경찰활동은 사후대응적인, 즉 시민의 요청에 대한 반응인 경우라고 할 수 있다. 이는 곧 경찰이 언제, 누구에 대해서 어떠한 행동을 할 것인가를 결정하는 것은 대부분의 경우 지역사회라는 의미가 된다.29 그러나 인력과 장비의 부족으로 인하여 지역사회와 시민으로부터 상당한 협조와 지원을 받지 않고서는 경찰의 임무를 다할 수 없다. 이러한 견지에서 보면 지역사회는 경찰에게 있어서 중요한 자원이며, 이러한 지역사회 자원의 확보는 상당부분 경찰과 지역사회 관계에 의하여 좌우되고 있다.

지금까지 경찰과 지역사회 관계를 유지, 발전시키기 위하여 경찰에서는 다양한 프로그램들을 주도하거나 지원하고 있다. 물론 이러한 경찰의 노력은 지역사회와의 관계를 증진하고자 하는 경찰의 관심을 보여주는 매우 가시적인 표식이라고 할 수 있지만 시민들이 이러한 경찰의 노력에 협조하지 않는다면 결코 성공하기 어려운 것이다. 즉, 경찰과 지역사회의 긍정적인 관계를 만들고 유지하기 위해서는 지역사회가 상당한 역할을 해야 한다.

(1) 일반적 역할

누구나 마찬가지로 경찰관의 행위도 경찰에 대한 보상과 처벌에 의하여 상당부분 영향을 받기 마련이다. 보상받는 행위는 반복되기 마련이고 처벌받는 행위는 회피하게 되기 마련이다. 경찰의 불법이나 부적절한 행위에 대한 공공의 비판은 그러한 행위를 자제하게 만들지만 모범적인 행위에 대한 사회적 인정과 칭찬은 바람직한 행위의 반복을 권장하게 된다. 또한, 바람직한 행위에 대한 보상이 잘못된 행위에 대한 처벌보다 경찰관의 행위에 더 큰 영향을 미치게 된다. 결국 경찰관을 바람직하게 행동하도록 하기 위한 가장 효과적인 접근은 바람직한 행위에 대한 보상이라는 것이다. 경찰관의 선행을 지역사회가 인정하고 보상하지 않는다는 것은 경찰관의 행위에 가장 효과적으로 영향을 미칠 수 있는 기회를 잃게 하는 것이다.30

그런데 사람들은 사회적으로 인정을 받을 때 더 열심히 일하는 경향이 있기 때문에 일반적으로 사회적 인정이나 승인(social approval)이 강력한 보상이 될 수 있다고 한다. 더불어 사회적으로 인정받는 사람은 자신과 타인에 대하여 더 좋게 느끼고, 지역사회에 더 전념하고, 지역사회의 규범을 더 잘 준수하게 된다. 결과적으로 경찰이 지역사회로부터 지원과 인정을 받는다면 지역사회에 모범적인 서비스를 제공하리라 기대되지만 반대로 지역사회로부터 지속적인 불평을 듣는다면 경찰도 사회로부터 거리를 두게 된다. 결국 경찰이 지역사회로부터의 극단적인 소외와 거부를 경험한다면 지역사회의 규율을 준수할 의지는 없어지게 되고 이러한 여건에서 경찰의 부정부패와 비행이 초래될 수 있다. 이러한 견해에서 보면, 경찰에 대한 사회의 인정과 지원은 긍정적인 경찰과 지역사회 관계를 유지, 향상시킬 수 있는 요인인 셈이다.

그러나 경찰이 사회적으로 인정을 받기 위해서는 지역사회가 경찰에 대한 정확한 정보를 가지고 정확한 평가를 할 수 있어야 한다. 이러한 평가를 위해서는 시민이 경찰의 정책과 관행에 관한 사실에 접근할 수 있어야 하고 스스로 그러한 사실에 익숙해져야 한다. 그런데 문제는 시민이 이러한 정보를 경찰의 공공관계를 통하여 일부 얻을 수도 있으나 대부분은 언론을 통하여 간접적으로 얻게 된다는 것이다. 따라서 이를 위하여 언론의 공정한 보도가 중요하며, 또 다른 한편에서는 경찰의 공공관계가 더욱 강화되고, 시민의 참여의식도 높아져야 한다는 것이다.

(2) 특수한 역할

사람들은 피해자, 목격자, 피의자, 그리고 단순 관찰자 등 다양한 역할로서 경찰과 상호작용하게 된다. 그 중에서도 특히 범죄피해자가 경찰과 지역사회 관계에서 중요하다고 할 수 있다. 범죄피해자 역할의 시민은 직접 범죄로 인하여 피해를 입고 종종 경찰과 직접 얼굴을 맞대고 상호작용하기 때문이며, 범죄 문제의 해결이 경찰의 일차적인 활동이라는 점도 경찰에 대한 시민의 인식에 상당한 영향을 미치기 때문이다. 물론 경찰도 시민에 봉사하는 공복이지만 경찰의 공공 서비스가 가장 가시적인 것이 바로 범죄피해자와의 관계이다. 이러한 사실로 인하여 경찰과 범죄피해자와의 관계가 경찰의 지역사회 관계를 강화시키거나 약화시킬 수 있는 것이다. 그런데 이 경우 중요한 것은 경찰과 시민이 상황을 서로 다르게 규정하거나 대조적인 때가 있다는 것이다. 범죄피해자는 발생한 상황을 개인적인 위기로 규정하기 쉬우나 경찰은 범죄피해자와 경찰의 대면을 일상적인 것으로 다루는 경향이 있다. 바로 이러한 점이 때로는 경찰에 대한 시민의 회의론이나 부정적 시각에 기여하게 된다. 그 결과 범죄피해자는 경찰을 냉정하고 인정적이지 못하며 사건에 대하여 관심이 부족한 것으로 생각하게 된다. 따라서 이러한 점을 고려하여 경찰이 범죄피해자에 대하여 보다 많은 관심과 동정심을 표현한다면 경찰의 지역사회 관계도 상당히 향상될 수 있다. 동시에 경찰이 피해자로 하여금 피해자도 경찰을 돕는 데 가치 있는 역할을 수행할 수 있다는 인식을 심어줄 필요가 있다. 자원이 허용된다면 범죄피해자에게 주기적 또는 간헐적으로나마 수사나 조사과정을 보고해 줄 필요가 있다.

다수의 사건이 목격자의 진술이나 제보에 의하여 해결되는 등의 경우를 보면 목격자에 대한 감사, 지지, 그리고 동정심의 표현 등이 경찰수사절차의 설명과 함께 제공된다면 경찰의 지역사회 관계에 상당한 도움이 될 수 있을 것이다.

한편 범죄피의자로서의 역할도 경찰과 지역사회 관계에 밀접한 관련을 갖고 있다. 우선 시민들은 통상적으로 강제에 의한 것이지 자발적으로 피의자의 역할을 하지는 않는다. 그리고 경찰은 대체로 자신들이 피의자로 지목한 사람에게 죄가 있다고 확신하는 경향이 있다. 그러나 때로는 범죄피의자의 역할을 하게 된 사람 중에서도 혐의가 없는 경우가 있고 비록혐의가 인정된 사람도 자신이 불공정하게 대우받았다고 불평할 수도 있는 것이다. 따라서 범죄피의자를 검거할 때 무고한 사람이 피의자로 지목되지 않고, 혐의가 인정된 피의자에 대해서도 부당한 취급을 받지 않도록 신중하게 처리되어야 한다.

경찰과 직접적인 접촉을 하지 않는 일반 시민이나 특별한 역할을 가지고 접하는 특수 상황의 시민 모두가 경찰과 지역사회 관계에서 매우 중요한 것은 사실이다. 더구나 시민의 입장에서도 경찰과 지역사회 관계는 일방적이지 않고 쌍방적이며 상호작용적인 것이어서 어느 일방에 의해서만 해결될 수 있는 것이 아니기 때문이다. 예로부터 지역사회는 자신에게 맞는 경찰을 가진다는 것이 진실로 받아들여지고 있다. 경찰의 긍정적인 노력이 지역사회로부터의 긍정적인 반응을 가져오고 또 지역사회의 긍정적인 노력이 경찰의 긍정적인 반응을 가져다 줄 것이다. 그러나 불행하게도 대부분의 시민은 일부 개인적 또는 지역사회의 위기가 발생하기 전까지 경찰, 경찰의 문제, 그리고 경찰의 잠재력에 대해서 거의 관심을 가지지 않는다. 이는 곧 지역사회의 이해를 넓히고 지역사회 관계를 증진시키기 위한 노력을 스스로 먼저 시작할 필요성을 보여주는 것이다.

(3) 공동의 노력

지역사회도 경찰을 필요로 하고, 경찰도 지역사회의 이해와 협조가 없다면 제대로 경찰기능을 수행하기 쉽지 않다. 이는 경찰과 지역사회가 함께 일할 수 있는 방법을 찾는다면 경찰과 지역사회 모두에게 이익이 된다는 것을 의미한다. 실제로 경찰과 지역사회가 범죄문제의 해결을 위하여 다양한 방법으로 서로 협력하고 있음을 알 수 있다. 특히 범죄의 예방과 범인의 검거를 위한 지역사회의 참여는 다양한 방법과 정도로 이루어지고 있다. 더구나 최근에는 경찰이 지역사회의 상인, 기업인, 그리고 시민단체 등을 경찰활동의 파트너로 인식하고 상호 파트너십의 건설에 노력을 하고 있음이 경찰에 있어서 지역사회 역할의 중요성을 엿볼 수 있게 해준다.

이러한 노력의 대표적인 예로서 먼저 도시계획가, 기업인, 건축가, 그리고 법집행관 등이 도시의 공간설계를 통하여 범죄를 예방할 수 있게 하기 위한 노력인 환경설계를 통한 범죄예방(Crime Prevention Through Environmental Design: CPTED)을 들 수 있다. 이는 방어공간으로서 환경을 설계하여 범죄활동을 억제하려는 시도이다. 그 밖에 언론의 공익성을 이용한 방범홍보 및 범죄예방과 신고정신 함양을 위한 공익방송과 시민활동, 그리고 Crime Stoppers와 같은 시민단체의 활동을 예로 들 수 있다.

특히, 지역사회 지향의 경찰활동 또는 지역사회경찰도 건설적인 경찰과 지역사회의 협조를 증진시킬 수 있는 대안으로 떠오르고 있다. 이는 시민들로 하여금 자신의 지역사회에서 치안정책과 활동에 중대한 영향력을 행사하도록 하자는 것이다. 특별히 훈련된 경찰관을 특정 지역사회에 거의 영구적으로 배치하여 주민들과 개인적 관계를 형성하게 하고 지역사회의 문제를 주민과 함께 찾아서 해결하며, 경찰과 지역사회의 연결고리로서 역할을 하는 것이다. 현재 이것이 경찰과 지역사회 관계의 핵심적인 요소로 등장하고 있다.

또한 자율방범의 하나로서 이웃감시와 같은 노력도 경찰과 지역사회 관계에 지대한 영향을 미칠 수 있다. 이웃감시는 범죄활동에 대한 보다 효과적인 억제의 가시성이며 지역사회의 비정상적인 활동을 발견할 수 있는 가장 좋은 위치에 있는 사람은 그곳에 거주하는 주민이라는 두 가지 전제에 기초하고 있다. 이웃감시는 대부분 경찰과의 긴밀한 협조로 이루어지기 때문에 경찰과 지역사회 관계의 개선에 도움이 될 수 있다. 한편, 경찰과의 협조로 활동하는 이웃감시와는 달리 경찰의 도움이나 승인없이 조직되고 때로는 직접 의심되는 범죄활동에 개입하고 재산범죄보다는 폭력범죄에 초점을 맞추는 수호천사(Guardian Angels)도 이러한 노력의 한 예라고 할 수 있다.

그런데 이러한 지역사회의 노력들은 인적자원이 부족한 경찰에게는 가치 있는 자원이 되기도 하지만 그보다는 경찰에 대한 지역사회의 이해, 협조, 그리고 지원과 지지를 표현할 수 있는 기회가 될 수 있다. 결국, 경찰과 지역사회가 지역사회의 공동의 선과 목표를 위하여 함께 손잡고 나설 때 지역사회도 개선되고 경찰과 지역사회 관계도 증진될 수 있다는 것이다.

2. 경찰 – 지역사회 관계에 있어서 경찰의 역할

때로는 경찰과 지역사회 관계라는 표현 자체에 불행한 의미가 함축되어 있다. '우리와 그들'이라는 태도, 즉 경찰과 지역사회가 서로 별개의 존재이고 독립적인 공동체임을 암시하고 있다. 일면 이러한 시각은 일부 시민들이 경찰에 대해 원치 않는 침입자나 압제자의 인식을 가지고 있는 것에서 시민을 동지가 아닌 적으로 여기고 경찰관끼리의 동조와 결속을 강조하는 것 등에서도 엿볼 수 있다.

때로는 경찰이 시민과 갈등을 겪고 시민들로부터 소외되고 있다고 느끼거나 시민들도 경찰을 적대적으로 본다 하더라도 다른 면에서나 근본적인 관점에서 본다면 경찰과 공공 시민 모두가 동일한 지역사회공동체의 구성원임에는 틀림없다.

이런 점에서 경찰의 바람직한 지역사회 관계는 경찰과 시민이 공유하는 공동체 의식을 강조하는 데 크게 좌우된다고 할 수 있다. 만약 경찰이 공공시민의 신뢰를 기대하고, 시민이 경찰에 충고하고 도움을 제공하기를 기대한다면 공공이 경찰을 이방인이나 적대적 존재로 간주하도록 놔두어서는 안 된다. 마찬가지로 시민이 범죄로부터 보호받고, 신체와 재산의 안전과 보안을 원하고, 경찰의 도움을 기대한다면 경찰을 이방인이나 적대자로 취급해서도 안 되는 것이다. 만약 시민과 경찰이 서로를 동일한 공동체사회의 구성원으로 인식한다면 경찰과 지역사회 관계의 여러 가지 문제는 완화할 수 있을 것이다. 물론 경찰과 시민이 서로를 상호 의존적이며, 상호 연관된 동일한 공동체사회의 구성원으로 인식할 필요성을 권장하는 것이 실제로 그러한 인식이 지배하는 여건을 만드는 것보다는 훨씬 용이할 것이다. 이는 경찰과 지역사회의 갈등을 유발하는 경찰역할의 특별한 속성 때문이라고 할 수 있다. 현대 산업사회의 문화적 다양성과 복잡성으로 인하여 경찰과 일부 지역사회의 구성원들과의 소소한 갈등은 어쩔 수 없는 것일지도 모른다. 따라서 경찰과 지역사회 모두가 동일한 공동체사회의 상호 의존적인 구성원이라는 것을 항상 느끼고 깨달을 수 있도록 해야 하는 것이다. 이를 위하여, 경찰은 지역사회에서 자신의 토대를 강조하기 위하여 취해야 할 여러 가지 노력을 강구할 필요가 있는 것이다.

경찰은 지역사회 관계가 경찰기관의 핵심적인 요소라는 인식을 가져야 한다. 지역사회 관계가 건전하지 않다면 경찰이 바라는 경찰관을 제대로 확보하기조차 어렵게 되고 결국 효율적인 업무수행도 사실상 어려워질 수밖에 없다. 그런데, 바람직한 경찰과 지역사회 관계를 형성하고 유지·발전시키기 위해서는 경찰과 지역사회의 지도자 모두가 단순한 눈가림이나 흉내내기 이상의 실질적이고 중요한 교육훈련을 계획하고 개발하는 데 참여할 책임이 있다. 그러나 많은 경우, 이러한 시도나 노력은 만족스럽지 못한 것으로 평가되고 있는데, 실패의 이유 중 하나가 경찰 지휘자나 책임자 등이 이러한 교육훈련에 관심을 가지고 적극적으로 참여하지 않기 때문이다. 따라서 경찰 지휘부에서는 부하 직원들로 하여금 그러한 교육훈련에 적극 참여하도록 독려하여 스스로 교육훈련에 참여함으로써 교육훈련의 중요성을 보여줄 필요가 있다.

물론 경찰과 지역사회 관계는 쌍방향적이나, 경찰은 지역사회 관계의 이론과 관행을 숙지하고 그에 익숙해져야 하기 때문에 경찰과 지역사회 관계를 선도할 필요가 있다. 따라서 경찰이 주도하고 지원하는 경찰과 지역사회 관계 프로그램은 경찰과 지역사회 모두에게 큰 이득이 될 수 있다는 것이다.

긍정적인 지역사회 관계를 발전시키기 위해서 경찰 지휘부에서는 경찰관으로 하여금 지역사회 관계에 참여하는 것이 경찰업무의 핵심적인 부분이라는 것을 인식하도록 확신시켜 줄 필요가 있다. 이는 지역사회 관계에서의 교육훈련에 자원을 할당하고, 지역사회 관계를 증진시키는 데 관심을 보이는 경찰관을 중요하게 인정해 줌으로써 가능해질 수 있다. 물론 경찰과 지역사회 관계는 두 집단 모두에 의하여 좌우되는 것이지만, 경찰이 지역사회와 협조적인 관계를 발전시키고자 하는 진지한 의사가 있음을 대중에게 확신시켜 주고 이러한 목표를 성취하기 위하여 가용한 자원을 최대한 활용하는 것은 경찰-지역사회의 관계 개선에 도움을 줄 수 있다.

그런데 이와 같이 성공적인 지역사회 관계를 구축하기 위해서는 전제되어야 할 것이 있다. 만약 지역사회 관계가 경찰의 우선순위에서 그 중요성을 인정받지 못하고 따라서 특별한 지역사회 관계 프로그램이나 인력이 배치되거나 활용되지 않는다면 지역사회에 대한 경찰의 책임과 시민의 요구에 대한 반응, 즉 경찰이 자신의 임무를 제대로 잘 수행하는가라는 입장에서 이 문제를 재조명해 볼 필요가 있다. 어떠한 기관이라도 고객의 필요성이나 요구를 제대로 충족시키지 못한다면 고객으로부터 좋은 평가를 받는다는 것은 어려운 일인 것이다. 반대로 잘 훈육된 경찰이 전문지식과 기술을 가지고 예의바르게 경찰의 직무를 잘 수행한다고 시민들이 인정하게 된다면 시민들은 경찰을 존중하게 될 것이지만 경찰이 그렇지 못하다면 경찰의 잘못된 업무수행으로 인한 부정적인 영향을 지역사회 관계 프로그램을 통해서 만회한다는 것은 거의 불가능한 일이 되고 만다.

3. 경찰이 후원하는 지역사회 관계 프로그램

(1) 시민 범죄예방 프로그램

지역사회 경찰활동의 활성화에 기인한 바 크겠지만 경찰이 후원하는 시민에 의한 다양한 범죄예방 프로그램의 개발은 지역사회 경찰 활동의 활성화에 기인한 바가 크다. 경찰과의 협조하에, 이들 시민단체에서는 범죄를 신고하고 범죄를 해결하는 데 도움이 되는 정보를 제보하고 의심스러운 사람이나 사건을 신고하도록 시민을 교육하고 동기를 부여하는 운동을 벌이고 있다. 이들 프로그램에 대한 평가는 프로그램 자체에 대한 지속적이고 강력한 시민의 지지와 경찰에 대한 시민의 부정적 태도가 긍정적으로 변하고 있음을 보여주고 있다. 그래서 이들 프로그램은 범죄율의 감소 및 체포율의 향상, 경찰과 시민의 이해와 의사소통의 증진에 기여하는 것으로 평가되고 있다.31 미국에서의 Crime Stoppers, Neighborhood Crime Watcher, McGriff 등이 대표적인 예라고 할 수 있다.

(2) 노인들을 위한 프로그램

일부에서는 노인들만을 위한 경찰의 특별한 별도의 프로그램이 필요하지 않다고 주장하기도 하지만 대부분은 여러 가지 이유로 노인들을 위한 특별한 프로그램이 필요하다고 믿고 있다. 예를 들어, 노인들은 경찰이 지역사회 관계를 위하여 제공하는 안내책자나 홍보지 등을 읽기가 수월하지 않으며, 젊은 사람에 비해 경찰이 주최하거나 후원하는 행사나 프로그램에 참가하기가 어렵고, 작은 규모의 동년배들과 어울리기가 쉽다는 것이 노인에 대한 특별한 프로그램이 필요하다는 주장의 이유이다. 이들을 위한 프로그램으로는 교육, 방범지원, 피해자지원, 그리고 자원봉사 등이 주를 이루고 있다. 일반적으로 경찰과 노인계층의 관계는 비교적 긍정적이며 그러한 관계를 지속적으로 증진시키는 것이 양측 모두에게 이익이 된다고 인식하고 있는 것으로 알려져 있다.32

(3) 청소년을 위한 프로그램

오늘의 청소년은 내일의 사회지도자이고 청소년기의 인식은 성인이 되어서도 중요한 비중을 차지하기 때문에 청소년을 대상으로 하는 경찰의 노력은 경찰의 지역사회 관계에 있어서 어쩌면 가장 중요한 부분이라고 할 수 있다. 미국에서는 길거리농구대회나 청소년야구대회 등과 같이 경찰이 후원하는 청소년 체육활동이 청소년과 경찰관계의 중요한 부분이 되고 있다. 이들 프로그램의 기본목표는 청소년들에게 운동정신과 기술을 가르치는 것이지만 반면에 경찰과 청소년 모두에게 서로를 존중받고 존경해야 할 대상으로 보도록 권장하는 것이다. 청소년을 위한 프로그램에는 체육활동 외에도 학교와 관련된 다양한 프로그램들이 실시되고 있는데, 예를 들어 Officer Friendly나 Meet Your Policemen과 같이 학생들로 하여금 경찰관 자신이 그들의 장비 또는 기능과 역할 등을 학교에서 보여주고, 이야기하고 배울 수 있는 기회를 제공하는 것이다. 이러한 프로그램이 더욱 확대, 발전시킨 것이 경찰관을 각 학교에 배치하여 연락관으로서의 역할을 수행하며 학생들과 상담 및 학생들에게 경찰이나 범죄에 관한 강의를 하도록 하고 있다.

POLICE SCIENCE

참고문헌

1 J. F. Ryan, "Community policing: Trends, policies, programs and definitions," in A. R. Roberts(ed.), *Critical Issues in Crime and Justice*, Thousand Oaks, CA: Sage Publications, 1994, p. 143.

2 S. M. Cox and J. D. Fitzgerald, *Police in Community Relations: Critical Issues*(2nd ed.), Dubuque, IA: Brown and Benchmark Publishers, 1996, p. 1.

3 Cox and Fitzgerald, *Ibid.*, pp. 5－6.

4 *Ibid.*, pp. 36－37.

5 M. K. Brown, *Working the Street*, New York: Russell Sage Foundation, 1988, pp. 76－87.

6 Cox and Fitzgerald, *op. cit.*, p. 42.

7 J. R. Hudson, "Police－citizen encounters that lead to citizen complains," *Social Problems*, 1970, 18(2):179－193.

8 Cox and Fitzgerald, *op. cit.*, pp. 44－46.

9 L. W. Nolte, Fundamentals of Public Relations: Professional Guidelines, *Concepts and Integrations*(2nd ed.), New York: Pergamon Press, 1979, Chapter 1 참조.

10 Nolte, *op. cit.*, p. 13.

11 Cox and Fitzgerald, *op. cit.*, pp. 66－68.

12 E. Davis, *Staff One: A Perspective on Effective Police Management*, Englewood Cliffs, NJ: Prentice－Hall, 1978, pp. 201－203.

13 R. Weinblatt, "The police and the media," *Law and Order*, 1992, 40(2): 32－38.

14 S. A. Tuch and R. Weitzer, "Racial differences in attitudes toward the police," *Public Opinion Quarterly*, 1997, 61:642－663; W. S. Wilson Huang and M. S. Vaughn, "Support and confidence: Public attitudes toward the police," pp. 31－45 in T. J. Flanagan and D. R. Longmire(eds.), *Americans View Crime and justice: A National Public Opinion Survey*, Newbury Park: CA: Sage, 1996.

15 U. S. Department of Justice, *Public Opinion about Crime*, Washington, D.C.: Government Printing Office, 1977, p. 86; Huang and Vaughn, *op. cit.* pp. 40－41.

16 S. L. Albrecht and M. Green, "Attitudes toward the police and the larger attitude complex," *Criminology*, 1977, 15:67－86; E. Bittner, The Functions of the Police in Urban Society, Rockville: NIMH, 1970, pp. 36－47; A. Blumberg, *Criminal Justice*(2nd ed.), New York: New Viewpoints, 1979, p. 58; A. Niederhoffer, *Behind the Shield: The Police in Urban Society*, Garden City, NY: Anchor Books, 1967, p. 1.

17 J. Q. Willson, *Varieties of Police Behavior*, New York: Atheneum, 1973, p. 28; W. A. Westley, Violence and the Police, Cambridge: MIT Press, 1970, p. 93; J. H. Skolinick, *Justice without Trial*(3rd ed.), New York: Macmillan, 1994, pp. 41－68.

18 L. W. Sherman, P. R. Gartin, and M. E. Buerger, "Hot spots of predatory crime: Routine activities and the Criminology of place," *Criminology*, 1989, 27(1):27－55; Bureau of Justice Statistics, *Police Use of Force: Collection of National Data*, Washington: Government Printing Office, 1997, p. 6; A. Reiss, The Police and The Public, New Haven: Yale University Press, 1971, p. 63.

19 *Ibid.*, pp. 50－54; R. Worden, "The 'Causes' of police brutality: theory and evidence on police use of force," in W. A. Geller and H. Toch(eds.), *And Justice for All, Washington: Police Executive Research Forum*, 1995, p. 44;

J. A. Groeger, Memory and Remembering: Everyday Memory in Context, New York: Addison-Wesley, 1997, pp. 189-196; I. Piliavin and S. Briar, "Police encounters with juveniles," *American Journal of Sociology*, 1964, 70:206-214; Scolinick, *op. cit.*, pp. 44-47.

20 U.S. Department of Justice, *Public Opinion about Crime*, p. 164.

21 The Knapp Commission, *Report on Police Corruption*, New York: Braziller, 1973, p. 75; President's Commission on Law Enforcement and Administration of Justice, *The Challenge of Crime in a Free Society*, Washington: Government Printing Office, 1967, p. 99.

22 R. G. Dunham and G. P. Alpert, "Neighborhood differences in attitudes toward policing: Evidence for a mixed-strategy model of policing in a multi-ethnic setting," *Journal of Criminal Law and Criminology*, 1988, 79(2):504-523.

23 J. J. Fyfe, "Reducing the use of deadly force: The New York experience," in U.S. Department of Justice, *Police Use of Deadly Force*, Washington: Government Printing Office, 1978, p. 29.

24 C. B. Klockars, "A theory of excessive force and its control," in Geller and Toch(eds.), *op. cit.*, pp. 11-29.

25 D. Black, "The social organization of arrest,"in Black(ed.), *The Manners and Customs of the Police*, New York: Academic Press, 1980, pp. 85-108.

26 President's Commission on Law Enforcement and Administration of Justice, *Task Force Report: The Police*, Washington: Government Printing Office, 1967, pp. 183-186.

27 자세한 논의는 Cox and Fitzgerald, *op. cit.*, pp. 103-109 참조.

28 *Ibid.*, p. 93, 표 6-1 참조.

29 A. J. Reiss, Jr., "Police brutality: Answers to key questions," pp. 57-83 in M.Lipsky(ed.), *Police Encounters*, Chicago, IL: Aldine, 1970, pp. 70-80.

30 Cox and Fitzgerald, *op. cit.*, p. 176.

31 J. R. Greene, "Police and community relations: Where have we been and where are we going?"pp. 349-368 in R. C. Dunham and G. P. Alpert(eds.), *Critical Issues in Policing: Contemporary Readings*, Prospect Heights, IL Waveland Press, 1989, pp. 359-360.

32 Cox and Fitzgerald, *op. cit.*, p. 163.

제 11 장

비교경찰론

POLICE SCIENCE

제 1 절
비교연구의 개관

어떠한 사회과학분야라도 국제적 비교연구는 중요한 하나의 요소로 인식되고 있지만 경찰학분야에서 국제적 비교연구의 중요성이 인식되기 시작한 것은 비교적 최근의 일이라고 할 수 있다. 이러한 경향은 어쩔 수 없이 경찰학 분야에 있어서 국제연구란 무엇이며, 국제적 비교연구가 중요한 요소임에도 불구하고 비교적 최근에 와서야 경찰학분야에서 관심을 가지게 된 이유는 무엇일까라는 근본적인 의문을 가지지 않을 수 없다.

기본적으로 국가 간 비교연구를 함으로써 우리는 가능한 대안 또는 대안적 가능성에 대한 지식을 확장할 수 있으며, 인간행위에 대한 보다 강력한 예지를 발전시킬 수 있고, 성공적인 개혁의 가능성을 높일 수 있으며, 인간으로서 우리 자신에 대한 관점을 확보할 수 있다. 이는 곧 국제간 또는 국가간 비교연구가 중시되어야 하는 이유이다.

경찰에 대한 비교연구는 형사사법에 대한 전문적 연구에 있어서 일종의 이색적인 겉치레 정도로 여겨왔다. 그 이유는 조금이라도 가치 있는 결과를 만들어내기가 불가능하지 않는다고 전제하여 매우 어려운 것으로 치부되었기 때문이다. 이러한 입장은 '비교(comparative)'라는 말 자체가 학계에서는 '외국(foreign)'이라는 말과 거의 같은 뜻이나 동의어로 취급되었다는 사실에서 기인하는 것으로 이해되고 있다. 즉, 어떠한 학문분야에서라도 외국경험(foreign experience)이 핵심적이라고는 여겨지지 않기 때문이라는 것이다. 따라서 주요 학문분야에서는 비교경제학(comparative economics), 비교사회학(comparative sociology), 비교정치학(comparative political sciences)과 같은 하위분야를 두어 왔으며, 이제는 비교형사사법(comparative criminal justice)이라는 하위분야까지 나타났는데, 이 모두가 해외에서의 관련 분야에 대한 연구에 할애되고 있다. 그러나 주로 국가간의 차이가 워낙 커서 자신의 국가와 관련짓기가 어렵기 때문에 외국연구의 유용성에 대한 우려가 생길 수 있다.[1]

한편에서 '비교연구(comparative study)'는 잘못된 표기라고 한다. 사실 모든 과학은 전부 비교이기 때문에 비교라는 말이 어떠한 학문분야의 하위분야를 표시하기 위하여 사용되어서는 안 된다는 것이다. 오히려 사회현상에 대한 국제적(international) 연구라고 하는 것이 더 정확하고 지성적이라는 주장도 제기되고 있다. 다양한 '비교' 하위분야를 구분하는 것은 비교가 아니라 일종의 정치지리학에 가까운 것으로서 다시 말하자면 분석되는 사례가 하나의 국가에서 일어나는 것인지 아니면 다수의 국가에서 일어나는지에 관한 것이라고 한다. 그러나 우리가 만약 연구되는 사례의 정치지리학적 위치로서 구분해야 한다면 그 연구는 오히려 상이한 국가들로부터의 사례 분석이라고 할 수 있는 국제적(international) 연구여야 하며, 또는 국경을 넘는 활동의 분석이라고 할 수 있는 국가 간(transnational) 연구가 되어야 할 것이다. 이러한 견지에서 본다면, 비교형사사법이 아니라 국제적 형사사법이나 국가간 형사사법으로 표기하는 것이 바람직할지도 모를 일이다.[2]

제 2 절 경찰분야에 있어서 비교연구

경찰에 대한 비교연구의 장점도 일반적 비교범죄학이나 비교형사학의 장점과 유사하다고 할 수 있다. 우선 다른 나라나 사회의 경찰과 경찰활동을 검토함으로써 특정국가의 경찰활동이나 제도가 유일한 것이 아니며, 국가에 따라서는 상이하게 경찰이 조직될 수 있고, 다양한 임무를 수행하고 있음을 알게 해 주어 우리의 관점을 넓혀주고 있다. 국가간 상이점과 유사점을 파악하면 우리는 왜 국가에 따라 경찰제도와 특정한 경찰활동이 상이하게 발전되었는지를 확인할 수 있다. 두 나라의 상이점을 설명하고자 하는 노력의 결과, 우리는 정치사회·경제·문화 등의 견지에서 측정된 사회의 형태에 따라 상이한 경찰활동과 제도가 만들어질 수 있다는 점을 주장할 수 있게 된다.[3]

1. 비교경찰연구의 접근방법

비교경찰학은 초기에는 대체로 실무자들의 노력으로 이루어져 왔으나 현재는 점점 학계의 의존도가 높아지고 있다. 학계에서의 비교경찰연구는 대체로 다음 6가지 접근방법 중 하나라고 한다. 첫 번째 접근방법은 특정국가에 초점을 맞추는 것으로서, 이러한 접근은 반드시 비교적인 것은 아니지만 주로 영미국가의 학자들이 영미국가가 아닌 외국의 경찰에 관하여 집필하는 방법이다. 즉, Bayley가 일본경찰을 소개하는 것이 여기에 속하는 예라고 할 수 있다.[4]

두 번째 접근방법은 둘 이상의 나라를 비교하는 것이다. 예를 들어, Emsley가 현대경찰의 탄생에 대하여 런던과 뉴욕 또는 프랑스와 영국을 비교하거나,[5] Bayley가 유럽과 미국의 경찰제도를 비교하고,[6] Anderson과 Killingray[7]가 식민경찰의 유사점과 차이점을 비교하는 것이 예라고 할 수 있다. 많은 국가를 비교할수록 일부는 직접적인 관찰에 의존하지만 이들 연구의 대부분은 이차자료(secondary data)에 의존하는 경향이 있다.

세 번째 접근방법은 일종의 변형이라고 할 수 있는 것으로서 국제적 관점(global per-spective)에서 접근하는 것이다. 이 경우 경찰이 직면하고 있는 쟁점이나 경찰활동의 구조나 기능에 있어서 유사점을 보여주기 위하여 여러 나라의 일차적 또는 이차적 자료가 수집, 이용되고 있다. Bayley의 경찰구조를 중앙집권적 또는 지방분권적으로 조직화되었는지를 대조한 초기연구와, 최근의 여러 나라 경찰제도의 유사점에 초점을 맞춘 그의 연구가 이 접근방법의 좋은 예라고 할 수 있다.8

국제비교의 네 번째 유형은 연구자가 다국가(multinational) 또는 국제적(international) 기관에 초점을 맞추어서 국가간 연계성을 도출해 내는 것이다. 이러한 연구의 예로서는 Anderson의 Interpol에 관한 연구나9 유럽공동체 내에서 협상되고 있는 상호 협조의 문제에 대한 관심10을 들 수 있다.

다섯 번째 유형은 보다 광범위한 국제조사의 한 부분으로서 경찰활동과 관련된 쟁점사항이 다루어지는 것이다. 이러한 연구의 가장 대표적인 예는 국제범죄조사(International Crime Survey)라고 할 수 있다. 주로 범죄피해자조사(victim survey)이지만 이 조사는 범죄에 대한 경찰의 대응에 관한 피해자의 경험과 경찰에 대한 시민의 인식을 다루고 있다. 따라서 제한적이기는 하지만, 이 조사는 경찰에 신고되는 범죄의 정도, 신고하게 된 계기, 경찰의 대응에 대한 피해자의 만족도, 경찰의 범죄통제에 대한 시민의 인식 등을 포함하고 있다.11

끝으로 국제적 비교분석은 상이한 국가에서의 상황에 대한 검토가 시도되는 것으로서 경찰에 관한 관심이나 쟁점에 기초할 수 있다고 한다. 이렇게 초점을 줄임으로써 직접적인 비교를 하고 정책대안을 제시하기가 더 쉬워질 수 있다. 즉, 경찰활동의 특정분야를 국제적으로 비교하는 형태로서 지역사회 경찰활동(community policing)에 대한 비교연구 등을 예로 들 수 있다.12

2. 국제적 분석의 문제점

국제적 비교연구가 최근 들어 점점 보편화되어 대부분의 연구가 최근에 와서야 이루어지고 있는 데는 국제경찰연구의 태생적 문제와 어려움에 기인하는 것으로 알려져 있다. 그런데 이들 문제점들은 대체로 자료, 개념, 전문가의 오해, 그리고 비교연구방법 자체의 문제점과 관련되는 것이라고 한다.

활용가능한 자료와 관련된 문제는 비교하고자 하는 국가의 자료를 확보할 수 없거나 자료 자체가 존재하지 않을 수도 있다는 점이다. 특히 자료의 수집과 관리가 제대로 이루어지지 않고 있는 저개발국가일수록 이러한 자료와 관련된 문제는 더욱 심각하여 기본적 자료마저도 구하기가 어려운 실정이라고 한다. 또한 최근까지도 대부분의 사회주의국가들에서는 범죄통계마저도 접근할 수 없는 실정이다. 이러한 자료들은 경찰활동에 대한 깊이 있는 학술적 연구를 위한 시작에 불과하다는 점에서 문제는 더욱 심각해지는 것이다. 따라서 대부분의 국제적 연구가 어쩔 수 없이 이차자료(secondary data)에만 의존하는데 이들 이차자료는 검증이 어렵고, 나라에 따라서 달리 구축되며, 단지 부분적인 자료에 지나지 않는다는 등의 문제점이 있다. 이차자료의 문제를 해결하기 위하여 직접 관찰하거나 설문조사를 시도하기도 하지만 이 또한 언어문제 등의 어려움은 해결되지 않고 있다.

두 번째 문제는 개념의 규정이나 정의와 관련된 것으로서 이 문제는 근본적으로 범죄의 정의가 사회와 국가에 따라 다르게 이루어지고 있다는 범죄정의의 상대적 속성에 기인한다고 할 수 있다. 이러한 사정은 경찰과 경찰업무 역시 예외는 아니다. 즉, 국가에 따라서 경찰의 역할이나 기능이 다를 수 있는 것이다. 이러한 개념상의 차이는 곧 연구자들이 동일한 사항이나 내용끼리 비교할 수 없는 어려운 처지에 처하게 하고 있다. 예를 들면, 경찰조직이 중앙집권적인가 아니면 지방분권적인가의 개념이 많은 논쟁의 대상이 되고 있다. 대부분 일본경찰의 중앙집권의 정도에 대해서도 논란의 소지가 있으며, 지방분권적이라고 알려져 있는 영국에서도 최근 확대되고 있는 중앙집권화의 경향과 관련된 논쟁이 일고 있다. 대부분의 사람들은 아직도 영국의 경찰을 지방분권적으로 이해하고 있으나 사실은 국가경찰이라고 할 수 있는 스웨덴의 경찰보다 더 많이 분권화되어 있다고 장담할 수 없을 것이다.13

국제적 비교연구와 관련된 또 다른 문제의 하나는 누구나 모든 국가에 관한 전문가가 될 수 없다는 것이다. 심지어 단 하나의 국가에 대한 전문가가 된다는 것조차도 언어의 장벽, 자료의 접근, 그리고 시간 등의 어려움으로 인하여 매우 힘든 일일 수밖에 없다. 더구나 하나의 국가가 아니라 비교대상국가가 많아질수록 이러한 어려움은 가중될 수밖에 없으며, 그 중에서도 언어의 장벽은 가장 심각한 문제라고 할 수 있다.14

비교연구와 관련된 마지막 문제는 앞에서 언급된 문제와는 차이가 있는 비교연구방법 그 자체가 갖는 태생적·내재적 문제이다. 즉, 경찰 제도를 비교하고 그 차이점을 설명하려면 어떠한 기초 위에서 비교할 것인가가 문제이지 않을 수 없다. 일부에서는 경찰제도의 형태를 기초로 비교하고, 일부에서는 법률적 전통에 따라, 또는 정치제도에 따라 비교하고 있다. 그러나 동일한 정치제도에도 불구하고 경찰활동은 상당한 차이를 보일 수 있는데, 예를 들어 같은 사회주의 정치제도를 가진 나라라도 산업화와 도시화의 정도에 따라서 상당한 차이를 보일 수 있는 것이다.

3. 비교경찰 연구의 대상과 내용

비교경찰학 연구에서 개념의 정의와 관련된 문제를 지적했듯이 비교경찰학에 있어서 무엇을 비교하는가를 결정할 때도 개념정의의 어려움에서 완전히 벗어나기는 힘들다. 즉, 경찰의 개념정의가 매우 다양할 수 있고 크게 차이가 날 수도 있기 때문이다. 그럼에도 불구하고 대부분 기능, 구조, 그리고 합법성이라는 세 가지 요소를 중심으로 규정하였기 때문에 비교경찰학도 이러한 세 가지 요소에 바탕을 두어 비교하고 있다.

구체적인 예를 들자면 기본적으로는 경찰은 질서의 유지를 주요한 기능으로 삼고 있지만 일부 국가에서는 주로 정치적 소요의 진압과 진정에 관련된 것인 반면 일부에서는 폭넓은 범주의 행정책임과 관련된 것이고 또 다른 국가에서는 다양한 복지업무와 관련된 것일 수도 있다. 마찬가지로 경찰의 구조와 조직도 중앙집권적인가 아니면 지방분권적인가 또는 군대식 특성을 많이 내포하고 있는지 아닌지 등에 따라 다양해질 수 있다. 또한 경찰의 합법성도 국가와 사회에 따라 다를 수 있는 것이다. 이처럼 다른 사회와 국가의 경찰제도의 유사점과 상이점을 파악하고, 다른 곳에도 도입될 수 있는 훌륭한 경찰관행과 정책의 예를 제시하며, 좋지 못한 관행의 경험을 통하여 학습하는 것은 곧 비교경찰학의 핵심적 특징이라고 할 수 있을 것이다.15

제 3 절 세계의 경찰제도

Mawby는 영국, 미국, 그리고 캐나다의 경찰을 비교한 자신의 연구에서 이들 국가의 경찰제도는 거의 동일하다는 일반적인 가정과는 달리 영국과 북미주는 물론이고 심지어 영국 내에서도 스코틀랜드와 북아일랜드가 경찰제도에 있어 상당한 차이가 있는 것만 보더라도 국가간에는 더 큰 다양성이 있음을 강조하였다.16

앞에서 제시한 비교경찰연구의 세 가지 차원, 즉 기능, 구조, 합법성에 기초한 그의 설명에 의하면, 대륙형(continental) 경찰제도는 구조적으로는 보다 중앙집권적이고 더 군대식이며, 기능적으로는 정치적 업무와 행정적 업무를 보다 강조하며, 합법성의 견지에서는 법률이나 시민으로부터의 위임보다는 정부로부터 주어지는 것이 특징이라고 할 수 있다. 그럼에도 불구하고 유럽국가의 대륙형 경찰제도도 나라에 따라서 상당한 다양성과 차이를 볼 수 있다고 한다. 예를 들자면 네덜란드 경찰은 중앙집권적이기보다는, 오히려 잉글랜드와 웨일스의 제도에 가까우며, 스웨덴은 하나의 국가경찰로 합병되었지만 지방분권적 합법성의 전통은 지속되고 있다고 한다. 더구나 대부분의 사람들은 프랑스, 이탈리아,

스페인의 경찰제도가 가장 유럽형에 가깝다고 하지만 국가마다 적어도 둘 이상의 경찰을 두어서 하나의 경찰기관이 지나치게 많은 권한을 행사하지 못하도록 하고 있다. 전반적으로 잉글랜드와 웨일스의 경찰은 유럽대륙 국가들의 경찰과는 상당한 차이가 있다.

한편 den Boer에 의하면, 유럽국가 간의 협력이 유사한 경찰제도를 가지게 된 데 기여한 바 크다고 한다. 벨기에, 잉글랜드, 웨일스, 독일, 네덜란드를 예로 들어, 이들 모든 국가에서는 강력범죄와 관련하여 특히 중앙집권에 대한 압박이 더욱 강해지고 있다. 중앙과 동유럽에서의 정치체제의 변화는 적어도 부분적으로는 과거의 옛 경찰이 지나치게 공산주의정권에 밀착되었기 때문에 경찰분야에 있어서도 많은 변화를 예고하고 있다. 그러나 헝가리 경찰에서 볼 수 있듯이, 소비에트 모형의 경찰도 공산주의가 집권하기 전 유럽의 보편적이었던 경찰제도에 기초한 것이었다. 마찬가지 경우로서 초기 볼셰비키 정부에 의해서 만들어진 경찰제도와 러시아 후계자들의 경찰제도 사이에는 관련이 있으며, 중국과 러시아 경찰의 차이는 대부분 각국에서 혁명을 초래한 정치적·사회적 조건의 차이에서 설명될 수 있다고 한다. 중앙/동유럽과 서유럽의 연계는 공산주의 붕괴 이후의 경찰이 어떻게 변할 것인가를 이해하는 데 중요한 것이다. 인터폴이나 EC 회원국 가입 등을 통한 서유럽과의 정치적 연대는 공산주의 붕괴 이후 사회를 서구 특히 서유럽에 더욱 가깝게 가게 할 것이다.17

소비에트 체제하의 동구권 국가의 경찰제도는 비밀경찰(secret police)에 예속된 중앙집권적이고 군대식의 제복경찰, 관습적 범죄보다 정치질서의 강조, 이론적으로 항상 그렇지는 않을지라도 적어도 관행적으로는 최소한의 시민적 또는 법률적 책임을 가지며 당과 경찰의 밀접한 연계를 갖는 등의 일련의 특징을 공유하고 있다. 그러나 이들 국가의 경찰도 탈정치화(depoliticization)와 탈군대화(demilitarization)를 통한 변화를 경험하고 있다고 한다.18

비교경찰연구에서 꾸준하게 다루어지고 있는 또 다른 경찰제도는 식민모형(colonial model)이다. 유럽국가의 행정적·법률적 구조가 스스로 식민주의자였던 초기 로마제도에 기초한 것이라는 점을 고려한다면 놀라운 일이라고는 할 수 없지만 식민모형은 상당부분 대륙모형과 같은 점이 있다. 그러나 프랑스가 중앙집권화된 군대식의 경찰구조를 자신들이 지배하거나 식민통치하는 다른 나라로 전파시켰지만 영국은 대영제국의 나라들에게 의도적으로 다른 형태의 경찰을 창안하도록 하였다. 앞에서 기술한 Mawby의 모형에 의하면, 식민경찰은 구조적으로 보다 중앙집권적이고 군대식이며, 기능적으로는 다수의 행정책임도 가지지만 공공질서업무를 우선으로 하며, 합법성을 주민보다는 식민통치자로부터 위임받는다고 할 수 있다. 그런데 중앙유럽과 동유럽의 경찰은 Soviet Union의 지배로 인하여 다수의 식민정책의 특성을 가미한 것으로 알려져 있다.19

영국과 북미주 지역을 제외한 나라의 경찰 중 가장 많이 연구되는 국가는 일본이라고 할 수 있다. 일본은 전통적으로 범죄발생률이 매우 낮은 것으로 알려져 있어서 많은 서구국가들의 부러움을 사고 있으며, 범죄발생률이 낮은 것에 대해서 경찰이 차지하는 비중은 단지 일부에 지나지 않을 지라도 일본경찰이 그러한 상호안정에 얼마나 기여하고 있는지를 들여다보는 것은 흥미로운 일이다. 영·미 경찰과 비교하여, 일본경찰의 특징은 다양한 복지임무를 포함하는 기능과 지역사회에 견고하게 자리하는 구조라고 할 수 있다. 물론 그렇다고 일본경찰이 지역적으로 또는 지방적으로 분권화되어 있다는 것을 의미하지는 않는다. 사실 일본경찰이 그 사회를 반영하듯이 중앙집권화된 조직이고 권위와 의무에 대한 문화적 규정도 지방분권적이라고는 할 수 없다고 한다. 또한 일본경찰은 임무와 의무의 수행이 핵심이고 권리의 행사는 부차적인 것으로 이해하는 유교, 불교, 도교를 바탕으로 형성된 문화의 틀 속에서 운용되고 있다. 이러한 사실은 일본경찰이 지리적·문화적 주변국이나 이웃 나라들의 경찰과 다수의 특성을 공유하고 있음을 보여주는 것이라고 할 수 있다.20

제 4 절 국제적 관점에서 본 경찰활동의 쟁점

기존의 경찰활동과 관련된 쟁점사항들의 대부분은 자기 나라뿐만 아니라 국제적인 관점에서도 다루어지게 마련이다. 만약에 우리가 사적 경찰활동의 극적인 증대를 이해하고자 한다면 대다수 서구의 자본주의사회에서는 이러한 활동이 보편적인 추세이며, 더욱이 동유럽국가에서도 이러한 추세가 보편적이라는 사실을 인식하는 것은 중요하다. 공공질서의 유지에 대한 경찰의 역할에 관심을 가진다면 다른 지역에서 이 분야에 대한 경찰관의 훈련이나 배치 등의 차이가 얼마나 상이한 결과를 초래하는가를 알아보는 것도 중요한 것이다. 경찰의 직업적 하위문화의 중요성을 고려한다면 다른 나라에서는 그러한 하위문화가 얼마나 재생산되는가를 알아보는 것이 도움이 될 것이다. 또한 영국의 경찰은 파업을 금지하고 있는데, 경찰의 파업이 허용되는 다른 나라의 경험에서 영국경찰의 파업금지정책을 평가해 보는 것은 가치 있는 일일 것이다. 이러한 이유에서 경찰활동의 쟁점사항들을 국제적 관점에서 평가하고 분석하는 것이다.21

국제적 관점에서 본 경찰책임(accountability)에 대한 논의의 토대가 되는 문제 중

하나는 경찰과 시민의 충돌(police/public encounter)에 있어서 폭력성에 대한 책임의 문제라고 할 수 있다. 80년대 영국에서는 폭력적 충돌로 인하여 경찰관이 죽거나 다치게 되는 경우가 발생함에 따라 그에 대한 관심이 증대되었다. 또한 경찰봉 하나만으로 무장한 경찰이 임무를 수행하면서 직면하게 되는 위험과 가스분사기의 일상적 휴대와 무장에 대한 논쟁 등은 경찰활동이 점점 위험해지고 있다는 정치적 수용과 무력의 적절한 사용의 규제를 통한 책임확인의 필요성을 반영하는 것이다.22 그런데 특히 무기사용의 규제에 관한 쟁점들은 영국보다는 오히려 시민의 총기휴대가 훨씬 자유로워서 경찰과 폭력적으로 충돌할 수 있는 상황이 더 많은 미국에서 더 보편적인 사항이라고 할 수 있다. 경찰을 무장시킬 것인가 아닌가의 결정은 경찰·공공관계와 경찰작용이 이루어지는 상황이나 여건의 상징이라고 할 수 있다. 이러한 견지에서 식민경찰과 대륙경찰제도의 경찰에 대한 무장은 큰 문제는 아니며, 오히려 미국, 일본, 스웨덴 경찰의 무장이 더 문제라는 입장도 제기되고 있다. 미국이나 영국에서의 경찰의 무력은 경찰작용의 대상자에 대한 정책입안자들의 인식의 전환을 반영하는 것일 수도 있다고 한다. 따라서 이러한 견지에서 본다면 경찰의 무장과 관련된 핵심쟁점은 범죄나 폭력과의 관계가 아니라 오히려 그것이 경찰, 경찰작용의 대상자, 그리고 경찰/공공의 충돌 등에 관하여 함축하고 있는 의미일 것이다.23

많은 사람들에게 있어서 지역사회 경찰활동(community policing)은 준군대식(paramilitary) 경찰활동의 반대일 것이나 과거의 전통적 경찰활동이 실패한 것으로 인정됨에 따라 지역사회경찰활동이 다른 일부에게는 만병통치약(panacea)이 될 수도 있는 것이다. 준군대식 경찰활동의 개념과 마찬가지로 지역사회경찰활동도 경찰활동의 분권화, 지역사회문제해결의 경찰개입, 경찰의사결정에 대한 지역사회 참여 정도의 증대 등에 따라 다양한 모습으로 나타나고 있다. 기본적으로 지역사회경찰활동의 개념은 특히 미국식이며 대륙식 유럽경찰제도에서 지역사회경찰활동을 정착시키지 못하는 것은 그 곳의 경찰활동이나 경찰의 상이한 역사와 문화를 반영하는 것이라고 한다.24

시민의 안전에 대한 욕구의 증대는 곧 사적 경찰활동의 필요성을 증대시키기 마련이다. 이런 점에서 우리는 공공분야가 경찰업무에 대해 독점적 지위를 누릴 수 없고, 누리고 있지도 않다는 점을 인식할 필요가 있다. 사적 경찰활동(private policing)이 최근 급증하고 있으며, 특히 적어도 북미주에서는 민간경비(private policing)가 공경찰(public policing)보다 인력과 예산의 측면에서 능가하고 있는 것으로 알려져 있다. 이러한 추세는 심지어 중앙과 동유럽지역에서도 예외는 아니라고 한다. 물론 민간경비의 특징과 역사는 사회에 따라 다양하지만, 현재 민간경비의 확장추세는 다음과 같은 요인과 관련이 있다고 한다. 우선 대부분의 국가에서 대부분의 민간경비 회사들은 그 규모가 중소기업에 지나지 않으나 일부 대규모 회사들은 다양한 분야에서 국제적으로 운영되는 다국적 기업들이다. 이들 다국적 기업들이 다른 나라까지 진출하여 사업을 확장하기 때문에 민간경비가 세계적으로 증가한 것이다. 또한 국가의 재정위기와 대규모 공공주택의 확산도 사적 경찰활동을 증대시키는 요인이라고 한다. 재정위기는 곧 자원의 한계를 부추기고 이는 다시 시민들의 안전에 대한 욕구와 이들 수요를 충족시키지 못하는 공공기관의 공급능력의 불균형을 가져오게 되고 이 공간을 바로 상업적 경비회사들이 메우게 되었다는 것이다. 뿐만 아니라 주거형태가 주상복합이나 대규모 아파트 단지와 같이 변함에 따라 사적 생활공간의 보호를 위하여 이들 민간경비회사를 활용한다고 한다.25

제 5 절 국제경찰론

1. 국제경찰공조의 필요성

경찰이 국가간 또는 국제적 공조를 필요로 하는 것은 국제범죄 또는 국가간 범죄의 위협이 점점 증가하고 있기 때문이다. 국제범죄에 가담하는 범죄자의 성향은 전혀 새로운 것이 아니다. 국경이란 국가간 주권을 표시하기 위하여 설치된 것이며, 국경을 넘는다는 것은 곧 범죄자들에게 불법행위의 결과를 회피하거나 적어도 경감시킬 수 있는 방법을 제공할 수 있다.

우리가 살고 있는 현대사회의 특성 또한 국제범죄를 용이하게 하는 요소로 작용하고 있다. 먼저 교통운송체계가 엄청나게 확대되고 향상되어 국제간 인적, 물적 교류가 급증하고 있다. 또한 통신기기와 기술의 발전, 그리고 국제교역의 급증 등도 국제범죄를 용이하게 하는 요인으로 지적되고 있다. 이들 요인들이 결합된 결과 더 많은 사람들이 더 효과적으로 국제간 정보와 사람의 이동성을 가지고 더 다양한 범행기회로 국제범죄에 더 쉽게 가담할 수 있게 만든다는 것이다.

다시 말해서 특정국가에서 범행을 하고 다른 국가로 쉽게 도피할 수 있고, 범행의 장소나 대상도 특정한 한 나라에만 국한되지 않고 국경을 쉽게 넘나들며 광역화되고 있다는 것이다. 즉, 범죄가 이제는 국제적(International), 또는 초국가적(Transnational) 현상으로 등장하고 있다는 것이다. 그렇다면 국제적 또는 초국가적 범죄란 무엇인가? 통상 2개 이상의 주권국가가 관련된 범죄행위라고 그 개념이 규정되고 있다. 범죄자가 국경을 넘게 되면 더 이상 범인을 추격하고 수사하고 검거할 권한을 갖지 못하게 되어 국제적 또는 국가간 경찰의 공조가 필요하게 되는 것이다. 이에 대응하여, 각국의 경찰은 관련 국가에서 직접적, 일방적, 초법률적 경찰활동, 법률을 우회하기 위한 공모, 상대 국가의 경찰에 의한 협조적·쌍방적·합법적 제재활동, 또는 다국적 경찰 Task Force를 구성하는 등의 전략을 펴게 된다. 그러나 앞의 전략은 국제법과 상대국가의 주권을 침해할 우려가 있기 때문에 합법성과 공조에 기초한 두 번째 전략을 받아들일 수밖에 없게 된다. 여기서도 경찰의 국제공조는 필요하게 된다.26

2. 과학기술의 발달과 국제경찰활동

국제경찰활동의 시초는 19세기 유럽의 독재정권에 대한 정치적 반대자를 통제하기 위한 노력이라고 할 수 있다.27 물론 당시에는 대부분 제한적이고 일시적인 국제경찰운용이었지만 7개 독일어 사용 국가가 참여했던 독일국가경찰연합(Police Union of German States)과 같은 조직화된 경우도 있었다. 1898년에는 무정부주의자운동에 대한 경찰활동에 있어서 국제공조를 증진시키기 위하여 로마에서 정부대표자들의 회의가 조직되기도 하였다. 그러나 20세기 초반부터 국제경찰공조의 탈정치화가 시작되어 1914년에는 제1회 국제형민간경비회의(First Congress of International Criminal Police)가 Monaco에서 열리기도 하였다. 이러한 노력들은 대부분 오래 가지 못하였는데, 예를 들어 1922년 뉴욕에서 열린 국제경찰회의(International Police Conference)는 주로 미국의 지방경찰기관으로 구성되어 불과 몇 년만에 해체되기에 이르렀다. 보다 영구적인 기구가 조직된 것은 현재 Interpol로 알려진 국제형민간경비위원회(International Criminal Police Commission: ICPC)가 1923년 비엔나에서 결성된 이후라고 할 수 있다.28

19세기 국제경찰활동은 대부분 정치적 반대자들을 통제하기 위한 정보의 교환에 기초한 것이었다. 예를 들어, 비엔나와 베를린의 경찰은 수배자나 망명외국인의 정보가 담긴 인쇄물을 정기적으로 배포하였다. 이러한 정보수집과 교환은 인접국가 경찰에게도 배포되었기 때문에 국제공조에 즉각적인 영향을 미치게 되었다.

경찰활동의 국제화에 기여한 커뮤니케이션 기술에는 다양한 형태의 활자화된 정보뿐만 아니라 범죄자나 수배자의 사진이나 기타 신분확인수단도 포함되었다. 경찰기능의 국제화에 영향을 미쳤던 범죄자 신분확인을 위한 가장 중요한 기술적 수단은 지문감식이라고 할 수 있다. 국가간 교환을 용이하게 하기 위하여 지문이 일부 특징에 대해서는 수적으로 표현되어 전송되어졌다고 한다. 이미 1905년에 국제경찰협회장이었던 Richard Sylvester는 지문의 전송이 국제경찰공조의 발전에 상당한 정도로 기여하였다고 주장한 바 있다.29 신원확인기술은 범죄 국제화의 위협에 효과적으로 대응하기 위한 통신과 교통과 같은 다른 분야의 기술의 발전을 동반하게 되었다.

20세기 초, 교통과 통신기술은 더욱 확대되고 경찰상황에 점차적으로 응용되어 경찰의 국제화에 점점 더 많은 영향을 미치게 되었다. 먼저 출판인쇄기술이 경찰의 국제화에 기여한 것은 다수의 유럽 정치경찰기구들이 언론에 특별한 관심을 가졌었다는 점에서 알 수 있다. 언론과 인쇄매체의 보도는 정보의 일차적 근원이며 국경을 초월하여 여론에 영향을 미칠 수 있기 때문이다. 교통수단의 발달도 국제적 경찰활동에 많은 영향을 미쳤다. 철로의 확대로 가능해진 이동수단과 기회의 확대가 국제적 경찰공조를 하지 않을 수 없게 만들었다. 이러한 교통기술의 발전은 사회의 일반적 이동성을 증진시킬 뿐만 아니라 범죄자들의 국외도피의 기회도 증대시키게 되었다.30

3. 경찰국제공조의 어려움

경찰의 국제공조와 협조관계는 대체로 ① 관계의 정례화(regularization of relations), ② 상호 상이한 제도의 수용(accommodation of different systems to each other), ③ 보편적 규범을 지향하는 조화(harmonization toward a common norm)라고 하는 Nadelman이 이름붙인 '조화(harmonization)'라는 3단계 과정을 거쳐서 발전한다고 한다.31 쉽게 표현하자면 이 과정은 실험과 실수를 통한 상호 숙지 기간, 협상과 적응의 기간, 그리고 새로운 혼성정책과 절차의 제도화 기간을 거친다는 것이다.

그런데 이러한 경찰의 국제공조관계가 성공적으로 발전하기 위해서는 ① 심각하고 위협적인 범죄문제에 대한 참여 당사국들의 인식의 공유, ② 문제를 규정하고 그 실무적인 해결책을 제안하는 데 기여할 수 있는 경험있는 법집행 관리의 참여, ③ 법률의 제정과 예산을 지원할 수 있는 정치인 및 관료들의 참여, ④ 전 과정을 통한 정치관계자와 법집행 전문가 사이의 규칙적인 대화라는 4가지 조건이 충족되어야 하는 것으로 알려져 있다. 이 중 어느 하나라도 잘못되거나 없을 때는 일관적이고 효과적인 국제적 경찰협조는 불가능하다고 한다.32

그러나 성공적인 국제공조를 위해서 첫 번째 조건인 국제범죄의 위협에 대한 관련국의 인식의 공유는 가장 어려움이 적은 것이라고 할 수 있지만, 두 번째 조건인 문제의 규정과 해결책의 제시에 전문가들을 참여시키는 것은 때로는 경찰의 정치성으로 인하여 난관에 부딪치기도 한다. 유능하고 경험이 많은 경찰인력을 가지고 있음에도 불구하고 이들 전문가보다는 정치적 배려나 고려로 임명된 간부는 부하직원들의 전문성에 귀를 기울이기를 꺼려하기 때문에 잘못된 방향으로 흐를 수 있는 것이다.

참여국의 정치적 지지를 확보해야 한다는 세 번째 조건은 성공적인 국제공조를 위하여 매우 중요한 것이다. 공조관계를 맺기 위해서는 정부의 승인과 국회의 동의 또는 입법이 필요하고, 공조관계의 실질적 활용과 유지를 위해서는 인력과 예산이 필요하기 때문이다. 이러한 정치적 지지를 확보하는 데 있어서 장애란 국가간 경쟁관계나 적대관계의 극복, 정치권과 국민들에 대한 공조관계의 필요성과 중요성의 설득, 그리고 경찰제도와 관행의 차이에서 생기는 문제의 해결이라고 할 수 있다.

마지막으로 실무자와 정치권의 국가간 원활한 대화채널의 구축과 유지가 가장 중요하면서도 어려운 문제라고 할 수 있다. 일반적으로 국가간 의사소통에 부정적 영향을 미치는 요소로서는 시간과 언어 및 장비의 차이 등을 지적할 수 있을 것이다.

4. 국제경찰활동의 추세

국제범죄가 증대되고 있음에도 불구하고 이들 국제범죄자들을 추적하여 체포하기란 쉬운 일이 아니다. 그것은 범죄에 관련된 국가가 서로 다른 형사사법절차와 제도, 수사구조, 법률, 문화 등을 가지고 있으며, 또한 국가간에 범죄정보의 교환, 신원확인, 수사공조, 범죄인인도 등에 있어서 협력을 필요로 하기 때문이다.

현재 국가간 상호법률공조조약(Mutual Legal Assistance Treaty: MLAT) 체결국가의 증가, 해외주재 경찰관 수의 증가, 개별국가의 군대나 UN 보안군의 해외 경찰활동 참여의 증대, 인터폴에 대한 지원과 활용의 증대, 경찰관 단체간의 비공식적 교류의 증대, 특수분야에 있어서 실무수준 국제공조관계 구축의 활성화 등을 국제경찰활동의 추세라고 할 수 있다.33

상호법률공조조약은 쌍무주의(Bilateralism)의 지도원리를 진전시킬 수 있다는 면에서 긍정적인 것으로 평가되고 있다. 하지만 조약의 체결을 위해서는 협상을 위한 오랜 시간을 필요하기 때문에 긴급할 때는 문제가 되며, 조약은 국가간 특정한 합의를 반영하는 것이어서 조약을 체결하려는 나라마다 상이한 사법절차를 초래하게 된다는 점이 결점으로 지적되고 있다. 그러나 Nadelman의 조화이론(Harmonization theory)에 따르면 궁극적으로는 압수수색, 체포와 추방, 범죄관련 정보의 교환 등과 관련된 세계적인 국제조약의 모형을 개발하고 받아들여야 할 것이며, 인터폴의 연차총회가 그러한 모형개발을 위한 훌륭한 장이 될 수 있을 것이다.34

현재도 대부분의 국가가 자국의 외국공관에 자국민의 보호나 범죄와 관련된 국제공조를 위하여 다수의 경찰관을 파견하고 있는데, 이러한 추세는 앞으로도 더욱 가속화될 것으로 보인다. 상대 국가에 자국의 경찰을 주재시키는 것은 상대국의 승인을 받아 공개적으로 이루어진다면 문제될 것이 없지만 직접적이고 허가되지 않은 법집행활동에 대한 유혹은 항상 도사리고 있다.

일종의 보조경찰 또는 대체경찰로서 군의 역할은 점점 증대되고 있는데 현재 마약이나 테러와의 전쟁에 군이 큰 비중을 차지하고 있으며, 인종청소와 같이 위협받고 있는 세계의 시민들의 인권을 보호하고 질서와 평화를 유지하기 위한 활동에도 대부분 군에 의존하고 있는 실정이다. 그럼에도 불구하고 이러한 유형의 경찰활동에서의 군의 투입은 마지막 수단으로 최소한에 그치며, 그것도 필요한 모든 절차와 준비과정을 거쳐야 할 것이다.

국제경찰활동이나 경찰의 국제공조를 논한다면 인터폴이 가장 핵심이라고 할 수 있을 것이다. 국제적 범죄와의 전쟁에 있어서 인터폴의 역할은 점점 확대되고 있는데, 그것은 인터폴이 이 분야에 있어서 이미 자리를 잡았으며 값진 많은 경험과 자원을 제공해 주기 때문이다. 그러나 절차의 복잡성과 일선경찰관과는 거리가 멀다는 점 등이 인터폴의 활용을 제약하는 것으로 지적받고 있다.

경찰관이 개인적으로 외국의 경찰관들과 비공식적인 교류를 하는 것도 궁극적으로는 국제경찰활동에 기여한다고 할 수 있다. 국제경찰협회(International Police Association)가 그 대표적인 조직으로서 회원가입이 점점 늘고 있다고 하는데, 이러한 교류활동은 국제경찰활동에 잴 수 없을 정도로 큰 기여를 하는 것으로 알려져 있다. 경찰관 사이의 자연스러운 직업적 연계에 기초하여 상호 의사소통이 더욱 활발해지고 이해의 폭도 넓어짐으로써 공조의 의지가 커지고 상부상조하게 되어 '조화'의 과정에 큰 기폭제가 될 수 있다는 것이다.

다른 직업과 마찬가지로 경찰이라는 직업도 점점 전문화되고 있어서 각 전문영역별로 공통으로 가지고 있는 경험과 지식을 바탕으로 독특한 정체성과 형제애 같은 것을 가지게 된다고 한다. 이를 토대로 각 전문영역이나 분야별로 국제적인 조직이나 단체를 결성하게 되는데, 국제경찰장협회(International Association of Chiefs of Police)나 살인범죄수사관협회(Homicide Investigators' Association)가 대표적인 예라고 할 수 있다. 또한 전문분야의 지식을 공유하고 더욱 발전시키기 위하여 분야별로 국제회의를 개최하고 합동교육훈련을 갖기도 하는데, 국제회원이 증가하고 있는 미국 법집행훈련교관회(American Society of Law Enforcement Trainers)가 국제회의의 개최를 후원한 것이 좋은 예라고 할 수 있다. 중요한 것은 그러한 회의나 회합은 경찰운용상의 비교적 협의의 기술적인 관점만을 다루기 때문에 결코 정치가나 경찰 관리자들을 위협하는 것으로 비춰지지 않는다는 점이다. 따라서 앞으로도 이러한 형태의 국제경찰활동은 더욱 확대될 것으로 보인다.

이런 형태의 교류 중에서 국제경찰활동에 가장 큰 영향을 미칠 수 있는 분야는 교육훈련분야에서의 교류협력이라고 할 수 있다. 그것은 교육훈련을 통하여 상호 경찰조직, 역할, 기능, 문화 등을 이해하는 데 큰 도움을 줄 수 있기 때문이다. 다른 나라 경찰이 교육·훈련하는 것을 알게 된다는 것은 서로에 대해서 친숙해지고 가까워질 수 있는 첫걸음이 될 수 있다. 뿐만 아니라 교육훈련을 위해서는 교육과정과 내용 등이 활자화되어 있고 참관자에게 아무런 위험도 초래하지 않으며 경찰운용에도 방해가 되지 않는다는 점에서도 훌륭한 교류의 장이 될 수 있다.

POLICE SCIENCE

참고문헌

1 David H. Bayley, "Policing; the World Stage,"in R. I. Mawby(ed.), *Policing Acroee the World: Issues for the Twenty−First Century*, London: UCL Press, 1999, pp. 3−12.

2 *Ibid.*

3 R. I. Mawby, "Approaches to comparative analysis: the Impossibility of becoming an expert on everywhere," pp. 13−22 in R. I. Mawby(ed.), *Policing across the World: Issues for the Twenty−first Century*, London: UCL Press, 1999.

4 D. H. Bayley, *Forces of Order: Police Behaviors in Japan and the United States*, Berkely: University of California Press, 1976.

5 C. Emsley, *Policing and its Context 1750−1859*, London: Macmillan, 1983.

6 D. H. Bayley, "The police and political development in Europe," in C. Tilly(ed.), *The Formation of Nation State in Europe*, Princeton: Princeton University press.

7 D. M. Anderson and D. Killingray, *Policing the Europe*, Manchester: Manchester University Press, 1991; *Policing and Decolonization*, Manchester: Manchester University Press, 1992.

8 D. M. Bayley, *Patterns of Policing: A Comparative International Analysis*, New Brunswick: Rutgers University Press, 1985; *Police for the Future*, New York: Oxford University Press, 1994.

9 J. C. Anderson, *Policing the World*, Oxford: Clarendon Press, 1989.

10 B. Hebenton and T. Thomas, *Policing Europe: Cooperation, Conflict and Control*, Basingstoke: Macmillan, 1995.

11 J. J. M. van Dijk, P. Mayhew, and M. Killias, *Experiences of Crime across the World*, Deventer, Netherlands: Kluwer, 1990.

12 R. R. Friedman, *Community Policing: Comparative Perspectives and Prospects*, London: Harvester Wheatsheaf, 1992.

13 K. E. Akermo, "Organizational changes and remodelling of the Swedish police," *Canadian Police College Journal*, 1986, 10:245−263; R. D. Hunter, "Three models of policing," *Police Studies*, 1990, 13:118−124.

14 M. Killias, "Review of the Snow White Image," *British Journal of Criminology*, 1989, 29(3): 300−303.

15 R. I. Mawby, "Approaches to comparative analysis: the Impossibility of becoming an expert on everywhere,"in Mawby(ed.), *op. cit.*, p. 20.

16 R. I. Mawby, "Variations on a theme: The development of professional police in the British Isles and North America," in Mawby(ed.), *op. cit.*, pp. 28−58.

17 M. G. W. den Boer, "Internationalization: A challenge to police organization in Europe," Mawby(ed.), *op. cit.*, pp. 59−74.

18 R. I. Mawby, Z. Ostrihanska, and D. Wojcik, "Police response to crime: The perceptions of victims from two Polish cities," *Policing and Society*, 1997, 7:235−252.

19 L. I. Shelley, "Post−socialist policing: Limitations on institutional change," Mawby(ed.), *op. cit.*, pp. 75−87.

20 F. Leishman, "Policing in Japan: East Asian archetype," Mawby(ed.), *op. cit.*, pp. 109−125.

21 Mawby(ed.), *op. cit.*, pp. 127−128.

22 B. Loveday, "Government and accountability of the police," Mawby(ed.), *op. cit.*, pp. 132−150.

23 P. A. J. Waddington, "Armed and unarmed policing," Mawby(ed.), *Ibid*, pp. 151－166.

24 M. Brodgen, "Community policing as cherry pie," Mawby(ed.), *Ibid*, pp. 167－186.

25 L. Johnson, "Private policing: Uniformity and diversity," Mawby(ed.), *Ibid*, pp. 226－238.

26 A. Z. Balzer, "International police cooperation: Opportunities and obstacles," *Policing in Central and Eastern Europe: Comparing Firsthand Knowledge with Experience from the West*, College of Police and Security Studies, Slovenia, 1996, http://www.ncjrs.org/policing/int63.htm.

27 M. Deflem, "International policing in nineteenth－century Europe: The police union of German States, 1851－1866," *International Criminal Justice Review*, 1996, 6:36－57.

28 M. Deflem, "Technology and the internationalization of policing: A Comparative－historical perspective," *Justice Quarterly*, 2002, 19(3): 453－475.

29 E. Nadelman, *Cops across Borders*, Pennsylvania Park: PN: Penn State University Press, 1993, p. 86.

30 Deflem, *op. cit.*

31 E. Nadelman, *op. cit.*, p. 10.

32 Balzer, *op. cit.*

33 Balzer, *op. cit.*

34 Nadelman, *op. cit.*

제 12 장

언론과 경찰

POLICE SCIENCE

제 1 절 경찰 – 언론관계의 중요성

경찰은 사법정의 실현의 실패와 부패혐의로 전통적인 경찰지지자들의 신뢰를 유지하기 위해 안간힘을 쓰는 동시에 일부 시민들로부터는 충족시키기 어려운 요구에 직면하고 있다.[1] 그 밖에도 경찰은 관리주의(managerialism)로부터 효율성이라는 추가적인 압박도 받게 되었다. 이들 관리주의자들의 압력은 곧 경찰이 효과적이고 효율적이며 경제적이어야 한다는 것이다. 여타 다른 공공기관과 마찬가지로 이러한 압력에 대한 경찰의 대응도 공개성(openness)과 투명성(transparency)의 추구로 집약되고 있다. 이러한 관리주의자들의 압력은 경찰 서비스를 매우 가시적으로 만드는 언론 산업의 발전으로부터 힘입은 바 적지 않다. 물론 경찰의 가시성(visibility)이 반드시 투명성과 동일한 것은 아니며, 단지 언론을 통하여 경찰활동을 다양하게 대변(representation)하는 것일 따름이다. 또한 투명성이란 경찰이 조직을 어떻게 운용하고 있는가에 대한 조직의 공개성, 독립적인 검증의 의지, 의사결정의 구조와 과정에 대한 설명 의지, 시민소청과 조사에 대한 공개의지 등이라고 할 수 있다. 즉, 경찰 – 언론관계는 경찰의 가시성과 투명성에 대한 핵심적 요소로 인식되고 있다.[2]

어떤 공공기관이나 분야도 경찰만큼 많은 언론보도의 대상이 되지는 못할 것이다. 범죄와 범죄자에 대한 시민의 인식과 여론은 언론의 강력한 영향을 받기 마련이다. 직접적인 관련이 있는 일부를 제외하고는 대부분의 사람이 경찰활동, 범죄자의 검거, 수사, 재판 등에 관해서 신문을 읽고, 텔레비전을 보고, 라디오를 듣고 알게 되기 마련이다. 따라서 시민들이 경찰에 대해서 가지고 있는 인식과 인상(긍정적 혹은 부정적)은 거의 절대적으로 언론의 보도에 좌우되는 것이다.

더구나 경찰을 비롯한 형사사법기관이 무엇을 어떻게 하는가도 언론의 지속적인 감시를 받고 있다. 사실 광범위한 입장에서 보면 언론은 정부의 노예가 아니며, 민주주의 사회에서는 정부와 언론간의 관계문제는 피할 수 없는 것으로 보인다. 물론 어느 정도는 이해의 충돌과 갈등도 양자의 관계에 존재하며, 이 갈등은 민주주의사회에서 반드시 필요한 견제와 균형(checks and balances)이라는 관점으로 이해될 수 있다. 따라서 언론이 경찰을 비롯한 정부기관을 관찰, 감시, 감독하지 않는다면 그것은 언론이 그들의 중요한 책임을 회피하는 것이라고 할 수 있다.

그러나 사실 언론과 경찰의 관계는 기본적으로는 여러 가지 면에서 서로에게 이익이 되는 측면이 강하다. 당연히 경찰은 언론에 말하고 싶어 하지 않는 부분이 있으며 동시에 큰소리로 알리고 광고하고 싶어 하는 부분도 있기 마련이다. 경찰은 언론을 이용하여 자신의 이미지를 세상에 보이고, 알리고 싶어 한다. 그러나 경찰과 언론의 관계는 공생적인 것이어서 언론 또한 경찰과의 관계에서 얻는 것이 있기 마련이다.3

특히 범죄상황이 개선되지 않고 시민들의 범죄에 대한 두려움이 증대되면서 경찰에 대한 시민의 인식과 태도뿐만 아니라 경찰에 대한 신뢰가 나빠지게 됨으로써 경찰이 경험하게 되는 정통성의 위기로 인하여 경찰의 언론관계는 중요하게 된다. 언론은 정보의 통로뿐만 아니라 경찰의 성공적인 범죄투쟁을 위한 시민의 지지를 얻기 위해서 필수적으로 필요한 이미지 관리의 중요한 요소로서 평가받기 때문이다.4

또한 언론은 경찰활동에 대한 평가와 중요한 관련이 있는 시민의 범죄에 대한 두려움(fear of crime)에도 상당한 역할을 할 수 있다는 가정에서도 경찰의 언론관계가 중요시되고 있다. 물론 시민의 범죄에 대한 공포에 경찰이 어떠한 역할을 하는지 정확하게 알려지지 않고 이러한 현상의 존재 그 자체도 논쟁의 대상이 되고는 있지만 경찰이 시민의 범죄에 대한 두려움을 낮출 필요성은 상당히 인식되고 있다는 점에서도 경찰과 언론관계는 중요한 것이다. 그래서 경찰이 자신의 이미지와 언론의 관리를 전략적으로 생각하는 것이 경찰발전과 효율화의 중심적인 요소가 되고 있다.

제 2 절 경찰 - 언론관계의 특성

1. 관계의 복잡성

경찰기관과 언론의 관계는 겉으로는 단순하게 보일지 모르지만 실제로는 겉으로 보이는 것보다 훨씬 더 복잡하다. 분명히 경찰과 언론이 좋은 관계를 유지, 발전시키는 것은 경찰의 바람직한 공공관계(public relations)의 중요한 수단이다. 경찰기관에 무슨 일이 왜 일어나고 있는가를 대중이 알 수 있게 하는 좋은 방법이기 때문이다. 그러나 경찰이 무엇인가가 널리 알려지는 것을 방해하거나 언론이 경찰이 범죄보도의 윤리 또는 기준이라고 판단하는 것을 위반할 때는 문제가 생기게 된다.

그러한 충돌은 특정한 정보의 공개가 경찰목적을 방해하기 때문에 언론으로부터 그 정보를 철회할 필요가 있다고 판단할 때 가장 일어나기 쉬운 것이다. 또한 언론이 경찰내부의 부패나 비리 또는 비행의 자취를 감지하고 추적할 때도 그러한 충돌은 일어날 수 있다. 어떤 이유에서건, 누군가 공정한 경기를 하지 않고 있다는 인상을 줄 수 있는데, 언론에서는 그것을 경찰이 시민에게 공정하지 못하다고 비난하는 습성을 가지고 있다. 그러나 상황에 따라서는 가능한 정보의 완전한 공개는 물론이고 유괴사건(kidnapping)과 같은 경우에는 사건의 공개나 보도 자체가 경찰과 대중 모두에게 도움이 되지 않을 수도 있다.

정보공개를 철회한 경찰의 행정결정을 때로는 언론에서 의문을 제기하고, 그것이 경찰에 불리하게 대중들에게 전달되기도 한다. 정보를 공개하지 않고는 정보공개 철회의 결정을 자세히 설명할 수 없기 때문에 어쩔 수 없이 하게 되는 'No comment'가 때로는 도발적이거나 회피하는 것으로 해석될 수도 있다. 이러한 진퇴양난의 상황(dilemma)이 경찰-언론관계의 전형이라고 할 수 있다.

이처럼 언론과 경찰의 관계에는 양측 모두에게 딜레마가 될 수 있지만 한편으로는 또한 그 딜레마 속에 수수께끼가 숨어 있다. 언론의 입장에서 보면, 시장경쟁에 따라 경쟁력 확보를 위해서 가장 우선적으로 보도하고 싶어 하는 기사가 때로는 경찰의 입장에서는 가장 공개하기 꺼려하는 내용이기 쉽다. 바로 이러한 이중적 딜레마와 수수께끼가 경찰-언론관계의 문제의 핵심이다.[5]

2. 경찰 – 언론관계의 지배구조

경찰-언론관계에 대한 정통파적 관점은 경찰활동에 대한 언론 이미지를 중요하게 여기는 것이다. 그것은 언론은 경찰에 대한 정보의 원천이며 전체적으로는 경찰업무의 정당화, 합법화에 기여한다고 보기 때문이다. 그럼에도 불구하고, 언론은 정당성이나 사법정의가 의심받게 되면 일반 시민대중을 대신하여 경찰에 대한 중요한 파수꾼(watch-dog)의 역할을 해왔다. 이와 같이 대체로 긍정적인 역할에도 불구하고 경찰은 자신에 대한 언론의 보도나 보도태도에 대해서 일반적으로 의심을 해왔다. 이러한 의심은 대부분은 상호적이지만 경찰-언론관계의 성쇠에 기여하였다.[6]

경찰-언론관계에 대한 논의 중 하나의 중요한 특징은 경찰이 정보에 대한 접근을 허용하고 정보를 걸러내는 위치에 있으며 바로 이 점이 언론관계에 있어서 경찰에게 지배적 위치를 제공한다는 것이다.[7] 이와 같은 관점의 주창자들은 경찰-언론관계가 경찰에 의하여 주도된다고 믿는 것이다. 경찰이 정보의 지킴이이고, 언론은 그 정보를 필요로 한다는 것을 인식하고 있으며, 그래서 그 점을 경찰에 유리하게 이용하고, 경찰이 경찰활동과 범죄에 대한 이미지라는 입장에서 현실을 규정한다는 것이다. 그러나 일부에서는 바로 이 점이 "경찰 공보관이 민주주의가 함축하는 정보의 자유로운 흐림이라기보다 경찰이 바라는 대로의 이미지를 만들어낼 수 있다"라고 하여 언론을 하수인쯤으로 격하시키는 것이다. 이는 민주주의에서 위험한 요소가 될 수 있다.[8]

그러나 이러한 우려는 전혀 새로운 것이 아니다. 70년대 중반 Chibnall은 통제기관이 통상적으로 언론과 관련하여 ① 통제기관의 이미지와 시민의 평판을 보호하고, ② 일탈자들을 검거하고 통제하는 데 있어서 통제기관의 업무를 직접적으로 용이하게 하고, ③ 통제기관 구성원들의 특정한 목표, 이념, 그리고 이익을 증진시키려는 세 가지 목표를 가진다고 주장한 바 있다.[9] 최근에는 Ericson도 경찰과 언론은 공생적 관계를 가지지만 언론이 더 종속적이며 덜 지배적인 입장이라고 주장하였다. 이것이 바로 경찰로 하여금 피해대책(damage control)을 위한 파괴전술(spoiling tactics)로서 '사전홍보(proactive publicity)'를 활용하게 하여 자기 조직이 책임 있는 조직이라는 이미지를 보호하고 증진시킬 수 있게 한다는 것이다.[10]

그러나 이러한 주장에 대해서 일부에서는 언론환경이 과거에 비해 매우 복잡해졌고 따라서 경찰이 언론을 통제하기란 그만큼 더 어려워졌다고 비판한다. 동시에 경찰환경도 변한 건 마찬가지여서 경찰의 언론관계 활동도 과거에 비해 상호 더 협조적이고 더 철저히 대비하며 언론과 개방성이라는 견지에서 경찰 내부적으로도 긴장감을 가지고 있다는 것이다.

3. 경찰의 가시성과 경찰-언론관계

언론은 어떤 조직이나 기관에 대해 과거 어느 때보다 쉽게 들여다볼 수 있다는 점에서 경찰은 언론에 의하여 가장 잘 관찰되는 기관 중 하나이다. 바로 이것이 '가시성의 관리(management of visibility)'라고 하는 하나의 논쟁거리를 제공한다. Thompson은 방송매체를 비롯한 언론 산업의 발달로 사람들이 과거보다 훨씬 더 쉽게 경찰과 같은 조직에 관한 정보를 얻을 수 있게 되었다고 주장하였다.[11]

Methiesen 역시 대중매체의 역할과 영향력을 인식하고, 과거에는 소수가 다수를 감시하는 panopticon형이었다면 현대는 다수가 소수를 감시하는 synopticon형이라고 주장하여 텔레비전을 비롯한 대중매체가 다수가 소수를 관찰할 수 있게 하였음을 강조한다. 경찰이 가장 많이 그리고 쉽게 감시되고 관찰되는 조직이라는 입장에서 본다면 이러한 주장은 크게 틀린 것이 아니라고 할 수 있다. 즉, 언론에 비친 경찰을 다수의 시민들이 봄으로써 다수가 소수인 경찰을 감시하고 관찰한다는 것이다.[12]

따라서 언론의 발전이 가시성이 높은 경찰활동의 여건을 만들게 되고 그 결과 경찰이 더욱 철저하게 관찰되고, 감시되지만 동시에 경찰에게는 자신들의 메시지를 전달하고 시민의 이미지를 개선하는 좋은 기회가 될 수도 있는 것이다. 그래서 언론은 경찰에게 있어 위협이기도 하지만 동시에 기회이기도 하다. 이러한 주장의 근거는 바로 대부분의 시민들이 직접적인 접촉보다는 언론을 통하여 경찰을 알게 된다는 다수의 연구결과이다.

4. 피의자의 권리와 국민의 알 권리

경찰과 언론 사이에는 언제나 갈등이 있을 수 있고 각자의 기능이 기본적으로 다르기 때문에 그 갈등은 타협으로 지워질 수는 있어도 완전하게 제거되는 것은 아니다. 경찰의 임무가 질서의 유지와 법의 집행 등이라면 언론의 임무는 그것이 때로는 경찰을 방해할 수 있을지라도 진실을 찾아서 보도하는 것이다. 한편으로는 거의 아무런 법률적 제약도 없이 거의 모든 것을 보도할 수 있는 절대적인 권리를 언론과 표현의 자유라는 이름으로 보호하지만 다른 한편으로는 범죄피의자가 공정한 재판과 인권의 보호를 받을 권리도 보장하고 있다. 재판 전에 특정한 정보를 공개함으로써 불가피하게 범죄피의자의 공정한 재판을 받을 권리와 시민의 알 권리 사이에 충돌이 생기게 된다. 그러나 경찰관 개개인이 정보공개 여부에 대한 어려운 결정을 해야 할 모든 부담을 다 짊어질 수는 없기 때문에 이에 대한 지침을 필요로 하는 것이다.

원론적으로는 언론은 보도할 권리와 책임을 가지고, 시민은 형사사법행정에 관한 진실을 알 권리를 가진다는 원칙에 언론과 경찰이 동의해야 한다. 그러나 두 권리는 정당한 재판을 받을 피의자의 권리와 균형을 이루어야만 한다. 예를 들어 미국의 Wisconsin주에서는 피의자의 공정한 재판을 받을 권리를 강조하여 편견이나 여론재판의 가능성을 배제하기 위하여 혐의사실의 공개는 인정하나 피의자가 혐의사실을 인정 또는 부인했다거나 자백했다는 등과 같은 내용을 공개하지 못하도록 규정하고 있다.13

5. 위기상황에서의 경찰 – 언론관계

시위나 소요사태가 벌어지는 경우와 같은 위기상황에서는 경찰이나 언론 제재의 부정확한 보도, 지나치게 선정적이거나 선동적인 보도, 경찰이 과잉대응, 경찰과 언론과의 대화창구 붕괴되는 등의 경우가 상황을 엄청나게 악화시킬 수 있다.

텔레비전이 시위장면을 자세하게 보도하는 경우 때로는 폭력을 자극하기도 하지만 반대로 폭력을 억제할 수도 있다고 한다. 그것은 텔레비전 카메라 앞에서는 시위군중이나 진압경찰 모두가 자신들의 불법적인 행동이 카메라에 잡혀서 텔레비전에 보도되기를 원하지 않아서 폭력을 자제하기 때문이다. 이런 이유에서 시위가 빈번하던 50~60년대 미국의 법무부에서는 언론, 특히 텔레비전의 시위현장 취재를 권장하였다고 한다. 그러나 다수의 연구자들은 시위나 폭동에 대한 언론, 특히 텔레비전의 보도가 화난 시위대나 폭동 군중의 폭력성을 조장하거나 양산할 수 있다고 주장하여 60년대 중반 이후부터는 언론의 자제를 촉구하기에 이르렀으며, 급기야 60년대

후반부터는 미국의 3대 공중파 방송에서는 스스로 폭동과 시위 관련 보도지침을 마련하기도 하였다.

물론 경찰과 언론은 각자의 이해가 때로는 경쟁적일 수도 있지만 가능한 빨리 질서를 회복시키는 것이 폭동상황에서의 공통적인 목적임에는 이견의 여지가 없을 것이다. 이러한 상황에서 경찰의 효율적인 대응만큼이나 언론의 신속하고 정확한 보도는 질서 회복에 도움이 되기 때문이다. 그러나 이를 위해서는 언론이 경찰의 협조를 받아야 할 것이며, 경찰도 언론의 협조와 자율적이고 자발적인 자제를 필요로 한다. 경찰과 언론 모두 폭동이 극도로 악화될 때까지 기다려서는 안 되며, 시위나 폭동이 예견되는 경우에는 특히 사전에 비상계획(contingency plan)을 마련하여야 할 것이다.

제 3 절 바람직한 경찰-언론관계의 정립을 위한 미래전략

경찰-언론관계는 경찰에 관한 정보를 얻고 전달하고 경찰이 꼼꼼하게 관찰되는 수단으로서 그 중요성은 지속될 것이다. 그러나 경찰과 언론기관 사이의 관계가 개선되더라도 양자 사이의 갈등은 언제나 있기 마련이다. 전통적으로 이러한 갈등은 경찰의 정보공개와 관련된 언론의 불만이나 언론보도의 정확성에 대한 경찰의 불평으로부터 야기되고 있다. 이러한 갈등은 경찰과 언론이 서로 다른 목적을 추구하는 한 일정부분 불가피한 것이기도 하다. 이러한 갈등에 경찰은 어떻게 대처할 것인가?

우선 경찰은 뒤로 한 발짝 물러나서 정보를 공개하기보다 거두어들이는 것이 규범이었던 옛날의 'no comment' 시대로 회귀할 수 있다. 이러한 대응은 경찰 내부적으로는 옹호론자가 있을 수 있지만 현대사회의 언론의 발전에 비추어 바람직한 대안은 아닌 것 같다. 한편, 두 번째 방법으로는 언론이나 홍보 전문가를 활용하여 경찰의 언론관리의 전문성을 지속적으로 발전시키는 것이다. 전문가나 전문부서에서 경찰과 경찰활동의 긍정적 이미지를 증진시키는 동시에 이미지손상은 최소화 하는 것이다. 이 방법은 경찰활동을 보다 더 가시적이게 만들어 경찰활동의 투명성에도 기여할 수 있다고 한다. 세 번째 방법은 위 두 번째와 관련될 수도 있는 것으로서 경찰의 투명성과 공개성의 추구를 더욱 강화하는 것이다.[14]

한편 자원의 확보가 점점 더 어려워지고 있는 정치적 환경에서 생존하기 위해서는 경찰도 다른 모든 기관과 마찬가지로 언론의 관심을 끌 수 있는 경쟁적 전략을 개발할 필요가 있다.[15] 경찰과 언론간의 효과적인 의사소통을 유지하기 위한 가장 쉽고 간단한 방법은 미국의 백악관이나 국무부에서 정례적으로 기자간담회나 브리핑을 하듯이 양측이 정기적으로 만날 수 있는 기회를 가지는 것이다. 이러한 노력은 경찰과 언론의 관계가 너무나 악화되어 회복될 수 없는 상황까지 가기 전에 상호 이해를 증진시켜 주기 때문이다.

경찰과 언론의 관계를 개선하는 데 가장 바람직한 방법은 역시 교육이라고 할 수 있다. 즉, 대부분의 갈등은 오해나 무지에서 생길 수 있기 때문이다. 일찍이 미국에서는 범죄와 같은 법률관련 사건의 보도보다 사실적으로 더 부정확하게 보도되는 경우가 없다는 목소리가 높아지자 50년대부터는 법률가를 전문기자로 채용하여 취재, 보도하도록 한 바 있다. 최근 우리나라에서도 의사와 같은 전문성을 요하는 전문분야의 기자로 활용하고 있는 경향을 볼 수 있는 것도 이와 같은 맥락에서일 것이다. 이처럼 전문성을 가진 사람을 활용하는 것도 하나의 방법이지만 현실적으로 모든 경찰출입 기자를 다 법률전문가로 채용하거나 반대로 모든 경찰관을 다 언론인출신으로 채용할 수도 없다. 따라서 기존의 기자들에게는 경찰과 관련된 전문적인 재교육의 기회를, 그리고 경찰관에게는 언론관련 재교육의 기회를 제공하자는 것이다. 이는 언론기관이나 경찰이 자체적으로도 할 수 있으며 외부 교육연구기관 등에 위탁교육을 시킬 수도 있다.

POLICE SCIENCE

참고문헌

1 I. Loader, "Private security and the demand for protection in contemporary Britain," *Policing and Society*, 1997, 7:143–162.

2 R. C. Mawby, "Visibility, transparency and police–media relations," *Policing and Society*, 2001, 9:263–286.

3 R. Boyle, "Spotlight Strathclyde: Police and media strategies," *Corporate Communications: An International Journal*, 1999, 4(2):93–97.

4 Schlesinger and Tumber, *op. cit.*, pp. 106–7; R. Boyle, "Spotlighting the police: Changing U.K. police–media relations in the 1990s," *International Journal of the Sociology of Law*, 1999, 27:229–250.

5 L. A. Radelet, *The Police and the Community*, New York: Macmillan Publishing Company, 1986, pp. 415–416.

6 R. C. Mawby, *op. cit.*, 2001.

7 R. V. Ericson, "The news media and account ability in criminal justice," in P. C. Stenning(ed.), *Accountability for Criminal Justice*, Toronto: University of Toronto Press, 1995.

8 G. L. Crandon and S. Dunne, "Symbiosis or Vassalage? The media and law enforcers–The case of Avon and Sommerset Police," *Policing and Society*, 1997, 8:77–91.

9 S. Chibnall, *Law–and–Order News: An Analysis of Crime Reporting in the Britisch Press*, London: Tavistock, 1977 참조.

10 R. V. Ericson, *op. cit.*, 1995, pp. 147–9.

11 J. B. Thompson, *The Media and Modernity: A Social Theory of the Media*, Oxford: Polity, 1995: 74, 134–40.

12 Mathiesen, "The viewer society: Michel Foucault's 'Panopticon' revisited," *Theoretical Criminology*, 1(2), May 1997.

13 P. D. Mayhall and D. P. Geary, *Community Relations and the Administration of Justice*(2nd ed.), New York: John Wiley & Sons, 1979, pp. 223–4.

14 Manning, *Ploce Work: The Social Organization of Policing*(2nd ed.), Illinois: Waveland Press, 1997, p. 32.

15 P. Schlesinger and H. Tumber, *Reporting Crime: The Media Politics of Criminal Justice*, Oxford: Clarendon Press, 1994, pp. 13–16.

제 13 장

사이버경찰론

POLICE SCIENCE

오늘날 우리는 전자통신과 컴퓨터의 발달로 과거 어느 때보다 폭넓은 지식과 경험에 편리하게 접근할 수 있게 되었다. 그러나 정보통신기술과 컴퓨터의 결합으로 등장한 인터넷(Internet)이라는 '가상공간(cyberspace)'도 모순이 없는 것은 아니다. 인터넷이라는 가상공간은 여러 가지 이점이 있지만 동시에 가상공간 내에서는 경제적·사회적·정치적 경계를 무너뜨릴 수 있기 때문에 새로운 형태의 범행과 반사회적 행위를 할 수 있는 기회를 제공한다.[1]

즉, 범죄자의 관점에서 가상공간은 익명성이 보장되고 '붙잡히지 않을 방패막이'가 되어 완전범죄의 기회를 만들어 준다. 이러한 이유로 인터넷이라는 가상공간에서는 누구나 쉽게 범죄자가 될 수 있기 때문에 가상공간이 현실세계와는 다른 범죄의 온상이 되고 있다. 하지만 이러한 현실에도 불구하고 여러 가지 이유로 가상공간에 대한 경찰활동은 아직도 만족스러운 수준에 이르지 못하고 있어서 적지 않은 범법자들이 처벌되지 않고 있다.[2]

그뿐만 아니라 최근에는 스마트폰의 보급으로 어디서나 손쉽게 인터넷에 접속하는 것이 가능해진 만큼 우리 삶에서 차지하는 가상공간의 비중은 계속 늘어나고 있다. 이처럼 인터넷이 지속적으로 발전하는 가운데 더 이상 현실세계와는 다른 측면에 있는 가상공간을 악용한 범죄활동을 재정의할 필요가 있다.

제1절 사이버 범죄의 개관

1. 사이버 범죄의 정의

UN의 Manual on the Prevention and Control of Computer-Related Crime에서는 사이버 범죄에 대한 개념을 포괄적으로 정의하고자 시도했다. 하지만 결국 사이버 범죄가 존재한다는 것은 보편적으로 받아들일 수 있으나, 컴퓨터가 범죄라고 하기에는 다수의 잠재적인 오용과 남용의 문제가 유발되기 때문에 실제로 사이버 범죄가 무엇인가에 대해서는 아무런 합의에 도달할 수 없다고 주장했다.[3]

그럼에도 불구하고 사이버 범죄의 개념을 살펴보면 다음과 같다. 우선 사이버 범죄(cyber crime)는 사이버(cyber)와 범죄(crime)의 합성어이다. 여기서 사이버(cyber)라는 용어는 1894년 William Gibson이 'Neuromancer'라는 공상과학소설에서 최초로 등장했던 용어로서, 눈으로 볼 수는 없지만 틀림없이 존재하는 영역으로 설명하여 현실세계가 아닌 컴퓨터를 통해서 만들어진 또 다른 공간으로 공상 또는 가상공간(cyberspace)이라는 개념으로 사용하였다.[4] 따라서 사이버 범죄는 '가상 범죄(virtual crime)', '인터넷 범죄(online crime)', '정보통신 범죄(digital crime)', '컴퓨터 관련

범죄(computer－related crime)', '하이테크 범죄(high technology crime)' 등 다양한 용어와 혼용하여 사용되고 있다. 이와 같은 서로 다른 용어들은 수단과 방법이 조금씩 다르게 정의되고 있지만 가상공간에서 발생되는 범죄라는 측면에서는 동일하게 사용되고 있다. 이처럼 사이버 범죄의 개념은 현재까지도 학문적으로 통용하여 사용되고 있지 않음을 알 수 있다.

사이버 범죄활동을 이해하기 위해서는 우선 전통적 범죄활동을 알아야 할 필요가 있다. 살인, 강도 등 전통적인 범죄는 범죄와 범죄가 아닌 것이 무엇인지에 대한 일정 정도의 합의가 이루어지고 있다. 그리고 범죄활동은 실시간으로 발생하며, 또한 분명한 범죄의 지리적·사회적 경계를 가진 정해진 공간에서 일어난다. 그리고 범죄행동은 실정법에 의하여 지배되고, 관측할 수 있는 장소 내에서 발생한다.

이와는 대조적으로, 사이버 공간은 물적 자산보다 idea에 더 많은 가치가 부착되는 가상적 환경이다. 따라서 가상적인 환경에서 끊임없이 위협받고 이들 가치가 왜곡되거나 손상되지 못하도록 하기 위하여 보호되어야 한다. 그 결과 사이버 범죄는 기존의 전통적 범죄개념을 변형시키는 특징을 가지고 있다. 즉, 물리적 시간의 틀로부터 자유롭기 때문에 즉시적이거나 동시적이지 않고 시간, 공간, 장소에 얽매이지 않는다. 그리고 사이버 범죄는 상당한 기술적 지식을 요한다.5

2. 사이버 범죄의 유형

사이버 범죄는 다양한 용어로 혼용되어 사용하고 있기 때문에 어디까지를 사이버 범죄로 구분해야 하는지 그 경계가 모호하다. 즉, 사이버 범죄의 유형 분류에 관해서도 여러 가지 견해가 존재할 수밖에 없다.

개인에 초점을 맞추려는 연구에서는 컴퓨터 스파이, 해커, 컴퓨터 테러리스트 등과 같이 사이버 범죄를 범죄자의 유형별로 구분하고 있다. 그리고 다른 한편으로는 사이버 범죄를 행위에 초점을 맞추어 분류하기도 한다.6 예를 들어서, Schlozberg은 유동자산의 절도나 사기 및 횡령, 기물파손 및 손괴, 자료의 파괴, 자료의 착복, 컴퓨터 서비스의 절도, 자료의 수정과 변경과 같이 여섯 가지 종류의 범행으로 나누고 있다.7

하지만 이러한 분류가 가지고 있는 주요 문제점은 그것이 인터넷을 상업적으로 이용하기 이전에 그리고 심지어는 인터넷의 상업화를 용이하게 한 graphic user interface의 정교한 개발 이전에 이루어진 것 같다는 것이다. 따라서 최근에 미국 FBI NCCS(National Computer Crime Squad)에서는 사이버 범죄를 컴퓨터 네트워크 침입, 사생활침해, 산업스파이, 컴퓨터 소프트웨어 도용 등 자기들이 현재 수사중인 사건들을 사이버 범죄의 유형으로 분류시킨 바 있다. 하지만 이러한 시도 또한 사이버 범죄의 활동보다는 실무적인 분야

에서 사이버 범죄를 분류하였기 때문에 지나치게 광범위하고 부정확한 것으로 평가되고 있다.8

Duff & Gardiner는 컴퓨터 자체가 범행의 도구로 사용되는 것과 컴퓨터나 시스템 그 자체가 범행의 대상이 되는 것인가에 따라 사이버 범죄를 구분하였다. 그리고 인터넷 사기와 같이 컴퓨터가 범행의 도구로 사용되는 것을 제시했으며, 두 번째로는 컴퓨터나 시스템 그 자체가 범행의 대상이 되는 자료변조 및 파괴, 바이러스 유포 등이 해당된다고 설명했다.9 그 밖에 Wall은 사이버 범죄를 4가지 유형으로 분류하였다. 그 첫째는 해킹과 바이러스와 같은 사이버 무단침입, 둘째는 사이버 절도, 셋째는 사이버 공간에서 음란물을 유포하는 사이버 포르노그래피, 그리고 마지막으로 사이버 스토킹을 포함하여 사이버 폭력으로 분류하여 설명했다.10

그리고 현재 우리나라 경찰청에서는 사이버 범죄를 크게 사이버 테러형범죄와 일반사이버 범죄로 구분하고 있다. 먼저 해킹, 바이러스 유포와 같이 고도의 기술적 요소가 포함되어 정보통신망 자체에 대한 공격행위를 통해 이루어지는 것을 사이버 테러형범죄로 구분하였다. 그리고 전자상거래 사기, 프로그램 불법복제, 불법사이트운영, 개인정보 침해 등과 같이 사이버 공간이 범죄의 수단으로 사용된 유형은 일반사이버 범죄에 해당된다고 분류하였다.11

그 밖에 최근 전세계적으로 스마트폰 보급이 급증되고 그로 인해 인터넷 활용 정도와 SNS(Social Network Service) 이용률이 증가됨에 따라, 사이버 공간을 악용하여 타인을 괴롭히거나 정보를 유출하는 경우가 많아졌다. 그러므로 최근에는 이와 관련된 유형도 사이버 범죄의 한 유형으로 구분하기도 한다.

이처럼 사이버 범죄를 분류하는 기준은 제각각이며, 현재까지도 사이버 범죄 유형이 어디까지인지에 대한 합의점에 도달하지 못했음을 알 수 있다. 따라서 여기서는 그동안 논의되었던 대표적인 사이버 범죄 유형에 해당되는 것들을 세부적으로 검토해본다.

(1) 사이버 무단침입(Cyber Trespass)

사이버 범죄의 핵심은 인터넷의 발전에 결정적인 역할을 했던 컴퓨터 해커들의 고도로 전문화된 지식이라고 할 수 있다. 초기의 해커들은 모든 정보에 대한 접근이 가능하여 자유를 신봉하는 사람들이었다. 그러나 바로 그 기술과 신념이 현재는 가상공간에서 하나의 위협으로 비춰지고 있다. 따라서 사이버 무단침입의 한 끝에는 지적 동기에 기초한 것이 있고 다른 한 끝에는 범죄적 또는 정치적 동기에 기초한 일종의 사이버 테러가 존재하는 하나의 연속선상에 놓여 있다. 다시 말하자면, 무해한 무단침입을 초래하는 지적 도전이 최상의 경우이며 정보전쟁이 최악의 경우라고 볼 수 있다.12

이를 기초로 Young은 사이버 무단침입자를 이상주의자(Utopians), 사이버 불량배(Cyberpunks), 사이버 스파이(Cyber−spy), 사이버 테러리스트(Cyber−terrorists) 등 네 가지 기본 유형으로 구분하여 설명하였다. 먼저 이상주의자는 사회의 취약성을 보여줌으로써 사회에 도움을 주고 있다고 순진하게 믿는 사람들이라고 설명했으며, 사이버 불량배는 공격적으로 권력기구에 반대(anti−establishment)하며 자신들의 감정을 상하게 하는 대상에게 의도적으로 해악을 유발시키는 사람으로 구별하였다. 또한 사이버 스파이와 사이버 테러리스트는 둘 다 전형적으로 금전이나 정치적 목적으로 기존의 질서를 파괴하려는 동기를 가지는 사람이라고 설명하였다. 특히 사이버 스파이는 특정한 기밀이나 비밀정보에 접속하기 위하여 컴퓨터 사이트에 들어가는 것이고, 사이버 테러는 정보나 자료에 대한 의도적인 파괴나 조작이라고 설명했다. 반면에 이상주의자와 사이버 불량배들은 특정한 사이트에 접근해 있다는 결과만으로 혼란이나 붕괴를 초래하지만, 사이버 스파이와 테러리스트는 타인에게 혼란을 야기시키려고 사이트에 접속할 수 있기 위해서는 전문 해커가 되어야만 하기 때문에 네 가지 유형을 분명하게 구분하기란 쉽지 않다고 보았다.13

(2) 사이버 절도(Cyber−theft)

Wall이 정의한 사이버 절도는 가상공간 내에서 발생할 수 있는 도용행위라고 설명했다. 그리고 이것을 가상공간 내에서 신용카드나 사이버 캐쉬를 도용하는 것뿐만 아니라 사이버 공간 내에서의 저작권 침해까지도 사이버 절도에 해당된다고 보았다.14

Tendler도 사이버 절도에는 두 가지 형태가 있다고 한다. 첫 번째 형태는 지적 재산을 유용하는 것이다. 예를 들어 유명한 연예인의 사진이 인터넷 이미지로부터 유용될 수 있는 것이다. 이들 사진은 더 좋은 모양으로 재포장되어 cyber−shopping mall을 통해서 선의의 구매자들에게 판매되는 것이다. 한편 현재 일어나고 있는 지적 재산의 착취와 유용은 위조제품의 생산, 원본의 직접복사, 그리고 사이버 쇼핑몰을 통한 판매라고 할 수 있다.

사이버 절도의 두 번째 유형은 사이버 현금(cyber−cash)의 착복이나 유용이다. 사이버 현금의 개념은 급속하게 발전하고 있으며, 사이버 현금의 개발자들은 가상공간에서의 자기규제된 재무제도의 궁극적 설치를 생각했을지라도 사이버 현금에 대한 현재의 개념은 신용카드의 사용과 관련이 있다. 따라서 사이버 절도의 하나의 보편적 유형은 사이버 쇼핑몰로부터 인터넷을 이용하여 물건을 사기 위하여 유용된 신용카드를 부정하게 사용하는 것이다. 여기서 중요한 쟁점은 범죄자가 실제로 신용카드를 가지고 있을 필요가 없다는 것이다. 사이버 공간상에서 물건을 구매할 때 필요한 카드번호, 성명, 유효기간 등은 버려

진 카드로부터 구할 수 있다.15

(3) 사이버 음란물(Cyber-obscenity)

미국의 한 조사 연구결과에 의하면 인터넷 사용의 절반가량이 '음란물의 소비'와 관련된 것이라고 한다. 물론 조사연구의 방법론에 대한 논쟁은 있었지만 적어도 가상공간에서의 음란물이 심각하다는 사실을 일깨워 주고 있다. 그러나 사이버상에서의 음란물에 대한 활발한 논의와 달리 실질적으로는 음란물에 대한 개념적 정의가 일관되어 있지 않다. 그 이유는 각국의 법률에 따라 음란물을 다르게 규정하고 있기 때문이다. 예를 들어 다수의 중동국가에서는 음란물로 분류될 수 있는 이미지들을 영국의 시민들은 정기적으로 소비하고 있으며, 영국에서 음란물로 분류한 것을 스칸디나비안 국가들에서는 그 음란물을 받아들일 수 있는 것이다.16

이처럼 사이버 음란물에 대한 개념적 정의는 음란물의 범위와 내용에 따라 그리고 각국의 문화와 관습에 따라 받아들여지는 정도가 다르다고 볼 수 있다.

하지만 여기서 주목해야 하는 것은 음란물의 범위와 내용이 아니다. 음란물이 무분별하게 사이버상에서 유통될 수 있다는 것이 문제다. 특히 사이버상에서 유통되는 음란물이 은밀하고 빠르게 전파되는 특성을 갖고 있기 때문에 접속하지 않아야 할 청소년이나 아동들에게 영향력을 미친다는 것을 간과해서는 안 된다. 또한 사이버 공간이라는 특징 때문에 음란물을 쉽게 복제하거나 불법 유통될 가능성이 크다는 것을 간과해서는 안 된다.

(4) 사이버 괴롭힘(bullying)

사이버 괴롭힘은 학교폭력의 한 형태인 '따돌림'에서 비롯된 것으로, 최근 인터넷 사용이 일상화되면서 사이버 공간상에서도 따돌림의 형태인 괴롭힘이 초래되면서 사이버 괴롭힘이라는 용어가 사용되고 있다. 따라서 사이버 괴롭힘은 폭력의 한 형태로서 '사이버 폭력'이란 용어와 함께 사용되기도 하며, 최근에는 보편적으로 '사이버 불링'이라는 용어로 사용되고 있다.

보통 사이버 괴롭힘이라 함은 사이버 공간상에서 혹은 다른 디지털 통신 장치를 사용하여 누군가를 모욕하거나 협박하는 것이라고 정의한다. Raskauskas & Stoltz(2007)는 사이버 괴롭힘을 사이버 공간 안에서 할 수 있는 e-mail이나 문자 메시지, 채팅을 통해서 욕설이나 모욕, 협박을 하는 행위라고 설명했다. 그 뿐만 아니라 휴대폰에 카메라 기능이 내장되면서 체육관에서 샤워하는 장면, 술을 마시는 장면 등 원치 않는 사진이나 동영상을 사이버상에 개시하거나 유포하는 행위도 포함된다고 설명했다.17

사이버 공간상에서 하는 괴롭힘은 비대면성, 익명성의 특징을 갖고 있기 때문에 자신도 모르게 타인을 괴롭히는 일에 참가할 수

있고, 자신의 행동에 대한 죄책감을 잘 느끼지 못한다는 특징이 있다.18

그리고 사이버 공간이라는 특징 때문에 많은 사람들에게 빠르게 전파된다는 점에서 사이버 괴롭힘을 당한 피해자는 직접적인 폭력피해보다 상실감이나 우울감 등의 문제가 더 깊을 수밖에 없다. 또한 사이버 괴롭힘은 많은 사람들에 의해 목격되고 사이버 공간에 보다 오래 남기 때문에 그 부정적 효과가 매우 클 수밖에 없다.19

(5) 사이버 스토킹(Cyber stalking)

학자들마다 스토킹을 다르게 정의하고 있어서 하나의 통일된 개념으로 정리하기는 어렵다. Meloy and Gothard(1995: 259)는 스토킹을 반복적으로 따라다니는 행위라고 정의하였다. 그리고 Meloy(1998: 2)는 스토킹을 범죄에 해당되는 행위라고 정의하면서 특정한 개인에게 일정기간 직접적으로 불안이나 공포를 느낄만한 행동을 하며 괴롭히는 행위라고 설명했다. Mullen, Pathe and Purcell(2000: 454)은 스토킹을 단순하게 반복적으로 원하지 않는 대화나 접촉을 하려는 행위라고 정의하였다.20 이러한 연구에서 정의하고 있는 스토킹을 정리하자면 결국 스토킹이란 상대방이 원하지 않음에도 불구하고 반복적으로 따라다니거나 괴롭히는 행위라고 볼 수 있다. 그리고 이러한 행위가 극도로 심해지면서 공포감에 시달림을 알 수 있다.

그리고 사이버 스토킹이란 사이버상에서 다른 사람을 스토킹하는 것을 의미한다. 즉, 사이버 공간에서 타인을 일방적으로 괴롭히는 행위로 사용되기 때문에 초기 연구에서는 이를 '온라인 괴롭힘(online harassment)', 혹은 '사이버 괴롭힘(cyber-harassment)'이라고 불렀다.21

사이버 스토킹은 오프라인 스토킹과 중요한 특성을 공유하고 있다. 먼저 스토커들은 자신이 피해자에 대해 영향력을 행사하고자 하는 욕망에 의해 동기가 부여되고, 이러한 목표를 달성하기 위하여 반복적인 형태의 행위에 가담하게 된다. 그리고 대부분의 사이버 스토커는 남성이고 대부분의 피해자는 여성인 점이다. 물론 낯선 사람에 의한 사이버 스토킹도 없지는 않지만 대부분의 경우는 스토커와 그 피해자가 과거 서로 아는 사이 등 관계가 있으며, 피해자가 그 관계를 깨려고 할 때 스토킹이 시작된다고 한다.

하지만 사이버 스토킹은 인터넷을 통하여 대량의 정보를 얻을 수 있기 때문에 단 몇 번의 클릭으로도 잠재적 피해자에 대한 신상정보를 쉽게 확보할 수 있다. 그리고 사이버 스토킹은 신체적 접촉을 내포하고 있지 않다는 사실이 오프라인 스토킹에 비해 위협적이지 않다는 오해를 불러일으킬 수 있다. 그러나 인터넷의 익명성이 사이버 스토커의 진짜 신분을 숨길 수 있기 때문에 가해자들의 신분을 파악하기가 어렵다. 바로 이러한 익명성의 특성으로 인하여 사이버 스토킹은 어디서나 할 수 있으며, 과거 연인이건 친구였건 아니면 전혀 모르는 이방인이건 또는 그냥 장난삼아 하는 청소년이건 누구나 할 수 있으며, 지속적으로 반복할 수 있게 만든다.

(6) 사이버 신종범죄

사이버 문화의 발달로 인해 우리의 생활은 매우 편해지고 있지만, 사이버 문화 발달 속도에 상응하여 그 역기능으로 피싱(Phishing), 파밍(Parming), 스미싱(Smishing) 등 컴퓨터를 이용한 다양한 수법이 등장하고 있다. 이것들을 사이버 신종범죄라고 지칭하며 인터넷 사용이 보편화되면서 개개인의 인터넷상 금융거래 정보를 노리는 범죄라고 볼 수 있다.

먼저 피싱(Phishing)이란 범죄자가 위장해 놓은 웹사이트나 전자메일로 피해자를 현혹시키게 한 후, 필요한 개인 정보를 빼내는 범죄 수법이다. 최근에는 파밍(Parming)이라고 하여 개인 컴퓨터에 악성 코드를 심어 놓고, 피해자가 정상 홈페이지에 접속해도 피싱 사이트로 자동 넘어가 개인 정보 등을 편취하는 수법으로 진화되었다. 그리고 스미싱이란 휴대폰 문자 메시지를 이용한 범죄 수법으로 문자에 웹사이트 링크를 포함시킨 문자를 보낸 뒤, 사용자가 링크를 클릭하면 휴대폰을 감염시켜 개인 정보를 빼내는 수법이다[22]

이처럼 피싱이나 파밍, 스미싱이라고 하는 것은 인터넷상에서 타인의 개인 정보를 절취하는 방법으로 종래 해킹과 비슷하지만, 이러한 신종범죄는 직접 피해자가 개인의 정보를 입력하여 개인정보가 침해되는 전자금융사기라는 점에서 다르다고 볼 수 있다. 다시 말해서 사이버 범죄는 신종범죄라고 하여 범행에 대한 새로운 방법을 만들어내고 있지만 활동 그 자체는 기존 범죄의 단순한 변형이라고 할 수 있다.

제 2 절 사이버 범죄의 피해자

인터넷이 일상생활에서 차지하는 비중이 커짐에 따라 사이버 공간 내 범죄가 발생할 수밖에 없는 시점에서 사이버 피해자에 대한 연구가 필요하다. 하지만 지금까지의 사이버 범죄에 대한 논의는 대부분 사이버 범죄 분류 및 범죄 요인에 초점을 두었다. 그리고 초기 피해자 연구에서는 사이버 피해자 및 사이버 피해의 정도를 평가하는 것은 어느 정도 시간이 필요하다고 주장했다. 하지만 화이트칼라 범죄 피해에 관한 연구문헌을 원용하면, 사이버 범죄의 피해자 역시 매우 다양할 것으로 예견할 수 있다.[23]

사이버 범죄의 피해는 피해자의 지위나

신분, 피해의 수준, 집단의 집합성에 따라 다양할 것이며, 개인에서 기업 그리고 전체 사회에 이르기까지 다양할 것이다. 더구나 비대면성·익명성이라는 사이버 공간 내의 특징으로 인해 피해의 정도 또한 광범위하다. 더 나아가 사이버 스토킹이나 사이버 절도와 같은 경우에는 범죄의 피해가 직접적이다. 하지만 사이버 스파이나 사이버 테러와 같은 사이버 피해는 간접적이기 때문에 그 피해가 2차적 피해자이거나 피해자가 없을 수도 있다. 또한 화이트칼라 범죄의 신고처럼, 다수의 사이버 범죄 피해자가 자신이 피해자라는 것을 인정하려고 하지 않거나 그것을 깨닫는 데 상당한 시간이 걸리기도 한다.24

그렇다면 사이버 범죄의 피해자는 어떤 사람들인가? 위에서 기술한 사이버 범죄의 유형 분류는 사이버 범죄자를 설명해 줄 뿐만 아니라 피해자를 구분해 주고 있다. 그리고 이러한 분류 내에 피해자는 분명 존재하고 있다. 이를 바탕으로 사이버 공간을 이용한 사람들이 피해를 입는 것은 분명한 사실이다. 따라서 사이버 범죄 피해에 있어서 인터넷 사용시간이 많고 사용빈도가 높을수록 사이버 범죄 피해를 당할 가능성이 크다고 보는 관점도 있다. 예컨대 인터넷을 자주 이용할수록 그렇지 않은 경우 보다 사이버 범죄 피해를 당할 개연성이 크고, 인터넷으로 금융활동을 자주 이용할수록 금융피해를 당할 가능성이 크며, E-mail이나 SNS(Social Networking Service)의 사용을 많이 하는 사람일수록 그렇지 않은 경우보다 사이버 폭력, 명예훼손 등에 의한 피해를 당할 개연성이 클 것이다.

하지만 사이버 공간을 이용한 모든 사람이 범죄 피해자가 되는 것은 아니다. 따라서 사이버 범죄 피해자에 관한 명확한 태도를 취하는 것은 아직은 시기상조일 것이다.

제 3 절 사이버 범죄의 경찰 규제 방안

사이버 공간에 대한 논쟁에 있어서 가장 전형적인 쟁점의 하나는 점점 증가하는 사이버 범죄 문제와 관련하여 사이버 공간에 대한 통제에 관한 것이다. 사이버 공간의 특수한 능력이 개인, 즉 '네티즌(netizen)'으로 하여금 어떠한 검열도 없이 국경을 넘나들면서 잠재적으로 거의 무한한 수의 사람들에게 다다를 수 있게 한다. 바로 이 특성이 기존형태의 통제를 더 어렵게 할 뿐만 아니라 새로운 형태의 통제를 요하는 새로운 상황을 조성하고 있다. 결과적으로 인터넷, 특히 인터넷이 만드는 사이버 공간은 '새 병의 낡은 포도주(old wine in new bottles)' 또는 바로 그 이유에서 '새 병의 새 포도주(new wine in new bottles)'

도 아닌 '병이 없는 새 포도주(new wine, but no bottles)'라는 기술이 더 어울린다고 할 수 있다.[25]

사이버 공간의 규제에 대한 논쟁은 대체로 새로운 법률이 필요하거나 기존 법률이 수정·보완될 필요가 있으며 또는 양자가 동시에 필요하다는 입장, 그리고 대안적 형태의 규제가 채택되어야 한다는 네 가지 입장으로 모아진다. 어떤 입장이든 상관없이 거의 모든 사람들에게 어떠한 형태로든 규제가 요구되며, 따라서 현안은 바로 어떤 형태의 규제여야 하는가이다.

1. 국가지원 비공식 경찰조직 (State-funded non-public police organization)에 의한 사이버 경찰활동

싱가포르, 중국, 베트남을 비롯한 다수의 국가에서는 사용자로 하여금 당국에 등록하도록 강제하거나 ISP가 됨으로써 자국으로 들어오는 인터넷 traffic과 시민들의 인터넷 사용을 적극적이고 직접적으로 통제하려고 하였다.[26] 유럽의 경우 독일은 규제기관인 Internet Content Task Force를 설치하였으며, 최근 프랑스에서도 유사한 기구를 설립하기 위해 필요한 법률을 제정한 데 반해, 미국은 미국 산업의 보호를 목적으로 가상공간을 규제하기 위한 다수의 법률대책과 기술도구를 도입함으로써, 이와는 약간 다른 접근을 시도하고 있다. 그러나 이들 중 상당수는 표현의 자유를 제한하는 것이기 때문에 많은 논란의 대상이 되기도 한다.[27] 즉, 미국에서는 입법화와 더불어 폭력과 음란물을 걸러내기 위하여 고안된 V-chip 기술의 일종인 암호화제도 Clipper Chip과 같은 기술적 검열도구를 개발하였다.

또한 미국에서는 폭넓은 국가지원의 비공식 경찰(non-public-police)조직도 사이버 경찰활동에 참여하고 있다. 예를 들어, 미국 우정성(US Postal Service)이 음란물범행의 수사에 주도적 역할을 하였으며,[28] 사이버 사기(Cyber-fraud)의 확산에 신경을 곤두세웠던 증권거래위원회(US Securities and Exchange Commission) 인터넷을 통한 사기사건을 제소한 바 있다. 그러나 영국에서의 정책은 인터넷 서비스 공급자(Internet Service Providers: ISP)로 하여금 자신의 서비스를 규제하도록 권장하고 있다.

2. 경찰의 사이버 경찰활동

사이버 범죄의 심각성에 비해 그에 대한 경찰의 대응은 자원이 부족하고 컴퓨터범죄에 대한 일반적 관심의 부족으로 인하여 다른 부서로부터의 지원이 부족한 현실이다. 더군다나 경찰 자원의 부족과 빈번한 보직 이동으로 인하여 경찰은 자신의 기술을 개발할 기회도 충분히 갖지 못하고 있다. 그 결과 기존의 공공경찰은 컴퓨터범죄를 제대로 수사할 적절한 기술을 가지지 못하고 있으며, 컴퓨터범죄에 대응하는 경찰활동을 위해서는 컴퓨터범죄에 대해 제대로 교육받은 전문경찰관에 의한 보다 사전예방적인 조직모형이 필요하게 된다.[29]

이러한 현실에 직면하여 영국에서는 사이버 범죄에 대응하는 경찰활동의 한 접근방법으로서 경찰활동의 책임을 국가범죄정보처(National Crime Intelligence Service)로 넘겨서 경찰에 대한 일차적 책임을 면해주고 있다. 그러나 이러한 접근에 대하여 경찰이나 경찰관련 조직이 상당한 적대감을 나타낸 것으로 알려져 있어서 그러한 정책이 문제가 있는 것으로 묘사되고 있다. 이러한 문제의 근원은 국가범죄정보처가 경찰과의 실무차원의 관계를 구축하지 못했기 때문인 것으로 알려져 있다.[30]

경찰의 직업문화가 경찰활동에 있어서 법조문보다 더 중요한 역할을 하는 것으로 알려져 있다.[31] 경찰이 활동을 하는 세계를 이해할 수 있게 하는 것은 바로 경찰문화라고 한다. 이러한 인지적 지도가 없다면 경찰은 자신의 환경에 대한 이해를 할 수 없다. 따라서 경찰이 가상공간에서 활동할 때도 그것을 경찰문화의 입장에서 해석하게 된다. 그래서 Sterling은 모든 해커가 도둑이라고 믿고자 하는 것을 느꼈다고 한다. 경찰문화라는 견지에서는 경찰이 그들이 가담하는 분야에 대한 보편적 이해와 의미를 바꾸려는 경향이 있기 때문에 경찰에게 가게는 좀도둑이 가는 장소로 인식되는 것이다.[32]

따라서 경찰의 대응방안은 기존의 전문성을 집중시키는 전문부서를 창설하는 것이었다. 그러나 이러한 전문부서는 순환근무에는 취약하여 핵심인력이 필요한 전문기술을 습득하기도 전에 타부서로 옮기면서 그 실효성을 반감시키게 된다. 이는 비단 전문가의 전문성을 배제시키는 것뿐만 아니라 새로운 인력의 사회화와 훈련에 관련된 제반 경비의 문제이기도 하다.

이러한 현실적인 문제에도 불구하고 사이버 범죄의 통제에는 경찰의 역할이 있게 마련이다. 그러나 경찰의 활동이 성공하기 위해서는 기존에 존재하는 문화적 부조화를 극복하여 경찰이 가담하여야 할 때와 가담하지 않아야 할 때를 이해할 수 있도록 경찰의 직업문화가 재구성되어야 한다.[33]

인터넷을 순찰하는 경찰관은 마치 전통적 경찰관이 도로를 순찰하듯이 온라인 시민들과 법집행기관의 연락관으로서 활동을 하게 된다. 다수의 법집행기관은 인터넷이 더 많은 책임을 가져다 준 것으로 생각하고 있다. 동시에 경찰은 인터넷 범죄는 물론이고 전통범죄와의 투쟁을 위한 수단으로서도 인터넷을 활용할 수 있다는 것도 알게 되었다. 법집행기관의 Web Page가 이 경우에 해당되는 가장 보편적이고 훌륭한 예가 될 것이다. 인터넷 사용자는 Web에 접속하여 인터넷은 물론이고 기타 범죄까지도 신고할 수 있다. 법집행기관에서는 범죄관련정보를 게시하고 사용 시민들과 의사소통을 할 수 있다. 더구나 인터넷상의 경찰의 존재는 공공안전에 대한 인식과 숙지의 정도를 향상시키며 범죄를 억제할 수도 있다. 물론 경찰은 인터넷 범죄의 수사를 위해서 전통적 법집행 수법과 도구를 활용할 수도 있다. 예를 들어, 온라인으로 이루어진 모든 거래와 통신내역 등을 영장을 발부받아 수색할 수도 있는 것이다.34

POLICE SCIENCE

참고문헌

1 D. Wall, "Policing the virtual community: The Internet, cyberspace and cyber−crime," pp. 208−236 in P. Francis, P. Davies, and V. Jupp(eds.), *Policing Futures: The Police, Law Enforcement and the Twenty−First Century*, London: Macmillan Press ltd., 1997.

2 S. Sullivan, "Policing the Internet," *FBI Law Enforcement Bulletin*, June 1999, pp. 18−21.

3 http://www.ifs.univie.ac.at/~pr2gq1/rev4344.html#crime

4 Gibson, W. (1984), *Neuromancer*, New York: Ace Books, p. 68.

5 *Ibid.*

6 L. F. Young, "United States computer crime laws, criminals and deterrence," *International Yearbook of Law, Computers and Technology*, 1995, 9:1−16.

7 L. Duff and S. Gardiner, "Computer crime in the global village: strategies for control and regulation−in defence of hacker," *International Journal of the Sociology of Law*, 1996, 24:211−228.

8 http://www.ifs.univie.ac.at/~pr2gq1/rev4344.html#crime

9 Duff, L. and Gardiner, S. "Computer Crime in the Global Village: Strategies for Control and Regulation", *International Journal of the Sociology of Law*, 1996, 24(2): 211−228, p. 213−214.

10 Wall, D. "Catching Cybercriminals: Policing the Internet", *International Review of Law Computer & Technology*, 1998, 12(2): 201−218. p. 203.

11 http://www.ctrc.go.kr/(경찰청 사이버테러대응센터).

12 Col. R. Szafranski, "A theory of information warfare: preparing for 2020," *Air Chronicle*, 1995, 1:56−65.

13 L. F. Young, *op. cit.*

14 Wall, D. "Catching Cybercriminals: Policing the Internet", *International Review of Law Computer & Technology*, 1998, 12(2): 201−218. p. 203.

15 S. Tendler, "High−tech cheats use supermarket cards to fake credit sales," *The Times*, 26 June, 1996, p. 6.

16 European Commission Select Committee, *Green Paper on the Protection of Minors and Human Dignity in Audio−Visual and Information Services*, Brussels−Luxembourg, 1996, ch. 1.

17 Subrahmanyam, K., Smahel, D. "The Darker Sides of the Internet: Violence, Cyber Bulling, and Victimization", *Digital Youth*, 2011, 179−199, p. 190−191.

18 Patchin, J. W., Hinduja, S., "Bullies move beyond the schoolyard a preliminary look at cyberbullying, *Youth Violence and Juvenile Justice*, 2006, 4(2): 148−169. p. 161.

19 Parris, Leandra., Varjas, Kris., Meyers, Joel., Cutts, Hayley., "High School Students' Perceptions of Coping With Cyberbulling", *Youth & Society*, 2014, 44(2): 284−306. p. 285

20 Corey J. Vitello MA, "Stalking Laws, Therapeutic Jurisprudence, and Peacemaking Criminology: A Radical Law−Psychology Inquiry, *Journal of Forensic Psychology Practice*, 2003, 3(2): 1−37. p. 8−9.

21 Philips Francesca and Morrissey Gabrielle, "Cyberstalking and Cyberpredators: A Threat to Safe Sexuality on the Internet", *The International Journal of Research*, 2004, 10(1): 66−79, p. 67.

22 금융감독원(http://www.fss.or.kr/fss/kr/main.html).

23 L. Zedner, "Victims," in M. Mauguire, R. Morgan, and R. reiner(eds.), *The Oxford Handbook of Criminology*(2nd ed.), Oxford: Oxford University Press, 1997, p. 593.

24 D. S. Wall, "Catching cybercriminals: Policing the Internet," *International Review of Law*, Computers and Technology, 1998, 12(2):201−218.

25 *Ibid.*

26 M. L. Caden and S. E. Lucas, "Accidents on the Information Superhighway: On−line liability and regulation," *Richimond Journal of Law & Technology*, 1996, 2(1).

27 Wall, 1997, *op. cit.*

28 Byassee, *op. cit.*, p. 205.

29 Wall, 1997, *op. cit.*

30 I. Burrell, "Leak reveals contempt for British FBI," *The Independent*, October 11, 1996, p. 1.

31 C. Shearing and R. Ericson, "Culture as figurative action," *British Journal of Sociology*, 1991, 42(4):481−506.

32 H. Sacks, "Notes on police assessment of moral character," in D. Sudnow(ed.), *Studies in Social Interaction*, New York: Free Press, 1972, p. 292.

33 C. Shearing, "Transforming the culture of policing: Thoughts from South Africa," in D. Dixon(ed.), *Crime, Criminology and Public Policy, Special Supplementary Issue of the Australian and New Zealand Journal of Criminology*, Sydney: Butterworths, 1995, p. 60.

34 Sullivan, *op. cit.*

제 14 장

민간경비론

POLICE SCIENCE

제 1 절
사적 경찰의 배경-경찰의 민영화(Privatization of Police)

오늘날 경찰이 안고 있는 가장 큰 문제 중 하나는 공공의 경찰 서비스에 대한 요구가 이러한 요구를 충족시키기 위한 자원 확보에 필요한 재원을 마련할 수 있는 정부의 능력을 초월하고 있다는 것이다. 더 큰 문제는 이러한 서비스에 대한 요구와 이용가능한 경제적 자원의 불균형이 앞으로도 계속될 것이라는 사실이다. 문제 해결을 위해서 범죄의 예방과 제압이라는 일차적 경찰임무에 더 많은 자원을 할애하려는 노력에서부터 다수의 비용절감전략을 채택하며 동시에 자원의 효율적이고 효과적으로 활용하는 형태로 대응해 왔다. 일부 정복 경찰의 업무를 민간인에게 넘기고, 범죄와 관련되지 않은 일부 업무를 없애며, 주민신고에 대한 우선순위별 배치, 건설현장에서의 교통통제, 빈집 경계 등 특정 고객에 대한 이러한 경찰의 용역은 Savas의 구분에 의하면 사적인 용역(private goods)이고 이는 당연히 사기업에 의해서 제공될 수 있는 용역이다. 반면에 shopping center나 특정지역의 보안업무 등은 공동으로 소비되는 용역이기 때문에 엄격히 사적이라고 할 수 없으며, 이 경우 민영화는 재원이 세금에 의한 것이라기보다는 자발적으로 제공되는가에 따라 결정될 수밖에 없으며 이러한 유형의 경찰용역은 roll goods와 collective goods의 중간에 위치한다고 할 수 있다. 더욱이 이러한 예방적 경찰용역 이상을 요구한다면 문제는 더욱 복잡해진다. 범죄자를 파악하여 체포하고 구금한다면 특정한 범죄 피해자의 요청에 의하게 되는 경우가 많고 따라서 그에 대해 비용을 부담시킬 수 있으나 사실은 범죄자가 체포됨으로써 모두가 더 좋아진다는 공통의 판단으로 인하여 개별적으로 비용을 부담시키지 않는다.

민영화의 분석에 있어서 또 하나의 중요한 요소가 있다면, 그것은 민영화의 가능한 유형을 이해하는 것인데, 여기서도 비용을 누가 부담하며 용역을 누가 제공하는가에 따라 결정된다고 할 수 있다. <그림 14-1>을 보면 정부가 세금 등을 통해 재원조달의 책임을 지고 용역도 공무원에 의하여 직접 제공되는 순수한 공적 업무가 있고, 정부가 재원을 조달하나 용역제공을 위하여 시장에서 용역제공자를 고용한다면 그것은 contracting out인데, 이 경우 용역제공자는 영리단체일 수도 있고 비영리단체일 수도 있다. 반대로 정부가 용역을 제공하지만 그 이용에 대하여 이용자에게 개별적으로 비용을 부담시킬 수 있어서 재원의 민영화가 가능해지며, 용역의 제공과 재원의 조달이 모두 민간분야로 넘어가면 가장 완전한 민영화라고 할 수 있다.[1]

그림 14-1 용역 제공의 유형

	재원조달	
	공 적	사 적
공 적	conventional	user fee
사 적	contracting out	service shedding

제 2 절 용역경비(Private Security)

시민들은 개인의 신변안전과 재산의 보호를 일차적으로는 자신의 주의나 노력으로 확보하나 대부분은 경찰의 역할에 거의 전적으로 의존하는 편이다. 그러나 경찰에만 의존한 안전의 확보가 만족스러운 정도가 아니기 때문에 스스로 자구책을 강구한다. 더 나아가 보다 확실하고 전문적이며 더 완전한 방범과 보호를 위하여 수혜자부담원칙에 입각하여 전문적·상업적 용역경비 활동에 의존하기도 한다.

실제로 용역경비가 매우 대중적인 미국의 경우, 용역경비가 일차적 보호자원으로 자리잡게 되어 경찰 등 공공의 법집행기관보다 더 많은 예산으로 더 많은 인력을 고용하고 있는 실정이다. 물론 이러한 추세는 비단 미국뿐만 아니라 유럽에서도 나타나고 있다. '유럽의회(Council of Europe)'에 제출된 한 보고서는 민간경비(private policing)가 공경찰(public policing)보다 문제를 보다 효과적이고 효율적으로 처리하며, 모든 사람들을 모든 평등기준에 의거하여 평등하게 처리한다면 이것만으로도 민간경비를 긍정적으로 평가할 충분한 근거가 되지 않겠는가라는 주장을 제시하기도 하였다.2

1. 용역경비의 필요성

용역경비에 대한 수요는 대체로 크게 두

가지 요소에 기인한다. 어쩌면 같은 것이라고도 할 수 있는 것으로서 첫째는 증대되는 시민의 범죄에 대한 두려움과 둘째는 범죄로 인한 재산손실의 증대이다.

범죄에 대한 두려움은 자신이 범죄의 피해자가 될 확률을 추정하는 것으로서 자신이 범죄의 피해자가 되는 것에 대한 불안과 걱정의 정도를 나타내는 것으로 개념화될 수 있어서, 혹자는 이를 '체감치안'이라는 말로 표현하기도 한다. 실제로 대부분의 사람이 범죄에 대한 두려움으로 인하여 야간에 동네를 혼자 걷기가 두렵다고 하는 데서 그 심각성의 정도를 엿볼 수 있다. 그런데 이 범죄에 대한 두려움은 바로 공공의 범죄통제에 대한 불만을 내포하고 있으며, 따라서 사람들은 스스로 범죄로부터 보호받을 수 있는 방법을 강구하게 되는데 그러한 노력의 하나가 곧 용역경비라고 할 수 있다. 더욱이 개인이나 집단 또는 국가에 대한 각종의 테러행위는 물론이고 최근 늘어나고 있는 스토킹(stalking)도 사람들의 안전욕구를 증대시키고 이로 인해 용역경비의 수요를 증대시키는 중요한 배경이 되고 있다.

한편 재산 손실에 대한 우려도 범죄에 대한 두려움을 초래할 수 있으나 이는 위의 범죄에 대한 두려움에 포함될 수 있기 때문에, 여기서는 개인의 재산상의 손실보다는 기업 등 상업적 재산의 손실을 중심으로 용역경비의 수요를 기술하고자 한다.

① **모조품 또는 위조상품**(Counterfeiting): 유명상표를 도용하여 위조품을 만들어 가짜 상표를 붙여서 판매하는 것으로서 미국의 관세청(Customs Service)에 의하면 미국에서만 연간 18억 달러 상당의 위조 또는 모조상품이 팔리고 있어서 이러한 위조나 모조품으로 인한 손실을 줄이기 위해 위조 상품 통제회사(Commercial Counterfeiting Control, Inc.)에서만 400여 명의 직원이 일하고 있다고 한다.[3]

② **내부자 절도**(Internal theft): 내부자 절도는 종업원 또는 고용인절도(Employee theft)라고도 불리며, 회사나 매점 등에 근무하는 직원 등이 회사나 매점의 상품이나 물품 등을 훔치거나 불법으로 반출하는 것으로서, 조사에 의하면 조사대상 회사나 매점의 62%가 내부자절도를 가장 중요한 문제라고 지적할 정도로 심각한 재산상의 손실을 초래하고 있다.[4]

③ **산업스파이**(Industrial espionage): 거의 모든 제조업체의 자산 중 하나는 정보이며, 이러한 산업정보의 불법적인 유출로 인한 손실이 엄청난 것으로 지적되고 있다. 특히, 최근의 고급기술 산업계에서는 이 산업스파이로 인한 피해가 더 심각하지만 정보의 불법유출을 막기 위한 노력이나 프로그램에는 인색한 것으로 알려져 있다. 대부분의 산업스파이는 내부종사자가 회사의 기밀이나 정보를 빼내어 불법으로 경쟁회사에 팔아넘기거나 자신의 사업에 활용하는 경우이다. 그러나 일부에서는 경쟁에서 이기기 위해 산업정보를

훔친다고 한다.5

④ **화 재:** 화재의 원인은 우연한 사고일 수도 있으며 방화일 수도 있다. 그런데 방화가 아닌 대부분의 화재는 재난이라고 할 수 있으나 그럼에도 불구하고 이 재난까지도 사전계획과 대비로서 어느 정도는 예방할 수 있으며, 특히 방화의 경우는 더욱 예방가능한 것이기 때문에 용역경비의 수요를 증대시키는 이유가 되고 있다.

⑤ **재 난:** 재난은 사람의 실수로 인한 인재도 있으며, 자연적으로 발생하는 경우도 있다. 인재로 인한 재난은 제품의 결함, 인간의 실수 또는 나태함 등으로 인하여 야기되고 있다. 그 결과 보상을 요구하는 소송이나 수거(recall) 등으로 인한 엄청난 비용을 감수하게 된다.6

문제는 바로 이러한 각종 범죄나 기타 안전에 관한 욕구나 수요를 공공부문에서 제대로 충족시켜 주지 못한다는 것이다. 따라서 기업이나 개인은 자신에게 직접적으로 영향을 미치는 이들 문제를 극복하기 위해서 그 비용을 스스로 직접 부담하여 자신의 안전을 담보하는 것이다. 그래서 지난 수십 년 동안 용역경비의 수요가 증대되었고 이러한 추세는 지속될 것으로 판단되고 있다. 그런데 이러한 추세에는 몇 가지 이유가 있다.

거의 모든 사회에서 경찰에 신고되는 범죄는 증가하고 있고 매우 높은 수준이나 경찰에서는 대체로 폭력범죄나 대인범죄를 중심으로 대처하고 있다. 또한 언론에서도 범죄를 폭력적인 것으로 치부하게 되어 범죄에 대한 공포분위기를 조성하게 된다. 용역경비 수요증대의 또 다른 이유는 'mass private property'의 증가이다. 그에 다르면 용역경비 수요의 증대는 공공생활의 많은 부분이 쇼핑센터(shopping mall), 주거단지, 위락시설 등과 같은 사적인 공간에서 일어나고 있으나, 경찰 등의 법집행기관은 이러한 사적인 장소까지 그 관할이 미치지 못하기 때문이라는 것이다. 결국 공적 생활은 사적 공간에서 대부분 일어나고 있으나 공공기관의 역할이 미치지 못하여 이들 사적 공간의 소유주는 물론이고 고객 등 방문객에 대한 보호를 위한 수요는 증대할 수밖에 없는 것이다.7 그런데 이러한 용역경비 수요의 증대는 곧 법집행기관과 민간분야와의 관계까지도 변화시키게 되는데, 예를 들어 내부자 소행의 절도나 횡령 등의 사건에 경찰이 개입하는 경우가 적어지고 오히려 용역경비 차원에서 상당수 범죄가 형사사법기관으로부터 전환되어 사적으로 해결되는 경향이 증가하게 된다. 다시 말해서 경제의 성장과 함께 시장과 생산도 증가하게 되고 따라서 훔칠 것이 많아지기 때문에 사기나 횡령의 기회도 증대되나 이에 반해 경찰은 이들 기업과 관련된 범죄를 효과적으로 줄이지 못하였는데, 바로 이 공백을 민간경비가 메우게 되었기 때문에 민간경비의 증대를 초래하였다는 것이다. 또한 재산관계의 전환, 즉 사기업 분야에서의 재산의 증가로 인해 사회통제의 역할이 민간분야로 넘어가게 된 점도 용역경비의 증대를 초래한 요인이 되고 있다. 그 외에 경찰이 원래 사적인(private) 것에서부터 시작하여 나중에 공적인(public) 것으로 발전하였기 때문에 용역경비가 전혀 새로운 것으로 여겨지지 않아 시민들에게 쉽게 받아들여질 수 있었던 점도 용역경비를 증대시키는 이유라고 할 수 있다. 또한 물질적으로 부유하고 규모가 커지며 사회가 복잡해질수록 정규 공경찰로서는 사회에 파생되는 모든 문제를 다 해결할 수 없고 극히 일부만을 해결하는 데 그칠 수밖에 없기 때문에 어쩔 수 없이 자신의 안전을 확보하기 위하여 새로운 대안을 모색하게 되고 그 대안 중 하나가 바로 용역경비라는 사실도 용역경비 수요를 증대시키는 이유가 되었다. 그리고 용역경비는 누군가를 처벌할 수 있는 것이 아니라 오로지 가장 이상적인 형사정책이라고 할 수 있는 예방과 보호를 지향할 수밖에 없다는 사실도 용역경비를 부흥시키는 이유가 되고 있다.8

2. 용역경비의 정의 · 유형 · 특성

(1) 정의

미국의 Rand보고서는 민간경비 또는 용역경비는 법집행기관에 의해서 수행되지 않는 모든 보호적·손실예방적 활동을 포함하는 것으로 정의하면서 따라서 민간경비는 무장수송, 경보, 거짓말탐지, 순찰, 경호, 탐정 등을 포함하는 모든 종류의 안전에 관련된 서비스를 제공하는 모든 유형의 사조직과 개인을 포함하는 것이라고 구체적으로 규정하였다.9

그러나 미국의 법무부 용역경비에 관한 특별위원회(Task Force on Private Security)는 이러한 정의에 대해 실제 민간경비 기능을 수행할지라도 공공기금에서 보수가 지급되는 일부 '준경찰'은 제외되어야 한다고 주장하며, 동시에 민간경비 종사자는 비영리나 정부가 아닌 이윤을 추구하는 영리목적의 조직이나 회사의 고용원이어야 한다는 구분을 제시하였다. 그들은 영리의 추구와 이윤의 출처가 민간경비의 두 가지 기본적인 요소라고 주장하여, 용역경비를 "다양한 혼란으로부터 그들을 고용하는 개인이나 단체 또는 자신의 이익이나 재산 그리고 신변을 보호하기 위하여 돈을 받고 특정한 고객에게 안전에 관련된 용역(서비스)을 제공하는 민간기업이나 조직 그리고 자영업자"를 포함하는 것으로 포괄적으로 정의한 바 있다.10 이를 보다 쉽게 구체적으로 설명한다면, 결국 용역경비는 고용자나 고객의 이익이나 사유재산 또는 신변을 위험으로부터 보호하는 것이라고 할 수 있다.11

미국 법무부의 정의는 다음과 같은 몇 가지 중요한 사실을 함축하고 있다. 가장 중요한 사실은 용역경비 조직의 특성에 관한 것으로서, 대부분의 용역경비는 그 운영이 조직 자체가 이윤을 추구하거나 안전을 제공하는 대상이 이윤을 추구하는 회사에 소속되어 있다는 사실이다. 이를 내부고용(proprietary)과 외부계약(contract security firm)이라고 한다.

이를 미국 법무부의 정의와 연계하면 용역경비는 자신의 이윤을 추구하기 위하여 이윤을 추구하는 회사에 고용되어야 하며, 따라서 안전에 관한 용역을 제공하는 계약직이 아닌 한 국가나 공공기관의 안전경비요원은 용역경비가 될 수 없다.

그러나 이러한 정의를 일반적 정의로 받아들이기는 쉽지 않다. 병원, 학교, 공항 등이 안전요원을 쓰고 있으나 이는 이윤을 추구하기 위한 목적이 아니다. 그러나 이들은 민간경비이다. 보호를 받는 조직의 이윤추구 특성이나 민간경비 직원이 받는 보수의 출처도 유용한 구분이라고 할 수 없다. 이윤추구가 목적이 아닌 공립학교의 경비원은 공공기금으로 보수가 주어지지만 그는 민간경비원이지 경찰관이 아니다.

종합하면 민간경비 또는 용역경비는 주로 특정한 개인이나 조직 또는 시설에 대한 위해, 손실 또는 범죄의 예방에 개입하는 공공경찰기관이 아닌 개인, 조직, 용역을 뜻하는 것으로 정의할 수 있다.12

위의 정의에 의하면 용역경비의 임무는 다양한 위해로부터 고용주나 고객의 이익, 재산, 사람을 보호하는 것이다. 이를 약간 수정하면, "용역경비의 목표는 용역경비의 보호와 감시하에 있는 사람과 기관이 직면한 물리적(physical) · 금전적(monetary) · 감정적(emotional)

그림 14-12 물리적 · 금전적 · 감정적 위해의 상호관련성

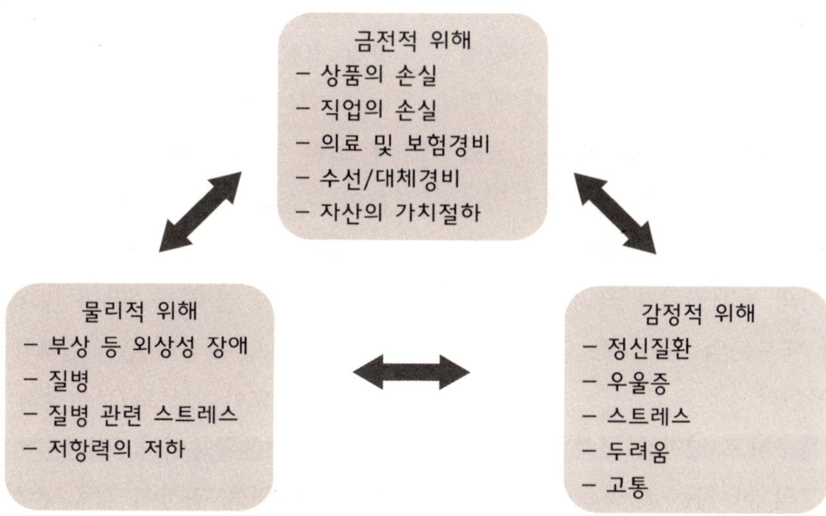

위해를 주어진 책임과 권한의 범위 안에서 줄이는 것이다" 그런데 아래의 그림과 같이 물리적·금전적·감정적 위해는 동시에 초래하게 된다는 것이다.13

한편, 안전조치는 범죄, 사고, 화재, 자연재해 그리고 일부 피고용자의 무지와 무능으로부터 사람, 자산, 정보를 보호함으로써 물리적·금전적·감정적 위해를 줄여준다. 여기서 보호받는 사람은 고객 자신이나 고객이 지정하는 근로자, 거래처, 심지어 통행인까지 포함하고, 자산은 고객이나 고용자가 원하는 금전적 가치가 있는 모든 유형의 재산이며, 정보는 없어지거나 파괴되거나 도난되면 회사에 장애가 되는 모든 거래 또는 영업비밀, 비밀장부 등을 포함한다.

(2) 공경찰과 민간경비의 비교

용역경비의 정의는 공경찰(public policing)과 비교할 수밖에 없다. 그 이유는 민간경비나 공경찰이 역사적으로 매우 밀접한 관련을 가지고 있기 때문이다. 사실 때로는 둘을 구분하기가 어려울 정도로 유사한 점이 있는데, 둘 다 무장하고 제복을 입으며 유사한 일을 하는 등 양자의 통제행위가 거의 일치하고 있을 정도여서 대부분의 시민들은 그 차이를 쉽게 느끼지 못한다.

그럼에도 불구하고 양자를 구분한다면 가장 중요한 관점의 하나는 sponsorship일 것이다. 즉, 제공된 용역에 대한 비용을 누가 부담하는가에 달려있다는 것이다. 국가에 의하여 부담된다면 공경찰이고 개인이나 기업이 부담한다면 민간경비라고 구분하자는 것이다. 이러한 정의와 구분이 대부분 통하지만 자율방범과 같이 보수가 제공되지 않는 사람들에 의한 용역의 제공은 사적 이익에 가깝지만 사회공공의 안전을 위한 것인가 아니면 자신들의 이익을 위한 것인가를 묻게 되면 문제는 달라질 수 있다. 반대로 공공기관이 특정한 과제를 위하여 민간경비나 용역경비를 고용하는 경우도 있으며, 대규모 행사나 운동장 또는 놀이 공원 등 공공기관이 수익자부담 원칙에 따라 사기업이나 개인에게 공경찰의 추가 이용에 대한 비용을 부담시키는 경우도 있다. 따라서 sponsorship에 의한 공사의 구분은 애매한 점이 있으며, 특히 최근에 시행되고 있는 민간경비 인력에 대한 국가면허제도의 도입 등은 실제로 국가가 허가한 일종의 공적 경찰이 개인이나 사적 이익을 위하여 일하게 되는 경우를 만들게 되어 sponsorship에 의한 구분과 제공된 용역에 의한 공사 경찰의 구분을 어렵게 만든다.14

제공되는 용역으로 공사 경찰을 구분하는 데는 양자가 겹치는 경우가 많이 생긴다고 한다. 전통적으로 공경찰은 사회와 공공의 질서유지를 주요한 임무로 부여받고 있다고 하나 일상적 경찰활동이나 민간경비는 개인이나 기업의 이익을 위하여 각종 손실, 사고, 긴급상황을 예방하는 것을 주요한 기능으로 한다.

따라서 공경찰은 어쩔 수 없이 주로 사후반응적(reactive)일 수밖에 없으나 민간경비는 사전예방적(proactive) 기능을 중시한다. 그러나 공경찰은 대부분의 시간을 사고와 사건 또는 응급상황 등 사전예방적 의미가 있는 업무에 쏟고 있으며,15 민간경비도 역시 침입절도범의 체포와 사설탐정과 같이 사후 반응적 임무를 수행하고 있다.

한편, 수행하는 임무의 특성에 의한 분류의 일부로서 공경찰은 강간, 강도, 살인 등 주로 전통적 범죄를 다루지만, 민간경비는 거의 전적으로 경제적 범죄만을 다루고 있다고 분류되기도 한다. 물론 이러한 주장은 사실이지만 많은 민간 기업체도 테러의 대상이 되고 있다는 사실도 무시할 수만은 없는 실정이다. 이러한 주장들을 종합하면 민간경비가 절대적으로 상호 배타적이라기보다는 상호 유기적인 5가지 영역에 따라 공경찰과 구별할 수 있다고 한다.

① **누구의 이익을 위하여 봉사하는가:** 민간경비는 특정 회사나 고용인의 좁은 이익을 보호하여 피고용인, 상품, 제품, 물리적 시설을 포함하는 재산, 거래 비밀 등 내부 정보의 요구나 필요성에 초점을 맞추기 때문에 거의 모든 민간경비는 자산의 보호와 손실의 예방을 포함하게 된다. 반면에 공경찰은 대체로 사회의 이익을 보호하고 이러한 합법성의 한 부분으로서 무력을 사용할 권리를 가진다. 그러나 민간경비도 사실 무력을 사용하기는 하나 그것을 민간경비의 핵심적 임무로 여기지는 않는다. 실제로 무력이 사용되더라도 매우 제한적인 것으로 전기나 핵시설 등의 보호와 같이 공공의 봉사와 관련되고 있다.16 요약하자면 보호용역이 공공기금으로 지불되고 공공복지에 대한 일반적 책임을 지고 있다면 그것은 공경찰의 기능이고, 반면에 용역이 특정한 개인이나 조직의 보호를 위하여 제공되면 그것은 대체로 용역경비 또는 민간경비라고 할 수 있다. 그래서 민간경비 기능과 활동은 고객중심이고 경찰의 기능과 활동은 사회와 시민이 중심인 것이다.17

② **추구하는 목표가 무엇인가:** 민간경비와 공경찰은 이윤추구, 동기, 관할, 책임성에 따라 구분할 수 있다. 민간경비의 목표는 용역을 수행하는 회사의 이익을 신장시키는 것이나 공경찰의 목표는 누구의 이익을 위한 것인지 분명하지 않다. 공경찰의 목적이 사회질서의 유지라고는 하나 이러한 사실이 얼마나 추상적인 것인가를 알 수 있다. 따라서 이러한 이유로 인하여 공경찰과 민간경비는 관할(jurisdiction)에 있어서 많은 차이점을 보인다. 즉, 공경찰의 관할은 지역적 범위를 넘는 경우가 많으나 민간경비는 자신이 보호하는 회사의 범위를 벗어나지 못한다. 한편, 공경찰은 자신의 행위에 대한 책임성(accountability)이 공공이라는 점에서 분명할 수 있으나 민간경비는 공공에 대한 책임이나 공개의 의무가 없다. 오히려 그들의 책임성은 이사회나 간부

회의에서 논의될 성질에 가까운 것이다.[18]

③ **어떻게 반응하는가**: 상황에 어떻게 대응하는가의 문제로서 사전예방적인가 사후대응적인가, 공식적인가 비공식적인가, 범죄와 관련된 기능인가 아닌가에 따라 구분되는 특성이다. 민간경비는 계획하고, 예방하고, 조직화하는 등 예방적이어야 한다. 그것은 감시하고 절도를 억제하기 위한 백화점에서의 폐쇄회로 화면과 같이 민간경비는 범죄나 기업환경에 영향을 미치는 손실을 예방하는 것이 일이기 때문이다. 반면에 공경찰은 이론적으로는 예방이 이상적이지만 현실적으로는 사후반응적·사후대응적일 수밖에 없다. 예를 들어 경찰은 주민의 감시를 위하여 폐쇄회로 화면을 설치하지 않는데, 그것은 privacy의 문제가 개입되기 때문이며, 이는 경찰은 필요에 기초하여 운영되고 행동할 수밖에 없다는 사실에 기인한다. 한편, 공경찰은 체포하고 기소하는 등 공식적인 절차를 거치게 마련이지만, 민간경비는 사건을 통해 직원을 해고하거나 징계를 하거나 인사조치를 하거나 민사책임을 물리는 등 비공식적 절차에 따라 처리하고 있다. 그리고 기능과 관련하여 공경찰은 범죄인지와 수사가 주요한 경찰활동이나 교통업무나 응급구조와 같이 범죄와 관련되지 않은 기능도 무시하지 못한다. 또한 최근에 강조되는 지역사회 경찰활동과 같이 공경찰의 역할을 범죄 예방까지 확대시키는 경향이 있으나 아직은 사전예방적이라기보다는 사후대응적이라고 할 수 있다. 반면에 민간경비의 임무는 철저하게 범죄와 관련되어 있다. 그러나 경쟁이 치열한 백화점이나 슈퍼마켓 등 일부 경우에는 지역사회와의 관계가 매출과 절도의 빈도 등에 영향을 미치기 때문에 민간경비도 지역사회관계를 중요시하는 등 예방적 기능을 강조하기도 한다.[19]

④ **범죄는 어떻게 평가하는가**: 범죄의 유형과 척도에 따라 공경찰과 민간경비를 비교하기도 한다. 먼저, 범죄의 유형에 있어서 민간경비의 경우 주로 손실의 예방에 관심을 두어 거의 모든 종류의 경제적 범죄를 주도적으로 다루고 있으며, 공경찰은 모든 범죄를 다루나 대체로 전통범죄나 폭력범죄를 많이 다루게 된다. 그리고 공경찰은 미국의 UCR(Uniform Crime Report)이나 우리나라의 범죄분석과 같은 공식적인 통계를 작성하나 민간경비의 경

표 14-1 공 · 사경찰의 비교

사경찰(private)		공경찰(public)
범죄예방	역할/기능	범죄대응
특정	대상	일반
이윤추구 기업	용역제공	정부
손실축소/자산보호	결과	법집행/범죄인 체포

우는 이러한 통계를 철저히 작성하지 않는다.[20]

⑤ **개인의 권리는 어떻게 다루어지는가:** 민간경비는 고용이나 계약의 조건으로서 직원이나 피고용인 등의 개인적 권리를 침해하는 경우도 많아서 직장에서의 더 많은 통제가 가능해진다. 그러나 공경찰은 개인의 권리를 철저히 준수하지 않으면 증거나 자백 등이 법원에서 인정받지 못하고 때로는 오히려 자신이 사법심판의 대상이 될 수도 있다. 특히, 개인의 정보가 쉽게 확보되고 공개되는 정보화사회에서는 더욱 개인의 권리가 핵심적인 문제요 과제가 되고 있다.[21]

한편, 미국의 형사사법기준과 목표에 관한 대통령자문위원회는 용역경비에 대한 그들의 보고서에서 다음과 같이 공민간경비를 간단하게 구분하여 설명하고 있다.[22]

(3) 유형

용역경비 수요의 증대와 그로 인한 인력과 예산의 확대는 경찰의 성장과 역할이라는 견지에서 함께 논의되어야 하지만, 그 주된 이유는 용역경비가 수행하는 매우 다양한 역할과 직업의 다양성에서 찾아야할 것 같다.[23] 경호경비, 사설탐정, 무장운송, 각종 장비의 제조와 공급 등 다양한 직종에서 절도, 횡령, 사기, 스파이, 방화, 인재 또는 자연재해에 이르기까지 크고 작은 기업의 고객에게 다양한 보호를 제공하고 있다.

1) 경호경비(Security guards)서비스

앞서 살펴본 다양한 직종 중에서 경호경비 업무는 가장 대표적이고 보편적인 용역경비 활동이다. 쇼핑센터(shopping mall), 주택단지, 은행, 기업체, 학교, 심지어 개인의 주택이나 신변경호에 이르기까지 어디서나 볼 수 있다. 이 경호경비 서비스는 대체로 외부계약(contract guard service)이나 내부고용(Proprietary guard service)이라는 형태로 이루어지고 있다.

외부계약에 의한 서비스는 백화점 등에 경호경비를 제공하는 경호경비회사로부터 계약으로 서비스를 제공받는 경우로서, 경호경비 요원의 임무 등은 계약회사에 의해서 정해지는 것이 보편적이다. 반면에 내부고용은 외부기관에 계약하여 서비스를 제공받지 않고 자체적으로 경호경비 인력을 고용하는 것으로서, 경호경비요원의 임무는 당연히 회사가 자체적으로 정하고 있다.

경찰과 사설경비는 법적 지위는 물론이고 사설경비가 경찰이 법률적으로 또는 실무적으로 운영할 수 없는 분야이지만 지역에서 업무를 수행한다는 점에서 차이가 있다. 경찰은 사적인 규제를 집행할 권한도 없고 고용자 절도와 같은 사안에 대한 수사의 의무도 크지 않다.[24]

또한 내부고용과 외부계약에 의해서 제공될 수 있는 경호경비 서비스는 각각 그 단점과 장점이 있다.[25] 먼저 외부계약의 경우는 비용이 적게 들고, 대부분 최저임금으로 고용되고 기타 혜택도 거의 제공되지 않으며 특별한 행사를 위하여 일시적으로 고용하는 경우가 많다. 반면에 내부고용은 보험, 퇴직금, 복지, 장비 등 부대비용이 많이 든다. 또한 외부 계약의 경우는 고용, 훈련, 관리 등이 필요 없기 때문에 행정적으로도 편리하다. 그리고 내부고용인 경우 필요한 인력의 고용과 불필요한 인력의 정리 등이 쉽지 않으나 외부계약의 경우 그러한 어려움을 겪을 필요가 없다. 이와 관련하여 외부계약의 경우는 근로자들의 노동조합 결성 등에 따른 문제나 어려움도 따르지 않으며, 끝으로 외부계약은 내부고용보다 보안통제가 더욱 효과적이고 철저할 수 있다. 그 이유는 이들 계약인력이 정실에 얽매이지 않기 때문에 담합 등으로 인한 누수현상이 줄어들 수 있기 때문이다.

반면, 내부고용도 몇 가지 장점이 있다. 우선 외부계약에 비해 양질의 직원을 고용할 수 있으며, 보수가 더 좋고 철저한 선발을 통하여 고용되며 이들은 일정한 교육훈련을 받는다. 그리고 내부고용자는 회사 자체에 고용되어 보수를 받기 때문에 회사의 방침이나 관리 또는 통제를 더 철저히 할 수 있다. 따라서 이들은 외부계약의 경우보다 더 나은 보수나 진급 등을 위하여 더욱 회사에 충성적일 수밖에 없다. 끝으로 용역경비와 경찰과의 관계는 항상 문제시 되나 내부고용의 경우 이러한 문제의 해결에 도움이 된다고 한다.

2) 순찰서비스(Patrol Service)

순찰서비스는 다양한 대상에 대하여 도보나 순찰차로 주기적인 검열을 하는 것이다. 이러한 순찰은 특정한 고객의 여러 지역을 담당할 수 있고, 제한된 구역에서 상이한 여러 고객이 소유한 다수의 대상을 감당하기도 한다. 순찰시 외부에서 외관으로만 관찰할 수도 있고 보다 철저한 관찰을 위하여 진입할 수도 있다. 보통 계약으로 순찰의 빈도와 정도에 관하여 구체적으로 명기한다. 경호경비(guard) 서비스가 제한된 지역을 걷거나 고정된 위치에서 이루어지는 반면, 순찰은 다양한 지역을 움직이면서 담당한다는 점에서 차이가 있다. 따라서 경호경비는 인력을 고정시켜야 한다는 점에서 순찰서비스가 경제적이기는 하지만, 순찰 시간이나 주기를 잘 아는 침입자는 적발하기 힘들다는 단점이 있다.26

3) 경보서비스(Alarm Services)

상업시설이나 개인의 주택에서 흔히 볼 수 있는 것으로서, 주로 시설이나 사람 또는 재산에 대한 보호차원의 경계와 경보를 위한 서비스이다. 보편적으로 화재나 불법침입 등을 발각하기 위한 것으로서 사용자 스스로 설치하여 이용하거나 전문회사와의 계약에 의하여 설치되고 운영되기도 한다.

이러한 경보서비스는 대체로 다음과 같은 세 가지 형태로 이루어지고 있다. 첫째는 불법침입이 발생할 경우 경보음을 내어서 당사자나 지나치는 사람들에게 경계하도록 하여 불법침입자를 쫓아 보내기 위한 것이다. 두 번째 형태는 개별경보장치가 중앙경보체제에 연결되어서 현장에서 경보가 전화선을 타고 중앙통제실로 전달되면 자체 경비인력을 배치하거나 경찰에 경보하게 되는 것이다. 세 번째 유형은 경보장치가 직접 경찰에 연결되어 있어서 경보시 경찰로 하여금 가장 가까이 있는 순찰차를 즉각 배치할 수 있게 하는 것이다.

그런데 경보체제가 전화선을 이용하기 때문에 장치의 설치·유지 같은 경비와 잘못된 경보와 같은 문제점이 있을 수 있다. 그 중에서도 잘못된 경보가 가장 심각한 문제라고 할 수 있는데, 이는 경찰과 경비회사 모두에게 자원의 낭비를 초래하기 때문이다. 이에 대한 조치로서 사용자의 잘못으로 인한 경우는 벌과금27을 부과하는 등의 제재를 가하기도 하나 이것이 완전한 해결책은 되지 못하며 또한 전화선을 사용하는 경우 전화선이 끊어지면 경보 자체가 불가능하기 때문에 일부에서는 새로운 기술의 개발로 대처하기도 한다. 그 한 예로서 전화선을 대신하여 무선 라디오 주파수를 이용하여 경보신호를 보내고 있기도 하다.

4) 무장운송서비스 (Armed courier services)

이는 보석, 현금, 문서 등 고가의 물품 등을 운송하는 것을 전문으로 하는 서비스로서 제복을 입은 무장한 인력이 무장된 특수차량을 이용하여 이루어진다. 다른 용역경비서비스와 마찬가지로 외부계약이나 내부고용으로도 가능하다.

5) 사설탐정서비스 (Private investigative services)

사설탐정은 경찰 등 수사기관이 아니라 개인이나 기업 등에서 사적으로 필요한 정보를 얻거나 사건을 해결하기 위하여 고용하는 것으로서 다양한 경우에 폭넓은 활동을 하나 대체로 다음의 세 가지 경우가 보편적이다. 먼저, 개인이 가족을 비밀리에 조사하고 싶거나 실종사건과 같이 해결되지 않은 사건을 해결하고 싶을 때 이용되고 있다. 다음으로는

표 14-2 용역경비산업 개관

용역경비사업	고객	용역
경비장비제조, 인력경비용역, 내부전담부서, 중앙경보, 장비판매/설치, 사설탐정, 무장차량/수송, 자문	개인, 정부, 주거단지, 산업시설, 재정금융기관, 도소매업소, 기관시설, 운송회사	경비/감시원, 수사/조사관, 무장차량, 문서수발 등 수송, 경보장치, 침입감지, 거짓말탐지, 경호, 장비설치, 손실분석

표 14-3 용역경비의 활동과 수단

활동	수단
1. 건물이나 주변의 보호	▸ 장애물, 울타리, 담장, 출입문 ▸ 조명 ▸ 감시(경비)
2. 침입 및 접근통제	▸ 창문과 출입문 보안 ▸ 자물쇠와 열쇠 ▸ 보안장비(파일, 금고, 지하저장실) ▸ 방문자와 근로자 신분확인 ▸ 수화물 통제 ▸ 주차 및 교통 통제 ▸ 검열 ▸ 경비 및 순찰
3. 경보 및 감시제도	▸ 대피와 화재 대처 프로그램 ▸ 화재진압체계 ▸ 경보체제
4. 화재예방과 보호	
5. 긴급상황 및 재난계획	
6. 절도와 좀도둑의 예방	▸ 인성검사 ▸ 환경조사 ▸ 절차적 통제 ▸ 거짓말탐지기 및 심리스트레스 평가
7. 사고예방과 안전	
8. 범죄 및 손실과 관련된 규칙·규정·정책의 집행	

변호사들이 고객이나, 목격자, 피의자 등이 아닌 다른 사람이나 출처로부터의 정보가 필요할 때도 이용되고 있다. 끝으로 기업에서 신용정보, 직원이나 경쟁자에 대한 뒷조사나 정보가 필요할 때도 이용되고 있다.[28]

그 밖에 다양한 유형의 용역경비 서비스가 있는데, 이를 요약하면 위와 같다. 즉, 다음의 용역경비 산업체가 기술된 고객에게 <표 14-3>과 같이 다양한 용역을 제공하고 있는 것이다.[29]

(4) 특성과 쟁점 및 한계

사람, 자산, 정보를 보호하기 위하여 제공되는 용역경비의 특성과 범위는 용역경비의 권한과 책임에 의해서 제한되며, 권한과 책임은 회사의 전통과 정책, 관계자의 욕구, 용역에 의하여 영향을 받는 사람들의 가치와 기대 그리고 관련 법규 등에 의하여 정해지게 된다.

그 결과 용역경비의 활동과 임무는 유사

한 고객에게 봉사하는 경우에도 매우 다양할 수 있다. 물론 고객은 불필요한 비용이나 손실로부터 자신의 이익을 보호하기 위하여 용역경비를 이용하기 때문에, 범죄, 자연재해, 사고, 인재, 화재 등으로부터 정보, 자산, 사람을 보호하지만 용역경비가 이 모든 용역을 다 제공하리라고 기대하지는 않는다.

결국 <그림 14-3>과 같이 용역경비에 주어진 임무의 특성이 무엇이든 그 일차적인 목적은 고용자에 대한 손실을 예방하거나 줄이기 위한 것이라고 요약할 수 있다.30

그러나 <그림 14-3>에서 알 수 있듯이 용역경비도 적지 않은 문제와 한계를 가지고 있다. 용역계약을 위한 치열한 경쟁은 근로자의 인건비를 최소화하도록 요구하기 때문에 임금수준을 낮출 수밖에 없고, 낮은 임금수준은 어쩔 수 없이 처음부터 자질이 떨어지는 자원만 지원하게 되고, 경비의 절감을 위하여 교육훈련의 수준도 높지 않을 수밖에 없어서 자원의 질을 더욱 떨어뜨리게 된다. 더구나 낮은 보수는 곧 높은 이직률을 초래할 수 있기 때문에 숙련된 근무자도 많지 않다. 결국 용역경비는 열악한 근무여건과 낮은 보수 및 부족한 교육훈련으로 인한 자질의 부족, 높은 이직률로 인한 근무의 미숙련 등으로 업무수행의 질을 떨어뜨릴 수 있는 한계를 가지고 있다.

그 밖에 민간경비에 대한 국민의 인식도 문제가 되고 있다. 민간경비원에 대한 사회적 평가와 인식이 낮기 때문에 우수한 자원을 민간경비원으로 확보하기 어렵게 만들고 있다. 그 결과 일반적으로 자질이 낮은 사람이 어쩔

그림 14-3 용역경비의 문제와 한계

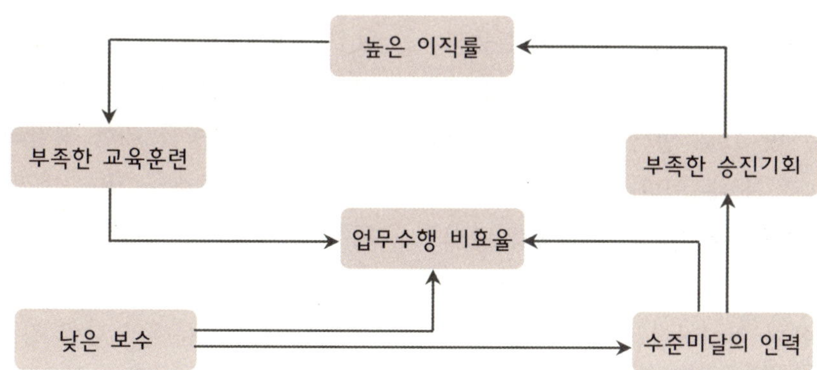

표 14-4 용역경비의 요약

목적	고용인에 대한 손실의 예방과 축소
보호	사람, 자산, 정보
대상	범죄, 재난, 화재, 사고, 일정유형의 부적절한 피고용인 행위
한계	필요한 권한과 책임

수 없이 지원하거나 다른 직장을 구할 때까지 일시적으로 임시직장으로서 지원하게 되어 위에서 지적한 바와 같이 민간경비원의 자질을 저하시키게 되는 것이다.

그리고 민간경비와 관련된 쟁점으로서 민간경비원의 권한과 무력사용의 정도와 경찰과의 관계 등이 있다. 민간경비원의 권한과 무력사용은 민간경비원의 역할에 따라 크게 달라질 수 있지만 대체로 민간경비가 사전예방적 업무를 중심으로 한다는 면에서 보면 그 권한과 무력사용의 범위는 상대적으로 좁아질 수밖에 없다. 어쩌면 민간경비가 안고 있는 가장 큰 문제라고 할 수 있는 것으로서 민간경비 종사자들의 대부분은 경찰과의 관계를 들고 있다. 이는 경찰과의 업무상 갈등과 충돌은 물론이고 민간경비에 대한 경찰의 이해와 인식부족 및 그로 인한 협조의 부족에 기인하는 것으로 볼 수 있다.

이처럼 용역경비는 손실, 부상, 피해 등의 매우 폭넓은 잠재적 문제를 줄이거나 제거하기 위하여 고안된 것이어서 구체적으로 적정한 수단에 의하여 아래와 같은 활동을 포함하는 것으로 요약할 수 있다.[31]

이상을 종합하면 용역경비를 <표 14-4>와 같이 특징적으로 요약할 수 있다.[32]

제 3 절 민간자율 경찰활동(Self-Policing)

1. 민간자율 경찰활동의 이론적 배경

(1) 경찰의 범죄통제력의 한계

사실 경찰의 범죄통제력의 한계는 어쩌면 당연한 것인지 모른다. 가장 바람직한 범죄통제는 사후대응이 아닌 사전예방이다. 그러나 범죄의 사전예방을 위한 경찰의 기능과 활동에는 분명한 한계가 있다. 범죄의 사전예방을 위해서는 범죄를 유발하는 근본적인 원인이 제거되거나 해소되어야 하지만, 빈곤 등 사회환경과 구조의 문제와 같이 경찰이 전혀 개입할 수 없거나 해결할 수 없는 사회적·국가적 차원의 문제가 대부분이기 때문이다.

그럼에도 불구하고 경찰은 범죄통제에 대

한 지역사회와 시민의 참여가 얼마나 중요한가를 인식하지 못하거나 그것을 회피하려고 한다. 법집행 위주의 경찰활동에 대한 시민의 반발과 치안능력에 대한 불신은 범죄유발원인을 사전에 제거함으로써 범죄를 사전에 예방하거나 주로 시민의 신고나 제보에 의존하여 사후에 대응하려는 경찰의 범죄통제에 짐이 되고 있다.

이러한 상황에서 경찰은 그들의 범죄통제 활동상 우리 사회의 자기 방어능력을 충분히 활용하지 않을 수 없다. 자신을 범죄로부터 보호할 수 있도록 지도 교육하여 주민 각자가 스스로 개인적인 예방노력을 하거나 지역사회가 공동으로 참여하여 협력적 노력 또는 집합적 보안을 강구하는 등의 자율적 경찰활동을 확립케 하여 경찰의 비공식적인 범죄통제도 향상시키고 동시에 시민의 자율적·비공식적 범죄통제도 활성화시켜야 한다.

(2) 사회통제력의 약화

현대 도시사회의 특징인 인구의 집중과 그에 따른 도시인구의 이질성, 비인격성, 익명성 그리고 유동성은 우리 사회를 해체시키고 나아가 규범적 사회유대를 약화시켜서 사회구성원에 대한 비공식적 통제력을 상실케 한다. 이는 곧 범죄유발의 주요한 원인이 되고 있다. 따라서 우리 사회의 범죄문제를 해결하기 위해서는 시민의 응집력과 결속력을 강화하여 현대사회의 약화된 사회적 통제력을 강화해야만 한다.[33]

즉, 범죄문제에 대한 공동의 이해와 노력을 통하여 시민 상호간의 교류가 증대되고, 도시민의 비인격성과 익명성이 해소되며, 사회적 합의와 규범이 마련되어 구성원에 대한 사회의 통제력이 기능할 수 있어야 한다는 것이다. 즉, 시민의 자발적인 참여 없이는 범죄는 증가하게 마련이고, 범죄자의 검거는 더욱 어려워지며, 범죄적 요소만이 팽배하게 되기 때문에 범죄예방은 시민 스스로의 책임이라는 인식의 전환이 필요한데,[34] 이것이 곧 시민참여에 의한 자율적 경찰활동의 또 다른 이론적 근거이다.

(3) 범죄기회의 제공

비교적 최근까지도 범죄문제에 관한 거의 모든 연구나 정책은 범죄의 원인과 현상 등 범죄행위의 주체인 범법자에 국한되었으나 날로 심각해지고 있는 범죄문제는 지금까지의 이러한 접근이 성공적이지 못함을 지적해 주고 있다. 이는 지금까지의 형사정책과 형사사법절차가 범죄의 또 다른 당사자인 범죄피해자를 철저히 제외시킨 결과라고 여겨진다. 일부 피해자 없는 범죄 — 사실은 피해자가 없는 범죄는 원칙적으로 있을 수 없고, 단지 피해자가 불특정 다수인이거나 피해자와 가해자가 동일인인 경우 또는 피해자가 범죄피해 여부를 알지 못하는 경우 — 를 제외하고는 항상 범죄피해자가 있기 마련이고 많은 경우 피해자 유발이나 촉진 등의 경우처럼 피해자에게도 어느 정도 책임이 있을 수 있기 때문에 가해자 중심의 범죄예방과 더불어 피해자 중심의 범죄예방도 강구되어야 할 필요가 있다. 즉, 시민 스스로가 잠재적 범죄피해자라는 인식하에서 자신의 노력으로 잠재적인 가해자에게 범행의 기회를 주지 않음으로써 자신의 범죄피해 가능성을 줄일 수 있도록 노력하여야 한다는 것이다.

그런데 이처럼 잠재적인 범죄피해자가 가해자에게 범행기회를 주지 않음으로써 자신의 범죄피해를 방지하려는 노력을 중심으로 하는 방범활동은 곧 시민 스스로의 자발적인 참여에 의한 자율적 경찰활동이요, 방범활동이다. 이러한 시민의 자율적 노력에는 방범장비의 설치나 생활양식의 변화 등과 같은 시민 각자의 개별적인 노력과 범죄문제가 사회공동의 관심사라는 견지에서 이루어지는 잠재적인 범죄피해자의 집합적·집단적 반응과 노력을 포함하는 것으로 알려져 있다.35

2. 민간자율 경찰활동의 주요 형태

경찰기능의 민영화는 공공의 안전을 위한 책임의 일부를 경찰로부터 넘겨받는 것이라고 할 수 있는데, 이러한 능동적인 시민정신은 시민 각자가 이웃의 재산을 감시하는 데서부터 시민들의 자발적인 도로 순찰과 같은 조직화된 집합적 행동에 이르기까지 다양하다. 이러한 시민의 능동적인 참여는 대체로 공공경찰로부터 자율성의 정도에 따라 대체로 두 가지 형태로 구분할 수 있다.

그 첫 번째는 국가나 경찰에 의해서 공식적으로 지원되며, 때로는 광범위한 지역사회 범죄예방이라는 틀 안에서 이루어지기도 한다. 결국 이러한 형태는 지역사회의 범죄문제의 사회적 기반에 대한 협동적 공세를 취할 수 있도록 하기 위한 경찰, 시민 기타 유관단체간의 동업자정신을 형성하기 위한 목적에서 나타난다. 따라서 범죄예방에 대한 다자간 협력과 지역사회순찰을 강조하는 것으로서 기업, 시민, 언론이 공동으로 노력하는 전국적인 형태와 자원경찰(Volunteer police)과 이웃감시(neighborhood watch)가 그 대표적인 프로그램이다.36 두 번째 형태는 개인단위의 노력이나 자경단과 같은 소위 자기경찰활동(self-policing)이라고 할 수 있는 공공경찰로부터 독립된 자율적인 민간경찰활동이다. 한편, 활동단위에 따른 구분은 개인의 사적인 노력인가 아니면 특정한 거주지역을 단위로 하는가 또는 전국을 대상으로 하는가 등 활동범위 또는 대상에 따른 구분을 할 수 있다. 그런데 개인단위의 활동은 개인의 사적인 노력을 뜻하고, 주거지역 단위의 활동은 주민 상호간의 공동노력을 통한 방범이며, 광역단위의 자율방범은 특정의 지역보다는 범시민적인 방범계몽, 상담, 지역 활동 등의 일종의 시민 자구적 사회운동이라고 할 수 있다. 이를 종합하면 개인단위의 자율적 방범활동과 주거지역 단위의 다자간 협동적 활동 그리고 전국단위의 다자간 협동적 활동으로 구별할 수 있다.

(1) 개인단위의 자율적 방범활동

시민 각자가 자신의 범죄피해 가능성을 줄이기 위한 노력은 야간외출을 삼가거나 외출시 주변인과 동행하는 등 자신이 습관적인 행위유형(behavioral pattern)을 변화시키거나 호신술을 익히거나 가스총을 휴대하고 집에 무인감시카메라를 설치하는 등 방범장비를 구입하여 휴대하거나 시설하는 것 또는 장물거래를 어렵게 하고 도난품을 쉽게 찾을 수 있도록 귀중품에 표식을 다는(Operation Identification) 것 등을 말한다.

그러나 이러한 개별적인 노력은 엄격한 의미에서 자율방범이나 자율경찰활동이라기보다는 범죄에 대한 공포나 두려움 속에서 자신을 새장 속에 가두는 것에 지나지 않기 때문에 적어도 자율경찰활동이나 방범활동이라면 이 단계를 지나 Skogan이 말한 협조적 내지는 집합적 노력의 단계를 의미하는 것으로 보아야 한다는 주장이 제기되고 있다.37 따라서 이보다 발전된 개별적 자율 경찰활동의 한 형태는 민간 용역경비(Private security)를 활용하는 것이다. 자신의 생명과 재산을 보호하기 위하여 필요한 안전장치를 수익자부담원칙에 따라 본인이 그러한 용역을 사적으로 구매하는 것이다.

개인단위의 개별적 방범노력은 공공경찰과의 협동적 운영이나 참여 없이 이루어지는 자율적인 형태의 자기경찰(self-policing)이라고 할 수 있다. 그런데 '적극적 또는 활동적인 시민정신'이란 사람에 따라 그 의미가 같지 않다. 무엇보다도 시민들은 일부 부정의한 형사사법에 대한 반응에 기인한 개인적인 보복에서부터 정부가 주도하는 범죄예방활동의 비교적 적극적이지 못한 참여에 이르기까지 서로 다른 다양한 목적을 위하여 상이한 방법으로 움직이기 때문이다.

그러나 이와 같은 활동의 존재로 몇 가지 이론적 쟁점이 파생될 수 있다. 예를 들어 자경주의(vigilantism)는 역사적으로 사회통제와 경찰활동 분야에 있어서 지속적으로 존재해 온 주제임에도 불구하고, 아직도 자경이 초법적인가, 폭력적인가, 보수적인가 또는 국가기관에 의하여 수행되어야 하는가 아니면 시민의 몫인가 그리고 이것이 하나의 사회운동인가 아니면 단순한 반응에 지나지 않는가 등 많은 논란의 여지를 두고 있다.38

그럼에도 불구하고 현재 거의 모든 국가와 사회에서 자경활동을 발견할 수 있는데, 거의 모든 자경활동은 상이한 사회체계에서라도 개인이나 사적인 집단에 의하여 경찰기능이 이루어지는 것이 비정상적이지 않다는 것을 확인시켜 주고 있다. 그러나 이러한 시민순찰에 대한 경찰의 반응은 자경집단이 경찰의 관할이 되어야만 자경활동의 병리적 또는 고립된 독단적 반발을 막을 수 있다고 가정하는 것이다. 이러한 자경활동은 비정상적이지 않고 고립되어 있지도 않으며 우리가 생각하는 것보다 광범위하게 존재해 왔고 앞으로도 더욱 확대될 것으로 보인다. 즉, 대부분의 자경활동이 지역사회의 불확실성, 무질서 또는 불안정에 대한 정상적인 결과로 파생된 것임을 고려할 때 이는 의문스러운 가정이지 않을 수 없다.39 결국, 자경은 지역사회와 시민이 지역사회문제에 대한 경찰의 반응이 부적절하다고 판단할 때 일어날 수 있다고 한다.

(2) 거주 지역단위의 다자간 협동적 자율경찰활동

1) 자원경찰

자원경찰이라 함은 시민이 자발적으로 경찰의 보조기능을 수행하는 것이다. 다음에 논의될 시민 방범순찰대와는 달리 이 보조적 자율방범은 거의 자율성을 갖지 못하고 경찰이 조직이나 지도력 또는 운영에 절대적이고 완전한 통제력을 행사하게 된다.40 대표적인 예로서 미국의 Baltimore시에서는 Citizen's Patrol이라는 프로그램을 운영하는데, 무전기 등의 장비를 갖추고 순찰차라는 표식을 한 자신의 차량으로 야간순찰을 하면서 각종 사건 등을 경찰에 보고하는 등 일종의 이동이웃감시(Mobile neighborhood watch)의 형태로 활동하고 있다. 우리나라의 해병전우회 방범순찰대 등이 이에 속한다고 할 수 있다.

이와 유사하지만 보다 발전된 형태로 일종의 이원적 경찰을 들 수 있다. 예를 들어 기존의 해병전우회와 같은 조직으로 하여금 단순한 순찰이나 서비스의 제공 등 경찰관의 전문성이나 권한을 요하지 않는 임무를 맡기는 형태이다. 이는 경찰에 대한 대부분의 요구가 경찰의 전문성을 요하는 것이 아니라 경찰의 시간을 요하는 것이어서 이러한 일은 경찰권의 행사를 요하지 않기 때문에 바로 이들 자원봉사자들에 의해서 수행될 수 있다는 것이다. 그 결과 얻게 되는 잉여 경찰력은 보다 전문성과 경찰권을 요하는 분야에 투입할 수 있다는 논리이다.41

2) 이웃감시(Neighborhood Watch)

정부에 의해서 가장 적극적으로 장려되는 책임 있는 시민으로서의 자율 경찰활동의 형태는 이웃감시제도이다. 이 제도는 기본적으로 지문을 일체화시켜 주고, 경찰과의 바람직한 관계를 유지시켜 주며, 시민들의 범죄에 대한 공포를 줄여 주는 등의 기여를 하는 것으로 합리화되고 있는 지역사회 범죄예방이기 때문이다.

사실 이 이웃감시제도는 두 가지 이론적 배경을 가지고 있다. 그 첫째는 도시화와 산업화의 영향으로 인한 지역사회의 사회해체로 야기되는 문제에 초점을 맞추고 있다. 사회해체는 지역사회의 규범을 혼돈스럽게 하여 비공식적 사회통제를 약화시키기 때문이다. 그 결과 범죄의 증가와 경찰과 같은 공식적 사회통제에 대한 의존을 증대시키게 된다. 따라서 지역사회의 범죄문제가 해결되기 위해서는 어쩔 수 없이 비공식적 사회통제 기제가 재구성되지 않으면 안 된다는 것을 의미하게 된다. 두 번째는 범죄를 개인이 상황적 기회를 이용하는 것으로 보는 인간행위의 합리적 선택 이론(Rational – Choice Theory)에 기초하고 있다. 여기서 내릴 수 있는 결론은 법을 위반하는 기회를 차단함으로써 범죄가 예방될 수 있다는 것이다.42

물론 원론적으로는 사회해체이론을 강조하지만 실제 대부분의 이웃감시 프로그램의 실행은 사회해체이론보다는 상황적 이론에 근거하기 쉽다. 따라서 수사학적인 면에서 이들 이웃감시 프로그램은 지역사회의 정신건강, 지역사회의 참여 그리고 빈번한 민경접촉의 선도 등을 강조하지만, 실제는 참여자로 하여금 '경찰의 귀와 눈'으로서 활동하게 하여 범죄기회의 감소라기보다 제한적인 목표에 초점을 맞추는 경향이 있다.

한편 이웃감시 프로그램은 그 성공의 열쇠가 지역사회와 주민의 참여와 지지에 달려있다. 주민의 참여도와 관련된 한 가지 흥미로운 사실은 너무 지나치면 참여를 오히려 안하게 되고 자신들을 은폐하기 쉬우므로 주민들의 참여도를 고양시키기 위해서는 적정 수준의 범죄에 대한 공포와 지역사회에 대한 충분한 확신이 필요하다. 이는 주민들이 지역사회가 어느 정도 범죄와 무질서에 대한 위험을 느껴야 시민들이 스스로 자신의 참여에 대한 필요성과 가치를 느끼기 때문이다. 이러한 주장은 주민간의 융화가 잘되거나 장래 침입절도의 가능성이 있다고 믿는 지역에서 이러한 프로그램에 사람들의 참여와 지지가 가장 높았으며, 반대로 주민간의 융화가 안 되는 지역에서는 위험에 대한 인식이 결코 참여도에 영향을 미치지 않는다는 연구결과에 의해서 검증되고 있다. 결국 범죄에 대한 위험이 인식되면서 지역사회에 대한 소속감이 높은 지역에서는 참여도가 높으나, 지역사회에 대한 소속감이 없으며 동시에 범죄에 대한 위험도가 높은 지역에서는 참여도가 낮다. 또한 지역사회에 대한 소속감은 높으나 범죄에 대한 위험이 낮은 지역에서도 주민의 참여가 낮게 나타나고 있다.43

(3) 전국 또는 광역사회 단위의 다자간 협동적 자율경찰활동

1) 민간기업, 시민, 언론

영국이나 미국에서는 정부의 적극적인 권장에 의해서 민간기업이 범죄예방에 있어서 보다 적극적인 역할을 수행하고 있다. 때로는 범죄예방 프로그램의 직접적 후원의 형태로 특정회사가 주민들의 이웃감시 프로그램의 일환으로 귀금속에 대한 표식을 위한 장비를 제공하기도 하며, 다른 한편으로 정부와 회사가 공동으로 재정지원을 하여 지역별 범죄예방활동을 위한 전국적인 조직을 도모함으로써 시민들의 지지를 받고자 힘쓰기도 한다. 후자의 경우는 경찰, 정부, 기업, 노조, 정당, 자원봉사자, 사법부 그리고 교회 등 다방면의 대표자로 구성된 자문위원회에 의하여 운영되고 있다.44

이러한 조직화의 주요한 목표의 하나인 건설적 비판을 위해서는 가능한 재정적 독립성이 필요하다. 재정적 독립성의 추구는 범죄예방활동에 있어서 시민의 참여를 권장하기 위하여 상업적으로 지원되는 언론홍보가 이루어질 때 더욱 중요한 쟁점이 되고 있다. 이는 범죄예방활동의 우선순위나 활동내용 등을 결정하는 데 있어서 민간 기업이 영향력을 행사할 수 있기 때문이며 따라서 이러한 활동이 성공하기 위해서는 모든 관계자가 참여하는 자문위원회나 독립적인 사회봉사단체 등에서 감시하고 감독할 필요가 생기게 된다.45

그런데 이들 프로그램은 언론, 범죄 그리고 범죄에 대한 두려움의 관계에 있어서 흥미로운 의문을 야기한다. 경찰, 언론, 기업으로 구성된 소위 "일탈을 규정하는 엘리트"로 하여금 범죄에 대한 공공의 인식과 범죄에 대한 두려움을 형성하도록 만들고 있다는 것이다. 예를 들어 이들 프로그램이 폭력적인 범죄나 성범죄에만 초점을 맞추기 때문에 일반범죄와 특정집단에 대한 두려움을 상승시킬 수 있는 것이다. 구체적으로 이들 프로그램이 여성을 범죄와의 전쟁에 있어서 수동적이고 영속적인 피해자의 역할로 고정시킬 수 있다는 것이다.46

이렇게 볼 때 기업과 언론이 후원하는 프로그램의 경우는 시민들로 하여금 범죄에 관한 정보를 제공하도록 권장하는 것에 그치지 않고 공공분야에 있어서 이들 '시민으로서의 기업'이 범죄예방의 밑그림을 그리는 활동을 하는 실체로 기능할 수 있음을 보여 주는 것이다. 바로 이 점이 이러한 분야에 있어서 시민의 위치가 어디인지에 관한 중요한 의문을 제기하고 있다.

2) 시민순찰활동 (Citizen Patrol Activity)

자경주의의 재활과 더불어 나타난 가장 대표적인 시민활동 중 하나가 미국의 수호천사(Guardian Angels)와 같은 시민순찰활동이다. 이러한 시민순찰활동은 지하철이나 노상에 조직화된 시민순찰을 배치하는 것으로서 상당한 논란을 불러일으키고 있다.

경찰활동에의 시민참여는 대체로 두 가지 형태로 나타난다. 먼저, 시민 참여를 경찰에 대한 보조와 지원적 역할로 보는 집단이다. 다음은 시민참여를 경찰의 과잉에 대항하여 지역사회를 방어하는 것으로 보는 상대적·대항적인 것으로 보는 집단이다. 그러나 전자가 지원경찰 또는 보조경찰처럼 발전되기 쉽지만 양자의 경찰에 대한 관계는 매우 복잡하다. 보조적·지원적 경찰에 대해서도 자신들의 전문적 영역에 대한 침해로 간주하여 별로 탐탁하지 않게 생각하여 항상 지지하는 것도 아니며, 대항적 집단에 대해서도 심각한 사회적 무질서나 지역사회와 경찰이 대치할 때와 같은 경우에는 경찰과 적대적인 지역사회 사이의 진공상태를 메꾸어 줄 수 있기 때문에 항상 적대적인 것도 아니다.

그러나 대체로 경찰을 지지하는 집단만이 합법성을 부여받고, 금전적 지원을 받을 수 있으며, 경찰이 이들을 난처하게 만들지 않기 때문에 오랜 기간 유지·운영될 수 있는 것으로 알려져 있다. 그러나 이 또한 문제가 없는 것은 아니다. 생존을 위해서는 권력과의 밀접한 관계를 필요로 하는데, 바로 이 점 때문에 지역사회의 지원을 받지 못하는 경우가 생기게 된다. 즉, 한국의 현실에서 흔히 말하는 관변 또는 어용단체로 전락할 수 있다는 것이다. 반대로 대항적 집단은 지역사회를 분열시킬 수 있는 문제를 안고 있다. 물론 대항적 집단은 지역사회의 일부와 경찰의 갈등에서 비롯되기 쉬우나 시민이 대체하는 것이 아니라 더 좋은 경찰이 필요하다는 믿음에서 이들 집단으로부터의 지원을 철회하게 된다.

수호천사와 같은 시민순찰활동이 범죄와 범죄에 대한 두려움에 미치는 영향에 대해서는 정확한 평가가 쉽지 않으나, 이들 시민순찰에 대한 시민의 반응은 대체로 긍정적인 것으로 알려져 있다. 특히, 여성과 노인들은 수호천사의 순찰 결과로 자신들이 더 안전하게 느끼게 되었다고 말한 것으로 조사되기도 하였다. 심지어 수호천사가 정부나 경찰보다 범죄를 줄이는 데 더 효과적이라고 평가하였으며, 대부분의 경찰이나 관리조차도 비록 공식적으로는 수호천사를 지지하는 것으로 자신의 입장을 설명하지는 않았지만 수호천사의 순찰이 이익이 되며 지속되기를 희망하는 것으로 조사되었다.47

이러한 조사결과는 몇 가지 흥미로운 사실을 보여준다. 우선, 수호천사의 순찰이 비공식적 사회통제를 형성하고, 따라서 범죄를 예방하고 범죄에 대한 두려움을 줄일 수 있는 잠재력을 제공하는 것을 암시해 준다. 이러한 견해는 도보순찰이 범죄 자체보다는 범죄에 대한 두려움을 줄일 수 있다는 경험적 증거와 질서유지가 범죄통제의 전제조건이라는 주장과 궤를 같이 한다. 즉, 수호천사는 범죄수준을 낮추지는 못하지만 범죄에 대한 두려움은 줄일 수 있음을 보여 준다. 또한, 수호천사는 청소년들에게 긍정적인 역할 모형을 제공하는 범죄예방에 있어서 시민의 참여에 대한 대안적 접근이며, 성인과 청소년간의 거리감을 메워 주며, 일부 지역의 범죄에 대한 공포를 줄여주는 것으로 이해될 수 있다. 특히, 수호천사가 일반적으로 범죄문제에 기여하는 것으로 인식되는 젊은 사람들의 집단을 대표한다는 사실이 수호천사의 가장 중요한 특징임을 강조하고 있다. 그리고 수호천사는 다른 시민참여와 달리 지나치게 공공기관과 밀착하게 되면 지역사회의 지지를 상실할 수 있다는 위험을 잘 알고 있다는 것이다. 끝으로 공간적·지역적 특성에 따라 수호천사의 순찰활동이 그 형태와 영향에 있어서 상이할 수 있음을 암시하기도 한다.48

이와 같은 연구결과와 논의는 두 가지 심각한 의문을 제기한다. 설사 수호천사의 존재가 일부 보행자에게 일시적으로 보다 안전하게 느끼게 할 수 있을지라도 지속적인 활동을 위해서는 시민들의 참여를 지속시켜야 하는 책임을 가져야 한다. 그러나 순찰활동이 간헐적이기 때문에 범죄에 대한 두려움을 줄일 수 있는 능력도 대단하지 않기에 범죄에 대한 두려움의 문제를 과장할 수도 있는 것이다. 또한, 범죄문제가 그리 심각하지 않은 것도 수호천사의 미래 방향에 지대한 영향을 미치게 되는데, 대표적으로 단원의 모집과 확보가 어려워지고, 따라서 지금도 미흡하지만 단원의 자질과 자격을 약화시키는 결과를 초래하게 된다.49

3. 쟁점

고전적 의미에서의 자경주의는 처음에는 형사사법제도가 발전되지 못한 경우에 나타난 현상이었다. 그러나 현대의 자경주의는 종종 두 가지 상황이 발생할 때 나타나고 있다. 하나는 시민들이 제대로 알고 있건 아니건 간에 공공의 안정이 범죄나 무질서 등으로 위협받고 있다고 믿을 때이다. 두 번째는 시민들이 형사사법제도가 자원의 부족 또는 비효율성이나 우선순위의 잘못으로 범죄나 무질서 등 인지된 위기를 제대로 대처하지 못한다고 믿을 때이다. 즉, 처음부터 그랬던 것처럼 시민들은 국가가 더 이상 위임된 또는 주어진 임무를 다하지 못할 때 스스로 대처하게 된다. 그렇다면 높은 수준의 범죄에 대한 두려움을 고려할 때 시민들 스스로 자경순찰에 대해 상당한 지지를 보내는 것이다. 따라서 여자나 노인과 같이 범죄에 대한 두려움을 가장 많이 느끼는 사람들이 시민 자경에 대하여 가장 높은 지지를 보낸다는 사실도 전혀 놀라운 일은 아니다.50

그러나 지금까지의 경험에 의하면 자경과 관련된 문제점도 없지는 않다. 우선, 자경이 범죄에 미치는 영향에 대한 의문이다. 일부에서는 자경순찰이 상대적으로 충분히 빈번하지 못하고 간헐적으로 이루어진다는 것을 지적한다. 이는 더 많은 자원, 방비, 인력, 조직 등을 갖춘 경찰도 충분한 수준의 순찰활동을 제공하지 못한다는 점을 고려한다면 상당한 근거가 있는 주장이며, 설사 순찰의 빈도가 충분한 수준이라고 하더라도 경찰이나 자경 순찰이 범죄에 대하여 중요한 영향을 미치지 못한다는 상당한 의문이 남아 있다.51

이보다 더 중요한 쟁점은 자경(self-policing)이 범죄에 대한 두려움이나 타인을 돕는데 스스로 참여하고자 하는 의지, 특히 지역사회의 비공식적 사회통제 기제의 생성과 재생성에 긍정적인 영향을 미칠 것인가이다. 이에 대한 대답은 아마도 많은 다른 요인 중에서, 특히 자경활동의 위치에 달려 있다고 할 수 있다. 즉, 뉴욕 지하철의 익명성 공간에서의 자경순찰은 비공식적 사회통제 기제를 일구어 내지 못했지만, 보다 공간적·사회적으로 융화된 지역사회에서는 자경이 비공식적 사회통제 기제의 형성에 상당한 잠재력을 발휘할 수 있었다는 연구결과가 이를 대변해 주고 있다. 그러나 자경활동의 평가에 있어서 사회적·공간적 요소의 관계는 그렇게 단순하지 않다. 예를 들어 공간적 요소가 자경순찰의 효과에 영향을 미치는 것은 분명하나, 일반 주거지역이 아파트와 같은 공동주택단지보다는 공간적 개념이 분명치 않아서 효과적인 순찰을 어렵게 하고 문제가 발생하면 갈등의 가능성을 증폭시키게 된다. 마찬가지로 상이한 사회적 조건도 영향을 미치는데, 지하철 같은 곳은 상대적으로 중립적 영역이나 주거지역 등은 특정집단의 사회적 영역으로 치부되어 지하철 순찰이 주거지역순찰보다 사회적 논쟁이 적다. 결국 공간적 조건과 사회적 조건 사이의 일종의 균형이 순찰효과의 결정적 변수가 될 수 있는 것이다. 즉, 지하철의 공간적 중립성이 사회적 논쟁은 줄여 주지만 시민의 적극적인 참여에는 해가 될 수도 있는 것이다.52

따라서 갈등의 회피와 운영의 효과 사이의 균형을 어떻게 조정하는가가 중요한 것이다. 이에 대해서 일부에서는 정부가 공공의 안전과 범죄예방의 책임을 주민단체 등에 대부분 위임할 것을 제안하는데, 그 이유는 공공장소와 평화는 경찰이 아니라 주민 스스로에 의한 자발적 통제의 망에 의하여 지켜지기 때문이라고 주장한다. 그러나 이러한 자발적인 사회적 통제는 공적 공간과 사적 공간의 구분이 애매하거나 혼돈되는 경우에는 불가능한데, 이는 이방인 또는 외부인에 대한 감시가 불가능하기 때문이다. 이러한 주장은 주거지역 순찰의 어려움에 대한 몇 가지 사실적 대응방안을 암시해 주고, 효과적인 순찰을 위해서는 공간적·영역적 경계의 수정을 요하게 됨을 알 수 있다. 이는 한편으로는 정치적·윤리적 쟁점을 야기한다. 즉, 자경은 어쩔 수 없이 보수적인 전통에서 시작된 것이며, 사회통제의 기제로 특정지어진다는 사실이다. 다시 말해서 안정된 또는 상류계층이나 지배계층에 의한 문제 집단 또는 하류계층과 피지배계층에 대한 견제나 규제로 비춰지기 때문이다.53

바로 이 점 때문에 자경순찰이 일부에서는 사회적·정치적·법률적 논쟁과 쟁점이 되기도 한다. 경찰로부터의 비판이 그 하나요, 법과 질서에 대한 적극적인 시민정신과 활동을 어디까지 허용하고 권장할 것인가가 또 다른 하나이다. 이러한 쟁점의 결과는 불분명한 타협과 절충으로 나타나고 있다. 시민순찰 등의 권장은 하되 다만 경찰의 귀와 눈이 되어서 하라는 것이다. 즉, 사람들은 자신의 안전을 담보하기 위하여 적극적으로 참여할 필요가 있으나 반드시 책임 있는 공공기관에 의해서 규제되어야 한다는 것이다.54

4. 자율방범체제 구축의 전제

주민의 참여문제와 경찰의 협조문제 등의 어려움으로 주민자율방범체제를 조직하기조차 쉽지 않으며 조직 후에도 지속적인 운영이 어려운 경우가 많다. 범죄문제가 심각한 지역에서는 비교적 조직이 용이하나 범죄문제에 대한 주민의 절박감은 장기간 유지되기 어렵고 오히려 잊어버리거나 느슨해지기 쉽다. 또한 범죄문제 외의 다른 심각한 사회문제나 관심사가 생기면 주민들의 범죄와 자율방범에 대한 관심은 쉽게 사라지게 마련이다.

일단 주민자율방범체제가 조직되었을 경우에는 경찰관의 협조가 필연적인 전제가 되어야 하는데, 현실적으로 많은 애로사항이 따르고 경찰이 주민자율방범에 대응하거나 협조하지 않는 경우도 있다. 경찰은 자신이 범죄문제에 최고의 전문가이고, 이 문제에 대한 주민의 참여는 전문성에 대한 도전이요 간섭이며, 이는 곧 효과적인 법집행을 방해하게 되어 사사로운 범죄를 예방하려다 오히려 더 큰 범죄를 야기한다고 생각하게 된다.

또한 주민자율방범이 성공적으로 운영되는 경우에는 경찰도 알게 모르게 범죄예방과 통제에 대한 경찰의 역할과 노력을 축소하고 상당부분을 주민자율방범에 전가하게 되어 시민의 경찰에 대한 불신이 더욱 커지게 되는 사태를 초래하기도 한다. 한편, 이러한 주민자율방범에 대해서 모든 시민이 다 반기는 것은 아니라는 점도 지적되고 있다. 사생활에 대한 침해를 싫어하며, 몇몇 자율방범단체나 그 구성원들의 활동이 눈에 거슬리기도 하여 일부 시민은 이들 주민자율방범단체에 참여하기는커녕 그들의 활동 자체를 싫어한다.

이렇게 볼 때 성공적인 자율방범의 가장 중요한 전제는 지역사회와 시민의 참여의지와 경찰의 협조의지이다. 이를 위해서 경찰은 시민들로 하여금 자신의 지역사회가 처한 범죄문제의 실상을 알 수 있게 하여 문제의 심각성을 인식시키며, 동시에 반상회나 입주자회의 등 각종모임을 통해서 주민 상호간 면식과 이해의 폭을 넓혀서 지역사회에 대한 소속감과 구성원간의 응집력을 높여야 한다.55

그런데 주민의 참여도를 높인다는 것은

주민들에게 주민자율방범에 참여할 만한 가치가 주어져야 하는데, 이를 위해서는 우선 개인적으로 부담이나 비용이 부과되지 않아야 하고, 주민들이 쉽게 접근할 수 있어야 하며, 성공의 잠재성이 있어야 하고, 일상 생활 습관에 크게 상반되지 않아야 하며, 어려운 일이 아니어야 하고, 시험 가능한 것이어야 하며, 부수되는 위험성을 최소화할 수 있어야 주민의 참여가 용이해진다.

다음으로는 경찰관의 협조가 중요한 과제인데 상호 신뢰감의 형성과 상부상조의 사고가 그 전제이다. 이를 위하여 경찰에서는 모든 시민에게 공정하게 봉사하고, 가급적이면 그 절차도 관료제적 성격을 최소화해야 한다. 옴부즈맨(Ombudsman) 제도나 민간인소청심사위원회(Civilian review board) 등의 시민 신고 제도와 경찰권의 남용과 오용에 대한 신속하고 정확한 처리절차가 마련되어서 경찰에 대한 시민의 통제가 가능해지고 경찰과 범죄문제에 대한 각종 자문회의나 공청회 등을 통한 주민참여의 길이 열려야 하며, 기타 경찰관계 개선을 위한 경찰－지역사회관계(police－community relations) 활동이 활발하게 추진되어야 한다.

자율방범을 위한 민간협조는 경찰만의 문제가 아니라 시민의 공동 노력이 필요하다. 따라서 범죄문제는 경찰만의 문제가 아니고 시민 스스로가 범죄예방에 대한 자신의 역할과 책임을 다하지 않는 한 경찰에 대한 지나친 기대를 할 수 없다는 인식하에 경찰을 이해하고 협조하는 자세가 필요하다.

POLICE SCIENCE

참고문헌

1 C. Feinstein, *Privatizing possibilities among pacific Island Countries*, Research Report Series no. 2, Honolulu, HI: East－West center, 1986. p. 10.

2 Uriel Rosenthal and Bob Hoogenboom, "Some fundamental questions on privatization and commercialisation of crime control, with special reference to developments in the Netherlands," *Collected Studies in Criminological Research*, vol. xxxvii, Council of Europe, Strasbourg, 1990, p. 39.

3 *Security World*, 1985, March 22, 22(3):11.

4 C. Kirk, "Employee theft: The out－of－sight crime," *Security world*, 1985, 22(3):32－38.

5 D. A. Maxwell, "Keeping the secret in trade secret," *Security management*, 1989, 33(1):38－42.

6 I. Mitroff, T. C. Pauchant, and P. Shrivastava, "Crisis, disaster, catastrophe: Are you ready?" *Security management*, 1989, 33(2):101－108.

7 C. D. Shearing and P. C. Stenning, "Private security: implications for social control," *Social Problems*, 1983, 30(5):493－508.

8 Robert Philipe, "The privatization of social control," in Roger Hood(ed.), *Crime and Criminal Policy in Europe*, Oxford, Oxford University Press, 1989, p. 11.

9 Gion Green, *Introduction to Security*(3rd ed.), Woburn, MA: Butterworth, 1981, p. 24.

10 National Advisory Committee on Criminal Justice Standards and Goals, *Private Security: Report of Task Force on Private Security*, Washington, D.C.: U.S. Government Printing Office, 1976, p. 4.

11 Howard W. Timm and Kenneth F. Christian, *Introduction to Private Security*, pacific Grove, CA: Brooks/cole Publishing Co., 1991, p. 3.

12 Green, *op. cit.*, p. 25.

13 Howard W. Timm and Kenneth F. Christian, *Introduction to Private Security*, pacific Grove, CA: Brooks/cole Publishing Co., 1991, pp. 3－4.

14 T. M. Becker, "The place of private police in society: An area of research for the social sciences," *Social Problems*, 1974, 21(3):438~453.

15 R. J. Lundman, "police patrol work: A comparative perspective," pp. 52~65 in R. J. Lundman(ed.), *Police Behavior: A Sociological Perspective*, New York: Oxford University Press, 1980.

16 Nalla and Newman, *op. cit.*, pp. 37~38.

17 Green, *op. cit.*, pp. 24~25.

18 *Ibid.*, p. 39.

19 *Ibid.*, pp. 39~41.

20 *Ibid.*, pp. 41~42.

21 *Ibid.*, p. 42.

22 *National Advisory Committee on Criminal Justice Standards and Goals*, Report of the Task Force on Private Security, Washington, D.C.: U.S. Government Printing Office, 1976, p. 7.

23 *National Advisory Committee on Crimeinal Justice Standards and Goals*, Report of the Task Force on Private Security, Washington, D.C.: U.S. Government Printing Office, 1976, p. 7.

24 Green, *op. cit.*, p. 28.
25 Nalla and Newman, *op. cit.*, pp. 10－12.
26 Green, *op. cit.*, pp. 28－29.
27 C. Kirk, "Alarm monitoring: Proprietary vs. contract," *Security World*, 1985, 22(6):32－36; D. Petraglia, "Long range radio: Waves of change in alarm transmission," *Security World*, 1985, 22(8):44－48.
28 T. A. Ricks, B. G. Tillet, and C. W. Vanmeter, *Principles of Security: An Introduction, Cincinnati*, OH: Anderson, 1981, pp. 18－19.
29 Timm and Christian, *op. cit.*, p. 9.
30 National Advisory Committee on Criminal Justice Standards and Goals, *Private Security: Report of the Task Force on Private Security*, Washington, D.C.: U.S. Government Printing Office, 1976, p. 13.
31 Green, *op. cit.*, pp. 26－27.
32 Timm and Christian, *op. cit.* p. 5.
33 신동운, "민간의 자율방범 활동,"「한국형사정책연구원 주최 제1회 형사정책 세미나 발표 논문」, 1989.
34 Robert Trojanowicz, "Crime prevention through citizen involvement,"「국립경찰대학 주최 제 1 회 치안정책 국제학술 세미나 발표논문」, 1987.
35 이윤호, "범죄에 대한 사회심리학적 고찰,"「현대사회」, 1989년 봄호.
36 Les Johnston, *The Rebirth of Private Police*, London: Routledge, 1992, p. 137.
37 Wesley G. Skogan, "Communities, crime and neighborhood organization," *Crime and Delinquency*, July 1989.
38 R. Abrahams, "Sungusungu: Village vigilante groups in Tanzania," *Africa affaris*, 1987, 86(343):179－196.
39 Johnston, *op. cit.*, p. 163.
40 G. Marx and D. Archer, "Community police patrols and vigilantism," pp. 129~157 in H. J. Rosenbaum and P. C. Sedeberg(eds.), *Vigilante Politics*, Pennsylvania: University of Pennsylvania Press, 1976.
41 Johnston, *op. cit.*, p. 145.
42 T. Bennett, "Neighborhood watch: Principles and practices," pp. 31－51 in R. I. Mawby(ed.), *Policing Britain*, Plymouth: Plymouth Polytechnic, 1987.
43 T. Hope, "upport for neighborhood watch: A British crime survey analysis," pp. 146－161 in T. Hope and M. Shaw(eds.), *Communities and Crime Reduction*, London: HMSO, 1988. pp. 14－15.
44 Johnston, *op. cit.*, p. 138.
45 S. Norris, "Cracking crime together," Crime Prevention News, July－September, 1988, pp. 14－15.
46 Johnston, *op. cit.*, p. 140.
47 Johnston, *op. cit.*, p. 170.
48 *Ibid.*, p. 171.
49 D. J. Kenny, "Examining the role of active citizen participation in the law enforcement process," *unpublished Ph. D. thesis*, Rutgers University, 1986, p. v.
50 W. Tucker, *Vigilante: The Backlash against Crime in America*, New York: Stein & Day, 1985, p. 27.
51 G. Kelling, "On the accomplishment of police,"pp. 152－168 in M. Punch(ed.), *Control in Police Organization*, Cambridge: MIT, 1983.
52 Johnston, *op. cit.*, pp. 174~175.
53 N. Elliott, *Streets Ahead*, London: Adam Smith Institute, 1989, pp. 26~27.
54 L. Taylor, "Vigilantes－Why not?" *New Society*, November 4, 1976, pp. 259－260.
55 이윤호, 「형사정책」(서울: 박영사), 1996, pp. 516－517 참조.

제 15 장

여성과 경찰

POLICE SCIENCE

제 1 절
여성과 경찰

경찰은 대단히 남성지향적인 직업으로 알려져 왔다. 그러나 지난 20여 년에 걸친 지금까지 우리는 잘 알지 못했지만 여성들 역시 순찰경찰관이 되고 있다는 변화를 겪게 되었다. 그러나 여성과 경찰은 여성경찰관으로서가 아니라 경찰활동의 대상으로서 피해자이거나 가해자의 신분으로 더 많은 관련이 있다고 할 수 있다.

1. 피해자로서의 여성과 경찰

경찰세계에 있어서 여성범죄피해자는 특수한 유형의 피해자로 인식되고 있다. 아무런 희망도 없고 예측도 어려운 것으로 간주되어 통상적으로 경찰관에게 많은 문제로 받아들여지고 있다. 예를 들어, 가정불화나 분쟁은 위험하면서도 성가신 일로 고려되고 있다.

사회변화와 이익집단의 요구는 성범죄피해자의 전문화된 처리에 대한 압력으로 작용하고 있다. 이러한 압력으로 인하여 여성이 성범죄사건을 다루는 데 있어서 특별한 기술을 제공할 수 있기 때문에 여성경찰관을 성범죄를 다루는 부서에 배치되어야 한다는 주장이 나오게 되었다. 반대로 이는 성범죄사건을 다루는 남성경찰관의 능력에 대한 도전이 되고 있다. 그러나 이러한 도전은 동시에 남성경찰관이 안고 있는 하나의 딜레마를 해결하는 역할을 하기도 하는데 그것은 성범죄 사건을 다루는 데 있어서 있을 수 있는 잘못이나 학대로 인한 비난을 면할 수 있기 때문이다.[1]

2. 피의자로서의 여성과 경찰

여성피의자는 특별한 취급을 요한다고 한다. 경찰관의 안전이 항상 우선이고 남성경찰관이 수사과정에 자신을 학대하거나 희롱하였다고 주장하며 '정당화'될 수 없는 소송을 제기할 수 있기 때문에 여성에 대한 수사는 특별히 위험한 것으로 인식되고 있다. 따라서 여성피의자에 대한 수사는 가능한 여성경찰관에게 맡기도록 경고하고 있다. 그러나 설령 소송을 당할 위험성이 있더라도 자신의 안전을 위해서는 검색이 필요하다는 주장도 없지는 않다. 반면에 여성경찰관이 남성피의자를 수사하는 데 대해서는 크게 문제되지 않고 있어서 특별한 주의를 요하는 것은 아니라고 할 수 있다.

여성에 대한 검색은 실제 위험과 복잡한 법률적 쟁점을 내포하고 있다. 그러나 동시에 여성경찰관이 입회하거나 수사를 함으로써 신체적으로나 법률적으로 여성피의자로부터

당할 수 있는 상황의 일부는 해결될 수 있다. 중요한 것은 여성과 남성은 다르다는 점을 항상 명심해야 한다는 점이다.

제 2 절 경찰관으로서의 여성

1. 여성경찰로서의 특수한 기술

여성피해자를 다루는 기술과 여성 피의자에 대한 수사에 있어서 유용함은 아마도 순찰활동에 있어서 여성이 가지는 가장 보편적으로 인정되는 이점일 것이다. 여성경찰은 여성과 아동을 다루는 데 있어서 전문성을 제공할 수 있고, 사람들에 대하여 더 많은 동정심을 가지며, 경찰관으로서 자신의 남성다움(manliness)을 증명할 동기를 가지지 않아도 된다는 장점을 가지고 있다. 결국, 여성경찰도 경찰활동에 있어서 영역을 가지며, 다만 그 영역과 활동의 방식이 남성경찰관과 다소 다를 수 있을 뿐이라는 것이다. 즉, 여성경찰관도 경찰업무에 있어서 적절한 역할이 있으며, 다만 우리 사회가 그것을 받아들이는 것이 문제라고 할 수 있다.

2. 여성경찰로서의 문제

경찰업무의 특성과 관련된 것으로서, 여성경찰관에게 지적되고 있는 문제의 하나는 바로 그들의 체력이 부족하다는 점이다. 그래서 여성경찰관들은 사람들과 상호작용할 수 있는 능력에 의존하기 때문에 공격성과 성숙성이 부족하여 '과잉보호되는 소녀'가 아니면 '골수 여성운동가'라는 극단적인 평가를 남성 동료들로부터 받기도 한다.

경찰업무에 있어서 육체적 기술의 중요성은 생물학적 차이, 사회화 요소, 직무요건, 업무관행 등을 포함하는 매우 복잡한 쟁점사항이다. 여성경찰관의 순찰업무에 대한 가장 강력한 반대주장의 하나가 바로 여성은 순찰업무를 수행할 정도로 충분히 강하지 못하다는 점이다. 그럼에도 불구하고 실제로 남녀간 체력의 차이를 심각하게 다루거나 특별한 체육프로그램을 운용하고 있지 않고 설사 체육프로그램이 있더라도 남녀에게 서로 다른 기준을 적용하고 있다. 그러나 신체적으로 연약하거나 과체중인 남성경찰관에게는 여성에게 적용되는 것과 같은 차별화된 기준이 적용되고 있지 않다.2

제 3 절
여성경찰의 발전과 역할의 변화

1. 초기 여성경찰관의 전통적 역할

미국에서조차 70년대까지만 해도 여성경찰관의 수는 제한적이었고, 남성경찰관과 다른 기준에 따라 선발되었으며, 사회사업이나 보모나 가정부와 같은 역할에 배치되었다고 한다. 그러나 지난 30여 년에 걸쳐 경찰에 입문하는 여성의 수는 증가하였고 그들의 역할도 '여성경찰관(policewomen)'에서 경찰관(police officer)으로 변하게 되었다.

최초의 여성경찰관들은 여성과 아동과 관련된 예방과 보호업무에 헌신하는 전문가로서 경찰에 입문하게 되었다고 한다. 초기의 관련문헌에도 비행청소년들과 도움을 받지 못하는 여성들을 구하는 데 헌신하는 사회운동의 한 부분이었으며 따라서 여성경찰관에 대한 별도의 역할을 옹호하고 있었다.

여성경찰이 그나마 성장할 수 있었던 것은 남성경찰관들과 직접적인 경쟁을 피할 수 있었고, 대신에 여성의 전통적 성역할의 확대라고 할 수 있는 제한적이고 특수한 역할을 수용하였으며, 여성과 아동에 대한 더 나은 처우를 바라는 사회적인 요구 충족과 경찰의 서비스 요소를 증대시키고 무력의 사용을 축소시키는 경찰관행에 대한 대응책을 점진적 경찰개혁론자들에게 제공하였기 때문이다.[3]

2. 여성경찰에서 경찰관으로

specialist로서의 '여성경찰관(policewomen)'에서 generalist인 '경찰관(police officer)'으로의 여성경찰관의 직업적 역할의 전이를 어떻게 설명할 것인가? 우선 거의 모든 경찰기관이 겪었던 경찰에 대한 다양한 변화의 압력을 들 수 있다. 증가일로의 범죄율, 경찰인력의 부족, 도시의 폭동, 경찰과 지역사회 사이의 갈등의 급증을 보여주는 무질서 등이 여기에 속한다. 이러한 문제에 직면한 결과 미국의 법집행과 사법행정에 관한 대통령자문위원회는 경찰의 대대적인 변화를 주창하게 되었다. 그들의 건의 중에는 채용시 체력과 공격성보다는 감정적 안정성, 지능, 민감성 중시, 여성경찰관의 채용과 순찰, 폭력, 수사 분야에의 활용이 포함되어 있다.

다음은 여성운동의 부활도 여성 경찰관의 채용을 확대하였고 이는 또한 여성의 경찰활동에도 영향을 미치는 성역할에 대한 태도의 변화에 기여하게 되었다. 물론 여성운동이 여성경찰관에 대한 기회의 균등을 보장 또는 확보해 주지는 못했지만, 경찰기관에 영향을 미쳤던 사회적 분위기의 변화를 자극하는 데 일조를 하였다.

법률의 변화도 여성에게 동등한 기회(equal opportunity)를 부여함으로써 초기 여성 경찰에 대한 직업적 차별을 치유하는 도구가 될 수 있었다. 끝으로, 많은 연구에서 순찰에 대한 업무평가의 결과 여성도 남성에 못지않게 순찰업무를 잘 수행할 수 있다는 것을 입증해 주었다. 이 연구결과는 바로 성별이 순찰경찰관에 대한 진정한 직업적 직무요건으로 고려되어서는 안 된다는 것을 보여주는 것이다.4

POLICE SCIENCE

참고문헌

1 D. L. Pike, "Women in police academy training: Some aspects of organizational response," in I. L. Moyer(ed.), *The Changing Roles of Women in the Criminal Justice System: Offenders, Victims and Pros*(2nd ed.), Prospect Heights, IL: Waveland Press, Inc., 1992, pp. 261–280.

2 S. E. Martin, *Breaking and Entering: Police Women on Patrol*, *Berkeley*, CA: University of California Press, 1980, p. 97.

3 S. E. Martin, "The changing status of women officers: Gender and power in police work," in Moyer(ed.), *op. cit.*, pp. 281–321.

4 Martin, *op. cit.*, 1992.

제 16 장

경찰심리론

POLICE SCIENCE

제 1 절 경찰분야에 있어서 심리학의 역할

거의 50년 전 미국의 '법집행과 사법행정에 관한 대통령위원회'는 법집행과 사법행정 분야에서 심리학이 차지할 수 있는 단 한 분야, 즉 신임경찰관의 채용이라고 한 적이 있다. 이것은 곧 당시 경찰분야에서의 심리학의 역할이 많지 않았음을 보여주는 것이다.[1]

그러나 오늘날에는 신임경찰관의 채용에서부터 교육훈련은 물론이고 근무평가에 이르기까지 거의 모든 경찰업무분야에서 심리학이 매우 중요한 역할을 수행하고 있다. 심지어는 법심리학자(forensic psychologist)가 경찰관의 부정부패와 가혹성 등 경찰에 대한 시민의 진정이나 불평불만의 처리와 해결에도 도움을 줄 수 있다고 한다. 뿐만 아니라 집단경찰활동(Team policing)과 같은 새로운 변화에 대한 평가에도 심리학이 기여하고 있다.

먼저 시민을 고객으로 하는 경찰분야에 있어서 심리학의 역할을 살펴보고자 한다. 시민들이 경찰에게서 바라는 것은 무엇일까? 물론 다양한 대답이 나올 수 있지만 가장 보편적인 것은 시민에 대한 존중과 편견이 개입되지 않는 경찰활동이다. 미국 로스앤젤레스 시 경찰의 Rodney King 사건 이후에 구성된 한 조사위원회에서 "너무나 많은 순찰 경찰관들이 시민들의 적개심과 분개심을 보고, 시민들을 함부로 다루고 있다"고 결론 내린 바 있다.[2] 공정성에 대한 욕구는 너무나 당연한 것이고, 따라서 미국에서 가장 빈번하게 제기되는 경찰에 대한 시민의 소청은 소수인종과 계층에 대한 차별이라고 한다.[3] 바로 여기서 심리학은 경찰관의 선발과 채용에 있어서 인종적, 계층적 다양성을 확보하고, 부정적 편견을 가진 사람을 골라내는 등 각종 심리검사나 상담의 방법으로 기여할 수 있는 것이다.

경찰관의 비리와 부패, 그리고 잔혹성은 항상 문제이고 관심의 대상이 되고 있다. 경찰관을 채용할 때 철저한 선발과정을 거침에도 불구하고 왜 경찰관의 부패와 잔혹함이 발생하는가? 그러한 경찰관의 잘못된 행위는 인격특성(personality characteristics)의 결과인가 아니면 부패에 취약한 경찰 하위문화의 경험으로부터 발전되는 것인가? 오래전 Skolnick은 비공식적 사회화의 과정, 특히 경험이 많은 고참들과의 상호작용에서의 비공식적 사회화가 신임경찰관의 시민과 경찰업무에 대한 관점을 결정하는 데 있어서 경찰학교에서의 교육훈련보다 더 중요하다고 주장하였다.[4] 또한 Niederhoffer는 경찰 하위문화가 경찰관을 권위주의적으로 변화시킨다고 주장하였다.[5]

한편 경찰기관을 고객으로 하는 심리학의 역할은 어떤 것인가? 신임경찰관에게 필요한 교육훈련의 과정과 내용은 어떠해야 하며, 성공적인 교육훈련은 경찰관으로서 효과성을 예측할 수 있는지, 경찰관의 탈진(burnout)을 예방하거나 줄일 수 있는지, 경찰업무의 스트레스에 대처하는 효과적인 방법은 어떤 것인지, 다양한 범죄통제전략들은 효과적인지, 도보순찰이 자동차순찰보다 더 효과적인지, 집중순찰은 효과적인지와 같은 중요한 의문들에 대한 해답을 찾는 데 있어서 심리학자들은 경찰기관에 많은 도움을 줄 수 있는 것이다.6

제2절 경찰관의 선발과 심리

경찰관을 선발하는 과정이나 제도가 가지는 목표는 무엇인가? 의외로 대부분의 경우 바람직한 지원자를 선발하는 것보다는 오히려 바람직하지 못하거나 문제가 있는 지원자를 선발하게 된다. 심리학자들은 이상적인 경찰관의 인격특성이란 무엇이며, 그러한 특성들을 어떻게 하면 가장 잘 측정할 수 있는지와 같은 의문에 아직도 결정적인 해답을 구하지 못하고 있는 실정이다. 더구나 바람직한 지원자를 선발하려는 목표의 달성은 수많은 지원자로 인하여 사실상 많은 어려움에 직면하게 된다. 이런 점에서 경찰관의 선발에 있어서 심리학의 역할은 아직도 중요하다.

그렇다면 이러한 심리학적 선발에는 어떠한 도구들이 이용되고 있는가? 여기에는 심리학적 검사와 상황적 검사가 있으며, 심리학적 검사에는 면접과 인성검사의 방법이 있다고 한다. 우선은 면접은 가장 보편적으로 활용되고 있는 심리학적 선발의 도구라고 한다. 전형적으로, 임상심리학자나 임상병리학자들이 간단한 면접을 진행한다. 이들의 접근은 전통적으로 지원자의 병리를 찾아내기 위한 것이다. 비정상적인 행위를 함축하는 인성특징이 있는지를 파악하고자 한다. 그러나 보다 최근에는 사회적 성숙, 안정성, 대인관계상의 기술과 같은 바람직한 자질을 평가하는 것을 강조하기 시작하였다. 그래서 혹자는 면접이 다른 절차로는 볼 수 없는 특성들에 관한 정보를 제공할 수 있는 것으로 믿고 있다.7

그럼에도 불구하고 선발도구로서의 면접은 아직도 적지 않은 문제점을 안고 있다. 우선 임상적 면접의 목적은 전통적으로 행위를 예측하기 위한 것이라기보다는 오히려 개인에 대한 깊이 있는 이해를 구하기 위한 것이라는 점이다. 결과적으로 임상적 면접은 업무수행이나 평가의 예측인자로서 타당하다고 평가되고 있지 않다고 한다.8

심리학적 선발도구로서의 임상적 면접의 또 다른 문제는 면접을 위한 합의된 형식이 없다는 점이다. 일부에서는 면접이 정형화 또는 표준화되어서 항상 직무범주를 함축할 수 있도록 해야 한다고 주장하는데, 이러한 구조화된 접근은 지원자간의 비교를 가능하게 한다. 반면에 다른 일부에서는 개별 지원자의 반응으로부터 관심 있는 문제에 대해 좀 더 깊이 있게 파고들 수 있는 기회를 가지는 것이 필요하다고 주장한다. 그러나 어떠한 절차가 이용되더라도 면접은 반드시 공정하고 동등하게 진행되어야 한다.[9]

그리고 또 하나 중요한 문제는 면접 대상자들이 인성검사(personality test)보다 대면면접(face-to-face interview)에서 자신을 보다 더 긍정적으로 보여주려는 경향이 강하기 때문에 소위 '허위긍정(false positive)', 즉 바람직하지 않은 지원자가 선발되는 경우가 증가하고 반대로 바람직한 지원자가 선발되지 못하는 소위 '허위부정(false negative)'을 줄이려는 목표에는 아무런 영향을 미치지 못하게 된다.[10]

한편 각종 심리학적 검사도 경찰관의 선발에 사용되고 있다. MMPI(Minnesota Multiphasic Personality Inventory)와 CPI(California Psychological Inventory)가 가장 보편적으로 활용되는 일반인성검사도구라고 할 수 있다. MMPI는 처음엔 정신병적 또는 신경증적 문제를 가진 사람을 파악하기 위한 것이었다. CPI도 MMPI와 그 형태는 유사하나 하위척도가 MMPI의 진단범주(diagnostic category)와는 대조적으로 지배성(dominance), 사교성(sociability), 그리고 융통성(flexibility)과 같은 인성특징을 반영하고 있다.[11]

그런데 경찰관의 선발에 있어서 심리학적 검사의 활용을 검토한 결과 MMPI 척도와 경찰관의 이직, 자동차사고, 상사의 수행평가, 그리고 직무관련문제 등과 중요한 상관관계가 있는 것으로 알려져 있다. 물론 CPI는 MMPI보다는 사용빈도는 낮지만 그 측정치가 경찰학교에서의 수행평가와 감독자의 평가에 관련있는 것으로 평가되고 있다. 물론 한편에서는 MMPI가 긍정적인 평가만 있는 것은 아니라고 하지만 그럼에도 불구하고 앞으로도 지속적으로 경찰관의 선발에 있어서 가장 보편적으로 사용되는 인성측도가 될 것이라고 한다.[12] 한편, CPI 유형도 바람직한 지원자와 바람직하지 못한 지원자를 구별할 수 있었고, 경찰교육훈련변수보다는 경찰관의 업무수행평가와 더 일관적인 관계가 있는 것으로 평가되었다고 한다.[13]

최근에는 MMPI와 CPI가 일반적 도구라는 점을 감안하여 경찰관의 행위유형과 인성기질의 적합성을 측정하기 위한 제한적이고 보다 구체적인 목적을 가진 Inwald 인성검사(Inwald Personality Inventory)가 개발되어 활용되고 있다. 이 도구는 스트레스에 대한 반응과 일탈행위 유형, 대인관계의 어려움, 반사회적 행위, 음주와 약물 등을 측정하기 위하여 고안된 것이다. MMPI와 CPI의 또 다른 차이는 통계적으로 마련된 인성지표로부터 관련된 행위를 유추하기보다는 피검사자에게 직접 묻고 반응행위를 기술할 목적으로 개발되어서 결과적으로는 경찰관으로서 업무수행에 부정적인 영향을 미칠 수 있는 반사회적 행위나 감정적 부적응을 찾으려는 일종의 'screen－out'검사라고 할 수 있다.14 비록 일부 연구에서 그 타당성이 긍정적으로 평가되기도 하지만 신뢰도는 아직도 그렇게 높지 않은 것으로 평가되고 있다.

잠재적인 법집행관 또는 경찰관을 고르기 위한 세 번째 접근법은 지원자를 가상된 경찰 상황에 처하게 한 다음 실제 직무라면 그들이 할 수 있는 행위를 보이도록 하는 상황적 검사(situational test)를 이용하는 것이다. 도보순찰 관찰 검사(Foot Patrol Observation Test)가 대표적인 하나의 예라고 할 수 있는데, 구체적으로 지원자에게 일정지역을 일정시간 동안 순찰하게 한 다음에 자신이 관찰한 것에 관한 질문에 답하게 하는 방식이다.15 물론 상황적 검사가 선발도구로서 상당한 매력은 가지지만 MMPI, CPI. IPI 등 인성검사에 비해 업무수행지표로서 더 좋다고 입증된 것은 아니다. 시간을 많이 요하고 비용이 많이 들기 때문에 주로 심리학적 검사에 대한 보조나 보완으로서 이용되고 있다.

제 3 절 경찰 교육훈련과 심리

경찰관에 대한 교육과 훈련에 있어서 심리학의 역할은 무엇이며, 우리는 무엇을 기대할 수 있는가? 조직심리학의 교육과 훈련을 받은 법심리학자(Forensic psychologist)는 경찰의 교육과 훈련 프로그램이 경찰 자신의 임무를 수행함에 따르는 경찰의 대응과 책임에 상응한 것인지 여부를 평가할 수 있다. 전형적인 경찰훈련 프로그램은 범죄활동의 처리, 그에 상응한 법의 이해, 효과적인 총기사용, 자기방어, 기타 생존기술 등 협의로 규정된 임무만을 강조한다는 비판을 받고 있다. 이런 점에서 심리학자들은 직무관련 스트레스의 극복, 기타 대인관계와 대화기법을 위해 필요한 전략들을 훈련 프로그램에 포함시킬 것을 요구하고 있다.16

일반적으로 심리학자는 교강사나 자문역으로 경찰교육훈련 프로그램에 참여하고 있는 것으로 알려져 있다. 교강사로서 심리학자는 정신질환자의 처리, 인간관계, 범죄심리와 같은 분야에 대하여 피교육생들을 지도하도록 요구받고 있으며, 자문역으로서는 심리학자가 교육과정, 교수기법, 학습체계, 기술 등에 관한 일부 실질적인 Know－how가 있을 것이라는 기대를 갖게 한다. 특히, 자문역으로서 그들은 추격과 총기사용에 관한 조사, 살인사건에 대한 자문, 경찰관에 대한 심리상담 등의 요청에 응하는 것이다.[17]

그러나 전통적으로 경찰은 심리학자에 대하여 직접적으로 적대적이거나 그렇지 않다면 적어도 경계하는 것으로 알려져 있다. 그래서 경찰심리학자로서 제대로 기능하기 위하여 해야 할 초기임무는 바로 경찰에 귀를 기울이고 그들로부터 배우는 것이다. 이를 위하여 심리학자는 순찰차에 동승(ride－along)하고, 질문하고, 모든 방법으로 변화시키기 위한 실탄을 모으기보다는 오히려 법집행의 세계를 이해하는 등의 노력을 통해서 경찰문화를 이해하려는 노력해야 한다. 경찰행정가들은 이들 심리학자들이 일종의 마력을 가지고 있어서 행정가의 통제권을 빼앗거나 자신들을 세뇌시킬지 모른다는 두려움을 가질 수 있다. 그래서 경찰심리학자가 성공하기 위해서는 실용적이고 적응력을 가지는 등과 같은 인간적 속성이 매우 중요하다고 한다. 즉, 심리학자가 성취할 수 있는 것은 심리학자에 대한 조직의 역할기대와 개별 심리학자의 특성에 달려있다고 할 수 있다.[18]

제 4 절 경찰운용과 심리

1. 거짓말탐지기 (Lie Detector/Polygraph)와 심리학

일반적으로 피해자가 경찰이 기대했던 것만큼 사건과 용의자에 대하여 기억할 수 없을 때 경찰은 피해자의 기억력을 높이기 위한 하나의 방안으로 최면술(hypnosis)을 활용하는 경우가 있다. 또한 경찰이 지목한 용의자가 자신의 무죄를 주장할 때는 용의자가 거짓말을 하고 있는지 여부를 결정하기 위하여 용의자에게 거짓말탐지기검사를 받을 것을 요구하기도 한다. 사실 경찰에게 자문을 함에 있어서 법심리학자의 기능의 하나는 거짓말탐지기를 비롯한 심문기법에 대한 평가자로 기능하는 것이다. 즉, 거짓말탐지기의 정확도에 자문하는 것이라고 할 수 있다.

만일 거짓말탐지기사가 자신의 검사가 정확한 결과를 내놓기를 원한다면 심리학자들이 적절한 검사도구의 심리측정적(psychometric) 부분에 관한 전문적인 자문을 제공할 수 있을 것이다. 특히 중요한 것은 흔히 거짓말탐지기가 부족한 것으로 지목되기 쉬운 타당도와 신뢰도, 편견의 부재 등이다. 그것은 많은 거짓말탐지기 기사들이 기껏해야 거짓말탐지기와

관련된 생리학적·심리학적 요소에 대한 극히 초보적인 이해만 가지고 있기 때문이다.19

2. 경찰심문과 법심리학

심리학자는 허위자백의 가능성에 대하여 경찰수사관을 교육할 수 있다. 만약 사법부를 위해서라면 심리학자는 전문가증인(expert witness)이나 경찰의 강압이 어떻게 허위자백에 기여하는지에 대한 법정진술을 기술하는 역할을 수행할 수 있다. 끝으로 법심리학자의 궁극적인 책임은 사회일반에 대한 것이라고 믿고 심문이 호도되는 위험성에 대하여 시민을 교육시킬 수 있을 것이다.20

적지 않은 사람들이 모든 자백은 진실하다고 생각하나, 사실 다수의 자백은 협상의 결과이고 20%에 달하는 자백은 차후에 자신의 자백이 거짓이었다고 뒤집어진다고 한다. 이처럼 많은 사람들이 허위자백을 하는 이유는 많지만 대부분은 더 이상의 심문을 피하고자 하는 욕구에서 우선 이 자리를 모면한 후 법정에서 자신의 자백이 허위였다고 진실을 밝히면 된다고 생각하기 때문이라고 한다. 허위자백에는 세 가지 유형이 있다.

우선 첫 번째는 자발적인 허위자백(voluntary false confession)이다. 이는 아무런 유도 없이도 스스로 자발적으로 허위로 자백하는 것으로, 공명심이나 일반화된 죄의식에 의한 것일 수 있으며 때로는 일정형태의 정신질환적 행위를 반영하는 것일 수도 있다. 두 번째는 강압적 복종에 의한 허위자백(coerced－compliant false confession)으로서, 용의자가 자신이 결백하다는 것을 앎에도 불구하고 자백하는 것이다. 이 경우 더 이상의 심문을 피하려고, 약속된 선처를 받기 위해서, 또는 처벌의 위협을 피하기 위해서 이루어진다고 한다. 세 번째 유형은 강압적 내재화에 의한 허위자백(Coerced－internalized false confession)으로서 이는 무고한 용의자가 자신이 유죄라고 믿게 되어 자백하는 것이다. 경찰심문은 대단한 스트레스를 주기 때문에 용의자의 마음속에 진실과 허위가 혼돈되는 상태를 포함하는 다양한 반응을 유발시키게 되어 용의자가 자신이 범행했다는 피암시성(suggestibility)을 내재화하여 하게 되는 자백이다.21

그렇다면 허위자백과 관련하여 심리학자가 경찰에게 기여할 수 있는 것은 무엇인가? 우선 심문상의 피암시성(Interrogative suggestibility)의 역할과 관련된 것이다. 경찰은 거의 모든 용의자가 유죄이며 단지 자신이 유죄일 때만 자백한다고 믿는 경향이 있기 때문에 심문이 허위라는 것을 인식하지 못한 채 거짓자백을 받아낼 수 있다는 것이다.22 따라서 심리학자는 강압적 내재화에 의한 허위자백과 강압적 순종에 의한 허위자백의 가능성을 경찰에게 일깨워줄 필요가 있다. 실제로, 심리를 받는 일부 용의자들은 자아관념이

약하다는 등의 이유로 경찰이 말하는 대로 그대로 믿게 되는 소위 '심문상의 피암시성(interrogative suggestibility)에 빠질 수 있다는 것을 경찰에게 이해시켜야 한다.

POLICE SCIENCE

참고문헌

1 President's Commission on Law Enforcement and Administration of Justice, *Task Force Report; Police*, Washington, DC: Superintendent of Documentation, 1967.

2 F. Schmalleger, *Criminal Justice Today*(3rd ed.), Englewood Cliffs, NJ: Prentice Hall, 1995, p. 202.

3 R. vermont, E. Blaauw and E. A. Lind, "Fairness evaluation of encounters with police officers and correctional officers," *Journal of Applied Social Psychology*, 1998, 28:1107－1124.

4 J. H. Skolinck, *Justice Without Trial: Law Enforcement in a Democratic Society*, New York: John Wiley, 1966.

5 A. Niederhoffer, *Behind the Shield: The Police in Urban Society*, Garden City, NY: Doubleday, 1967.

6 L. S. Wrightman, *Forensic Psychology*, Belmont, CA: Wadsworth, 2001, p. 54.

7 J. M. Silverton, "The psychologist as panel member," *Social Action and the Law*, 1985, 11(3):72－74.

8 D. Ulrich and D. Trumbo, "The selection interview since 1949," *Psychological Bulletin*, 1965, 63:100－113.

9 N. S. Hibler and M. I. Kurke, "Ensuring personal reliability through selection and training," in M. I. Kurke and E. M. Scrivner(eds.), *Police Psychology into the 21st Century*, Hillsdale, NJ: Lawrence Erlbaum, 1995, pp. 57－91.

10 G. E. Hargrave and D. Hiatt, "Law enforcement selection with the interview, MMPI, and CPI: A study of reliability and validity," *Journal of Police Science and Administration*, 1987, 15:110－117.

11 Wrightsman, *op. cit.*, p. 57.

12 Hargrave and Hiatt, *op. cit.*; C. R. Bartol, "Predictive validation of the MMPI for small town police officers who fail," *Professional Psychology: Research and Practice*, 1991, 22:127－132.

13 G. E. Hargrave and D. Hiatt, "Use of the California Psychological Inventory in law enforcement officer selection," *Journal of Personality Assessment*, 1989, 53:267－277.

14 R. E. Inwald, *Inwald Personality Inventory technical Mannual*, Kew Gardens, NY: Hilson Research, 1992, p. 4.

15 R. B. Mills, R. J. McDevitt, and S. Tonkin, "Situational test in metropolitan police recruit selection," *Journal of Criminal Law, Criminology and Police Science*, 1966, 57:99－104.

16 J. A. Stratton, "Psychological services for police," *Journal of Police Science and Administration*, 1980, 8:31－39.

17 M. Reiser, *The Police Department Psychologist*, Springfield, IL: Charles C. Thomas, 1972, p. 33.

18 E. K. White and A. L. Honig, "The role of the police psychologist in training," in Kurke and Scrivner(eds.), *op. cit.*, pp. 257－277.

19 R. H. Bull, "What is the lie－detector test?" in A. Gale(ed.), *The Polygraph Test: Lies, Truth, and Science*, London: Sage, 1988, pp. 10－18; S. Blinkhorn, "Lie detection as a psychometric procedure," in A. Gale(ed.), *op. cit.*, pp. 29－38.

20 Wrightsman, *op. cit.*, p. 143.

21 G. Gudjonsson, *The Psychology of Interrogations, Confessions and Testimony*, Chichester, UK: Wiley, 1992, p. 273.

22 R. A. Leo, "The impact of Miranda revisited," *Journal of Criminal Law and Criminology*, 1996, 86:621－692.

제 17 장

경찰의 변화와 개혁

POLICE SCIENCE

조직의 변화는 조직이 새로운 사상이나 행위를 채택할 때 일어나는 것이다. 통상적으로, 새로운 순찰전략이나 직무설계와 같은 혁신적인 사상이 소개되고, 행위의 변화가 일어나는 것이 변화의 순서이다. 결과적으로 조직의 어떠한 변화노력의 궁극적인 성공은 조직이 얼마나 잘 구성원의 행동유형을 변경시키는가, 즉 새로운 전략이나 방법에 맞도록 과거의 행동유형을 새로운 행동유형으로 변경시키는 데 달려있다.[1]

제 1 절 조직변화의 기본원리[2]

조직의 변화와 발전은 대부분 조직과 사람에 관한 것이며, 따라서 조직에서의 사람과 그들이 어떻게 기능하는가에 관한 것이고, 또한 사람과 제도가 보다 효과적으로 기능하게 하는 계획된 변화에 관한 것이다. 이 계획된 변화는 상식, 노력, 시간, 목표, 조직과 조직의 변화방법에 관한 타당한 정보와 지식의 활용을 내포하고 있다.

1. 통합체제로서의 조직에 대한 인식

체제이론(system theory)은 조직 전체를 구성하는 조직 내의 부분별 상호연관성(interrelatedness), 상호연계성(Interconnectedness), 그리고 상호의존성(interdependency)의 고려를 내포하고 있다. 조직체계는 한 가지 경험의 요소가 다른 요소에 영향을 미치는 투입, 변형, 산출, 그리고 환류라는 연속적 순환으로 특징지어질 수 있다. 따라서 이와 같은 체제적 사고는 전체를 보는 과정이라고 할 수 있는 것이다. 그런데 조직을 체제적 관점에서 보게 되면 4가지 주요한 결과가 파생된다고 한다. 우선 쟁점, 사건, 사고 등이 격리된 독립된 현상으로 간주되지 않고 다른 쟁점, 사건, 사고와 관련되어서 보이게 된다. 둘째, 단일한 하나의 원인이 아니라 다수의 복합적 원인의 견지에서 사건을 분석하게 된다. 셋째, 어떤 식으로건 다른 부분에 영향을 미치지 않고서는 체제의 한 부분만을 변화시킬 수는 없다고 한다. 넷째, 체제를 변화시키고자 한다면, 특정부분만이 아니라 전체로서의 체제를 변화시켜야 한다.

2. 참여도의 제고

사람에 관한 변화의 가정 중 하나는 성장과 발전을 위한 사람들의 잠재력에 초점이 맞춰지고 있다. 따라서 변화의 두 번째 원리는 변화로부터 가장 많이 영향을 받는 사람들에게 힘을 실어주고 그들을 변화에 참여시키는 것이다. 참여의 확대는 대부분의 사람들이 바라는 것이며, 사람들의 업무수행에 활력을 불어넣어 주고, 문제에 대한 더 나은 해결책을 제시하며, 의사결정의 수용을 크게 향상시킬 수 있는 능력을 갖게 해준다.

다른 사람들에게 힘을 실어주는 몇 가지 근본적인 원칙은 문제의 한 부분이거나 해결책의 한 부분이 되는 모든 사람들을 참여시키고, 문제에 가장 가까운 사람들을 관련된 전문가로 취급하며, 의사결정이 이루어지는 데 필요한 권한과 지원을 제공할 것 등을 포함하는 것이다. 이러한 경험에서 얻은 일반적인 규칙들을 실행하기 위해서는 몇 가지 가정과 믿음이 필요하다고 한다. 우선 지휘자가 진정으로 일선 경찰관이 그들의 업무수행에 영향을 미치는 다수의 의사결정을 할 수 있고 또 해야만 한다고 믿고 있는지가 검증되어야 한다. 또한 지휘관이 책임을 하향 위임할 뿐만 아니라 지시와 통제가 아닌 부드럽게 대하는 지휘관 자신의 지도력 역할과 책임을 혁신적으로 변화시킬 의지가 있는가도 검증되어야 한다. 그리고 지휘관은 이와 같이 참여도를 높이는 전략이 장기간 많은 시간과 노력을 요하는 것이라 할지라도, 더 나은 미래를 위한 투자라는 인식을 가져야 한다. 조직이 이러한 가정들을 수용하고 노력하지 않는 한 참여도의 재고는 불가능한 것이다.

3. 지속적인 학습

어느 조직에서나 변화가 성공적으로 실행되기 위해서는 지속적인 학습이 이루어질 수 있어야 한다. 새로운 시도가 성공하기 위해서는 경찰관 개개인의 전문성과 구성원들의 협조적인 노력을 필요로 한다. 공·사조직 모두가 학습과 지식창조의 중요성을 생산성의 향상과 효과적인 서비스 전달의 핵심적인 방법으로 인식하기 시작하였다. 그 결과 조직에서는 소위 지적자산(intellectual capital)에 관심을 가지게 되었다. 이러한 지속적 학습의 목표는 조직의 모든 사람들로 하여금 자신의 기술을 확대하고 조직의 효과성을 향상시키는 데 적극적으로 참여하도록 권장하는 것이다. 물론 학습은 분명히 개인에 그 뿌리를 두지만 조직도 긍정적인 학습 환경을 만드는 데 일익을 담당할 수 있는 것이다.

4. 변화를 위한 실제응용

(1) 변화와 관련된 딜레마의 해결

일반적으로 변화에 따른 딜레마는 다음의 세 가지 특성이 있다고 한다. 우선, 특정한 하나의 대안이 분명하게 우월한 선택일 수는 없다는 것이다. 왜냐하면 분명한 선택이 있을 수 있다면 딜레마란 있을 수 없기 때문이다. 때로는 일부에게는 분명한 선택이라도 다른 사람들에게는 분명한 선택이 아닐 수 있다. 두 번째 딜레마는 각각의 선택과 관련된 타협과 균형(trade－offs)이라고 할 수 있다. 타협과 균형은 하나를 선택함으로써 대안적 선택을 제약하거나 제한하게 되는 상황과 관련되는 것이다. 즉, 하나의 대안이 관련된 어떠한 문제나 단점 또는 타협과 균형이 없다면 그것은 딜레마가 아니다. 이러한 딜레마는 개인적인 차이가 있을 수 있기 때문에 일부는 딜레마를 경험하지만 다른 일부는 경험하지 못하는 상황에 이를 수도 있고, 타협과 균형 또는 문제점이나 단점에 대한 숙지가 없다면 딜레마도 경험될 수 없는 것이다. 세 번째 딜레마는 어쩔 수 없이 심각하고, 뒤집을 수 없는 결과를 초래한다는 것이다. 만약에 의사결정에도 불구하고 아무런 영향을 주지 않고 후속결정이나 사건이 진행될 수 있다면 딜레마도 있을 수 없는 것이다. 즉, 어느 하나의 선택이 우월하지 않은 대안들을 포함하는 경우와 선택이 타협과 균형(trade－offs)을 내포하는 의사결정이 있을 수 있지만, 결정의 결과가 미미하거나 쉽게 뒤집어질 수 있기 때문에 딜레마도 있을 수 없는 것이다. 즉, 결정의 결과는 일부 사람이나 다수에게 깊은 영향을 미치거나 또는 다수의 사람에게 폭넓은 영향을 미치기 때문에 중요하며, 결과를 뒤집기는 어렵기 때문에 매우 중요하다.

(2) 조직변화의 딜레마

1) 체제적 사고의 딜레마 －점진적 변화와 체제 파괴적 변화

체제적 변화(incremental change)는 기관의 다른 체제에 큰 영향을 미치지 않고서도 새로운 무언가가 도입될 수 있다는 것이다. 그러나 체제적 관점에서 보면, 정 반대의 경우가 생길 수 있다. 즉, 새로운 시도와 도입은 그것이 조직에 대해서 어떤 의미를 가지며 어떻게 진행될 것인가라는 견지에서 경찰관들이 고려해야만 하는 중요한 관점이 됨에 따라 많은 관심을 끌게 된다. 또한 점진적 접근은 문제에 대한 복합적 원인이라는 쟁점을 경시하며, 단순한 변화로서 과연 모든 문제를 해결할 수 있을 것인가라는 일종의 냉소주의를 초래할 수도 있다는 비판도 받게 된다.

한편, 체제파괴(Frame－breaking) 또는 변형적(Transformational) 접근은 조직구조, 조직관리, 업무수행, 외부세계와의 상호작용에 관한 모든 것이 논의의 대상이 되고 협상이 가능해야 한다는 것이다. 이러한 접근의 경우는 분명한 현실적 전망이 제시되어야 조직이 지향할 방향을 분명히 할 수 있지만, 이성적이고, 현실적이며, 분명한 전망 없이는 변형적 접근은 조직을 막다른 길로 치닫게 하는 일련의 혼란스러운 프로젝트로 쉽게 변질되고 만다.3

그러나 일반적으로는 체제파괴적 또는 체제변형적 접근이 점진적 접근에 비해 보다 지속가능한 변화노력으로 승화될 수 있는 것으로 알려져 있다. 기본적 변화란 부분적으로, 천천히, 점진적으로, 편하게 성취될 수는 없다고 한다.4

2) 높은 참여율 딜레마: 중앙집중과 분산통제 (Centralized vs. Decentralized Control)

이는 새로운 프로그램의 도입을 검증하기 위하여 경찰청장이 조직 전체의 기능과 분야를 망라한 일련의 팀을 구성함으로써 시작되는 것이다. 이들이 해야 할 일은 주로 변형과 변화가 지속될 수 있게 하기 위하여 필요한 중요한 쟁점들을 파악하고 검증하는 것이다. 여기서 부족한 것은 기존의 지휘명령계층이 변화와 상통할 수 있기 위해서는 어떻게 변화되어야 할 것인가에 대한 초기분석이라는 점이다. 이는 전통적인 지휘명령계통의 목적이 직원의 참여를 최소화하는 대신 지시, 명령받은 것을 성실히 수행한 점을 보상하기 위한 것이었기 때문에 높은 참여율이 정확하게 무엇을 의미하는지부터 깊이 있는 검증이 필요한 것이다.

그러나 현실적으로 변화와 변혁을 위해서는 중앙집권적인 통제와 분권화된 통제 모두를 필요로 한다. 그렇다면 딜레마는 언제, 어떤 경우에 중앙집권적 통제가 필요하고 분권적 통제가 필요한가를 알아내는 것이다. 이를 위해서 대부분의 조직은 양자의 균형을 맞추려는 노력을 경주해오고 있는 것이다.

3) 지속적 학습의 딜레마 – 단기와 장기적 관점

지속적인 학습의 관점은 경찰기관에 있어서 중요한 규범의 변화를 요한다고 한다. 예를 들어 경찰기관은 새로운 변화의 하나인 지역사회경찰활동의 관점을 염두에 두고 발전되지는 않았다. 전통적 경찰기관의 핵심은 사후 대응적인 것이었으며, 경찰활동의 과정과 경찰조직의 구조도 전통적인 명령과 통제지향성을 지원하기 위하여 발전된 것이라고 한다. 전통적 경찰모형의 이러한 한계는 바로 최근의 지역사회경찰활동으로의 변형에 대한 주요 요인으로 거론되고 있다. 문제는 사회질서를 유지하고 범죄를 통제해야 하는 경찰의 사명이 경찰의 변화를 결정하고 실행할 때에도 사라지지 않는다는 점이다.5

여기서 딜레마는 지속적인 학습과 향상지향의 조직변화와 관련된 핵심적인 쟁점들을 해결하는 데 시간, 자원, 에너지를 할당함과 동시에 어떻게 효율적인 일상적 운용을 유지할 수 있을 것인가라고 할 수 있다.6 이 딜레마는 어쩔 수 없이 기존의 경찰운용을 유지할 필요성과 업무관행을 재구조화하고 향상시킬 필요성 사이의 불가피한 긴장을 초래하게 된다. 그래서 이 딜레마는 경찰기관을 변형시킴으로써 장기적 이점과 보상이 클 것이라는 믿음을 어떻게 가지게 하는가가 핵심이라고 할 수 있다. 단기적 결과나 이익을 측정하기는 쉽지 않지만 반복되는 여러 가지 문제들이 변화의 유용성에 대한 의문을 유발시키기도 한다.

(3) 변화를 위한 지도력의 도전

1) 변화를 위한 분위기의 조성

경찰지도자가 직면하는 도전의 하나는 변화의 필요성을 직감할 수 있는 분위기의 조성이다. 변화를 추구하기 위해서는 변화에 대항하기보다는 변화를 위해 동료들에게 동기를 부여하고, 변화과정을 관리하며, 변화추구에 협조할 의지가 있는 다수의 높은 동기를 가진 개인들을 필요로 하기 때문에 지도자는 물론이고 다른 조직구성원들도 변화의 필요성과 긴급함을 느낄 수 있어야 한다.[7]

경찰활동에 있어서 지도력 확보의 장애는 생존의 위기감이 크지 않은 데도 불구하고 어떻게 하면 변화의 필요성과 긴박감을 조성할 수 있을 것인가 하는 것이다. 경찰지도자는 스스로가 경찰운용의 변화와 변형이 매우 중요하며 가치 있는 노력이라는 확고한 신뢰부터 가져야 한다. 다음으로, 현상유지(status quo)만으로는 충분하지 못하며, 변화가 추구해 볼 가치가 있는 전략이라는 것을 구성원들에게 강조하여야 한다. 변화의 긴박감을 표면화하기 위한 한 가지 기술은 조직 내 다양한 기능과 단위별로 강점(strength), 약점(weakness), 기회(opportunity)와 위기(threat)에 관해서 묻는 소위 SWOT 분석을 완결하는 것이라고 한다.[8]

2) 변화의 기획 – 변화를 추진할 강력한 부서의 창설

중요한 투입과 참여를 가능하게 함과 동시에 변화를 추진하는 계기를 만들 수 있는 전략적 기획과정을 구축하는 것이 지도자가 직면하게 되는 두 번째 도전이다. 이 기획과정의 핵심적인 산물은 바로 변화에 대한 비전을 규정하고 변화과정을 실행할 방법을 제시할 수 있도록 하기 위하여 조직 내 모든 기능과 부서를 망라한 변화를 추진할 수 있는 충분한 힘이 있는 연합체나 팀의 설치라고 한다.

좋은 방법의 하나는 이들 팀이나 집단이 가질 수 있는 소위 '희망과 두려움(hopes and fears)'을 파악하는 것이다. 많은 사람들이 이미 변화의 필요성을 느끼기 때문에 변화가 가져다 줄 수 있는 여러 가지 희망이 있으나, 동시에 과연 최고관리자가 제대로 지원할 것인가에 대한 우려, 과거에도 유사한 시도를 했으나 실패했다는 인식, 기존의 관료제가 어떠한 변화도 허용하지 않을 것이며 따라서 시간낭비라는 느낌과 같은 소위 두려움도 있기 마련이다. 이러한 쟁점들을 제대로 다루어져야만 성공적으로 변화를 기획하고 실행하기 위해서는 무엇을 어떻게 할 것인가를 파악할 수 있다.

3) 변화의 실행 – 혁신을 위한 기회의 창조

혁신은 문제를 파악하고, 근본원인을 분석하며, 행동방안을 강구하고, 조직의 한 분야에서 발전된 혁신을 일반화하고 조직 내 다른 분야로 확신시키는 새로운 기제를 요하는 것이다. 즉, 새로운 이념과 지식을 취합하고, 새로운 업무수행방법의 개발을 지원하고, 혁신을 확산하여 제도화될 수 있도록 새로운 구조와 과정이 개발될 필요가 있다.

이 단계에서 지도자는 새로운 방법을 모형화할 필요가 있다. 지도자는 반드시 혁신, 창의, 실험을 둘러싼 쟁점들을 탐사하고 조사할 강력한 의지를 보여야만 한다. 이는 혁신이 지지되고 지원받을 것이라는 분명한 진술일 뿐만 아니라 지도자가 그것이 사실임을 보여주는 행동이기도 하다.

4) 변화의 감시 – 목적의 불변성 제시

일단 변화의 과정이 그 모습을 보이기 시작하면, 지휘관이 직면하게 되는 핵심적인 도전 중 하나는 목적의 불변성, 항구성을 보여주는 것이다. 다양한 변화의 노력을 경주함에 있어서 지휘관들은 초기과정에서 비전을 공유하고 실행전략을 짜기 위하여 많은 시간을 할애하게 된다. 그러나 실행계획이 완결됨과 함께 지휘관들은 종종 변화과정이 개시되는 동안에 다루어질 수 없었던 중요한 다른 일상적인 일들로 되돌아가게 된다. 따라서 지휘관들은 변화에 저항적일 수 있는 상황과 여건을 인식하고, 숙지하며, 지속적으로 해결해 나가야 한다.

5) 변화의 제도화 – 성공을 발판으로

전통적인 경찰모형이 ‘지나간 과거 한 때의 일’이 될 때 성공적인 변화가 성취된 것이라고 할 수 있다. 경찰관들에게는 새로운 행위가 일상화되고, 새로운 규범과 새로운 공통의 가치관이 형성된다. 변화가 오래 유지되기 위해서는 지휘관은 조직구조, 보상제도, 의사전달체제, 인적자원제도 등과 같은 조직의 핵심요소들을 변화시키는 과정을 관리할 수 있어야 한다. 그러나 이러한 제도화과정은 단지 핵심요소들만 바꾼다고 일어나는 것은 아니며, 조직구성원들이 자신의 역할과 책임을 이 새로운 조직의 일부분으로 인식하게 되는 단계로까지 이어져야 하는 것이다. 따라서 지휘관이 극복해야 할 마지막 도전은 초기성공을 기반으로 모든 경찰관에게 새로운 행위유형, 규범, 가치관이 어떻게 제도화되게 할 것인가라고 할 수 있다.

여기서 지도자가 할 수 있는 한 가지 방법은 작은 성취에도 보상하고 축하해 주는 것이다. 이러한 관심의 표명을 통해 곧 변화는 지속될 것이며 변화의 노력도 약화되지 않을 것임을 보여주기 때문이다. 한편 변화에 대한 조직 구성원들의 인식의 변화를 점검해 보는 것도 훌륭한 방법의 하나가 될 수 있다. 제대로 변하지 않는 분야를 파악함으로써 그 원인을 분석하고 그것을 해결하기 위하여 필요한 것이 무엇인지를 알아낼 수 있게 해주며, 이러한 노력은 곧 변화에 대한 제도적·체계적 접근이고 목적의 불변성을 보여주는 것이다.

제 2 절 변화의 추세

지난 수십년에 걸쳐 일어난 경찰의 조직적 변화는 대체로 경찰조직의 경직성의 붕괴, 경찰 이미지의 인간화(humanization), 그리고 경찰과 시민은 물론이고 경찰조직의 행정과 운용 사이의 거리의 축소로 요약될 수 있다. 이를 세밀하게 분류한다면, 참여관리(participative management), 조직의 수평화(flattening), 지역사회 경찰활동(community policing), 민간화(civilization), 경찰－지역사회 공조(police－community collaboration), 그리고 부서간 협조(interdepartmental cooperation)로 나눌 수 있다. 그러나 지역사회경찰활동은 경찰－지역사회 협조를 내포하며, 민간화는 경찰－지역사회 공조를 제공하는 등 일부는 겹칠 수도 있는 내용이다.[9]

1. 참여관리(Participative Management)

미국의 한 연구에 따르면, 경찰조직의 관리형태는 과거 Likert의 호의적－권위적(benevolent－authoritative) 형태에서 자문적(consultative) 형태로 바뀐 것으로 조사당시 경찰관들이 답한 것으로 알려졌다.[10] 또 다른 연구에서도 경찰기관에서의 지휘명령의 실질적인 분권화(decentralization)가 지적되었는데, 지휘체계의 이러한 구조적 철학적 지위는 경찰을 지리적 구역에 밀착시킴으로써 보다 집중적인 경찰－지역사회의 상호작용과 경찰관의 특정지역과의 일체감 증대의 가능성을 가져다주었다. 이는 경찰이 지역사회를 경찰활동에 있어서 동반자 또는 동업자로 보고 있다는 것을 솔직하게 느끼고 대중에게 전달한다는 것을 의미한다. 경찰은 지역사회에 봉사하고 지역사회로부터 배우며 지역사회에 책임을 지지만, 동시에 지역사회와 함께 범죄예방의 공동생산자(co－producers of crime prevention)가 되는 것이다.[11]

경찰행정이 아직도 권위에 바탕을 둔 복종에 의존하는 만큼, 최근 일련의 상이한 가치와 기대치가 설정되고 있다. 즉, 독재적(autocratic) 리더십은 오늘날 더 이상 바람직하지 않다는 것이다. 그래서 새로운 리더십 Paradigm

의 핵심단어는 가르치고(coach), 자극하고(inspire), 전념하도록 하며(gain committment), 권한을 주고(empower), 지지하며(affirm), 융통성(flexibility), 책임감(responsibility), 자기관리(self-management), 권한의 공유(shared power), 자율적인 팀(autonomous teams), 그리고 기업가적 부서(entrepreneurial units) 등이 되어야 한다는 것이다.12

오늘날의 경찰관은 교육수준이 높고, 맹목적으로 권위에 복종할 가능성도 훨씬 낮다. 이들은 보다 독립적이며, 전통적·권위적 감독을 잘 받아들이지 않는 반면, 동료와 시민에 대하여 더 지지적이며, 직무에 대하여 보다 인간적인 접근을 취할 가능성은 더 높다. 그래서 누군가는 "법집행관리 분야는 공룡으로 가득하며, 점점 사라져가고 있다"라고 주장하기도 한다.13

2. 조직의 수평화 (Flattening the Organization)

미래의 경찰조직은 더 이상 피라미드 모양이 아닐 것이라고 한다. 이는 곧 계층이 줄어드는 대신에 조직의 측면은 확대될 것이라는 주장이다. 의사결정의 중앙 집중은 완화되거나 줄어들고, 중간관리도 감소하여 경찰조직의 수직적 분화가 덜 복잡해질 것으로 내다보고 있다.14

조직의 수평화는 수직적 분화(vertical differentiation)와 행정적 밀집(administrative density)이라는 두 가지 차원에서 이루어지는데, 여기서 수직적 분화는 조직의 높이, 즉 조직의 상층에서 하층까지의 거리 또는 최고위직과 최하위직 사이의 사회적 공간의 정도라고 할 수 있는 반면,15 행정의 밀집도는 조직 내 행정구성의 규모라고 할 수 있다.16 행정부서에 많은 사람이 고용될수록 경찰조직의 핵심적인 업무인 법집행과 사회봉사를 수행하는 데 필요한 사람은 그만큼 더 적어진다는 것이 조직수평화의 논거이다. 그런데 수직적 분화를 통한 조직수평화의 노력은 기능적 분화(functional differentiation)로 인한 전문화(specialization) 요구의 증대로 둔화될 수 있다고 한다.

3. 지역사회 경찰활동 (Community Policing)

미국의 인구 5만명 이상의 도시경찰에서는 절반 이상이 어떤 형태이건 지역사회경찰활동모형을 채택하고 있다고 한다. 그래서 현재 지역사회경찰활동은 경찰의 화두요 경찰장의 진언이 되고 있는 실정이다. 그래서 지역사회경찰활동은 미국 경찰의 '새로운 정설'로 일컬어지고 있다.17

지역사회경찰활동에 대해서는 본서의 여

러 곳에서 자세하게 기술되었기 때문에 여기서는 상술하지 않겠지만, 중요한 것은 지역사회경찰활동은 경찰이 범죄통제임무에 있어서 동반자를 필요로 한다는 것을 인식하고 있다는 점이다. 법집행은 삶의 질의 향상에 책임이 있는 여러 곳 중의 하나이다. 문제해결(problem solving), 경찰－지역사회협조(police－community cooperation), 향상된 공조와 의사소통, 공개성, 융통성 등 모두 이 과정에 있어서 중요한 요소들이다.18

4. 민간화(Civilianization)

민간화는 제복경관의 권한을 특별히 요하지 않는 위치에 제복경관 대신 민간인을 활용하는 것이다. 이러한 민간화는 경찰이 매우 기술적인 경찰업무에 집중할 수 있게 하는 반면에 민간인은 기록, 서무, 통신과 같은 보다 일상적인 업무뿐만 아니라 연구, 훈련, 예산, 수사 분석, 장비관리와 유지 같은 기타 지원 업무를 수행하게 하는 것이다. 그런데 제복경관의 업무량을 줄이기 위하여 경찰기관에서 채택하는 또 다른 전략의 하나는 자원봉사자나 시민순찰의 활용이다.

이러한 민간화는 현재 법집행분야에서 급성장하고 있는 현상이라고 할 수 있다. 경찰기관들은 시민봉사자들이 거의 활용되지 않는 자원이라는 것과 경찰과 시민은 범죄통제를 위해 필연적으로 협조해야 한다는 것을 깨닫고 있다. 과거에는 제복경관의 책임이었던 임무를 현재는 민간인이 수행하기 시작함으로써 경찰은 자신의 사명을 더욱 잘할 수 있는 것이다.

민간화가 성공하기 위해서는 경찰책임자는 필요성을 인식하고 관련된 시책이나 프로그램을 적극적으로 지지하고 시행함과 동시에 전 구성원에게 그 필요성과 중요성을 인식시킬 필요가 있다. 그러나 동시에 전통적인 법집행과 민간화의 적절한 균형을 맞추는 것도 중요한 일이다.19

5. 경찰－지역사회 공조 (Police－Community Collaboration)

경찰과 지역사회의 공조란 글자 그대로 경찰과 지역사회가 함께 일한다는 것이다. 경찰에 대한 지침과 지원을 위한 시민자문위원회(citizen advisory committee), 기존의 지역사회, 정부기관, 이웃감시단체, 지역사회활동단체의 경찰 참여 등이 대표적인 경찰－지역사회 공조의 예라고 할 수 있다. 최근 들어 그 활용이 증대되고 있는 가족집단회합(Family group conferencing)과 같은 회복적 사법(Restorative Justice)도 새로운 좋은 예라고 할 수 있을 것이다.

경찰과 지역사회 사이의 상호작용은 경찰의 변화에 지대한 영향을 미치는 것으로 알려져 있다. 그러한 변화의 한 가지 요소는 바로 경찰-지역사회의 상호성 또는 호혜주의(reciprocity)라고 한다. 이러한 이유에서 대부분의 경찰은 범죄예방에 있어서 지역사회의 도움을 얻기 위하여 순찰을 재정립하고 있으며, 도보순찰(Foot patrol), 지역사회 경찰활동, 문제해결 등이 순찰재정립의 주요한 예라고 할 수 있다.

한편 경찰-지역사회 공조에 있어서 비교적 최근의 진전은 시민경찰학교(Citizen Police Academy)의 형태로 나타나고 있다. 시민경찰학교는 보통 시민들에게 경찰이라는 직업의 다양한 관점을 알게 하기 위하여 고안된 것이다.20 그래서 시민경찰학교는 시민들을 교육시키고, 시민단체와의 긍정적인 관계를 정립하며, 경찰기능에 대한 시민들의 고마움을 높이는 것을 일차적 목표로 하고 있다.21 결국 시민경찰학교의 궁극적인 목표는 경찰과 지역사회에 대한 시민들의 보다 강력한 전념(commitment)을 통한 범죄의 감소라고 할 수 있다.22

그런데 시민경찰학교와 관련된 가장 큰 문제는 프로그램의 참가자들이 대부분 경찰을 지지하는 친경찰성향의 시민들이며, 반대로 경찰에 가장 비판적인 사람들은 제외될 확률이 높다는 점이다. 만약 시민경찰학교의 궁극적인 목표가 경찰과 시민과의 긍정적인 관계를 조장하는 것이라면 가장 비판적인 시민들이야말로 가장 적절한 참가자가 되어야 할 것이다. 그럼에도 불구하고 시민경찰학교는 경찰-지역사회 공조를 향한 중요한 단계임에는 틀림없다.

6. 유관기관과의 협조 (Interdepartmental Cooperation)

유관기관과의 협조는 그 중요성이 나날이 더해감에 따라 현재도 장비와 인력의 공동 활용, 정보와 자료의 교환, 형사사법정보체계의 공동개발이 추진되거나 이미 이루어지고 있지만 앞으로도 그 필요성은 더욱 커질 것이다. 경찰과 검찰의 합동수사, 경찰과 관계기관과의 합동단속, 그리고 경찰과 보호관찰관의 합동순찰 등이 좋은 예라고 할 수 있다. 이러한 기관간의 협조가 필요한 것은 각 기관의 활동이 중복될 수 있고 함정수사중인 요원의 잠재적 위험성 등이 문제가 되기 때문이다.

제 3 절
경찰개혁과 회복적 경찰활동 (Restorative Policing)

1. 회복적 사법(Restorative Justice)과 회복적 경찰활동

경찰의 조직구조 문화는 경찰개혁을 실행하는 데 중요한 장애요인으로 지적되고 있다. 더구나, 체제적 개혁(systemic reform)이라기보다 실용적 개혁(programmatic reform)으로서 지역사회경찰활동에 대한 지속적인 관심과 지역사회와의 권한의 공유에 대한 분명한 두려움은 비전에 대한 장애로 계속해서 남게 된다.23

이러한 여건에서 보면 '회복적 경찰활동'이 개혁을 위한 새로운 희망, 새로운 가치관의 틀, 그리고 새로운 도전을 제공하는 것으로 보인다.24 물론 지역사회사법(community justice) 일반과 지역사회경찰활동과 관련된 일부 가치와 전략을 공유할지라도 국제적 동향으로서 회복적 사법은 확연하게 구별되는 규범적 이론으로부터 운영되고 새로운 개입전략과 관행을 우선시하고 있다. 특히, 회복적사법의 가치는 법원에 기초한 당사자주의 과정의 완결 후의 처우와 처벌이라는 전통적 개입의 목표에 대한 도전을 제공하는 것이다. 그 과정에서 회복적 사법의 주창자들은 문제지향적(problem-oriented) 가치와 지역사회지향적(community-oriented) 가치를 포함한 대부분의 경찰활동전략의 일차적 목표인 모든 범법자를 그러한 과정에 회부하는 데 대한 의문을 제기하고 있다.25

첫째, 단순히 범법자들을 처벌하거나 처우하는 것보다는 오히려 범죄의 해악을 회복시킴으로써 사법정의를 실현하자는 데 초점을 맞추고 있다는 점이 개입목적에 새로운 의미를 부여하고 있다. 이 사실은 나아가 전통적 사법의 결과로서 성취되는 것, 즉 처벌이나 처우가 피해자, 가해자, 지역사회 누구도 만족시키지 못한다는 비판적 관점에 대해서도 상당한 함의를 제공하고 있다.

또한 전통적 사법은 회복적 사법의 두 번째 핵심원리인 해악의 회복에서 비당사자주의 과정을 통하여 피해자, 가해자, 지지자들로부터의 최대한의 투입이 있을 때 가장 바람직하다는 가정과도 직접적인 갈등관계에 놓이게 된다. 이러한 과정은 범죄로 인하여 야기된 문제에 대한 관련자들의 주인정신을 고양시킬 수 있는 좋은 수단이 될 수 있다. 이와 같이 의사결정과정에 해를 당한 사람들의 참여를 극대화하고 해악을 회복시킨다는 원리에서 경찰이 무언가 할 수 있을 것이라는 함의를 내포하게 된다.26 그러나 물론 비공식적으로는 경찰의 개입이 가능하지만 피해자와 지역사회에 대한 해악을 회복시키라는 회복적 의무(restorative obligations)는 공식적으로 지역사회경찰활동의 목적으로 열거되지는 않고 있다.

회복적 사법의 세 번째 핵심원리는 지역사회경찰활동과 가장 완전하게 어울리는 것으로서 지역사회와 형사사법기관의 관계가 변형될 필요성이 있다는 것이다. 즉, 공공의 안전과 사법정의를 실현하는 데 있어서 지역사회에 훨씬 더 능동적인 역할을 할 수 있도록 하여야 한다는 것이다. 이와 같은 새로운 관계에서, 사법제도는 질서를 보전하는 데 핵심적 역할을 하는 것으로 인식되는 반면에 지역사회는 평화를 증진시키는 것으로 간주되는 것이다. 지역사회가 이러한 역할을 수행할 수 있게 하기 위해서 경찰은 시민과 지역사회 집단을 동원하고 범죄, 해악, 갈등에 대한 비공식적 대응(informal response)에 있어서 기술과 확신을 조장하는 것을 목표로 하는 '지역사회건설(community building)'에 지대한 관심을 경주하여야 한다. 보다 일반적인 표현으로는, 이러한 유형의 지역사회건설은 비공식적 사회통제(informal social control)의 행사와 사회적 지원을 강화시키는 것을 목적으로 하는 것이라고 할 수 있다.27

지역사회 경찰활동이 이웃감시(Neighborhood watch)와 같은 조직화된 집단 활동에 지역사회의 참여를 요청하고 경찰의 우선순위를 결정하는 데 지역사회의 참여기회를 제공하는 것이다. 반면 회복적 경찰활동은 개별사건에 대해서 전통적으로 검사나 변호사와 같은 전문적인 법정의 의사결정자 집단과 법원의 소관이었던 개별적 범죄사건의 효과적인 해결과 비공식적 제재(informal sanction)에 있어서 시민에게 의사결정 역할을 제공하는 것이다. 특히 회복적 회합(restorative conferencing)기법의 응용을 통하여 영향을 받은 당사자와 회의의 주재자 등의 역할을 하는 경찰관이 사회봉사(community service)와 배상명령(restitution)과 같은 가해자의 의무나 기타 비공식적 제재, 사과, 화해조약, 당사자주의 사법과정에 회부하지 않고 해악의 완전한 회복을 가능하게 하는 관계개선 등을 개괄하는 일종의 합의서를 도출해 내게 된다. 그러한 합의서는 사건해결에 대한 지역사회의 집합적 주인의식 또는 책임의식은 물론이고 피해자와 가해자 등 개별 주체들의 만족도를 증진시키고 궁극적으로는 지역사회의 기능을 도약하는 과정을 이용하여 만들어지게 된다.28

그러한 기능에 경찰이 참여하는 것을 두고 일부 관망자들 사이에서 경찰을 법집행관은 물론이고 검사와 판사의 역할까지 맞게 하는 부적절한 역할의 확대라던가 경계의 침식이라는 우려를 표명하기도 한다. 일부 회복적 사법의 주창자마저도 검사나 변호사 등 법원의 전문가 집단에 의하여 공식적으로 다루어지지 않을 때 좀 더 사회사업지향의 소년사법 전문가들에게 맡겨져야 하는 의사결정에서의 경찰 참여에 대한 의문을 제기하기도 한다.29 일부에서는 또한 과연 경찰이 회복적 사법과정에 있어서 유용한 주재자나 심지어 참여자가 될 수 있을지 의문을 제기하거나 경찰관이 증거를 확보하기 위하여 회합을 이용하는 등 쉽게 법집행역할로 회귀할 수도 있다는 우려도 제기한다.30 그러나 다른 한편에서는 경찰이 효과적인 회합의 주재자가 될 수 있으며, 심지어는 회합의 참여자들이 사회사업적 관점보다는 지역사회의 견해에 더 상응한 결정과 해결책에 도달할 수 있도록 도움을 줄 수 있다고 주장한다.31 어떤 경우이건, 회복적 사법이 진정으로 갈등의 해결을 관련된 지역사회로 되돌려주는 것을 의미하는 것이라면 회복적 의사결정에 있어서 경찰의 일차적·우선적 역할은 매우 중요한 것이다.32

그렇다면 범죄예방과 갈등해결의 일반적 역할을 지역사회로 돌려주는 데 있어서 경찰은 무엇을 어떻게 할 것인가? 전문가들은 회복적 회합 프로그램으로 위임하는 일차적 자원으로서의 적극적인 역할의 수임, 경찰기관 내 프로그램의 운용, 다른 사람이 주재하는 회합에 경찰관의 참여 요청, 기타 내부 회복적 프로그램의 운영 등을 권하고 있다. 그러나 회복적 사법에 있어서 가장 중요하지만 가장 언급되지 않는 개별 경찰관의 역할은 비공식적인 것이라고 할 수 있다. 즉, 회복적 목적과 문제해결을 덜 공식적으로 성취할 수 있다면 굳이 사건을 공식 프로그램에 회부할 필요가 없는 것이다. 또한 끝으로 경찰기관장과 법집행기관은 지역사회와 사법제도의 지원을 시도하고 확보하는 지도적 역할을 수행하는 데 있어서 검사, 판사, 교도관 등 다른 형사사법 의사결정자에 못지않게 효과적일 수 있다고 한다.

2. 경찰개혁과 회복적 경찰활동

회복적 사법개혁을 성공적으로 실행하기 위해서는 체계적 비전과 초점을 필요로 한다. 이러한 주장의 반대는 지속가능한 회복적 사법의 프로그램에만 의존해서는 가능하지 않다는 것이다. 다른 말로 표현하자면, 회복적 사법의 비전만으로는 회복적 경찰활동을 만들어낼 수 없는 반면 회복적 비전 없이는 회복적 사법과는 거의 무관한 관행과 정책으로 이어지기 마련이라는 것이다.

물론 회복적 사법 프로그램은 회복적 경찰활동이 어떤 것인지를 보여주는 데 매우 중요하다. 지역사회 경찰활동의 경험을 통해서 우리는 프로그램만으로는 충분하지 않다는 것을 알게 되었다. 실제로 도보순찰이나 이웃감시 프로그램과 같은 전술이나 특별 프로그램이 지역사회 경찰활동의 아류나 일종으로 보여 지게 됨에 따라 한때 총체적 개혁 과제였던 것이 경찰활동의 사명에 큰 의미를 주지 못한 것으로 간주되었다.33 지역사회교정과 마찬가지로, 단순히 프로그램이나 전술로서의 지역사회경찰활동은 실제 대부분의 경찰관이

하는 것에 큰 의미를 가지는 것으로 간주되지는 않고 있다. 실제로 지역사회경찰활동의 관행들이 일부 소수의 대상지역에서 극히 적은 부분에만 영향을 미친 것으로 밝혀지고 있다.34

(1) 제도적 개혁과 회복적 경찰활동

반대로 제도적 개혁은 형사사법제도의 모든 분야에서의 변화와 전문적 변화라는 비전으로 시작하게 된다. 기관이나 조직 단위에서 경찰기관장이 회복적 사법개혁을 체계적·제도적으로 실행할 때 기관단위에서 시작하여 외부로 뻗어가는 변형적 변화(transformational change)를 계획하게 된다. 만약에 회복적 경찰활동이 하나의 비전이라면 제도적 변화의 목표는 모든 범죄사건에 대하여 회복적 원리에 기초한 대응을 개념화하고 모든 회복적 대안이 경찰에게 가능하도록 확보하는 것이다.

제도적 개혁의 두 번째 특징은 회복적 경찰활동은 경찰관이 갈등해결, 제재, 지역사회 참여에 대한 사고의 방향을 바꾸어야 할 뿐만 아니라 모든 경찰기능에 대한 사고와 수행방법까지도 바꾸어야 한다는 것이다. 즉, 범죄예방, 질서유지, 봉사, 감시, 갈등해결, 그리고 법집행에 대한 다소간 회복적 사법적인 접근을 계산해야 한다는 것이다.

(2) 제도적 변화를 위한 행동영역

1) 지도력과 정책

회복적 사법 프로그램을 개발하고 프로그램에 사건을 위임하기 위해서는 정책이나 법조항 없이는 실현되기 어려운 사고, 관행, 유인 등의 변화가 요구되는 것이다. 실제로 회복적 정책의 초기 성공적인 실행을 위해서는 입법이 핵심적인 역할을 한다는 사실이 강조되고 있다. 일부 학자들은 캐나다에서 소년사법법(Canadian Youth Justice Act)이 이러한 역할을 하여 경찰이 회복적 경찰활동에 보다 적극적으로 참여할 수 있게 되었다고 주장한다. 그들에 의하면, 회복적 사법 프로그램에 사건을 위임하는 최전방위탁자로서 그리고 자체 회복적 관행의 경찰 참여의 증대가 평화유지자(peacekeepers)로서 경찰 본연의 복귀를 특징짓는 것이라고 한다.35

2) 조직

일반적으로 회복적 사법개혁을 위해서는 조직의 구조와 문화라는 두 가지 차원에 대한 관심이 필요하다. 구조적 차원에서는 경찰활동의 역할규정을 바꾸는 직무명세(job description), 회복적 관행을 지지하는 유인구조(incentive structure), 회복적 문제해결과 회복적 원리의 폭넓은 적용에 필요한 재량적 의사결정을 용이하게 하는 관리/지휘구조를 포함하는 것이다. 조직문화는 현재까지도 비교적 새로운 운동으로 여겨지는 초기단계에서 더 중요한 것으로 고려되고 있다. 이러한 조직문화는 공격적인 순찰과 강제보다는 지역사회 건설, 갈등해결, 평화유지를 우선시하는 기관 단위의 가치에 관련된 것이다.

구체적으로 경찰기관은 전통적 경찰관료제로부터 회복적 지역사회모형으로 전환할 것을 요하게 된다. 지역사회경찰활동의 경험이 말해주듯이 조직개혁 없이는 경찰기관이 자신의 사명을 수행하고 일선경찰관이 재량권을 행사하는 방법을 변경하기란 어려운 것이다. 경찰기관이 회복적 조직이 되기 위해서는 지휘관이 회복적 사법과 변화를 위하여 전념해야 할 것은 무엇이며, 변화과정에서 필요로 하는 것은 무엇인지를 분명하게 이해하고 있어야 한다. 이러한 조직문화는 경찰관이 다양한 회복적 관행을 실험하고, 분쟁해결의 대안을 개발하며, 회복적 관행과 결과에 대한 책임을 지고 필요한 위험까지도 감수하는 자율성과 권한을 가져야 된다는 것을 의미한다.

3) 개별경찰관

전통적 경찰관에서 회복적 사법의 경찰관이 된 경우 경찰활동의 직무에 대한 사고의 변화를 경험하는 것으로 알려져 있다. 그것은 결코 '강인한 경찰(tough cop)'에서 사회사업가(social worker)로의 전환이 아니라 피해의 회복을 통한 갈등의 해결과 같이 특정한 원칙적 목표를 우선시하는 경찰활동의 보다 총체적 비전에 대한 전념을 의미하는 것이다. 그러나 이러한 변화에 대해서 항상 당사자들의 저항은 있게 마련이며 회복적 사법의 가치에 대하여 저항하는 사람들을 설득하는 가장 쉬운 방법은 그들에게 회복적 회합이나 기타 의사결정에 참여하도록 설득하는 것이다.

지역사회경찰활동의 환경에서 문제해결의 일차적 주요 수단이자 회복적 경찰활동에 있어서 경찰관은 지역사회문제와 범죄에 대한 독특한 해결책을 찾는 데 관여하게 된다. 그들은 지역사회와 함께 문제를 해결하게 되며, 전통적 경찰활동과는 다를 수 있는 서비스와 지원을 제공하게 된다. 심지어 교통 분쟁에 있어서까지도 그 문제를 어떻게 해결할 것인가를 결정하기 위하여 자원을 확보하고 적절한 지역사회 사람들을 불러들이게 된다. 그렇다고 회복적 경찰활동에 임하는 경찰관들이 다른 경찰분야에서 공격적인 활동을 하지 못하게 하는 것은 아니다. 검거율, 사건해결률, 교통통제 등은 회복적 경찰활동에 있어서 아직도 중요한 것이기 때문이다.36

4) 지역사회

지난 수세기 동안 경찰은 유일한 안전의 제공자요 범죄감소에 대한 책임을 지는 것으로 기대되어 왔다. 그러나 중요한 의미에서 회복적 경찰활동은 이러한 기대치를 뒤바꾸고, 그 유명한 영국의 Peel경의 현대경찰에 대한 정의를 재적용하는 것으로 간주되고 있다. 다른 형사사법기관들과 마찬가지로, 경찰도 기존의 사회통제와 지원의 천연적 자원을 경시하거나 무시함으로써 지역사회의 능력을 약화시키는 데 기여해왔다. 그러나 불행하게도 다수의 경우, 사건을 성공적으로 기소하고 해결하는 데 있어서 가장 중요한 요소는 처음 지역사회가 제공하는 도움과 정보라고 한다.37

회복적 경찰활동에 있어서 지역사회는 가장 큰 기회이기도 하지만 동시에 가장 큰 도전이기도 하다. 그것은 지역사회참여와 지역사회건설이 회복적 경찰활동의 핵심이기 때문이다. 이는 단순히 지역사회 구성원과 집단이 피해자, 가해자, 또는 지역사회 구성원이나 지원자로서 회복적 과정에 참여하는 것 이상을 의미하는 것이다. 경험과 연구를 통해서, 단순히 프로그램의 향상과 발전보다는 지역사회의 참여와 능력을 증대시킬 수 있는 보다 전략적인 노력이 지속가능한 회복적 경찰활동의 핵심요소라고 할 수 있다.

그래서 우리는 회복적 경찰활동에 있어서 공공의 안전과 지역사회 평화에 대한 책임의식의 공유를 시도하려는 것이다. 회복적 관행에 피해자, 가해자, 그리고 기타 시민들을 참여시킴으로써 경찰은 지역사회가 규범과 사회적 경계를 설정할 수 있게 하고, 지역사회에서 용인되지 않는 행위는 어떤 것인지를 분명하게 하도록 하는 것이다. 지역사회구성원과 집단은 적극적으로 문제를 해결하고, 그러한 해결책을 정착시키는 데 도움을 줄 수 있는 자원, 기술, 재능을 제공한다.38

결과적으로 회복적 경찰활동이 성공하기 위해서는 지역사회의 참여를 그 핵심으로 삼아야 하고, 적극적으로 지역사회를 찾아 나서서 가능한 모든 노력으로 지역사회를 건설하고 강화하는 데 도움을 주어야 한다. 회복적 경찰활동은 지역사회와의 진실된 동반자관계가 완전히 효과적일 수 있는 방향으로 나아가야 하고, 지역사회를 완전하고 동등한 동반자로 인식해야 한다. 회복적 경찰활동의 승패는 결국 지역사회에 달려 있는 것이다.39

3. 회복적 경찰활동과 회합

만약 경찰이 범죄예방과 지역사회참여와 문제해결을 경찰활동의 일차적 요소로 받아들인다면, 회복적 사법이 효과적인 개입을 위한 청사진으로서 보다 분명해질 수 있다. 이러한 입장에서 청소년범죄에 대한 경찰의 총체적 대응의 한 부분으로서 회복적 회합 프로그램의 실행의 중요성을 강조하고 있다. 이 회합 프로그램은 다시 경찰로 하여금 범죄의 예방과 통제에 있어서 직접적인 지역사회 참여의 중요성에 더 큰 관심을 가지도록 하였고, 이러한 대응에 있어서 의미 있는 시민의 참여를 가능하게 해주는 일차적 도구를 제공해 주었다. 가장 중요한 것은 회합이 범죄통제와 예방임무에 있어서 점증되는 책임을 맡을 수 있는 지역사회의 능력을 구축하고 강화하는 데 궁극적인 초점을 맞추게 하는 것이다. 그래서 회복적 사법 일반은 물론이고 특히 회합이 지역사회 경찰활동에 전념하는 경찰기관에게는 전략적인 지역사회 건설의 도구가 될 수 있는 것이다.40

POLICE SCIENCE

참고문헌

1 J. L. Pierce and A. L. Delbeq, "Organization structure, individual attitudes and innovation," *Academy of Management Review*, 1977, 2:27–37.

2 J. K. Ford, "Organizational change and development: Fundamental principles, core dilemmas, and leadership challenges in the move toward a community–policing strategy," in M. Morash and J. K. Ford(eds.), *The Move to Community Policing: Making Change Happen*, Thousand Oaks: CA: Sage, 2002, pp. 126–151.

3 J. P. Kotter, "Leading change: Why transformation efforts fail," *Harvard Business Review*, 1995, 73(2):59–67.

4 D. Miller and P. H. Freisen, "Structural change and performance: Quantum versus piecemeal–incremental approaches," *Academy of Management Review*, 1982, 4:867–892; C. J. Gersick, "Revolutionary change theories: A multivariate exploration of the punctuated equilibrium paradigm," *Academy of Management Review*, 1991, 16(1):10–36.

5 W. A. Geller, "Suppose we were really serious about police department becoming 'learning organization'" *National Institute of Justice Journal*, 1997, 234:2–8.

6 S. Sitkin, K. Sutcliffe, and R. Schroeder, "Distinguishing control from learning in total quality management," *Academy of Management Review*, 1994, 19(3):537–564.

7 J. P. Kotter, "Leading change: Why transformation efforts fail," *Harvard Business Review*, 1995, 73(2):59–67.

8 Morash and Ford, *op. cit.*, p. 142.

9 L. K. Gaines, J. L. Worrall, M. D. Southerland and J. E. Angell, *Police Administration*(2nd ed.), New York: MacGraw Hill, 2003, p. 596.

10 D. T. Shanahan, J. D. Hunger and T. L. Wheelen, "Organizational profile of police agencies in the United States," *Journal of Police Science and Administration*, 1979, 7(3):354–360.

11 J. H. Skolnick and D. H. Bayley, *The New Blue Line: Police Innovation in Six American Cities*, New York: Free Press, 186, p. 214.

12 D. C. Withan, "Environmental scanning pays off," *Police Chief*, March 1991, pp. 26–31.

13 D. Story, "What happens after all the dinosaurs are gone? The passing of the torch," *Law and Order*, October 1992, pp. 47–48.

14 H. Robinette, "Organizational streamlining," *Virginia Police Chief*, Spring 1989, pp. 10–16.

15 E. R. Maguire, "Structural change in large municipal police organizations during the community policing era," *Justice Quarterly*, 1997, 14:547–576.

16 R. H. Langworthy, "Administrative overhead in municipal police departments," *American Journal of Police*, 1985, 4:20–37.

17 J. E. Eck and D. P. Rosenbaum, "The new police order: Effectiveness, equity and efficiency in community policing," in D. P. Rosenbaum(ed.), *The Challenge of Community Policing*, Thousand Oak, CA: Sage, 1994, pp. 3–26.

18 Gaines *et al.*, *op. cit.*, p. 599.

19 J. P. Crank, "Civilization in small and medium police departments in Illinois, 1973–1986," *Journal of Criminal Justice*, 1989, 17(3):167–177.

20 E. Cohn, "The citizen police academy: A recipe for improving police-community relations," *Journal of Criminal Justice*, 1996, 24:265-271.

21 V. W. Bumphus, L. K. Gaines and C. R. Blakely, "Citizen police academies: Observing goals, objectives, and recent trends," *American Journal of Criminal Justice*, 1999, 24(1):67-79.

22 J. Hilson, "Citizen police academies," *TELEMASP Bulletin*, 1994, 1(2):1-7.

23 S. Mastrofski and R. Ritti, "Making sense of community policing; A theory-based analysis," *Police Practice and Research*, 2000, 1(2):183-210.

24 G. Bazemore and C. Griffiths, "Police reform, restorative justice and restorative policing," *Police Practice and Research*, 2003, 4(4):335-346.

25 Bazemore and Griffiths, *op. cit.*

26 *Ibid.*

27 G. Bazemore, "Young people, trouble and crime: Restorative justice as a normative theory of informal social control and social support," *Youth and Society*, 2001, 33(2):199-226.

28 G. Bazemore and M. Umbreit, *A comparison of four restorative conferencing models: Juvenile Justice Bulletin*, Office of Juvenile Justice and Delinquency Prevention, Office of Justice Programs, US Department of Justice, 2001.

29 M. Umbreit and S. Stacy, "Family group conferencing comes to U. S.: A comparison with victim offender mediation," *Juvenile and Family Court Journal*, 1996, 47: 29-38.

30 R. Young, "Just cops doing 'shameful' business? Police-led restorative justice and the lessons of research," in A. Morris and G. Maxwell(eds.), *Restorative Justice for Juveniles: Conferencing, Mediation and Circles*, Portland, OR: Hart, 2001, pp. 195-226.

31 P. McCold and B. Wachtel, *Restorative Policing Experiment: The Bethlehem Pennsylvania Police Family Group Conferincing Project, Pipersville*, PA: Community Service Foundation, 1998, Bazemore and Griffiths, *op. cit.*, 재인용.

32 N. Christie, "Conflict as property," *British Journal of Criminology*, 1977, 17(1):1-15.

33 E. R. Maguire and C. M. Katz, "Community policing, lose coupling and sensemaking in American police agencies," *Justice Quarterly*, 2002, 9(3):503-536.

34 D. Maloney, G. Bazemore, and J. Hudson, "Summer: The end of probation and the beginning of community justice," *Perspectives*, 2001, 23-30.

35 Bazemore and Griffths, *op. cit.*

36 Hines and Bazemore, *op. cit.*

37 G. Bazemore, "The fork in the road to juvenile court reform," *The Annals of the American Academy of Political Social Science*, 1999, 564(7):81-108.

38 K. Pranis and G. Bazemore, *Engaging Community in the Response to Youth Crime: A Restorative Justice Approach*, Washington, DC: US Department of Justice, Office of Juvenile Justice and Delinquency Prevention, Balanced and Restorative Justice Project, 2001.

39 Hines and Bazemore, *op. cit.*

40 D. Hines and G. Bazemore, "Restorative policing, conferencing and community," *Police Practice and Research*, 2003, 4(4):411-427.

POLICE SCIENCE

인명색인

POLICE SCIENCE

사항색인

ㅈ

ㅊ

저자약력

이 윤 호(李 潤 鎬)
동국대학교 경찰행정학과 학사
동국대학교 경찰행정학과 석사
Michigan State University 범죄학 석사
Michigan State University 범죄학 박사

현) 동국대학교 경찰행정학과 교수
한국대테러정책학회 회장
사단법인 목멱사회과학원 이사장
전) 경찰위원회 위원
한국공안행정학회 회장
한국경찰학회 회장
대한범죄학회 회장
한국산업보안연구학회 회장
경기대학교 교정학과 경찰행정학과 교수, 대외협력처장, 행정대학원장
법무연수원 교정연수부 부장(개방형 이사관)

저 서

범죄학(박영사)
피해자학(박영사)
교정학(박영사)
현대사회와 범죄(박영사)
범죄, 그 진실과 오해(박영사)
기타 외 다수

제2판

경찰학

초판발행 2006년 8월 20일
제2판인쇄 2014년 8월 25일
제2판발행 2014년 9월 5일

지은이 이윤호
펴낸이 안종만

편 집 김선민 · 전채린
기획/마케팅 강상희
표지디자인 홍실비아
제 작 우인도 · 고철민

펴낸곳 (주) 박영사
서울특별시 종로구 새문안로3길 36, 1601
등록 1959. 3. 11. 제300-1959-1호(倫)
전 화 02)733-6771
f a x 02)736-4818
e-mail pys@pybook.co.kr
homepage www.pybook.co.kr
ISBN 979-11-303-0098-6 93350

정 가 27,000원